U0503945

本书系国家社科基金青年项目"明代徽州山林经济研究"（项目批准号：15CZS051）最终成果

本书受到安徽师范大学历史学院中国史高峰学科经费资助出版

明代徽州
山林经济研究

A Study on Forest Economy of Huizhou in Ming Dynasty

康健 著

中国社会科学出版社

图书在版编目（CIP）数据

明代徽州山林经济研究／康健著．—北京：中国社会科学出版社，
2022. 12
ISBN 978 - 7 - 5227 - 1366 - 3

Ⅰ.①明…　Ⅱ.①康…　Ⅲ.①山区经济—研究—徽州地区—明代
②林业经济—研究—徽州地区—明代　Ⅳ.①F129.48②F326.29

中国国家版本馆 CIP 数据核字（2023）第 023408 号

出　版　人　赵剑英
责任编辑　宋燕鹏　石志杭
责任校对　李　硕
责任印制　李寡寡

出　　　版　中国社会科学出版社
社　　　址　北京鼓楼西大街甲 158 号
邮　　　编　100720
网　　　址　http://www.csspw.cn
发 行 部　010 - 84083685
门 市 部　010 - 84029450
经　　　销　新华书店及其他书店

印　　　刷　北京明恒达印务有限公司
装　　　订　廊坊市广阳区广增装订厂
版　　　次　2022 年 12 月第 1 版
印　　　次　2022 年 12 月第 1 次印刷

开　　　本　710 × 1000　1/16
印　　　张　35.25
插　　　页　2
字　　　数　575 千字
定　　　价　189.00 元

序

　　摆在我面前的，是《明代徽州山林经济研究》这部书，令我欣喜。这是作者康健在博士论文基础上近10年来进一步探讨研究的结晶，其中对明代徽州山林经济的发展脉络、山林经济的规模、山林经济的经营管理、明代徽商与徽州山林经济关系进行了系统考察，提出了一些新的观点，也弥补了学界以往研究的一些缺失，是作者奉献给徽州社会经济史研究的一部扎实的学术专著。

　　以"山林"二字来说，是山与林的叠加，二者凸显了徽州的自然生态环境，山林对于徽州区域经济形成极为重要的资源条件。因此，以明代徽州山林经济为研究对象，就要从徽州的自然生态地理谈起，徽州是个典型的"万山回环"的山区，作者立意在徽州山林，也就抓住了徽州经济的基本方面之一；同时，明代是徽州商帮崛起的重要历史时期，徽州人经商，离不开自然环境带来的资源，山林经营也就自然而然形成徽商经营的重要组成部分。与明代社会变迁与转型同步，从事林业经营的徽商凭借实力雄厚、经营规模和运销优势，不仅获得丰厚的利润，而且是推动徽州社会经济迅速发展的重要力量，具有不可替代的历史地位与作用，由此进行徽商研究，也是一个绝好的切入点。

　　明代徽州山林经济与徽商的山林经营奠基于唐宋元时期徽州地区山林的早期开发，徽州多种经济作物的广泛种植，是徽州山林多种经营的推动力。明代徽州山林经济的发展，与商帮兴起，商品货币经济繁荣发展的态势适相一致，促进了徽州山林经济的繁荣发展，也推动了徽州整体社会经济的发展。这本书探讨了明代近300年间徽州山林经济经历了哪些历程？明代徽州人依靠山林是怎样生活的？徽商又是如何以家族作为主要形式从事山林经营的？以往中外学界对此没有形成一个相对整体的认识，需要进行具体而深入的探讨，才能更好地了解明代徽州商人生活与经营的实态，进一步认知明代徽州山林经济发展的历程。此书的探讨由此应运而生，力图全面展现明代徽州山林经济的整体面貌。

归纳起来，我考虑此书具有以下三大显著特色。

第一，发掘研究新史料。

对徽州的区域史研究，之所以成为一门令人瞩目的学问，应该说是得益于大量明清徽州文书的发现，更得益于中外学者们对文书不倦的探讨与解读。20世纪20年代开始，徽州文书收集和整理得到了长足的发展，至今已遍及徽州地区各个领域，可谓硕果累累。围绕土地契约，财产契约，包括山林契约，已有相当多成果，但是有关山林契约文书，长期以来关注点主要在清代而非明代；关于山林产生的大量文书，是探讨徽州山林经济的第一手资料，近年大量徽州文书得到系统搜集和整理出版，但是散在的明代山林契约文书仍有不少在研究者的视线以外，此书作者致力于发掘前人鲜见注意利用的明代典型山林契约文书，特别注重发掘从事山林经营家族资料的整体性，将收集的山林经营家族的系统文书与家谱、方志等文献相结合，进行全面整理与系统性的综合分析，具体而微的深入解读。如选取颇具代表性的祁门康氏、歙县罗时升、郑卷家族等为典型个案，对于木商世家郑卷家族从明初到明末两百多年所发生的所有重大事件，从购买山地到经营林业，从家族林业经营规模到外部木材运销贸易，以及利润分配等山林经营实态做了长时段考察，通过研究发现，其家族的山林经营从明初开始，成化、弘治年间山林积累明显加快，尤其是在嘉靖、万历年间达到顶峰，是从细致的微观研究，得出徽州山林经济发展历程令人信服的解释。

第二，开拓研究新视角。

开拓研究新视角，是深入研究徽商问题瓶颈的需要。由于种种原因，应该承认过去对徽商有关山林经济的历史事实的了解和掌握还不够全面，因此具有局限性，不利于研究徽商历史和深入而正确地总结徽州区域社会经济史的历史经验教训。此书突破了过去局限于民户家族山林经济的考察，对于军户家族的山林经营实态开展研究，具有开拓新视角的意义。军户为明代人口众多、影响重大的群体，以往学界对于军户的研究很多，但是鲜见注意到明代"军庄"产业，山林占主体地位。此书作者以祁门奇峰郑氏置产簿为核心史料，首次对明代军户家族的山林经营进行了深入考察，指出明朝军户不许分户的制度规定，造成军庄规模日益扩大；在明代正德、嘉靖时期，随着赋役改革的影响，"军匠开户"不再受到严格限制，因此，郑英才军户家族三大房子孙纷纷分户，郑山、郑谅、郑璋等族众在前辈积累的基础上，逐渐独立从事山林经营，资产积累十分迅速，逐渐形成以经营山林著称的木商世家。在此以新视角揭示了军籍身份使得郑英才家族山林经营呈现出与普通民户家族不同的形态，从而弥补了徽商多元山林经营形态以往研究的缺失。

第三，采用研究新方法。

作者用功甚勤，利用明代置产簿、誊契簿、分家书、买山地册等文书资料，首次对明代徽州山林经济进行系统的微观量化分析，勾勒出明代徽州山林经济规模，指出在商品货币经济发展情形下，徽州山林经济呈规模化发展，拥有 100 亩以上山场的业主在明代徽州较为普遍，甚至出现了坐拥一两千亩山场的大业主，特别是伴随着商品货币经济的发展，徽州山林经济的经营管理也呈现出多样化的发展样态。其归纳徽州山林经营有自主经营、租佃经营和合伙经营等几种方式，与山林占有规模相关，规模较小的以自主经营和合伙经营方式为主，规模较大的则多以租佃经营方式为主，将山场租佃给佃户和佃仆经营，形成山分、力分等山林利益分配形态，指出经营方式多样化形成徽州山林经济发展的特色。与之相联系的，是多元管理方式也形成了徽州山林经济发展的特色，主要有机构管理、订立合约和众存管理等几种方式。作者强调徽州民众强烈的契约意识，大量契约文书直接反映出众存管理是明代徽州山林经营管理发展的特色。此外，作者多次进行田野调查，深入地方与民间文书收集者直接交流和对当地地形地貌进行勘察，通过对徽商在本土从事山地买卖、山场积累、山林规模与经营方式、山林纷争、贸易和利润分配等系统考察，指出徽州山林经济活动加强了徽州与全国市场的互动，加快了徽州山林物产的商业化，推动徽州社会经济发生重大变化，也促进了徽州社会的发展。

作者是徽州祁门人，乡土之情浓厚，在 2014 年以"优秀"完成这一选题的博士学位论文后，2015 年申报了国家社会科学基金青年项目，直至现在出版，他都在不断地进行着补充研究，旨在对徽州山林经营实态和徽州本土木商的发展脉络有全面深入的认识，展现明代徽州山林经济的整体面貌。我认为他的初衷达到了，并对他今后立意以全球史的宏大视野，继续投入徽州茶业的研究，深相期许。

　　是为序。

万　明

2023 年 1 月除旧日

于北京万寿秀庐

目 录
MU LU

导　　论

徽州地处皖南山区，山场面积广袤，山林经济不仅是徽州民众生活赖以维系的生命线，同时也是徽学研究的重要领域。明代徽州上承唐宋元早期开发，下启清代徽州山林经济的发展，因此，开展明代徽州山林经济的研究具有十分重要的学术意义。

一　学术史回顾

徽州是个典型的山区，山多地少的自然环境使得历史上的徽州粮食供给十分匮乏，然而，山区蕴含丰富的木材、茶叶、毛竹、桐油等土特产，也为徽州民众生活提供了巨大的衣食来源。因此，山林经济在徽州民众生活中占有重要地位。20 世纪 80 年代以来，徽学作为一门新兴学科日益受到学界关注，有关徽州各方面研究成果丰硕。学界在徽州山林经济诸多方面的研究同样取得了丰富的成果。概括起来，可从经济、社会、林业、法制和生态环境等视角进行梳理。

（一）经济的视角

徽州山区丰富的物产资源为当地经济开发提供了充足的商品来源，早在南宋时期，徽州人就利用优越的地理区位，将木材、茶叶①等土特产运往江南地区销售。到了明清时期，随着商品经济的发展，木材和茶叶成为徽商经营主要行业。学界对这方面的研究成果颇丰，可从徽州经济开发和徽州木商研究两个方面进行阐述。

徽州经济开发研究。由于徽州在历史上是个移民社会，有着从"鄙野"到"富州"的转变，因此，也有学者从地域经济开发的角度对徽州山

---

① 关于徽州山区茶业经济的系统研究回顾，请参见拙著《近代祁门茶业经济研究》，安徽科学技术出版社 2017 年版，第 6—16 页。

林经济进行研究。1951 年，台湾学者傅乐成对三国时期，孙吴政权对山越的开发历程进行了宏观考察。[①] 1972 年，日本学者斯波义信撰写《宋代徽州的地域开发》[②] 一文，以山区开发为切入点，对唐宋时期徽州的经济开发过程及其经济不断发展的原因进行了剖析。他认为宋代徽州的开发，是与大姓所共同具有的小宗分立倾向分不开的。而唐宋以来地方官或地方政权有组织的开发，对于打破徽州封闭状态，加强徽州与更广大区域之间经济的结合，起着更重要的作用。他最后总结，徽州山村型的开发，实际上是劳动集约型和商业化两种模式并存，但商业化的加强，对克服这一地区自然方面的劣势，起着更大的作用。1975 年，斯波义信还从商业发展的角度，对宋代徽州茶叶、木材、毛竹等山林物产的商业化发展进程进行了分析，认为其他地区对徽州山区物产的不断需求刺激了徽州商业化的发展。[③]

1978 年，国内学者崔思棣对宋代以降徽州山区的经济作物、手工业和商业发展进行了系统梳理，并在此基础上探讨了徽州经济发展的原因。[④] 李长弓从区域比较的角度，对徽州山区和太湖平原经济开发的异同进行了细致的比较研究。他认为巨大的人口压力是徽州和太湖平原经济开发的共同背景和主要动力，而平原和山区地貌特征的差异造成了太湖地区以稻作为主和徽州山区垦殖以茶、木为主的传统农业生产格局。[⑤]

清代中期由于棚民大量流入徽州，使得徽州山区开发进入一个新的阶段。冯尔康对清代皖南富裕棚民的经营方式进行了探讨，重点论述了富裕棚民与山主的关系。作者认为富裕棚民向山主交纳货币地租，同时雇工进行生产，具有新式的资本主义萌芽的因素，富裕棚民是资本主义租地人的先驱。[⑥] 1988 年，杨国桢《明清土地契约文书研究》，利用徽州文书，从

---

① 傅乐成：《孙吴与山越之开发》，台湾大学《文史哲学报》1951 年第 3 期。

② ［日］斯波义信著，刘淼译：《宋代徽州的地域开发》，载刘淼辑译《徽州社会经济史研究译文集》，黄山书社 1988 年版，第 1—18 页。

③ ［日］斯波义信著，刘志伟译：《宋代徽州商业的发展》，载刘淼辑译《徽州社会经济史研究译文集》，第 227—233 页。

④ 崔思棣：《徽州地区经济开发史要》，《安徽大学学报（社会科学版）》1978 年第 4 期。

⑤ 李长弓：《徽州山区与太湖平原经济开发的异同》，《中国社会经济史研究》1995 年第 2 期。

⑥ 冯尔康：《试论清中叶皖南富裕棚民的经营方式》，《南开学报（哲学社会科学版）》1978 年第 2 期。

山区开发的角度，对明清时期祁门县的营山与棚民问题进行了个案考察。他认为，明清时代祁门县的山区经济，从庄仆营山到棚民营山，是历史的一大变化。棚民营山的商品化倾向的中断和夭折，又使祁门山区经济的发展出现倒退。①

徽州木商研究。早在 20 世纪 40 年代，国内学者傅衣凌撰写《明代徽商考：中国商业资本集团史初稿之一》② 一文，对明代徽州木商贸易活动就有所涉及。至 50 年代，日本学者藤井宏撰写的《新安商人的研究》一文，对徽州木商的经营活动、资本积累等方面有所涉及。新中国成立后，由于受到阶级斗争思想的影响，学术研究陷于困境。改革开放后，学术研究迎来了新的发展契机。张海鹏和王廷元等学者整理的《明清徽商资料选编》一书，辑录有木材业和茶叶业的徽商资料。③ 1991 年，唐力行撰写《明清徽州木商考》论文④，对木材的采伐、运输和销售等经营活动进行了梳理，并对徽州木商利用宗族势力和佃仆制度进行经营的特点进行了论述。张海鹏、王廷元主编的《徽商研究》一书，是徽商研究的集大成之作，其中有专门章节对徽州木商贸易进行了深入的研究。⑤ 李琳琦对徽商与明清时期全国的木材贸易活动进行了宏观分析。⑥ 王廷元、王世华合著的《徽商》一书，对徽州木商资本组合形式、经营方式、活动范围和资本出路等问题有着专门探讨⑦，这是目前为止对徽州木商最为全面、系统的研究。何建木博士利用民国《婺源县志》和族谱资料，对清至民国时期婺源县商业进行了个案探讨。作者统计了婺源木商的数量，归纳了木商分布特征，对婺源木商的经营活动和商业发展做了微观的考察。在此基础上，对婺源木商同乡组织、群体性特征和商业移民的特征进行了深入的剖析。⑧

---

① 杨国桢：《明清土地契约文书研究》，人民出版社 1988 年版，第 137—155 页。
② 傅衣凌：《明代徽商考：中国商业资本集团史初稿之一》，《福建省研究院研究汇报》1947 年第 2 期。
③ 张海鹏、王廷元等主编：《明清徽商资料选编》，黄山书社 1985 年版。
④ 唐力行：《明清徽州木商考》，《学术界》1991 年第 2 期。
⑤ 张海鹏、王廷元主编：徽商研究，安徽人民出版社 1995 年版。
⑥ 李琳琦：《徽商与明清时期的木材贸易》，《清史研究》1996 年第 2 期。
⑦ 王廷元、王世华：《徽商》，安徽人民出版社 2005 年版。
⑧ 何建木：《商人、商业与区域社会变迁——以清民国的婺源为中心》，复旦大学 2006 年博士学位论文。该论文后修改出版，即《多元视角下的徽商与区域社会发展变迁研究——以清代民国的婺源为中心》，安徽大学出版社 2020 年版，第 86—127 页。

此外，作者还采取口述史的研究方法，对徽州木商后代俞昌泰进行采访，鲜活地再现了俞氏家族商业经营的兴衰过程。① 范金民对明代徽州木商在西南、湖广和皇木采办中的具体经营活动进行全面考察，并对徽州木商的内部竞争及与牙人、地方势力的纠纷进行了探讨。他指出，明代以祁门、婺源和休宁为主的徽州木商以家族集群或地缘组合的形式从事木材贸易，成为明代徽州木商经营方面的特色。他还认为，明代中后期徽州木商同盐商一样，在全国木材贸易中取得了优势，因而也成为徽州商帮形成的一个标志。② 这是目前关于明代徽州木商研究最为全面系统、最为新颖的研究成果。

（二）社会的视角

20 世纪 80 年代以后，社会史研究逐渐兴起，有关宗族、族产和基层社会组织等问题逐渐受到关注。徽州作为中国传统社会的典范之区，自然也引起学者的重视，可从有关族产和徽州佃仆与山林等方面进行论述。

族产研究。传统徽州的宗族势力较为强固，族产是徽州宗族赖以生存和发展的经济基础。而徽州又是个山区，因此，山场自然成为徽州族产最为重要的组成部分。徽州宗族在发展的过程中不断购置田地、山场等族产，为了加强对族产的管理，大多数宗族都有关于族产添置的置产簿、抄契簿和誊契簿等文书，这些系统的资料是研究徽州山林经济的重要史料。20 世纪 80 年代以后，随着徽州文书的不断发现和整理，学界利用这些簿册文书对徽州宗族的族产经济进行了多方面的研究。

1980 年，刘重日和武新立对《齐保公置产簿》和《各祠各会文书租底》这两部租底簿进行了介绍，披露了一些山林契约，分析了其在研究封建社会的生产关系、经济状况和思想意识形态方面的史料价值。③ 1982 年，美国学者居蜜对皖南的土地占有关系与宗法制度进行了研究。他认为，徽州商业资本是从经营林木的产品中取得的，奴仆被广泛用于植茶和兴种杉、松等树木。同时，他还对山林经营中的"花利"和"力分"问题进行阐释，认为力分表示着产权的一部分，占有者可以转让、出卖、抵押和留

---

① 俞平昌泰口述，何建木、张启祥整理：《一个徽商后代的回忆》，《史林》2006 年增刊。

② 范金民：《明代徽州木商经营活动述略》，《安徽大学学报（哲学社会科学版）》2020 年第 2 期。

③ 刘重日、武新立：《研究封建社会的宝贵资料——明清抄本〈租底簿〉两种》，《文献》1980 年第 3 辑。

给后代。① 叶显恩利用文书资料，对明清时期徽州农村社会中包括山场在内的土地关系占有形态和土地买卖等问题进行考察。② 彭超以安徽省博物馆藏的休宁《程氏置产簿》为主要资料，探讨了明代休宁程氏宗族的土地兼并和地价等问题。③ 章有义利用中国社会科学院经济研究所收藏徽州地主的置产簿、租簿资料，对明清时期徽州土地的占有形态、地租形态、地权分配和地价诸问题进行了深入的探讨。④ 郑振满利用《歙西溪南吴氏先茔志》资料，对茔山、墓田与徽商宗族组织的发展进行了探讨。作者认为，茔山和墓田是宗族组织的物质基础，而茔山的沿革及其经营状况，集中反映了徽商宗族组织的兴衰变化。⑤ 章有义还利用徽州的租簿、会簿等文书资料，对近代以降徽州的土地变动、租佃关系和地价等问题进行了实证量化研究。⑥ 刘和惠利用安徽省博物馆藏的明代祁门洪氏誊契簿，对从明代洪武到万历年间祁门洪氏宗族起家和发展、土地租佃关系和地价等问题进行了全面剖析。⑦

刘淼从土地占有形态入手，对明代徽州土地买卖与兼并、寄产与在城地主的发展和分家析产制盛行等问题进行了研究。作者认为，徽商崛起为徽州土地买卖发展注入了新的活力。⑧ 彭超分析了明清时期徽州地区的土地价格与地租问题，并对影响地价的因素进行探讨。⑨ 栾成显对明初庶民地主谢能静土地兼并现象进行研究，认为谢能静通过批受继承、土地买卖、垦荒和占业与诡寄等方式积累了大量的田地、山场等生产资料。⑩ 周绍泉利用徽州土地买卖文书，对明代徽州土地买卖发展趋势进行了探讨。指出明代徽州的土地买卖呈现出频率增加和节奏加快的趋势，而山多地少

① ［美］居蜜：《一六〇〇年——一八〇〇年皖南的土地占有制与宗法制度》，《中国社会经济史研究》1982 年第 2 期。
② 叶显恩：《明清徽州农村社会与佃仆制》，安徽人民出版社 1983 年版，第 42—96 页。
③ 彭超：《休宁〈程氏置产簿〉剖析》，《中国社会经济史研究》1983 年第 4 期。
④ 章有义：《明清徽州土地关系研究》，中国社会科学出版社 1984 年版。
⑤ 郑振满：《茔山、墓田与徽商宗族组织——〈歙西溪南吴氏先茔志〉管窥》，《安徽史学》1988 年第 1 期。
⑥ 章有义：《近代徽州租佃关系案例研究》，中国社会科学出版社 1988 年版。
⑦ 刘和惠：《明代徽州洪氏誊契簿研究》，《中国社会经济史研究》1986 年第 3 期。
⑧ 刘淼：《略论明代徽州的土地占有形态》，《中国社会经济史研究》1986 年第 2 期。
⑨ 彭超：《明清时期徽州地区的土地价格与地租》，《中国社会经济史研究》1988 年第 2 期。
⑩ 栾成显：《明初地主积累兼并土地途径初探——以谢能静户为例》，《中国史研究》1990 年第 3 期。

的自然环境，使得徽州人在衣食不给时，通常是先卖山、地，次卖塘、田，直到破家时再卖坟山墓地。① 赵赟、满志敏和葛全胜，对徽州土地利用驱动力进行系统分析。他们认为，在突出的人口压力、徽州发展、棚民运动和自然灾害等驱动力的作用下，徽州土地利用变化的总体态势呈现三个阶段的表现，即作物种植从无序到有序、土地权属从分散到集中和土地覆盖从优化到退化。②

1991 年，周绍泉利用《窦山公家议》资料，对明清时期祁门善和程氏仁山门族产（主要是山场）的内部结构、来源、经营方式、管理体系、收益分配及其作用进行了全面的研究。③ 1993 年，周绍泉将《窦山公家议》整理出版。该书卷五《山场议》，是关于程氏宗族山场的经营和管理等方面资料。④ 随后，颜军利用该书，对祁门善和程氏族产经济（田产和山场）管理、租佃和分配形式进行新的阐释。⑤ 陈柯云对徽州山区的族产发展进行探讨，提出山场是族产的主要组成部分，并对以风水山、墓林等众存山业形式存在的族产进行和考察。她认为，众存山场通过宗祠价买和统一管理的形式转化为祠产具有普遍性，是宗族组织强化族产管理的反映，同时也是宗族经济权利增长的明证。⑥ 夏维中、王裕明利用南京大学历史系资料室收藏的《康熙孙氏文契簿》和《存众业簿》，对清初休宁兖山孙氏与同一社区其他家族之间的财产互动情形进行剖析，认为商业资本在其中起到巨大作用。⑦ 陈瑞从社会控制的视角，对明清时期徽州宗族内部的合同条约的控制功能进行论述。他认为徽州山场管业合同、筹款合同、祖墓保护与墓祭条约和养山会等会社规约合同，对相关当事人的各种行为起到一定的约束和控制作用，同时也起到保护徽州生态环境的作用，有利于徽州

---

① 周绍泉：《试论明代徽州土地买卖的发展趋势——兼论徽商与徽州土地买卖的关系》，《中国经济史研究》1990 年第 4 期。

② 赵赟、满志敏、葛全胜：《徽州地区土地利用变化驱动力分析（1500—1900）》，《复旦学报（社会科学版）》2002 年第 5 期。

③ 周绍泉：《明清徽州祁门善和程氏仁山门族产研究》，载《谱牒学研究》第 2 辑，文化艺术出版社 1991 年版，第 1—35 页。

④ （明）程昌撰，周绍泉、赵亚光校注：《窦山公家议校注》，黄山书社 1993 年版。

⑤ 颜军：《明清时期徽州族产经济初探——以祁门善和程氏为例》，载《明史研究》第 5 辑，黄山书社 1997 年版，第 61—67 页。

⑥ 陈柯云：《明清徽州族产的发展》，《安徽大学学报（哲学社会科学版）》1996 年第 2 期。

⑦ 夏维中、王裕明：《从置产簿看清初徽州家族之间的财产互动——以休宁兖山孙氏为例》，《中国农史》2001 年第 1 期。

社会的和谐稳定。①

徽州佃仆与山林研究。明清时期，徽州佃仆制盛行，强宗右族一般都采取将族产（含山场）租佃给佃仆进行经营。苗木的栽种、兴养、日常管理和砍伐等都使用佃仆进行劳作。因此，在有关佃仆制②的研究论文中多会涉及这一问题。

早在 20 世纪 60 年代，傅衣凌就对明代徽州庄仆文约进行了梳理，辑录一些佃仆兴养山林的文约。③ 进入 80 年代以后，学界对佃仆从事山林的劳作、租佃、看管等问题的研究取得丰硕的成果。1981 年，傅同钦利用天津历史博物馆藏的几份明代徽州文书，通过对明代佃仆从事山林劳动活动的分析，探讨了佃仆的社会地位和身份问题。④ 刘重日认为奴仆不堪忍受繁重的山林等劳作，是造成他们反抗的主要原因。⑤ 刘重日还撰写《明代徽州庄仆制研究》一文，系统梳理了佃仆名称种类，对佃仆租佃地主山场的内容进行了论述。⑥ 叶显恩《明清徽州农村社会与佃仆制》一书，在论述佃仆所受的封建剥削、奴役和身份地位时，涉及佃仆大量被用于从事山场劳作的内容。⑦ 刘和惠撰写多篇关于佃仆制的论文，全面阐释了佃仆从事的山场经营、主佃关系、地租剥削量和佃仆的劳役量等问题。⑧ 刘和惠还对包括山林契约在内的徽州农村社会契约类型和内容进行了宏观研究。⑨此外，刘和惠在《徽州土地关系》一书中，指出明清数百年佃仆制之所以在徽州延续不断，是与山区林业经济密切相关的。可以说，无林业，佃仆制便难有立足之地。他认为，佃仆制是明清时期徽州地区林业租佃关系的

① 陈瑞：《明清时期徽州宗族内部合同条约的控制功能》，卞利主编：《徽学》第6卷，安徽大学出版社 2010 年版，第 152—176 页。

② 关于徽州佃仆制研究的系统回顾，请参阅邹怡《徽州佃仆制研究综述》，《安徽史学》2006 年第 1 期。

③ 傅衣凌：《明代徽州庄仆文约辑存——明代徽州庄仆制度之侧面的研究》，《文物参考资料》1960 年第 2 期。

④ 傅同钦：《明代安徽文约拾零》，《南开史学》1981 年第 2 期。

⑤ 刘重日：《从部分徽档中看明代的徽州奴仆及其斗争》，载《中国农民战争史论丛》第 3辑，河南人民出版社 1981 年版，第 83—100 页。

⑥ 刘重日、曹贵林：《明代徽州庄仆制研究》，载《明史研究论丛》第 1 辑，江苏人民出版社 1982 年版，第 64—90 页。

⑦ 叶显恩：《明清徽州农村社会与佃仆制》，第 232—294 页。

⑧ 刘和惠：《明代徽州佃仆制考察》，《安徽史学》1984 年第 1 期；《明代徽州胡氏佃仆文约》，《安徽史学》1984 年第 2 期；《明代徽州佃仆制补论》，《安徽史学》1985 年第 6 期。

⑨ 刘和惠：《明代徽州农村社会契约初探》，《安徽史学》1989 年第 2 期。

主要形式，而在农业租佃关系中并不占重要地位。①

除族产和佃仆与山林方面的研究外，这段时期陆续整理出版的有关徽州山林契约的资料也值得关注。1988 年，安徽省博物馆组织连同徽州地区在内的几家单位整理出版了《明清徽州社会经济资料丛编（第一集）》②，其中包含有相当数量的山地买卖、租佃契约。随后，中国社会科学院中国历史研究院利用该所收藏的文书，整理出版《明清徽州社会经济资料丛编（第二辑）》，其中含有大量明代徽州山地买卖契约。③ 此外，中国社会科学院中国历史研究院还整理出版《徽州千年契约文书》，分宋元明编和清民国编，共 40 卷。④ 其中包含有大量山地买卖契约、分山阄书、山林合同、诉讼文书和抄契簿等山林文书资料，具有十分重要的学术意义。

（三）林业的视角

如众所知，徽州是个典型的山区，山多田少，山林经济是徽州民众主要的生活来源。学界从林业视角对徽州山林经济进行了深入的研究，可从山林经营、管理和林业文化两个方面进行梳理。

徽州山林经营和管理研究。彭镇华从林业学的角度，论述了杉木起源，栽培历史和经验，杉木的生产和利用等问题，指出徽州不但有着悠久的杉木栽培历史，而且具有较高的杉木栽培技术，且徽州也是杉木起源的中心地区之一。⑤ 李伯重考察明清时期江南地区的木材问题，认为明清时期徽州木材出产不能满足江南市场的需要，而福建、湖南、四川与贵州则成为最重要的供应地。⑥ 张雪慧从徽州林木的种植和养护入手，论述林木生产是徽州农村经济的重要构成部分，并认为林木生产促进了徽州商品货币经济的发展。⑦

陈柯云撰写了多篇有关徽州山林经济的高质量论文。在《明清徽州地

---

① 刘和惠、汪庆元：《徽州土地关系》，安徽人民出版社 2005 年版，第 149—153 页。

② 安徽省博物馆编：《明清徽州社会经济资料丛编（第一集）》，中国社会科学出版社 1988 年版。

③ 中国社会科学院中国历史研究院徽州文契整理组编：《明清徽州社会经济资料丛编（第二辑）》，中国社会科学出版社 1990 年版。

④ 中国社会科学院中国历史研究院编：《徽州千年契约文书（宋·元·明编、清·民国编）》，花山文艺出版社 1993 年版。

⑤ 彭镇华：《从历史文献论杉木起源》，《安徽农学院学报》1984 年第 2 期。

⑥ 李伯重：《明清时期江南地区的木材问题》，《中国社会经济史研究》1986 年第 1 期。

⑦ 张雪慧：《徽州历史上的林木经营初探》，《中国史研究》1987 年第 1 期。

区山林经营中的"力分"问题》①一文中，她对"力分"出现和形成惯例的时间、决定力分分成的主要因素和力分出现的主要意义进行了全面的研究。她认为，"力分"在明初开始出现，到了天顺年间形成惯例，而"栽苗工食"和"长养工食"则是决定力分分成比例的主要因素。力分的出现和发展意味着山林所有权和租佃权发生分离，农民的力分不仅代表产品，而且可以出卖、转佃、典当、继承，而力分权频繁的买卖，使得佃农割断了与山林的联系，成为林区的雇工人，这无疑是有利于资本主义的萌芽和发展的。在《明清山林苗木经营初探》②一文中，陈柯云从国有山林、乡村共有山林和私人山林三个方面论述了明清时期徽州山林发展变化趋势，认为私有山林的发展，对明清社会经济的发展产生了一定影响。陈柯云还利用《李氏山林置产簿》，对明清徽州山林经营的诸多问题做了有益的探讨。她认为，徽州山多田少的自然地理环境，山林经济效益较高和明朝政府重视山林经济是徽州宗族热衷于山林经营的主要原因。另外，她还从风水观念，山林的宗族经营，佃仆山林的兴养租佃和木材砍伐外运四个方面论述了徽州山林经营的特点，并对众存产业和祠产山林的关系做了辨析。③

　　刘和惠利用山林契约对明清徽州山场的租佃、管理和所有权形态进行了探讨，指出徽州山场大多采取合伙承佃，分成地租是地租形态的主要形式，山主在租佃后仍然在一定程度上参与山场的防火、禁止盗砍和拚卖等管理。④杨冬荃利用南京大学历史系资料室收藏的山场佃种经营方面的契约，将这些契约分为栽苗文书、看养文书、佃山应役文书、佃山栽苗契约和棚民租山约内类型，通过对这些山场契约的研究，总结出了徽州山场经营的三种方式，即由山主雇人栽种，然后委托给山人管理；由山主将山场佃与佃山人栽种并管理树苗，待林木成材后，山主与佃山人按成分收木材和山主将山场租给棚民，山场在一定时期内全归棚民支配，棚民雇工种植

　　①　陈柯云：《明清徽州地区山林经营中的"力分"问题》，《中国史研究》1987 年第 1 期。
　　②　陈柯云：《明清山林苗木经营初探》，《平准学刊》编辑委员会编：《平准学刊》第 4 辑，光明日报出版社 1989 年版，第 139—166 页。
　　③　陈柯云：《从〈李氏山林置产簿〉看明清徽州山林经营》，《江淮论坛》1992 年第 1 期。
　　④　刘和惠：《明清徽州文契研究——山场的租佃、管理和所有权的转移》，载《文物研究》第 6 辑，黄山书社 1990 年版，第 326—337 页。

粮食，而不是经营林木。①

卞利利用在徽州调查中收集的森林保护碑刻，描述了徽州森林保护碑刻的时空分布、类型划分和基本内容，认为森林保护碑刻规条具有禁止性、惩戒性和奖赏性的特点，进而分析森林保护碑刻在禁止乱伐森林、维护当地民众的生活及生态平衡方面的作用。② 陈瑞认为风水学说的盛行，解决人口生计的需要，木材商业的刺激，维护生态平衡的需要，先进的林业养护技术措施和严密管理制度的制定与完善和地方官府、宗族、乡约、会社等基层组织的重视六个方面的因素，是明清徽州林业生产不断发展的主要原因。③

日本学者中岛乐章利用以往为人们所轻视的徽州小同族《凌氏眷契簿》，探讨了清代徽州地区凌氏宗族的山林经营、纠纷处理和宗族形成等问题，进一步加深了人们对清代中期徽州社会经济变迁的认识。④ 刘和惠对明清时期徽州的林业生产管理进行分析，认为官府对林业的管理，通过支持民间乡约护林并加以告示钤印，使之具有合法形式，同时地方政府也直接发布告示保护农林生产。⑤

袁婵、李莉和李飞将徽州涉林契约分成卖地兼及卖苗木契约，租赁土地兼及林权分配契约和纯粹林木贸易契约三种类型，对各自代表性契约做了初步分析，并在此基础上比较了贵州、福建和徽州涉林契约的异同。⑥

日本学者岸本美绪对贵州山林契约文书和徽州山林文书形制、内容、经营方式、租佃关系和纠纷处理等方面进行了比较研究。⑦ 这是目前所见唯一一篇从区域比较视角，将徽州山林契约文书和其他区域山林文书进行深入比较研究的成果。

---

① 杨冬荃：《从民间契约看明清徽州的山场经营》，《历史档案》1991 年第 3 期。

② 卞利：《明清时期徽州森林保护碑刻初探》，《中国农史》2003 年第 2 期。

③ 陈瑞：《明清徽州林业生产发展兴盛原因探论》，《中国农史》2003 年第 4 期。

④ ［日］中岛乐章：《清代徽州的山林经营、纷争及宗族形成——祁门三四都凌氏文书研究》，《江海学刊》2003 年第 5 期。

⑤ 刘和惠、汪庆元：《徽州土地关系》，第 249—251 页。

⑥ 袁婵、李莉、李飞：《明清时期徽州涉林契约文书初探》，《北京林业大学学报（社会科学版）》2010 年第 2 期。

⑦ ［日］岸本美绪：《贵州的山林契约文书和徽州的山林契约文书》，载唐立、杨有赓、武内房司主编《贵州苗族林业契约文书汇编（1736—1950 年）》第三卷《研究篇》，东京外国语大学2003 年版。该文后被翻译成汉文发表，参见 ［日］岸本美绪著，张微译《贵州山林契约文书与徽州山林契约文书比较研究》，《原生态民族文化学刊》2014 年第 2 期。

　　此外，近年来一些硕博学位论文的成果亦引人注目。2002 年，台湾成功大学硕士张纯宁，以明代徽州散契为切入点考察当时土地所有权的变化。他认为，徽州的林场经营、买卖以徽州宗族为主的两种情况，显示土地所有权有逐渐向宗族集中的趋势。而徽州府的林场经营发展，也佐证了徽州宗族透过地缘、亲属或是共业关系并购林场，显示明代中期以后林场土地所有权逐渐集中于少数地主。① 2012 年，安徽大学博士李磊的《明清徽州山林经济与社会》，是目前所见唯一一篇以徽州山林经济为题的学位论文。该文对明清时期徽州山林的生产、经营、贸易，山林经济的管理，山林纷争与裁处，林业习俗等问题作了有益的探讨。作者认为，以木业和茶业为主题的山林经济在徽州生产与生活中占有重要地位；明清时期徽州山林经济在族产中占有重要地位；山林环境影响下的徽州社会与文化具有浓厚的山区特色。同时，作者还注意到，徽州山林经营与管理受到劳动力大量外流的负面影响。② 卢佳林的《清代中期徽州山林保护研究》通过利用官府告示、文书、碑刻、族谱等资料，对清代中期徽州山林保护进行研究。③

　　徽州林业文化研究。卞利对明清以来徽州山区的经济民俗进行了专题探讨。他认为徽州丰富的山林资源，使得徽州经济民俗呈现出内容上的丰富性和形式上的多样性。人们在日常生产和生活中，养成保护森林资源的意识和观念，并形成约定俗成的习惯与规约。④ 关传友将徽州风水林分为村落宅基风水林、坟园风水林、寺院风水林和来龙风水林，提出风水观念，地理环境和徽商的兴盛是徽州风水林兴起的主要原因，并探讨风水林在环境保护方面的作用。⑤ 他还从物质文化、制度文化和精神文化三个方面对徽州林业文化进行介绍，认为丰富的林业资源、自然环境的制约、徽商的兴盛、徽州宗族的积极参与和徽州地域文化的熏陶，是徽州林业文化形成的主要原因。⑥

---

　　① 张纯宁：《明代徽州散件卖契之研究——兼论土地所有权的变化》，（台南）成功大学 2002 年硕士学位论文。
　　② 李磊：《明清徽州山林经济与社会》，安徽大学 2012 年博士学位论文。
　　③ 卢佳林：《清代中期徽州山林保护研究》，安徽大学 2017 年硕士学位论文。
　　④ 卞利：《试论明清以来徽州山区的经济民俗》，《黄山高等专科学校学报》2002 年第 3 期。
　　⑤ 关传友：《徽州地区的风水林》，《寻根》2011 年第 2 期。
　　⑥ 关传友：《徽州地区林业文化的概况及形成原因》，《北京林业大学学报（社会科学版）》2011 年第 2 期。

(四) 法制的视角

徽州地狭人稠，围绕有限的资源，徽州民众不断发生诉讼，乃至形成"健讼"的风气。而在众多的纠纷中，山林和祖茔墓地的纠纷不仅是最为常见的纠纷类型，而且常常导致纠纷激烈程度不断升级，其中，祖茔墓地的纠纷甚至造成"累讼不绝"的现象。近年来，随着法制史研究的兴起，涌现出一批有关徽州山林诉讼的研究成果。

卞利对明代徽州田宅、山林、坟地和水利纠纷进行分析，认为大量诉讼现象发生既是人们法制观念增强的表现，同时也反映了商品经济的发展和社会文明的进步。① 郑小春对明清不断发生的汪祠墓纠纷进行分析，认为徽州宗族组织在应对纠纷的契机下完成内部联合，并主动与官方联手来解决纷争。② 任志强认为，明清时期人们采取许多保护坟茔的措施，但是由于主客观原因，坟茔纷争屡见不鲜，人们多采取宗族内部协商、亲族调停、中人调解、地方乡绅裁决和鸣官控告等多种形式来解决坟茔争端。③ 韩秀桃在《明清徽州民间纠纷及其解决机制》一书中，对38件徽州民间坟葬纠纷进行了探讨，认为风水观念与坟葬纠纷的发生有着密切关系。④ 随后，她对50个明清徽州坟山纠纷进行了分类统计，并探讨了官方对纠纷的态度和纠纷的处理方式。⑤ 韩丹妮从民间习惯法的视角对明清徽州山林土地纠纷的解决方式进行考察，她认为村规民约、族规家法、宗教信仰等在徽州山林土地纠纷的解决中起到重要作用。⑥ 陈雪明对明清徽州山林的禁养问题进行考察，她认为徽州十分重视山林养护，但盗砍盗葬现象却屡禁不止，不仅影响了国计民生，也破话了生态环境和自然景观。⑦ 杜正贞

---

① 卞利：《明代徽州的民事纠纷与民事诉讼》，《历史研究》2000年第1期。

② 郑小春：《汪氏祠墓纠纷所见明清徽州宗族统治的强化》，《安徽大学学报（哲学社会科学版）》2007年第4期。

③ 任志强：《明清时期坟茔的纷争》，载《安徽大学法律评论》2009年第1辑，安徽大学出版社2009年版，第265—277页。

④ 韩秀桃：《明清徽州的民间纠纷及其解决》，安徽大学出版社2004年版，第264—293页。

⑤ 韩秀桃：《明清徽州民间坟山纠纷的初步分析》，载《法律文化研究》第4辑，中国人民大学出版社2008年版，第145—166页。

⑥ 韩丹妮：《民间法的意义——以明清徽州地区山林土地纠纷解决方式为例》，上海大学2015年硕士学位论文。

⑦ 陈雪明：《明清徽州地区山林禁养问题略述——以祁门县为中心》，《农业考古》2016年第4期。

对东南山场的定界、界址及确权与山界诉讼进行考察，提出南宋时期徽州有大量山林尚未登载到官府册籍中，没有字号、亩数，仅以土名、四至界定范围。至明清时期，徽州山场"界址"成为一种确权的基础概念，山场中不同的权利多附着在一个边界相对明确的空间中。鱼鳞图册登载徽州山场时不仅不关注山业的实际形态、面积和界至，而且每次清丈都很少对山场实行开弓丈量，只记录山业的税亩，但这并不影响山林争诉时鱼鳞图册成为重要的产权凭据，徽州山场在开发、买卖、继承过程中形成的契约、合同也成为山场划界和确权的主要依据。①

日本学者中岛乐章在徽州乡村诉讼研究方面用力最勤，取得了丰硕的成果。他利用《茗洲吴氏家记》，对明代徽州山林、墓地的纠纷及其处理程序进行了探讨。② 他的博士论文《明代郷村の紛争と秩序——徽州文书史料として—》，对明代徽州纠纷及其处理形式的演变做了系统的研究，其中涉及相当数量山林纠纷。重点探讨了明代里老、里甲制、中人、官府和宗族等主体在纷繁复杂的山林纠纷中的角色演变。③ 此外，他还对宋至清代包括山林、墓地在内的同族共有资产的法律性保护条例演变进行了剖析，认为从宋代到清代有关山林和墓地的立法逐步完善。④

阿风利用诉讼文书和家谱资料，考察明代中后期徽州围绕宗族墓地、祠庙及其附属墓产、祀产的一系列诉讼现象。他认为祭祀观念的变化和国家政策的调整是造成这些诉讼大量发生的主要原因，所谓的"健讼"，实际上就是宗族寻求国家认同的过程。⑤

（五）生态环境的视角

徽州是个典型的山区，自然环境脆弱，历史上徽州人在生产和生活中十分重视对生态环境的保护，形成较为严密的生态保护管理体系。然而，

---

① 杜正贞：《明清以前东南山林的定界与确权》，《浙江社会科学》2020 年第 6 期；同氏：《明清时期东南山场的界址与山界争讼》，《史学月刊》2021 年第 2 期。

② ［日］中岛乐章：《从〈茗洲吴氏家记〉看明代的诉讼处理程序》，载周绍泉、赵华富主编《'95 国际徽学学术讨论会论文集》，安徽大学出版社 1997 年版，第 175—183 页。

③ ［日］中岛乐章：《明代郷村の紛争と秩序——徽州文书史料として—》，汲古书院 2002 年版。该书的中译本为江苏人民出版社 2010 年版。

④ ［日］中岛乐章：《宋代至清代同族共有资产的法律性保护》，载《中国社会历史评论》第 12 卷，天津古籍出版社 2011 年版，第 127—139 页。

⑤ 阿风：《明代徽州宗族墓地与祠庙之诉讼探析》，《明代研究》第 17 期，2011 年。

随着经济的发展，尤其是清代人口急剧膨胀，大量棚民涌入徽州，大规模垦殖造成徽州生态环境的严重破坏。近年来，随着环境史研究的兴起，徽州生态环境问题日益受到学界的关注，相关研究大多从生态环境保护和生态环境恶化两个方面对徽州进行研究。

有关徽州生态环境保护方面的研究。陈柯云对明清时期徽州保护山林的乡约和养山会等组织进行探讨，认为乡约、养山会在山林保护中起到了巨大贡献，为徽州地区经济发展也起到重要作用。①

关传友利用族谱资料，对徽州家谱中有关植树护林的资料进行系统地梳理，认为提倡植树造林是徽州家谱家法资料的重要内容之一。他指出，追求林木绿化景观的生态思想，提倡植树的绿化行为和禁止毁林的护林行为，是徽州宗族植树护林的表现，而山场林木、风水林木和园林景点林木则是植树造林的主要场所。他认为徽州宗族大规模植树护林客观上培养了徽州人种植和保护林木的习惯，起到保护自然生态平衡，防止水土流失和保障宗族成员的生存基础的作用。山林经济的特殊地位、毁林严重的现实问题、风水意识盛行和山林的宗族经营，是徽州宗族植树护林行为的重要原因。② 关传友还对清代徽州生态环境的保护对象、组织、措施、原因和效应等问题进行研究，并认为生态环境保护主要表现在对林木、水源、动物和土壤的保护，宗族、乡约、会社、寺院、官府和个体则是保护生态的主要组织，封山育林、严厉禁止采矿及垦殖、植树造林和祭祀神灵，是生态保护的主要举措，生态环境严重破坏、生产和生活资源的巨大需求和风水观念的盛行，是徽州重视自然生态保护的主要原因。这些在客观上培育了徽州人保护生态环境的习惯，具有一定的约束力和社会效力。③

卞利对徽州乡规民约进行宏观研究，认为徽州乡规民约中含有大量的生态保护内容，起到约束族众，维护徽州生态环境和乡村社会既定秩序的作用。④ 卞利还从生态环境与社会变迁的角度，对明清以来婺源的生态环境问题进行探讨。认为婺源有着优越的自然环境，宗族重视文教和商贾迭

① 陈柯云：《略论明清徽州的乡约》，《中国史研究》1990年第4期。
② 关传友：《徽州宗谱家法资料中的植树护林行为》，《北京林业大学学报（社会科学版）》2003年第4期。
③ 关传友：《论清代徽州社会对生态环境的保护》，《南京林业大学学报（人文社会科学版）》2010年第2期。
④ 卞利：《明清徽州乡（村）规民约论纲》，《中国农史》2004年第4期。

出，使得人与自然呈现出和谐相处的局面。在明末清初的改朝换代、清代中叶棚民的乱砍滥伐和清末咸同兵燹等社会变迁中，婺源的生态环境曾经遭受一定程度的破坏，但在地方官府、宗族和乡里组织的共同努力下，逐步得到缓慢的修复。① 2008 年，徽州生态文化保护区的成立，是徽州生态环境保护进行中的大事。卞利以徽州文化生态保护试验区为例，对文化生态保护中存在的问题和解决对策进行探讨。②

有关徽州生态环境破坏方面的研究。清代中叶棚民的大规模流入徽州，大规模的垦殖，乱砍滥伐，粗放的经营方式，对徽州生态环境造成了很大的破坏。学界主要是从棚民开发的角度对徽州在清代中期面临的环境恶化问题进行探究。

陈瑞从社会控制的视角，对徽州生态环境恶化问题进行论述，认为徽州宗族采取驱禁棚民、成立养山会保护山林、呈官封禁和调整农业产业结构等措施来缓解与遏制由棚民带来的生态环境恶化态势，一定程度上起到了保护生态环境和维持徽州社会和谐发展是作用。③ 陈瑞还以棚民营山活动为中心，对清代徽州山区生态环境恶化进行研究，认为清代中期徽州山区生态环境严重恶化，主要是由外来棚民从事简单粗放、掠夺式的营山活动造成的。④

谢宏维从乡村社会控制的角度，对清代棚民活动对徽州生态环境破坏问题进行分析。⑤ 此外，谢宏维还从棚民造成的社会问题入手，探讨徽州下层民众、地方精英和地方官府等各种力量的应对措施。⑥ 谢宏维还对清代棚民的经济活动与山区开发及其所引起的生态环境问题进行探讨。他认为，棚民进行多种形式的生产活动，为当地经济的发展做出了贡献；但是

---

① 卞利：《明清以来婺源的生态环境与社会变迁》，《鄱阳湖学刊》2009 年第 3 期。
② 卞利：《文化生态保护区建设中存在的问题及其解决对策——以徽州文化生态保护实验区为例》，《文化遗产》2010 年第 4 期。
③ 陈瑞：《明清时期徽州宗族对社会问题的控制》，《中国农史》2007 年第 4 期。
④ 陈瑞：《清代中期徽州山区生态环境恶化状况研究——以棚民营山活动为中心》，《安徽史学》2003 年第 6 期。
⑤ 谢宏维：《生态环境的恶化与乡村社会控制——以清代徽州的棚民活动为中心》，《中国农史》2003 年第 2 期。
⑥ 谢宏维：《清代徽州棚民问题及应对机制》，《清史研究》2003 年第 2 期；《清代徽州外来棚民与地方社会的反应》，《历史档案》2003 年第 2 期。

由于自身状况和历史条件的限制，棚民垦殖活动也带来一系列的负面影响。①

卞利认为棚民对徽州山区的无序垦殖和恶性开采，对徽州山区脆弱的生态环境造成严重的破坏，并直接影响山区原有社会生产与生活秩序，形成较为严峻的"棚民"与土著居民对立的社会问题。②

与一般学者对棚民的负面评价不同，赵赟、梁诸英等人对棚民问题进行反思。赵赟对棚民被"妖魔化"的错误倾向进行了拨正，打破了旧学说一味批判棚民的做法，认为棚民是开垦的急先锋，对积极推广玉米等作物的历史功绩给予正面评价。③梁诸英从契约与民生的角度进行研究，认为政府对契约法律效率的认可，百姓的生存及牟利的需要，是清代徽州棚民长期存在、难以驱禁的两大重要原因。④此外，梁诸英还对明清时期徽州的荫木砍伐问题进行探讨，认为不肖之丁、看守失职、管理不便、被豪强棍徒盗砍等因素，是造成荫木遭受滥伐的主要原因，而地方社会则采取对盗砍人立甘罚文约、将盗砍人送官究治、加强对荫木的看管、坟山产权方面的处理、请求政府发布告示等措施，来应对荫木盗砍事件。⑤

以上笔者从经济、社会、林业、法制和生态环境等方面，对徽州山林经济的研究史进行系统的回顾。根据相关研究内容，我们可将以往的研究划分为三个阶段。20世纪40—80年代，学界在关注商人和佃仆制研究时，涉及徽州山林经济相关问题。20世纪90年代，徽州山林经济的专题研究大量涌现。此外，围绕徽州山林纠纷问题研究也不断受到关注。21世纪以来，徽州生态环境问题日益受到学界重视，徽州环境史研究开始勃兴。

固然，学界在徽州山林经济各个方面的研究取得了丰硕的成果，其中一些论断颇具启发意义，具有很高的学术价值。这些成果为后来的研究者提供重要的参考。然而，纵观以往的研究，笔者发现还存在一些不足之处，主要有以下几个方面。

首先，研究不够深入。以往的研究多是对徽州山林经济及其相关问题

---

① 谢宏维：《清代棚民及其对社会经济的影响》，《历史教学》2004年第3期。

② 卞利：《清代中期棚民对徽州山区生态环境和社会秩序的影响》，《中国生物学史暨农学史学术讨论会论文集》，2003年，第1—8页。

③ 赵赟：《强势与话语：清代棚民历史地位之反思》，《中国农史》2007年第3期。

④ 梁诸英：《契约与民生：清代徽州棚民长期存在之反思》，《安徽史学》2009年第3期。

⑤ 梁诸英：《明清时期徽州荫木砍伐及地方社会应对》，《中国农史》2013年第2期。

的宏观论述，而有深度的典型个案研究明显不足，致使一些重要问题未能得到合理的阐释。如徽州单个家族山场的规模如何，山林经济在家族日常生活中占有多大比重，山林经营中的利润如何分配，等等。这些重要的问题，在此前的研究中鲜有涉及。在谈论山林经济在徽州民众社会经济生活中的地位和作用时，也多泛泛而论，说服力不强。

其次，以往的学术研究多从主佃关系和资本主义萌芽等立场来对山林经济进行论述，研究视角较为单一，没有从整体的视角来审视徽州山林经济的诸多问题，存在就山林论山林的通病。这在相当程度上影响了人们学术视野的开拓。

第三，以往的研究虽然有许多亮点，但是也有不少研究成果沿袭旧说，缺乏创见。这方面的问题，在棚民问题的研究上表现最为明显，诸多论著多少存在"炒冷饭"之嫌。

第四，既有的研究忽视了历史发展的继承性和延续性，在时间段上多偏重在清代。其实，徽州山林经济的不少内容在明代已经出现，但一些学者多强调清代山林经济的内容，相当程度上忽视徽州山林经济发展中的继承性和延续性。此外，虽然有些学者也将时段放在明清时期，但从其研究内容看，几乎为清代的研究，明代内容严重不足，从而使得有关明代徽州山林经济的研究严重缺失。

第五，区域比较研究严重缺乏。除李长弓、岸本美绪等个别学者的研究外，现有的研究大多只关注徽州本土的山林经济，而未能将徽州与其他区域的山林经济进行比较。从而使得徽州的研究缺乏典型性，也在相当程度上限制徽州山林经济研究的高度。

第六，以往的研究在资料方面也存在不足之处。徽州山林经济的资料十分丰富，主要包括文献、文书、碑刻和家谱等多方面的资料。目前有关徽州山林经济的研究虽然多利用文书资料，但是文书资料的利用程度和发掘力度都还很不够。如《徽州千年契约文书》收录的祁门奇峰郑氏、祁门康氏、祁门贵溪胡氏、祁门王源谢氏、祁门龙源汪氏、祁门石潭汪氏、休宁苏氏、休宁朱氏、黟县汪氏等山林文书资料，尚没有被充分利用。在丰富的文书资料中，分家阄书作为一个家族产业清单，能够反映一个家族财产类型和规模，因而是一种重要史料。山场作为一项重要产业，在分家阄书中占有相当比重。通过对分家阄书中各种财产类型的统计，有助于了解山林经济在该家族中占有的地位。而既有的研究未能充分利用分家阄书资料，这不能不说是一个重要缺失。此外，除陈柯云对《李氏山林置产簿》有细致的分析外，学者们对其他典型置产簿（有些虽为题名为山林簿，但其内容全部或者绝大部分为山林买卖契约和合同），缺乏系统利用和研究。这就极大地限制了人们对徽州山林经济的一些细节问题的全面认识。家谱作为一个家族的"公有"文献，极为注重族产的记载，而山场作为族产的主要组成部分，在家谱中也有重要的体现。有不少家谱收录有大量关于自己家族的山林买卖契约、合同和相关诉讼文书，而这些资料以往并未引起学者们的重视。近年来，虽然关传友等个别学者在研究中注意利用家谱资料，但是也仅仅是利用家谱中有关山林的族规家法资料的而已，而家谱中蕴藏丰富的山林文书等方面的资料，则尚未被充分发掘。

鉴于以往研究中存在的诸多问题，笔者认为今后徽州山林经济的研究，应该进一步开阔视野，调整思路，大力发掘新资料，尤其是文书资料。具体来说，要从整体的视角对徽州山林经济进行重新审视，在注重宏大叙述的同时，也要对一些典型个案进行深入的探讨。既关注徽州本土区域的研究，也要从区域比较的视角，将徽州和其他地区进行比较研究，这样才能突出徽州山林经济的典型性和重要性。同时，还应该大力发掘家谱资料和明代徽州山林经济的资料，加大明代研究的力度，对明代山林经济的相关问题进行深入的探讨。若能如此，必能从广度和深度上大大提升徽州山林经济的研究水准，进一步推动徽州山林经济及其相关问题的研究。

二 概念界定

徽州是个典型的山区，山地面积占有相当大的比重，本书既然研究的是山林经济，那么山林经济包括哪些内容，又如何界定呢？这虽是个仁者见仁、智者见智的问题，但总的来说，山林经济的概念应该有着比较固定的内容。

现代意义上的山林经济主要是指，涵盖山区竹、木、茶、药材、花卉、漆等经济林作物的种植和竹木器具、纸张制作等手工技艺加工及药材、盆景等领域在内的综合产业体系。而历史时期徽州的山林经济虽然没有形成这一套完整的产业体系，但是也基本上包括竹木、茶叶、漆、纸、墨、桐油等山林产品及其手工艺品在内的产业体系。

山林经济虽然包含上述内容，但是也有主次之分。具体到徽州而言，由于木材和茶叶在山林经济中占的比例较高，不仅成为百姓赖以生存的经济基础，而且是徽商经营的两大主业行业。因此，木材和茶叶作为徽州山林经济的主要内容，其地位不容忽视。本书研究的徽州山林经济主要是指以木材和茶叶的种植、管理和销售为主体内容，同时毛竹、漆、桐油等经济林作物也是在研究范围之内。

即使在木材和茶叶这两大行业中，也存在差别。因为在徽州历史上山地面积广大，山地的买卖、租佃较为频繁，木材流通量很大，围绕山地买卖、租佃和木材贸易而形成了大量的契约文书，而且山地具有复杂性，既有荒山、成林山，也有未成林山，还有荫木山。故而，山地（山场）远比茶叶生产、加工和贸易的复杂得多、规模大多得。这是由山地的特性决定的。因此，本书在具体研究中，主要以徽州契约文书为主要材料，以研究徽州林业为主要内容，同时辅之以茶叶生产和贸易，适当涉及漆、桐油等经济作物的种植与贸易的研究。

必须指出的是，山林经济和山区经济并非同一概念。山林经济是以山地这一主体为依托，在山地上种植经济林作物和经济作物，并将山林物产投入市场，完成产品商业化，从而形成了山林经济。而山区经济则不同，其范围要比山林经济大得多，举凡是在山区范围田地、山场、河流等在内的作物种植和山区资源的开发，都是属于山区经济的范畴。山区经济是个综合体系，山林经济仅是山区经济中一个重要的组成部分。

三 研究方法与思路

本书为明代山林经济的综合研究，以现有的研究为基础，采用文书档案与文献资料相结合的研究方法，力求对明代徽州地区的山林经济进行整体考察，并将其置于当时商品经济发展、社会变迁的大背景中加以探讨。除以往经济史重点关注的社会经济问题外，同时也注重人类活动对生态环境影响的过程和后果。其内容涉及历史学、社会学、经济学等学科，因此，在具体研究过程中，笔者"因事用法"，采取多种研究方法相结合的方式。

第一，采用文书档案与文献资料结合的方法。历史学是一个实证学科，需要大量的原始资料作为支撑。因此，本书十分重视搜集、查阅徽州文书史料，尤其注重利用新见的契约、置产簿、誊契簿、分家书、买山地册等文书资料。这些徽州文书资料是研究徽州山林经济第一手资料，具有极高的价值。此外，在具体研究中，也十分注重将徽州文书资料和族谱、方志、文集等资料对照，相互印证。这样有利于对徽州山林经济进行深入考察。

第二，田野调查方法。对于一些文本中无法解决的问题，借助田野调查方法，往往会有许多意想不到的收获。笔者先后多次到徽州各地，尤其是山林经济最为集中的祁门县进行考察，采访奇峰郑氏、龙源汪氏、康氏等山林经济集中的家族后裔，获得大量口述和一些实物资料。在与一些文书商贩接触的过程中，也得以阅读一些稀有的文书资料。田野调查促使文本研究与实践相结合，极大地推动了本书的研究进程。

第三，计量分析法。本书以明代山林经济为研究对象，涉及的是经济史研究，徽州山林经济规模、山场积累、木商账簿、利润分配等都涉及大量的统计。因此，在具体研究中，以置产簿、分家书、木商账簿为基本资料，对明代徽州山林经济的规模、典型家族的山场积累与分布、利润分配等进行了大量统计，做成很多统计表格，并对其进行具体分析。计量统计方法的使用使得本书的研究更加具体、精细。

本书以徽州文书为核心资料，对明代徽州山林经济及相关问题进行综合考察。除导论和结论外，全书分为六个章节，主要包括以下方面内容。

导论主要是对国内外关于徽州山林经济的研究动态、山林经济概念界定及本书研究的主体内容进行论述。

第一章主要介绍徽州的自然地理环境，突出徽州山区物产资源和水利条件。在此基础上，介绍唐宋元时期徽州的早期开发，以期为全书的研究做铺垫。

第二、三章主要是为明代徽州山林经济的本体研究，涉及明代徽州山林经济的发展、经营管理、山林产品的采运与贸易和代表性家族的山林经营考察。通过这些内容的探讨，以期对明代徽州山林经济的整体面貌有全面认识。

第四章对明代徽州民户家族的山林经营情况进行综合考察。明代徽州民众普遍热衷于山林经营，因此选取代表性的家族进行具体考察显得十分必要，这样可以进一步深入了解明代徽州山林经济的诸多面相。本章主要选取祁门康氏、奇峰郑氏宗族中的郑卷家族、祁门龙源汪氏、歙县罗时升等为个案，对这些家族在山林经营中的山地买卖、山场积累、山林分布、山场争讼、木材贸易、利润分配和山场析分等进行系统考察，以期对徽州民众的山林经营实态和徽州本土木商的发展脉络有全面、深入的认识，并试图揭示徽州山林经济与民众日常生活的密切关系。

　　第五章对明代徽州军户家族山林经营实态进行探讨。以祁门奇峰郑氏中的郑英才军户家族为考察对象，首次对明代军户家族的山林经营进行深入考察，弥补以往军户研究多关注军役、婚姻、军籍、社会生活等领域的局限。

　　第六章考察明代徽州山林经济与地方社会诸面相。本章对徽州山林经济与民众生计、山林经济与基层社会和山林经济与生态环境等进行考察，深化理解山林经济在徽州地方社会中的地位作用和深远影响。

第一章　徽州的自然地理环境与早期开发

徽州地处万山之中，境内"万山回环，郡称四塞"，山地面积广大，形成相对封闭的自然地理环境，但境内水网密布，河流众多，对外水路运输便利。徽州山区蕴含着丰富的木材、茶叶、桐油、毛竹、药材等山林物产资源，每当中原动乱之时，徽州山区便成为理想的避乱场所，尤其是唐宋以来，中原大族迁徙到徽州后，不断进行地域开发，利用当地丰富的山林资源，进行垦殖，广种林木，兴修水利，将山林物产运往江西、江浙等地换取粮食等生活用品，从而使得原本穷乡僻壤的徽州与全国各地的联系进一步加强，促进了徽州开发进程，为明清时期徽州经济的繁荣发展奠定坚实的基础。

第一节　徽州的自然地理环境

徽州在春秋时期属吴，吴亡属越，战国属楚。秦统一六国后，置黟、歙二县，属鄣郡。三国时期，孙权派兵平定黟、歙山越，设置始新、新定、黎阳、休阳，并黟、歙为六县，设置新都郡。晋武帝太康元年（280），更为新安郡，隶属扬州。隋文帝开皇九年（589），改新安郡为歙州。唐代新设婺源县、祁门县、绩溪县，到大历年间，歙州下辖歙县、休宁、婺源、祁门、黟县、绩溪六县。北宋宣和三年（1121），改歙州为徽州。① 此后数百年，除婺源曾一度升州外，徽州一府六县的格局基本未变。徽州地域的这种稳定性，有利于其经济、文化的发展，对于促使其形成相对独立的地域文化单元具有重大影响。

---

① （明）彭泽修，汪舜民纂：弘治《徽州府志》卷1《地理一·建制沿革》，《天一阁藏明代方志选刊》第21册，上海古籍书店1964年版。

　　徽州地处皖南山区，位于皖、浙、赣三省交界处，境内山高林密，峰
峦叠嶂，烟雾缭绕，水网密布。山多地少的自然环境，使得徽州粮食严重
不足的同时，却蕴含着丰富的物产资源，这对于徽州地区经济的发展有着
深远影响。

一　徽州的自然地理环境

　　徽州在万山之中，属于典型的山区，"七山半水半分田，二分道路和
庄园"是对徽州自然环境的总体描述。徽州地质条件较为复杂，全区2/3
面积为沉积岩，自晚生代至新生代第四纪，共有十个地质层。西南部为震
旦纪变质岩和页岩；中部主要是以石灰岩和红色砂岩为主；南部为著名的
黄山岩体，以粗粒似斑状花岗岩为主，形成悬崖峭壁及山间谷地。徽州地
势总体来说是南高北低，从南中部之间的绩溪、歙县、屯溪、休宁河谷盆
地向南、向北有依次呈阶梯上升的丘陵、低山和中山。黄山山脉自东北向
西南穿过全境，天目山、九华山山脉间于其中，中低山地和丘陵分别占总
面积的38%和52%。[①]

　　徽州处于"川谷崎岖之中"，境内各县的主要山川在历代方志中有着
详细的记载。歙县，"东有昱岭之固，西有黄牢之塞，南有陜口之险，北
有箬岭之阨，陜口歙、睦要津"。[②] 具体来说，歙县境内主要山脉，东有问
政山、紫金山，西有斗山，西北有灵山、乌聊山，西南有黄牢山、披云
峰，北有厚山、凤凰山、飞布山，南有城阳山。[③]

　　休宁县，"东有古城岩之固，西有黄竹岭之塞，南有白际山之险，北
有石埭之阨，高山浚川，长林沃野，居民之稠，物产之多"[④]。具体来说，
休宁境内东南有率山，率水出焉，西有独耸山、岐山、灵乌山、鹿髀山、
梢云山、白岳（齐云山）、南当山，南有方源山、颜公山、黄土山、白际

---

　　① 该部分内容主要参考张正清主编《徽州地区交通志》，黄山书社1996年版，第3页；黄
山市地方志编纂委员会《黄山市志》，黄山书社1992年版，第54—60页。
　　② （明）何东序修，汪尚宁纂：嘉靖《徽州府志》卷2《形胜》，《北京图书馆古籍珍本丛
刊》第29册，书目文献出版社1990年版，第63页。
　　③ （宋）罗愿撰，肖建新、杨国宜校著：《〈新安志〉整理与研究》卷3《歙县·山阜》，黄
山书社2008年版，第83—88页。
　　④ （明）何东序修，汪尚宁纂：嘉靖《徽州府志》卷2《形胜》，《北京图书馆古籍珍本丛
刊》第29册，第63—64页。

山、游偃山，县东北三十里有松萝山。①

婺源县，"东有五岭之固，西有梅源山之塞，南有大冲山之险，北有回岭、石门之阨"②。具体来说，婺源境内北有浙原山，西北有大广山、张公山、大连山，东北有斜山、塌岭，东南有小敛山、龙尾山，西有梅源山、三灵山、甘子玲，西南有浚源山，南有倚衡山、善山，东有芙蓉岭、对镜岭、羊斗玲。③

祁门县，"东有椰木岭之固，西有历山之塞，南有梅南山之险，北有大共山之阨"④。具体来说，祁门境内东北有祁山、三新妇山、五峰岩，北有大共山、道人山、赤岭、武陵岭，西有历山、榉根岭、主簿山、新安山，西南有梅南山。⑤

黟县，"东有石门山之固，西有顶游峰之塞，南有鱼亭山之险，北有牛泉山之阨"⑥。具体来说，黟县境内东有东山，东南有石门山，南有墨岭，北有牛泉山、戢兵山，西南武亭山、林历山，南有鱼亭山，每岁西江鱼船至祁门县，舍舟登陆上此山，东水次淹流待船，故曰鱼亭。⑦

绩溪县，"东有大鄣山之固，西有大鼙山之塞，南有石照山之险，北有丛山关之阨，境界宣、徽丛严，复岭四顾，渺然几不可穷"⑧。具体来说，绩溪县境内东有大鄣山、石照山，东北有石金山、巃嵸山、郎山、借溪山，北有大鼙山，西北有凛山、古塘山、蒿山、植山、徽岭。⑨

---

① （宋）罗愿撰，肖建新、杨国宜校著：《〈新安志〉整理与研究》卷4《休宁·山阜》，第107—112页。

② （明）何东序修，汪尚宁纂：嘉靖《徽州府志》卷2《形胜》，《北京图书馆古籍珍本丛刊》第29册，第64页。

③ （宋）罗愿撰，肖建新、杨国宜校著：《〈新安志〉整理与研究》卷5《婺源·山阜》，第137—141页。

④ （明）何东序修，汪尚宁纂：嘉靖《徽州府志》卷2《形胜》，《北京图书馆古籍珍本丛刊》第29册，第64页。

⑤ （宋）罗愿撰，肖建新、杨国宜校著：《〈新安志〉整理与研究》卷4《祁门·山阜》，第122—123页。

⑥ （明）何东序修，汪尚宁纂：嘉靖《徽州府志》卷2《形胜》，《北京图书馆古籍珍本丛刊》第29册，第64页。

⑦ （宋）罗愿撰，肖建新、杨国宜校著：《〈新安志〉整理与研究》卷5《黟县·山阜》，第165—167页。

⑧ （明）何东序修，汪尚宁纂：嘉靖《徽州府志》卷2《形胜》，《北京图书馆古籍珍本丛刊》第29册，第65页。

⑨ （宋）罗愿撰，肖建新、杨国宜校著：《〈新安志〉整理与研究》卷5《绩溪·山阜》，第154—156页。

　　徽州属于亚热带季风性湿润气候，四季分明，雨热同期，降水丰沛，气候温和，光照充足。年平均气温在 15.5℃—16.4℃，全年无霜期达 210—230 天。年际降水量不稳定，降水年平均降水量在 1395—1702 毫米之间，季节分配不均匀，每年六七月份雨量相对集中，往往会造成山洪暴发。[1] 红壤在本地区的分布最广，具有很大的酸性，肥力较差，适应于茶树、松、杉等树木生长。

　　徽州虽处万山回环之中，陆路交通不便，但是境内河网密布，水运发达，主要有新安江水系和西南流入鄱阳湖的阊江、乐安江等河流。新安江是徽州最大的水系，发源于休宁县境内，其源头有两支，南支称率水，为新安江正源，发源于五龙山脉六股尖；北支为横江，源于黟县五溪山主峰白顶山。两个支流在休宁屯溪汇合后，至歙县浦口一段，称渐江。歙县境内有丰乐河、富资水、扬之水、布射水、练江等支流，呈扇状分布，皆可通舟楫，顺新安江东下可达杭州，由绩溪境内的徽溪和乳溪顺流而下可出江南。西南部祁门县境内的阊江发源于历山山麓，主要支流有大洪水、文闪河、新安河，最后注入鄱阳湖，顺阊江而下可达江西、广州等地。婺源、黟县、祁门主要依赖阊江，从江西输入粮食。歙县、休宁、绩溪主要依赖新安江，从浙江输入粮食。正是靠着这两条黄金水道，徽州人源源不断地将家乡土特产运往境外销售，换取粮食等生活必需用品，加强了与全国市场的联系，从而使得徽州商业日益兴盛，但这种过于依赖外地的状况也带来很多负面影响，尤其是邻近地区的"遏籴"，进一步加剧了徽州社会的紧张与不安。明末崇祯年间，徽州学者汪伟在奏疏中称："商之通于徽者，取道有二：一从饶州鄱、浮，一从浙省杭、严，皆壤地相邻，溪流一线，小舟如叶，鱼贯尾衔，昼夜不息。一日米船不至，民有饥色；三日不至有饿莩；五日不至有昼夺。"[2] 这正是对徽州水运和缺粮状况的真实写照。祁门县的情况则是，"田少山多，时逢荒歉，皆取给于江西之饶河。邻有遏籴之时，祁民则坐以待毙。"[3] 徽州这种山多田少、土地贫瘠的自然条件，决定了其对外地的依赖性远较其他地区为甚，这种情况使得徽州人

---

　　① 张正清主编：《徽州地区交通志》，第 3 页。
　　② （清）廖腾煃修，汪晋征等纂：康熙《休宁县志》卷 7《奏疏》，《中国方志丛书·华中地方·第 90 号》，第 1083—1084 页。
　　③ （民国）倪望隆：《祁门倪氏族谱》，民国十四年刻本。

民一直处于忧虑之中。

徽州境内多山，山区面积广大，可用的耕地不多。早在南宋时期，徽州著名学者程珌即指出："歙为州，其山峭壁，其水清激，雨终朝则万壑迸流，晴再旬则平畴已拆，故干与溢特易旁郡。又其地十，为山七八，田仅一二。虽岁上熟，所敛无几，一不登则细民持钱谒籴亡所，往往怀金而道莩。"① 这句话的主要意思是说，徽州百分之七八十的面积是山地，耕地面积只占百分之十至二十，不仅土地贫瘠，而且极易受水旱灾害影响。南宋时期，徽州另一位著名学者吴儆也说："郡之境多山，山多涧谷，水贯其间，脉络如织，断崖绝壑，间出通道。"② 南宋时期，时任徽州父母官的袁甫，对徽州山区的自然环境也有一段经典描述："证得本州僻处万山之间，最畏水旱。晴稍久，则农田已忧枯槁，雨稍多，则山水便见横流。里谚云'三日天晴来报旱，一声雷发便撑船'，言其易盈易涸之甚也。"③ 罗愿在《新安志》中对徽州自然环境也有着形象的描述："新安为郡在万山间，其地险狭而不夷，其土骍刚而不化，水湍悍少潴蓄，自其郡邑固已践山为城，至于四郊都鄙则又可知也。大山之所落，深谷之所穷，民之田其间者，层累而上，指十数级不能为一亩，快牛刳耜不得旋其间。刀耕而火种之，十日不雨则印天而呼，一遇雨泽，山水暴出，则粪坏与禾荡然一空，盖地之勤民力者如此。"④ 其大意是说徽州山多田少，生存空间有限，在这种恶劣的条件下，不得不向山围垦殖，用刀耕火种的方法进行辛苦的劳作，但是"十数级不能为一亩"，收入甚微，不足以维持日常生计。至明代嘉靖年间，情况依然如此，"土田依原麓，田瘠确，所产至薄，独宜菽麦、红虾秈，不宜稻粱。壮夫健牛，田不过数亩，粪壅缛栉，视他郡农力过倍，而所入不当其半。又田皆仰高水，故丰年甚少，大都计一岁所入，不能支什一。"因而徽州的粮食仍需依赖外地输入，"自桐江、自饶

---

① （宋）程珌：《洺水集》卷 7《徽州平籴仓记》，《景印文渊阁四库全书》第 1171 册，台北商务印书馆 1986 年版，第 327 页。

② （宋）吴儆：《竹洲文集》卷 10《相公桥记》，《宋集珍本丛刊》第 46 册，线装书局 2004 年版，第 545 页。

③ （宋）袁甫：《蒙斋集》卷 2《知徽州奏便民五事状》，《丛书集成初编》第 2034 册，商务印书馆 1936 年版，第 28 页。

④ （宋）罗愿撰，肖建新、杨国宜校著：《〈新安志〉整理与研究》卷 2《贡赋·叙》，第 62 页。

河、自宣池者，舰相接肩相摩也。"①

其实，徽州缺粮问题早在唐代既已露端倪。唐宪宗元和三年（808），卢坦任宣歙观察使，当时"坦到官，值旱饥，谷价日增，或请抑其价。坦曰：'宣、歙土狭谷少，所仰四方之来者；若价贱，则商船不复来，益困矣。'既而米斗两百，商旅辐辏。"② 该事例说明，唐代徽州人口尚未激增，而粮食却不能自给。迨至宋代，随着地域大规模开发，人口急剧增加，在达到饱和的情况下，粮食危机更加严峻。南宋徽州著名学者吴儆认为，唐代徽州便号称"富州"，然而，到了宋代却陷入窘境。其主原因是"新安之赋，视天下为独重"，即使"民无遗力，地无遗利，歉歉然仅自足。一遇水旱，强者起为盗贼，弱者散而之四方，抑势使之，自昔而然，非一日之积也。"③ 由此可见，徽州易于水旱，难于农耕，徽州山区自然环境的险恶也由此可见一斑。徽州这种自然环境，使得即使是丰年，其粮食也仅能维持三个月，缺粮十分严重。

二 徽州的山林物产资源

徽州山区面积广大，造成耕地严重不足的同时，也为徽州提供了丰富的物产资源，这为徽州商业的发展提供重要基础。酸性土壤宜于茶树种植，早在唐代，徽州产茶就已为世人所知。祁门县"山且植茗，高下无遗土。千里之内，业于茶者七八矣。"④ 宋、元、明、清时期，徽州一直是主要产茶区，休宁的松罗茶久负盛名。明代嘉靖、万历时期，著名茶学家许次纾曾赞美松萝茶："若歙之松罗，吴之虎丘，钱唐之龙井，香气浓郁，并可雁行与岕颉颃。往郭次甫亟称黄山，黄山亦在歙中，然去松萝远甚。"⑤ 歙县北乡是茶叶的主要出产地，当地百姓赖茶为生，"擅茶荈之美，民半业茶"⑥。

---

① （明）何东序修，汪尚宁纂：嘉靖《徽州府志》卷8《食货下》，《北京图书馆古籍珍本丛刊》第29册，第205页。

② （宋）司马光编著：《资治通鉴》卷237《唐纪五十三·宪宗元和三年》，中华书局1956年版，第7775页。

③ （宋）吴儆：《竹洲文集》卷11《送曹守序》，《宋集珍本丛刊》第46册，第551页。

④ （唐）张途：《祁门县新修阊门溪记》，《全唐文》卷802，第8430页。

⑤ （明）许次纾：《茶疏·产茶》，载叶羽主编《茶书集成》，黑龙江人民出版社2001年版，第160页。

⑥ （清）张佩芳修、刘大櫆纂：乾隆《歙县志》卷1《舆地志·风土》，《中国方志丛书·华中地方·第232号》，第122页。

杉、松等木材在徽州六县皆有分布，尤以婺源和祁门为甚。婺源县，居徽饶间，山多田少，"每一岁概田所入，不足供通邑十分之四，乃并力作于山，收麻、蓝、粟、麦佐所不给，而以其杉、桐之入，易鱼稻于饶，易诸货于休"①。可见，婺源县丰富的山林物产资源，实为百姓日常生活赖以维系的主要来源。祁门县山林经济地位尤为重要，明代嘉靖年间，祁门知县桂天祥对此有着重要认识："本县山多田少，民间差役、日用，咸于山木赖焉。是一山木之兴，固百计之攸属也。"②休宁县，在宋代已是"山出美材，岁联为桴下浙河，往者多取富"③。至明代弘治年间，"长林沃野，民居之稠，物产之夥，在他县右"④。休宁"一邑之内，西北乡之民仰给于山，多植杉木，摘茗□□，贸迁他郡"⑤。当时江浙、南畿需要的油漆、器皿、屋料等木材都依靠徽州供给，而休宁西乡出产尤多，"杉利尤大，凡种以三十年为期，斫而贩之，谓之杉羔，动以数十万计"⑥。清初徽州著名学者赵吉士明确指出徽州民众依赖山林物产生活的现实，"其山林材木、茗茶、栗、桐树、漆之属，食利亦无算"⑦。百姓生计依赖山林木材致富已显而易见。

徽州也以出产漆、纸、墨、砚等土特产见称海内。南宋徽州著名学者罗愿在方志中记载："木则松、梓、槻、柏、梼、榆、槐、檀，赤白之杉。岁联为桴以下浙河，大抵松、杉为尤多，而其外则纸、漆、茶、茗以为货。"⑧此外，楮、桧、桐、梧、枫、毛竹（有苦竹、笙竹、猫头竹等名目）在徽州也有广泛分布。⑨祁门出产的陶土则是景德镇瓷业生产的重要

---

① （清）蒋灿纂：康熙《婺源县志》卷2《疆域·风俗》，康熙三十三年刻本。

② （明）何东序修，汪尚宁纂：嘉靖《徽州府志》卷8《物产》，《北京图书馆古籍珍本丛刊》第29册，第209页。

③ （宋）罗愿撰，肖建新、杨国宜校著：《〈新安志〉整理与研究》卷1《州郡·风俗》，第17页。

④ （明）程敏政纂，欧阳旦增修：弘治《休宁志》卷1《风俗形胜》，《北京图书馆古籍珍本丛刊》第29册，书目文献出版社1998年版，第468页。

⑤ （明）程敏政纂，欧阳旦增修：弘治《休宁志》卷1《风俗形胜》，《北京图书馆古籍珍本丛刊》第29册，第468页。

⑥ （明）程敏政纂，欧阳旦增修：弘治《休宁志》卷1《物产》，《北京图书馆古籍珍本丛刊》第29册，第476页。

⑦ 康熙《徽州府志》卷6《食货志·物产》，《中国方志丛书·华中地方·第231号》，台北成文出版社1975年版，第1000页。

⑧ （宋）罗愿撰，肖建新、杨国宜校著：《〈新安志〉整理与研究》卷2《物产·木果》，第53页。

⑨ （宋）罗愿撰，肖建新、杨国宜校著：《〈新安志〉整理与研究》卷2《物产·木果》，第53—55页。

原料。徽州这些丰富的土特产资源为当地百姓提供了重要的衣食来源。随着经济的发展，徽州民众将这些土特产不断输往全国各地，土特产逐渐商业化，进一步加强落后的徽州山区与全国各地的经济联系，有利于徽州地区的经济发展。

第二节 徽州地区的早期开发

徽州地处山区，交通不便，易守难攻，在乱世时自然就成为避乱的最佳场所。历史上每一次战乱都在这里得到回应。[1] 两晋之际的"永嘉之乱"，唐代"安史之乱"，两宋之际"靖康之乱"，三次社会动乱，造成了三次移民高潮，中原一些大族，基本上是在这三次动乱之时逃往徽州避乱。最早迁徙到徽州的中原大族是方氏、汪氏，据《新安名族志》记载，西汉末年社会动乱，当时担任司马长史的方纮"因王莽篡乱，避居江西，遂家丹阳，丹阳昔为歙之东乡，今属严州，是为徽、严二州之共祖也。"[2]汪氏先祖汪文和则是在东汉末年迁居江南的，当时身为龙骧将军的汪文和被"孙策表授会稽令，遂家于歙，是为新安汪氏之始迁祖"[3]。方氏和汪氏揭开了中原大族迁徙徽州的序幕，以后历代战乱都有大族迁移徽州，其规模尤以唐末五代、两宋之际为甚。可以说，徽州是个典型的移民社会。正是中原大族大规模南迁，带来先进的文明，才促使该地区大规模的开发，推动了徽州经济的发展。

一 唐五代时期的开发

早在魏晋时期，江南就开始大规模的开发，但当时徽州基本上为山越人居住，北民南迁的规模小，没有得到真正开发。徽州开始大规模开发始于唐末五代时期，北方世家大族大规模南迁。据《新安名族志》记载，安史之乱后迁徙到徽州的大族就有24个。他们带来先进的生产技术，加快了

---

① 唐力行：《徽州方氏与社会变迁——兼论地域社会与传统中国》，《历史研究》1995年第1期。

② （明）戴廷民、程尚宽等撰，朱万曙等点校：《新安名族志》前卷，黄山书社2004年版，第100页。

③ （明）戴廷民、程尚宽等撰，朱万曙等点校：《新安名族志》前卷，第182页。

徽州的地域开发进程。

唐初，当时的宣歙地区还属于后进的地区。安史之乱后，全国经济中心进一步南移，江南得到了进一步开发，政府的赋税主要依赖江南，歙州经济有很大发展，所谓"当今赋出于天下，江南居十九；宣使之所察，歙为富州"①。歙州有"富州"之称，可见，其经济开发程度较之前代有质的飞跃。唐代后期，宣歙地区是"衣冠俊杰，满旧国之风谣，物产珍奇，倾神州之韫椟，东南之巨丽也"②。这一时期，徽州在水稻种植业、茶叶等经济作物的种植及纸、墨等文具行业都得到较快发展。

因山多田少的缘故，歙州的水稻种植主要分布在狭窄的河谷平原一带。粮食产量虽然不能自给，但在唐代后期，歙州水稻种植业也得到一定程度的发展。唐末吕从庆在寓居歙州时，看到寓所周边的情景已是"村南村北稻花明，碧影清光夹望平"③。罗愿在《新安志》中记载徽州水稻有籼、粳等31个品种，其中籼稻11种，粳稻13种，糯稻7种。④

山多地少的自然环境使得粮食种植面积限定在狭窄的范围内，但这种多山的环境却为茶叶等经济作物的种植提供了适宜的场所。歙州是著名的产茶区，祁门、婺源是主要出产地。随着社会经济的发展，唐代中期以后，在"江南百姓营生，多以种茶为业"⑤的情况下，祁门、婺源山区茶园种植面积进一步扩大，商业化进一步加强，形成了专业化的生产地带。

晚唐时期的张途在《祁门县新修阊门记》中，对该县茶叶生产有着这样的记载：

> 邑之编籍民五千四百余户，其疆境亦不为小。山多而田少，水清而地沃。山且植茗，高下无遗土。千里之内，业于茶者七八矣。

① （唐）韩愈撰，马其昶校注，马茂元整理：《韩昌黎文集校注》卷4《序·送陆歙州诗序》，上海古籍出版社1986年版，第231页。
② （唐）李峤：《宣州大云寺碑》，《全唐文》卷248，第2510—2512页。
③ （唐）吕从庆：《忆弟从善》，载王重民、孙望、童养年辑录《全唐诗外编》卷15，中华书局1982年版，第241页。
④ （宋）罗愿撰，肖建新、杨国宜校著：《〈新安志〉整理与研究》卷2《物产·谷粟》，第48—49页。
⑤ （唐）阙名：《禁园户盗卖私茶奏》，《全唐文》卷967，第10042页。

由是给衣食，供赋役，悉恃此。祁之茗，色黄而香，贾客咸议，愈于诸方。每岁二三月，赍银缯绘素求市，将货他郡者，摩肩接迹而至。①

该条材料十分重要，至少说明了以下几个问题：第一，祁门县茶园面积广大，茶叶产量大，业茶人数众多，制作精致。茶叶种植出现了"山且植茗，高下无遗土"的盛况，当地百姓业"业于茶者七八矣"，说明业茶人数众多。"祁之茗，色黄而香，贾客咸议，愈于诸方"，说明祁门茶叶质量好，闻名遐迩，茶商纷纷涌"摩肩接迹而至"，将祁门的茶叶贩卖到全国各地。第二，由于茶叶种植广泛，销量增大，茶叶成为百姓日常生计的主要原来。"给衣食，供赋役"，说的就是这种情况。

婺源茶叶种植也十分广泛。杨晔《膳夫经手录》记载："婺源方茶，制置精好，不杂木叶，自梁、宋、幽、并间，人皆尚之，赋税所入，商贾所赍，数千里不绝于道路。其先春含膏，亦在顾渚茶品之亚列。祁门所出方茶，川源制度略同，差小耳。"② 这说明婺源方茶质量好，制作精，销量广，成为赋税收入的主要来源之一。

如众所知，唐德宗时期，由于饮茶风气盛行，茶叶在商品经济中占有重要地位，政府开始征收茶税。祁门、婺源茶叶种植之广，业茶人数之众，产量之多。那么，其茶税应当具有一定规模。这从刘津《婺源诸县都制置新城记》中，可窥其大概。其文曰：

> 太和中，以婺源、浮梁、祁门、德兴四县，茶货实多，兵甲且众，甚殷户口，素是奥区。其次乐平、千越，悉出厥利，总而筦榷，少助时用。于时辖此一方，隶彼四邑，乃升婺源为都制置，兵刑课税，属而理之。③

唐太和年间，婺源、祁门"茶货实多"，与饶州浮梁并列，说明祁门、

---

① （唐）张途：《祁门县新修阊门溪记》，《全唐文》卷802，第8430—8431页。
② （唐）杨晔：《膳夫经手录》，《续修四库全书》第1115册《子部·谱录类》，上海古籍出版社2002年版，第525页。
③ （唐）刘津：《婺源诸县都制置新城记》，《全唐文》卷871，第926页。

婺源二县的茶叶产量并不逊于浮梁。升婺源为都制置，并在此设税务机构，负责管理四县的茶税，是这种情况的最好说明。婺源之所以升为都制置，不仅是因为"兵甲且众"，更是因为"茶货实多"、"户口甚殷"、"素是奥区"的缘故。

祁门、婺源茶叶外运主要靠水运，但山区地理条件制约了茶叶贸易的进一步发展。祁门的阊门，"有山对耸而近，因以名焉。水自叠嶂积石而下，通于鄱阳，合于大江。其济人利物，不为不至矣。其奔流激注，巨石硉矹兀，腾沸汹涌，瀺灂圆折，凡六七十里，舟航胜载，不计轻重。篙工楫师，不计勇弱。其或济者，若星驰矢逝，脱或蹉跌，必溺湾旋中，俄顷没迹矣。"① 阊门这种恶劣的水运条件，使得"商旅经此，十败七八"②，面对这种情况，茶商被迫放弃水运，只好换走陆路，他们"或乘负，或肩荷"。而陆路运输量小，成本又高，这就极大地限制茶叶贸易的发展。有鉴于此，咸通三年（862），祁门县令陈甘节大力修治阊门溪，大大改善了水运情况，出现"贾客巨艘，居民业舟，往复无阻"的景象。在商业运输畅通的情况下，祁门茶农"衣食之源，不虑不忧"。③ "商人重利轻离别"，只要有利可图，无论山高险阻，还是葬身鱼腹，他们都会趋之若鹜。黟县鱼亭山，"在县南二十五里。每岁江西鱼船至祁门县，舍舟登陆，止此东水次，淹留待船，故曰鱼亭焉。"④ 江西渔船进入祁门，自然是来贩运茶叶。因为祁门有阊门之险，水运不便，故而再次舍舟登陆，将从江西带来的鱼换取祁门茶叶。

水陆运输条件直接关系到一个地区经济的发展，因此，改善地方水陆交通便成为歙州各县地方官的重要职责。歙县北部的箬岭，"上多箬竹，唐越国公汪华在隋末起兵时开其路，达太平县，今为通衢。"⑤ 歙县东南十二里的吕公滩，原本"湍悍善覆舟"，唐末，歙州刺史吕季重"以俸募工

---

① （唐）张途：《祁门县新修阊门溪记》，《全唐文》卷802，第8430页。
② （宋）乐史撰，王文楚等点校：《太平寰宇记》卷104《江南西道二·歙州·祁门县》，中华书局2007年版，第2068页。
③ （唐）张途：《祁门县新修阊门溪记》，《全唐文》卷802，第8431页。
④ （宋）乐史撰，王文楚等点校：《太平寰宇记》卷104《江南西道二·歙州·黟县》，第2065页。
⑤ （明）彭泽修，汪舜民纂：弘治《徽州府志》卷1《山川》，《天一阁藏明代方志选刊》第21册。

凿之，遂成安流。"① 元和初，祁门县令路旻对该县的水路运输进行全面治理。在陆路方面，主要是开凿武陵岭盘道，"西武陵岭险隘，旻凿石为盘道，人便之。"② 在水运方面，治理了阊门滩，"开斗门以平其隘，号路公溪"。后因斗门废，阊门溪又成新患。祁门县令陈甘节为保证该县茶叶正常运输，对阊门溪重新进行重大修治，"以俸募民穴石积木为横梁，因山派渠，余波入于乾溪，舟行乃安。"③ 经过这次大规模整治，阊门溪遂成安流，茶叶贸易出现"贾客巨舰，居民业舟，往复无阻"④ 的盛况。经过长期的建设，歙州水陆交通条件有了很大改善，进一步促进徽州土特产外运，有力地加强了徽州与外地的经济、文化联系。

歙州山区毛竹、松、杉等物产资源丰富，促进了笔、墨、纸、砚等手工制造业的发展。唐末五代时期，歙州"澄心堂纸，李廷珪墨，龙尾砚，三者为天下冠，当时贵之。"⑤

唐代造纸业主要集中在南方各州。《新唐书》记载，歙州上贡"白纻、簟、纸、黄连"⑥。到了唐末五代时期，歙州的澄心堂纸最为有名。《文房四谱》卷四《纸谱》记载："南唐有澄心堂纸，细薄光润，为一时之甲。"同书还记载其造纸之法，"歙民数日理其楮，然后于长船中以浸之。数十夫举抄以抄之，傍一夫以鼓而节之。于是以大熏笼周而焙之，不上于墙壁也。由是自首至尾匀薄如一。"⑦ 由此可见，澄心堂纸的制作之精细，质量之高。因此，南唐后主李煜以"澄心堂为第一"⑧。

歙州山区多产美松，为该地区制墨业的发展提供了良好的条件。《墨经·松》曰："唐则易州、潞州之松，上党松心尤先见贵。后唐则宣州黄山、歙州黟山松、罗山之松，李氏以宣歙之松类易水之松。……池州九华

---

① （宋）欧阳修等纂：《新唐书》卷41《地理志五》，中华书局1975年版，第1067页。

② （明）彭泽修，汪舜民纂：弘治《徽州府志》卷4《人物·名宦·路旻》，《天一阁藏明代方志选刊》第21册。

③ （宋）欧阳修等纂：《新唐书》卷41《地理志五》，第1067页。

④ （唐）张途：《祁门县新修阊门溪记》，《全唐文》卷802，第8431页。

⑤ （宋）王象之撰，李勇先校点：《舆地纪胜》卷20《徽州·景物下》，四川大学出版社2005年版，第971页。

⑥ （宋）欧阳修等纂：《新唐书》卷41《地理志五》，第1067页。

⑦ （宋）苏易简：《文房四谱》卷4《纸谱》，载黄纯艳、战秀梅校点《宋代经济谱录》，甘肃人民出版社2008年版，第288页。

⑧ （宋）罗愿撰，肖建新、杨国宜校著：《〈新安志〉整理与研究》卷10《杂说·纸》，第335页。

山及宣歙诸山，皆产松之所。……西山之松与易水之松相近，乃古松之地，与黄山、黟山、罗山之松，品惟上上。"① 歙州制墨业在唐末得到较快的发展。当时易水制墨大家奚超、奚廷珪父子为躲避战乱来到歙州，见歙州"地多美松，因而留居，遂以墨名家"②。奚氏父子将北方先进的制墨技术带到了这里，促进了歙州制墨业的发展。后来因奚氏父子所制墨质量高，得到李后主的赏识，赐姓李氏，从此李氏父子名扬天下。

当时制墨业多是家族世代相传。对此《墨经·工》有着经典记录："凡古人用墨，多自制造，故匠氏不显。……江南则歙州李超，超之子庭圭、庭宽，庭圭之子承浩，庭宽之子承晏，承晏之子文用，文用之子惟处、惟一、惟益、仲宣，皆其世家也。歙州又有耿仁、耿遂，遂之子文政、文寿，而耿德、耿盛，皆其世家也。"③ 歙州制墨业的家族师承链由此可见一斑。随着市场需求的增加，这种家族式制作的生产规模不能满足需要，其质量也有所下降。唐末陶雅为歙州刺史二十年，"尝责李超云：'尔近所造墨，殊不及吾初至郡时，何也？'对曰：'公初临郡，岁取墨不过十挺，今数百挺未已，何暇精好？'"④ 后来经过其子李廷珪的技术改进，制墨质量有了很大提高，李氏之墨遂闻名天下。五代十国时期，徐铉云亦云："幼年得李廷珪墨一挺，长不过尺，细方如筋，与弟错共用之，日书不下五千字，凡十年乃尽，磨处边际如刃，可以裁纸。"⑤ 宋人蔡襄称赞李廷珪墨"为天下第一品"⑥。苏易简亦云："江南黟歙之地，有李廷珪墨尤佳。……。其坚如玉，其纹如犀，写逾数十幅，不耗一二分也。墨或坚裂者至佳。凡收贮，宜以纱囊盛，悬于风处佳。"⑦ 到了北宋宣和年间，已是

---

① （宋）晁说之：《墨经·松》，《丛书集成初编》第 1495 册，商务印书馆 1936 年版，第 2—3 页。

② （宋）罗愿撰，肖建新、杨国宜校著：《〈新安志〉整理与研究》卷 10《杂说·墨》，第 337 页。

③ （宋）晁说之：《墨经·工》，《丛书集成初编》第 1495 册，第 23 页。

④ （宋）罗愿撰，肖建新、杨国宜校著：《〈新安志〉整理与研究》卷 10《杂说·墨》，第 336 页。

⑤ （清）吴任臣撰，徐敏霞、周莹点校：《十国春秋》卷 115《拾遗》，中华书局 1983 年版，第 1685 页。

⑥ （元）陆友：《墨史》卷上，《丛书集成初编》第 1495 册，商务印书馆 1936 年版，第 12 页。

⑦ （宋）苏易简：《文房四谱》卷 5《墨谱》，载黄纯艳、战秀梅校点《宋代经济谱录》，第 302—303 页。

"黄金可得，李氏之墨不可得也"①。除李氏墨之外，歙州朱逢之墨也较为有名。《清异录》卷下记载："韩熙载留心翰墨，四方胶煤，多不合意。延歙匠朱逢，于书馆傍烧墨供用，命其所曰'化松堂'，墨又曰'玄中子'，又自名'麝香月'，匣而宝之。"② 韩氏以朱逢墨为宝，"虽至亲昵友无见之者，熙载死后，尽为诸妓分携而去"③。

江南制砚业主要集中于宣歙地区。歙砚产于歙州婺源龙尾山。南宋徽州著名学者罗愿《新安志》卷十引唐积《婺源研图谱》云：

> 婺源研，在唐开元中，因猎人叶氏逐兽至长城里，见叠石如城垒状，莹洁可爱，因携之以归，刊粗成研，温润大过端溪者。后数世叶氏诸孙持以与令，令爱之，访得匠手，琢为研。由是天下始传。南唐元宗精意翰墨，歙守献研，并荐研工李少微，国主嘉之，擢为研官，令石工周全师之，其后匠益多。④

由此可见，婺源龙尾砚的生产、制作，早在盛唐时期歙砚就已出现。后来猎人叶氏子孙将歙砚献给婺源县令后，"由是天下始传"，生产规模进一步扩大。

南唐时期，歙砚迎来新的发展契机。李后主精意翰墨，所用"澄心堂纸、李廷珪墨、龙尾砚三者，为天下之冠"⑤，歙砚遂名冠天下。婺源之砚，除了有"罗文、金星、蛾眉、角浪、松纹、豆斑"⑥ 等品种外，还有"刷丝石、枣心石、小斑纹、粗罗纹、细罗纹、瓜子纹，然惟以出深溪者为上"⑦。

---

① （宋）邵博撰，刘德权、李剑雄点校：《邵氏闻见后录》卷28，中华书局1983年版，第218页。

② （宋）陶毅撰，郑村声、俞钢整理：《清异录》卷下《文用门·麝香月》，载朱易安、傅璇琮等主编《全宋笔记》第1编第2册，大象出版社2003年版，第90页。

③ （元）陆友：《墨史》卷上，《丛书集成初编》第1495册，第25页。

④ （宋）罗愿撰，肖建新、杨国宜校著：《〈新安志〉整理与研究》卷10《杂说·砚》，第331—332页。

⑤ （宋）王象之撰，李勇先校点：《舆地纪胜》卷20《徽州·景物下》，第971页。

⑥ （明）彭泽修，汪舜民纂：弘治《徽州府志》卷12《拾遗》，《天一阁藏明代方志选刊》第22册。

⑦ （明）彭泽修，汪舜民纂：弘治《徽州府志》卷2《食货一·土产·货物》，《天一阁藏明代方志选刊》第21册。

由于南唐统治者重视歙砚的生产制造，并在歙州设立砚务官负责管理生产，当时砚工李少微制砚技术一流，被李后主擢为砚官，"令石工周全师之，其后匠益多"①。正因如此，制砚技术得到传承，进一步促进歙砚的开发。

在制砚技术改善的技术上，使得歙砚中出了许多精品。欧阳修说："歙石出于龙尾溪，其石坚劲，大抵多发墨，故前世多用之，以金星为贵。其石理微罗，以手摩之，索索有锋铓者尤佳。"② 苏东坡收藏有一副歙砚，歙研底有款识云："吴顺义元年（921）处士汪少微，铭文曰：'松操凝烟，楮英铺雪，豪颖如飞，人间五绝'。"③ 可见，歙砚制作之精美。

由于南唐统治者贪欲无度，造成过度开采，出现了"搜取殆尽"的现象。当时李后主为便于开采，将大溪改道，方得上等砚石。到了宋初"石乃中绝"，使得出产歙砚的开采地难以寻觅其踪迹。

歙州山区盛产毛竹，为竹器制造业提供了优质的条件。歙州出产的簟（竹席）已很有名。弘治《徽州府志》记载，簟"出休宁，所从来久。梁沈约弹歙令仲文秀横订吏黄法，先输六尺，笙四十领，笙即簟也"④。此外，歙州也产蜡，"本出武都山谷蜜房木石之间，掌禹锡以为宣、歙、唐、邓、伊、洛间尤多"⑤。生漆，歙州各县皆出产，所谓"山民夜刺漆，插竹笕其中，凌晓涓滴取之，用匕刮筒中，碌碌有声，其勤至矣"。⑥ 歙州生漆业由此得到了一定的发展。

综上所述，唐五代时期，是北方大族南迁徽州的主要时期。中原大族大量迁徙徽州的同时，带来先进的生产技术，促进了徽州地域开发。而地处山区的徽州山林物产资源丰富，为徽州经济的发展提供良好的资源禀赋

---

① （宋）罗愿撰，肖建新、杨国宜校著：《〈新安志〉整理与研究》卷10《杂说·砚》，第332页。

② （宋）祝穆撰、祝洙增订，施和金点校：《方舆胜览》卷16《徽州·土产》，中华书局2003年版，第281页。

③ （宋）罗愿撰，肖建新、杨国宜校著：《〈新安志〉整理与研究》卷10《杂说·砚》，第330页。

④ （明）彭泽修，汪舜民纂：弘治《徽州府志》卷2《食货一·土产·货物》，《天一阁藏明代方志选刊》第21册。

⑤ （宋）罗愿撰，肖建新、杨国宜校著：《〈新安志〉整理与研究》卷2《物产·货贿》，第61页。

⑥ （宋）罗愿撰，肖建新、杨国宜校著：《〈新安志〉整理与研究》卷2《物产·货贿》，第61页。

条件。随着经济的发展，当地的木材、茶叶、生漆、墨、纸等土特产得到初步开发，逐渐商业化，有利于徽州经济的发展。徽州地方官修治了众多水利工程，疏通了水陆交通，进一步促进徽州经济的发展。唐代中期，黟县小桃源已出现草市。李白《小桃源》云："黟县小桃源，烟霞百里间。地多灵草木，人尚古衣冠。市向晡前散，山经夜后寒。"①草市的出现正是商品经济不断发展的重要表现。可以说，唐五代时期，是徽州早期开发中第一个关键时期，为宋以后徽州社会经济迅速发展打下坚实的基础。

二　宋元时期的开发

两宋时期，尤其是宋室南渡之后，徽州山区利用地利优势，将木材、茶叶、纸张、漆等土特产品运往江浙、江西等地区的市场，其商业化进程不断加快，经济开发程度进一步提高。对此，日本学者斯波义信称："江南的水运与浙江、福建一样，在这个耕地较少的地区，可以看到那种以山村社会内部生产力的发展为契机，通过商品流通来实现扩大经营活动的倾向。徽州便是它的一个典型，把茶、纸、漆、木材业特产运送到浙江、江西市场的过程，即使是水运开发的过程。"②

徽州山区林业资源丰富。罗愿《新安志》记载，徽州"木则松、梓、槻、柏、梼、榆、槐、檀，赤白之杉。岁联为桴以下渐河，大抵松、杉为尤多，而其外则纸、漆、茶、茗以为货"③。休宁"映带林壑，山皆秀拔奇伟，多佳木，葱蒨蕃蔚，贯四时而不变"④，为木材的主要产地。"休宁俗亟多学者，山出美材，岁联为桴下渐河，往者多取富"⑤，休宁县居民主要以种植杉木为业，由此获得了丰厚的收入，正所谓"休宁山中宜杉，土人稀作田，多以种杉为业。杉又易生之物，故取之难穷"⑥。在歙县，"歙浦

---

① （唐）李白：《小桃源》，《全唐诗外编》卷4《全唐诗续补遗》，第389页。

② ［日］斯波义信著，庄景辉译：《宋代商业史研究》，第76页。

③ （宋）罗愿撰，肖建新、杨国宜校著：《〈新安志〉整理与研究》卷2《物产·木果》，第53页。

④ （宋）吴儆：《竹洲文集》卷12《尚书宋公山居三十韵序》，《宋集珍本丛刊》第46册，第549页。

⑤ （宋）罗愿撰，肖建新、杨国宜校著：《〈新安志〉整理与研究》卷1《州郡·风俗》，第17页。

⑥ （宋）范成大：《骖鸾录》，载（宋）范成大撰，孔凡礼点校《范成大笔记六种》，中华书局2002年版，第45页。

杉排，毕集桥下，要而重征之，商旅大困，有濡滞数月不得过者"①，可见，当时歙县木材产量也很大。俗话说"靠山吃山"，受到丰富林业资源的影响，徽州人不仅养成"山限壤隔，民不染他俗，勤于山伐"的习俗，而且在此基础上形成"女子始生则为植楸，比嫁斩卖以供百用。女以其故，或预自蓄藏"②的民俗习惯。当时徽州木材主要运往江浙地区的市场销售，木材在产地价格便宜，运输过程中苛捐杂税繁重，到了江浙市场，其价陡增。对此，宋人范成大在《骖鸾录》中记载："（木材）出山时价极贱，抵郡城已抽解不赀，比及严，则所征数百倍。……则商旅之病何时而瘳。盖一木出山，或不直百钱，至浙江乃卖两千，皆重征与久客费使之。"③因为徽州木材输入量大，严州官员甚至以征收徽州杉木税为"利孔"。祁门"水入于鄱，民以茗、漆、纸、木行江西，仰其米自给"④。综上可见，徽州人主要是将木材、茶叶、漆、纸等土特产运往江浙、江西销售，换回生活所需的粮食物资。

两宋时期皇室大兴土木，热衷于宫廷建设。据洪迈记载，北宋初年，"大中祥符间，奸佞之臣，罔真宗以符瑞，大兴土木之役，以为道宫。玉清昭应之建，丁谓为修宫使，凡役工日至三四万，所用有秦、陇、岐、同之松，岚、石、汾、阴之柏，……，归、歙之漆，莱芜、兴国之铁。其木石皆遣所在官部兵民入山谷伐取。……是时，役遍天下"⑤。宋真宗建造道宫，向全国各地征派木材、漆等建造原料，其规模之大，令人震惊。南宋绍兴年间，修葺握发殿，当时"殿柱大者，每条二百四十千足，总木价六万五千余贯，则壮丽可见。言者屡及，而不能止"⑥。两宋时期，大兴土木使得市场对木材的需求量不断增加，这就进一步刺激木材业的发展。南宋嘉定年间，徽州修建新城，工程浩大，"凡木石瓦甓之材，匠夫工食之费，

① （宋）范成大：《骖鸾录》，载（宋）范成大撰，孔凡礼点校《范成大笔记六种》，第45页。

② （宋）罗愿撰，肖建新、杨国宜校著：《〈新安志〉整理与研究》卷1《州郡·风俗》，第17页。

③ （宋）范成大：《骖鸾录》，载（宋）范成大撰，孔凡礼点校《范成大笔记六种》，第45页。

④ （宋）罗愿撰，肖建新、杨国宜校著：《〈新安志〉整理与研究》卷1《州郡·风俗》，第17页。

⑤ （宋）洪迈著：《容斋随笔·容斋三笔》卷11《宫室土木》，上海古籍出版社1978年版，第543—544页。

⑥ （宋）庄绰撰，萧鲁阳点校：《鸡肋编》卷中《握发殿》，中华书局1983年版，第82页。

縻钱以缗计者四万五千，米以石计者二千四百"①。大量的木材需求势必促进徽州木材业的发展。

　　商品经济的不断发展，使得市场对木材的需求量越来越大，举凡民间房屋建造、宫廷建设、家具、造船、桥梁、棺材、生活薪柴等都需要使用大量木材。对此，日本学者斯波义信说："宋代，随着大城市的人口集中、建筑、造园的盛行、造船、什器、棺材等需求的增加，木材的消费量变得相当大了。"② 在社会需求不断增加的背景下，天然木材几乎被砍伐殆尽，森林资源不断遭到破坏。北宋中期的沈括曾说："今齐鲁间松林尽矣，渐至太行、京西、江南，松山大半皆童矣。"③ 为满足市场的需求，人工林的种植越来越普遍，徽州就有"女子始生则为植槠"④ 的习俗。元代徽州学者方回《桐江续集》卷十五《沂行回溪三十里入婺源县界》亦载："厥土最宜杉，弥岭亘冈麓。种杉二十年，儿女婚嫁足。杉杪以樊圃，杉皮以覆屋。猪圈及牛栅，无不用杉木。联筏下浙河，善价不轻鬻。……又有茗荈利，商贩给南北。"⑤ 可见，徽州婺源人工种植木材业、茶叶贸易也日益繁盛起来。随着竹木贸易不断扩大，徽州竹木税课也不断增加。元代前期，徽州路竹木课为中统钞二百一十锭四十两五分，其后"其后排年递增，至皇庆二年，计中统钞四千一百八十锭四十四两八钱四厘系"。至至元十五年，在歙县南乡浦口设置抽分场，采取"十分抽一，变卖作钞解纳"的方法收取竹木商税。此后逐渐成定额，婺源、祁门两地商人主要是将"竹木行鄱江及淮东、真州等处，自立务以来依则收税，与正税滚同纳官"⑥。元代方回一首诗《婺源道中》，也透露出当时婺源县茶、木种植业的兴盛景象："行客门前方下马，主人店里已烹茶。百泉怒喷常疑雨，万木阴森不

---

　　① （宋）罗似臣：《徽州新城记》，载（明）程敏政辑撰，何庆善、于石点校《新安文献志》卷13，黄山书社2004年版，第351页。

　　② ［日］斯波义信著，庄景辉译：《宋代商业史研究》，第210页。

　　③ （宋）沈括撰，刘尚荣校点：《梦溪笔谈》卷24《杂志一》，辽宁教育出版社1997年版，第133页。

　　④ （宋）罗愿撰，肖建新、杨国宜校著：《〈新安志〉整理与研究》卷1《州郡·风俗》，第17页。

　　⑤ （元）方回：《桐江续集》卷15《沂行回溪三十里入婺源县界》，《景印文渊阁四库全书》第1193册，台北商务印书馆1986年版，第403页。

　　⑥ （明）彭泽修，汪舜民纂：弘治《徽州府志》卷3《食货二·财赋》，《天一阁藏明代方志选刊》第21册。

见花。"①

宋元时期，徽州除木材行业有了迅速发展外，漆、毛竹、楮等经济林木种植也获得一定的发展，出现了多种经营。对于山区多种经营现象，著名宋史专家漆侠有一段很经典的论述：

> 在东方诸路中，也有像皖南山区这样的多山地带，可是这里同平原地区相比，不论是在耕作技术上，还是在人口布局上，差距并不太大，倒是在多山地区所开展的多种经营，是为平原地区所没有的。显而易见，自然条件并不是造成东西诸路差距如此之大的决定因素。②

漆侠的这种见解是十分精辟的。徽州就是利用林木、茶叶、漆、毛竹等多种经营才迅速发展起来的。

徽州作为茶叶主要产地之一，在宋代，茶叶种植、生产和贸易有进一步的发展。两宋时期，饮茶之风日盛，茶叶生产日趋活跃。随着市场需求的增加，新增不少茶叶品种，主要有"胜金、嫩桑、仙芝、来泉、先春、运合、华英"之品。此外，还有"片茶"③，其种类华英、先春、来泉皆为新增品种。随着茶叶贸易的兴盛，徽州茶叶税额不断增加。北宋末年，徽州茶课达两百万贯。④ 当时徽州人主要将茶叶运往江西、江浙等地销售，换取生活所需的大米。漆产自中国东南各地，歙州"漆则诸邑皆有之"⑤，当时徽人以"以茗、漆、纸、木行江西，仰其米自给"⑥。徽州盛产毛竹，其种类大概有"苦竹、紫斑、篁笙，老竹长尺则曲，桃枝四寸有节。慈竹丛生不离母，又四时有笋，一名四季竹。对青竹枝斡皆金色，唯一边起枝处青碧，大率金碧相辉可爱"，具体到每个县又有所不同，"休宁有拜竹，

---

① （元）方回：《桐江续集》卷15《婺源道中》，《景印文渊阁四库全书》第1193册，第404页。

② 漆侠：《宋代经济史》（上册），中华书局2009年版，第178页。

③ （宋）祝穆撰，祝洙增订，施和金点校：《方舆胜览》卷16《徽州·土产》，第282页。

④ （宋）罗愿撰，肖建新、杨国宜校著：《〈新安志〉整理与研究》卷2《贡赋·茶课》，第74页。

⑤ （宋）罗愿撰，肖建新、杨国宜校著：《〈新安志〉整理与研究》卷2《物产·货贿》，第61页。

⑥ （宋）罗愿撰，肖建新、杨国宜校著：《〈新安志〉整理与研究》卷1《州郡·风俗》，第17页。

苦竹之极大者也。婺源苦竹之笋，大者为花茵笋。又有冬笋，缜理而甘。祁门时有猫头竹"①。毛竹用途很多，既可用来制作竹席等竹器，也可用于竹筏制作，竹笋还可食用。歙县的梨也很有名，"大抵歙梨皆津而消，其质易伤，蜂犯之则为瘿，故土人率以柿油渍纸为囊，就枝苞封之，霜后始收。今出丁字桥者名天下"②。歙县还出产杨梅。椑，"其木为什器几案则明洁而宜漆"。徽州还有"桃、李、梅、杏、含桃、来禽、枇杷、胡桃、安石榴、橙、橘、柚之属。大率山寒不宜橘、柚，种者筑池，中为交午之道，列植其上，水气四面薄之，则不畏霜雪。婺源则有金橘"③。

宋代的造纸业有了很大的发展，日本学者斯波义信云："进入宋代以后，中国的造纸业便迎来了飞跃发展的时期。竹纸、楮纸的生产，消费的普及便是从这个时代才开始的。轻便、薄、光泽、白色、便宜、耐久、耐虫等实用性的市场嗜好的发达，促使生产方面技术的改良也有了进步，上自公用下至日常消费，根据各种各样的目的制造出大量的各种规格和质量的纸。后世以造纸闻名的产业基地几乎都是在这一时代开发出来的，而且纸的流通业从多方面且多角化地展开来。宋代纸业的发展，不用说是受到了当时印刷文化的普及，随着科举考试制度的发展所产生的新兴官人（士大夫）阶层间文运的昌盛，庶民消费生活的提高等因素的直接刺激，但同时也不能忽视，市场的扩大也给受恶劣的自然条件支配的山村社会内部，带来了新的生产力和社会关系的变化，使各地不断出现纸业特产地，促进了社会分工的深化。"④ 在全国造纸业迅速发展的情况下，徽州造纸业也有了一定的突破。

楮木具有价廉、轻薄等特点，取代了麻、藤纸等奢侈品，逐渐普及，成为宋代造纸主要原料。徽州是楮木主要产区之一，其楮"坚而不雕，实小于橡，或甘或苦"⑤。淳熙《新安志》记载：

---

① （宋）罗愿撰，肖建新、杨国宜校著：《〈新安志〉整理与研究》卷2《物产·木果》，第55页。

② （宋）罗愿撰，肖建新、杨国宜校著：《〈新安志〉整理与研究》卷2《物产·木果》，第55页。

③ （宋）罗愿撰，肖建新、杨国宜校著：《〈新安志〉整理与研究》卷2《物产·木果》，第55页。

④ ［日］斯波义信著，庄景辉译：《宋代商业史研究》，第228页。

⑤ （宋）罗愿撰，肖建新、杨国宜校著：《〈新安志〉整理与研究》卷2《物产·木果》，第53页。

> 今歙县、绩溪界中有地名龙须者，纸出其间，故世号龙须纸。大抵新安之水清彻见底，利以沤楮，故纸之成，振之似玉雪者，水色所为也。其岁晏敲冰为之者，益坚韧而佳。①

徽州优质纸的生产得力于其"水清彻见底"，可见，水质的好坏是影响纸张制作的重要因素。

徽州纸的种类，除了有"麦光、白滑、冰翼、凝霜之目"外②，还有"进札、殿札、玉版、观音、京帘、堂札之类"，还出产"休宁之水，南及虞芮、良安、和睦三乡"③ 等佳品。先进的造纸技术也是保证徽纸优质的关键。宋人苏易简在《文房四谱》卷四《纸谱之造》中对歙州的造纸之法有着这样的记载：

> 黟歙间多良纸，有凝霜、于心之号。复有长者，可五十尺为一幅。盖歙民数日理其楮，然后于长船中以浸之。数十夫举抄以抄之，傍一夫以鼓而节之。于是以大熏笼周而焙之，不上于墙壁也。由是自首至尾匀薄如一。④

这是对徽州楮纸之制造方法的记录，先将材料捣碎，然后浸在长船中，数十人一起翻抄之，然后取出用大熏笼将其烘干，这样加工后才制造出了"首至尾匀薄如一"的效果。可见，其制造技术较为复杂。正是有了这种技术，才保证了徽纸的质量。

宋代造纸术有了很大改进，大量官府消费用纸的需求，也为造纸业的发展开辟了广阔的市场。徽纸因其质量高，成为上贡的主要产品之一。宋代前期，徽州每年上供"七色纸岁百四十四万八千六百三十二张。七色者，常样、降样、大抄、京运、三抄、京连、小抄，自三抄以下折买奏纸，是为七。外有年额，折钱纸用以折买大抄。皆以上下限起发，赴左藏

① （宋）罗愿撰，肖建新、杨国宜校著：《〈新安志〉整理与研究》卷2《物产·货贿》，第61页。
② （宋）祝穆撰、祝洙增订，施和金点校：《方舆胜览》卷16《徽州·土产》，第281页。
③ （明）彭泽修，汪舜民纂：弘治《徽州府志》卷2《食货一·土产·货物》，《天一阁藏明代方志选刊》第21册。
④ 黄纯艳、战秀梅校点：《宋代经济谱录》，甘肃人民出版社2008年版，第288页。

库"。除此之外，徽州还上供"学士院纸、右漕纸、盐钞茶引纸"[1]。这些都是徽州造纸业发展的重要表现。

正是因为徽州纸张具有轻薄、耐用、质量高等实用性，受到广大用户的欢迎，其销售市场不断扩大，徽州造纸业有了很大发展。在徽州的竞争下，使得重要造纸产地之一的巴蜀的造纸业受到很大冲击。《蜀笺谱》云："吾蜀西南，重厚不浮，此坤之性也。故物生于蜀者，视他方为重厚。……。然徽纸、池纸、竹纸在蜀，蜀人爱其轻细，客贩至成都，每番视川笺价几三倍．……在蜀诸司及州县缄牍，必用徽池纸。"[2] 蜀笺出产于巴蜀地区，被视为重要的特产，但太厚重，而徽纸因用楮木、竹子制造，具有轻便、实用的特点，因而使得当地人的市场嗜好发展转变，徽纸不断流入四川，价格比蜀笺高处三倍。针对这种情况，宋人蔡襄亦云："纸，李王澄心堂为第一，其物出江南池、歙二郡，今世不复作精品。蜀笺不堪久，自余皆非佳物也。……歙州绩溪纸，乃澄心堂遗物，唯有新色鲜明过之。"[3] 该言论正是徽州造纸业繁荣发展的绝佳描述。

当时徽州造纸业中还出现了纸衣。苏易简《文房四谱》中称："山居者常以纸为衣，……。亦尝闻造纸衣法，每一百幅胡桃、乳香各一两煮之，不尔蒸之亦妙。如蒸之，……。今黟歙中有人造纸衣段，可如大门阖许，近士大夫征行亦有衣之。盖利其拒风于凝冱之际焉。"[4] 可见，宋代黟县、歙县等的纸衣制造也具有一定的市场。

"徽州世出墨工，多佳墨"[5]，宋元时期徽州的制墨业在唐五代基础上有了进一步的发展。对此，南宋徽州著名学者罗愿也说："墨出于歙之黄山，肇于唐末李超、廷珪父子，自南唐以来贵之。"[6] 当时徽州出现一批制墨名家，多为家族世代相传。如，歙州"耿仁、耿遂，遂之子文政、文

---

① （宋）罗愿撰，肖建新、杨国宜校著：《〈新安志〉整理与研究》卷2《贡赋·上供纸》，第72页。

② 邓实辑：《中国古代美术丛书（第13册：三集第五辑）》，国际文化出版公司1993年版，第242—245页。

③ （宋）罗愿撰，肖建新、杨国宜校著：《〈新安志〉整理与研究》卷10《杂说·纸》第335页。

④ 黄纯艳、战秀梅校点：《宋代经济谱录》，甘肃人民出版社2008年版，第290页。

⑤ （宋）庄绰撰，萧鲁阳点校：《鸡肋编》卷上《笔毫与徽墨》，第24页。

⑥ （宋）罗愿撰，肖建新、杨国宜校著：《〈新安志〉整理与研究》卷2《物产·货贿》，第61页。

寿，而耿德、耿盛，皆其世家也"①。此外，著名制墨家还有潘谷、高庆和、戴彦衡、吴滋、胡智、张谷等。由于徽州盛产制墨所用的松树，加上制墨名家辈出，技术精湛，使得徽墨的质量不断提高。北宋大观年间，高庆和"取煤于黄山，不复计直，盖以松渍漆并烧。……既成，潘（谷）、张（谷）之徒皆不及"②。到了南宋绍兴年间，吴滋制墨"取松烟，择良胶"③，因而所制之墨尤佳，受到士大夫的称赞。绍兴间，修复古殿时所用的御墨，即为"新安墨工戴彦衡所造"④。由此可见，戴彦衡墨也有很高的水准。歙砚产地龙尾石，在南唐时期被过度开发，到宋代原产地的石料已绝尽。经过多年重新开采，"自山下至取石处，计七十五丈，阔十八丈，深十五丈三尺。石藏土中，今土深三丈乃至石也，见石处谓之寨头也。"⑤可见，歙砚的开采难度之大。歙县大姓汪氏，有个砚工依山而居，遇到"涨水暴至，迁寓庄户草庐"，有一天该砚工见"夜有光起于支床之石，异而取之，使琢为研。石色正天碧，细罗文中涵金星七，布列如斗宿状，辅星在焉。因目之为斗星研"。从此，"汪自是家道饶益"⑥，汪氏家族因制砚而发家致富。

宋元时期，徽州山区木材、茶叶、漆等土特产贸易的发展，也促进了徽州山区水陆交通运输条件的改善。当时"沿新安江而下百二十里以出于境，由淳安至严州，历桐庐、富阳，过浙江入临安府"⑦的水路交通畅通无阻。在歙县，歙浦为"桴筏所聚"⑧之地，由此河下行五百里即可直达严州⑨，是徽州木材、茶叶等土特产输入浙江的主要渠道。婺源县，"陆路东通常山，西通乐平，南通德兴，北通休宁。水行自县东婺水通鄱阳江，

---

① （宋）晁说之：《墨经·工》，《丛书集成初编》第 1495 册，第 24 页。

② （元）陆友：《墨史》卷中，《丛书集成初编》第 1495 册，第 42 页。

③ （元）陆友：《墨史》卷下，《丛书集成初编》第 1495 册，第 54 页。

④ （宋）陆游撰，李剑雄、刘德权点校：《老学庵笔记》卷 5，中华书局 1979 年版，第 61 页。

⑤ （宋）罗愿撰，肖建新、杨国宜校著：《〈新安志〉整理与研究》卷 10《杂说·砚》，第 332 页。

⑥ （清）潘永因编，刘卓英点校：《宋稗类钞》，书目文献出版社 1985 年版，第 713 页。

⑦ （宋）罗愿撰，肖建新、杨国宜校著：《〈新安志〉整理与研究》卷 1《州郡·道路》，第 23—24 页。

⑧ （宋）王象之撰，李勇先校点：《舆地纪胜》卷 20《徽州·景物上》，第 968 页。

⑨ （宋）罗愿撰，肖建新、杨国宜校著：《〈新安志〉整理与研究》卷 3《歙县·水源》，第 90 页。

胜船二百石"①。黟县的鱼亭水，"出鱼亭山，东流二十里，至鱼亭口合吉阳、横江水，东流入休宁界"②。为促进徽州地方经济发展，徽州各县地方官员也以修治桥梁为己任。淳熙七年（1180），尚书郎曹侯出任新安太守，入境徽州时见，"郡之境多山，山多涧谷，水贯其间，脉络如织，断崖绝壑，间出通道"，于是捐出"私帑"，号召富民兴建了相公桥③，便利了休宁与歙县之间的交通。休宁县东乡的甲溪是徽州南下江西、北上京师的交通要道，"坐贾行商姑淹留于旅舍，羽书驶足，须皇遽以呼船"，但是后来由于"山束水湍，石高浪骇"，使得翻船现象屡有发生，甚至有些人因此而葬身鱼腹。有鉴于此，南宋徽州著名学者程珌上疏，请求修建东甲桥获准，"取石万安"④，经过三年努力，桥终于建成，极大地便利了物资运输。据《新安志》记载，仅歙县一邑就建有冯桥、金坑桥、良干桥、清化桥、冕辇桥、岩寺桥、甘露桥等7所桥梁。⑤ 这些都使得徽州与外地的联系进一步加强。徽州山多地少，极易水旱，因此农田水利建设十分重要，堨、塘就是两种重要的水利工程，"因溪堰水者谓之堨，凿田蓄水者谓之塘"⑥。徽州地方官大多热心于水利建设，"向来官司施行，以塘堨为大事"。南宋中期知徽州的袁甫，对徽州水利建设的重要性有着深入的认识。他说："兴工虽难，为利则广，修治不辍，灌溉甚多，弥望数百顷之禾，惟资一塘堨之泽。"⑦ 在袁甫的倡导下，徽州掀起了水利兴修的热潮，仅绩溪一县就"开塘六十八所"⑧。据万历《绩溪县志》记载，元代绩溪有塘六十四

---

① （宋）罗愿撰，肖建新、杨国宜校著：《〈新安志〉整理与研究》卷5《婺源·道路》，第137页。

② （宋）罗愿撰，肖建新、杨国宜校著：《〈新安志〉整理与研究》卷5《婺源·道路》，第167页。

③ （宋）吴儆：《竹洲文集》卷10《相公桥记》，《宋集珍本丛刊》第46册，第545页。

④ （宋）程珌：《洺水集》卷18《汪复求东甲桥记》，《景印文渊阁四库全书》第1171册，第451页。

⑤ （宋）罗愿撰，肖建新、杨国宜校著：《〈新安志〉整理与研究》卷3《歙县·桥梁》，第82页。

⑥ （宋）袁甫：《蒙斋集》卷2《知徽州奏便民五事状》，《丛书集成初编》第2034册，第28页。

⑦ （宋）袁甫：《蒙斋集》卷2《知徽州奏便民五事状》，《丛书集成初编》第2034册，第28页。

⑧ （宋）袁甫：《蒙斋集》卷2《知徽州奏便民五事状》，《丛书集成初编》第2034册，第29页。

所，堨一百六所。① 这些水利工程建设，极大地改善了徽州农业生产环境。

宋元时期，随着北民大量南迁，徽州人口迅速增加。据日本学者斯波义信研究，宋代徽州人口急剧上升，人口规模已是唐代五倍，山区有限的资源已基本开发到极限，经济发展中有相当部分被人口增加所抵消。② 可以说，徽州形成了典型的人稠地狭的社会。加上"夏秋山水暴出，灌注城内，雨雪则停潦为泥，盐米断绝"③ 的山区脆弱的生态环境，使得百姓的生活极不稳定。为缓解人口过剩带来的生存压力，徽州人取葛"捣取其粉，蒸之以接粮"④，以此来缓解粮食的不足。而自五代以来，受重赋政策影响，不少民众不堪忍受这样困苦的生活状态，在徽州出现了人口不断向舒城、池州、无为军等地迁徙的现象。⑤

小　结

本章主要是对徽州自然地理环境和徽州早期开发过程进行全面论述，意在为后文研究提供基础。

徽州地处万山之中，山多地少，粮食匮乏，水旱灾害频发。在传统时代，这种脆弱的生态环境极大地限制了徽州农业生产的发展。但是，另一方面，"依山为郡，号为产木之乡"⑥ 的徽州山区却又蕴含着木材、毛竹、漆、茶叶、桐油等丰富的物产资源，这又为徽州地域开发提供良好的资源禀赋条件。

地处"万山回环，郡称四塞"的地理环境，使得徽州少有兵燹之患，成为理想的避乱场所。自汉末以降，中原每次战乱都在这里得到回响。两晋之际的"永嘉之乱"、唐代"安史之乱"、两宋之际"靖康之乱"，三次

---

① （明）陈嘉策纂修：万历《绩溪县志》卷2《舆地志·水利》，万历九年刻本，绩溪县档案馆藏。

② ［日］斯波义信著，刘淼译：《宋代徽州的地域开发》，《徽州社会经济史研究译文集》，第6页。

③ （宋）罗愿撰，肖建新、杨国宜校著：《〈新安志〉整理与研究》卷1《州郡·治所》，第21页。

④ （宋）罗愿撰，肖建新、杨国宜校著：《〈新安志〉整理与研究》卷2《物产·蔬茹》，第51页。

⑤ （宋）罗愿撰，肖建新、杨国宜校著：《〈新安志〉整理与研究》卷1《州郡·风俗》，第16页。

⑥ （宋）袁甫：《蒙斋集》卷2《知徽州奏便民五事状》，《丛书集成初编》第2034册，第29页。

社会动乱，造成三次移民高潮，中原大族纷纷迁徙徽州，使得徽州成为典型的高移民社会。中原大族带来先进的生产技术，这些大族多聚族而居，在生产、生活中，不断与徽州土著居民融合，促进徽州从越文化圈向汉文化圈的转变，加快了徽州开发的步伐。徽州山区丰富的山林物产资源，为其开发提供了良好的资源条件。唐代中后期，在全国经济重心南移的社会大背景下，徽州地域开发进程进一步加快。唐代中后期，徽州的茶叶种植、生产、贸易得到迅速发展，祁门县"山且植茗，高下无遗土。千里之内，业于茶者七八矣"①，正是对当时茶业经济发展盛况的形象描述。唐五代时期，徽州修治的阊门溪、吕公滩、路公溪、五原岭等水陆交通道路进一步促进了徽州地域经济的发展。可以说，唐五代时期，是徽州地域开发史上第一个关键时期。正是在这一时期，徽州完成从"鄙野"到"富州"的转变，这为日后徽州地区经济的发展奠定了坚实的基础。

两宋时期，尤其在南宋定都临安后，徽州利用地利优势，不断将山区出产的木材、茶叶、纸、墨、漆、桐油等土特产运往江浙地区销售，换取生活所需的粮食物资。随着市场需求的扩大，这些特产商业化进程加快，形成专门化的生产，促进了徽州经济进一步发展。经济的发展使得徽州的城市和交通建设出现新气象。南宋嘉定年间，徽州新城修筑完工。徽人罗似臣在《徽州新城记》中说："其地（徽州）接于杭睦宣饶，四出无不通。其州治，即山为城，因溪为隍，而溪山又为天下胜处。"② 徽州修筑新城是其经济发展的表现之一。随着经济不断发展，徽州社会风气发生重大变化。罗愿在《新安志》中云："黄巢之乱，中原衣冠避地保于此。后或去或留，俗益向文雅。宋兴则名臣辈出，其山挺拔廉厉，水悍洁，其人多为御史谏官者。"③ 徽州人文风气的变化，可以说是其经济发展的必然结果。

需要说明的是，经济的发展，使得唐宋统治者视徽州为重要税源地，课以重税，造成百姓贫困化。对此，南宋徽州学者吴儆说："故新安之赋，

---

① （唐）张途：《祁门县新修阊门溪记》，《全唐文》卷802，第8430—8431页。
② （宋）罗似臣：《徽州新城记》，载（明）程敏政辑撰，何庆善、于石点校《新安文献志》卷12，第351页。
③ （宋）罗愿撰，肖建新、杨国宜校著：《〈新安志〉整理与研究》卷1《州郡·风俗》，第16页。

视天下为独重。时和岁丰，民无遗力，地无遗利，歉歉然仅自足。一遇水旱，强者起为盗贼，弱者散而之四方。"① 此外，经济的发展还造成人口迅速膨胀，徽州有限的资源难以满足日益增长的人口需求。而新安"地瘠赋重"的情况，又导致"中产之民破业，不足以输。贫民避赋，流离转徙且十五"② 的现象。为缓解人口增加带来的生活压力，徽州出现人口向舒城、无为等地迁徙的现象。

综上所述，徽州多山的地理环境使得农业生产条件受到极大限制的同时，也为木材、茶叶、毛竹等山林物产资源的生长提供良好的自然条件。正是在这一资源禀赋的基础上，唐宋元时期，北方大族南迁徽州之后，与徽州土著居民一起，掀起徽州开发的浪潮。徽州山区经济获得很大发展，实现从"鄙野"到"富州"的转变，土特产商业化进程不断加快，徽州人口也不断增长，山区有限的资源被开发到极限。唐宋元时期的早期开发，是徽州历史上重要的一环，为明清时期徽州经济、社会的发展奠定了坚实的基础。

---

① （宋）吴儆：《竹洲文集》卷 11《送曹守序》，《宋集珍本丛刊》第 46 册，第 551 页。
② （宋）吴儆：《竹洲文集》卷 11《送陈守入觐序》，《宋集珍本丛刊》第 46 册，第 551 页。

第二章 明代徽州山林经济的发展

徽州有限的耕地资源早在宋元时期就已基本上被开发完毕。迨至明代，山地就成为土地垦殖的主要对象，山区开发进入一个新的阶段，徽州山林经济在唐宋元时期的基础上有了进一步的发展。明代中后期商品经济活跃，地域商人兴起，作为执全国商业牛耳的徽商，将本土的木材、茶叶、药材、桐油、生漆等山林产品运往全国各地销售，也进一步加快了徽州山林产品的商业化，加强徽州与外地之间的经济文化交流。明代徽州先进的种植技术，使得松、杉、桐油、毛竹、漆等经济林木的种植进一步扩大，也是促使徽州人工林业生产兴盛的重要因素。茶叶、木耳、香菇、药材等经济作物的种植，也极大地促进徽州山林经济的发展。随着市场需求的扩大，徽州林木种植规模不断扩大，出现一些拥有广大山场的商人、地主，其山林经济的规模十分可观。

第一节 山林特产的广泛种植

明代徽州山林经济在唐宋元时期发展的基础上，有了新的发展。明代徽州林木种植技术进一步改进，采取插杉法种植杉木，其杉、松种植技术在全国处于领先地位，促进了徽州林业经济的生产。明代中期以后，在商品经济繁荣发展的刺激下，徽州杉木、松木、毛竹等经济林得到广泛种植，茶叶、生漆、桐油、醋蜡、葛蕨等经济作物普遍得到发展，实现了多种经营，促进了徽州山林经济的繁荣发展。

一 种植技术的改进

中国林木种植技术有着悠久历史，到了明代又有进一步的提高。徽州山区面积广大，地形开阔，山地坡度不大，土壤肥沃，适宜林木的生长。

杉木是徽州主要的林木之一，杉木能在明代广泛种植，得力于徽州先进的种植技术。杉木造林时采用"炼山"、"挖山"的整地方法。一般说来，种植杉木的山地，在杉木采伐后用火烧地，然后用牛耕，将草木灰翻入土中，使得土壤渐肥，然后再插杉。《致富全书》记载："山中植者斩伐后放火烧山，驱牛耕转，则火灰压下，土气渐肥，然后插杉。"[①] 民间流传的"火不上山，不能插杉"的农谚，就是对这种情况的真实描述。

杉木种植对土壤也有一定的要求，地下水位过高的土壤不宜于栽杉。明末方以智在《物理小识》中说："杉黏不宜水壤，植之亦发，然挺茂不久焦枯也。"[②] 也就是说，过于潮湿的土壤种杉，即使能成活，但是生长不久就会凋萎枯死去。徽州山区的土壤水位不高，很适宜杉木种植。为保证土壤的肥力，徽州人在种杉之前大多先种桐子树，以增加土壤肥力。弘治《徽州府志》记载："桐子树，其子可取油，凡栽杉必先种此树，以其叶落而土肥也。"[③] 关于插杉的季节，徽州一般是在芒种时期，这一期间雨水较多，易于成活。《物理小识》记载，"一种樫木，似杉而硬，宜芒种时，遇雨斩肄插之"[④]，就是这种情况很好说明。关于插杉法具体过程，徐光启《农政全书》记载甚详：

> 江南宣歙池饶等处，山广土肥。先将地耕过，种芝麻一年。来岁正二月气盛之时，截嫩苗头一尺二三寸。先用橛舂穴，插下一半，筑实。离四五尺成行，密则长，稀则大，勿杂他木。每年耘锄。至高三四尺，则不必锄。如山可种，则夏种粟，冬种麦，可当芸锄。杉木斑文有如雉尾者，谓之野鸡斑，入土不腐，作棺尤佳，不生白蚁。烧灰最能发火药。今南方人造舟屋多用之。[⑤]

① 转引自干铎主编《中国林业技术史料初步研究》，农业出版社1964年版，第149页。
② （明）方以智：《物理小识》卷9《草木类》，《四部精要》第13册《子部二》，上海古籍出版社1993年版，第1198页。
③ （明）彭泽修，汪舜民纂：弘治《徽州府志》卷2《食货一·土产·竹木》，《天一阁藏明代方志选刊》第21册。
④ （明）方以智：《物理小识》卷9《草木类》，《四部精要》第13册《子部二》，第1198页。
⑤ （明）徐光启撰，石声汉校注：《农政全书校注》卷38《种植·木部·松杉柏桧》，上海古籍出版社1979年版，第1050页。

从徐氏的言论中可知徽州插杉法的主要内容与过程：种杉木前先将地耕过，种上一年的芝麻，以增加肥力。第二年春天选取杉苗插种，每株之间保持四五尺的行距，不夹杂其他木苗。这种插杉法在当时是较为先进的，既能保证苗木的成活，又能促进树苗的成长。

徽州杉木有赤樫、白樫。关于两者的区别，《农政全书》中说："赤杉实而多油；白杉虚而干燥，树类松而干端直。"① 徽州方志亦载，"樫（杉）与杉同，一般栽樫（杉）以三十年为期，乃可伐"②。

松木也是徽州主要木材之一，其种植主要在春季。《事类全书》对栽松时节有着明确的记载："春社前带土栽培，百株百活。舍此时决无生理也。春分后勿种松，秋分后方宜种，不独松为然。"③ 其大致意思是说，春季栽松的成活率很高，其他时节栽种则几乎难以成活。明人俞贞木《种树书》亦云："栽松，须去尖大根，惟留四边须根，则无不盛。春分后，勿种松；……法大概与竹同，只要根实，不令动摇，自然活。"④ 这些都说明松木种植季节的重要性。

梧桐树也是徽州盛产的一种木材。在种植梧桐之前，先种芝麻，收获后，将其枝干焚烧以肥地利。其种植之法，《农政全书》记载较为详细。其文曰：

> 江东江南之地，惟桐树黄栗之利易得。乃将旁近山场，尽行锄转，种芝麻。收毕，仍以火焚之，使地熟而沃。首种三年桐。其种桐之法：要在二人并耦，可顺而不可逆。一人持桐油一瓶，持种一箩；一人持小锄一把，将地劙起，即以油少许滴土中，随以种置之。次年苗出，仍要耘籽一遍。此桐三年乃生，首一年犹未盛，第二年则盛矣。生五六年亦衰，即以栗檵剥之。一二年，其栗便生，且最大，但

---

① （明）徐光启撰，石声汉校注：《农政全书校注》卷38《种植·木部·松杉柏桧》，第1048 页。

② （明）彭泽修，汪舜民纂：弘治《徽州府志》卷2《食货一·土产·竹木》，《天一阁藏明代方志选刊》第21 册。

③ （明）徐光启撰，石声汉校注：《农政全书校注》卷38《种植·木部·松杉柏桧》，第1048—1049 页。

④ （明）徐光启撰，石声汉校注：《农政全书校注》卷38《种植·木部·松杉柏桧》，第1049 页。

其味略滞耳。首种三年桐，为利近速，图久远之利，仍要树千年桐，法亦如前。①

种植时要二人合作，第二年出苗时，还要再次中耕。由此可见，梧桐种植过程较为烦琐。

明代徽州种植松、杉、梧桐的技术和方法在全国处于领先地位，这种林木种植技术不断推广，有力地促进徽州林木的种植、生产和林业生产的不断发展。

二 经济林的广泛种植

明代，随着先进种植技术和经验的总结和推广，促使徽州山区杉木、松木、毛竹、桐油等经济林木的种植相当兴盛，实现了多种经营。同时与市场的联系不断加强，促进了徽州山区经济的发展，经济林特产经营在徽州山区社会经济结构中的重要性进一步凸现出来，所谓"山林材木、茗、栗、桐、漆之属，食利亦无算"②，山林物产种植、经营受到山区民众的普遍重视。

徽州地方文献对经济林特产资源的种植有着丰富的记载。早在宋代，《新安志》中就记载："木则松、梓、槻、柏、梼、榆、槐、檀，赤白之杉。岁联为桴以下溯河，大抵松、杉为尤多，而其外则纸、漆、茶、茗以为货。"③ 到了明代，徽州经济林特产种植的数量、规模都有进一步的发展。弘治《徽州府志》"土产"部分记载的林业种类比宋代有了很大的变化。竹子有筜竹、苦竹、淡竹、金竹、水竹、篁竹、紫竹、班竹、簋竹、老竹、桃枝竹、拜竹、猫头竹；林木有梓、槻、柏、梼、榆、槐、檀、松、赤檵、白檵、柘、桧、樟、桃、李、梅、杏、舍桃、来禽、枇杷、胡桃、安石榴、橙、橘，等等。④ 此外，徽州也出产椑。《农政全书》记载，

---

① （明）徐光启撰，石声汉校注：《农政全书校注》卷38《种植·木部·梧桐》，第1052—1053页。

② （清）丁廷楗修，赵吉士纂：康熙《徽州府志》卷6《食货志·物产》，《中国方志丛书·华中地方·第237号》，第1000页。

③ （宋）罗愿撰，肖建新、杨国宜校著：《〈新安志〉整理与研究》卷2《物产·木果》，第53页。

④ （明）彭泽修，汪舜民纂：弘治《徽州府志》卷2《食货一·土产·竹木》，《天一阁藏明代方志选刊》第21册。

"出宣歙、荆襄、闽广间。大如杏，惟堪生啖，不可为干也"①。黄山出产的毛竹也较为有名："簜，俗名矛竹，生桃花源，黄山竹类甚多，此地竹最巨，故称簜。小曰篠，大曰簜。簜，大竹也。"②

由于地理环境的差异，徽属各县经济作物的生产情况又各有不同。休宁县早在宋代时就已是"土人稀作田，多以种杉为业"③。到了明代，又有了进一步发展。休宁"为徽州近县，有高山浚川，长林沃野，民居之稠，物产之夥，在他县右"④。在这种良好的资源禀赋条件下，"休宁一邑之内，西北乡之民仰给于山，多植杉木，摘茗□□，贸迁他郡"。其生产盛况空前，而且大多是"贸迁他郡"，与市场的联系进一步强化。休宁县木材主要出产于西乡，明代弘治年间，休宁县已是"杉利尤大，凡种以三十年为期，斫而贩之，谓之杉羔，动以数十万计"⑤。可见，其杉木种植、生产、贸易规模之大。明代中后期，随着商品经济的发展，休宁山林物产种植进一步扩大、种类增多。现将康熙《休宁县志》物产"木竹之属"种类选录如下：

（林木）楠木、五谷树、罗汉松、古栢、古桂、松、杉、栢、桧、梧、桐、榆、桂、槐、檀、櫧、椏、杨、白杨、椿、栋、桑、柘、枫、栎、出桂、冬青、乌柏、棕榈、皂荚、梅、桃、李、杨梅、枇杷、石榴、枣、栗、梨、橙、橘、银杏、柿、椑、杨桃等。

（竹子）猫竹、笙竹、金竹、苦竹、木竹、紫竹、班竹、慈竹、箬竹、淡竹、竹实、老竹、对青竹、桃枝竹等。⑥

与弘治版的县志相比，康熙版《休宁县志》明显增加了许多山林物产，这也从一个侧面反映出山林物产种植业不断发展的趋势。正如方志所

---

① （明）徐光启撰，石声汉校注：《农政全书校注》卷29《树艺·柿·附椑柿》，第780页。
② （清）闵麟嗣：康熙《黄山志定本》卷2《山产》，《续修四库全书》，《史部·地理类》，第723册，第773页。
③ （宋）范成大：《骖鸾录》，载（宋）范成大撰，孔凡礼点校《范成大笔记六种》，第45页。
④ （明）程敏政纂，欧阳旦增修：弘治《休宁志》卷1《风俗形胜》，《北京图书馆古籍珍本丛刊》第29册，第468页。
⑤ （明）程敏政纂，欧阳旦增修：弘治《休宁志》卷1《物产》，《北京图书馆古籍珍本丛刊》第29册，第476页。
⑥ （清）廖腾煃修，汪晋征等纂：康熙《休宁县志》卷3《食货·物产》，《中国方志丛书·华中地方·第90号》，第422—425页。

言："休多山，高山之田，越十级不盈一亩，岁丰未能供食之半。他如珍禽、草木、果实、货贿之属，亦指不多屈，然四方之所辐辏，百工之所造就，入其市者炫目耀观，俨然有繁殖富庶之象，要皆逐末者事耳。"① 休宁山多田少，粮食不足半年之用，依靠种植山林物产的收入不仅能维持生活，还出现一些以贩运山林物产为业的商人，促进了商业的发展，出现"富庶之象"。

祁门县在徽州府中山区面积更为广大，山多田少的情况更为突出。祁门，"岩邑也，山居十之八，水居十之二"②。嘉靖年间，祁门知县桂天祥也说："本县山多田少，民间差役、日用，咸于山木赖焉。是一山木之兴，固百计之攸属也。"③ 可见，山场林木生产在祁门县百姓日常生活中具有更为重要的意义。永乐《祁阖志》记载："木有松、杉、柏、槐、檀、榆；竹有金竹、笙竹、水竹、苦竹、猫竹。其杉，邑人砍以为筏，货利以资用也。"④ 可见，明初祁门人就已靠贩运杉木为生了。随着商品经的发展，市场需求不断扩大，到了万历年间，祁门县物产记载更为详细。万历《祁门县志·土产》记载："木多杉、松，有桂、柏、枫、槐、梓、桐、桑、榆、杨、柳、柘、檀、樟、株、楛、檫、椑、白杨、冬青、棕榈、橄榄、乌柏；竹有猫竹、水竹、金竹、苦竹、笔竹、紫竹。"⑤

婺源县，地处徽州西南部，靠近江西，境内万山环绕，山地广袤，是徽州六县中山林物产资源最为丰富的两个县之一（另外一个为祁门）。康熙《婺源县志》记载："每一岁概田所入，不足供通邑十分之四，乃并力作于山，收麻、蓝、粟、麦佐所不给，而以其杉、桐之入，易鱼稻于饶，易诸货于休。"⑥ 光绪《婺源县志》则曰："山林之利，我婺独擅。"⑦ 近人

① （清）廖腾煃修，汪晋征等纂：康熙《休宁县志》卷3《食货·物产》，《中国方志丛书·华中地方·第90号》，第423页。

② （明）李维桢：《大泌山房集》卷54《聚源壩记》，《四库全书存目丛书》集部第151册，齐鲁书社1997年版，第670页。

③ （明）何东序修，汪尚宁纂：嘉靖《徽州府志》卷8《物产》，《北京图书馆古籍珍本丛刊》第29册，第209页。

④ （明）黄汝济纂：永乐《祁阖志》卷10《物产·木果》，明抄本，祁门县图书馆收藏。

⑤ （明）余孟麟修，谢存仁纂：万历《祁门县志》卷2《地理志·土产》，万历二十八年刻本。

⑥ （清）蒋灿纂：康熙《婺源县志》卷2《疆域·风俗》，康熙三十三年刻本。

⑦ （清）黄钟琪、汪廷璋编：光绪《婺源乡土志》第六章《婺源风俗》，光绪三十四年活字本。

陈去病也称："茶叶六县皆产，木则婺源为盛"①。婺源县主要出产杉木、松木、枫、栢、梓、樟、檀、榆、岩桂、冬青、柘、柳，竹有筀竹、苦竹、淡竹、金竹、水竹、篁竹、紫竹、猫头竹、方竹、佛面竹、凤尾竹、斑竹、猫竹。②

绩溪县，"山多田少，土脉硗确，……其花果、木植地亦各有所宜"。万历《绩溪县志·土产》记载：木有梓、杉、桑、榆、槐、檀、柘、松、栢、㮣、冬青、山桂、桐、桐子树、柳、杨、黄杨、紫荆、椆、枫、椿、乌桕、茱萸、梧、椴、檽、皂荚；竹木有筀竹、苦竹、水竹、紫竹、猫竹、茲竹、罗汉竹。③ 此外，绩溪县出产枣很有名，"脆而多津，或大而理"④。

黟县，"地狭人寡"，明代中叶以后，徽州已是"徽商遍天下"，但黟人"独事耕作，鲜经营"，却"勤于山伐"⑤。康熙《黟县志》记载：竹有筀竹、苦竹、汉竹、金竹、水竹、紫竹、慈竹；木有梓、栢、榆、槐、檀、松、赤樕、白檵、柘、㮣、桧、柚、枅桐、冬青、桐、桐子树、白杨、枫、皂荚、株。⑥

歙县为徽州首邑，人口最多，盆地面积较大，山地面积较其他县份为少，山经济林物产种植不甚广泛。即便如此，在明代弘治年间，歙县也是"薪则有山，艺则有圃"⑦，山场林木种植业也有所发展。乾隆《歙县志》物产"竹木之属"记载：木有"松、柏、梓、楠、银杏、杉、枫、槐、樟、椿、榆、杨、乌桕，竹有苦、淡、紫、斑、篁、筀、金之名"。其中，"黄山之奇松，问政之桂，高山之梓，朱方之栢，傅溪之楠，黄潭之银杏，城南之七松"，被列为歙县之"名木"⑧。果树种植业也有所发展，梨树以

① 陈去病：《五石脂》，转引谢国桢选编，牛建强等校勘《明代社会经济史料选编（校勘本）》（下册），福建人民出版社2004年版，第28页。

② （清）蒋灿修纂：康熙《婺源县志》卷2《疆域·地产》，康熙三十三年刻本。

③ （明）陈嘉策纂：万历《绩溪县志》卷3《食货志·土产》。

④ （明）何东序修，汪尚宁纂：嘉靖《徽州府志》卷8《物产》，《北京图书馆古籍珍本丛刊》第29册，第209页。

⑤ （清）王景曾修，尤何纂：康熙《黟县志》卷1《风俗》，康熙二十二年刻本。

⑥ （清）王景曾修，尤何纂：康熙《黟县志》卷2《物产》，康熙二十二年刻本。

⑦ （明）张涛、谢陛著，张艳红、王经一点校：万历《歙志》考卷5《风土》，黄山书社2014年版，第99页。

⑧ （清）张佩芳修，刘大櫆纂：乾隆《歙县志》卷6《食货下·物产》，《中国方志丛书·华中地方·第232号》，第344—346页。

歙县种植为多，"出丁字桥者尤佳"①。黄山也盛产林木。康熙《黄山志定本》载："樢，俗作杉，可木，黄山老而巨者，不让蜀材、阳材。……樫，类杉材，不逮杉，杉坚而绵，樫坚而脆。其材可为器，可构可舟。山林薮泽之利。新安惟樢与樫最赡，世为豪强所吞并，瘠土之民日贫，良可慨也，人奈何使其擅民利为己悉也。"② 歙县各村落出产的其他果树也较为名，"歙之名果，则琶塘之枣，容溪之榧，文公舍之梨，旃田之杨梅，特著闻焉。其他锥栗、酸枣、郁李、苦株，则又以细重而并纳咀含者，盖亦举其大概焉"③。

随着市场需求的增加，徽州山林手工艺制品也有了一定程度发展。柿、榉的汁液是制扇的优质材料，明代徽州制扇业发展较快，休宁出产的扇子销售较广，"其初制颇费工本，故精好值重，其后售弥广，制弥杂"④。歙县则出现了几个制扇家族，由此致富，"郑泰时、朱柿、张士安、倪汶四家，当时或以致巨业，或以给家口，扇货几山积矣"⑤。楮树是造纸的优质原料，宋应星《天工开物》对造纸法介绍甚详，"凡楮树取皮，于春末夏初剥取。树已老者，就根伐去，以土盖之。来年再长新条，其皮更美"⑥。

徽州造纸业在宋代已很兴盛，后来技艺失传，到了明代虽然有所衰落，质量也有所下降，但每年还是有不少纸张上供给朝廷。明朝初年，"歙县每月解纳榜纸四千八百张，休宁县每月解纳榜纸三千八百张，绩溪县每月解纳榜纸一千张"⑦。松树、桐树是制墨的良好原料。弘治《徽州府志》记载："然物有盛衰，工有良苦，不能如旧。今失其传，惟出休宁城北汪氏者稍佳，其形制犹多以龙为饰。"⑧ 说明至明代前期，制墨技术失

---

① （明）彭泽修，汪舜民纂：弘治《徽州府志》卷2《食货一·土产·竹木》，《天一阁藏明代方志选刊》第21册。

② （清）闵麟嗣：康熙《黄山志定本》卷2《山产》，《续修四库全书》，《史部·地理类》，第723册，第771页。

③ （清）张佩芳修、刘大櫆纂：乾隆《歙县志》卷6《食货下·物产》，第339—340页。

④ （清）廖腾煃修，汪晋征等纂：康熙《休宁县志》卷3《食货·物产》，第427页。

⑤ （近人）石国柱修，许承尧纂：民国《歙县志》卷16《杂纪·拾遗》，民国二十六年铅印本。

⑥ （明）宋应星著，钟广言注释：《天工开物》卷13《杀青·造皮纸》，广东人民出版社1976年版，第331页。

⑦ （明）彭泽修，汪舜民纂：弘治《徽州府志》卷2《食货一·土贡》，《天一阁藏明代方志选刊》第21册。

⑧ （明）彭泽修，汪舜民纂：弘治《徽州府志》卷2《食货一·土产·货物》，《天一阁藏明代方志选刊》第21册，。

传，水平一度有所下降，制墨业今非昔比。但到明代中后期，方于鲁"按朱万初、潘谷、郭圯、李廷珪父子诸家法，选烟和胶。墨成，倾其郡中"①，制墨技术得到改良，制墨业又得到了新的发展，涌现出了罗小华、方于鲁、程君房、潘方凯、汪建隆等一批制墨名家。② 宋应星在《天工开物》中对制墨即技术有专门记载，尤其推崇徽州墨工。其文曰："凡墨，烧烟凝质而为之。取桐油、清油、猪油烟为者，居十之一；取松烟为者，居十之九。凡造贵重墨者，国朝推重徽郡人。或以载油之艰，遣人僦居荆襄辰沅，就其贱值桐油点烟而归。其墨他日登于纸上，日影横射，有红光者，则以紫草汁浸染灯心而燃炷者也。"③ 明嘉靖、万历年间，徽州名墨辈出，如方于鲁所制之墨，名扬天下，"尊之宫禁，远之夷裔，得方寸如获至宝"④；又如，潘方凯墨，"名冠一时，从焦先生见此本，神思彻悟，业亦奇进"。⑤ 李诩在《戒庵老人漫笔》中对徽州汪廷器及其外甥吴山泉所制之墨赞善有加："余往岁喜用水晶宫墨，盖歙人汪廷器所制，廷器自号水晶宫客，家富而好文雅，与中朝士大夫游，岁制善墨遗之，然所制仅仅数十挺，特供士大夫之能书者，而不以售人，故其制特精。……近有吴山泉者，廷器之甥，实得其法。居吴中，制墨亦精，余亦喜用之。恐其欲易售而忽其法也，故为说廷器之用心不苟如此。"⑥ 万历年间，著名学者沈德符曾对徽州墨也做出综合评价："近代惟新安罗龙文（小华）所作，价逾拱

---

① （明）李维桢：《大泌山房集》卷87《方外史墓志铭》，《四库全书存目丛书》集部第152册，第530页。

② 关于方于鲁、程君房、潘方凯、汪建隆等徽州著名墨商事迹，可参阅（明）李维桢《大泌山房集》卷14《于鲁墨谱序》，《四库全书存目丛书》集部第150册，第600页；《大泌山房集》卷14《墨苑序》，《四库全书存目丛书》集部第150册，第600—601页；《大泌山房集》卷48《赠如韦馆主人序》，《四库全书存目丛书》集部第151册，第514—515页；《大泌山房集》卷87《方外史墓志铭》，《四库全书存目丛书》集部第152册，第530—531页；《大泌山房集》卷126《潘方凯墨评》，《四库全书存目丛书》集部第153册，第570—571页；《大泌山房集》卷126《汪建隆墨评》，《四库全书存目丛书》集部第153册，第572页；《大泌山房集》卷126《吴乾初墨评》，《四库全书存目丛书》集部第153册，第573页。

③ （明）宋应星著，钟广言注释：《天工开物》卷16《丹青·墨》，第415—417页。

④ （明）李维桢：《大泌山房集》卷21《方于鲁诗序》，《四库全书存目丛书》集部第150册，第766页。

⑤ （明）李维桢：《大泌山房集》卷126《李伯扬墨谱题辞》，《四库全书存目丛书》集部第153册，第570页。

⑥ （明）李诩撰，魏连科点校：《戒庵老人漫笔》卷7《笔墨》，中华书局1982年版，第279页。

璧。即一两博马蹄一斤，亦未必得真者。盖墨之能事毕矣。新安人例工制墨，方于鲁名最著，汪太函司马与之连姻，奖饰稍过，名振宇内。所刻《墨谱》，穷极工巧。而同里程君房几超而上之，两人贸首深仇。程墨曾介内臣进之今上，方愈妒恨。程以不良死，则方力也。程亦刻《墨苑》，斗奇角异，似又胜方。"①

三　经济作物的广泛种植

明代，随着商品经济的繁荣发展和市场需求的增加，徽州山区茶叶、生漆、桐油、木耳、药材等经济作物种植得到了进一步发展，经营规模迅速扩大，促进了徽州山区经济的发展。

(一) 茶叶生产

徽州是中国茶叶主要产区之一，茶叶六县皆有，以婺源、祁门为最。早在唐宋时期，茶叶生产就十分兴盛。前文在徽州早期开发一节中已有论述，不再赘述。明代，徽州茶叶种植、贸易有了新的发展，成为木材生产之外又一主要产业，展现了多种经济作物繁荣发展的一个侧面。

茶叶品种增加是徽州茶叶生产发展的重要表现之一。明初，祁门县茶叶仅有软枝、芽茶两种，产量较大，"人亦颇资其利"②。到弘治年间，据《徽州府志》记载，徽州茶叶品种有所增加，"近岁茶名细者，有雀舌、莲心、金芽，次者为芽下白，为走林，为罗公。又其次者，为开园，为软枝，为大号，名虽殊而实则一"③。随着茶叶生产的不断发展，茶课也不断增加。嘉靖年间，徽州府共有茶树 19656101 株，课茶 1965610 株。④ 明代中叶以前，徽州茶叶虽然产量大，但制法不精，品质算不上一流，在全国不处于先地位。换句话说，明中叶以前徽州茶叶主要以量取胜，而非以质著称。对此，弘治、正德年间徽州著名学者汪循曾称："徽出茶佳，可与宜兴并，六安不如也。但造作欠工，而俗又不解煎，往往以萌芽者射利，

---

① (明)沈德符：《万历野获编》卷26《玩具·新安制墨》，中华书局1959年版，第660—661页。

② (明)黄汝济纂：永乐《祁阊志》卷10《物产·木果》，明抄本，祁门县图书馆收藏。

③ (明)彭泽修，汪舜民纂：弘治《徽州府志》卷2《食货一·土产·货物》，《天一阁藏明代方志选刊》第21册。

④ (明)何东序修，汪尚宁纂：嘉靖《徽州府志》卷7《食货志·岁课》，《北京图书馆古籍珍本丛刊》第29册，第174页。

自用者甚粗粝，且以瓶罂汲水，下茶置炉，渐竭渐添，直煎至晚，以应宾客，自饮亦如是，子从外啜佳茗归，甚厌之。"① 而明代隆庆年间，徽州出现了松萝茶②，从此徽州茶饮誉海内外。松萝茶原本出自休宁县的松萝山。松萝山，"在县北十三里，高一百六十仞，周十五里，与天葆山联。山半石壁插天，峰峦攒簇，松萝交映，有禅庵焉，创于唐，迁于元，新有大悲殿，寄萝庵并胜概也。"③ 康熙《休宁县志》对此有记载："邑之镇山曰松萝，远麓为榔浪源，多种茶。僧得吴人郭第制法，遂托名松萝，名噪一时，茶因踊贵，僧贾利还俗，人去名存。士客索茗松萝，司牧无以应，徒使市恣伪售。"④ 但松萝山产量有限，明末文震亨在《长物志》中说："十数亩外，皆非真松萝茶，山中仅有一二家炒法甚精。……新安人最重之。"⑤ 为满足市场需求，"松萝法"传播到歙县等附近地区，使得松萝茶产量大为增加，品种也不断丰富。康熙《徽州府志》记载："茶产于松萝，而松萝茶乃绝少。其名则有胜金、嫩桑、仙芝、来泉、先春、运合、华英之品，其不及号片茶八种。近岁茶名细者，有雀舌、连心、金芽，次者为芽下摆、为走林、为罗公，又其次者为开园、为软枝、为大方，名号多端，实皆松萝种也。"⑥ 由此可见，松萝茶品种之多。

明万历年间，随着"松萝法"的改进，松萝茶品质不断提高，获得时人称赞，名冠天下，其市场销量也不断扩大。明末程用宾《茶录》描述松萝茶的之法："迩时言茶者，多羡松萝萝瀓之品。其法取叶腴津浓者，除筋摘片，断蒂去尖，炒如正法，大要得香在乎始之火烈，作色在乎末之火

---

① （明）汪循：《汪仁峰先生文集》卷27《诗·煎茶》，《四库全书存目丛书》集部第47册，齐鲁书社1997年版，第532页。

② 关于松萝茶创制时间，学界说法不一，有"弘治说"和"隆庆说"。邹怡考证认为，隆庆说较为确切，故而笔者采用隆庆说。关于其具体考证过程，可参见邹怡《明清以来的徽州茶业与地方社会（1368—1949）》，复旦大学出版社2012年版，第59—63页。

③ （清）廖腾煃修，汪晋征等纂：康熙《休宁县志》卷1《图说·山川》，《中国方志丛书·华中地方·第90号》，第215页。

④ （清）廖腾煃修，汪晋征等纂：康熙《休宁县志》卷3《食货·物产》，《中国方志丛书·华中地方·第90号》，第427页。

⑤ （明）文震亨原著，陈植校注，杨超伯校订：《长物志校注》卷12《香茗·松萝》，江苏科学技术出版社1984年版，第413页。

⑥ （清）丁廷楗修，赵吉士纂：康熙《徽州府志》卷6《食货志·货贿》，《中国方志丛书·华中地方·第237号》，第998页。

调。逆挪则涩，顺挪则甘。"① 成书于万历末年的《茶录》则曰："徽郡向无茶，近出松萝茶最为时尚，是茶始于比丘大方，大方居虎丘最久，得采制法。其后于徽之松萝结庵，采诸山茶，于庵焙制，远迩争市，价倏翔涌，人因称松萝茶，实非松萝所出也。是茶比天池茶稍粗，而气甚香，味更清。然于虎丘能称仲，不能伯也。"② 李维桢在《大方象赞》中也称："今新安松萝茶出自大方，名冠天下。"③ 此外，李氏在为徽州著名画家丁云鹏《采茶歌》作小引中也说："茶于味至清，用之清士为最宜，产非一地，事非一朝，而新安松萝晚出，名冠天下。友人丁南羽诗品、画品，亦晚出，而名冠天下。家在松萝，日以茶为事，作《采茶歌》，拟托殊自卓远。"④ 谢肇淛《五杂组》中亦云："今茶品之上者，松萝也，虎丘也，罗岕也，龙井也，阳羡也，天池也。……余尝过松萝，遇一制茶僧，询其法，曰：'茶之香原不甚相远，惟焙者火候极难调耳。茶叶尖者太嫩，而蒂多老。至火候匀时，尖者已焦，而蒂尚未熟。二者杂之，茶安得佳？'松萝茶制者，每叶皆剪去其尖蒂，但留中段，故茶皆一色，而功力烦矣，宜其价之高也。"⑤ 随着品质的提高，松萝茶价也有所波动。清初叶梦珠《阅世编》曰："徽茶之托名松萝者，于诸茶中犹称佳品。顺治初，每斤一两，后减至八钱、五六钱，今上好者不过二三钱。"⑥ 徽州松萝茶的创制、传播、发展为明代徽州茶叶生产发展的一个缩影。

明代，徽州除了松萝茶外，黄山云雾茶也较为有名。许楚《黄山游记》记载，"（莲花）庵地平旷约二亩许，四楹三室，左右映带，篱茨甚幽丽。就石缝养茶，多轻香冷韵，袭人断腭不去，所谓黄山云雾茶是也。"⑦ 康熙《黄山志定本》亦云，"云雾茶，山僧就石隙微土间养之，微香冷韵，

① （明）程用宾：《茶录·选制》，载叶羽主编《茶书集成》，黑龙江人民出版社2001年版，第327页。

② （明）冯时可：《茶录·茶》，载陈祖椝、朱自振主编《中国茶叶历史资料选辑》，农业出版社1981年版，第170—171页。

③ （明）李维桢：《大泌山房集》卷125《大方象赞》，《四库全书存目丛书》集部第153册，第538页。

④ （明）李维桢：《大泌山房集》卷131《采茶歌引》，《四库全书存目丛书》集部第153册，第684页。

⑤ （明）谢肇淛撰，韩梅、韩锡铎点校：《五杂组》卷11《物部三》，中华书局2021年版，第352页。

⑥ （清）叶梦珠：《阅世编》卷7《食货六》，上海古籍出版社1981年版，第159页。

⑦ 王克谦选注：《历代黄山游记选》，黄山书社1988年版，第81页。

远胜匡庐"①。休宁"闵茶"也曾名噪一时。"闵茶"因万历年间由休宁闵汶水创制故名，清人刘鉴在《五石瓠》记载："休宁闵茶，万历末闵汶水所制。其子闵子长、闵际行继之。既以得名，亦售而获利。市于金陵桃叶渡边，凡数十年。……闵茶名垂五十年。"②

（二）漆、桐油的生产

漆树在徽州也有一定的种植，其用途较广。到了明代，人们对漆树的栽培、割漆的时间有了全面的认识。徐光启《农政全书》中记载："取用者，以竹筒钉入木中取汁，或以刚斧斫其皮开，以竹管承之，滴汁则为漆也。"③ 漆，徽州六县皆产。弘治《徽州府志》就曾记载："诸邑皆有之，山民夜刺漆，插竹筧其中，凌晓涓滴取之，用七刮筒中，礛礛有声，其勤至矣。岁旱则益少，天晴雨汁又不佳。"④

歙县出产的漆较为有名，"歙产而与邻邑并著者曰漆，漆生徽严之介，故徽严并称。邑南乡漆沮等于北源茶莽，亦美产也。盖树漆偏山椒，取于春夏之际，夜刺以斧，而插筧延之，凌晓收其涓滴，每树日不及两余，漆贾甚有和外产，而混以为歙漆者云。"⑤ 用漆做成的手工艺品也很畅销，晚明时期，"徽吴氏漆绢，胎角灰磨者，螺钿用金银粒杂蚌片成花者，皆绝古未有此"⑥。徽州能生产优质的漆器用具，主要是得力于漆匠制造技术的精湛，正是因为他们高超的技艺，才使得徽州漆器声名远扬。晚明时期，商品经济的繁荣使得艺术市场逐渐升温，漆器作为一种艺术品也得到很大的发展。徽州漆器畅销的同时，也使得身份低微的漆匠之社会地位有了很大改善。明末士人张岱在《陶庵梦忆》卷五《诸工》中，对从事各种手工业制作"贱工"有着这样的记载：

① （清）闵麟嗣：康熙《黄山志定本》卷2《山产》，《续修四库全书》，《史部·地理类》，第723册，第771页。
② （清）刘鉴：《五石瓠》卷55《闵茶有二》，吴江沈氏世楷堂藏板，光绪二年重刻本。
③ （明）徐光启撰，石汉声校注：《农政全书校注》卷38《种植·木部·漆》，第1068页。
④ （明）彭泽修，汪舜民纂：弘治《徽州府志》卷2《食货一·土产·货物》，《天一阁藏明代方志选刊》第21册。
⑤ （清）张佩芳修、刘大櫆纂乾隆《歙县志》卷6《食货志下·物产》，第336页。
⑥ （明）方以智：《物理小识》卷8《器用类·漆器法》，《四部精要》第13册《子部二》，第1193页。

"竹与漆与铜与窑，贱工也。嘉兴之腊竹，王二之漆竹，苏州姜华雨之莓蒌竹，嘉兴洪漆之漆，张铜之铜，徽州吴明官之窑，皆以竹与漆，与铜与窑名家起家，而其人且与缙绅先生坐抗礼焉。则天下何物不足以贵人，特人自贱之耳。[①]

徽州漆工能与传统社会中享有很高威望的缙绅基层分庭抗礼，可见漆器制作能使原本地位低下的漆工成为"贵人"，这也是晚明社会大变迁的一个缩影。近人朱启钤对徽州漆工也有很高评价："书契之用，漆墨代兴。……世人但知廷珪制墨，因材于黄山之松；不知新安产漆亦极丰饶。……凡世守之工，新安人无不擅之。然则名为墨工，无宁名为漆工之为愈也。"[②]

桐油作为一种有独特效用的经济林特产，也是徽州林木资源中的一个重要品种。关于桐油的种植方法，徐光启在《农政全书》中说："江东、江南之地，惟桐树黄栗之利易得。乃将旁近山场，尽行锄转，种芝麻。收毕，仍以火焚之，使地熟而沃"[③] 也就是说，在种植桐油树前，先种芝麻，待其收获后，再放火烧，使得土壤熟化，增加肥力。桐油，徽州各县皆产。弘治《徽州府志》记载："桐油，各县皆出，惟婺源、祁门为多。"[④]徽州漆和桐油的产量很大，销量很广，"江浙南畿之境，油漆、器皿、屋料、木植皆资于徽"，休宁主要集中在西北乡一带。[⑤]

（三）其他经济作物的种植

在明代，徽州民众也广泛种植香菇、木耳、药材、蜡等经济作物，以维持生计。徽州山区林木种类繁多，其中有些树也出产木耳、香菇。嘉靖《徽州府志》卷八《物产》即云："木耳，古熟豆之芝也。"[⑥] 乾隆《歙县

---

① （明）张岱撰，马兴荣点校：《陶庵梦忆》卷5《诸工》，中华书局2007年版，第60页。

② 朱启钤：《髹饰录牟言》，转引自谢国桢选编，牛建强等校勘《明代社会经济史料选编（校勘本）》（上册），第296页。

③ （明）徐光启撰，石汉声校注：《农政全书校注》卷38《种植·木部》，第1052页。

④ （明）彭泽修，汪舜民纂：弘治《徽州府志》卷2《食货一·土产·货物》，《天一阁藏明代方志选刊》第21册。

⑤ （明）程敏政纂，欧阳旦增修：弘治《休宁志》卷1《物产》，《北京图书馆古籍珍本丛刊》第29册，第476页。

⑥ （明）何东序，汪尚宁纂：嘉靖《徽州府志》卷8《物产》，《北京图书馆古籍珍本丛刊》第29册，第208页

志·物产》也说："产于山者曰笋、曰石耳、曰蕨、曰葛。"① 康熙《黄山志定本》也载，"石耳，盖芝蕈类也。生于崖石，……木耳山产更多"②。香菌，"生古松老杉上，或生松阴。采无时，芳香韵味俱绝"③。

徽州山地广袤，野生药材遍地，方志中记载较为详细。歙县，茯苓、地黄、五味、天冬、白术、苍术、柴胡、白芨、黄蘗、红花、牛膝、贝母、石香、茅香、干葛、山萸、益母、虎耳、槐花、瓜蒌、女贞、枸杞、山楂、紫苏、艾叶、荆芥、败酱、牵牛、旋覆、木贼、谷精、五加、细辛、鹤虱、百部、木通、通草、卷柏、蓖麻、杜仲、蒴藋、茜草、蜀葵、金星、地锦、夏桂、茴香、薄荷、覆盆、草乌、瞿麦、芫花、白蔹、前胡、金银花、吴茱萸、霹雳矢、何首乌、旱莲草、羊踯躅，等等。其中，麦门冬"唯新安者大而白，出陈藏器之言"④。休宁县，麦门冬、石香、茅香、附子车、苍耳、五倍子、桔梗、黄连、黄精、乌药、地黄、草乌、苦参、菖蒲、香薷、凌霄、土芎、金罂子、白芨、羊蹄。⑤ 婺源县，芝、芍药、香附、苍耳草、土芎、麦门冬、牡丹皮、黄精、车前草、甘菊、何首乌、南星、五倍子、白术、贝母、萱草、扁豆、茯苓、扩蒌、蜀葵、金星、茴香、薄荷、百部、黑白豆、苦参、忍冬。⑥ 祁门县，白术、白茯苓、五倍子、黄精、败酱、干葛、苦参、麦门冬、天门冬、滛羊、藿羊、踯躅、冷饭团、覆盆子、金罂子、百部、山药、山楂、山茱萸、薄荷、紫苏、金银花、旱莲草。⑦ 黟县，芝、芍药、黄连、香附之、车前子、苍耳、茴香、菊、牡丹、黄精、五倍子、萱草、桔梗、地黄、细辛、薄荷、草乌、前胡、天门冬、荆荞。⑧ 绩溪县，兰、芍药、昌羊、香附子、茴香、艾、麦门冬、益母草、羊蹄、金罂、土芎、牡丹皮、旁其、为菊、五倍

① （清）张佩芳修，刘大櫆纂：乾隆《歙县志》卷6《食货下·物产》，第338页。
② （清）闵麟嗣：康熙《黄山志定本》卷2《山产》，《续修四库全书》，《史部·地理类》，第723册，第769—770页。
③ （清）闵麟嗣：康熙《黄山志定本》卷2《山产》，《续修四库全书》，《史部·地理类》，第723册，第769页。
④ （清）张佩芳修，刘大櫆纂：乾隆《歙县志》卷6《食货下·物产》，第340页。
⑤ （明）程敏政纂，欧阳旦增修：弘治《休宁志》卷1《物产》，《北京图书馆古籍珍本丛刊》第29册，第476页。
⑥ （清）蒋灿修纂：康熙《婺源县志》卷2《疆域·地产》，康熙三十三年刻本。
⑦ （明）余孟麟修，谢存仁纂：万历《祁门县志》卷2《地理志·土产》，万历二十八年刻本。
⑧ （清）王景曾修，尤何纂：康熙《黟县志》卷2《物产》，康熙二十二年刻本。

子、黄精、萱草、南星、白扁豆、地黄、五味子、紫胡、白芨、黄蘗、茯
苓、细辛、蓖麻子、杜仲、五加、蜀葵、夏枯、薄荷、覆盆、草乌、瞿
麦、前胡、天门冬、何首乌、苍术、菖蒲、蓼、红花、牛膝、槐花、紫
苏、山楂、荆芥、稀莶、苍耳、马鞭草、香薷、牵牛子。其中，茯苓产量
较大，"深山有大松处皆有之，是多年松脂流入土中变成者。自作块，不
附根，千年化为琥珀，其抱根而雅虚者为茯神。"① 其中，黄连，"生山壑
中，苗丛生一茎三叶，高尺许，凌冬不凋，花黄色，味苦寒。土人采根，
连车载贸，为治火主药"。②

黄精在徽州产量较大。康熙《徽州府志·物产》记载："黄精者，生
山之阴，视其花之白以别鉤吻，土人号为甜蕨，亦曰胡孙薑。"③ 白石英是
一种重要药材，徽州出产细长白嫩，受到医家喜爱。康熙《黄山志定本》
也载，"黄精，得坤土之粹精，故名黄精。……春苗时采为茹，谓之毕菜，
味甘美。凡根八月收煮，三昼夜色黑如漆，久服仟。"④

第二节　明代徽州山林经济的规模

经过唐宋时期的早期开发，徽州木材、茶叶、桐油、毛竹等山林物产
不断运往外地销售，其商业化进程不断加快。到了明代，由于种植技术的
提高和商品经济的发展，尤其是徽商的崛起，使得徽州山林物产种植规模
生产不断扩大，与市场的联系进一步加强，促使经营山林变得十分有利可
图。在这种情况下，徽州一般农民之家、地主、商人和宗族普遍热衷于山
林经营，从而使得山林经济的规模不断扩大，甚至出现拥有数千亩山场的
地主或商人。在众多的资料中，置产簿、分家书能够动态反映一个家族置
产数量、规模和财产分析过程，具有重要的史料价值。而商人资料则提供
不可多得的商业经营材料，通过这些资料能够了解商人资本、财产规模。
下面我们主要以置产簿、分家书和商人资料，对明代徽州山林经济的规模

---

① （清）陈嘉策修纂：万历《绩溪县志》卷3《食货志·土产》，万历九年刻本。
② （清）闵麟嗣：康熙《黄山志定本》卷2《山产》，《续修四库全书》，《史部·地理类》，
第723册，第767页。
③ （清）丁廷楗修，赵吉士纂：康熙《徽州府志》卷6《食货·物产》。
④ （清）闵麟嗣：康熙《黄山志定本》卷2《山产》，《续修四库全书》，《史部·地理类》，
第723册，第767页。

作一初步探讨。

一 置产簿所见山林经济规模

置产簿，又称抄契簿、文契簿、誊契簿、产业簿等，是置产者购置产业过程的各种文书契约汇编。置产簿以流水账的形式，详细记录置产者产业积累的方式、过程、数量、种类、价格和规模，能够以动态的形式揭示出置产者产业消长过程，也能显示置产者产业规模，故而具有较高的研究价值。置产簿的类型较为丰富，有的为特定产业置产簿，如田地产业簿、山林置产簿，还有一些置产簿，包括田地、房屋等众多财产在内，如《万历祁门洪氏抄契簿》①，即为祁门五都桃源洪氏宗族山林、田地契约文书汇编。徽州山多田少，山林经济地位重要，因此遗存下来的徽州山林置产簿数量不少，如中国社会科学院中国历史研究院祁门胡氏《佛寿公祀重立虎形山抄白》②、《雪峰公祠受并秩下输入山场誊录》③、《祁门康氏山场登录册》④、祁门李源《李氏山林置产簿》，等等。此外，有一些置产簿虽未明确题名为山林簿，但从其内容看，全部或者绝大多数为山场买卖文书、合同。这种簿册的存世数量更大，如中国社会科学院中国历史研究院祁门贵溪《成化祁门胡氏抄契簿》⑤、祁门王源谢氏《嘉靖祁门谢氏抄契簿》⑥、休宁苏氏《万历休宁苏氏抄契簿》⑦、祁门龙源汪氏《万历祁门汪氏膳契簿》⑧、祁门石潭汪氏《顺治祁门汪氏抄契簿》⑨、祁门三四都凌氏《嘉庆祁门凌氏膳契簿》⑩，上海图书馆《嘉靖山契留底册》，安徽大学徽学中心《祁门十八都沙堤叶氏文书》⑪，等等。

① 《万历祁门洪氏抄契簿》1 册，中国社会科学院中国历史研究院藏，编号：215160000002。
② 《徽州千年契约文书（清·民国编）》卷 12《佛寿公祀重立虎形山抄白》，第 60—80 页。
③ 清代道光年间徽州德孚抄《雪峰公祠受并秩下输入山场誊录》（明万历年间至道光年间）1 册，编号：216060000012。
④ 《明代正德九年至嘉靖四十六年祁门康氏山场登录册》1 册，编号：215110900001。
⑤ 《徽州千年契约文书（宋·元·明编）》卷 5，第 105—106 页。
⑥ 《徽州千年契约文书（宋·元·明编）》卷 5，第 283—312 页。
⑦ 《徽州千年契约文书（宋·元·明编）》卷 6，第 107—439 页。
⑧ 《徽州千年契约文书（宋·元·明编）》卷 7，第 225—296 页。
⑨ 《徽州千年契约文书（清·民国编）》卷 4，第 5—188 页。
⑩ 《徽州千年契约文书（清·民国编）》卷 11，第 380—500 页。
⑪ 刘伯山主编：《徽州文书》第 2 辑，广西师范大学出版社 2006 年版，第 195—334 页。

(一)《成化祁门胡氏抄契簿》所见山林经济规模

1. 概述

《成化祁门胡氏抄契簿》记载洪武三十年（1397）至成化元年（1465）田地买卖契约、合同文约等文书约40多件。其中，山地买卖文书35件，最早的一件为永乐二年（1404），最晚的一件为成化元年（1465）。从簿册内容看，35份山地买卖文书中除去最后3件买主为胡文邦、胡羽林外，其余32件买主皆为胡思敬。为便于叙述，现将其簿主视为胡思敬。从该簿册相关内容看，其买主居住地均为祁门县十二都。查万历《祁门县志》卷四《乡市》，十二都下有平里和贵溪两村。又，《新安名族志》记载，祁门贵溪、平里皆为胡氏主要分布地区之一①。此外，《嘉庆祁门凌氏膳契簿》中记载，有祁门十二都胡氏卖山契：

> 十二都胡纬今有承祖并买受山一号，坐落三四都八保，土名何家冲，系胡义真名目，计山二十亩，东降，西降，南石坎，两嘴相对，北高尖。内除胡文林、羽林二人分法不买外，其余山尽数立契出卖与三四都凌、胡等名下为业，面议时价纹银二两八钱正，……。
>
> 嘉靖二十九年又六月二十日　　立契人　　胡　　纬
> 　　　　　　　　　　　　　　　中见人　　汪天文②

此文中提到的胡羽林为卖主胡纬的先祖，在出卖山地时，特别注明胡羽林"分法不买"。这里的胡羽林与《成化祁门胡氏抄契簿》中的胡羽林，生活时间、居住村落完全一致，当为同一人。而且《嘉庆祁门凌氏膳契簿》中还记载，清代嘉庆年间凌氏与贵溪胡氏宗族因山场纠纷而结讼。③故而，胡思敬乡贯当为祁门县十二都贵溪。

2.《成化祁门胡氏抄契簿》所见山场规模

《成化祁门胡氏抄契簿》详细记录胡思敬从永乐二年（1404）至景泰

---

① （明）戴廷民、程尚宽等撰，朱万曙等点校：《新安名族志》前卷，第308、311页。

② 《嘉庆祁门凌氏膳契簿》，《徽州千年契约文书（清·民国编）》卷11，第455页。

③ "……，因嘉庆十三年，贵溪胡邦贵等与本家老余结讼，将官贴付与饶余逞［呈］官讯审，自后未还。……"参见《嘉庆祁门凌氏膳契簿》，《徽州千年契约文书（清·民国编）》卷11，第490—491页。

三年（1452）购买山场的过程，反映了明初土地集中的基本趋势。现将其地产购置情况统计如表2-1。

表2-1　　　　　　　祁门县十二都胡思敬置产一览

田土类型	田		地		山	
时间	次数	面积	次数	面积	次数	面积
永乐	1	2亩1角33步	1	1亩2角11步	9	41亩2角4步，另有7处面积不详
宣德	—	—	—	—	8	57亩1角46步，另有3处面积不详
正统	—	—	—	—	12	54亩2角57步，另有2面积不详
景泰	—	—	—	—	3	9亩5步，另有1处面积不详
总计	1	2亩1角33步	1	1亩2角11步	32	162亩2角52步，13处面积不详

资料来源：《徽州千年契约文书（宋・元・明编）》卷5，第105—136页。

从表2-1中可以看出，自永乐二年（1404）至景泰三年（1452）的49年间，胡思敬共购置产业32次，共买田2亩1角33步，地1亩2角11步，山162亩2角52步。此外还有13处山场面积不详，若算上这些山场，其拥有的山场规模应该在170亩以上。从就可供统计的数字中得知，胡思敬购置的山场占全部地产面积的97.64%。可见，山场的确为其主要地产。尽管由于缺乏族谱等资料记载，对胡思敬的具体身份缺乏了解，但是其主要靠经营山场为生，这大概不会有问题。各年份购置山场次数不等，相差较大。正统年间置产次数最多，达13次，占总次数的40.6%；其次为永乐年间，有9次；再其次为宣德年间，有8次；景泰年间置产次数最少，为3次。各年置产的金额也不等，差别较大。永乐年间置产金额最多，为790贯，布4匹；景泰年间置产金额最少，为7两，稻谷7秤。此外，各个年份购置山场的规模也不等。购置山场最多的是宣德年间，为57亩1角46步，另有3处山场面积不详；正统年间虽然购置山场次数最多，但山场规模却并非最大，为54亩2角57步，另有2处山场面积不详；永乐年间购置山场为41步2角4步，另有7处山场面积不详；购置山场最少的为景泰年间，仅为 9 亩 5 步，另有 1 处山场面积不详。由此可见，永乐、宣德和正统年间，是胡思敬山场积累的主要时期，此期间共购置山场 153 亩 2 角 41 步，占总山场面积的 94.4%。总的来说，生活在明代前期的胡思敬主要靠经营山场为生，山场是其主要财产。

（二）《嘉靖祁门谢氏抄契簿》所见山林经济规模

1. 概述

《嘉靖祁门谢氏抄契簿》由序、山场买卖契约组成。该序为嘉靖二十五年（1545）谢俊、谢性、谢佳、谢芳四大房兄弟所立，主要交代簿主设立账簿的缘由和山场管理的原则。从序文中写有"十西都"字样，可知该簿主为祁门十西都谢俊等四大房兄弟。值得注意的是，该簿册前半部分为十西都谢氏将各处山场卖给休宁三十三都方氏的契约，时间主要在正统以前。从地理位置上看，祁门十西都与休宁三十三都接壤，这可能也是造成山地买卖的原因之一。后半部分为谢氏将先前卖出山场用价赎回的契约，并附有记载山场分籍的清单。设立账簿的具体原因，在序文中有明确交代：

> 十西都谢芳伉、谢性悦、谢佳值、谢俊等，原承祖谢伯政、谢尚仁名目金业山场，坐落本保土名闻水源等处，于上年间契卖休宁三十三都方璩、方珏等为业。今佳等思祖宗产业，不忘其本，各情愿出银取赎并连界字号，谢仲然、谢芝友、谢鉴友、李尧章、冯伯聪等名目金业山场字号，一概用价买受，凑便管业，所有来脚文契，随时缴讫，字号、亩步、四至，悉照原买契字经理抄写在后为照。……①

赎回的原因是"思祖宗产业，不忘其本，各情愿出银取赎并连界字号，……一概用价买受，凑便管业"。在将卖出山场赎回之后，为便于管理，谢俊等四大房兄弟立此合同，"议定新旧文契封付一人轮流收贮，三年一换，另令抄写簿扇，各收为照，日后要用，同众开封参看"②。这就是该抄契簿设立的主要原因与目的。

---

① 《嘉靖祁门谢氏抄契簿》，《徽州千年契约文书（宋·元·明编）》卷 5，第 283 页。
② 《嘉靖祁门谢氏抄契簿》，《徽州千年契约文书（宋·元·明编）》卷 5，第 283—284 页。

2.《嘉靖祁门谢氏抄契簿》所见山场规模

《嘉靖祁门谢氏抄契簿》详细记录从洪武十七年（1384）至嘉靖二十五年（1545）购买山场的过程。现将其地产购置情况统计表 2 - 2。

表 2 - 2　　　　　　祁门十西都谢俊等四大房购置山场一览①

时间	山场		
	次数	面积	价格
洪武	2	40 亩	140 贯
建文	1	3 亩	200 贯
永乐	15	92 亩 2 角，另有 2 处不详	14000 贯
洪熙	4	34 亩，另有 1 处不详	12050 贯
宣德	2	23 亩	1600 贯
正统	2	6 亩	31.2 两
弘治	1	不详，共 1 处	6.5 两
嘉靖	7	不详，共 45 处	108.25 两，另有两处山场用银不详
总计	34	198 亩 2 角，共有 49 不详	

资料来源：《徽州千年契约文书（宋·元·明编）》卷 5，第 283—312 页。

从表 2 - 2 中可以看出，自从洪武十七年（1384）至嘉靖二十五年（1545）的年间，十西都谢氏购置产业共 34 次，皆为山场，总计山 198 亩 2 角。此外，还有 49 处山场面积不详，若算上这些山场，其拥有的山场规模应该更大些。各年份置产山场次数不等。永乐年间最多，为 15 次；其次为洪熙年间，有 4 次；景泰、天顺、成化、正德年间没有置产。各年置产的金额也不等，差别较大。与购置山场次数一致，永乐年间购置山场所用金额最多，为 14000 贯；虽然洪熙年间仅有 4 次置产，但却用了 12050 贯，居第二位，这也反映宝钞在不断贬值。这从其他年份置产用钞数额也能得到体现。洪武年间平均每亩山场用钞仅为 3.5 贯，建文年间平均每亩山场用钞为 66.7 贯，永乐年间每亩山场用钞多达 151.4 贯。此外，各个年份购置山场的规模也不等。其中，永乐年间购置山场规模最大，为 92 亩 2 角，还有 2 处山场面积不详；洪武年间，虽然置产仅有 2 次，但购置山场的规模却居第二位，为 40 亩；洪熙年间虽然仅有一年，却置产 4 次，年平均置

① 永乐二十二年卖山谢祯祥买山契中，提到绵布 10 疋，折钞 200 贯，故算出 1 疋 = 20 贯。

产次数最高，购置山场规模排在第三位，为34亩；同样，景泰、天顺、成化、正德年间没有购置山场。需要说明的是，这150多亩山场为谢俊等四大房所共有，若平均到每个房分，单个家庭的山场规模则仅为四五十亩左右。

（三）《李氏山林置产簿》所见山林经济规模

《李氏山林置产簿》1册，原藏中国社会科学院中国历史研究院，今已不见。该簿册为祁门李源李氏家族的山场经营簿册，载有上至宣德九年（1434），下至嘉靖四十三年（1564）有关山场买卖、租佃、砍伐和贩运等具体情况，是研究徽州山林经营实态不可多得的资料。陈柯云曾利用此山林簿，对徽州山林经营状况有着深入探讨。[1] 笔者以下主要依据陈柯云论文披露的资料，对祁门李氏山林经济规模进行阐述。

据陈柯云考证，该簿册为祁门李源李汛父子、祖孙山林置产簿。李氏为祁门望族，科举仕宦辈出，拥有大量族产。祁门在徽州六县中，山地面积较大，因此，山场在李氏族产中也占有十分重要地位。据陈柯云统计，《李氏山林置产簿》记录有178号山场，其中127处山场注明了具体面积，另有51处没有记录山场面积。仅就127处山场进行统计，李汛祖孙拥有的山场就有2300亩左右。若是将没有记录具体山场面积的51处山场也计算在内的话，李氏所持有的山场规模可能在3000亩左右。[2] 可见，李氏在徽州俨然已算是一户大山场所有者了。

李氏178号山场中，既有承祖继承而来的，也有通过买卖交易得来的，而前者仅有51号，后者却占有127号。可见，李氏山场主要靠买卖途径积累起来的。据陈柯云统计，李氏山场积累过程共进行241次交易，有141次记录了具体用银数，总计用银1521.8两，其中有100次没有银价记录。[3]

李氏既然拥有如此广大的山场，那么其山场的收入又如何呢？据陈柯云统计，《李氏山林置产簿》所登录的178号山场中有113号记录的砍木价格，前后共砍伐木材192次。其中，122次记录了贩卖木材的价格，总

---

① 陈柯云：《〈从李氏山林置产簿〉看明清徽州山林经营》，《江淮论坛》1992年第1期。

② 陈柯云：《〈从李氏山林置产簿〉看明清徽州山林经营》，《江淮论坛》1992年第1期。

③ 陈柯云：《〈从李氏山林置产簿〉看明清徽州山林经营》，《江淮论坛》1992年第1期。

计得银 2761.51 两。若将未注明银价的 70 次砍木计算在内，李氏山场 192
次砍木得银当在 4600 两左右。此外，李氏还通过山场租佃收获芝麻 10414
升。① 据上述分析可知，李氏山场规模十分庞大，山场收入亦较为可观，
山场收入在其日常生活中占有十分重要的地位。

（四）《山契留底册》所见山林经济规模

1. 概述

《山契留底册》1 册，上海图书馆收藏。载有从明弘治到万历年间山场
买卖契约、合同分单、分家书、租佃文约共两百数十件。在文书类型上，
以山地买卖契约为主，共有 219 件。在时间方面，最早的一件为弘治五年
（1492），最晚的一件为万历二十一年（1593），其中以嘉靖时期的文书最
多，共有 184 件。从文书内容看，郑笏所购置山场多为外姓财产，主要有
十四都李氏和十二都胡氏。从嘉靖元年（1522）以后，郑谅兄弟购置的山
场多为郑氏族人之间的交易。

簿主考证。从《山契留底册》记载的内容看，从正德元年（1506）至
正德十六年（1521）买主要为郑笏②，从嘉靖元年至嘉靖二十四（1545）
年买主为源一公郑谅③。又，在郑谅买山契末尾提到"予兄弟续置山契"，
其购置山场的时间为嘉靖三年（1524）至万历二十一年（1593），买主为
郑玄锡兄弟。从时间衔接看，嘉靖年间买主多为郑谅、郑玄锡，直到隆庆

---

　① 陈柯云：《〈从李氏山林置产簿〉看明清徽州山林经营》，《江淮论坛》1992 年第 1 期。
　② 安徽师范大学图书馆也收藏有一系列祁门奇峰郑氏文书，其中有一份为郑笏买山契约，
其内容如下：
　　十五都郑良正同弟郑良昊、郑良昭，共有山场坐落本都六保，土名峡山坞，经理系一千三百
十三号。今为无钱支用，自情愿将前项祖产并买受本位兄弟该得分籍及在山主力大小苗木尽数立
契出卖与同都人郑笏名下为业，面议时价纹银　　整，在手足讫。云云。
　　正德三年八月初八日立卖契人　　郑良正　郑良昊、郑良昭
　③ 安徽师范大学图书馆也收藏有两份郑谅买山契约，其一为嘉靖七年九月十七日：
　　十五都郑璜同弟郑加、郑厚、郑潇，今有众共祖产山一备，坐在本都六保，土名峡山坞，万
字一千三百一十三号，今自情愿立契出卖与同业人郑谅名下为业，面议时价纹银　　整，云云。
　　嘉靖七年九月十七日立契人　　郑璜
　　　　　　　　　同卖人　　郑加　郑厚　郑潇
　　　　　　　　　中见人　　郑湖
其二为嘉靖七年十月十八日：
　　郑书原用价买受郑贺保土名涨头山一备，于内原买郑克恭、郑琼、郑法保、求保分股，今
立契将前买受分股出卖与同业人郑谅名下凑便为业，面议时值纹银　　整，云云。
　　嘉靖七年十月十八日立契人　　郑书

四年（1570），买山契中买主还为郑玄锡。可见，直到隆庆年间郑玄锡仍健在。综合判断，笔者认为该簿簿主为郑笏及郑谅、郑玄锡祖孙三代人。为便于叙述，现将《山契留底册》视为郑笏祖孙。

簿主乡贯考证。《正德四年李芳卖山契》载："十四都李芳，今有承父买受叔中良分籍山一号，坐落本都十保，……尽数立契出卖与同业人十五都郑笏名下凑便为业。"又，《嘉靖二十二年郑谦等立分山合同》载有"奇峰郑谦同兄郑谅共有山一源，坐落十五都十保，土名黄连坑等处下培及方塝叚等山"字样。该合同言明郑谅等为十五都人，同时明确说明为郑谅等为"奇峰"人。由此初步断定郑谅为祁门十五都人。又，《山契留底册》中郑笏、郑珪、郑璋等人，在同治《祁门县志》均有记载：

> 郑笏，字慎大，居奇岭，正德时庠生。曾祖患疯，笏晨夕侍养，三年不离。曾祖怜其勤劬，给田数亩。殁后，笏存作祭产以例，肄业国学，选县丞，不就。家司徒庙毁于元季，未复。笏倡建，拓地于奇水之西，增于旧制。①
>
> 郑珪，字德夫，居奇岭。嘉靖间，弟凤商于瓜渚，染疫。珪时寓高邮得报，昼夜兼行，视疾躬为，炼药煮糜，至废寝食。医恐疫见染，劝之归。曰："有命。"及凤愈，珪疾旋作。医再三劝归，犹以弟虽少痊，依我为命为辞。未几，竟以疫死，人义而哀之。②
>
> 郑璋，字明夫，居奇岭。正德间岁饥，尝捐金以赈，值宸濠变，兵费不充。璋输粟供饷，授七品散官。弟璬，字洁夫，商于瓜渚，见运河为官民要道，遇粮运辄阻商行。璬捐金别浚一河，使官运无碍，商不留难，至今赖之。瓜有善人钱姓者穷无归，璬畀以居室不取值，钱绘像祀之。③

县志中所载郑笏、郑珪、郑璋等人的信息与簿册中的记内容完全一

---

① （清）周溶修，汪韵珊纂：同治《祁门县志》卷29《人物志七·孝友》，《中国方志丛书·华中地方·第240号》，第1339页。

② （清）周溶修，汪韵珊纂：同治《祁门县志》卷29《人物志七·孝友》，《中国方志丛书·华中地方·第240号》，第1342页。

③ （清）周溶修，汪韵珊纂：同治《祁门县志》卷30《人物志八·义行补遗》，《中国方志丛书·华中地方·第240号》，第1393页。

致，可以断定这三人即为簿册中的人物。由此可充分说明，《山契留底册》簿主郑笏、郑谅等为祁门十五都奇岭人。

2.《山契留底册》所见山场规模

《山契留底册》详细记录从正德元年（1506）到万历二十一年（1593）山场买卖的次数、价格等内容，反映明代中后期徽州山林经济的实态。现将其山场购置情况统计如表2-3。

表2-3　　　　　　　　　祁门奇峰郑谅兄弟山场购置一览

时间	山场		
	次数	面积	价格
弘治	1	1 处不详	0.3 两
正德	27	31.755 亩，14 处不详	共计 47.22 两，其中 12 次无银价记录
嘉靖	184	116.29 亩，181 处不详	共计 749.83 两，其中 79 次有银价记录
隆庆	6	6 处不详	共计 17 两，其中 1 次无银价记录
万历	1	1 处不详	1 次无银价不详
总计	219	共计 148.045 亩，其中 203 处不详	共计 814.35 两，其中 93 次无银价记录

资料来源：《山契留底册》，上海图书馆藏。

从表2-3可以看出，从弘治元年（1492）到万历二十一年（1593）的 102 年间，郑笏和郑谅兄弟共购置山场 219 次，拥有山场 148.045 亩，其中有 203 处山场面积不详，仅嘉靖年间就有 181 处山场面积不详，占山场面积不详记录的 89.6%。若算上面积不详的山场，郑氏兄弟拥有的山场至少在 200 亩以上。219 次购置山场共用银 814.35 两，其中有 93 次无银价记载。郑氏兄弟购置的皆为山场，这说明山场经营为其主要收入来源。上引郑珪之弟郑凤、郑璋之弟郑璬均为贩木瓜州的木商。[①] 加之奇峰郑氏为著名木商家族，因此，郑谅兄弟购置众多山场多是用于商业经营，当无疑问。

各个时期购置山场的次数也不等。嘉靖年间购置山场次数最多，为 184 次；占总次数的 84.02%；正德年间有 27 次，居第二位；隆庆年间有 6 次，居第三位；弘治、万历年间购置山场最少，各有 1 次。各个时期购置山场的规模也不同，相差较大。与购置山场的次数一致，嘉靖年间购置

---

① （清）周溶修，汪韵珊纂：同治《祁门县志》卷 29《人物志七·孝友》，《中国方志丛书·华中地方·第 240 号》，第 1342、1393 页。

山场金额最多，为 749.83 两，其中有 79 次无银价记录；与正德年间购置山场次数一致，正德年间购置山场金额同样居第二位，为 47.22 两，其中有 12 次无银价记录。隆庆年间购置山场金额排在第三位，为 17 两，其中有 1 次无银价记录。各个时期购置山场的规模也不等，差别甚大。与购置山场的次数一致，嘉靖年间购置山场规模最大，为 116.29 亩，其中有 181 处山场面积不详；正德年间为 31.755 亩，其中有 14 处面积不详，居第二位。综合来看，无论是从山场购置的次数，购置山场所用金额，还是购置山场的数量来说，嘉靖年间为郑笏、郑谅父子大规模购置山场的时期，也是其山场积累的主要时期。

(五)《嘉庆祁门凌氏誊契簿》所见山林经济规模

1. 概述

中国社会科学院中国历史研究院收藏有祁门三四都凌氏文书两部，即《嘉庆凌氏合同文约誊契簿》和《嘉庆祁门凌氏誊契簿》①，均收录于《徽州千年契约文书（清·民国编）》卷 11。前者主要内容为自明末到清嘉庆年间凌氏宗族在山林买卖、经营、析产、拚买等方面的合同等文书共 140 件左右，明代文书仅为 3 件，其主要为清代乾隆年间山场经营、租佃文书。后者为清嘉庆二十四年（1819）祁门三四都凌荣春抄录的文书汇编，以明代卖山契为主，载有洪武十六年（1383）至清代乾隆四十九年（1784）的田地山塘买卖契约、山场清单、合同文约、分家阄书②、保产文约、诉讼文书、继承文书和官帖约 117 件。这为研究明代祁门凌氏宗族山林经营、家产继承和宗族整合等提供了宝贵的资料，具有较高的学术价值。笔者以《嘉庆祁门凌氏誊契簿》为主要资料，对该家族的山场规模作一初步探讨。

从该簿册内容看，明洪武到景泰年间，山场买主为凌寄，买进的山场至少有 105 亩③，这就为该家族山林经营打下了基础。当时主要从异姓

---

① 中岛乐章对祁门三四都凌氏这两个簿册均有专文研究，参见氏著《清代徽州的山林经营、纷争及宗族形成——祁门三四都凌氏文书研究》,《江海学刊》2003 年第 5 期；《明代徽州的小规模同族与山林经营》,《明史研究会创立三十五年纪念论文集》，汲古书院 2003 年版。

② 中岛乐章对该簿册收录的成化、嘉靖年间的分家阄书、继承文书有过专论。参见氏著，栾成显译《明代中期徽州农民的家产分割——祁门县三都凌氏为例》，载《徽学》第 5 卷，安徽大学出版社 2008 年版，第 11—26 页。

③ ［日］中岛乐章著，栾成显译：《明代中期徽州农民的家产分割——祁门县三都凌氏为例》,《徽学》第 5 卷，第 15 页。

手中购得地产，其购买的主要对象为三四都汪氏、十二都贵溪胡氏，其山场主要分布在三四都八保。成化以后，随着人口繁衍，山场买卖多在凌氏族人内部进行，分家析产不断增多，山林产权不断分割，逐渐细碎化。

2. 《嘉庆祁门凌氏誊契簿》所见山场规模

《嘉庆祁门凌氏膳契簿》详细记录从洪武到崇祯年间购置山场的过程，反映有明一代凌氏宗族山林经营实态。现将其地产购置情况统计表2－4。

表2－4　　　　　　　　　祁门三四都凌氏置产一览

田土类型	山			田		地	
时间	次数	面积	价格	次数	面积	次数	面积
洪武	1	16 亩	1.5 贯	——		——	
永乐	2	4.5 亩	110 贯	——		——	
洪熙	1	1 处不详	100 贯	——		——	
宣德	7	10.5 亩, 3 处不详	600 贯			2	4 亩
正统	19	57.375 亩, 3 处不详	930 贯, 1.06 两			4	10 亩
景泰	5	2.5 亩, 3 处不详	160 贯, 3 两				
天顺	4	1.25 亩, 2 处不详	15 秤, 0.12 两				
成化	9	13 亩, 10 处不详	53.41 两			2	1.5 亩
弘治	16	31.5 亩, 8 处不详	16.1 两	2	2 处不详	2	2 处不详
正德	5	18.5 亩, 4 处不详	5.83 两	3	4 处不详		
嘉靖	10	30.86 亩, 8 处不详	5.64 两			1	0.57 亩
万历	20	20.48 亩, 10 处不详	16.95 两			2	0.17 亩, 1 处不详
天启	2	0.3375 亩	不详				
崇祯	2	1.081 亩, 2 处不详	170 两	1	1 处不详	1	1 处不详
合计	103	207.8835 亩, 共 54 处不详	1901.5 贯, 15 秤, 272.11 两	6	7 处不详	14	16.24 亩, 4 处不详

注：（1）表中面积均为有明确记载田土面积和价格仅为有明确记载的内容，凡记载不详的不予以统计。（2）按宣德六年，谢能静买山契中绵布40疋，准钞800贯。又，故1疋＝20贯。

资料来源：《徽州千年契约文书（清·民国编）》卷11，第382—500页。

从表2－4可以看出，从洪武十六年（1383）至崇祯六年（1633）的

251 年间，凌氏共置产 123 次，其中购置山场 103 次，购置田 6 次，购置地 14 次，购置山场次数占总置产次数的 83.74%。在各项田土规模中，山场 207.8835 亩，其中有 54 次面积不详；田共 7 处，面积均不详；地共 16.24 亩，其中，有 4 处面积不详。购置山场共用去 1901.5 贯，稻谷 15 秤，白银 272.11 两，其中，天启年间 2 次用银不详，购置山场费用占地产总金额的大多数。可见，无论是购置山场的次数，山场在总地产中的面积，还是购置山场所用金额数，都显示出这样一个事实，即山场占有凌氏全部地产的大多数，山林经营为凌氏主要的生活来源。中岛乐章的研究也证明了这一点。①

各个时期购置山场的次数也不等。其中，万历年间购置山场次数最多，为 20 次，占总次数的 19.41%；正统年间为 19 次，居第二位，占总次数的 18.45%；弘治年间为 16 次，居第三位，占总次数的 15.53%；建文、隆庆、泰昌年间购置山场次数最少，没有购置山场。各个时期购置山场金额也不等，差别较大。明代前期主要使用宝钞，购置山场用钞最多的是在正统年间，为 930 贯，外加白银 1.06 两；宣德年间用 600 贯，居第二位。成化以后主要使用白银交易，购置山场用银交易最多的为崇祯年间，为 170 两；成化年间用银 52.41 两，居第二位；万历年间虽然购置山场次数最多，但用银并非最多，仅为 16.95 两，居第三位。同样，建文、隆庆、泰昌年间购置山场金额最少，没有购置山场。各时期购置山场的规模亦不等，相差甚大。正统年间购置山场最多，为 57.375 亩，其中 3 处面积不详；弘治年间为 31.5 亩，其中 8 处面积不详，居第二位；嘉靖年间为 30.86 亩，其中 8 处面积不详；居第三位；洪武年间虽然购置山场只有 1 次，但山场却有 16 亩，为单次购置山场之最。同样，建文、隆庆、泰昌年间购置山场规模最少，没有购置山场。综合来看，祁门三四都凌氏购置山场时间主要集中在正统年间及弘治至万历年间。

（六）《顺治祁门汪氏抄契簿》所见山林经济规模

1. 概述

《顺治祁门汪氏抄契簿》1 册，中国社会科学院中国历史研究院收藏，

---

① ［日］中岛乐章著，栾成显译：《明代中期徽州农民的家产分割——祁门县三都凌氏为例》，《徽学》第 5 卷，第 11—26 页。

同时收录于《徽州千年契约文书（清·民国编）》卷4。该簿册载有正统十三年（1448）至崇祯十七年（1644）山场买卖契约、承佃文约、甘罚文约、山场合同文书、拚木文书、县令判审批词、借约等文约近200件。簿册中最晚的一件为崇祯年间文书，并未见有顺治年间文书，故而原题名有误，应改为《崇祯祁门汪氏抄契簿》，更为妥当。簿册中除了数件山场、田地混卖契约外，皆为山林文书，山场买卖契约占有相当比重。

簿册乡贯考证。簿册中买卖契约常提到"十六都石潭"字样，如《天启三年汪尚裕卖山契》中，即载有"十六都石潭汪尚裕，今有承祖买受得山四号，俱坐落本都二保，土名樵溪。一号大黄流坑…… 尽数立契出卖与侄本都等名下为业。"① 查万历《祁门县志》，石潭为十六都一村落，初步判断该簿册为祁门石潭汪氏置产簿。《万历二十一年汪继芳卖田山契》中又载，"祁门十六都汪继芳，今承故父汪炫买受得荒田一号，……出卖与浮梁长宁都江带霸名下凑便为业，又全处山一号……"②。该文书为簿主家户所立的卖山契。契中明确提到簿主家户汪继芳为"祁门十六都"人。而在万历二十一年汪继芳另外一张卖山契中，则记载"石潭汪继芳，今承故父汪炫买受山三号，……出卖与弟汪奎熥名下为业"③。两张契约中的汪继芳及其父汪炫的记载信息完全一致，可断定两条材料中的汪继芳为同一人，确切地说应该为祁门十六都石潭人。又，《万历二十八年江冲等卖山契》载："浮梁江冲同弟汝源明等，今有承父买受得祁门十六都樵溪二保土名荒田岭……山三号，……先年卖去讫，仍存买汪继芳、汪以枳、汪尚照分股，今因管业不便，尽数立契凭中出卖与祁门十六都汪情等兄弟名下为业"④。该契为簿主家户一份买山契。而《隆庆四年汪以枳卖山契》记载："十六都汪以枳今有承祖山一号，坐落本都二保，土名樵溪，……出卖与浮梁长宁都江印兄弟名下。"⑤ 《万历十七年汪继芳卖山契》又载："十六都汪继芳，今承故父汪炫祖产山一号，俱坐落本都二保，土名樵溪，……出卖浮梁长宁都江印兄弟名下为业。"⑥ 对比上述三张契约，不难

① 《徽州千年契约文书（清·民国编）》卷4，第32页。
② 《徽州千年契约文书（清·民国编）》卷4，第82—83页。
③ 《徽州千年契约文书（清·民国编）》卷4，第64—65页。
④ 《徽州千年契约文书（清·民国编）》卷4，第67页。
⑤ 《徽州千年契约文书（清·民国编）》卷4，第83—84页。
⑥ 《徽州千年契约文书（清·民国编）》卷4，第84—85页。

发现万历二十八年（1600），浮梁江冲等所出卖山场中的"汪继芳、汪以
枳、汪尚照分股"，即含有为隆庆四年（1570）、万历十七年（1573）汪继
芳和汪以枳先年所卖出的山场。以上事例充分证明，该簿主乡贯无疑为祁
门十六都石潭。

从山场买卖契约内容看，石潭汪氏家族的山场买卖主要在汪氏宗族内
部进行。此外，也包括十六都倪氏、十六都董氏、十六都胡氏、十六都谈
氏、十六都陈氏、十六都吴氏等宗族卖山契。由此可见，石潭汪氏山场主
要分布在十六都。簿册中还有少量浮梁江氏卖山契，出卖原因多为"管业
不便"。跨县域田土买卖多为地理位置上相互接壤的地区，祁门十六都与
浮梁县接壤，应该是促成山场买卖的主要因素之一。

2.《顺治祁门汪氏抄契簿》所见山场规模

《顺治祁门抄契簿》详细记载从正统十三年（1448）至崇祯十七年
（1644）197 年间的购置山场的过程，反映明代中叶以后祁门石潭汪氏山场
积累的过程。现将其山场购置情况统计如表2-5。

表2-5 祁门十六都石潭汪氏购置山场一览①

时间	山场		
	次数	面积	价格
正统	1	5 亩	0.3 两
成化	5	1.2 亩，4 处不详	计 8.8 两，其中 1 次无银价记录
弘治	12	5.78 亩，10 处不详	计 61.2 两
正德	15	9.955 亩，15 处不详	计 42.45 两
嘉靖	16	2.25 亩，14 处不详	计 33.5 两，其中 1 次无银价记录
隆庆	3	10 处不详	计 1.8 两
万历	55	110.313 亩，71 处不详	计 53 两，其中 14 次无银价记录
泰昌	1	1 处不详	1 次无银价记录
天启	31	6.104 亩，54 处不详	计 150.78 两，其中 15 次无银价记录
崇祯	20	32 处不详	计 45.9 两，8 次无银价记录
总计	159	140.602 亩，211 处不详	397.73 两，其中 40 次无银价记录

资料来源：《徽州千年契约文书（清·民国编）》卷4，第5—188 页。

① 说明：（1）该簿册中有一份契约落款时间为"丙戌"年的，无法判断其具体年份，故未
统计。（2）该簿册中还有田 12.4 亩。

从表 2-5 中可以看出，正统十三年（1448）至崇祯十七年（1644）的 179 年间，石潭汪氏共购置山场 159 次，用银 397.73 两，其中有 40 次无银价记录，总计拥有山场 140.602 亩，其中有 211 处不详，仅万历年间即有 71 处山场面积不详，占总次数的 33.65%。若将 211 处山场计算在内，保守的估计，汪氏山场规模应在 200 亩以上。此外，从簿册文书内容看，石潭汪氏除了买进田 12.4 亩外，其余皆为山场，因此山场为该宗族最为主要的财产，当无疑问。从事山林经营是石潭汪氏主要的收入来源，簿册中拚木分价清单文书即是明证。万历丙午（1606），拚卖山场 30 亩，得银 12.543 两。[1] 天启四年（1624），拚樵溪、荒田岭并一六住后山木与十五都郑容，得价银二十四两，以忠、永、良三股均分。[2]

各个时期购置山场的次数不等。万历年间购置山场次数最多，为 55 次，占购置山场总次数的 34.59%；天启年间有 31 次，占总次数的 19.5%，位居第二位，年均购置次数最多；崇祯年间有 20 次，占总次数的 12.58%，位居第三位；景泰、天顺年间购置山场最少，这期间没有购置山场。年平均购置山场次数也不等。天启年间虽然购置山场次数仅有 31 次，但年均置产次数却最高，为 4.43 次；万历年间虽购置山场次数最多，但年均置产次数却排在第二位，为 1.15 次；崇祯年间年均置产次数为 1.18 次，排在第三位；同样景泰、天顺年间年均置产次数最少，这期间没有购置山场。各个时期购置山场规模也不等，相差较大。万历年间购置山场最多，有明确记载的为 110.313 亩，占山场总面积的 78.46%，另外还有 71 处山场面积不详，占山场面积不详总次数的 33.65%。可见，万历年间是祁门石潭汪氏大规模购置山场的时期。其他时期购置山场规模有记录的都在 10 亩以下，规模较小，即使将正统、成化、弘治、正德、嘉靖、隆庆、泰昌、天启、崇祯年间购置山场亩数有记载的数字相加，也仅为 25.289 亩，仅仅占总面积的 17.99% 而已。同样，景泰、天顺年间购置山场规模最小，这期间都没有购置山场。各个时期购置山场金额也不等，相差悬殊。天启年间置产金额最多，为 150.78 两，占总金额的 37.91%，其中 15 次无用银记录，占无用银记录总次数的 37.5%；万历年间虽然置产最多，但用银

————————

① 《徽州千年契约文书（清·民国编）》卷 4，第 118 页。
② 《徽州千年契约文书（清·民国编）》卷 4，第 112—114 页。

却仅有 53 两，若将 14 次用银数不明计算在内，也仅居第二位，与天启年间 150.78 两相比，相差甚大；弘治年间虽然置产仅有 12 次，但却用银 61.2 两，位居第三位。这说明明代中期以后，至少在祁门，其山场总体价格浮动较大，天启年间山场价格比万历时期要高得多。这从祁门石潭汪氏在这两个时期购置山场用银金额中即可窥其一斑。

（七）《顺治休宁朱氏祖遗契录》所见山林经济规模

1. 概述

《顺治休宁朱氏祖遗契录》1 册，中国社会科学院中国历史研究院收藏，同时收录于《徽州千年契约文书（清·民国编）》卷 4。该簿册载有隆庆六年（1572）至顺治九年（1652）田地山塘买卖契约、合同文约、认领契、婚书、诉讼合同等文书 150 余件，以山场买卖契约为大宗。反映明末清初休宁朱氏购置地产的实态，具有一定的研究价值。

簿主考证。顾名思义，该簿册题名为"祖遗契录"，当为休宁朱氏置产簿。从簿册内容看，其簿主信息还是较为清楚的。139 件买卖契约中，从隆庆六年（1572）至崇祯十五年（1642）的 71 年间，其买主有明确记载的契约，大多记为二十六都三图朱胜良，或者简写为"朱良"，亲人之间的买卖契甚至简写为"朱"，这种契约共 109 件，占契约总数的 77.7%。从崇祯十六年（1643）至顺治九年（1652）的 10 年间，其买主则为徽州某县二十六都三图朱祯祥，共有契约 30 件。可能是崇祯十六年（1643）朱胜良已去世，由于缺乏族谱记载，朱胜良与朱祯祥之间的关系不甚清楚。为便于叙述，现将该簿册簿主视为朱胜良。

簿主乡贯考证。据簿册内容可知，簿主朱胜良为徽州某县二十六都三图人。如《万历三十一年朱汶卖山契》载有"二十六都五图住人朱汶，今为缺少，自情愿将承买苏时沼兄弟山一号，土名中坞，系良字一千七百七十二号，该身分数，计税七厘七毛，……照契出卖与本都三图朱胜良名下为业"字样。[1] 该契为簿主一份买山契。契中言明簿卖契人为"二十六都五图"，簿主朱胜良与卖主为"本都"，即在二十六都，又在三图，故而朱胜良应为二十六都三图人。上引二十六都五图朱汶卖山契中山场字号为"良"字号。据《休宁县都图甲全录》载，该县二十六都五图田土字号正

---

[1] 《徽州千年契约文书（清·民国编）》卷 4，第 204—205 页。

为"良"字号。由此判定簿主朱胜良为休宁二十六都三图人。

2.《顺治休宁朱氏祖遗契录》所见山场规模

《顺治休宁朱氏祖遗契录》详细记载从隆庆六年（1572）至顺治九年（1652）的81年购置田地山塘的过程，动态地反映休宁二十六都三图朱胜良的财产积累过程。现将其地产购置情况统计如表2-6。

表2-6 　　　　　　　　休宁二十六都三图朱胜良置产一览

田土类型	山		田		地		价格
时间	次数	面积	次数	面积	次数	面积	
隆庆	1	1.1 亩	1	0.6 亩	0	0	1.5 两
万历	28	总计 19.999 亩，其中2处面积不详	15	总计12.0482亩，7砠11斤，其中1处面积不详	5	总计 0.7275 亩，其中1次面积不详	总计 475.95 两，其中2处无银价记录
天启	2	0.285 亩	1	4 砠40 斤	1	总计0.333 亩	总计208.9 两
崇祯	34	总计 6.2013 亩，其中2处面积不详	16	总计 4.344 亩15 斤	18	总计2.413 亩	总计443.8 两
顺治	3	总计0.113 亩	14	总计 13.656 亩，75 砠59 斤	2	总计 0.1083 亩	总计280.5 两
总计	68	27.6983 亩，其中4处面积不详	47	30.6482 亩，86砠125 斤，其中1处面积不详	26	3.5818亩，其中1处面积不详	1410.65 两，其中2处无银价记录

资料来源:《徽州千年契约文书（清·民国编）》卷4，第191—335 页。

从表2-6中可以看出，从隆庆六年（1572）至顺治九年（1652）的81年间，休宁二十六都三图朱胜良等人共购置地产141 次，其中购置山场68 次，位居第一位，占总次数的48.23%；购置田47 次，占总次数的33.33%；购置地26 次，占总次数的18.44%。在各项有明确面积记载的田土类型中，山场面积为27.6983 亩，地有 3.5818 亩，田30.6482 亩86砠125 斤。按照章有义的研究，1 砠约为20 斤，每亩约产稻谷200 斤。[①]86 砠125 斤相当于田9.225 亩，田30.6482 亩86砠125 斤相当于田

---

① 章有义:《明清徽州土地关系研究》，第74 页。

39.8732 亩。山场为 27.6983 亩，仅次于田的面积，占田土总面积的 44.73%。由此可见，山场和水田在朱胜良户地产中占有同样重要地位，都是其主要收入来源。

各个时期购置山场的次数不等。崇祯年间购置山场次数最多，为 34 次，占总次数的 50%；万历年间共购置山场 28 次，占总次数的 41.18%，排在第二位；隆庆年间仅购置山场 1 次；天启年间购置山场 2 次；清初顺治年间也仅购置山场 3 次；泰昌年间购置山场最少，这期间没有购置山场。万历、崇祯时期共购置山场 62 次，占总次数的 91.18%。从上表还能看出，万历时期购置山场 28 次，田 15 次，地 5 次，该时期购置山场次数占总次数的 41.18%；崇祯年间购置山场 34 次，田 16 次，地 18 次，该时期购置山场次数占总次数的 50%。而且，万历和崇祯年间购置山场的面积在各项田土总量中也是最多的。因此，无论是从购置山场次数，还是从购置山场的规模看，万历、崇祯年间是簿主大规模购置山场的主要时期，也是簿主山场积累的主要时期。

各个时期购置山场规模也不等，相差较大。万历年间虽然购置山场次数排在第二位，但购置山场总量却位居第一位，为 19.999 亩，占山场总面积的 72.20%，还没未将 2 处山场面积不详计算在内；崇祯年间虽然购置山场次数最多，但每次购置山场的面积较小，总共置买山场 6.2013 亩，其中 2 处面积不详，这与万历年间相差较大。万历、崇祯年间合计购置山场 26.2003 亩，占山场总面积的 94.59%，而隆庆、天启、顺治三个时期购买山场的总和仅为 1.498 亩。可见，与购置山场的次数一致，万历、崇祯年间是簿主购置山场主要时期。同样，泰昌年间购置山场最少，没有购买山场。

(八)《休宁郝川汪氏置业契纸目录》所见山林经济规模

1. 概述

《休宁郝川汪氏置业契纸目录》1 册，中国社会科学院中国历史研究院收藏。[①] 总计 178 页，文字 163 页，空白 15 页。该簿册由序言、产业清单和附录三部分组成。序言交代了簿主设置账簿的缘由，产业清单分为各类

---

① 《明代天启年间休宁郝川汪氏置业契纸目录》1 册，中国社会科学院中国历史研究院藏，编号：215160000001。

产业典卖契约、合同文书、借贷文书等内容，附录载有康熙十二年（1682）十一月至十二月十二日个人往来收支细目。

余道昌在序文中交代了该簿册设立的缘由。其文曰：

> 予馆海阳郝川有年所矣，为天启甲子，万国负版上献，王事告竣，寰寓图籍，灿然一新。有仲升先生伯仲暨其从弟景弘，丈承先世殷阜之业，典籍繁伙，田畴、庐舍、山林，增入本户者，悉有契墨、合同、文券。昉自洪、永迄隆、万、天启，浩穰盈箧，率众存未析，世远人蕃，不有法纪，后将何式。于是，授请于予。予受事后，昕夕敏勉，爰相与蒐集汇编，叙原委，著凡例，通若干道，以千字文为序，甲天、乙地，分贮箧筒，永垂芳规，一切侵牟干没之弊，皆行黜革。倘有照验，无得留滞，共期世守，无违用底，光大猗欤休哉！缘是喜而为之，颺言曰："昔君家陆橐均财，金玉题阄，兹一举而有三美，不独金昆玉季，同心同德，蔼蔼乎仁让之风，而往后以从王继，先以裕后善终，而谨始三美，具足繇此而绳绳，亦繇此而奕奕弥昌，后之视今，犹今之视昔。"庶其为垂远之谋，而有垂远之闻也哉！予不佞僭并数语，以引其端。
>
> 时天启甲子岁孟秋望日星源时可余道昌谨序

从序文中的"予馆海阳郝川"可知，余道昌为郝川汪氏所请之塾师。从其落款时间"天启甲子"，可知簿册为天启四年（1624）所立。查《婺源县志》可知，"星源"为婺源十一都村落，可知余道昌为婺源十一都星源人。婺源人多从事塾师行业，这在徽州地域中较为突出。王振忠教授曾言："徽州各地形成了一些塾师世家，当时，婺源的塾师特别有名。"[①] 序文中提到休宁郝川汪仲升兄弟与其从弟景弘，深感"丈承先世殷阜之业，典籍繁伙，田畴、庐舍、山林，增入本户者，悉有契墨、合同、文券。"可见，休宁郝川汪氏产业众多，田土类型丰富，是个大土地所有者。"自洪、永迄隆、万、天启，浩然盈箧"，产业颇多，但一直是"率众存未

---

① 有关婺源人从事塾师行业的研究，可参见王振忠《〈复初集〉所见明代徽商与徽州社会》，收入氏著《徽州社会文化史探微：新发现的16—20世纪民间档案文书研究》，上海社会科学院出版社2002年版，第78页。

析"，汪仲升兄弟感到，人口不断繁衍，众多产业难以管理，于是请塾师余道昌加以整理。余氏受命后，将各项产业分门别类，提纲挈领式的将各项产业撰写目录，最后加以"蒐集汇编"成册。《休宁郝川汪氏置业契纸目录》就是塾师余道昌所抄录。

该簿册与一般置产簿的区别在于，它实为簿主置产契约的"总目录"。不是严格意义上置产文书汇编，而仅是将每份文书的主要信息，如田土买卖契约，只将其田土字号、立契时间、买主、买主、时间、田土类型和价格逐一抄录；合同文书和借贷，也是同样如此，只将主要信息摘抄记录。各类田土买卖契约载有从弘治七年（1492）至天启三年（1623）田土买卖契约804件，合同文书载有从隆庆六（1572）年至万历四十四年（1616）赋役合同、山林合同、租佃文约、典当文约、婚书等共204件。借贷文书载有从嘉靖四十四年（1565）至万历三十五年（1607）借（收）银约共103件，其中，放贷收入至少有286两，购置地产用银170.515两。

从序言中可知，该文契簿为休宁（海阳）郝川汪仲升兄弟及其从弟汪景弘所立，为便于叙述，现将《休宁郝川汪氏置业契纸目录》簿主视为汪仲升兄弟。

簿主乡贯考证。簿册序文中只言簿主乡贯为"海阳郝川"，但其具体村落和所属都图并不清楚，故需考证。查历代休宁县志，均不见"郝川"记载。但该簿册中《正德五年汪寿祥买山契》载："正德五年三月初一日，寿祥公买本族汪廷瑃公郝坞夏尖山契一道，价三钱。"该契中言明簿主家户买本族汪廷瑃的山坐落在"郝坞"。簿册还有几分簿主买山契中也提到田土坐落"郝坞"。据《休宁县都图甲全录》载，该县十二都一图二三甲下"郝坞"村。由此可知，"郝坞"，即郝川。因此，《休宁郝川汪氏置业契纸目录》簿主汪仲升兄弟为休宁十二都一图人。

2. 《休宁郝川汪氏置业契纸目录》所见山场规模

《休宁郝川汪氏置业契纸目录》详细记载从弘治七年（1492）至天启三年（1623）132年间购置田地山塘的过程，虽然没有记录各种地产购置的面积，但却记录各种地产购置的时间、次数和金额，基本上反映休宁十二都一图汪仲升户的财产积累过程。现将其地产购置情况统计如表2-7。

表2-7　　　　　　　　　　休宁郝川汪氏置产一览　　　　　　　　单位：两

田土类型	田		地		山		塘		田地山塘混买	
时间	次数	价格	次数	价格	次数	价格	次数	价格	次数	价格
弘治	1	2.8	—	—	—	—	—	—	—	—
正德	4	11.57	—	—	—	—	—	—	—	—
嘉靖	39	318.92	26	54.135	40	59.35	2	2.5	4	10.75
隆庆	19	131.92	8	18.48	34	61.355	—	—	4	21
万历	298	2752.585	141	1281.81	147	589.22	6	39.1	15	172.92
泰昌	—	—	1	9	—	—	—	—	—	—
天启	—	—	6	76.6	6	37.2	—	—	—	—
小计	361	3217.795	182	1440.025	227	747.125	8	41.6	23	204.67
合计	田地山塘共801次，加租、批契、边银文书共有3件，用银42.1两，总计用银5693.315两。									

资料来源：《明天启年间休宁郝川汪氏置业契纸目录》，中国社会科学院中国历史研究院藏。

从表2-7中可以看出，从弘治七年（1492）至天启三年（1623）132年间休宁郝川汪氏共购置地产801次，其中，购置田361次，地182次，塘8次，山场227次，仅次于购置水田的次数，占购置地产总数的28.34%。购置地产共用银5693.315两，年均用银43.1312两。其中，购置田共用银3217.795两，占总金额的56.52%；地购置共用银1440.025两，占总金额的25.29%；购置山场共用银747.125两，占金额的13.12%，虽然购置山场次数排在第二位，但用银总数仅排在第三位，比购置地用银少。

各个年份置产次数不等，相差很大。虽然簿册时间跨度为132年，但是弘治、正德和泰昌、天启年间购置地产次数和数量都很小，弘治年间仅有购置田仅1次，地、山、塘则没有购置；正德年间也没有置买地、山、塘，仅购置田4次；泰昌、天启年间都没有置买田、塘，仅有泰昌年间置买地1次，天启置买地6次，山6次。弘治、正德、泰昌和天启年间购置地产总次数只有18次，而仅隆庆年间购置田就达19次，而万历年间购置田、地、山场的次数均在100次以上。由此可见，休宁郝川汪氏大规模购置地产主要在嘉靖、隆庆和万历年间。

各个时期购置山场的次数也不等，相差甚大。万历年间购置山场次数最多，达 147 次，占购置山场总次数的 64.76%。弘治、正德、泰昌三个时期购置山场次数最少，这三个时期都没有购置山场。嘉靖年间购置山场 40 次，排在第二位，隆庆年间购置山场 34 次，天启年间购置山场 6 次，嘉靖、隆庆和万历年间共购置山场 221 次，占购置山场总次数的 97.36%。年均购置山场 1.72 次，隆庆、万历年间均超过年平均次数，嘉靖、泰昌和天启年间均低于年平均次数，其中，隆庆年间年均购置山场次数最高，达 5.67 次，万历年间次之，为 3.06 次，泰昌年间没有购置山场，年均次数为零。虽然购置山场总次数与水田相差不少，但是嘉靖和隆庆年间购置山场总次数均高于购置水田的次数。因此，从各个时期购置山场总次数和年均次数均能看出，嘉靖至万历年间休宁郝川汪氏购置山场次数最多，是其山场积累的主要阶段。

各个时期购置山场所用金额亦不等，相差甚大。与购置山场次数一致，万历年间购置山场金额也最多，达 589.22 两，占总金额的 78.86%。同样，泰昌年间购置山场金额最少，没有购置山场。年均用银为 5.66 两，隆庆、万历年间购置山场金额均高于年均数，其中万历年间均用银最高，达 12.28 两，隆庆年间次之，为 10.23 两。嘉靖和天启年间用银不及年均数，同样，泰昌年间年均用银最少，没有购置山场。从购置山场金额用银数可以看出，嘉靖至万历年间，休宁郝川汪氏是其山场积累的主要阶段。

值得注意的是，从簿册内容看，休宁郝川汪氏还立有各项合同文约 249 件，其内容包括赋役合同、山林合同、佃约、拚约、婚书约和借领文约，其中有关山林的合同 47 件。此外，汪氏拚卖山场木材获得也一定收益。据笔者统计，隆庆至天启年间共有拚约 19 件，仅万历年间就有 16 件，除 3 次拚卖山场无用银记录外，汪氏山拚卖山场获得收益 34.442 两。若将这些计算在内，休宁郝川汪氏所拥有的山场规模会更大些。

综上所述，从弘治七年（1492）至天启三年（1623）132 年间，休宁郝川汪氏购置产业主要集中在嘉靖至万历年间。无论是其购置山场次数还是用银数，都显示出山场在郝川汪氏购置的各项产业中占据着重要地位。隆庆、万历年间，汪氏日常放贷他人至少有 286 两。上述分析说明，在产业积累的过程中，休宁郝川汪氏是多业并举，既从事放贷活动，也积极购置水田、地和山场，且这些地产在其产业中占有主要地位，山场在其地产总量中也占有重要地位。

（九）《窦山公家议》所见山林经济规模

《窦山公家议》8卷，为祁门善和程氏仁山门东房派的族规家法，其内容包括管理、墓茔、祠祀、田地、山场和银谷，附录为"东西军业议"，作为东西二房共同遵守的法规，该书是研究明清徽州族产管理实态的宝贵史料。[①] 周绍泉、赵亚光曾将该书整理校注出版，此后学界对此多有研究。[②] 该书卷五《山场议》详细记载了山场的字号、亩步、经营和管理情况。据学者统计，善和程氏仁山门东房共有族产山场1149亩2角47步，共有、祭田、学田和军业田等计315.5796亩。[③] 可见，与田业相比，山场规模要大得多，山场为善和程氏仁山门东房主要族产当无疑问。

既然拥有如此广大的山场，其山场收入又有多少呢。从《窦山公家议》看，善和程氏十分重视山场经营，认为"田之所出，效近而利微，山之所产，效远而利大，……所谓日计不足、岁计有余也"，[④] 正是看到山场经营有利可图的一面。善和程氏经营山场也获得了不菲的收入，仅顺治十三年（1656）出卖里南坞、外南坞、黄花坞、杨坑等四处山场木材就获得59.672两的收入。[⑤]

综上所述，《窦山公家议》记录祁门善和程氏东房派族产山场有1149亩左右，其山场面积在各类地产中数量最多，山场收入也不菲。在徽州山区，拥有1000多亩山场，俨然也是个大地产所有者了。

以上笔者选取了九个家族的置产簿，对每个家族的地产类型进行统计，分析了各个家族的山场购置数量、次数和金额等具体情况。

从时间段来说，以上九个家族置产簿涵盖明代各个时期。既有明代前

① 沈明光、武新立：《〈窦山公家议〉的史料价值》，《晋阳学刊》1988年第5期；周绍泉：《〈窦山公家议〉及其研究价值》，《江淮论坛》1991年第6期。

② （明）程昌撰，周绍泉、赵亚光校注：《窦山公家议校注》，黄山书社1993年版；周绍泉：《明清徽州祁门善和程氏仁山门族产研究》，《谱牒学研究》第2辑，第1—35页；颜军：《明清时期徽州族产经济初探——以祁门善和程氏为例》，《明史研究》第5辑，第61—67页。

③ 周绍泉：《明清徽州祁门善和程氏仁山门族产研究》，《谱牒学研究》第2辑，第3页；颜军：《明清时期徽州族产经济初探——以祁门善和程氏为例》，《明史研究》第5辑，第61页。

④ （明）程昌撰，周绍泉、赵亚光校注：《窦山公家议校注》卷5《山场议》，第74页。

⑤ （明）程昌撰，周绍泉、赵亚光校注：《窦山公家议校注》卷7《银谷议》，第100页。

期、中期和后期事例，又有贯穿有明一代两百多年的事例，能够较为全面的体现明代徽州山场经营演化的一般趋势。第一例祁门十二都胡思敬、第二例祁门十西都谢俊等四大房置产情况，反映明代前期徽州山场积累情况。第三例李汛祖孙山林置产簿、第四例奇峰郑氏《山契留底册》主要为明代宣德至嘉靖时期山场经营情况，是明代中期徽州山场发展的体现。第七例《顺治休宁朱氏祖遗契录》则为休宁二十六都三图朱胜良户明末清初山场购置的文书汇编，是对明末清初徽州山场经营实态的具体体现。第六例《顺治祁门汪氏抄契簿》、第八例《休宁郝川汪氏置业契纸目录》和第九例《窦山公家议》，在时间段上涵盖了从正统至崇祯年间，时间跨度近两百年，是明代中后期至明末徽州山场经营实态的集中体现。第五例《嘉庆祁门凌氏誊契簿》在时间段上涵盖了洪武年间至崇祯年间，是对有明一代祁门三四都凌氏山场积累情况的集中体现。

就上述九个家族置产簿购置地产具体情况来说，既有全部购置山场者，如《嘉靖祁门谢氏抄契簿》《山契留底册》《李氏山林置产簿》《窦山公家议》和《顺治祁门汪氏抄契簿》；又有田地山塘皆购置，但以山场为主要地产者，如《成化祁门胡氏抄契簿》《嘉庆祁门凌氏誊契簿》；还有田、地、山场等多业并举，各类地产规模相当者，如《顺治休宁氏祖遗契录》《休宁郝川汪氏置业契纸目录》。就土地占有者形态来说，既有个人占有山场情况，如第一例中的胡思敬、第四例中的郑笏和郑谅兄弟；也有以族产形式存在的山场情况，如第二例中山场即为祁门十西都谢俊等四大房所得、第九例中的《窦山公家议》山场为祁门善和程氏仁山门东房派族产，等等。

徽州是个典型的山区，地狭人稠。弘治《徽州府志》即言："田地少，人口多"。[1] 徽人耕作环境极为艰苦。"大山之所落，多垦为田，层累而上，指至十余级，不盈一亩"[2]，"壮夫健牛，田不过数亩，粪壅缛栉，视他郡农力过倍，而所入不当其半。"[3] 徽州普通民众究竟占有多少地产才能维持

---

① （明）彭泽修，汪舜民纂：弘治《徽州府志》卷2《食货一》，《天一阁藏明代方志选刊》第21册。

② （明）何东序修，汪尚宁纂：嘉靖《徽州府志》卷2《风俗》，《北京图书馆古籍珍本丛刊》第29册，第66页。

③ （明）何东序修，汪尚宁纂：嘉靖《徽州府志》卷8《食货志下》，《北京图书馆古籍珍本丛刊》第29册，第205页。

最低生活，占有多少地产才能算大地产所有者呢？这方面前贤的研究可供参考。

著名学者栾成显在《明代黄册研究》一书中，对徽州农村社会中各个阶层土地占有情况进行详细阐述。栾成显通过分析认为："就徽州地区来讲，各类人户的土地占有标准要比一般南方地区更低一些。……徽州地区一个农夫所能耕种的土地面积一般多在 10 亩以内。占有 30 亩以上的农户，即为有土地出租者。占有 50 亩以上土地而人丁较少的农户，则多系靠出租土地为生的富农或地主。或者可以说，50 亩左右的土地，可视为徽州地区地主土地占有的最低点。事实上，在遗存至今的徽州文书中，一户只有五六十亩左右的土地而全部出租的事例，颇为不少。而占有土地百亩以上而有人丁较少者，无疑属农村中的地主阶层。"① 故而，在徽州山区，10 亩土地可视为自耕农土地占有的最低标准，50—100 亩土地徽州地主土地占有一般标准，占有 100 亩以上土地的业户当为拥有较大规模土地的地主，拥有 1000 亩土地以上无疑是大地产所有者了，这些应较符合徽州实际情况。

就上述九个家族置产簿所见山场规模来说，既有小型山场占有者，也有大型山场占有者。现将九个家族地产占有情况统计成表 2-8。

表 2-8　　　　　置产簿所见九个家族地产规模汇总

土地所有者姓氏	田土类型		
	田	地	山
祁门县十二都胡思敬	2 亩 1 角 33 步	1 亩 2 角 11 步	162 亩 2 角 52 步，14 处面积不详
祁门十西都谢俊等四大房			198 亩 2 角，共有 49 处面积不详
祁门李源李氏			3000 亩左右
祁门奇峰郑谅兄弟			148.045 亩，其中 203 处面积不详
祁门三四都凌氏	7 处，面积不详	16.24 亩	207.8835 亩，共有 54 处面积不详

---

① 栾成显：《明代黄册研究（增订本）》，中国社会科学出版社 2007 年版，第 133、409 页。

续表

土地所有者姓氏	田土类型		
	田	地	山
祁门十六都石潭汪氏			135.602 亩，共有 211 处面积不详
休宁二十六都朱胜良	30.6482 亩	3.5818 亩，1 处面积不详	27.6983 亩，其中 4 处面积不详
休宁郝川汪氏			1000 亩以上
祁门善和程氏仁山门东房派	315.5796 亩		1149 亩 2 角 47 步

从表 2-8 可以看出，第一例祁门十二都胡思敬拥有 160 余亩山场（不含 14 处面积不详者）；第二例祁门十西都谢俊四大房至少有山场 155.5 亩（不含 49 处面积不详者）；第三例李汛祖孙共有山场约 3000 亩左右；第四例祁门奇峰郑笏、郑谅兄弟拥有明确记载面积的山场 148.045 亩，还有 207 处山场面积不详，若计算在内，郑氏兄弟拥有山场至少有 200 亩；第五例祁门三四都凌氏共有山场 207.8835 亩（不含 53 处面积不详者）；第六例祁门十六都石潭汪氏至少有山场 135.602 亩（不含 211 处面积不详者）；第七例休宁二十六都三图朱胜良户拥有山场 27.6983 亩（不含 4 处面积不详者）；第八例休宁郝川汪氏购置山场用银 747.125 亩，拥有的山场当在 1000 亩以上；第九例祁门善和程氏仁山门有山场 1149 亩 2 角 47 步。若依据上述标准来加以衡量的话，休宁二十六都三图朱胜良户为拥有 70 多亩土地（除山场外，另有田 42.0232 亩，地 3.5818 亩）的小型山地所有者。祁门十二都胡思敬、祁门十西都谢俊四大房、祁门奇峰郑笏和郑谅兄弟、祁门三四都凌氏和祁门十六都石潭汪氏等都拥有一两百亩左右的山场，为中等规模山场所有者。第三例祁门李源李汛祖孙、第八例休宁郝川汪氏和祁门善和程氏仁山门东房派等拥有的山场均在一千亩以上，李氏甚至有数千亩山场，三个家族无疑都属于大型山场所有者。

二 分家书所见山林经济规模

分家书名目繁多，有标书、勾书、分书、分家簿册、阄书、分家合同、关书、清白分单等等。分家阄书一般由序、析产内容和落款三部分内容组成，以合同和流水账的方式，详细登载分家析产的具体原因、方式、原则和阄分财产类型和数量，对分家者的田地、山场、园地、屋宇、田租、金银器皿、家具和商业资本等各种产业有着详细的记录。各类分家书详略不一，有的只有几张纸，有的则有数十页纸，甚至有的内容达数百页之多。无论其详略如何，分家阄书作为一个家族产业清单，能够动态反映一个家族财产类型和规模，因而是一种重要史料。山场作为一项重要产业，在分家阄书也得到相应的体现。通过对分家阄书中各种财产类型数量的统计，有助于了解山林经济在该家族中占有的地位。而既有的研究未能充分利用分家阄书资料，这不能不说是一个重要缺失。以下笔者选取一些有代表性的分家书，将阄书中各类财产加以统计，试图分析山场在各家庭中的规模。

（一）《成化二十三年休宁李氏阄书》所见山林经济规模

1. 概述

《成化二十三年休宁李氏阄书》1册，中国社会科学院中国历史研究院收藏，同时收录于《徽州千年契约文书（宋·元·明编）》卷5①。该文书原题名"正统休宁李氏宗祠簿"，后经栾成显考证，实为《成化二十三年休宁李氏阄书》。② 该阄书包括休宁李鼎高祖至李鼎几代人分家文书的汇编，时间跨度从永乐七年（1409）至成化二十三年（1487），由序言、产业清单和众存产业三部分组成。

2. 《成化二十三年休宁李氏阄书》所见山场规模

《成化二十三年休宁李氏阄书》详细登载了李鼎父祖等人所得田地山塘的面积，为统计提供可能。现将其地产情况统计，如表2-9所示。

表2-9　　　《成化二十三年休宁李氏阄书》所见李鼎地产规模

类别	阄分地产	众存地产
田	28.669 亩	33.6075 亩
地	5.314 亩	12.715 亩
山	65.77585 亩	41.871 亩
塘	—	0.0197 亩

① 《徽州千年契约文书（宋·元·明编）》卷5，第5—101页。
② 栾成显：《〈成化二十三年休宁李氏阄书〉研究》，《明清论丛》第2辑，紫禁城出版社2001年版，第397—411页。

续表

类别	阄分地产	众存地产
其他	地、山面积不详者，计22处	田、地、山面积不详者，计22处
小计	99.75885 亩	88.2132 亩
合计	187.97205 亩	

资料来源：栾成显《〈成化二十三年休宁李氏阄书〉研究》，《明清论丛》第 2 辑，第405—406 页。

从表 2 - 9 中可以看出，成化二十三年（1487），李鼎共阄分得田28.669 亩，地5.314 亩，山65.77585 亩，其中，山场在阄分的各类地产中数量最大，占总阄分地产的65.93%。此外，李鼎阄分的地产中还有22处地、山面积不详。若算这些地、山计算在内，山场在李鼎阄分地产中所在比重应该在70%左右。除分得田地山塘外，李鼎还有众存田33.6075亩，地12.715 亩，山41.871 亩，塘0.0197 亩。同样，众存山场在各项众存产业中数量最多，占总众存产业的47.47%。在众存地产中，也有田、地、山面积不详者也有22处。若将这些地产也计算在内，山场在众存产业中数量或许还要更多一些。若将阄分和众存产业合计，李鼎至少有地产187.97205 亩，拥有阄分和众存山场107.64685 亩。可见，山场占有总地产的绝大多数，占总地产的57.27%。按照栾成显的研究，若将田地山塘面积不详者也计算在内，李鼎拥有的田地面积当在 200 亩以上。[1]综上所述，在李鼎拥有的各类田土类型中，山场占有的数量最多，占有 50% 以上的比重，田地面积次之，地面积又次之，塘的数量最少。这也说明，山场收入在李鼎的日常生计中占有十分重要的地位。

（二）弘治元年祁门吴仕昌立《竹字阄书》所见山林经济规模

1. 概述

《竹字阄书》1 册，中国社会科学院中国历史研究院收藏，同时收录于《徽州千年契约文书（宋·元·明编）》第 5 卷，为弘治元年（1488）祁门吴仕昌所立，由产业清单和众存产业两部分组成，分家者为吴仕昌 3 子杰、偿和诏。其中，杰阄得松字阄书，偿阄得竹字阄书，诏阄得梅字阄书。

---

① 栾成显：《〈成化二十三年休宁李氏阄书〉研究》，《明清论丛》第 2 辑，第406页。

2. 《竹字阄书》所见山场规模

《竹字阄书》详细登载了田地山塘的面积、租额，能够加以统计。现将其地产情况统计如表 2-10。

表 2-10　　　　　　　《竹字阄书》所见吴仕昌地产一览

类别	阄分地产	众存地产
田	31.6665 亩，其中 3 处面积不详，地租 238.5 秤 65 斤	36.795 亩，其中 3 处面积不详，地租 149.秤 16 斤
地	—	40.916 亩，地租豆 4 秤 561.5 斤，麦 387.5 斤，苧 69 斤 4 两，其中 18 处地租无记录
山	—	山面积不详者，计 142 处
塘	—	—

资料来源：《徽州千年契约文书（宋·元·明编）》卷 5，第 139—177 页。

从表 2-10 可以看出，吴仕昌 3 子《竹字阄书》阄主吴偿分得田 31.6665 亩，地租 238.5 秤 65 斤，按照章有义的研究，1 秤为 20 斤计算，徽州每亩田产量约为 200 斤[①]，238.5 秤 65 斤为 24.175 亩，故而《竹字阄书》阄主吴偿实际阄分得田 55.8415 亩。按照诸子均分的原则，吴松、竹两阄应也阄分得田 55.8415 亩。此外，还有众存田 36.795 亩，地租 149.秤 16 斤，因此，吴仕昌至少有田 219.2995 亩。值得注意的是，《竹字阄书》除分得田外，并未阄分得山、塘、地，而是在将山、地用于众存。众存地 40.916 亩，收获豆麦苧地租共 1098.4 斤，山场共有 142 处，面积皆不详。由此可见，吴仕昌一家山场规模不大，加上出于祭祀等考虑，山场并未参与阄分，而是用于众存。阄书显示，山场在吴仕昌各类田土类型中所占比例较小，水田是其主要地产，占有相当大的比重。

（三）《方氏分家簿册》所见山林经济规模

1. 概述

《方氏分家簿册》1 册，上海图书馆收藏，由序言、产业清单和众存山契三部分组成。序言中提到"祁东赤桥"字样，可见，该阄书为祁门赤桥方氏阄书。分家者为祁门赤桥方柯同弟方析、方机及其侄方勖、方照、方

---

① 章有义：《明清徽州土地关系研究》，第 45 页。

然、方默等人。分家时间为嘉靖三十八年（1559）。序言中记载："承祖茂新公田地、山场，自溶公、浩公传业至今，未得分拨。今因子孙繁衍，人心不一，于是，兄弟侄辈嫡议，托凭亲族，将祖田地、山场，品搭均分为二，编作忠、信二阄，粘阄各业。"① 可见，嘉靖三十八年（1559）方柯叔侄之间的分家，是将"茂新公"所遗田地、山场进行品搭阄分，当时按照房分，设立忠、信二阄，柯兄弟勾忠勾，照兄弟勾得信勾。阄书最后附有"忠字勾收众存山契四十张"，为方析收执。祁门赤桥方氏归户归文书亦有遗存，上海图书馆还收藏有《祁闻义成赤桥方氏仁让勾书田号册》②、《方氏分家合同》③ 各 1 册；国家图书馆也收藏有《祁邑赤桥方氏阄书》2 册，1 册为明万历抄本，1 册为清康熙抄本；南京大学历史系资料室亦藏有《祁门赤桥方氏阄书》1 册。

2. 《方氏分家簿册》所见山场规模

《方氏分家簿》分忠、信二阄，按照均分原则，分别将田、地、山等阄分，接着开列有"众存田地、山场"。该簿册详细记载田地、山场的面积或租额，水田还记录具体佃人姓名，这为分类统计提供了可能。现将《方氏分家簿》中方柯、方照叔侄地产情况统计如表 2 – 11。

表 2 – 11　　《方氏分家簿册》所见方柯、方照叔侄地产一览

类型	阄分地产	众存地产
忠字阄 （方柯兄弟）	田 96.5622 亩，地租 46 秤，其中 3 处不详	田 1.6 亩，78 秤 地 9 处，面积不详 山 25.33 亩，159 处 面积不详
	山 190.291667 亩，其中 28 处不详	
信字阄 （方照兄弟）	田 86.94225 亩，地租 27 秤，其中 1 处不详	
	山 126.595833 亩，其中 15 处不详	
合计	田 183.50445 亩，其中 4 出不详，地租 1685.85 秤	
	山 316.8875 亩，其中 43 处不详	

资料来源：《方氏分家簿册》，上海图书馆藏，编号：563408。

从表 2 – 11 可以看出，嘉靖三十八年（1559）祁门赤桥方柯、方析、方机兄弟共分得田 96.5622 亩，地租 46 秤。同样，按照 1 秤为 20 斤，每

---

① 《方氏分家簿册》1 册，嘉靖手写本，上海图书馆藏，编号：563408。
② 《祁闻义成赤桥方氏仁让勾书田号册》1 册，嘉靖二十三年抄本，线普：563699。
③ 《方氏分家合同》1 册，嘉靖抄本，线普：563421。

亩产量 200 斤计算，地租 46 秤约为田 4.6 亩，因此，方柯兄弟共分得田约为 101.1622 亩（3 处田面积不详者，未予统计）。方柯兄弟阄分的山场约为 190.291667 亩，山场远比水田数量要多，山场占方柯兄弟阄分田土总量的 65.29%。若算上山场面积不详者 28 处，那么，方柯兄弟拥有的山场至少在 200 亩以上。若是这样的话，山场在各项田土中的比重还会更高些。若以 200 亩计算，按照诸子均分原则，方柯三兄弟每人平均分得山场至少在 66.67 亩以上，每人平均分得的田约为 33.7207 亩。可见，方柯兄弟每人所得山场要比水田面积多得多，山场大致是水田面积的 2 倍。

方柯的侄子方照、方勋、方然和方默四兄弟共分得田 86.94225 亩，地租 27 秤。同样，按照 1 秤为 20 斤，每亩产量 200 斤计算，地租 27 秤约为 2.7 亩。因此，方照四兄弟共分得的田地约为 89.64225 亩（1 处田面积不详者，未予统计），方照四兄弟共分得山场约为 126.595833 亩（15 处山场面积不详者，未予统计）。方照兄弟分得的山场比水田要多，山场约占分得田土总量的 58.54%。若算上山场面积不详者，计 15 处，保守的估计，方照兄弟分得的山场面积至少在 130 亩以上。若以 130 亩计算，按照诸子均分原则，方照四兄弟每人平均分得山场至少在 32.5 亩以上，每人平均分得的田约为亩 22.4106 亩。可见，方照兄弟每人所得山场比水田稍多。值得注意的是，阄书序言中称"所有田地、山场未标之先，各人开砌成田，听自管业，阄业之人，毋得争论其间"。由此可见，嘉靖三十八年（1559）分家之前各人"开砌成田"并未在阄分之列。也就是说，方柯叔侄实际拥有的田地、山场要比阄书中所载产业稍多。若将分家前所得地产计算在内，方柯叔侄各自分得的田地、山场比上述统计的还要多些。

再看众存地产情况，阄书序言载："其未分众存产土字号、土名，书写阄书之内"，阄书开列大量有"众存田地、山场"，近 200 号，山场占有绝大多数。据上表可知，田 1.6 亩，78 秤，经过换算，众存田约为 9.4 亩；地 9 处，面积皆不详；其中山 25.33 亩，面积不详者，计 159 处。即使是以明确记载面积的数字来说，众存的田仅为 9.4 亩，而山场却有 25.33 亩，远比水田多。从上述方柯叔侄阄分地产的情况看，山场面积在该家族中占有重要地位，远比水田面积多，而在众存田地、山场的号数中，山场有占绝大多数，因此，众存地产中山场面积占有绝大多数应无疑问。

（四）《孙时立阄书》所见山林经济规模

1. 概述

《孙时立阄书》[1] 1 册，中国社会科学院中国历史研究院收藏，同时收录于《徽州千年契约文书（宋·元·明编）》卷 5[2]。该阄书系孙时于嘉靖四十年（1561）所立，由序言、铺中议规和产业清单组成。分家者为孙时 3 个儿子良器、良才和良璧。其中，良才阄得地字阄书。

阄主身份考证。孙时在自序中云其先父："经商吴兴，中年产物，我父子辛勤，生计用是颇遂，资产用是益新，至有今日。"由此推断，孙时之父为经商起家，而且孙时子承父业，继续从商。后来孙时三子"俱已娶婚娶"，孙时"第恐家业财本未行开载，日后言论皆起于始之不谨也，特请女婿吴锡之为主盟"，于是，遂将其名下"田山、铺中财本并家内等物，逐一品搭"三分均业，良器、良才和良璧各得一阄。良器兄弟三人各分得"本银"，分别为良器，本银 514.7 两；良才，本银 715.4 两；良璧，本银631.9 两。兄弟三人分得银共计约 1862 两。此外，还有收租之地产多处，金银器皿和家族、书画若干。[3] 据台湾学者巫仁恕保守估计，孙时的财产至少也有四千两以上。[4] 阄书中有"铺中议规"16 条，其内容大部分为店铺中管理方面的内容，具体如下：

> 一、三分支银，先支者每月一分五厘加利还铺。
>
> 一、本多者不许支出，私借与人。
>
> 一、经管者不许将实在悬挂挪移。
>
> 一、子孙在铺未及半年无故回家者，铺中不与认往来盘费。
>
> 一、君子离家盘串银五钱，回家银一两二钱，汝如载货回，则货上办，不必另与。
>
> 一、手下人离家盘串银一钱五分，回家二钱伍分，如载回，不必另与。

---

① 巫仁恕对在探讨晚明普通大众家具消费时，对该阄书有过研究。参见氏著《品味奢华——晚明的消费社会与士大夫》，中华书局 2008 年版，第 219—221 页。

② 《徽州千年契约文书（宋·元·明编）》卷 5，第 415—435 页。

③ 《徽州千年契约文书（宋·元·明编）》卷 5，第 416—417 页。

④ 巫仁恕：《品味奢华——晚明的消费社会与士大夫》，第 219 页。

一、已那（拿）银，不得委曲会铺侵渔。

一、不许将私物抬价答典并私换。

一、子孙有己银及房仓，俱入铺，不得利那（拿）与人。

一、三分支银，务注卒色，至年冬答回各房查对，或重错者，坐经手人。

一、不许讲低银抵换好银，或倾低银不上升色帐。

一、子弟经管半年以上无过，铺支利银四两，如月日遇多，照则赠添。

一、不许私放债令铺管事人取讨。

一、不可以私怨使气生事，如违规，即将本人己银使用，免失门面。

一、管年之家，每月答回白银二两回，奉大家支用。

右十六条事情，俱各遵守，敢有故违者，照各项轻重罚银，重则四两，轻则二两，入众公用，仍依此议规为定。①

由此进一步得知，孙时为开设店铺的坐贾，是拥有数千两资本规模的小型徽商。

2. 《孙时立阄书》所见山场规模

《孙时立阄书》将阄分田地、山场逐一开列，此外，"其内有不可分析者共众存业"，各类地产多记载有面积或者租额。现将其地产情况统计如表 2 - 12。

表 2 - 12　　　嘉靖四十年《孙时立阄书》所见孙良才地产一览

类别	阄分地产	众存地产
田	60.95515 亩，其中 1 处面积不详； 地租 181 砠，麦 8 斗	6.022 亩，地租麦豆 各 56 斗 4 升
地 （基地）	7.4715 亩	地 1.929 亩 基地 7.687818 亩
山	0	0.501 亩

① 《徽州千年契约文书（宋·元·明编）》卷5，第418—419 页。

续表

类别	阄分地产	众存地产
塘	0	0.14 亩
其他	0	田地山共计 1.12936 亩
总计	68.42665 亩	16.279818 亩

资料来源:《徽州千年契约文书（宋·元·明编)》卷5，第420—429页。

从表2-12中可以看出，孙良才共分得田60.95515亩，收获地租181砠，麦8斗；阄分得地7.4715亩；山、塘均未有阄分记录。按照诸子均分制，孙时外两个儿子也应当各自分得田约60.95515亩，地约7.4715亩。故而，孙时所拥有的水田应该不会少于182.8655亩，地约22.4145亩。即使在众存地产中，山场面积也微乎其微，仅有山0.501亩。由此可见，山场在孙时所拥有的地产中并不占主要地位，相反所占比例极小，水田面积很大，水田应是孙时主要产业。

（五）《休宁张烜等立阄书》所见山林经济规模

1. 概述

《休宁张烜等立阄书》1册，中国社会科学院中国历史研究院收藏，同时收录于《徽州千年契约文书（宋·元·明编)》卷5[1]。该阄书系隆庆六年（1572）张烜、张烈兄弟所立，由序言、分家条款和产业清单组成。序言载："先君松公娶孺人朱氏，生予兄弟二人。先君不幸遗世，今孺人亦已告老，劝予兄弟及时分析，以免后虑。……将先人所遗产业请凭亲族，逐一肥瘦均搭，以金、玉二字为阄，焚香阄定，各照执业。"[2] 由此可见，在隆庆六年（1572）年分家时，张烜之父张松已去世，分家由其母主盟。分家者为张烜、张烈兄弟，张烜阄得玉字阄，张烈阄得金字阄。

阄主乡贯考证。阄书序言标题为"环珠里张烜、张烈今立阄书"，可见，张烜兄弟为"环珠"人。据《休宁县都图甲全录》载，环珠位于该县九都。由此可见，阄主为休宁县九都环珠人。

2.《休宁张烜等立阄书》所见山场规模

《休宁张烜等立阄书》载有隆庆六年（1572）张烜、张烈兄弟分家析

---

① 《徽州千年契约文书（宋·元·明编)》卷5，第479—503页。

② 《徽州千年契约文书（宋·元·明编)》卷5，第479页。

产之田、地、山、塘的面积或者租额，能够进行统计分析。现将其地产情况统计如表 2 - 13。

表 2 - 13　　　　　　　《休宁张烜等立阄书》所见地产一览

类型	阄分地产	众存地产
玉字阄 （张烜）	田 7.64625 亩，地租 102.5 砠 143.5 觔 4 两，其中 1 处不详	田 1.96183 亩，地租 102 觔，其中 7 处面积不详。 地 0.88675 亩，其中 1 处面积不详 山 9.814732 亩，其中 13 处面积不详
	地 1 处，面积不详	
	山 0.25 亩	
金字阄 （张烈）	田 7.71525 亩，地租 122 砠 97.5 觔 1 秤 4 两，其中 8 处不详	
	地 121 亩 9 分 7 厘	
	山 0.25 亩	
合计	田 15.3615 亩，地租 224.5 砠 241 觔 1 秤 8 两，其中 9 处面积不详	
	地 121 亩 9 分 7 厘，其中 1 处面积不详	
	山 0.5 亩	

资料来源：《徽州千年契约文书（宋·元·明编）》卷 5，第 481—502 页。

　　从表 2 - 13 可以看出，张烜、张烈兄弟阄分地产的具体情况。张烜共分得田田 7.64625 亩；地 1 处，面积不详；山场仅为 0.25 亩。张烈分得田 7.71525 亩，地 121 亩 9 分 7 厘；山场也仅为 0.25 亩。由此可见，张烜、张烈兄弟分得的山场数量很少，兄弟二人总共才分得 0.5 亩山场，这在阄分所得的众多地产中微乎其微。

　　在众存地产中，田 1.96183 亩，其中 7 处面积不详；地 0.88675 亩，其中 1 处面积不详；山 9.814732 亩，其中 13 处面积不详，若将 13 处面积不详的山场计算在内，众存山场至少在 10 亩以上。与参与阄分的地产类型相比，众存田和地的数量都比参与阄分的数量少，而众存山场则远比用于阄分的山场数量多，至少为 10 亩。即使保守的估计，按照 10 亩计算，众存山场是参与阄分山场的 20 倍。由此可以看出，张氏家族中山场不仅数量少，而且主要予以众存，用于祭祀等方面。

（六）《祁门郑公佑等立分山阄单》所见山林经济规模

1. 概述

《祁门郑公佑等立分山阄单》1 册，中国社会科学院中国历史研究院收藏，同时收录于《徽州千年契约文书（宋·元·明编）》卷 8。该阄书系万历三十二年（1604）郑公佑同侄可继等人所立，该文书扉页题写有"老腊抄笏公分应、安、赐、佑四股分山阄单（位中公祀匣收），摹写六十岁叟郑福亭灯下书"，可见，该阄书为郑笏公分下应、安、赐、佑四房子孙所立分家书，抄录者为郑福亭。佑、赐、应、安分下四房子孙分别阄的天、地、人、和字阄。该阄书由分单合同、产业清单组成。万历三十二年（1604）二月二十八日的分山合同载："奇峰郑公佑同侄可成、可行、可嘉等，共有承祖父并续置山场，迩因子姓繁衍，心殊事异，火盗之类无人救治，山场尽致荒芜，齐议分析各业，以便栽种，长养苗木。"① 万历三十二年三月二十八日分山合同又载"奇峰郑公佑同侄可成、可行、可嘉四房人等，共有承祖并续置山场，迩因子侄繁衍，心殊事异，火盗之类无人救治，山场尽致荒芜，齐议分为四单各业，以便栽种，长养苗木"。② 万历三十二年九月初七日分山合同亦云："奇峰郑公佑同侄可继、可成、可嘉四大房人等，原承祖父并续置山场，因人心不一，致山荒芜。今同商议，除先年存留祀山外，其余山场作天、地、人、和品搭均分，以便各人栽养，庶山无遗利，子孙有赖。"③ 由此可见，郑公佑叔侄等人参与阄分的山场为"承祖父并续置山场"之众存山场，因"因人心不一，致山荒芜"，故而将其按股阄分。

阄主乡贯考证。其分山合同中载有"奇峰"字样，此外，具体阄分山场中多次提到"郑英才"、"郑安信"等名字，如"丙午年，众到山看四至，英才公独得山二亩，系坐在外后头坞里截，与一德、义辛十三亩山不相干连"④；"崇祯元年，安信公祀将承英才公摽得原买受分股，对与本祀，照英才公买契，并无存留"。⑤ 由此，初步判断为祁门奇峰郑氏分家书。

① 《徽州千年契约文书（宋·元·明编）》卷 8，第 30—31 页。
② 《徽州千年契约文书（宋·元·明编）》卷 8，第 40 页。
③ 《徽州千年契约文书（宋·元·明编）》卷 8，第 28 页。
④ 《徽州千年契约文书（宋·元·明编）》卷 8，第 58 页。
⑤ 《徽州千年契约文书（宋·元·明编）》卷 8，第 58 页。

又，该阄书扉页上题写有"郑笏"字样，而且在分山合同前面的几份山场买卖契约中提到"郑璋"、"郑谅"名字。如"叔璋等曾于先年间买受山一号，坐在六保峡山坞，经理系一千三百一十三号，其山本家买受一亩，今将前山逊与姪郑谅前去做造风水，原用价银当收已讫，存此为照"。[1]又，该分家书的中郑公应，在《山契留底册》也有记载，而郑笏、郑璋、郑谅、郑公佑等人物与《山契留底册》的郑笏、郑璋、郑谅等人物的姓名和生活时段完全吻合。再者，本阄书中的山场土名，如峡山坞、罗师田、枫木坞、淡竹坞、梨木坞等地名，也与《山契留底册》的记载完全一致。由此充分说明，《祁门郑公佑等立分山阄单》阄主乡贯为祁门十五都奇岭人。

2. 《祁门郑公佑等立分山阄单》所见山场规模

《祁门郑公佑等立分山阄单》虽然没有记载每次阄分山场的面积，但却详细记录了万历三十二年（1604 年）二月十八日、三月十八日和九月初七日三次阄分山场的土名和号数。现将其阄分山场号数情况统计如表 2-14。

表 2-14　万历三十二年祁门郑公佑等立《分山阄单》所见山场号数

类别	天字单，佑	地字单，赐	人字单，应	和字单，安	合计
阄分	31	27	27	27	101
众存	41				

资料来源：《徽州千年契约文书（宋·元·明编）》卷 8，第 25—72 页。

从 2-14 可以看出，参与郑公佑叔侄阄分的山场共有 101 号，其中郑公佑共分得山场号数最多，为山场 31 号，占总山场号数的 30.69%；郑公赐、郑公应和郑应安分下子孙各分得山场 27 号。此外，众存山场的号数比阄分到每股的山场号数多，共有 41 号，占山场总号数的 28.87%。

（七）《天启渭南朱世荣分家簿》所见山林经济规模

1. 概述

《天启渭南朱世荣分家簿》2 册，上海图书馆藏。由自述、所存产业和产业分成三部分组成，分家者为休宁渭桥朱世荣 4 子国正、国泰、国奇、国士。在自述中朱世荣云："祖父生意未遂，毫无财本，所遗仅存田租二十一砠，胡塘下及厅边歇房二眼半，其余地塘、坟山，共税五分有零而

---

① 《徽州千年契约文书（宋·元·明编）》卷 8，第 26 页。

已。身年十一，志图身自立，出门习生意，至于二十三岁回家，将数载辛勤所积，备聘娶上资汪氏。二十七岁，不幸汪氏身故。是年，复娶室丁氏，细微积蓄，俱为二事用尽，生意罚本，在家固守，幸室丁贤，能同受甘苦，善承吾志，将伊衣饰、家伙变易银一十五两四钱，助我外生意，因而奋志经营三载。除给家用外，仍有本一百三十余两，仍伙外甥地卜巢县啼河开典，兢兢业业。……四十五岁，复合伙芜湖铜坊生意。虽颇秤顺心，而心劳实无宁刻。至于四十八年，铜坊以官事收歇，伙计分析，其惊又不可胜数。今伙昆弟芜湖胡开陈珠铺，并卖铜器等货物苏州，同许宅开卖铜锡等货。……身六十有八，因年老思逸，今将所有积本银作五股分扒，以四股分与四子，各得一股，……所置田租立簿四本，天、地、玄、黄，凭亲族品搭阄分，至其余地山塘众存，取讨租利，所有住屋歇房，各人暂居，候造屋之后，再另品搭阄分。所有家伙器皿等物，另立簿帐存众。"由此可见，朱世荣继承其先祖的产业十分有限，大部分产业都是经商起家后所置。朱世荣商业资本来源于婚姻资本和合伙资本，从事典当业经营，主要在巢湖、芜湖等地营业。阄书中朱世荣将其典铺中仍实在银11166.65 两，分作四股均分，每股该分银 2791.662 两。由此来看，其商业资本规模为一万余两，当是个小型徽商。天启年间朱世荣主持的分家，是将铺中本银和其所置田地山塘等产业进行析分。其原则是"所有积本银作五股分扒，以四股分与四子，各得一股"，而"其余地山塘众存"。

2. 《天启渭南朱世荣分家簿》所见山场规模

《天启渭南朱世荣分家簿》详细记录天启年间朱世荣主持分家时各项产业数额、面积或者租额，现将其地产情况统计如表 2 – 15。

表 2 – 15 　　　　　　　　《天启渭南朱世分家簿》所见地产一览

田土类型	田	地	山	塘
面积	264 砠 474 斤 217 两	8.6705 亩	9.0092 亩	4.1469 亩

资料来源：天启《渭南朱世荣阄书》，上海图书馆藏。

从表 2 – 15 中可以看出，朱世荣拥有地产的具体情况。朱世荣有田264 砠 474 斤 217 两。按照 1 砠 20 斤[①]，1 斤 10 两计算，每亩产稻谷 200

---

① 章有义：《明清徽州土地关系研究》，第 74 页。

斤，田264砠474斤217两约为田28.8785亩，地8.6705亩，山9.0092亩，塘4.1469亩，合计朱世荣共有地产50.7051亩。在各中地产中，山场面积仅次于田，为9.0092亩，占总地产的17.77%。由此可见，朱世荣拥有的地产规模总量不大，仅为50余亩，而且山场规模也较少，不到10亩，但即使如此，山场在总地产中仅次于田的面积，故而山场在朱世荣所拥有的有限的地产中还是占有重要地位的。值得注意的是，朱世荣拥有商业资本至少为11166.65两，与其商业资本相比，朱世荣置产的规模实在显得太少了。

（八）《崇祯二年休宁程虚宇立分书》所见山林经济规模

1. 概述

《崇祯二年休宁程虚宇立分书》1册，中国社会科学院中国历史研究院藏，同时收录于《徽州千年契约文书（宋·元·明编）》卷8。由自叙、先世坟茔、各房分授产业、众存产业和后记组成，分家者为休宁率东程虚宇3子房下子侄性灵、自明、征明、继明、高明 登明、其明、襄明、钦明、景明。学界对该阄书研究成果丰硕。[①] 程虚宇归户文书也有遗存，安徽省博物馆收藏《休宁程氏置产簿》即是其中之一，彭超对该簿册有过研究。[②]

程虚宇在《自叙》中言明自明初其祖居休宁率东已有十世。程虚宇生于嘉靖癸丑，即嘉靖二十二年（1553）。在其祖父去世后，其父与伯父皆"贾游"，诸弟俱幼，于是家政交他一人掌管。这样其父与伯父"得以从容治贾，而免内顾之忧，以致家业兴隆"。又云："初先君命予习儒，朝夕肄业，惟日孜孜以期上进。迨隆庆壬申，家事纷纭不获，已援南雍。"[③] 可见，程虚宇原本是个国子监生，后来因其伯父去世，父亲年事已高，于是开始营商，接管其父事业，是个"弃儒服贾"的典型。程虚宇兄弟三人，后来其兄见竹去世，长子、次子又相继去世，而此时其子侄辈皆已成立，

---

① 主要研究成果有：栾成显《明末典业徽商一例——崇祯二年休宁程虚宇立分书研究》，《徽州社会科学》1996年第3期；汪崇筼《徽州典当资本的增值：以程虚宇家庭为例》，《中国社会经济史研究》2004年第3期；同氏《徽州典当业研究中三个可能的误区》，《安徽师范大学学报（人文社会科学版）》2006年第2期；郑小娟《尝试性分业与阶段性继业——〈崇祯二年休宁程虚宇立分书〉所见典当资本继承方式研究》，《安徽史学》2008年第2期；王裕明《明清商人分家中的分产不分业与商业经营——以明代程虚宇兄弟分家为例》，《学海》2008年第6期。

② 彭超：《休宁〈程氏置产簿〉剖析》，《中国社会经济史研究》1983年第4期。该文就簿主程以清的家世、土地兼并对象、租佃关系、货币与地价等问题进行了分析。

③ 《徽州千年契约文书（宋·元·明编）》卷8，第279页。

于是将产业均分为三。阄书序文云："今将各房历年所附本利逐一算明，批还完足外，余安庆、九江、广济、黄州、湖广七典，每各分授本银一万两，其基址屋宇、田地山塘各项，品搭三股均分，请凭亲族眼同写立孟、仲、季分书三册一样，各执一册。"① 由此得知，程虚宇家族主要从事典当业经营，除休宁本土有典铺外，在外地还有七处典铺。从分家阄书中相关内容还可得知，其三房分得的本银合计，就已达十六万两左右。而在后记中程虚宇还称："所有众存贽物、田园，及本村典当递年花利，尽为养老之需"。② 可见，在分家析产时，还有一部分资产并未参与阄分。此外，还有田租、山场、家具器皿等不动产。若将这些计算在内，其家族拥有的资产规模更大。若按照明人谢肇淛在《五杂组》中所言："新安大贾，鱼盐为业，藏镪有至百万者，其它二三十万则中贾耳。"③ 程虚宇则是拥有数十万两资本的中型徽商。

崇祯二年（1629）年，程虚宇主持的分家，是将其"先世祖宗相传贽产并予续置产业（包括田地山塘）生息、花利、金银铜铁锡、椅桌、漆器、什用等件，俱已品搭三股，分授孟、仲、季三房"④。由此可见，程虚宇主持的分家财产既有继承先祖之产业，又有自置产业；既有商业资本，又包括田地山塘、金银器皿等不动产。

2.《崇祯二年休宁程虚宇立分书》所见山场规模

《崇祯二年休宁程虚宇立分书》逐一记录崇祯二年（1629），程虚宇主持分家时各项产业类型、数量、面积，现将其地产情况统计如表 2-16。

表 2-16　　　　《崇祯二年休宁程虚宇立分书》所见地产一览

类型	阄分山场	众存地产
孟房	6.7781 亩	田 10.4075 亩
仲房	9.9192 亩	地 7.8857 亩
季房	40.2045 亩	山 0.1 亩
合计	56.9018 亩	田地山共 18.3932 亩

资料来源：《徽州千年契约文书（宋·元·明编）》卷8，第367—391页。

---

① 《徽州千年契约文书（宋·元·明编）》卷8，第285—286页。
② 《徽州千年契约文书（宋·元·明编）》卷8，第394页。
③ （明）谢肇淛撰，韩梅、韩锡铎点校：《五杂组》卷4《地部二》，第124页。
④ 《徽州千年契约文书（宋·元·明编）》卷8，第393—394页。

从表 2 - 16 中可以看出，程虚宇家庭拥有地产的具体情况。参与阄分的山场共有 56.9018 亩，孟房分得山场 6.7781 亩，仲房分得山场 9.9192 亩，季房分得山场 40.2045 亩。由此可见，孟、仲、季三房分得的山场数量不等，相差较大，孟、仲二房分授的山场数量较少，都在 10 亩以下，而季房分到的山场最多，有 40.2045 亩，数量比孟、仲二房分得山场的数倍以上，占阄分山场总数的 70.66%。

在众存地产中，田共有 10.4075 亩，地 7.8857 亩，山场数量最少，只有 0.1 亩，田地山共计 18.3932 亩。可见，在众存地产规模较小，田是众存的主要产业，山场所在数量极少。另外，若将阄分山场和众存产业合计，则程虚宇共有地产 75.295 亩，其中山场有 57.0018 亩，在各项地产类型中数量最多，占总地产的 75.7%。如上文所述，程虚宇拥有商业资本约十六万两，而其置产数量较少，田地山塘总量还不到 80 亩，而在仅有的地产中，山场占有相当数量，而且大部分山场都用于阄分，而用于众存的山场十分有限。

（九）《崇祯七年余廷枢等立分单阄书》所见山林经济规模

1. 概述

《崇祯七年余廷枢等立分单阄书》1 册，中国社会科学院中国历史研究院藏，同时收录于《徽州千年契约文书（宋·元·明编）》卷 9，由序言和产业清单组成。分家者为余廷枢、廷格兄弟。

该阄书是余廷枢兄弟于崇祯七年（1634）所立分家书。在序言中述及分家析产的原因："因父云祯公于甲子年（天启四年，1624）九月初四日戌时故在池店，身年十五，遗弟五岁，孤幼不能扶店，凭母将店变易，眼同抵偿父帐。"接着又言："今身在城住寓，两各管业不便，兄弟嘀议，自愿请凭亲族，将实在田地产业、山场树木、作种、厨灶、厅屋、什物等项，逐一开具载簿，二分均搭，肥瘦阔狭照阄。"[①] 由此可见，余廷枢之父余云祯为徽商，但商业经营并不顺利，身后欠有一些债务，只是从事小本经营的坐贾。天启四年（1624）其父去世后，在母亲授命下将店铺变易，偿还债务。崇祯七年（1634），其弟廷格已成年，而且因廷枢"身在城住寓，两各管业不便"，于是将"实在田地产业、山场树木、作种、厨灶、

---

① 《崇祯七年余廷枢等立分单阄书》，《徽州千年契约文书（宋·元·明编）》卷 9，第 346 页。

厅屋、什物等项"进行阄分。

2. 《崇祯七年余廷枢等立分单阄书》所见山场规模

《崇祯七年余廷枢等立分单阄书》逐一记录崇祯七年（1634），余廷枢兄弟分家时各项产业类型、租额或面积，现将其地产情况进行统计，具体如表 2 - 17。

表 2 - 17　　《崇祯七年余廷枢等立分单阄书》所见余云祯地产一览

类型	阄分地产	众存地产
田	田租 110.25 砠	—
山	豆租 49.983 砠	0.269 亩
地	—	0.169 亩，其中 1 处面积不详
合计	田 110.25 砠，山 49.983 砠	0.438 亩，其中 1 处山场面积不详

资料来源：《徽州千年契约文书（宋·元·明编）》卷 9，第 349—357 页。

从表 2 - 17 中可以看出，崇祯七年（1634）分家时，参与阄分的田租 110.25 砠，山之豆租 49.983 砠。据王裕明研究，田额 1 砠相当于田 0.12 亩，豆租 1 砠相当于山 0.037 亩。[①] 因此，田租 110.25 砠相当于 13.23 亩，豆租 49.983 砠相当于山 1.8494 亩。可见，在阄分地产中山场所占比重很小。众存地产的数量也很少其中，山场 0.269 亩，地 0.169 亩，山场比其他地产稍多。两者相比，阄分山场与众存山场相差很大，前者是后者的六倍多。若将阄分地产和众存地产合算，余云祯共有地产为 15.5174 亩，其中山场也仅为 2.1184 亩，仅为水田数量的六分之一左右。可见，从事小本经营的徽商余云祯的地产规模很小，拥有的地产总量还不到 20 亩，其中，水田是其主要财产，山场占有的数量很少。

（十）《崇祯十七年胡氏立阄书》所见山林经济规模

1. 概述

《崇祯十七年胡氏立阄书》1 册，中国社会科学院中国历史研究院藏，同时收录于《徽州千年契约文书（宋·元·明编）》卷 10，由序言和产业清单组成。崇祯十七年（1644）分家时，胡父和长子胡之达均已去世，分家活动由胡母主持，分家者为胡之道、胡之逵、胡再仕叔侄 3 人。在序言

---

① 参见王裕明《明清徽州典商研究》，人民出版社 2012 年版，第 427 页。

中称:"父手存有微赀,在京店铺生理,三子协同,朝夕营谋,足以充家之计,盖亦有年"。① 可见,胡氏父子是在北京经商的徽商,而且稍有"微赀",足以补充家用,是个小康之家。由于当时正处明末社会动荡之际,胡氏商业经营也受到很大冲击。序言中言及:"长子病故燕京,又及虏酋尵犯帝都,民皆扰乱。仲季二子同孙再仕,急收赀本千余归里,中途被盗尽劫,罄身抵家,日给之赀,无得措备。"② 由此得知,明朝灭亡之际,胡氏家破人亡,商业资本被劫掠,生活日益贫困。崇祯十七年(1644)胡母年事已高,主持分家,其主要是将"承祖坟山并汝等续买田地山塘及典住屋、什物器具等项,眼同品搭均分",编作"福、禄、寿三部,各执一部。"③ 由此可见,分家时既有承祖产业,又有续置产业,还有一些商业资本及金银器皿参与阄分。

2. 《崇祯十七年胡氏立阄书》所见山场规模

《崇祯十七年胡氏立阄书》将胡氏分家时各项产业类型、数量、租额逐一开列,基本上反映其家产规模。现将其地产规模统计如表2-18。

表2-18 　　　　　　《崇祯十七年胡氏立阄书》所见地产一览

类型	阄分地产	众存地产
长房	田4.547亩55秤	田0.504亩58秤 地3.952亩 山1.0175亩 塘0.23亩
二房	田5.472亩67秤	
三房	田3.0547亩67秤	
合计	田13.0737亩189秤	

资料来源:《徽州千年契约文书(宋·元·明编)》卷10,第503—707页。

从表2-18中可以看出,胡氏家族拥有的地产具体情况。长房再仕分得田4.547亩55秤,若按1秤为20斤计算④,田4.547亩55秤,相当于

---

① 《徽州千年契约文书(宋·元·明编)》卷10,第501页。

② 《徽州千年契约文书(宋·元·明编)》卷10,第501页。

③ 《徽州千年契约文书(宋·元·明编)》卷10,第501—502页。

④ 明清时期徽州土地契约中,常以1秤为20斤计算,如《嘉庆祁门凌氏腾契簿》中"五十八号南山路契"即言:"十二都查怀,今有承祖买受山一号,坐落三四都八保,土名南山路,与本家查聚保、仲远相共,本身九分内得一分,情愿立契出卖与三四都凌添祖、春等名下为业,面议时价谷一十五秤,每一秤二十斤。"[《徽州千年契约文书(清·民国编)》卷11,第454页]。今人相关研究成果,可参见惠东《明清时期徽州的亩制和租量》,《安徽史学》1984年第6期;章有义《明清徽州土地关系研究》,第45页;等等。

田 10.047 亩；二房胡之道分得田田 5.472 亩 67 秤，相当于田 12.172 亩；三房李之遂分得田 3.0547 亩 67 秤，相当于田 9.7547 亩，总体合计田 31.9737 亩。分家析产时三个房分都没有分得山场。在众存地产中，田 0.504 亩 58 秤，约为田 6.304 亩，地 3.952 亩，山 1.0175 亩，塘 0.23 亩。可见，众存地产的总量为 11.5035 亩，规模很小，其总数仅为阄分田土的三分之一左右。而在这有限的众存地产中，水田面积最多，地次之，而山场只有 1.0175 亩，仅占众存地产的 8.85%。从阄书内容中可知，长房分银 172.74 两，二房分银 299.4 两，三房分银 98.3 两，这样胡氏徽商拥有资本规模总量约为 570.44 两。[①] 综上观之，胡氏徽商拥有数百两资本规模的小型徽商，其购置的地产规模不大，仅有 43.4772 亩，三房均分后，每房持有的地产规模就更小，山场并未参与阄分，而是用于众存，但其在众存地产中所占比重很少。

以上笔者选取了十个家族的分家阄书，对各自家族地产类型进行统计，分析了各个家族的山场的具体情况。

从时间段来说，由于明代前期遗存的徽州分家阄书较少，未能利用外。以上十个家族的分家阄书涵盖明代中叶至明末各个时期，故而能够较为全面的体现明代中期以后徽州山场经营演化的一般趋势。第一例《成化二十三年休宁李氏阄书》、第二例弘治元年祁门吴仕昌立《竹字阄书》反映了明代中期徽州山场积累状况；第三例《方氏分家簿册》、第四例《孙时立阄书》和第五例《休宁张烜等立阄书》时间主要集中在嘉靖、隆庆年间，是明代中后期徽州山场积累状况的集中体现；第六例《万历三十二年祁门郑公佑等立分山阄单》、第七例《天启渭南朱世荣分家簿》、第八例《崇祯二年休宁程虚宇立分书》、第九例《崇祯七年余廷枢等立分单阄书》和第十例《崇祯十七年胡氏立阄书》则为显示明末徽州山场积累状况。

从上述十个家族分家书内容看，除了第六例《万历三十二年祁门郑公佑等立分山阄单》阄分地产皆为山场外，其余九个家族阄分地产都包括田地山塘等各项产业。从分家者的身份来说，就有一般农民之家；也有商人家庭，商人之中又有小本经营者，也有中型商人；还有地主缙绅家庭。具

---

① 《徽州千年契约文书（宋·元·明编）》卷 10，第 508—510 页。

体说来，第一例中的李鼎、第二例中的吴仕昌和第五例中的张烜、张烈兄弟为经营性地主；第三例中的方柯、方照叔侄和第六例中的奇峰郑公佑为缙绅地主；第四例中的孙时、第七例中的朱世荣、第八例中的程虚宇、第九例中的余云祯和第十例中的胡氏皆从事商业经营的徽商家庭。

若就上述十个家族的分家阄书所见山场规模来说，既有小型山场占有者，也有较大规模的山场占有者。现将十个家族的地产占有情况统计如表2－19所示。

表2－19　　　　　　　分家书所见十个家族地产规模汇总

家族名称	田土类型		
	田	地	山
休宁李鼎	62.2765 亩	18.029 亩	107.64685 亩
祁门吴仕昌	219.2995 亩	40.916 亩	142 处，面积皆不详
祁门赤桥方柯叔侄	200.20445 亩，共有 4 处面积不详	9 处，面积不详	342.2175 亩，其中 202 处面积不详
休宁孙时	182.8655 亩以上	约 22.4145 亩	0.501 亩
休宁张烜、张烈兄弟	31.96333 亩，共有 7 处面积不详	121 亩左右	10 余亩
祁门奇峰郑公佑叔侄			山场 142 号
休宁渭南朱世荣	28.8785 亩	8.675 亩	山 9.0092 亩，塘 4.1469 亩
休宁程虚宇	125.8418 税亩	93.9862 税亩	57.0018 亩
休宁余廷枢兄弟	13.23 亩	0.169 亩，共有 1 处面积不详	2.1184 亩
徽州某县胡氏	38.2777 亩	3.952 亩	1.0175 亩

从表2－19可以看出，第一例中休宁李鼎户拥有土地在200亩以上，其中山场则达107.64685亩；第二例中的祁门吴仕昌拥有田219.995亩，山场并未参与阄分，众存山场142号，面积均不详；第三例中的祁门赤桥方柯、方照叔侄共阄分的山场316.8875亩，众存山场25.33亩，合计342.2175亩。此外，还有202处面积不详，若将阄分和众存山场计算在内，保守的估计，方柯、方照叔侄拥有的山场至少在400亩以上；第四例中的徽商孙时共有土地为200余亩，但山场数量相当少，仅有众存山场

0.501亩；第五例中的张烜、张烈兄弟共有土地160余亩，其中也不过山场10余亩左右，山场规模较小；第六例中的奇峰郑公佑同可嘉、可成叔侄等共有山场142号，面积不详；第七例中的徽商朱世荣是个拥有一万余两商业资本的商人，其拥有的土地数量不过50余亩，其中山场仅为9.0092亩；第八例中的徽州典商程虚宇是个拥有数十万资本的中型徽商，其拥有田土为276.8298亩，但山场也仅为57.0018亩；第九例中的余云祯是资不抵债的小本经营的徽商，其拥有的土地总量仅为17余亩，其中山场数量很小，仅有2.1184亩；第十例中的徽商胡氏为拥有数百两资本的小型商人，其拥有的土地有43.4772亩，其中山场数量很小，仅有众存山场1.0175亩。综上所述，十户分家书所见山场规模中，除第一例中休宁李鼎户和第三例中的祁门赤桥方柯、方照叔侄拥有的山场在100亩以上，为较大规模山场所有者外，其余八户家族皆为小型山场所有者，拥有的山场在10—60亩之间，其中，第七例中的徽商朱世荣和第十例中的徽商胡氏持有的山场均在10亩以下，第四例中的徽商孙时和第九例中的徽商余云祯持有的山场甚至在2亩以下。

三 商人资料所见山林经济规模

明代中后期，由于徽商崛起，徽州本土木材不断进入市场，从事木材经营变得十分有利可图。祁门李源李氏宗族《李氏山林置产簿》专门记载了该宗族从事山林种植、经营和贸易活动，李氏族人靠经营山场致富者不乏其人。[①] 万历年间，休宁范氏族人范声远、天远兄弟等就在本土从事木材贸易起家的。[②] 婺源沱川余氏靠从事本土木材贸易致富者也亦为不少。[③] 随着商品经济的发展，木材贸易市场逐渐扩大，拥有数千亩山场的大木商开始出现。歙县大木商吴养春即其一，下面笔者主要以徽商吴养春为例，对其山场规模作一初步探讨。

吴养春，字百昌，歙县人。出生于商贾世家，祖父吴守礼，字一达，

① 参见陈柯云《从〈李氏山林置产簿〉看明清徽州山林经营》，《江淮论坛》1992年第1期。
② 参见（荷）宋汉理著，谭棣华译《徽州地区的发展与当地的宗族——徽州休宁范氏宗族的个案研究》，《徽州社会经济史研究译文集》，第44页。
③ 参见王振忠《明以前徽州余氏家族史管窥——哈佛燕京图书馆所藏〈婺源沱川余氏族谱〉及其史料价值》，《徽学》第6卷，第97—98页。

号石竹翁，贾盐策于维扬、淮海间，为雄居两淮的大盐商。① 守礼生有五子，即时修、时仲、时伟、时佐和时俸。时佐为养春之父，字懋良，监生，光禄寺署丞，生有三子：养春、养泽和养中。② 吴时佐"初治进士业"，后因其父守礼年老，"乃佐石竹翁经营"，遂成就一番事业。可见，吴时佐是个"弃儒服贾"的例子。万历年间，养春父曾捐赀三十万两佐国，由此获得"一日之间，一门之内，其舅弟子姓受秘书清华之秩者五人，名闻海内，光照闾里"③ 的无上荣耀。

吴守礼虽雄赀两淮，但因"派分五支，业已中耗"④。吴养春继承祖业，经商致富，富甲一方，他从事多种行业经营，在经营盐业这个家族祖业的同时，也从事典当和木材业的经营。黄山山脉延伸有五百余里，蕴含丰富的林业资源，利用地利的优势，黄山成为吴养春家族的"世业"⑤。吴养春又不断扩大木材经营，拥有黄山山场多达 2400 余亩。因资财问题，万历年间吴氏兄弟构讼，当时"判其山场一半入官之题，留中未下"。后来其胞弟吴养泽死，吴养泽自幼抚养的逆仆吴荣"侵吞主财，霸占主妾"。此后，"吴荣作奸，置重典，逃附阉党魏忠贤，发万历时欺隐黄山旧案"⑥。由此揭开天启黄山大狱之冤案。⑦

天启六年（1626）十二月，工部营缮司主事吕下问驻歙，大肆敛财，"查追黄山山场木植银三十余万两，外有赃银六十余万两"。于是，"一村落间，钦犯八名，立刻就缚"，吴养春父子三人均死狱中，吴氏亲邻族党，无不株连。吕下问还"坐勒吴献吉山价银一万两"⑧。此案不仅使得富甲一方的吴养春家破人亡，而且也给徽商沉重的打击。当时"祸且延于淮扬、

① 鲍应鳌：《瑞芝山房集》卷 8《寿光禄丞吴公六十序》，《四库禁毁书丛刊》集部第 141 册，北京出版社 2000 年版，第 168 页。

② 《新安歙西溪南吴氏世谱》（不分卷），嘉庆二十二年抄本。

③ （明）鲍应鳌：《瑞芝山房集》卷 8《寿光禄丞吴公六十序》，《四库禁毁书丛刊》集部第 141 册，第 168 页。

④ （清）佘华瑞：《岩镇志草》第 2 册，安徽师范大学图书馆藏。

⑤ （清）闵麟嗣：康熙《黄山志定本》卷 2《人物》，《续修四库全书》，《史部·地理类》，第 723 册，第 786 页。

⑥ （清）佘华瑞：《岩镇志草》第 2 册，安徽师范大学图书馆藏。

⑦ 关于天启吴养春之黄山大狱案的研究，可参见近人程演生《天启黄山大狱记》，民国油印本；刘和惠《明季黄山市民暴动与黄山大狱案》，《安徽史学》1985 年第 3 期；陶明选、李勇《程演生〈天启黄山大狱记〉述评》，《安徽师范大学学报（人文社会科学版）》2000 年第 3 期。

⑧ （清）佘华瑞：《岩镇志草》第 2 册，安徽师范大学图书馆藏。

天津、祥符、德兴、仁和、钱塘各县"①。吕下问等人过激的行为，引起民众一片恐慌，人人自危，最终激起民变。魏忠贤倒台后，吴养春被昭雪，一场冤案得到纠正。

从上述分析中可以看出，作为商贾巨富的吴养春，经营商业十分成功，除盐业经营外，从事木材经营，拥有山场 2400 余亩，也是个大木商。即使在被下狱后，仍查出吴养春木植银三十余万两。吴养春的山场规模之大，商业资本之巨，皆为首屈一指。

第三节　明代徽州山林经济的经营管理

明代徽州山林经济在唐宋地域开发的基础上得到进一步的发展，经济林和经济作物得到广泛种植，山林经济的规模不断扩大，从而使得明代徽州山林经济的经营、管理形式多样化。因山场所有权形态和业户占有山地规模的差异，明代山林经济的经营方式也呈现出多种形态。概括来说，主要有自主经营、租佃经营和合伙经营等。山场产权性质和山场规模的差异，分家析产的进行，使得山场不断分籍化、碎片化，从而也使得明代徽州山林经济的管理方式呈现出多彩的态势。概括起来说，主要有设置机构管理、订立合约管理和众存管理等三种方式。明代徽州多样化的经营、管理方式，进一步促进徽州山林经济的繁荣发展。

一　经营方式

明代徽州山林经营方式多种多样，主要有自主经营、租佃经营和合伙经营等。陈柯云曾将明清徽州山林经济的经营方式分为自种自养、租佃制经营、租山经营和雇工经营等四种形式。② 至于具体采取哪种经营方式，多与业户山场的规模有一定的关联。一般来说，占有少量山场的农户之家，由于山场规模较小，加之生产资料有限，生计较为艰难，故而基本上是自耕自种。占有几十亩以上山场的业户多将山场出佃，采用租佃的方式对山场进行经营。正如栾成显所言："在遗存至今的徽州文书中，一户只

---

① （清）佘华瑞：《岩镇志草》第 2 册，安徽师范大学图书馆藏。
② 陈柯云：《明清山林苗木经营初探》，《平准学刊》第 4 辑上册，光明日报出版社 1989 年版，第 151—156 页。

有五六十亩左右的土地而全部出租的事例，颇为不少。"① 合伙经营较为复杂，其中一种是有些业户占有土地有限，不足以维持生计，而山场面积广袤，单靠一人之力又不足以承佃，于是数人合伙经营山场就是较为理想的方式。合伙经营还有另外一种形式，即徽州当地有些民众为从事木材贸易，而合伙承佃、经营山场，立有合同文约，待木材成林后，共同贩运，利润共同分成，共同承担亏损。以下笔者就明代徽州山林经济的各种经营方式及其相关问题作一初步探讨。

（一）自主经营

徽州山多田少，清初徽州学宦赵吉士云："吾乡歉于田而丰于山，宜桑不宜稼。"② 在这样的自然环境下，山林经济自然是徽州农村经济重要组成部分。自主经营的方式，是指山场由业户自己开辟，生产工具由自己出备，亲自从事山场的种植、经营。这种经营方式多为自耕农业户的小生产者所采用。

明代前期，徽州自耕农一般自己开辟山场，进行耕作。明初，朱元璋实行休养生息政策，鼓励百姓垦荒，并对其垦殖的土地给予优惠政策，免税三年，故而民间百姓多乐于垦殖。永乐年间，祁门县十西都谢能静就曾开垦不少荒地，并得到政府颁发的《垦荒贴文》文凭，使其开辟的土地得到了政府认可。在谢能静所买的土地中也有明初新开垦的山地，而这些新辟的山地多由业户自种自营。③

另外，有些生产者自己开辟山场，独立经营，辛勤劳作，拥有的山场也较为可观，获得一定的效益，弥补了粮食生产的不足。明正德九年（1514）祁门郑仕昌就是一例。郑仕昌从弘治四年（1491）到正德九年（1514），独自种植山场 24 年。在遗嘱中称："父仕昌先于弘治四年辛亥岁迁居于此，所有见住屋后山一段，下至黄希砌为界，上凭本家左边墙脚结石直上至降。又有住后降背，土名北克坞，内山一源，原是祖户众产，先年俱已对买完全，向为己业。其二处山内，吾朝夕辛勤，遍山栽养苗竹及

① 栾成显：《明代黄册研究（增订本）》，第 133 页。
② （清）丁廷楗修，赵吉士纂：康熙《徽州府志》卷6《食货志·物产》，《中国方志丛书·华中地方·第 237 号》，第 999 页。
③ 参见栾成显《明初地主积累兼并土地途径初探——以谢能静户为例》，《中国史研究》1990 年第 3 期。

松杂等木，并茶株果木，年来已得其利。"可见，在二十多年期间，郑仕昌精心耕作，夙兴夜寐，广种松杉、毛竹、茶树等木，多年之后，获得一定的收益。在六十余岁病重之际，"诚恐吾殁之后，四男懈惰，不能仗义，各徇己私，以致前山竹木等物易得消耗"，为确保其一生基业，写立遗嘱，将其所置山场均分四子，并规定"以后其在山苗竹，各不许私挖竹笋。松杂等木枒枝，各不许私砍作柴。其茶株果实，每年务要公同均摘均分，并不许各私盗取，以后各房能以我心为心，各毋违犯，每年必得其利"①。由此可见，郑仕昌是个靠自主种植山场，自主经营起家的业户。

又如，祁门郑三元夫妇历受艰苦，克勤克俭，积累田地山场若干。在万历四十六年（1618），郑三元六十九岁年老之时，将一部分"山场并在山杉松各样杂木、花利及山骨尽数津贴"第四子"立诚以为娶亲之资"。②该合同中郑三元的山场就是其自主种植、自主经营所得。

祁门三四都凌氏是个小规模宗族。明代永乐至正统年间，该族中的凌寄通过辛勤劳作，自主经营山场。起家后，又陆续购置了百余亩山场，为凌氏山林经营打下了基础。弘治至崇祯年间，凌氏从外姓购置山场较少，其山场主要在凌氏宗族内部进行零碎的买卖。而且随着人口繁衍，山场不断被析分，每户拥有的山场规模越来越小。在明代，凌氏并非世家大族，其族中也没有一人通过科举入仕，而且还承担祁门三四都二图的甲首户役，也承担一定的"捕户"户役，故而凌氏族人以自耕农为多。所以，在明代，凌氏宗族的山场多是自主经营。③ 直到清代乾隆年间，凌氏为获取更多经济收益，同时也为了在激烈的生存竞争中获得大族认同，才将山场出佃给棚民或者佃仆经营。④

---

① 《明代正德九年正月祁门郑仕昌立遗嘱合文》，中国社会科学院中国历史研究院藏，编号：115110901002。后收录于《徽州千年契约文书（宋·元·明编）》卷1，第345页，收录时题名为《正德九年郑仕昌四子共管山地合同》，从其具体内容看，实为郑仕昌遗嘱，题名为《正德九年郑仕昌四子共管山地合同》，实误。

② 《万历四十六年祁门郑三元等立合同文约》，《徽州千年契约文书（宋·元·明编）》卷3，第476页。

③ 参见［日］中岛乐章著，栾成显译《明代中期徽州农民的家产分割——祁门县三都凌氏为例》，《徽学》第5卷，第11—26页；《明代徽州的小规模同族与山林经营》，《明史研究会创立三十五年纪念论文集》，汲古书院2003年版。

④ 参见［日］中岛乐章《清代徽州的山林经营、纷争及宗族形成——祁门三四都凌氏文书研究》，《江海学刊》2003年第5期。

（二）租佃经营

徽州山区面积广大，拥有数十亩以上山场的业户，多采取租佃制的方式进行经营。一般来说，租佃经营有两种形式，一是将山场租佃给佃仆经营，一是将山场租佃给一般佃户。前者中的佃山人一般称山主为"房东"，与山主之间是主仆关系，有着强烈的人身依附关系。山主多是在山场附近建造庄屋，给佃仆居住，采取"召人到山住歇"的方式，将山场租佃给佃仆，由他们进行栽苗长养，守护山林。后者中承佃山场的一般佃户，多为佃农，与山主没有人身依附关系。无论是佃仆租佃经营，还是一般佃户经营，都要与山主订立租佃文约，但佃仆与山主订立的租佃文约，都含有一定的人身依附条款；而一般佃户与山主订立的文约，只要不违犯文约规定，山主就不能过多干预佃户生活。明代中期以后，徽州宗族势力强固，宗族一般都拥有数量不等的佃仆，对山主来说，采取佃仆经营山场的方式，能够进一步控制山场，降低成本，故而徽州大多数山主乐意采取将山场租佃给佃仆经营的方式。

明代徽州一些生活破产的自耕农和佃农，多租佃山主的山场，以维持生计。一般来说，山场有荒山和拥有林木的山场两种。林木生产一般周期较长，需要二三十年左右的时间。弘治《徽州府志》亦云："凡樾以三十年为期，乃可伐。"[1] 因此，山场经营有栽苗期和长养期。

徽州的山场多种植杉松，山主一般将山场租佃给佃户后，需要"斩藤掘茅"。在栽种苗木之前，先种桐子树，即"凡栽杉必先种此树，以其叶落而土肥也"[2]。又如，嘉靖四十四年（1565）吴初保等佃山批甚至规定："如有不栽桐肥苗者，见一人罚银五两公用。"[3] 由此可见，栽苗之前种桐子树是徽州的普遍现象。

头年种粟，来年春种芝麻，佃仆获得"栽苗工食"，以此解决其日常生活问题。如嘉靖二十九年（1550）年，祁门叶贯、叶珣等人，承断到同

---

① （明）彭泽修，汪舜民纂：弘治《徽州府志》卷2《食货一·土产·竹木》，《天一阁藏明代方志选刊》第21册。

② （明）何东序修，汪尚宁纂：嘉靖《徽州府志》卷8《食货志·物产》，《北京图书馆古籍珍本丛刊》第29册，第209页。

③ 《明代嘉靖四十四年七月祁门吴初保等佃山批》，原件藏中国社会科学院中国历史研究院，编号：115124407001。

都余氏四都六保山场，规定"本年入山劖烧，次年毋拘平残，五尺一株，遍山栽杉，苗木匀密。初年种粟，次年准栽苗工食，二次种麻，照例礼请山主看倪，交纳麻分"。① 该文契中规定，山地内栽种的粟全部作为"栽苗工食"，而麻则与山主"照例相分"。这种现象很普遍。又如，嘉靖四十二年（1563），祁门十西都谢大兴、王四等人，"承断同都余名下空山二处"，"前去入山拨做栽苗，初年粟山以准栽苗工食，次年麻山，请山主看倪"。② 也就是"粟山"全部作为"栽苗工食"，麻山则要与山主相分。徽州人将山场所出粟和芝麻等成为"花利"，或"花分"。租佃文契中一般都"承佃前去砍拨，锄种花利"字样。

在栽养苗木时，山主不仅要求遍山插种，且对苗木间距也有一定的要求，一般是三尺一株，或是五尺一株。如天启三年（1627），祁门林时所立的承佃文书说："身等承佃前去砍拨，锄种花利，毋问险峻，遍山栽种杉松苗木，三尺一株。"③ 又如，万历八年（1580），祁门县十三都康元等的承佃文书云："承佃前去砍拨，锄种花利，栽坌衫苗，五尺一株。"④ 栽苗时的苗种，有山主出备的，不过山主有时不直接给松子，而是采取贴备"松子银"的方式，再由承佃人自行购买种子栽种；也有的是佃人由自己准备。由山主出备苗种的如，万历三十六年（1608）佃仆余兴贵、余兴法等人承佃房东康学正兄弟的典山文约中称："山主当贴松子银三钱正。"⑤ 又如，万历四十二年（1614）祁门方五龙等佃山文约中言明："贴买松子银四钱五分正。"⑥ 这显然也是由山主贴银付佃人购买松子的一种方式。山场的情况较为复杂，一块山头的面积也较大，非一人之力所能胜任，因此一般是多人一起租佃山场，共同经营。这时山场多是按股佃种，松子也是

---

① 《明代嘉靖二十九年九月祁门叶贯等承种杉苗栗麻合同文约》，原件藏中国社会科学院中国历史研究院，编号：115122909001。

② 《明代嘉靖四十二年正月祁门谢大兴等承断空山约》，原件藏中国社会科学院中国历史研究院，编号：115124201002。

③ 《明代天启七年三月祁门林时承佃山约》，原件藏中国社会科学院中国历史研究院，编号：115160703001。

④ 《明代万历八年三月祁门康元等承佃山约》，原件藏中国社会科学院中国历史研究院，编号：115140803001。

⑤ 《明代万历三十六年余兴贵等佃山约》，原件藏中国社会科学院中国历史研究院，编号：115143609001。

⑥ 《明代万历四十二年祁门方五龙等承佃山约》，原件藏中国社会科学院中国历史研究院，编号：115144207001。

按股撒种。如万历十五年（1587）陈胜龙、黄住保、胡福宁等人一起承佃祁门康懘兄弟的空山文约规定："其山作六股种，每股撒松子三升，其银领讫。"① 可见，该山场分为六股，每股松子也是由山主贴银。

佃山人自备苗种的，如万历十八年（1590）祁门余天龙等承佃康氏兄弟空山一号，文契称："所有本山松子，系力人出备，无许稀疏，荒芜山场。"② 又如万历十六年（1588）祁门十三都康氏佃仆黄太、黄住保等承佃山主佃山约称："栽垒人收买松子二斗，山主眼全量过，付栽垒人撒种。"③ 说明康氏佃仆黄太等人是自备松子，然后在山主"眼同量过"后，方可播种。

在苗木栽种后，一般是三年或五年后，请山主到山点青看苗。若是所栽苗木不符合规格，则要罚银另召人佃种。如万历四年（1576），歙县程良李、程良禾兄弟租山文契称："前四至内山与住人前去砍拨锄种，三年之内务要密栽苗木，毋许抛荒，五年之外请山主看苗。"④ 这是栽苗五年后，请山主登山看苗的情况。又如，前引嘉靖二十九年（1550）叶贯等承佃杉苗栗麻合同文约规定："三年点青，如是残荒无苗，听主理追所得花利，另召人栽"。再如，成化六年祁门徐志文兄弟佃山文约称："栽种杉苗，无问平栈高低密种。候三年之后，请本主人相倪，如有不行，栽种荒废，甘罚加倍公用。"⑤ 这两例是栽苗三年之后，请山主到山点青。

苗木在栽种之后，林木生产就进入了漫长的长养期，木材成林一般需要二三十年时间。由于山场一般距离山主居住地较远，在苗木兴养期间，一般是由承佃者进行日常的管理，交纳一定数量的山租，兴养者由此获得"兴养工食"。正德十五年（1520），祁门一都汪文等租五都洪渊等山地合同中言明："本家因有祖坟在汪文住前，因本家弯远，照管不便，是文兄弟自行照管，长养庇荫柴薪，是积等愿将租递年以准长养工食。"⑥ 在文契

① 《明代万历十五年八月祁门陈胜龙等佃山约》，原件藏中国社会科学院中国历史研究院，编号：115141508001。
② 《明代万历十八年九月祁门余天龙等佃山约》，原件藏中国社会科学院中国历史研究院，编号：115141809001。
③ 《明代万历十六年七月祁门黄太等佃山约》，原件藏中国社会科学院中国历史研究院，编号：115141607001。
④ 《明清徽州社会经济资料丛编（第一集）》，第455页。
⑤ 张传玺主编：《中国历代契约汇编考释》下册，北京大学出版社1993年版，第1043页。
⑥ 张传玺主编：《中国历代契约汇编考释》下册，北京大学出版社1993年版，第1033页。

中，山主"因本家窎远，照管不便"，山场是由承佃者汪文兄弟管理，"柴薪"作为汪文兄弟的"长养工食"。又如，崇祯十七（1644）年休宁十六都三图王党拥有坟山一号，"长养松木"，"因居窎远，不能自照"，将山场委托吴时明代为照管，议定"本山柴薪按年纳租银五分，清明日交。"① 也就是说，吴时明只要每年清明之日交纳柴租银五分，山场中柴木就全归自己所有。徽州还有些只适合种植柴木的山场，这样也就有专门承佃长养柴山的情况。如万历二十三年（1595），徽州方银龙等人承揽"房东汪崇本祠松柴一号"，"前去砍斫柴落下发卖，其柴以十分为率，主得四分二厘，落分得五分八厘，其柴即水次丈量，眼全发卖"。② 这里的"落分"即为"力分"，承佃人获得的"山柴"，就是作为"长养工食"而存在的。

由于承佃者在林木兴养的过程中付出了工本，故而在林木成材出拚之日，林木则要主力相分，承佃者由此获得一定的"力分"。力分分成一般有五五分、四六分、三七分、二八分等。③ 如弘治八年（1495），祁门谢彦良兴养山业合同中说："候成材之日，眼同砍斫发卖，主力对半均分。"④ 这是主力均分"力分"的情况。这种情况较为普遍，有时租佃文约中甚至不提力分分成比率，往往只言主力"照例相分"、"力分照依乡例照分"，这种情况往往是指主力五五分成。但有些租佃山场文约甚至没有力分，由山主给以很少的"工食银"作为回报。如正德十六年（1521）祁门十五都郑仕荣将山场一号租佃给本都真乞祖、王毛前去"无问险峻，砍拨锄探，遍山栽种松苗"，同时规定"当领去工食银一两正，日后再无力分"。⑤ 在该文约中，承佃者郑乞等人仅领取"工食银一两"，以后再无力分，山场林木全归山主所有。有些力分还有年份限制，下面租佃文约即为一例。

---

① 《徽州千年契约文书（宋·元·明编）》卷4，第495页。

② 《明代万历二十三年十一月徽州方银龙承揽柴山合同文约》，原件藏中国社会科学院中国历史研究院，编号：115142311002。

③ 陈柯云曾对明清徽州山林经营中的"力分"出现惯例的时间、决定力分分成比例的主要因素及其力分出现和发展的历史意义进行全面探讨。参见陈柯云《明清徽州地区山林经营中的"力分"问题》，《中国史研究》1987年第1期。

④ 《明弘治八年祁门谢彦良等栽苗长养山业合同》，原件藏中国社会科学院中国历史研究院，编号：115141607001。

⑤ 《山契留底册》，明写本，上海图书馆藏，编号：563711。

　　同都郑自立等，今佃到族兄郑（良）椿三保，土名流砂坡培山一
号，前去无问险峻，遍山砍拔栽苗，云云。嘉靖十一年二月初六日。
其松苗山主自栽，日后再无力分。

　　嘉靖十年八月二十五日立佃约人　　　郑自立　自季　右保①

　　从上引租佃文约中可以看出，嘉靖十年（1531）山主族兄郑（良）椿
将山场租佃给郑自立等人栽种，但是在一年后，即嘉靖十一年（1532）规
定"松苗山主自栽，日后再无力分"。也就是说，在嘉靖十年（1531）年
承佃者郑自立等人是有力分的，只是在十一年（1532）山主自行栽种苗
木，自己经营山场，此后郑自立等人也就自然"再无力分"了。力分虽然
可以出卖、转佃和继承，但这并不是自由的，而是要受到一定的限制。许
多租佃文书中都规定，"力分不许变卖他人，务要尽山主"，或者是"力
分照依山分卖与山主，不敢变卖他人，及私卖与一人"，等等。若是承佃
人未经山主同意，将力分私自变卖他人，则要追回"花利"或受到发银的
惩罚。如嘉靖四十二年（1563）祁门十三都庄佃黄记等租佃山主康性兄弟
的文中称："其苗成材，所有力垄，照依乡例卖与山主，……如违，听山
主理治，追取上年花利，给主无词。"② 有些山场租佃文约中，在承佃人违
犯文约规定，私卖力分时，山主甚至做出"不与力分"决定。如天启三年
（1623），祁门十六都郑岩祖承佃山场文约议定："如违前项等，议听山主
理论，追还花利，不与力分。"③

　　苗木种植和兴养生产周期长，工作量大，是个十分辛苦的漫长过程。
在承佃期内，有些佃山人因为家庭经济原因，造成山场看守、经营困难，
难免会发生将山场退还山主的现象，退佃时会立退佃文约。下面即为一份
退山场佃文约：

　　十七都三图城居住人吴郁同母毕氏，先年故父佃到汪洵土名竹鹊
岭园一片，自行种作长养树木，前四十三年，汪洵卖与程　　名下为

---

　　① 《山契留底册》，明写本，上海图书馆藏，编号：563711。
　　② 《明代嘉靖四十二年七月祁门黄记等佃山约》，原件藏中国社会科学院中国历史研究院，编号：115124207001。
　　③ 《顺治祁门汪氏抄契簿》，《徽州千年契约文书（清·民国编）》卷4，第177页。

业。今因母老有疾，不能耕种长养树木，同母男黄九嘀议，自愿凭中将园愿自退还本主，凭中三面议作原佃价及树木、石料等项，价真文银二十二两整。其银当日尽收足讫，其园树木石料随即交还本主管业，再无异说。倘有内外人拦阻及重复树木，一切不明等事，尽是身之当，不及本主之事。今恐无凭，立此退佃文约为照，其瓦屋料舍，尽与程名下，外屋价银一两止，再批。

　　隆庆元年三月初六日立　退佃契人　　吴郁（押）

　　　　　　　　　　　　　主盟母　　　毕氏（押）

　　　　　　　　　　　　　中见人　　　周九（押）、李胜（押）、

　　　　　　　　　　　　　　　　　　　陈少泉、汪敬塘（押）

　　　　　　　　　　　　　书　男　　　吴黄九（押）①

　　上述退佃文约为休宁十七都吴郁于隆庆元年（1567）所立，从中可以看出，吴郁父亲在世时曾经承佃汪洵山场一片，而嘉靖四十三年（1564）汪洵将同一块山场转卖与程姓为业。此后，吴郁之父去世，"因母老有疾，不能耕种长养树木"，于是，与母亲和舅父商议后，将山场退还程姓山主，"凭中三面议作原佃价及树木、石料等项，价真文银二十二两整"。

　　明代中期以后，徽州外经商之风日盛，商人外出经商时，往往将山场租佃给佃户经营。如《万历三十九年休宁郑廷玉等承管包约合同》：

　　　　立承管合同包约人郑廷玉、廷侃等，今承到吴当、郑英二家名下两半均业山一片，土名屋基后。其山四至照原旧长管，为因本山原有乡例贴头，因吴当用价佃回。自因往外生意，未能照管，近年以来却被内外人等魃入本山，盗害无厌。今嘀议山主，自情愿召与本身七人名下承管长养，柴薪栖枝，每三春出拚，规议定则硬包柴价文银吴当、郑英各该一两七钱五分整。其山原吴用价佃乡例贴头，原价每三春该一两五钱。今自愿不能经管，只议硬包文银八钱，至逐轮三春满出拚之日，并柴价共银四两三钱正，交足山主，方许入山砍斫。其在山长养逐年松杉杂苗等木，见根长养，当年砍斫柴薪，不许乘机混

---

① 《徽州千年契约文书（宋·元·明编）》卷6，第300页。

砍。如有此等见桩，见一罚十，以作监守自盗理论，仍听经公理治无辞。长养成材木植之日，砍斫见数，每百担（根）硬扒一十六担（根）与七人均分，仍者一听山主照付价扒银，听照前四两三钱则派二家均分。其长养本山柴薪木植茂盛之日，山主笃念勤心长蓄，亦议原价，不许另扒外人。倘有内外人等入山盗害，拿获刀斧，报知山主，经公陈治，议偿白米三斗与拿获之人，亦不许私自卖放，如有等情故违合约，甘罚五石入众公用。今恐无凭，立此合同永远存照。

万历三十九年三月二十七日立合同承管人　　郑廷玉（押）

廷佐（押）廷侃（押）廷裕（押）

文星（押）文钦（押）有望（押）

中见人　　吴廷全（押）①

上述材料显示，郑英、吴当共有一号山场，后因为吴英外出经商，不能照管山场，致使山场被外人盗害，后来商人郑英、吴当遂将山场出佃给郑廷玉等人承管长养，议定柴薪每三春出扒，并交山主"柴价共银四两三钱"，方许入山砍斫林木。在木材成材之日，"砍斫见数，每百担（根）硬扒十六担（根）与七人均分"。

承管兴养山场的周期较长，山场经营较为艰苦，在林业生长期内，难免会出现林木被盗的现象，一旦山主发现树木被盗，佃山人就要受到相应惩罚。如林长云、洪文童曾承到山主张采甫山场一片，长养松木，后来"屡被上山吴姓不时盗害，内有乘机混砍等弊"，"致山主屡召看守，屡又革去"，"皆由守不用心，众不协力，致畏首畏尾，益肆志人渐生奸"。为了更好的经营山场，于是在万历二十六年（1598），林长云等人又与山主订立承揽山木合同，议定："今两班看守人等，分为八股，潘住山近，守四股，人侭潘之多寡，林等住远，守四股，人选捡身出力者一十二人。自后扒山斫山柴，俱照八股分，则上纳柴价有拖欠者，即时逐出，不许再扒。遇盗木或盗柴，获而报之，而实有告理事体，俱内外齐心，彼此效

① 《万历三十九年休宁郑廷玉等承管包约合同》，《徽州千年契约文书（宋·元·明编）》卷3，第417页。

力，……内外人贴工食均派，不得坐内外之。"同时规定："倘获柴木、捉拿盗犯，经官理治，盘费使用，山主照山分数派出贴，不许独累看守人等。"① 也就是说，守山人分成八股，根据居所与山场距离之远近，各守四股，用心看守山林，到林木出拚时，守山人只要向山主交纳一定的柴价，山柴就全归守山人所有。而守山盘费使用则由"山主照山分数派出贴，不许独累看守人"。

（三）合伙经营

除自主经营和租佃经营外，合伙经营也是徽州山林经营的主要方式之一。在徽州，合伙经营有以下几种方式：第一种是佃仆合伙承佃山场经营；第二种是自耕农合伙经营山场；第三种是徽商合伙经营山场。下面分别论述。

第一种为佃仆合伙（承佃）经营。如众所知，徽州山区面积广大，即使就是一块山头来说，其面积也是很大的，并非一人所能胜任，往往需要数人合伙一起经营山场，也可算是租佃经营中的一种形式。如嘉靖四十年（1561），祁门林贵保、胡什等8人承佃房东康性、康博、康悔、康惮四房名下砍过杉木空山一号，议定"山作十股栽种，胡什、黄乞保、汪明共种四股，林贵保、林伍、林定、闰保共种四股，胡法种二股，如林定、汪明无力栽种，在胡什、贵保二人名下帮种，不许变与约外人。"② 这仅是经营一块山场，就需林贵保等多人合伙经营，并将山场作十股栽种，根据人力资源配置，按股份栽种。又如，前引嘉靖四十二年（1563）祁门十三都庄佃黄记佃山约也说："其山作十股种，胡十种三股，胡法种三股，黄乞保一股，汪名一股，林美保一股，林午一股，黄记一股。"这也是多人合伙承佃经营山场并按股栽种的例子。

还有佃仆合伙买受山场，并共同经营的情况。《崇祯七年林、方、金三家阄分业山合同》③ 就是一例：

① 《明代万历二十六年五月徽州林长云等承揽山木合同》，原件藏中国社会科学院中国历史研究院，编号：115142605002。
② 《明代嘉靖四十年十月祁门林贵保等承佃山约》，原件藏中国社会科学院中国历史研究院，编号：115124010005。
③ 《徽州千年契约文书（宋·元·明编）》卷4，第377页。

　　立阄分合同人林末寿、方记岩、金九毛、林社祥、方四毛等，原于天启五年、崇祯四年二契三姓共买受房东程良民、程伯祥叔侄山一号，……其山共十二股为率，金、林、方共买受得十一股外，李买受胡继元一股，不在金、林、方买契之内。前又八月间，金、林、方等托中眼同将各买契内山从公分界清白。其山十二股，李该一股兴养业讫，外十一股，金、林、方三姓人心不一，自愿托中阄分兴养。日后成才，照阄砍斫，不得越界侵砍。如违，听自赍文理论。自立合文之后，各宜遵守管业，各不许悔。如先悔者，甘罚银五钱公用，仍依此文为准。今恐无凭，立此合文一样五张，各收一张存照。（下略）

　　崇祯七年十月初六日立阄分合同人　　林末寿（押）方记岩（押）

　　　　　　　　　　　　　金九毛（押）林社祥（押）方四毛（押）

　　　　　　　　　　中见房东　程良民（押）

　　　　　　　　依口代笔　程良谷（押）程应泰（押）

　　上面为一份佃仆分山合同文书。从其内容看，天启五年（1625）和崇祯二年（1629），佃仆林末寿、方记岩、金九毛、林社祥、方四毛等人合伙买受房东程良民、程伯祥叔侄山场一号，共同经营，其山分为十二股，后因"金、林、方三姓人心不一"，于是将原先三家合伙买受经营的山场，进行"阄分兴养"。这样就由原来合伙经营转变为各自按照持有股份的独立经营。该事例也说明，到明末之时，佃仆阶层中有一部分人经济实力有所上升，拥有自己的财产，甚至有能力购买其"房东"的山场。

　　第二种为自耕农合伙经营山场。山场的情况远比田地复杂，仅凭一人之力往往难以耕作，合伙经营山场就成为一种必要的选择。合伙经营山场，往往是由各人共同出资，共同经营，共同参与利润分配，共同承担亏损。合伙买受山场经营，可以是同族合伙经营，也可是异姓合伙经营。

　　同姓合伙经营。明清时期徽州宗族多聚族而居，加之山场是族产的重要组成部分，因此，同族合伙经营山场的现象较为普遍。这种合伙经营的方式，一般是将山场分成若干"分籍"，按照股份分成。《明代隆庆六年五月祁门康云保等买山清单》就是一例：

　　　　石溪康云保、康快、康浃、康德辉、康应岩等，共买受得三保土名胡家坑、白石坞山一号，系七百七十九号李瑞夫名目，计山十二亩。今议将在山杉松苗木斫砍，凭中将山买受山骨分籍契据逐一查明，开具于后。

计开前山十二亩：

云保得一亩八分，快兄弟买得六亩五分，德辉叔侄买得二亩四分，浃兄弟买得四分，应岩买得五分，胡宅现存山二分二厘。

前山分籍多寡，悉照此立清单为准，日后毋得各执买契再生异言争论。

其山力分共计十二股，各人买受多寡于后。（下略）①

该文契中，隆庆六年（1572），祁门石溪康云保、康快、康浃、康德辉、康应岩等人，共同合伙买受"三保土名胡家坑、白石坞山一号"，计山12亩，康云保等人各自买受一定"分籍"，并按照"分籍多寡"，将山场分为十二股，按照各自持有的股份分成。

又如，正德六年（1511）祁门十三都康祥同侄康瑾共买受得山一源，二家凭中写立合同文约，议定"其山大小浮杉木，二家对半共砍斫"，山场由"两家共同管业"。② 这里是康祥叔侄共同买受一块山场，共同经营，在山树木两家对半砍斫。再如，隆庆元年（1567），"洪村王绩勋、王绩可、王鐅卿共买得本都王舜龙等人山场一号，并买得绩词叔侄、绩治伯侄、绩胤、化卿等，并绩勋、鐅卿自己股分"，全山"以四股为率，绩勋该得一股半，绩可该得一股半，鐅卿该得一股。"并立有同业合同，议定："日后所有他人田地、山场分籍并在山力分，及开整田地，蓄养菓木、六畜及生贩等事，必须三家谪议，照前股分同，或不许一人私为以害众事。钱谷一收一支，务要秉公持正，三人眼同经手註帐。"对山场的日常管理及其费用作出规定："其山逐年四季，务要三人遍山巡逻，如一家无人，必须雇人应众，勿致误事。倘遇偷盗及外患等事，务要协力同行，毋许推

---

① 《明代隆庆六年五月祁门康云保等买山清单（抄白）》，原件藏中国社会科学院中国历史研究院，编号：115130605001。

② 《明代正德六年十一月康祥等均分山林合同》，原件藏中国社会科学院中国历史研究院，编号：115110611001。

故，所有用费，俱系众出。"① 在这里，洪村王绩勋等人采取的是典型的合伙经营方式。洪村王绩勋、王绩可、王鏖卿等人是共同出资购买山场，合伙经营山场，并按照出资金额划分股份，山场管理由三人"遍山巡逻"，管理费用也由三人共同出资，日后林木买卖也由三家商议，并置有山林经营账簿。

异姓合伙经营。如成化元年（1465），祁门十八都黄希贤和叶茂英共同开辟、经营一块山场，议定"希贤内四分合得一分，茂英合得三分"②，二人共同栽苗，待树木成材后，二家按照比例砍研发卖。黄希贤和叶茂英就是合伙栽种苗木，合伙经营，并按照股份分成。又如，成化七年（1471），祁门十八都张仕贤和同都叶茂英一起共同买受山地一号，二家共同栽养杉苗，后因所栽苗木大小多少不明，唯恐后世子孙发生纷争，二人商议，"托凭邻居郑品等到山看视劝说"，"二家栽垒各自杉木，前后砍研，不论出山多少阔狭，各砍各业"③。在此文契中，张仕贤和叶茂英是合伙共同买受山场，共同栽种苗木，共同经营，各自占有自己持有的林木，各自砍研发卖。以上两例都是两人合伙经营事例。还有十数人共同经营一块山场的现象。如崇祯十年（1637）祁门十三都汪大社、方时礼、胡杰富等十四人共买休宁双溪李子厚山场一号，合伙经营，议定"作十四股为率，均价均买，日后拚木种山，悉照股数管业"④。汪大社等人十四人合伙出价买受山场，并按照股份经营山场。

合伙购买山场，在木材成材时，将木材发卖，其利润归合伙人共同所有，共同分配。"拚山"契是在木材发卖之时所立文书。"拚山"就是指将已成材的木材一起出卖给山客，由买主砍伐木材，等到林木砍尽时，将山场交还卖主（山主）。万历三年（1575）祁门十三都康潜、康濠、康天互、康雷等，用价买受康博、康恽、康德辉等山场松杉，拚受前去砍研发卖。⑤

----

① 《徽州千年契约文书（宋·元·明编）》卷2，第399页。
② 《明成化元年三月十八都黄希贤等立山林清业合同文约》，《祁门十八都沙堤叶氏文书》，《徽州文书》第2辑，广西师范大学出版社2006年版，第204页。
③ 《明成化七年二月十八都张仕贤等立山林清业合同文约》，《祁门十八都沙堤叶氏文书》，《徽州文书》第2辑，第216页。
④ 《明代崇祯十年三月祁门汪大社等议分山地合同（抄白）》，原件藏中国社会科学院中国历史研究院，编号：115171003001。
⑤ 《明代万历三年二月祁门康潜等出拚在山浮木文约》，原件藏中国社会科学院中国历史研究院，编号：115140302001。

康潜等人是合伙买受山场，拚卖木材利润，自然也是共同分配。

第三种为徽商合伙经营山场。王廷元曾将徽州木商在家乡的经营方式概括为三种：广占山场，养植松杉，成材之后，运销外地；拚买林木，砍伐售卖；收购山民零星砍伐的木材，贩卖图利。[①] 陈柯云在研究徽州山林经营时也注意到商人购买山场，从事山林苗木的经营。[②]

徽州山多田少，山场广袤，盛产木材，明代中后期徽商崛起，从事木材贸易的徽人在家乡广置山场，从事木材贩运的大有人在。前引商人郑英和吴当就曾合伙经营一块山场，后来因为吴当"因往外生意，未能照管"，才将山场出佃给郑廷玉等七人经营。

商人合伙经营山场，一般是按股出资的方式从事山场经营和贸易，合伙经营一般都立有合伙经营合同，以订立合同的方式来确定各方的享受权利和承担的义务。在明代，合伙经商合同有一定的格式："立合约人某某等，窃见财从伴生，事在人为。是以两人商议，合本求财。当凭中见某各出本银若干作本，同心竭力，永谋生意。所获利钱，每年面算明白，量分家用，仍留资本以为渊源不竭之计。至于私己用度，各人自备，不许扯动此银，并乱账目。故特歃血定盟，务宜一团和气，苦乐均受，慎毋执拘争忿，不得积私肥己。如此议者，神人犯其殛。"[③]

合伙经营合同，有均股合伙经营和不均股合伙经营两种。均股合伙经营是指各股东出资的商业资本数目相同，其商业经营利润和亏损都是按股均摊。不均股合伙经营合同则是指各个股东所出资本数额不等，组成若干股，每人持有的股份数额不等，其利润分配和亏损负担也是根据股份不同，而各不相同。具体到徽州山场合伙经营情况而言，主要是以不均股合伙经营为主。祁门奇峰郑氏宗族为当地名门望族，同时也是个木商辈出的家族，该宗族中很多人都购置大量山场，从事山林经营，并将木材贩运外地销售，合伙经营现象在该宗族中表现较为典型。下面主要以该宗族为例，对明代徽商合伙经营山林现象作一初探探讨。

奇峰郑氏宗族主要居住在祁门县十五都奇岭等地，当地山场广袤，森

---

① 王廷元、王世华：《徽商》，第 120—122 页。

② 陈柯云：《明清山林苗木经营初探》，《平准学刊》第 4 辑上册，光明日报出版社 1989 年版，第 155 页。

③ 张传玺主编：《中国历代契约汇编考释》下册，北京大学出版社 1993 年版，第 1115 页。

林茂密，盛产木材。郑氏族人往往是合伙经营，如万历十六年（1588），郑启尧与其表弟程国治合伙经营，将木材贩运瓜洲售卖，生意亏损二百余两，"尧名下该认还程银六十三两"，后来郑启尧去世，陈国治向郑启尧之兄郑魁兄弟讨还启尧生前所欠债务，于是，郑启魁兄弟将十三号山场中郑启尧所得分籍"出卖与程国治名下为业，凭中面议，价银五十两整。"① 可见，郑启尧和程国治合伙经营木材生意并不顺利，亏损较多，郑启尧生前欠程国治63两银子，后来通过变卖郑启尧所得山场分籍，才得以还清债务。

既然是合伙经营，各人之间的经济实力自然有强弱之分，难免会发生以强凌弱的现象，而当冲突发生后，往往也是通过订合同文约的方式加以解决。如万历二十七年（1599）一份清算讼费合同：

奇峰郑逢旸同弟逢旦、侄在前，今因兄晋做捆，不幸在瓜（洲）身故，被族叔地牙荣钖一概吞克，以致讦告按院，用过众银并谷六十余两。又将众共大痕洪右庄基并八保、九保，内取下田租谷一百八十秤，凑还章人。又将众共本都三保土名大弯里竹山一号，凑还师舜。今托中清算，将在前名下十二都田里合源四股山场，一源该得十二分之一，尽数补还旸、旦二叔名下为业。算还前银并山田庄，其价银已讫。……

再批，所有原将大痕田租当得李玉田本银三十两。其田仍系众取，其田里山场内存大堨头已起，至坑岭下已止，俱三大房共业，系附近太祖公坟山，不在契内。……

万历二十七年八月二十六日立合同人　　郑逢旸
　　　　　　　　　　　　　　　　　　弟逢旦
　　　　　　　　　　　　　　　　　　侄在前②

从上述文约可以看书，奇峰郑逢旸等人合伙将木材扎簰，贩运瓜洲发卖，但后来郑晋不幸在瓜洲去世，所得利润被"族叔地牙荣钖一概吞克"，因此"讦告按院"，用去讼费六十余两，后将讼费按照股份均摊。

① 《徽州千年契约文书（宋·元·明编）》卷3，第217页。
② 《明代万历二十七年祁门郑逢旸等立还用银并出山田庄基价银清单（清结诉讼用费合同）》，中国社会科学院中国历史研究院藏，编号：115142708001。

万历四十一年（1613）郑氏清单合同，即为股东出资股份不均且在生意亏损后，按照各自股份摊赔损失的合同：

奇峰郑元祐、逢旸、逢春、师尹、大前，原三十九年合伙拼买杉木，至饶造捆，往瓜发卖。不期即遇风潮，漂散捆木，又遇行情迟钝，耽误利息，以致蚀本。今托中鸣誓，将原流买木并在瓜卖木各名下支银，逐一查算明白。除在瓜还过三关钱粮并移借瓜、饶本利银外，仍家有各经手揭借本银，俱算至本月止，共计该九百有余。照原合伙议定分股，以作十二股均赔开派。各照单坐还各名下，再无异言。立此清单五纸为照。

再批，仍有湖广本银并瓜回银共二百六十二两四钱八分四厘，坐还万顺店本利转算还旸原店本银。

逢旸名下赔十二股之五：

该认银三百八十两零三钱一分。又，代尹还银七十一两三钱零三厘，共该四百五十一两六钱二分二厘。内大前认四两六钱五厘，实四百四十七两零八厘。除自本利银一百九十二两三钱九分八，坐还承前本利银六两五钱，坐还光承小货银八两七钱八分，坐顺店银四十八两三钱七分，坐报门仓谷银一十四两九前一分，坐之守银一十二两，坐敦义仓银一十三两二钱一分。又，坐银一两五钱一分，坐照银二十五两零三钱，坐余庆堂银六两八钱五分，坐可庆银七十二两五钱，坐在前银三十六两三钱零六厘。

大前名下赔十二股之四：

该认三百零四两二钱五分。又认伯（？）银四两六钱零五厘，共该银三百零八两八钱五分五厘。除自本利银一百零七两六钱七分，坐还承前小货银二两二钱零六厘，坐可行银二十三两六钱二分，坐兴田银二十三两六钱二分，又坐银九两，坐之守银三十五两二钱四分，坐东海银一十五两二钱五分，坐照银四十一两二钱四分七厘，坐宪副祀银一两零六厘，坐长生银一十二两，坐尚祀银一十六两五钱。又，坐银六两零二厘，坐胤盛银一十一两五钱七分，坐经辉银四两二钱七分。

元祐名下赔十二股之一：

该认银七十六两零六分，除自本利银二两七钱七分，坐顺店银二十一两二钱八分二，坐重六银一十四两，坐逢荐银八两一钱一分，坐思义会银一十六两二钱七分，坐在前银七两零二分，坐子光银六两四钱一分。

逢春名下赔十二股之一：

该认银七十六两零六分。除自本利银三十三两七钱五分六，坐顺店银四十二两三钱零四厘。

师尹名下赔十二股之一：

该认银七十六两零六分。坐顺店银四两七钱五分七，仍七十一两三钱零三分，坐还□□各名下，尹因往湖广，系旸代还。合同五纸，各收一纸为照。

万历四十一年八月二十八日立清单合同

文约人 郑元祐 郑逢旸（押） 郑逢春（押） 郑师尹 郑大前兄弟（押）
中见人 郑维忠（押） 郑长生（押） 郑胤科（押） 郑善庆（押）①

从上面这件合同清单可以看出，万历三十九年（1611），郑元祐、逢旸、逢春、师尹、大前等人又"合伙捐买杉木，至饶造捆，往瓜洲发卖"，"不幸不期即遇风潮，漂散捆木。又遇行情迟钝，耽误利息，以致蚀本"，后来按照股份摊赔损失。

这份合同即为不均股合伙经营，全部资本共为12股，入股者自行确定各自股数，无论获利还是亏损，均"照原合伙以定分股，以作十二股均赔开派"，持有股份多者多得或多赔，持有股份少者少得或少赔。从该清单合同看，"逢旸名下赔十二股之五、大前名下赔十二股之四、元祐名下赔十二股之一、师尹名下赔十二股之一"，可见，郑逢旸占股最多，赔的也最多；郑师尹只占股最少，赔的也最少。从该合同清单还可以看出，郑氏兄弟5人合伙经营的木材主要运往瓜洲和湖广销售，其商业资本有一部分来自敦义会、思义会等会社组织，资本总规模不大，资本总额不超过一千两，每股资金自数十两至数百两不等。

---

① 《徽州千年契约文书（宋·元·明编）》卷3，第438页。

二　山场管理

明代徽州山林经济的管理主要体现在山场管理方面，由于山场所有权性质各异，既有归个体所有的山场，也有作为族产的山场，众存山场也是族产的一种重要形式。加之，山场一般远离居住地，管理起来远比水田复杂，因山场界限问题、越界砍木问题和山场"分籍"问题，经常发生纠纷，故而在山场的具体管理过程中，也采取订立合同、禁约等方式，加强对山场管理。由于上述原因，明代徽州山场管理方式也有所不同。一般说来，主要有设置机构管理、订立合同管理和众存管理等方式。下面分别加以论述。

（一）机构管理

所谓机构管理是指设立相关的组织机构对于山场的种植、经营和木材发卖等一系列过程进行具体管理，是一套较为完整而严密的组织体系，各个机构之间权责分明。对于徽州山区来说，山场是百姓最为重要的生产资料，同时山场也是族产的主要组成部分。作为族产的山场，一般数量较大，分布较为广泛，管理起来较为困难，故多采取设立机构的方式进行管理。祁门善和程氏仁山门东房派①的山场就是采取这种方式进行管理的典型实例。

善和程氏仁山门之始祖程弥寿，在元末明初因立有军功，授行枢密分院都事，镇守浮梁景德镇。其长子程佐在洪武年间遭连坐，发配辽东永远充军，故仁山门从此成为军户。为应军役之需，从程弥寿开始，曾设置军

---

① 目前关于善和程氏仁山门支派的研究成果有：沈明光、武新立《〈窦山公家议〉的史料价值》，《晋阳学刊》1988 年第 5 期；刘淼《清代祁门善和里程氏宗族的"会"组织》，《文物研究》编辑部编《文物研究》第 8 辑，黄山书社 1993 年版，第 256—266 页；刘淼《清代徽州的"会"与"会祭"——以祁门善和里程氏为中心》，《江淮论坛》1995 年第 4 期；周绍泉《〈窦山公家议〉及其研究价值》，《江淮论坛》1991 年第 6 期；周绍泉《明清徽州祁门善和程氏仁山门族产研究》，《谱牒学研究》第 2 辑，第 1—35 页；（明）程昌撰，周绍泉、赵亚光校注《窦山公家议校注》，黄山书社 1993 年版；颜军《明清时期徽州族产经济初探——以祁门善和程氏为例》，《明史研究》第 5 辑，第 61—67 页；沈昕《明清祁门善和程氏精英人物的历史考察——以程昌为中心》，《安徽农业大学学报（社会科学版）》2008 年第 6 期；沈昕《宗族联姻与明清徽州地方社会——以祁门善和程氏为中心》，《安徽大学学报（哲学社会科学版）》2009 年第 6 期；沈昕《安徽省图书馆所藏徽州祁门善和程氏宗族文书研究》，《安徽史学》2010 年第 5 期；沈昕《明清祁门善和程氏宗族结构》，《安徽史学》2011 年第 3 期，等等。

装田等以备军需。到其孙程新春时，生有五子，形成五个房，因其治生有方，产业不断扩大。为应备军需，将"亲笔誊契文簿及递年流水亲笔买业文簿"令"五房子孙永远存业"，这便成为仁山门东房派的族产。《窦山公家议》①就是该支派族规家法手册，该书卷五《山场议》就是关于该支派山场管理的具体表现。

从《窦山公家议》看，善和程氏仁山门东房派族产管理主要是以五房家长、五个管理者和五个治山者为主。此外，由"斯文"若干人、家众等组成监察系统。这样使得仁山门东房派族产管理组成了严密的管理体系。下面主要以该书卷五《山场议》为主，对该支派山场管理进行论述。

从《窦山公家议》的内容来看，祁门善和程氏仁山门东房派族产主要由田地和山场组成，其中，山场（包括众存山场和风水山）共有 1149 余亩，为族产的主要内容。对于如此广袤的山场，若是没有严密的组织进行日常种植、兴养等管理，是难以维持的，因此，善和程氏仁山门东房派设置了严密的组织机构，加强对山场的管理。治山者就是具体负责山场管理的主要人员。

善和程氏仁山门东房派的山场原先是由管理兼管，后因"各号山场浩繁"，加上管理者也存在徇私舞弊的现象，故而"必须得人司治"，于是专设治山者"五人专治其事"，而由"而管理考其成焉"。这样形成了相互监督的管理体系，"当获无穷之利"，设置治山者管理山场，"实山场之蠹螟也"②，可以说是必然选择。

据周绍泉研究，善和程氏仁山门东房派的山场主要来源于继承、共业、买受、垦荒、勾结胥吏，依势占夺和合业等途径。③治山者是从管理之人中选择，其办法是"今年管理之人，事完之日，仍委专治山场一年"④。也就是说，管理完成一年的任务后，再委托其专治山场一年。管理作为善和程氏仁山门东房派族产管理的核心阶层，处于统帅地位，治山者

① （明）程昌撰，周绍泉、赵亚光校注：《窦山公家议校注》，黄山书社 1993 年版。
② （明）程昌撰，周绍泉、赵亚光校注：《窦山公家议校注》卷 5《山场议》，第 70 页。
③ 周绍泉：《明清徽州祁门善和程氏仁山门族产研究》，《谱牒学研究》第 2 辑，第 9—18 页。
④ （明）程昌撰，周绍泉、赵亚光校注：《窦山公家议校注》卷 5《山场议》，第 71 页。

与管理之间相互配合，共同参与山场管理。具体来说，治山者"务要不时巡历，督令栽养，毋为私身之谋"，而管理者"务要不时检点，给与馈饷，毋为秦越之视"，这样就可使得达到"栽培甚便，协谋并力，保养无难，将来材不可胜用矣"的效果。①

山场与水田相比，情况更为复杂，所谓"盖山木与田租不同，田租岁有定额可考，非若山木无常数而难稽也"②。因此，管理起来较为困难，祁门善和程氏仁山门东房派深知山场的重要性，为更好地管理山场，便对治山者的职责做了明确规定。

第一，在苗木栽养时，治山者要选择佃山人。《窦山公家议》载："栽坌兴养，治山者必要佃与近山能干之人，便于防盗防火"，若"惟顾花利，不思栽苗，纵有所栽，火盗难防，犹无栽也。"若是在选择佃山人方面存在问题，则"治山者众罚，仍追出佃山者递年花利，另人兴养"③；"治山者仍要督令依时栽插，并提放火盗，不许坐玩废事"④。可见，选择山佃是治山者的重要职责之一。

第二，巡视山场，防火防盗。山场一般远离山主居住地，使得盗伐林木和山场失火的现象难以避免。为加强对山场的管理，治山者需要巡视山场，防火防盗。《窦山公家议》规定："治山者巡行各处，务要视为己事，着实举行。间有往返无益于事，或有承此机会反窃取大木以为己利者，是治山者甚于火盗也"；"治山者所获火盗，轻则投治，重则告鸣，赔还木价，尽行归众。间有捕获之时多方恣取，以充私囊，志得意满，交相隐匿，及至发觉，聊将所得一二归众，以掩众口，是治山者一火盗也。"⑤ 由此可见，治山者肩负着繁重的职责。若是在管理的过程中有所失职，甚至中饱私囊的话，则要与偷盗者一同惩罚。

第三，崭拨苗木、凑买力坌。在林木兴养的过程中，为便于林木生产，常常需要将一些杂木砍伐。在这一过程中，治山者也积极参与管理。"崭拨苗木、凑买力坌等项支用，治山者务要与管理商议，管理查实，方

---

① （明）程昌撰，周绍泉、赵亚光校注：《窦山公家议校注》卷5《山场议》，第71页。
② （明）程昌撰，周绍泉、赵亚光校注：《窦山公家议校注》卷5《山场议》，第71页。
③ （明）程昌撰，周绍泉、赵亚光校注：《窦山公家议校注》卷5《山场议》，第71页。
④ （明）程昌撰，周绍泉、赵亚光校注：《窦山公家议校注》卷5《山场议》，第71页。
⑤ （明）程昌撰，周绍泉、赵亚光校注：《窦山公家议校注》卷5《山场议》，第71页。

动支众存银谷，眼同交付山佃。"①

第四，拚卖成材木材和杂柴。在木材成材之日，治山者要参与拚卖活动。"杉木成材拚卖，治山者告于管理，同家长一齐商议，务要至亲视围径、数目，合众评品应值时价，毋背众私行，以招物议，毋低价贱售，以取众怒，……所得木价若干，尽付管理收贮，以应众用"。除拚卖林木外，治山者还要"拚卖各处杂柴，亦要与管理同议，其价付管理收贮众用"②。

第五，管理山场簿。山场兴养周期长，每年收入相差甚大，管理不易。《窦山公家议》规定："山场另立草册二本，一本收贮众匣，管理递年填注存照；一本轮给递年治山者，开注本年某处栽垒杉苗若干，某处嵌拨杉苗若干，某处凑买力垒若干，某处大苗若干，某处小苗若干，某处拚卖砍木若干，某处拚卖柴价若干。先期十日逐一开明，交与管理。管理查实，填注匣内草册上，并注家议手册上，至于中元日一齐交递。"其草册"付接管治山者收领，开注下年事迹。接管者承领草册，续行查勘"。如是山场草簿登录不实，则"告知家长家众，管理与治山者同罚，仍令将草册所注改正"；或是草册"如有损坏，不许接管者承领。如有失落，罚银一两，责令照依匣内草册誊录逐年事绩，付接管治山者"③。

第六，管理守山庄佃。善和程氏仁山门东房派的山场广袤，山场苗木的栽养、看守主要由大量的佃仆来承担。因此，加强对庄佃的控制，是山场管理中重要的一环。其中，青真坞是窦山公众存山场主要分布地区，对该支派来说意义尤为重大。故《窦山公家议》载："青真坞山场尽广，恐守仆力少，兴植不遍，治山者宜令韩村、中村、百花园庄佃同栽为便，此外不许概令他人混佃。日后力垒照例给与，毋得短少。治山者仍要督令依时栽插，并提放火盗，不许坐玩废事。"④ 在林木兴养的过程中，由于生计问题，往往会发生庄佃盗伐山主柴木的现象。窦山公秩下子孙伴仆甚多，其中不乏"有专蓄暴悍之徒，结党连凶，不顾有业山场，白昼恣行砍伐，或盗取小木以充柴薪，或盗取大木以鬻酒货"之人。甚至"山佃理说，狠打随之"。对于庄佃这种"逆主"行为，善和程氏仁山门东房派十分重视，

①　（明）程昌撰，周绍泉、赵亚光校注：《窦山公家议校注》卷5《山场议》，第72页。
②　（明）程昌撰，周绍泉、赵亚光校注：《窦山公家议校注》卷5《山场议》，第72页。
③　（明）程昌撰，周绍泉、赵亚光校注：《窦山公家议校注》卷5《山场议》，第72—73页。
④　（明）程昌撰，周绍泉、赵亚光校注：《窦山公家议校注》卷5《山场议》，第73页。

订立禁约，严加管理。同时，要求治山者积极看管庄佃，若有违犯禁约者，"治山者告家长家众，即将所犯伴仆并本主一齐照例罚责"①。

山场管理工作是个长期且艰苦的过程，需要付出大量人力、物力，善和程氏深知山场管理之难，为使山场管理工作顺利进行，以图获得更多的利润，该支派对山场的主要管理者——治山者，给予一定的待遇，其目的无疑是为保证山场管理顺利进行。从《窦山公家议》看，治山者主要享受以下待遇：

首先，提供饭食酒水。《窦山公家议》载："众存租谷若干，专备治山支用，管理收贮某仓"。巡视山场是较为繁重的工作，为便于治山主者巡视山场，《窦山公家议》又规定："治山者巡行之日，每人日给饭食谷三斤，跟随伴仆每人日给工食。"②

其次，提供日用文具品。在山场管理的过程中，需要将查看情况记录，这就需要纸笔等文具品。《窦山公家议》载："治山者所用纸笔并所用物件，管理者每年共给银一两应办。"③

第三，在治山者发现火盗并告官后，其费用与饭食由管理提供。对此，《窦山公家议》云："治山者倘因火盗不得已在县告鸣，管理者务要同心共治，毋得推托。其使用并饭食，管理者即时应办，不可误事。"④

虽然治山者是山场的主要管理人员，同时又享受各种待遇，但这并不意味着治山者可以随心所欲的对山场进行管理。相反，为防止治山者徇私舞弊、中饱私囊等各种弊端。《窦山公家议》中明确规定，治山者需要受到来自各个方面的监督，尤其是要受到管理的制约。正如《窦山公家议》所载："册中所议事体，专一责之管理，虽治山者亦属焉，所以示家政之归于一也。"⑤ 可见，在族产管理中管理显然处于核心地位，其他部门人员都要受其节制，治山者也不例外。

在巡视山场时发现砍木过界，治山者需"查明理说，通知管理"；对于获得的赔纳木价，治山者也需"尽付管理收贮"。⑥ 若是治山者存在"私

---

① （明）程昌撰，周绍泉、赵亚光校注：《窦山公家议校注》卷5《山场议》，第74页。
② （明）程昌撰，周绍泉、赵亚光校注：《窦山公家议校注》卷5《山场议》，第71页。
③ （明）程昌撰，周绍泉、赵亚光校注：《窦山公家议校注》卷5《山场议》，第72页。
④ （明）程昌撰，周绍泉、赵亚光校注：《窦山公家议校注》卷5《山场议》，第74页。
⑤ （明）程昌撰，周绍泉、赵亚光校注：《窦山公家议校注》卷1《管理议》，第15页。
⑥ （明）程昌撰，周绍泉、赵亚光校注：《窦山公家议校注》卷5《山场议》，第71页。

用银谷，擅借银两"等情况，则由"管理即时纠正，众不认还，仍加罚治"。① 拚买木材时，治山者也需"告于管理"，其所得木价，也需"尽付管理收贮，以应众用"②。前述治山者所用的笔纸等物件及其费用，也是由管理者提供的。而对于具体支用，《窦山公家议》又明确规定："前治山者等项支用，管理称时给发"。③ 管理权力之大由此可见一斑，治山者明显处于管理的监控之下。

管理在族产管理体系中处于核心地位，权力较大，因此很容易存在一些滥用职权、以权谋私的弊端。在窦山公秩下五大房承祖并买受各处山场的管理中，"因拚木多处管理，以致怀私利己者，一遇当年为首，随即搜寻各处山苗，毋问大小老嫩，一概拚砍无遗，其价大半入私囊，而众家仅存虚名。四山濯濯，军饷等费何资，甚可寒心"④。为避免管理中饱私囊的弊端，善和山氏仁山门东房派采取设立禁约合同的方式，来监督管理。如万历二十五年（1597）禁约议定⑤：

> 今聚众议共立保守文约，自万历二十五年七月起，凡各处祖坟、冢林、江村等处，永远不许拚卖。其青真坞、项源、章溪等号蓄木山场，止许管理逐一照点督令栽养，依时给工崭拨，毋许管理私自拚卖。倘若各号内山木果系成材，有重费莫支，当卖者，各分管理务先期告明各分家长、斯文，集众庭议，到山验明。不堪拚卖，复集家长、斯文，同家众眼同计木估价，拚卖他姓，不许秩下子孙承买。如他姓不买，许令各房子孙分砍坐卖。其拚木价钱，悉听各房公议兑出，归窦山公买田公用。秩下子孙毋得违文另生异议，与众矛盾。如当年管理假捏公事阴济私谋，违悖前文，觊觎冢林，私拚苗木，并秩下私买及以他姓出名而内阴买者，毋问已成未成，即时攻击保全，追木归众外，秩下子孙呈官理治，准不孝论罪。不问拚木多寡，仍行罚银二十两入祠公用。如不服罚，立文逐出众祠，永远不许管理，不给

---

① （明）程昌撰，周绍泉、赵亚光校注：《窦山公家议校注》卷5《山场议》，第72页。
② （明）程昌撰，周绍泉、赵亚光校注：《窦山公家议校注》卷5《山场议》，第72页。
③ （明）程昌撰，周绍泉、赵亚光校注：《窦山公家议校注》卷5《山场议》，第72页。
④ （明）程昌撰，周绍泉、赵亚光校注：《窦山公家议校注》卷5《山场议》，第90页。
⑤ （明）程昌撰，周绍泉、赵亚光校注：《窦山公家议校注》卷5《山场议》，第90—91页。

本身分谷。再有兴山并伴仆人等越入砍斫众山苗木，管理不行细察及私受财物、因循不举者，查出一体同罚。

县主刘爷批：程宅递年存留山场，以备坟墓祭扫之费，此报本追远，子孙世世有同心也。准照议世守。

万历二十五年七月十五日立合同文书

家长：程错、程锭、程链、程钱、程潮

家众：程溱、程渠、程浃、程光祖、程森、程木

斯文：程大藩、程登瀛、程敬之、程良彝、程良谋、程云鹏

管理：程铿、程溉、程潢、程良贵、程文焻

从该合同可以看出，管理不准私自抃卖林木，必须受到家长、斯文、家众的监督，林木成材时，需要"复集家长、斯文，同家众眼同计木估价"。若是管理假公济私，私买林木，则由族众"呈管理治，准不孝论罪"，并受到罚银处罚，情节严重的甚至要"逐出众祠，永远不许管理，不给本身分谷"。该合同有县令批，可见受到了官府批准，具有一定的法律效力。落款署名中有家长、家众、斯文、管理等各类族人的签名，体现了监察体系的存在。

为更好地管理族产，宗族设立到了账册制度。族中设立"公匣"制度①，设有专人管理，这就加强了账簿管理。具体来说，族中设有银匣一个，"山场另立草册二本，一本收贮众匣，管理递年填注存照"；"一本轮给递年治山者，开注本年某处栽垄杉苗若干，某处崭拨杉苗若干，某处凑买力垄若干，某处大苗若干，某处小苗若干，某处抃卖砍木若干，某处抃卖柴价若干"②。

此外，管理分为五人，各司其职，这就防止了管理专权现象的出现。善和程氏仁山门田地、山场数量巨大，"田地、山场横遭外侮内患，事关重大，情非得已者，家长家众俱要同心齐力御侮杜患，毋得坐视，独委之管理、治山者，以致偾事"③。可见，在山场管理过程中，虽然治山者和管

---

① 关于公匣制度的研究，请参见刘道胜《明清徽州宗族的"公匣"制度》，《中国农史》2008 年第 1 期。

② （明）程昌撰，周绍泉、赵亚光校注：《窦山公家议校注》卷 5《山场议》，第 72 页。

③ （明）程昌撰，周绍泉、赵亚光校注：《窦山公家议校注》卷 1《管理议》，第 15 页。

理是山场管理的主体力量，但家长、家众等人也要同心协力辅助治山者和管理共同进行山场管理。

综上所述，祁门善和程氏仁山门东房派形成了以管理为核心，治山者、家长、家众、斯文等积极参与监察的严密的山场管理体系，从而保证了族产经济的有效运行。

明代徽州其他宗族虽然未能形成与善和程氏仁山门东房派宗族一样严密的山场管理体系，但一些占有大量山场的宗族，也因事采取了相应的山场管理措施。

龙源汪氏为祁门望族，居住于十五都查湾，在明代出了汪标、汪溱、汪惟效等数名进士。此外，该族还有出任地方官职的人员若干，是典型的缙绅官僚地主阶层。①龙源汪氏置有广大山场，拥有众多佃仆，叶显恩曾对该宗族的佃仆有过调查和研究。②佃仆承担山场的看守、兴养和林木伐运工作。为更好地管理山场，龙源汪氏在嘉靖四十二年（1563）分家时订立的《五股标书》合同，该阄书具体记录该宗族山场管理措施，因其资料较为珍贵，特录如下：

　　龙源汪滋同弟汪淀、侄汪寿溥、寿岗、侄孙德冲等，世居龙源，为承祖并买受异姓外宗山场，传代未分，赖金星桥、吴文峰、郑西桥、郑静川诸眷人等，不惮数载之劳，秉公辨契定界。在松明、贵清等山则立标单，在异姓外宗山场则立清簿，但本户承祖贤公标得山场并清簿所载，众已买受异姓外宗山场，尚未阄搭便业，会众公议，复延亲族郑双桥、郑双栢、郑静川、汪源等。除众存坟墓祭祀山场及各分坟山、近庄坐业山场并各买受异姓外宗未及借补凑片成段者，照经理、亩步、字号、四至坐业外。其余无问承祖、买受，通融扣算，凑补成段，照肥瘠宽窄，品搭阄分，不拘经理、字号、四至，悉凭新立硬界为准，定为大单十，小单九，照分籍多寡阄分为业，且继前族众条款外，复增立数条于后。自分之后，各宜遵守，毋许别生异议。如违，听遵守人赍文告理，罚银五十两入官公用，仍依此文为始。今恐

① （清）周溶修，汪韵珊纂：同治《祁门县志》卷22《选举志·舍选》、卷25《人物志三·宦绩》，《中国方志丛书·华中地方·第240号》，第1011—1013、1199—1238页。
② 叶显恩：《明清徽州农村社会与佃仆制》，第304—317页。

无凭，立此合同一样十簿为照。

计开：

一、众存祖坟祭扫墓山，秩下子孙毋得分拆变卖。如违，会众呈治，坐以不孝论，仍责令复前约。

一、众存祖坟山内，除已开载生坟外，自后各坟山上下左右并来脉处所，子孙不许侵葬。如有侵犯，责令改正，仍罚银三十两入祠公用不恕。

一、众存祭扫墓山，二祠递年为首者，限九月以裹，邀齐踏勘，子孙并家童庄户，毋许盗砍。如盗砍一株，罚银一两不恕。

一众存祖坟山内有先年间造生坟在上，已载在簿者，听存禁步。阡葬未开者，不得入山开造。如违，坐以侵祖罪，责令平没。

一、各分分得山场内，遇有存禁步生坟已开在簿者，听在禁步内阡葬，毋得那（挪）移。未开载者，不许混阡。

一、各买异姓外宗文契，务宜珍收，阄得人倘有外侮，各分赍出照证，不许执匿，会众撑持，毋得独累一人。

一、各分毋许挑外侮以报私怨，致使费用不赀。如有违者，定行计费用等物，尽数责挑衅人赔赏不恕。

一、五大分见标山场，有各分先年栽种苗木在上者，限丁卯以里，砍木还山，过此遵约，渐分主力。其在山力分愿对换便业者，听山主对换便业。无分之人，不许种买以损山利。

一、各分标得山场，新立四至，内倘有承祖并买受山场，或有遗漏字号、亩步未载着，悉照标得人管业，毋得异说。

一尚田打草山，东边自松林岭至程明坦止，西边自陂山岭至汪坑止。内除异姓外宗照清簿坐号及挑（桃?）号搭阄外，其余承祖松明、贵清该得分籍，并异姓山场，俱贤公分下存留，打草不在分内。

一、毛平源除祖户康姓已标外，仍有祖户未标者，照该分入业，异姓未标者，照契与保簿入业。又二保汕鱼坑等处，字号已载在清簿者，照号入业，余祖户山场并买受同宗者，照分入业，其异姓山场查契入业。

一、庄户阡（迁）葬，无问众己，惟遵例取具文约，听在各住所随便阡（迁）葬，各分毋得阻当（挡）。

一、四保奇溪承祖并买受山场，俱系政一公、政二公二祠存留长养，以备贤一婆祭祀支用，秩下子孙不得分拆变卖。其在山松杉力分，俱听二祠共坐长养，毋许私买，亦毋许私自栽坌。其守墓庄基，亦系存留。如违，听自呈治，准不孝论，仍依此文为始。

一、十三都八保承祖并买受山场，候后查契，照分分业。

一、条约开载未尽者，悉遵族众先年所定条款。

嘉靖四十二年十二月　日立

合同文约人	汪滋			
同弟	汪淀			
侄	寿溥	寿岗	于嶷	于宪
侄孙	得重	德伦	德冲	德镇

中见亲眷	郑惟新	郑惟调	郑宗周
族侄	汪　源①		

从上述分家合同可以看出，龙源汪氏分家产业主要是山场，而且数量巨大，其对山场的管理也较为细致。此分家阄书是在汪滋及其侄孙三代人之间订立的合同，阄分之山场显然是众存山场，正如文中所说："承祖并买受异姓外宗山场，传代未分"。针对山场购买分布地区及其购买对象的差异，其管理办法也不同。"在松明、贵清等山则立标单"，"在异姓外宗山场则立清簿"。因"本户承祖贤公标得山场并清簿所载，众已买受异姓外宗山场，尚未阄搭便业"，故而嘉靖四十二年（1563）对这些众存山场进行析分。并且在分家析产时重新立界，设置"定为大单十，小单九，照分籍多寡阄分为业"。为了有效地管理山场，在合同中又规定："且继前族众条款外，复增立数条于后"，合同之后所附十五个条款，分别对众存祖坟山、阄分山场、购买的异姓山场等各种产业的管理做出具体规定，保证了山场经营顺利进行。龙源汪氏是通过设置清簿、订立合同并设立附加条款等方式来实现对山场管理的。祁门十西都谢俊等四大房承祖共有山场也是采取设置清簿的方式对山场进行管理。嘉靖二十五年（1546）谢俊四大

---

① 《五股标书》，上海图书馆藏，编号：563772。

房议定，"新旧文契封付一人轮流收贮，三年一换，另令抄写簿扇，各收为照，日后要用，同众开封参看，不许私自开封作弊违议。"① 由此可见，设置清簿对山场进行管理是徽人的惯用做法。

（二）订立合约

徽州山多田少，自然环境较为恶劣，生存压力较大，围绕有限的资源各类人群展开激烈的竞争。这样复杂的社会环境，使得历史上的徽州形成典型的契约社会，徽人具有强烈的契约意识。他们或因地或因时或因事而订立各种合同文约，对各自的权益与义务做出规定，共同遵守。因此，在山场管理的过程中，徽人往往也采取订立合同文约的方式，对山场进行管理。

管见所及，明代徽州宗族所有的山场一般也是通过设立合同文约的形式进行管理的。祁门五都洪氏对于祠产山场就是采取订立族产规约的形式进行管理。其族产规约较为严密，具有一定的学术价值。现录如下：

> 桃源洪氏承祖有各项规约，向来世守无异。迩来子侄繁衍，多有违犯，甚为忝坏。今众共行申议紧要条约数款于后，世世子孙永宜遵守。如有恃顽不服者，呈官理治，准不孝论，毋违。
>
> 一、盗砍各处坟林庇荫树木及柴椿者，照旧罚银三钱；或系成材树木，估值轻重，廿倍行罚。其柴木刀斧器械，俱给赏捕捉之人。拿获之所，当时即竹板重责二十，即时拘出该罚银数。若不交出罚银，则行禀众，将犯人拴锁，众厅呈官理治。必待交讫罚银，然后疏放。
>
> 一、盗砍坟林庇荫小柴者，照旧罚银五分。拿获之所，责十五板，追出罚银。其柴及刀斧俱给尝捕之人。毋违。
>
> 一、盗取松毛树叶者，拿获之所，重责十板，所取毛叶器具尽行烧毁不恕。
>
> 一、本家来龙山场栽养竹笋庇荫各项己山，亦毋许私自砍挖。每年冬听众公议，齐邀入山，谅行砍取。如有私自砍取者，每砍竹一根，罚银三分。其笋并不许掘挖。如私挖者，拿获之人即将挖笋器具，俱给尝捕捉之人不恕。

---

① 《嘉靖祁门谢氏抄契簿》，《徽州千年契约文书（宋·元·明编）》卷5，第283—285页。

一、为首者务宜公直勤谨。如有犯约者，头首容情不举□□，亦照所犯者一体行罚。本族人等有在家者，亦须协直扶助。如有徇情反行劝放回避者，定行罚银一钱不恕。

一、违约之人如有恃顽不服及故令僮仆逃走，将命图抵者，即以故杀家人、违反教令论，并不得干赖族众。

一、众厅毋许私用工匠造作器皿，如违，罚银一钱，立时逐出不恕。

一、大门前及直出正路，毋许堆放器皿柴木、拴骡马作践，不便。如违，将作践物烧毁。恕有不愿烧毁者，罚银三分。如有恃顽不服者，众行面叱，加罚不恕。

一、大厅除冠、婚、丧、祭及喜庆、延宾、斋醮外，如有设太山者，每次出银二分。做戏者，每栅出银二分。

一、大厅等闲，俱要关锁，为首者收贮钥匙。本族每有正项事物，至头首处关出钥匙。事完日，打扫洁净，请头首看验厅屋洁净、椅桌存毁与否，即将钥匙交还。其会出税银，务必须先收会出银，交与钥匙。为首之人如有徇情私与钥匙，及不收现银者，罚令加倍赔出入众毋词。

嘉靖三十年正月初一日族众会议人　洪护、洪耿、洪起（等27人）①

从上述族产规约可以看出，祁门五都洪氏对众存山场尤其是风水山做出严格的规定，对于盗砍林木、私自栽苗及私挖竹笋等行为也设立了具体处罚措施。

到了隆庆年间，祁门五都洪氏族人中有人私自贩卖被大风吹倒的林木，损害了族产。为杜绝类似行为，更好的保护族产山林，洪氏族众集体订立了护产誓词：

桃源洪儒、洪莹、洪谏、洪应阳、洪天宁、洪立、洪时孙、洪嘉

---

① 张传玺主编：《中国历代契约汇编考释》下册，北京大学出版社1993年版，第1075—1076页。

凤人等族众，承祖□立禁约：四围庇荫山场树木，毋许子孙盗砍，违者呈治。一向遵守无异。土名梨树坞口王戊山地一备，系经理剑字四百一十五、六号，族众议让祖镒、尚学葬坟。在山木树，向众传业庇荫。今因风折抱大木数根，天柱、天逵、继周等陡起负心，不通众知，倚富统人锯扛肥己。身等遵祖文约理说，恶亏捏称佃业，又称承继，复陈契买，出词不一，吞占显然。据称佃业、继买，何无凭证？此等子孙，上灭祖训，下欺族众，合闻官惩治，诚恐人心不齐，临时或有退缩及徇私顺情等弊。今族众歃血为盟，每房各议二人，同心协力，恢复祖业庇荫树木，后人不敢效尤。自盟誓之后，遵文者祖宗护佑，百事昌盛。违文者，徇私者，必遭天谴，子孙不得昌大。今恐无凭，立此誓词为照。

    隆庆五年六月十九日盟人　　洪一孙、洪儒（等7人）

      一议出力人　　洪立、洪时孙（等15人)①

隆庆五年（1571），洪天柱等人仅是在没有通知族众的情况下，将被大风刮倒的树木据为己有，就被洪氏族众视为"上灭祖训，下欺族众"的罪恶行为。为杜绝损害祖坟荫木的行为再次发生，洪氏族人"歃血为盟"，订立护产誓词，并做出了"违文者，徇私者，鼻遭天谴，子孙不得昌大"的严厉誓言。由此可见，祁门五都洪氏誓死保卫族产山林的决心。

除作为族产的山场多采取订立合同文约的形式进行管理外，"共业分股"的山场也多采取订立合同的方式进行管理。"共业分股"是一种特殊的产业形态，其产权名义上是"公有"，但每个族人或房份都占有一定的份额，不能随便买卖，在经营管理中多采取订立合同的方式，共同经营，共同管理，共同受益。但随着人口不断繁衍，房份越来越多，作为"共业"存在的山场，其"分籍化"越来越明显，每股的所占份额不断零碎化。这样围绕其产权与份额问题，族人之间常常产生管业困难的情况，往往也采取订立合同文约的方式，进一步明确其权属问题。"共业分股"山场逻辑发展趋势有两种：一种是向私有化发展，另外一种是向更高级的房族或宗族组织化的方向发展。前者多是通过分家析产的方式，将"共业"

---

    ①　张传玺主编：《中国历代契约汇编考释》下册，第1080页。

山场变为个体私有山场。

祁门奇峰郑氏宗族的"共业"山场，就是通过订立分家合同文约的方式转化为私有山场的。如嘉靖三十一年（1552）《分笙竹坞山文约》：

> 奇峰郑梅同弟郑璋、瓘、侄谅等，承祖买受山一源，坐落本都三保，土名笙竹坞，经理系一千一百九号。今因其山住近人众，共业不便，托凭亲族胡嵋等为证，立为天、地、人、和画图为界，阄定各业。其山上培存田地塝二丈，下培地塝二丈五尺。自立文之后，各宜遵守。
>
> 嘉靖十一年三月二十日立
>
> > 合文约人　郑梅、郑璋、郑谅（等9人）
> >
> > 见叔　良枋
> >
> > 见亲　胡嵋①

该分山文约显示，奇峰郑氏郑梅等人原有承祖买受山一号，长期共业，后因"住近人众，共业不便"，于是，郑梅等人"托凭亲族胡嵋等为证，立为天、地、人、和画图为界，阄定各业"。

就在同一年，即嘉靖十一年（1532），奇峰郑氏宗族中的郑梅等人还共同立有《素公分下存标山文约》：

> 奇峰郑梅、同弟郑章、瓘、侄谅等，共承祖遗有山场，在于本都六保，土名兰坑、椑木坑，及十四都凌村，十六都十保焦坑等处。今因子侄渐繁，同业不便，嘀议将各号在山堪砍浮木，另立文约标分各砍。其前行等处山场，除众共存留外，其余凭亲族胡嵋等为证，眼同将前山远近肥硗苗木多寡，品搭均匀。新立四至，分为仁、义、礼、智四单，焚香告白。祖先阄业各业，所有条段字号、四至，开列于后。倘有遗留，未曾登载，日后并系众共，各无执异，云云。
>
> 计开众共存留山（下略）
>
> 一、礼字号，系谅兄弟标得（下略）

---

① 《山契留底册》，明抄本，上海图书馆藏，编号：563711。

一、智字号，系璋兄弟标得（下略）

一、仁字号，系瓘兄弟标得（下略）

一、义字号，系梅标得（下略）

计开众共未分山场（下略）

嘉靖十二年九月二十日立合同文约人　郑梅　郑璋（等 8 人）

　　　　　　　　　　亲眷　胡嵋

　　　　　　　　　　见叔　郑良枋

　　　　　　　　　　见弟　郑山①

这是郑梅等人将素公分下"同业"山场进行阄分与众存管理的例子。郑梅等人有承祖山场数号，一向是众存管理，但后来"因子侄渐繁，同业不便"，于是与同业人共同商议，"将各号在山堪砍浮木，另立文约标分"，"各砍其前行等处山场，除众共存留外，其余凭亲族胡嵋等为证，眼同将前山远近肥硗苗木多寡，品搭均匀。新立四至，分为仁、义、礼、智四单，焚香告白"。也就是说，对于素公分下的"同业"山场，做出了两种处理方式：一是将砍斫浮木的山场进行析分，分为仁、义、礼、智四单；二是除了阄分之外，还有了众存山场若干。这样通过订立合同文约的方式，就解决了共业管理的困难，也使得拥有份额的族人得到的部分山场，解决产权矛盾。

到了嘉靖十二年（1533），郑谅等人又将域二公分下"共业"的山场进行析分，立有《域二公标分山文约》：

奇峰郑谅同弟郑谦、诏等，承祖标分得坐落本都六保，土名桃树坞并高坞、小椑岭、八亩段、牛肠岭；又三保笙竹坞。今因肥硗远近不一，共业不便，凭亲族品搭均匀，分为三单，立界阄分，永远为业。自阄分之后，各宜遵守，云云。（下略）

嘉靖十二年九月二十日立合同文约人　郑谅（等 6 人）

　　　　　　　　与议亲族　胡嵋、郑梅、郑璋（等 8 人）②

---

① 《山契留底册》，明抄本，上海图书馆藏，编号：563711。

② 《山契留底册》，明抄本，上海图书馆藏，编号：563711。

　　该分山文约显示，郑谅等人原有承祖山场数号，后"今因肥硗远近不一，共业不便"，为了解决管理中的困难，于是，共同议定"凭亲族品搭均匀，分为三单，立界阄分，永远为业"。这样域二公分下的"共业山场"就变成各自独立占有的私有山场。

　　以上三件分家合同文约，都是通过订立合约的方式，将原先"共业"山场，转变为个体私有山场。这在徽州具有一定的普遍性，乃是宗族人口不断繁衍，人地矛盾尖锐化，私有观念不断增强的必然结果。

　　异姓宗族之间为交纳国课等共同利益需要，往往也会加强彼此间的协作，共同购置山场，联合兴养山场，从而也会形成"共业分股"的产业形式。为保障彼此之间的共同利益，往往也采取订立合同文约，主要依靠契约关系来维系。请看下面文书：

　　　　三四都黄富、胡三、凌云等三门嘀议，先年各出银买山一源，坐落八保土名盘坑，外至杀牛弯，里至胡润富山，东冷水弯口，西至大降。递年锄种，蓄养松杉等木，因人心不齐，难藏荒废，讨柴为由，侵损松杉等木。今黄富、凌云、胡三等嘀议，立簿三本，一则誊写契书文约，二则言立合同各人股分，用工栽养蓄木，无得依前荒废，毋盗木肥己。每年清（明）后一日，三门承股分人等，俱要到山，头年拨山，第二年栽苗，其苗必稠密。如在家不去者，当日同众记明，力分则无。日后砍斫，照簿上文凭分利，无许争论。如有争论，听众贲文理论，亦不许怀奸作弊，赌［睹］祝收簿之人私记，如访出者，收簿之人同论。候木成林，砍斫照分相分。倘有东西二处失火，俱要齐心协力截救，无得躲缩。在家不去截救，甘罚银一钱公用。再议杀牛弯、小又坞、阴弯、冷水弯、王毛湾等处杂柴，不在约内。其余各号，各门禁养，无得混砍，亦无私自盗木变卖。成林之日，砍斫照契贮股分相分。自立之后，倘有私自砍木变卖者，听众投理［里］，呈官理论，子孙永远遵守，无许变卖他人。倘有紧急食用，各卖各门，不许变卖他人。如变他人，各门取续，如不遵者，听众理治。卖山之人不许入山栽种砍柴，如入山者，听众理论。倘盗砍强种，贲文呈官治罪，仍依文为准。禁约合文一样三纸，各收一纸，递年取记栽苗于后，永远遵守为照。

万历三十二年五月初二日立禁议约合文人　　黄富

　　　　　　　　　　同立人　　胡三、凌云

　　　　　　　　　　代书人　　谢弼

再批，禁养杂柴，同众共买［卖］无词。其买受契贮胡收凌契一纸，凌云收汪一鲸一纸，黄富收汪一鳌契一纸；又收叶支忠契纸。日后同照。

三门共业契内股分开例［列］于后：

凌姓得十七股：凌云二股，凌乞二股，凌法二股，奇保一股，奇贵一股，凌祖二股，兴文二股，凌记一股，凌三一股，凌禄一股，凌毛一股，凌福保兄弟共一股。

黄姓十九股：黄富二股，黄贵一股，黄文一股，黄贤一股，黄良一股，黄六二股，黄成一股，黄祖一股，黄岩一股，金保二股，天奇二股，天进二股，天记一股，天元一股。

胡姓得十股：胡三、胡佛、胡应、胡乞、胡师、四保、祖富、留保、元富、胡福，各得一股。①

从上引文书来看，祁门三四都黄、胡、凌三个宗族曾经共同购买山场一号，共同兴养林木，但是后来"因人心不齐，难藏荒废，讨柴为由，侵损松杉等木"，于是三家商定，订立合同文约，议定"立簿三本，一则誊写契书文约，二则言立合同各人股分，用工栽养蓄木，无得依前荒废，毋盗木肥己。每年清（明）后一日，三门承股分人等，俱要到山，头年拨山，第二年栽苗。……倘有紧急食用，各卖各门，不许变卖他人。如变他人，各门取续，如不遵者，听众理治。卖山之人不许入山栽种砍柴，如入山者，听众理论。倘盗砍强种，赍文呈官治罪，仍依文为准。"由此可见，祁门三四都黄、胡、凌三个宗族通过订立合同文约的形式，对山场的栽养、管理等过程中的权利与义务及其违规行为做了明确规定，从而有效维护三家的共同利益，也使得山场的管理得以顺利运行。

山场兴养周期很长，苗木一般需要二三十年才能成材，因此，在兴养过程中，佃山人迫于生计，有时也会监守自盗，部分山主有时也会越界伐

---

① 《嘉庆祁门凌氏膳契簿》，《徽州千年契约文书（清·民国编）》卷11，第484—485页。

木，甚至盗砍林木。针对该现象，徽州宗族一般都通过订立禁约合同的方式，来对盗砍林木的行为加以禁止，必要时甚至还请官府钤印，以增强禁约的法律效力。山林禁约就是因时、因事、因地而立的。从山场所有权的主体来看，山林禁约可以是在同族之间订立，也可在异姓宗族之间订立。

在山场兴养过程中，因产权问题、经济利益问题，往往会发生纠纷，甚至有些族人铤而走险，私自盗砍林木。如众所知，徽人素重风水，宗族往往拥有数量不等的风水山、墓林山。这种山场往往也是由族人共同所有，其林木禁止砍伐，山场不许盗卖，目的在于求得先祖福祉。为禁止族人盗伐、盗卖坟山，族众往往通过禁约合同的方式加以约束。如下面文书：

> 三四都凌得元富、得昊荣、奇贵等，今有承祖山场、买受祖坟山一所，坐落土名叶家源。今因葬高祖在上，根同一处，叶落九州，人无祖宗，子孙何来，恐后秩下子孙不异，卖与他人侵葬，祖宗何安。今众嘀议，人众秩下远居各暴，不能查点，合众嘀议，托凭亲邻，立议文约，毋许私自偷葬侵祖，恐有侵祖者，听众掘挖，赍文告理无词。日后毋许私自变卖他人，同众嘀议，卖与本家内人即可。倘有不好卖与他人，听众投里，赍文责令卖身赎回，后祖之恩。自立文约之后，各宜遵守，仍依此文一样五纸一同照证。今恐无凭，立此为照。
>
> 再批，买受凌达、旭、郁三人分法，五房买受。又批，买受凌元乞承祖买受位毛三人分法，通众管业。照。
>
> 万历二十二年又十一月初一日立
>
> 文约人 凌得元、得富（等12人）
> 中见亲邻 黄天奇
> 代书 奇祥①

上引文书显示，祁门三四都凌氏宗族"恐后秩下子孙不异"，将祖坟"卖与他人侵葬"，侵害风水，于是族众商议，"合众嘀议，托凭亲邻，立

---

① 《嘉庆祁门凌氏膳契簿》，《徽州千年契约文书（清·民国编）》卷11，第458—459页。

议文约"，希望通过订立契约的方式来防止后世子孙偷葬、盗卖祖坟山场。

虽然徽州宗族三令五申的要求禁止盗砍、盗卖山场，但是随着世系推衍，宗族内部族人贫富分化不断加剧，难免会出现高下强弱之分，私自盗葬、盗砍、盗卖坟山的现象屡见不鲜。为杜绝这种侵害祖茔风水现象的发生，徽州宗族一般也是通过订立合同禁约的方式来保护祖坟风水。来看下面文书：

> 立禁约合同人长房程瓘、程玘、程瑗等，第三房程万宗、万卷、程璐、程佶等，今因祖遗坟山一片，土名大充口。弘治年间，祖妣吴氏淑安人葬于其上，前后左右蓄养松木四十五根，永远护坟之庇，子孙历来守法，不敢拚卖。本年九月初一日，驀有第二房瑶大郎不禀众知，私自盗拚，登山砍斫。守山人报知，众行理阻，岂瑶拗，众要只得曲从。众谕余木听分，惟来龙坟顶上切近荫木一十二根，命脉相干，必要存留。瑶又强执不允，尽行出拚与程柱砍斫。长、三房瓘、璐等，泣思二百余年伴祖巨木，生死相依，岂忍一旦贱之斤斧，使山灵撼摇，龙脉有伤，亡魂不安，生人难保，只得将前山瓘、璐房阄得己木，与拚人对换。第二房惟有应龙、豸蛟兄弟共分得己木一根，亦愿存留，仍共一十二根，永远护坟。自此禁约之后，子孙毋许效尤，私自盗砍，痛思祖宗培养于前，子孙斩伐于后，不孝滔天，罪莫大矣。如有此等，执此经公，以不孝论，决不轻贷。禁约合同二张，长、三房各执为规，以徵将来，各相遵守无违，庶祖魂永安，子孙大幸。恐后无凭，立此为照。
>
> 万历三十一年九月初四日立
>
>   禁约合同人　长房　程瓘、程瑗、程玘
>
>   三房　程璐　万宗　程佶　万卷
>
>   二房　应龙
>
> 三号价银一两二钱，九号价银一两二钱，十号价银一两五钱，十二号价银三钱。此四号长房瓘等阄得。外朝山蓄养大松木一根，系长房瓘等众存荫坟，各房子孙毋得异说，永远存留，无得盗砍。
>
> 一号价银二两，五号价银八钱，六号价银六钱，七号价银八钱。此四号第二房世法等阄得，内三号出拚与程柱，是瓘、璐房将己木对

价与程柱抵换，存留护祖。瓘房出换木价银一两九钱，璐房出换木价银一两五钱，二共以抵三号价数。以后瓘、璐长三大房人等，均价均业无异。

此七号木一根，是第二房龙、豸蛟分得，亦存留护祖，纯孝独拨阴灵，岂无报乎。

二号价银八钱，四号价银二两，八号价银九钱，十一号价银九钱。①

该禁约合同显示，休宁程二房"瑶大郎不禀众知，私自盗拚，登山砍斫"祖坟林木，并将来龙坟顶山荫木十二根出拚与程柱砍斫。在守山人禀告族众后，程瓘等三房认为"二百余年伴祖巨木，生死相依，岂忍一旦贱之斤斧，使山灵撼摇，龙脉有伤，亡魂不安，生人难保"，"只得将前山瓘、璐房阄得己木，与拚人对换"。为杜绝今后再发生类似行为，程氏三房人等共同订立该禁约合同，管理坟山。

异姓宗族往往因生活需要，也共同购置山场，共同经营管理，但是因人心不齐、高下之别，往往也会发生盗砍林木的现象。出于共同经济利益考虑，异姓宗族之间往往也通过订立合约的方式，来养护山场，严禁盗伐，不少禁约甚至请官府钤印，其法律威慑力更为强大。《嘉靖二十六年祁门汪舍远等禁止伐树文约》即为典型事例：

三四都侯潭汪舍远、汪太闰、汪介、汪桂、汪栱，桃墅汪坎、汪倜，灵山口程毛，楚溪胡太平，柯里饶玙、倪晖、方棨等会议。本乡山多田少，实赖山地栽养松杉、桐竹等木，以充公私之用。弘治等年间，虽曾会禁，后被玩法不行，近年以来，节被无藉之徒不拘山地有无分籍，望[妄]青[情]砍斫，斩掘笋苗，或为屋料，或为柴挑，或作东瓜芦棚，或作豆角金[签]插。有以砍木为由，并砍他人竹木拚卖者；有以掘椿为由，连砍全山苗木和卖者；有故意放延烧利其柴薪，妄取为料者，致使有山者徒有土石，栽山者枉费人工，上负官

---

① 《崇祯十五年休宁程氏立置产簿》，《徽州千年契约文书（宋·元·明编）》卷10，第346—347页。

钱，下乏家用，兴言及此良可痛心。往年上司明文，仰本县空白山地俱要栽养竹木以兴民利，迳蒙府县节禁。为此合集各村人众编立户甲，议开禁约条件于后，俾各遵守，联名具状赴县陈告，乞给告示于人烟辏集去处张挂省谕禁约。自今以后，凡有似前私砍松杉竹木及放火延烧者，许诸人拿获扣问来历，恃强不服者听拿获人首告惩治。每砍一根，其大者计价倍罚，其小者罚银一钱公用，放火烧毁者会□□值追赔，仍依此约为始。今恐无凭，立此合同文约为照。

计开：

一、凡各家大小人丁，每人凭众给与号□木担一条，木□□□有损坏，告知该管甲总，令□本家山内砍来重号印记更换，无号者俱作盗砍论，告官理罚。

一、凡各家砍斫竹木等项或家用，或变卖，务要报知当坊该管甲总，该管甲总遍告众总，明说系何处山场，计若干数目，若有混砍他人山内竹木，许诸人查出首告，砍者及卖者，一体理罚。

一、凡各菜园、鱼塘内有东瓜芦棚、豆角金［签］插，俱要报知该管甲总，明说是本家何山砍来。若验园塘有新采棚插而来历不明者，照前首告理罚。

一、凡各家竹园山地，不许无分者及纵家人锄掘笋鞭，盗斩上竿苗笋，事□拿获，倍追还主，仍要理罚。

一、凡各家栽养桑、枣、柿、栗、棕、桐等果木，亦不许□容公窃私取，如违拿获，俱行理罚。

一、凡各家田园编篱，止许荆棘、杂柴、黄荻、杂竹，不许砍斫松杉苗木，如犯听拿获人首告理罚。

一、凡砍用竹木，虽称山地有分，报众知会，仍要邀有分人同砍分用。若以有分为词，过砍他人分法者，亦同盗砍理罚。

一、各处有等无藉之徒，故意放火延烧苗木，以便乘机窃取。今后如有此等，许被害之家陈说会众，将被烧苗木议值若干，务令犯人备［倍］价赔还，其残烧木植，仍听被害家砍斫，不许无分人妄砍，恃强不服，决行告理罪罚。

一、采薪之人，止许刟无碍杂柴，不许并砍松杉等木及用长柄割刀批［劈］割松杉树枒，其捡拾落地若□，毋许折毁枒枝，若妄入人家墓林攀折树枒者，一体理罚。

一、各处铺店，除明买成材树木及杂柴外，不许收买木椿及松杉等苗通同货卖，如违，买者卖着一体理罚。

一、各处田地与山相连者，许令刳高一丈五尺外□木，不许利己损人，低养□□。如违，许会众理说砍开。如系坟山，须酌论高低，不以丈五为拘。

一、各处山场数十年来，俱为不毛山，似无主，自今告禁，山利可兴，人见有材，未免互相争论。倘有互界不明，许即托乡保知事人勘明埋石规之，以杜争端。

一、各村有犯，许诸人捉拿交付本甲甲总，本甲甲总遍告众总，如约议罚。如恃强不服，会众告理，罪止及所犯之人，不许扯诬。如家人有犯，家主代为设法告免者，并罚家主。

一、柯里、侯潭、排前、灵山口、楚溪、黄沙源，俱照今开人户，共编为一十二甲，甲立一□□□筹约一十二扇，付各处甲总收掌，一年四季月终相聚一会，将本季内某人故犯□□若干，备载于簿。所罚之物众贮，候有事支消，庶犯人知惩。

一、官给告示须于人烟辏集及买卖会聚去处张挂，庶得通知。

　　嘉靖二十六年丁未岁正月二十四日同立议约人　　汪舍远（等）①

从上引文书看，祁门三四都侯潭汪舍远、汪太闰、汪介、汪桂、汪栱、桃墅汪坎、汪侗，灵山口程毛，楚溪胡太平，柯里饶玙、倪晖、方棠等异姓鉴于三四都山多田少，主要依靠栽养松杉、桐竹充公私之用。早在弘治年间这些宗族就相互合作，共同栽养山场，并立有禁约。但是随着世代演变，人心不齐，到了嘉靖年间，一些"无藉之徒"无论山场有无分籍，到山盗砍竹木拚买，甚至有借砍取柴薪之机，故意乱烧山场，使得山场成为"童山"，等等。这些行为严重损害了汪舍远等人的利益，造成"栽山者枉费人工，上负官钱，下乏家用"局面。为了保护各自经济利益，同时也为响应县令要求"空白山地俱要栽养竹木以兴民利"的号召，汪舍

---

① 《徽州千年契约文书（宋·元·明编）》卷2，第156—157页。

远等人于嘉靖二十六年（1547）订立禁伐林木文约，"集各村人众编立户甲"，设立禁约条款 15 条，向申请官府告示，并张贴于人烟密集之处晓谕民众，以此增强禁约的法律威慑力。由此可见，因共同的山场利益需要，汪舍远等异姓之间通过订立禁约，并请官府给予告示，严禁伐木的措施，从而加强了对山场的管理。这在明清时期的徽州具有一定的普遍性。

（三）众存管理

明代中叶以后，徽州宗族组织化进程加快，几乎每个宗族都拥有数量不等的族产。而且随着人口繁衍，分家析产日益频繁。而在家产分割之时，一般都将一部分产业"众存"，不准析分。众存产业在徽州是普遍存在的。[①] 一般来说，众存产业大多产生于家产分割之时，是在因祭祀等宗族礼俗生活需要而将部分财产采取"众存"的基础上形成的。众存产业是指某个宗族内部各房派共同所有、共同经营，而彼此之间又明确份额的一种特殊的产业形态。一般来说，宗族都有祠产山林和众存山场。陈柯云认为"祠产山林和众存山林只进不出，祠产山场一般设有专人管理，收益专项专用，只有在正用有余时，才分配各族人；而众存山林多无专人管理，收益基本按分籍配给"。她进而认为"在宗祠未建时，众存产业是族产的主要形式，而一旦宗祠建立，众存山场遂逐步转为祠产"[②]。陈柯云的见解是有一定道理的。那么，对众存山场如何管理呢？分家阄书为研究该问题提供了重要素材。

在众存产业中，众存山场占有相当大的比重。在分家析产时，对包括山场在内的众存产业的管理也做了具体规定。从分家阄书内容来看，众存山场一般采取按房轮流管理[③]，即按照房派之间的分籍进行共同经营和管理，我们姑且称之为"众存管理"。

---

① 关于徽州众存产业的研究，请参见陈柯云《明清徽州族产的发展》，《安徽大学学报（哲学社会科学版）》1996 年第 2 期；林济《明清徽州的共业与宗教礼俗生活》，《华南师范大学学报（社会科学版）》2000 年第 5 期；刘道胜《众存产业与明清徽州宗族社会》，《安徽史学》2010 年第 4 期；周晓光《明清徽州民间的众存祀会》，《安徽师范大学学报（人文社会科学版）》2010 年第 2 期。

② 陈柯云：《从〈李氏山林置产簿〉看明清徽州山林经营》，《江淮论坛》1992 年第 1 期。

③ 关于明清徽州宗族轮房的研究，可参见刘道胜《明清徽州宗族的分房与轮房——以文书资料为中心》，《安徽史学》2008 年第 2 期。

宣德三年（1428）黟县汪氏《义房阄书》规定："众存住居前后余地，前件田地山除此外，有查踏未出者，日后踏出公同管业。"① 汪氏对众存山场也是采取共同管业，联合管理。成化年间，祁门三四都《凌添春同侄贵宗分家阄书分单》载："凌添春同侄贵宗等，今有祖产并众买受住基、田地、山场，做造屋宇，一向相共未分"，后因分家各爨，"耕种管业不便"，于是，凌添春叔侄"托凭族叔佛保等为中做证，将户下祖产居基房屋、荒熟田地，尽数高低眼同并［品］搭均匀，分作二股，拈阄为定，准立摽书文凭合同二纸，各收一纸，日后子孙永远照阄单管业"。这里仅是将住基、田地进行阄分。而对于山场，凌添春叔侄则采取"同众用工栽垒，不许私自砍斫"，并规定"如有私砍木一根，甘罚白银一钱与不砍人用。恐有田地、山场来历不明，二家协同管顾"②。可见，凌添春叔侄的山场主要用于众存，并未参与阄分。对于众存山场，凌氏则是共同栽养苗木，联合兴养山场，"二家协同管顾"的众存管理方式。前文所引弘治元年（1488），祁门吴仕昌立《竹字阄书》显示，吴仕昌拥有山场142号，且全部用于众存。对于众存山场做出规定："各山众存竹园、竹木及各栽柿、栗木，毋许私自侵砍。如违，侵砍一根，罚银一钱公用。"③ 对于众存产业也是采取共同管理。弘治十三年（1500）祁门汪希仙立《标书文簿》载："所有已分并未分田地山场，倘有屋基风水俱系众用，毋许独占。"④ 可见汪氏的众存山场也是采取联合管理的方式。

《隆庆六年休宁张烜等立阄书》附加条款载："分产业及众存产土，倘有亩步不明，或有争论及前后多事，费用照事众管，不得推诿。"⑤ 在这里众存山场显然也是进行众存管理。万历四十六年（1618），程本和四房人等进行分家，议定"众议祭祀大典必不可缺者，将祖墓前后田地产业立簿众存，分租四房轮收，以备祭祀摽挂及贺节等项额定支费"，将祀产众存。同时又规定"其众存外，仍有各处风水、山场、火佃、店地、庄屋，递年花利，坐管季之家取讨，随即付众收领生息，以备众务，修缉公用。如有

① 《崇祯黟县汪氏抄契簿》，《徽州千年契约文书（宋·元·明编）》卷8，第495页。
② 《嘉庆祁门凌氏膳契簿》，《徽州千年契约文书（清·民国编）》卷11，第470—471页。
③ 《徽州千年契约文书（宋·元·明编）》卷5，第135页。
④ 《徽州千年契约文书（宋·元·明编）》卷5，第182页。
⑤ 《徽州千年契约文书（宋·元·明编）》卷5，第480页。

私收不付出者,查明倍罚。"① 崇祯九年（1636），徽州某县汪可毅同侄振声将承祖竹山、菜园地等山场进行析分。同时议定："前山各阄株粟树并大松杉木及以前老竹,俱系众存,听便砍斫公用,……仍有未开在单山地,俱系众存共业,毋得窃取。"② 《崇祯十七年胡氏立阄书》也载："承祖坟山并汝等续买田地山塘及典住屋、什物器具等项,眼同品搭均分,焚香拈阄为定……其有钱粮各随业㦬,户丁差役并存众坟山等业课赋,三房均派,递年随时解纳,毋得推挨。"③ 上述程本和四房、汪可毅和胡氏在分家析产时,都对众存产业采取众存管理,联合经营的方式。

总之,在明代徽州分家析产之际往往将一部分山场留存,从而产生众存产业这一特殊的产业形态。众存山场不是真正独立意义上的产权形态,每个房分占有一定份额,不能随便买卖,若是有应急之需,也只能卖给有分籍之人。对于众存山场,往往采取众存管理,按照房轮管,采取联合经营的方式。

小 结

本章主要是对明代徽州山林经济的发展和经营管理情况进行全面论述,主要围绕明代徽州山林特产的广泛种植、山林经济的规模和经营管理等问题进行讨论。

唐宋元时期的早期开发,为明代徽州山林经济的发展奠定了基础。明代中后期随着商品经济的发展,徽商崛起,徽州本土的茶叶、木材、药材等山林物产进一步商业化。市场需求的日益扩大,需要更多的山林物产货源,而徽州种植技术的不断改进,也使得明代徽州种植松、杉、梧桐的技术和方法在全国处于领先地位,有力地促进了徽州林木的种植、生产和林业生产的不断发展,也保证了木材市场的原料供应。随着先进种植技术和经验的总结、推广,使得徽州山区杉木、松木、毛竹、桐油等经济林木的种植拓展,实现了多种经营。同时,与市场的联系不断加强,促进了徽州

---

① 《万历四十六年程本和等立阄书》,《徽州千年契约文书（宋·元·明编）》卷 8,第 171—177 页。

② 《明代崇祯九年二月徽州汪可毅等立分单合同》,原件藏中国社会科学院中国历史研究院,编号：115170902001。

③ 《崇祯十七年胡氏立阄书》,《徽州千年契约文书（宋·元·明编）》卷 10,第 501—502 页。

山区经济的发展，经济林特产经营在徽州山区社会经济结构中的重要性进一步凸显出来，所谓"山林材木、茗、栗、桐、漆之属，食利亦无算"①，山林物产生产自然得到了山区民众的普遍重视。由于地理环境的差异，徽属各县经济作物的生产情况不尽相同。其中，祁门、婺源两县山地面积广袤，山林物产资源丰富，杉、松等种植十分广泛。

此外，徽州山区茶叶、生漆、桐油、木耳、药材等经济作物种植得到进一步发展，经营规模迅速扩大，促进了徽州山区经济的发展。随着商品经济的发展，茶叶市场不断扩大。明代徽州茶叶生产有了新的发展，茶树种植更为普遍，茶叶生产规模不断扩大，茶叶品种不断增多。明初，祁门县茶叶有软枝、芽茶两种。到了弘治年间，《徽州府志》记载，徽州茶叶品种有所增加，"近岁茶名细者，有雀舌、莲心、金芽，次者为芽下白，为走林，为罗公。又其次者，为开园，为软枝，为大号，名虽殊而实则一"②。尤其是隆庆年间创制的松萝茶，久负盛名，销量甚广，饮誉海内外。松萝茶的问世与推广，标志着徽州茶叶从以量取胜到以质取胜的转变。除茶叶种植以外，漆、桐油、蜡的生产在徽州也有一定的发展，歙县出产的漆较为有名，徽州漆器制作技术，颇受士大夫的好评。桐油作为一种有独特效用的经济林特产，也是徽州林木资源中的一个重要品种。徽州山多田少，地狭人稠，粮食匮乏，即使丰年粮食也只能够三个月食用，而徽州山区盛产的葛、蕨粉作为一种重要救济作物，能够弥补粮食之不足，维持生计，故而受到百姓的重视。徽州山区出产的木耳、药材也有一定的种植。明代徽州木材、茶叶、桐油、毛竹、药材等多种作物的种植，扩大了徽州山林物产的生产，实现了多种经营，促进了徽州山区经济的迅速发展。

山林物产的广泛种植，实现了多种经营，而明代中后期随着商品经济的不断发展，木材、茶叶等山林物产的市场需求日益增加，商业化趋势不断增强，进一步促进徽州山林物产的种植与生产。山林物产生产日益发展，就使得明代徽州山林经济的规模不断扩大，在商业利益的驱动下，山林经营经济效率较高，有利可图。因此，无论是一般民众、地主，还是商

① （清）丁廷楗修，赵吉士纂：康熙《徽州府志》卷6《食货志·物产》，《中国方志丛书·华中地方·第237号》，第1000页。
② （明）彭泽修，汪舜民纂：弘治《徽州府志》卷2《食货一·土产·货物》，《天一阁藏明代方志选刊》第21册。

人，都普遍热衷于山林经营，山林经济的规模日趋扩大，甚至出现拥有数千亩山场的大山场所有者。置产簿、分家阄书和部分商人资料为明代徽州山林经济规模的定量分析提供了资料基础。

从本章所选取的九个家族置产簿、十个家族分家阄书和徽商巨贾吴养春的事例，可窥见明代徽州山场发展的一般趋势。从时间段上看，基本涵盖了有明一代两百七十多年的历史，因而能从整体上反映明代徽州山场经营演化的一般态势。就簿主的身份来说，十九个家族资料中，既有一般农户之家，也有经营性地主家庭，亦有徽商家庭，还有缙绅地主家庭，故而能反映明代徽州农村社会各个基层山场经营的实态。就山场占有规模来说，既有拥有 1—10 亩山场的小型山场所有者，如徽州典商朱世荣仅有山场 9 余亩，小本经营的徽商孙时占有的山场甚至还不足 1 亩；也有占有几十亩至一百多亩山场规模的家庭，如第七例休宁二十六都三图朱胜良户拥有山场 27.6983 亩山场，祁门十二都胡思敬拥有 170 余亩山场，祁门奇峰郑笏、郑谅兄弟至少拥有山场 200 亩，休宁李鼎户拥有山场为 107.64685 亩左右；甚至还有占有数百亩乃至数千亩山场规模的大山场所有者，如祁门赤桥方柯、方照叔侄拥有的山场至少在 400 亩以上，祁门善和程氏仁山门有山场 1149 亩 2 角 47 步，李汛祖孙共有山场约 3000 亩左右，富甲一方的徽商吴养春拥有山场多达 2400 余亩，等等。

值得注意的是，明代以降的徽州是个典型的宗族社会，宗族势力强固。正如清初徽州学宦赵吉士所言："千年之冢，不动一抔；千丁之族，未尝散处；千载谱系，丝毫不紊。"[1] 因此，徽州境内大部分宗族拥有规模不等的族产，而山林作为族产中重要的组成部分，也多为徽州宗族所控制。[2] 上述九个家族的置产簿中即有数户山场为宗族的族产，如《嘉庆凌氏誊契簿》所记录的 207.8835 亩（不含 53 处面不详者），即为祁门三四都凌氏族产的产业；《嘉靖祁门谢氏抄契簿》记载的 155 余亩山场（不含 49 处面积不详者），则为祁门十西都谢俊、谢性、谢嫁和谢芳四大房的族产；《顺治祁门汪氏抄契簿》《顺治休宁朱氏祖遗契录》和《休宁郝川汪

---

① （清）赵吉士辑，周晓光、刘道胜点校：《寄园寄所寄》卷 11《泛叶寄·故老杂记》，黄山书社 2008 年版，第 872 页。

② 可参见陈柯云《明清徽州宗族对乡村统治的加强》，《中国史研究》1995 年第 3 期；《明清徽州族产的发展》，《安徽大学学报（哲学社会科学版）》1996 年第 2 期。

氏置业契纸目录》分别为祁门十六都石潭汪氏、休宁二十六都三图朱胜良
户和休宁十二都一图汪氏族产。

同时，徽州是个典型的山区，因此，山场对徽州人来说具有更为特殊
的意义，故而在分家析产之时，除将一部分山场用于阄分外，还将相当数
量的山场用于众存，以"众存产业"的形式存在。"众存产业"是一种共
业分股的产权形态，这种产业在徽州十分普遍。[1] 如上述分家阄书中的祁
门吴仕昌所立的《竹字阄书》《孙时立阄书》和《崇祯十七年胡氏立阄
书》等三个家族占有山场数量很少，但在分家析产时，山场并未参与阄
分，而是全部用于众存，成为一种族产，主要用于宗族的祭祀和公益事
业。对于众存山场，子孙不能进行阄分，更不得盗卖，不然要受到惩罚。
如《嘉靖四十一年休宁吕积瑚等立分单》规定："各处众存产业，毋许子
孙盗卖他人。如有此等，经公理治，听从就亲房赎回无词"[2]。《万历四十
六年程本和等立阄书》中也称："众议祭祀大典必不可缺者，将祖墓前后
田地产业立簿众存，分租四房轮收，以备祭祀标挂及贺节等项额定支
费"。[3] 众存山场的数量比较多的，如《竹字阄书》中众存山场有 142 处，
据笔者估计，其数量在田地山塘中数量最多；《方氏分家簿册中》众存山
场面积记载明确的有 25.33 亩，此外还有 159 处众存山场面积不详，众存
山场规模应该与阄分山场 316.8875 亩相差不大。众存山林作为族产的一
种，一般不能析分。陈柯云认为："众存山场通过宗祠价买徽州统一管理
的形式转化为祠产具有普遍性，是宗族组织强化族产管理的反映，同时也
是宗族经济权利增长的明证。"[4] 众存山场并非绝对不能析分。如上述《祁
门郑公佑等立分山阄单》，即是对众存山场进行阄分。明代万历三十二年
（1604），奇峰郑氏族人郑公佑同侄可成、可嘉和可继四大房，因"子姓繁
衍，心殊事异，人心不一"，致使原"承祖父并续置山场"，即众存山场
"尽致荒芜"，遂将众存山场进行品搭均分，以便"各人栽养，庶山无遗

---

① 关于众存产业的研究，可参见栾成显《明代黄册研究（增订本）》，第 229—231 页；任志
强《试论明清时期的产权共业方式》，载《明清论丛》第 5 辑，紫禁城出版社 2004 年版，第
258—267 页；刘道胜《众存产业与明清徽州宗族社会》，《安徽史学》2010 年第 4 期。
② 《徽州千年契约文书（宋·元·明编）》卷 5，第 440 页。
③ 《徽州千年契约文书（宋·元·明编）》卷 8，第 172 页。
④ 陈柯云：《明清徽州族产的发展》，《安徽大学学报（哲学社会科学版）》1996 年第 2 期。

利，子孙有赖"①。

在商品经济发展的刺激之下，明代徽州山林物产种植不断扩大，实现了杉、松、毛竹、茶叶、桐油和药材等多种经营，山林经营变得有利可图，徽州各阶层民众普遍热衷于山林经营，从而使得山林经济的规模日益扩大，甚至出现了拥有数千亩山场的大地产所有者，这是明代徽州山林经济发展的重要表征。

因山场所有权性质和业户占有的山场规模的差异，明代徽州山场的经营方式也呈现出多种多样的形态。概括起来，主要有自主经营、租佃经营和合伙经营等经营方式。一般来说，占有少量山场的业户，因其山场规模较小，经济能力也有限，出于对于现实生计问题的考虑，一般多是自行栽养苗木，自主经营。而占有数十亩以上山场的业户，多采取租佃经营的方式，将山场出租给其佃仆或者一般佃户，到林木成材之时采取分成租的方式，与佃山人按照约定共同分享山林收益。但山主一般采取价买"力分"的方式，将佃山人的力分据为己有。由于山场地势复杂，面积广袤，仅凭一人之力难以胜任，因此，合伙经营应运而生。合伙经营较为复杂，其具体组合方式因时、因事、因地而呈现出不同的态势。总的来看，合伙经营既可以是同族合伙，也可是族际之间合伙；可以是均股入伙，也可以是不均股合伙。但无论是哪一种方式，都是在自愿平等的基础上缔结合伙合同，其每个主体都要履行相应的义务，同时享受相应的权利。合伙人之间多是按照股份进行利益分配，按股确定各自的权益，共同分配利润，共同承担亏损。

需要说明的是，在一定条件下各种经营方式之间可以相互转化。徽州山场地势复杂，山头面积广大，随着业户购置山场规模的不断增加，使得原先自己的独立经营难以维持，这时往往采取出租的方式，将山场租佃给佃户经营，这样原先的自主经营就转化为了租佃经营。还有一些业户出于各自现实情况考虑，往往会合伙开垦经营山场，但是由于产权利益之争、利润分配不均或经营不善等原因，往往会导致原先的合伙经营难以维系下去，于是，有些股东就会将山场出租给外人，自己不再从事山场经营。这样原先的合伙经营就转化为租佃经营。前述万历三十九年（1611），徽商吴当和郑英曾共同经营一号山场，后因吴当外出经商，无法照理，二人商议后，便将山场租佃

---

① 《徽州千年契约文书（宋·元·明编）》卷8，第28页。

给郑廷玉等人经营。这就是合伙经营转化为租佃经营的典型事例。有时鉴于山场面积广袤，往往是多人共同承佃一块山场，共同经营，这就将合伙经营和租佃经营融为一体，两种经营方式相互交叉。这种现象在徽州较为普遍。

　　山场经营方式和山场产权性质的差异，加之分家析产的进行，使得山场不断分籍化、碎片化，从而使得明代徽州山场的管理方式也呈现出丰富多样的态势。概括起来主要有设置机构、订立合约和众存等管理方式。一般说来，作为宗族族产的山场数量较大，分布区域较广，为便于集中管理，徽州宗族一般采取设置具体管理机构的方式，各个部门之间权责分明，相互牵制，共同参与山场的管理，从而使得山场日常的经营管理得以顺利运行。祁门善和程氏仁山门东房派就是个典型的例子。该宗族拥有一千余亩众存山场，分布在以青镇等地域，为了加强山场管理，该宗族专设治山者，举凡山佃选择、苗木种植、放火防盗、木材拚卖、山场簿草管理等工作都由治山者管理。为防止治山者徇私舞弊，治山者要受到来自家长、家众、斯文，尤其是受到管理的监督。这样祁门善和程氏仁山门东房派就形成了以管理为核心，治山者、家长、家众、斯文等积极参与监察的严密的山场管理体系，从而保证了族产经济的有效运行。此外，龙源汪氏也通过设置清簿、订立合同并设立附加条款等方式来对实现对山场管理。

　　除设置机构对山场进行管理外，在山多田少的徽州，宗族内部成员之间、族际之间因业缘等利益关系，往往发生业务上的联合。这些经济关系反映在山场管理方面，就表现为通过订立合约来加强山场管理。而这种合同文约往往因地、因时、因事而有所差异，既有宗族内部的族产规约，也有族际之间订立的山林禁约。山场兴养周期一般需要二三十年，在漫长的兴养期内，往往会发生偷盗林木、失火、越界伐木等行为，出于共同利益需要，同族内部部门房支派之间、异姓宗族之间往往会通过订立合同文约的形式，来实现对山场的管理。有些合约还由官府给予告示，盖有官印，这就具有了村规民约的性质，也大大加强了其法律强制力。

　　明代中期以后，徽州宗族组织化趋势日益强化，宗族内部房派出于祭祀等宗族生活需要，往往在分家析产之际留存部分产业，从而形成众存产业这一特殊的产业形态。众存产业在徽州普遍存在，而山场在众存产业中占有主要地位。对于众存山场，徽州宗族多是采取众存管理，即按照房分进行轮流经营的方式，联合管理，共同受益。

第三章　明代徽商与山林物产的贸易

徽州地处山区，山林物产丰富，随着商品经济的繁荣发展和徽商的崛起，徽州山林物产的市场化、商品化程度不断提高，徽州山林经济得到进一步发展。徽州木材、茶叶、桐油等山林物产主要依靠境内河流运往外地销售，徽州境内新安江、阊江、乐安江等水系，为大量山林物产外运提供了便捷的运输条件。徽州境内的茶叶、木材、桐油等山林特产主要由徽商采购并运往外地销售。明朝设立专门管理竹木流通的抽分厂，加强了对竹木流通的管理，一定程度上促进了商品经济的发展，但是明中叶以后，不断加倍抽分，则阻碍了竹木流通，不利于商业贸易的发展。

第一节　明代的竹木抽分与坐派

明廷为确保京城工程营造、缮造漕船和器皿成造，设置抽分厂专门负责这些事务。此外，工部等部门还不时坐派地方府州县供应各种竹木物料。抽分厂和竹木坐派贯穿有明一代，对社会经济的发展产生了重大影响。徽州作为盛产木材的山区，受到竹木抽分与坐派的影响尤大。下面对明代竹木抽分与坐派进行具体论述。

一　竹木抽分

明代在水路要津设置竹木抽分机构，专门负责竹木流通中的税课。明代前期继承了元代的竹木抽分局，隶属于户部；成化七年以后改为竹木抽分厂①，隶属于工部，此后所有的抽分厂都归工部管辖。徽州地处山区，

---

① 关于明代抽分厂的研究，可参阅姚国艳《明朝商税法制研究——以抽分厂的运营为对象》，中国政法大学出版社 2012 年版；王鑫义、周致元《明代芜湖抽分厂述论》，《学术界》1995年第 3 期。

盛产竹木，徽商将本土出产的木材运往江南、江西等地需要在一些水路要津的抽分厂（局）课税。抽分厂抽分竹木税，不仅对竹木流通、木材贸易产生重大影响，而且对明代的工程营建和财政也产生重要影响。

明初立国以后，就设置抽分竹木场，隶属于户部，负责抽分竹木税，当时主要是征收实物。胡惟庸案后，朱元璋给户部发谕旨，"曩者奸臣聚敛，税及纤悉，朕其耻焉。自今军民嫁娶丧祭之物，舟车丝布之类，皆勿税"①。于是，在洪武十三年（1380），"罢天下抽分竹木场"②。洪武二十六年（1393），"凡龙江、大胜港，俱设立抽分竹木局。及令军卫自设场分，收贮柴薪，按月给与禁军孤老等烧用。竹木等物，推垛在场，令各局按旬奏申知数，遇有用度，以凭计料，拣定数目，度量关填勘合支拨。如营造数多，抽分不敷，奏闻给价收买，或差人砍办"③。随着社会经济的恢复发展，明代的抽分厂的设置日益增多。永乐六年，设通州、白河、卢沟、通积、广积抽分五局。④

明仁宗时，因钞发久滞，影响市场流通。加之，当时南京抽分厂存储竹木甚丰，"龙江提举司所积竹木甚富，有至二三十年者"。于是明仁宗下令，"谕工部臣其二处所积，除足岁用外，余并以鬻军民，每百斤官价钞五贯，悉收昏软旧钞，庶便民者"⑤。

成化七年（1471），"增置工部属官三员，往直隶太平府芜湖县、湖广荆州府沙市、浙江杭州府城南税课司三处，专理抽分。前此三处客商停聚竹木，市卖有司，惟收其课钞。至是工部尚书王复，以在京盖造公署，造成供应器物，及在外料造运船费用缺乏，建请添官，分往抽分竹木，变卖银两解部，以为营缮之费"⑥。由此可见，成化七年增设芜湖、荆州、杭州三处抽分厂，隶属于工部，负责抽分竹木，以供应京城营缮。以此为标志，所有抽分厂从原来隶属于户部，全部调整到归属工部管理，以便担负工程营建、缮造漕船、器皿成造等事务。

---

① （清）张廷玉等：《明史》卷81《食货志五·商税》，中华书局1974年版，第1975页。
② 《明太祖实录》卷132，洪武十三年六月二十五日，"中央研究院"历史语言研究所校印本，1962年，第2096页。
③ （明）申时行等纂：《大明会典》卷204《抽分》，第2739页。
④ （明）申时行等纂：《大明会典》卷204《抽分》，第2739页。
⑤ 《明仁宗实录》卷4，永乐二十二年十一月壬申，第138页。
⑥ 《明宪宗实录》卷89，成化七年三月戊寅，第1724页。

随着商品货币经济的发展，钞法积弊日深，抽分厂也从抽分竹木实物到折银抽分。成化年间，"凡竹木等物，每十分抽一分，选中上等，按季送清江、卫河、二提举司造船……后以 竹木解运不便，各折抽价银"①。杭州抽分厂，在成化十六年（1481），"因解户不便……始解折银"②。

抽分厂的设置主要是为了保障工程营造、缮造漕船的原材料和提供器皿成造，因此，抽分、坐派木材物料成为抽分厂十分重要的职能。宣德四年（1429），"修凤阳皇陵殿宇垣墙，时因雨损坏，命行在工部，凡用竹木、砖瓦、铜铁、颜料诸物，令有司备，仍选廉干官，往总督之"③。工程营建并非时常举行，但抽分竹木却每年进行，长此以往，工部积累的大量的竹木，甚至有不少霉烂损坏。宣德九年（1434），南京广东道监察御史舒颙奏："奉命阅瓦屑坝，抽分竹木局案牍，及盘点比年以来抽分竹木等物，其数累巨万计，并不苫盖，燥湿不时，朽腐甚多。今堪用者十无二三，已执本局官吏问罪。其工部职当提督，全不经意，以致废坏。右侍郎郑辰及所属郎中等官，俱合究治。"④ 可见，抽分厂抽分的竹木太多，管理不善，造成废坏者甚多。嘉靖四年（1525），为营建万寿宫殿，将杭州抽分厂 "本年及五年该给清江、卫河二提举司料银并板枋余银，俱差官解部，以济大工支用"⑤。

抽分厂给商旅造成重大负担，尤其是抽分主事和内监中官往往在抽分额外加征，造成巨大危害。早在宣德四年，明宣宗在发给工部尚书吴中等人的谕文中称："比闻，工部采办竹木，科买诸物，动以万计，何得不为国家爱惜民力，而劳扰如此。宜斟酌事之轻重缓急，痛与裁省，果是紧要合用之物，则令营办，余不急之事，俟民力从容，以渐为之，宽一分则民受一分之赐，卿等宜体朕意。"⑥ 由此可见，明宣宗已对抽分厂加派竹木抽分的问题有所察觉，并要求根据实际情况，抽分紧要之物料，其他则从宽

---

① （明）申时行等纂：《大明会典》卷204《抽分》，第2739页。

② （明）杨时乔：《两浙南关榷事书·额书》，《北京图书馆古籍珍本丛刊》第47册，书目文献出版社1998年版，第797页。

③ 《明宣宗实录》卷59，宣德四年十月壬午，第1402页。

④ 《明宣宗实录》卷110，宣德九年四月甲戌，第2467—2468页。

⑤ （明）杨时乔：《两浙南关榷事书·额书》，《北京图书馆古籍珍本丛刊》第47册，第798页。

⑥ 《明宣宗宝训》卷2《惜民力》，宣德四年六月丁丑，第143页。

处理，以苏民困。这些内容体现了最高统治者亲民的一面。

景泰六年（1455），监察御史李叔义言，"南京抽分竹木场，居抽分竹木场居：广本抱本居作局，是也。皆中官监收，积弊害民，诏工部遣廉能官同事，以禁约之"①，但他的建议明廷未被采纳。成化七年（1471），抽分厂税课不断增加，给商人造成了沉重负担。对此，《明宪宗实录》记载："是年（成化七年），所得仅余千两，其后续差者，务多得为能，岁岁加益，至以万数，遂事腹削，商人不便，颇有怨声，屡愬于朝，皆不之省。"②

成化二十年（1485），杭州抽分厂的税收也不断增加，"初止三千余两，每岁增多，今至二万三千余两，乞减其半，仍查前十年约其中数，定为则例，不许过多"③。到弘治十四年（1501），杭州抽分厂的税额为一万四千四百四十两，此后成为定制。④ 杭州抽分厂税收增多虽然从一个侧面表明商品经济日益繁荣发展，但是抽分厂官员高额抽分竹木，竹木税收入增加则是其主要原因，因此朝廷官员认识到该问题引起的社会危害，才要求减半抽分。

成化二十一年（1486），针对抽分厂官员的劣迹，有工部官员指出："工部言杭州、荆州、芜湖三处，各有工部抽分竹木官，其人贤否不一，或不能正己率下，以致奸弊百出，商旅怨嗟，宜行南京都察院。自明年为始，每年轮差御史三员，往彼公同抽分，除选验堪中造船，及成造器皿者运赴外，其余尽以卖银，以俟支给供应。其或有余，则解本部收贮以备别用，所差官不许偏执己见，自相矛盾。每年须俟新旧交代，清查数目，造册复命。如此则事体归一，而宿弊可除。"⑤ 要求派出监察御史监督竹木抽分，以维护竹木正常抽分秩序。此建议得到明廷采纳。

成化年间，时任礼部右侍郎倪岳，针对抽分厂的弊端指出，"今乃借此为名，百法巧取，如杉楠板每块筹二根，取银二钱四分，杉条五根，筹一根，取银一钱二分，柴炭百斤，筹一根，取银三分四分，计筹取钱漫无

---

① 《明英宗实录》卷192，废帝郕戾王附录第十，景泰元年五月庚申，第4020页。

② 《明宪宗实录》卷89，成化七年三月戊寅，第1724页。

③ 《明宪宗实录》卷256，成化二十年九月乙酉，第4319页。

④ （明）杨时乔：《两浙南关榷事书·额书》，《北京图书馆古籍珍本丛刊》第47册，第798页。

⑤ 《明宪宗实录》卷264，成化二十一年四月辛未，第4481—4482页。

纪极，通计春夏有水船多时月，每人约得银六七百两。秋冬水落之时，亦不下一二百两。因此抽分重大，遂至客商阻绝，及至各工所关领竹木等料，又被索取起筹，出厂等钱，展转刁难，不肯从公放支，月益岁增，为害无已。如蒙乞敕工部转行各处抽分官员，务要奉公守法，律己便人，不必以克下奉上为能，但当以称物平施为务。其曾经抽分去处，给与执照，不许重复抽分，仍乞敕南京守备太监，今后差拨抽分内官，止照旧数，无得过多，仍要严加禁约，不许似前计筹，取索财物，及纵容家人伴当，在彼生事"①。要求选任奉公守法的官员负责竹木抽分。

弘治三年（1490），明廷对客商在抽分厂课税的程序做出新规定，"令各处商船止于原起处官司告报货物名数，并所指发卖地方纳钞，经过关津照验，无由者罪之，竹木等料，仍照旧制抽分。其余新立荆州、杭州、芜湖并原非奏拟，隔越去处，悉令停免"②。但抽分厂官员并未将此建议落到实处，依然横征暴敛，给客商带来沉重负担。弘治十三年（1500），监察御史刘芳上奏《灾异言十事疏》，其中一条就是"清国课"。他针对抽分厂的问题指出，"谓近差户、工二部官收解各处抽分竹木，并船料、钱钞，以革所司委官之弊。然或意在避嫌，加倍征税，或将在官钱钞隐漏侵克，乃藏其所收簿籍，致使无从查考，乞查先次差回官，果系贪墨，即赐罢黜。今后但有部官抽税处所，听抚巡官置印信文簿，委官于上下流，相隔一二十里，将日逐经过簰篾、舡只，并抽分竹木料，钞银钱数目，填写在簿，按月缴报，抚巡官类报都察院，转送该部，候委官回日查对考核"③。要求加强对竹木抽分官员的监督管理，不准加倍征税，设置专门的印信文簿，抚巡官委员管理，详细登载竹木抽分木料、数额等，按月缴报，逐层呈报，最后由工部委官查核。

明代弘治、正德年间的重臣王鏊说："盖今天下取民之法尽矣至矣，山林关市，靡有不征，竹木茶盐，靡不有税，虽使弘羊辈复生，亦何以加。故臣之愚，以为取财之路，不可复广，唯有节用，是为长策。"④ 对抽

---

① （明）倪岳：《会议·灾异陈言》，载（明）陈子龙等选辑《明经世文编》卷78，中华书局1962年版，第688—689页。
② 《明孝宗实录》卷30，弘治二年九月乙丑，第673页。
③ 《明孝宗实录》卷161，弘治十三年四月癸丑，第2901页。
④ （明）王鏊：《时氏疏》，载（明）陈子龙等选辑《明经世文编》卷120，第1145页。

分厂加倍抽分不满，认为节度才是保持社会经济发展的长久之策。

正德、嘉靖年间官员何瑭，针对当时苛捐杂税指出，"国朝取民之法，除田土税粮外，如盐课、茶课、金银课、铁课、鱼课、税商船钞、户口食盐、皮角、翎毛、油漆、竹木之类，无所不取，固已重矣。但国初于公用物料，犹令税粮折纳，或官钱收买，故民财未至甚费。近年以来，则额征之外，杂派物料，又纷纷而出。如供用库物、料甲、丁库、颜料、光禄寺厨料、太常寺牲口，南京则又有供用器皿物料，战巡船只物。内府各衙门应用物料，随时坐派，盖有不可胜数者矣。以上夫役物料，臣之所知者耳，所不知者，尚不止此，例皆取办于民……臣窃以为前项杂派夫役既不可免，惟编之有数，用之有时，庶可少宽民力，使受一分之赐"①。他要求将杂派夫役编订定额，不要肆意加征，试图以此来宽民力。

隆庆二年（1568），"奏准南京、芜湖抽分，照依荆杭二处钞关条件，每年置立印信文簿十二扇，内四扇发本地方有司登记所抽料价。四扇该厂主事收掌，四扇填报南京工部稽查该厂主事，仍督同原委该府佐贰官，抽验登记"②。明廷重申抽分厂设置印信文簿，并就具体操作事宜作出明确规定。

徽州木材主要沿着新安江、青弋江、阊江等水路运往杭州、芜湖、饶州等地区发卖。因此，杭州、芜湖抽分厂③是徽州木材通往江南地区的必经之地，两地抽分厂对徽州木材流通和徽商的木材贸易产生重要影响。如杭州抽分厂主事杨时乔说，"商之贩易贸利，则于此相继而众，亦有严、衢、徽、处间民，穷累年月，就山种植，俟其成材，伐运求资。其与农夫勤动而望秋成者，大亦相类"④。由此可见，杭州抽分厂主要抽分来自严州、衢州、徽州和处州等山区商人贩运的木材。因此，杭州抽分厂对徽州木材流通和徽州木商的影响甚大。

明廷规定，"客商兴贩竹木，设抽分之例，各有分数，以资工用，亦

---

① （明）何瑭：《民财空虚之弊议》，载（明）陈子龙等选辑《明经世文编》卷144，第1439页。

② （明）申时行等纂：《大明会典》卷208《屯田清吏司》，第2774页。

③ 芜湖抽分厂的抽分情况，可参见（明）刘洪谟纂，王廷元点校《芜关榷志》，黄山书社2006年版。

④ （明）杨时乔：《两浙南关榷事书·建书》，《北京图书馆古籍珍本丛刊》第47册，第766—767页。

以防过取"①。其中，荆州、芜湖、杭州三地抽分厂竹木抽分税率为"十分一"②，但实际抽分中，官员往往加倍抽分，严重影响了国计民生。正德十六年（1521），"荆州、杭州、芜湖三处抽分厂，专为打造粮船，成造供应器皿而设，以省科派小民之计。近来两京各监局相沿具奏，差人赴芜湖厂支取杉楠等木数多，又有内官监差官中半抽分二年有余，致将造船银料不敷支给，累及运军出利，揭债诏制作债，缺船运粮，贻误国计……其内官监原差抽分太监李文等，诏书到日，即便回京，以后不许援例奏差"③。由此可见，抽分厂在正常税率外加征的现象十分普遍，严重影响工程营造和漕粮运输。

嘉靖四年（1525），"御用监太监黄锦等言，成造龙床及御用等器木料不敷，乞行南京守备太监，委官于芜湖抽分厂，并龙江瓦屑坝抽分局匠，抽下〔杉〕木板枋，选择印记，令彼中军卫有司运送应用"。这是中官对抽分厂的额外盘征。工部坚决反对，"芜湖抽分专以成造运船及供应器具。其朝贡四夷，赏赉折价，亦取给于此。每岁所抽竹木易银，不过二万余两，不足以供所费。今该监所需计二十余万两，是罄一岁之入，曾不及十之一也。况南畿灾伤频仍，军民并困，责以输运，或致他虞乞，敕该监酌量缓急，汰其滥冗，先以南京御用监见存木料取次，应用不足，则于龙江抽分局支补。其芜湖课银，仍供粮船、器具、赏赐之用，则成法不乱，人心亦安。"但是嘉靖皇帝没有采纳工部的奏议，"竟从锦所请云"④，仍然同意御用监太监黄锦等人的提议。这样的摊派，就造成芜湖、南京等抽分厂的税收负担，迫使两地抽分官员不得不大肆加倍征税，将负担转嫁到客商身上。

抽分厂不仅加征抽分，而且还经常拖延抽分。客商竹木到达抽分厂时，抽分官员往往拖延数日，甚至数十日，才进行抽分工作，严重耽误了商人贸易的时间。如杭州抽分厂的木植"自徽、严、衢、处直抵大江拢塘，各从商人商贩行贩之便，陆续赴本部报单挂号，堆垛塘地，挨次领牌开装"。竹木抽分时，"商贩竹木俱以听事官委之守抽，或五日，或十五

① （明）申时行等纂：《大明会典》卷204《抽分》，第2739页。
② （明）申时行等纂：《大明会典》卷204《抽分》，第2739页。
③ 《明世宗实录》卷1，正德十六年四月壬寅，第4页。
④ 《明世宗实录》卷49，嘉靖四年三月辛酉，第1231页。

日。具报间有数，多者先期赴部呈报，遣人复估"①。由此可知，徽州本土出产的木材在杭州抽分厂也受到抽分厂官员拖延抽分的影响。

嘉靖年间中官加派抽分厂税收，造成抽分厂欠税日增。明神宗登基后大赦天下，下令"内监取用南京及芜湖各抽分厂竹木板枋，除年例应解者，照旧起解外。其拖欠未完之数，自隆庆五年以前，悉皆蠲免，各监不许朦胧移文追取"②。极大缓解了此前强加给芜湖、南京等地抽分厂的税收负担。万历三年（1575），宗庙等处供应物料急缺，内官监掌印司礼张宏奏，"要将奉诏停止原有抽分竹木板枋，照先年旧例，运济造办"。这些任务原先是属于芜湖、南京抽分厂担负的，但穆宗即位后，废除了征派。面对内管的奏请，万历皇帝同意工部提出的"遵照先年诏旨，仍旧停革"③的建议，避免了芜湖、南京等地抽分厂沉重的税收负担。

长期的繁重课税，造成客商贸易日益稀少，也极大影响了抽分厂的税收。嘉靖十年杭州抽分厂主事程烈在给明廷的呈文中，指出该抽分厂抽分竹木对客商的影响。具体如下：

> 本厂客商多带资本于徽、严、衢、处等府地方拚买木植，始者率于通都大邑，则其出水为便。今则转之深山穷谷，则其出水为难。高冈峻岭，雇人搬驮，小溪曲涧，经年堆垛，一遇洪水骤发，复遭漂流。加以地方豪恶，又多为坝堰之类，乘机阻当诓骗，所在有司，往往分商民为二，曲为庇护。近年有等府县明白出给告示禁革，木商不许入境，居民如有容留宿歇，俱以窝藏逃军问罪。本商有先年已曾拚买木植，亦令退还原主，于是，客商望风逃散，国课日亏，深为可忧。④

从上引文字可知，杭州抽分厂主要抽分的竹木来自徽、严、衢、处等府的木材，但随着商品经济的发展和抽分数额的增多，使得徽州、严州、衢州、处州等地的木材资源日益枯竭，需要深入深山穷谷采伐木材，贩运

---

① （明）杨时乔：《两浙南关榷事书·署书》，《北京图书馆古籍珍本丛刊》第47册，第772页。

② 《明神宗实录》卷2，隆庆六年六月癸亥，第13页。

③ 《明神宗实录》卷43，万历三年十月己丑，第978—979页。

④ （明）杨时乔：《两浙南关榷事书·例书》，《北京图书馆古籍珍本丛刊》第47册，第781页。

木材的河道条件差，在贩运中还受到地痞无赖的敲诈；加之，地方官府又庇护不法之徒，甚至发出不准木商入境的告示。对于木商已购的木材，要求退还原主。这些行为都造成客商不敢贩运木材，木材流通大为下降，严重影响抽分厂的税收，引起杭州抽分厂主事程烈的忧虑，因此，他给明廷上呈文要求采取措施，以便客商木材买卖、木材流通。

虽然杭州抽分厂主事程烈要求打击不法之徒，但是在实际过程中，徽州本土木商将木材贩运到杭州抽分之时，仍然受到当地牙行勒索。"木之经由必自桐富，此中土豪往往阻扰以渔利，甚至乘机怙势，明夺窃取。吾为厉禁，时置一二巨猾于理，庶不致陆警水慄。而道路通，木之贸易，必经牙保之手，有等奸狡，反恣食其中，盖自四六立法，而商始困矣。至有负累经年，鲜微息券成故纸，并没其本"①。嘉靖二十三年（1544），徽州木商汪德威、曹文广、吴满将徽州的木材贩运到杭州时，受到牙行王杰、胡伟、俞其等人的勒索、盘剥，从而引起激烈的诉讼，最后徽州木商汪德威等人胜诉，维护了自身利益。②

晚明时期，杭州抽分厂主事清楚地认识到产商（木材出产地）、行商和关税收入三者之间的密切关系，"询其实乃木产于徽、严、衢、处，而行于杭、嘉、湖、苏、松、常，产诸府丰则买商路通，木至也多；行诸府丰，则卖商路通，木贸也易。若产、行两商皆通，关税当得数倍，行商视产商为多，次之产商视行商为多，又次之行商不至，虽有产商，税入亦鲜；产商不来，虽有行商，税其乏已"③。这样的见解十分有见地，揭示出木材出产地商人、贩运商人和抽分厂竹木抽分税收之间的动态关系。但是实际运作中，三者之间的关系很难形成良性循环，往往是抽分厂对客商多加盘剥，最终影响了税收收入。徽州木商作为杭州抽分厂主要的客商群体，对该抽分厂的税收多寡产生重要影响，自然成为抽分厂官员盘剥的主要对象。

万历十五年（1587），荆州抽分产，"自川建昌等处浮来，而彼地连年用，兼之采办大木，客商少至，以故本年所抽料银，仅止一万四千余两。

---

① （明）杨时乔：《两浙南关榷事书·额书》，《北京图书馆古籍珍本丛刊》第 47 册，第 801—802 页。

② （明）杨时乔：《两浙南关榷事书·牙书》，《北京图书馆古籍珍本丛刊》第 47 册，第 802—805 页。

③ （明）杨时乔：《两浙南关榷事书·额书》，《北京图书馆古籍珍本丛刊》第 47 册，第 799—800 页。

即税额稍减于前，官然时势不同于往日"①。由此可知，过度的竹木抽分和大量的皇木采办，造成商人木材贸易热情降低，荆州抽分厂税额大幅度下降。

万历年间矿监税使横征暴敛，"水陆行数十里，即树旗建厂。视商贾懦者肆为攘夺，没其全赀。负戴行李，亦被搜索。又立土商名目，穷乡僻坞，米盐鸡豕，皆令输税"②，严重扰乱商品经济的发展。加之，司礼、御用、内官三监对芜湖、南京等地的抽分厂加征物料，造成抽分厂负担加重。工部主事杨成奏称，"将万历九年分芜湖木价批行该厂主事李化龙，酌议裁减。时因木料起运在即，量减十分之一讫，亦既少惩其滥矣。但二厂之价，尚未画一，若非亟行厘正，何以永杜奸欺合无。自今以后，酌定画一之规，申严验印之法，将芜湖厂该办御用内官二监板木一半，比照司礼监杉条木前例通行，龙江厂办解，一体照上江二县佑簿筹给，行本部司属官，每次会同各监委解官免赴芜湖，俱在龙江厂公同印烙。"杨成又云，"臣等看得本部奸弊，莫甚于召买板木，而板木之弊，莫甚于芜湖。各商盖因先年议价过多，是以奸商钻刺，棍徒诈骗"③。由此可见，芜湖抽分厂弊端最为严重。

崇祯年间，为筹集大量的军饷，户部、工部不断加派课税，给商业的发展造成极大冲击。崇祯三年户部尚书郑三俊奏加征关税，"一时商旅以货与船并征，户与工交赋，人情殊大不堪。夫一货不两税，如货物桶箱之类，既税其货，不应复税。其桶箱及成熟诸器，已为货矣，不应户征之，工又征之，乃今一货而户、工两征，又征船料，是一商之船，凡三税矣"④。这种民间商船"一船三税"的现象极为普遍，加重了商民负担，严重影响民众生计。

二 竹木坐派

明代中叶以后，随着商品经济的进一步发展，徽州山林物产商品化、市场化进程不断加快，商品流通量不断增加，竹木税课在徽州地方经济中

---

① 《明神宗实录》卷189，万历十五年八月癸亥，第3544页。

② （清）张廷玉等：《明史》卷81《食货志五·商税》，第1978页。

③ （明）杨成：《厘正起运板木疏》，载（明）陈子龙等选辑《明经世文编》卷361，第3896—3897页。

④ 《崇祯长编》卷53，崇祯四年闰十一月丙寅，第3128页。

的作用更加突出。因徽州盛产木材，故工部不时坐派徽州上供鹰架、平头、猫头竹等竹木。正德九年，明廷修缮乾清宫、坤宁宫，需要大量木料，于是竹木抽分之外，工部还派员到云贵川等地督办采大木，"主事俞祯于浙江、江西、直隶、徽州等处收买竹木。给事中窦明点视工程，任忠泰各查盘库厂，皆予之敕"①。可见，徽州也是明廷收买竹木的重要地区。

果然，坐派任务很快下达到了徽州。正德十年（1515），"营建乾清、坤宁宫，派府鹰架杉木一万三千余根，平头杉木一万六千六百余根，杉条木二万根，杉木连二板枋八百块，杉木单料板枋八百块。寻以徽土瘠石多，惟产杉条槁，乃工部蒋主事以鹰架大木改派江西，平头杉板改派浙江，杉条、杉槁并派本府。"② 但有些木材，徽州并不出产，只有发银到外地购买，这成为一项重大的负担。嘉靖六年（1527），明廷营建仁寿宫，工部派府鹰架大木七百余根，平头杉九千余根，条槁四千余根，猫竹一万四千余根。徽州府"发银三千六百余两，至浙江严州府、江西饶州府古苑渡转买平头杉木三千根，杉条槁四千根，猫竹一万四千余根。……买鹰架木四百五十根，平头木二千四百余根"③。嘉靖九年（1530），"工部派府鹰架木二千根，平头杉木一万根，杉条木二千根，杉槁木一万根。比奏，将鹰架、平头等木、猫竹等竹，均派直隶各府土产之地"④；嘉靖三十六年（1557），营建大朝门殿，"工部派府各项工木共八万六千七百六十六根，为银一十二万九千三百一十四两有奇，并解脚银四万一千六百四十两，凡为一十七万九百五十四两有奇"⑤。徽州府是重要的坐派之区，当时需要上供木材量很大，需"收买平头杉木一万根，鹰架杉木二千根，杉槁木一万根，条木二千根，猫竹二万根，笙竹三千根，水竹二万根"⑥。徽州知府深

---

① 《明武宗实录》卷117，正德九年十月己酉，第2369页。
② （明）何东序修，汪尚宁纂：嘉靖《徽州府志》卷8《食货志下·工部不时坐派之供》，《北京图书馆古籍珍本丛刊》第29册，第192页。
③ （明）何东序修，汪尚宁纂：嘉靖《徽州府志》卷8《食货志下·工部不时坐派之供》，《北京图书馆古籍珍本丛刊》第29册，第192页。
④ （明）何东序修，汪尚宁纂：嘉靖《徽州府志》卷8《食货志下·工部不时坐派之供》，《北京图书馆古籍珍本丛刊》第29册，第192页。
⑤ （明）何东序修，汪尚宁纂：嘉靖《徽州府志》卷8《食货志下·工部不时坐派之供》，《北京图书馆古籍珍本丛刊》第29册，第192页。
⑥ （明）何东序修，汪尚宁纂：嘉靖《徽州府志》卷8《食货志下·工部不时坐派之供》，《北京图书馆古籍珍本丛刊》第29册，第192页。

知有些木材并非出产徽州，而产自浙江等地，据理力争，上疏朝廷，表明徽州府因坐派竹木带来的困境。其文略言"议者以徽多木，实而不知自大江以至建邺者，湖广、江西所往也。自小江以至钱塘者，衢、处、华、严往也。徽人聚而贩易之耳，岂其土产哉！又以徽多富商，而不知日积月累，厚畜成名数十之商贾耳。……徽州府一府坐派木数视诸郡为多。……若行追捕，则重复加征，民力必不能支。……大工合用材木，如鹰、平、条槁等项，旧例俱坐派出产地方，即徽州一府，视江浙二省相当，所费财力委为浩大。……暂准买木支用，免行解部，以苏民困。"[①] 虽然坐派竹木为徽州重大的负担，但这也反映出明代中叶以后，徽州竹木贸易繁盛，在地方财政中的地位日益凸显的情况。

工部对竹木种类和规格有一定的要求。现将工部各种木料的要求抄录如下：

> 散木。一号一丈五尺，围四尺二寸，每根银二两二钱六分。二号长一丈四尺一寸，每根银二钱一分。九号长一丈，围一尺八寸，每根银三钱八分。

> 松木。一号长一丈六尺，围四尺六寸，每根银一两六钱。二号长一丈六尺，围三尺六寸，每根银一两四钱。十五号长七尺，围九寸，每根银五分五厘。

> 大杉木。一号长四丈，围四尺二寸，每根银五两八钱。二号长三丈五尺，围四尺五寸，每根银五两五钱。四号长三丈四尺，围三尺二寸，每根银四两六钱。

> 平头杉木。一号长三丈七尺，围三尺，每根银三两九钱五分。二号长三丈，围三尺，每根银三两六钱。七号长二丈，围一尺五寸，每根银七钱。

> 鹰架杉木。一号长三丈，围二尺一寸五分，每根银一两二钱。二号长二丈八尺，围一尺七寸，每根银八钱五分。四号长二丈五尺，围一尺四寸，每根银六钱。

---

① （明）何东序修，汪尚宁纂：嘉靖《徽州府志》卷8《食货志下·工部不时坐派之供》，《北京图书馆古籍珍本丛刊》第29册，第192页。

杉条木。一号长二丈，围二尺四寸，每根银五钱五分。二号长二丈八尺，围一尺三寸，每根银三钱三分。五号长一丈六尺，围九寸，每根银一钱四分。①

据此可知，工部要求的木料不仅种类众多，而且每种的规格和价格都有严格要求，地方府州县必须按照要求征派、运送木料。

除竹木抽分与坐派外，府州县的税课司局也巧立名目，多设关卡，加收税课，加重了客商的负担。对此，明廷指出，"天下司府州县抽分税课衙门，俱有定额。近年以来，凡桥梁道路关津，有利处所，私自添设无名抽取数多，甚为民害。诏书到日，巡按御史及按察司分巡官，通行查革。有司严加禁约，不许坐视故纵"②。

综上所述，明代设置抽分厂局专门负责竹木抽分，其主要任务是供应工程营建、缮造漕船和成造器皿，最初并无税收额度限制，但是随着商品货币经济的发展，由抽分竹木改为折银征收。明代中叶以后，明廷对物料的需求不断增加和财政支出日益加大，因此抽分厂的竹木抽分数额不断增加，超过额定税率征税的现象极为普遍。抽分厂的这种加倍抽分竹木的行为虽然一定程度上增加了明廷的财政收入，但大大加重了客商的经济负担，造成竹木贸易的衰退，进而也影响了竹木抽分税收的数量。尤其是，晚明矿监税使和"三饷"加派，抽分厂大肆加征客商税课，严重扰乱了商品经济的发展秩序。除抽分厂外，明廷的不时坐派，尤其是工部的坐派日益频繁，而且数额不断加大，严重影响地方经济的发展。徽州作为盛产木材的山区，不仅在芜湖、杭州等地竹木抽分较多，而且工部不时坐派额亦颇为不少，两者严重影响了徽州地方经济的发展。

第二节　徽州山林物产的采运

徽州山区物产资源丰富，盛产木材、茶叶、毛竹、桐油、药材等作物，尤其是木材和茶叶为徽州山林物产之大宗，主要外运外销。木材兴养

---

① （明）何士晋：《工部厂库须知》卷5《木料等价规则》，《北京图书馆古籍珍本丛刊》第47册，第444—445页。
② 《明世宗实录》卷1，正德十六年四月壬寅，第4页。

周期较长，往往需要二三十年才能成材，其砍伐、运输较为复杂。而茶叶每年春季皆可采摘，其运输也较为简单。徽州木材和茶叶等山林物产的运输主要以水路运输为主，茶叶则间有陆路运输。下面主要就徽州山林物产的采伐、运输作一论述。

一　徽州山林物产的采伐

徽州主要以出产杉、松著称，木材成材后，需要砍伐发卖，这在徽州称为拚山。徽人在长期的生产实践中形成强烈的契约意识，一般在采伐林木时多立有采木文约。现举一例：

> 西都谢进原今买到本都谢文辉宅，土名程培坞。东培浮本，里至嫩地，外至深弯、外岭。西培从坞口进里取一弯一培，外至嫩地弯心，里至岭直下，与东培深弯、外岭两地皆相对，上岭下田。其二处四至内，木直［植］无分大小，进原砍搬前去发卖。其文辉叔侄存留未卖连界一千一百二十三号内浮木，进原不至侵盗。如为［违］，听自追培［赔］无词。今恐无凭，立此为用。
>
> 　　成化十年九月二十四日　　　　谢进原（押）①

从该文书内容来看，祁门十西都谢进原于成化十年（1471）买下谢文辉山场二处，将在"木直［植］无分大小"，砍伐发卖。谢进原可能为从事木材贸易的商人。

徽人在拚山时往往通过订立拚约的方式来促成交易，确定双方的权利与义务。从其内容看，拚山契约主要有出拚约和承拚约。出拚约是指由卖主出据，将山场林木出卖给他人砍伐、贩运而订立的文约，由买主伐木发卖，在木材砍完后，将山场交换卖主。承拚约则是指买主出据，承买山场林木，前去砍伐发卖，在木材砍完后，也要将山场交换卖主。无论是出拚约还是承拚约，对山主来说，都是将木材出售，获得收入，因此，在文约订立后，山主都不能干涉木材的采运。来看下面拚山文书。

先看出拚约：

---

① 《徽州千年契约文书（宋·元·明编）》卷1，第193页。

材料一：十三都康文光同侄康潮原、泱、时正等与康云保、盛保、德辉、应岩等，共有在（山）浮杉松木一号，土名胡家坑、白石坞、合源，共山一十二亩，内本家叔侄原买得十二都胡青云名下山八分三厘。今现砍杉松，出拼与云保等前去做造收卖，凭中议作价银一两五钱正，当即收讫。所有砍过木空山，本家叔侄实该山八分三厘，日后眼同召佃，锄种栽苗，各无异言，立拼约为照。

再批，前山十二亩，除文光叔侄分籍外，康天福该山一分三厘零，在云保等十一亩一分七厘内。

万历元年四月十八日立拼约人　　　康文光

再批，号内未能砍杉松照前。

同侄　　　康潮　　康泱　　时正

中人　　　康时

亲眷　　　凌祥护

代书　　　陈祁保①

材料二：十三都康潜、康濠、康天互、康雷等，今用价买受得康博、康懌、康德辉名下立山浮木□□□□□，土名高旱坑，系博等承祖康衢买受凌□□等原典康仕宗承祖金业康仲辛经理山号，内博等同悔共该山八分三厘三三，博、懌、辉共该山六分二厘。会（？）道有立山浮木松杉，身等拼受前去砍研发卖，价银当凭中付讫，立此受契为照。

万历三年二月初九日立受契人　　　康潜

同弟　　　康濠

侄　　　康天互　　康雷

中见　　　康泽②

材料三：房东郑定、佛右、一诚、维烈四大分等，今将十六都四保土名张弯企山浮木杉松十备，其界上至黄藤坑口界，下至上坞

<hr>

①《明代万历元年四月祁门康文光等出拼在山浮木文约（抄白）》，原件藏中国社会科学院中国历史研究院，编号：115140104001。

②《明代万历三年二月祁门康潜等出拼在山浮木文约》，原件藏中国社会科学院中国历史研究院，编号：115140302001。

口界，本家坟后来龙并屋后及杀牛弯浮木杉松，出拚与倪南明、陈付旺、汪师保名下前去砍斫发卖，凭中面议时价纹银十三两整。其本家坟后并青龙、白虎二疵大杉木及青龙、白虎弯坞内大小杉松、杂木，不在拚内，无许混砍。又杀牛弯下边，大松木一路，亦不在拚内，无许混砍。如违前约，混砍一根，罚银一两，立此拚约为照。

再批，本家屋后来龙杂木亦不在拚内。再批，其山宪道名目、四至内，议作价银二两五钱正，坳边松木存五根，不许砍。

万历十六年二月十六日立拚约房东　　郑定　郑一诚　郑维烈

中见　郑相达①

材料一和材料二反映的是宗族内部的山场交易。材料一中山场为康文光、康云保等共同所有，而康文光等将山场出拚给康云保等人，议定"现砍杉松，出拚与云保等前去做造收卖，凭中议作价银一两五钱正"。康云保即是山主，占有分籍，又是承拚人。这种现象在徽州较为普遍。材料二中祁门十三都康潜等买受先祖康衢公分下山场，承拚前去砍斫发卖。在材料三中，"房东郑定、佛右、一诚、维烈四大分"等，将山场林木"出拚与倪南明、陈付旺、汪师保名下前去砍斫发卖，凭中面议时价纹银十三两整"。这是山主（房东）将山场林木出拚给佃仆砍斫发卖的典型事例。佃仆有能力价买山主林木，说明晚明时期，以商品经济迅速发展为契机，有些佃仆的经济能力有所提高。

在徽州，有些人专门从事木材伐运，他们往往将山场包买，立有承拚文约。如：

材料一：在城立承约人方梓茂，今有五都洪　　名下黄岗塘坞经理水字　　号山木一备，东至洪地，西至降，南至方山，北至洪山、合湾南北二培。在山松杉浮木，洪合得一半，今身承去拚砍，三面议定，时值价纹银一两一钱整。其木听方前去砍伐，其价银约在本月内

---

① 《明代万历十六年二月祁门郑定等出拚浮杉松木文约》，原件藏中国社会科学院中国历史研究院，编号：115141602002。

一并交还洪众，不致违误。今恐无凭，立此为照。

　　天启七年二月初三日立承约人　　　方梓茂（押）

　　　　　　　　奉书男　　　方成象（押）

　　　　　　　　中见人　　　洪大科（押）①

　　材料二：在城立承约人方成象，今有五都洪　　名下黄岗塘坞经
理水字　　号山木一备，东至洪地，西至降，南至方山，北至洪山、
合弯南北二培。在山松杉浮木并柴槎，洪合得一半，今身承去拚砍，
三面议定，值价纹银一两一钱整。其木柴听方前去砍伐，其价银约至
二月内一并交还洪众，不至迟误。今恐无凭，立此为照。

　　天启七年二月初三日立承约人　　　方成象（押）

　　　　　　　　中见人　　　洪大科（押）②

　　材料三：十五都汪福寿等，今承拚到本都郑安信分下英才名目山
一号，坐落五保，土名东坑源，系三百三十九号，东降，西召田，
南、北召山，拚到四至内浮杉松木，主力三分中合得一分，所有四至
立山浮木，先后前去砍研，其价付足。今恐无凭，立此为照。

　　万历十六年八月十七日立

　　　　　　　承拚人　　汪福寿（押）　汪兴相（押）　汪兴贵（押）

　　　　　　　代笔　　汪兴祥（押）

　　　　　　　中见　　郑圣荣（押）③

　　材料一和材料二为方梓茂父子的归户文书。天启七年（1627），"在
城"方梓茂父子承拚五都洪氏山场林木，议定"时值价纹银一两一钱整，
其木柴听方前去砍伐"。材料三为汪福寿承拚郑安分下山场林木文约。方
梓茂父子和汪福寿专门从事木材伐运，很可能是木商。

　　因生计所迫，徽人有时也会出卖一两根木材来应急。如《崇祯十年洪
时耀拚木契》：

---

① 《徽州千年契约文书（宋·元·明编）》卷4，第207页。
② 《徽州千年契约文书（宋·元·明编）》卷4，第208页。
③ 《徽州千年契约文书（宋·元·明编）》卷3，第212页。

立拚约人洪时耀今因缺少使用，自情愿将古楼山松木一根、杉木一根，凭中出拚与清明会内，得价纹银五钱一分六厘整。其树并无内外人拦占，听从砍斫。今恐无凭，立此拚约存照。

崇祯十年三月十二日立拚约人　　洪时耀（押）

中见人　　洪天性（押）洪时正（押）①

洪时耀就是因为"缺少使用"，而"将古楼山松木一根、杉木一根，凭中出拚与清明会内，得价纹银五钱一分六厘整"，以此来缓解生活压力。

徽州宗族往往以"众存产业"的形式占有广大山场，每个房分都占有一定的份额，因此在山场拚卖时，其木价也往往以股份的形式进行分配。例如：

万历元年癸酉、万历二十一年十月初四日，将本都三保一千七十七号，土名司徒庙下，系顺夫名目山一号，在山浮杉松木一号，出拚与余天龙、兴龙、有二乙等，得价银二两三钱正。作山一十九股分，各人山分得价银开派于后，眼同清单。

衢公四大房该分得价银一两一钱五分；泰得玠山，该分得价银三钱八分三厘；协得瑄山一半，该分得价银一钱九分一厘五；玠得琼山，该分得价银一钱九分一厘五；瑄分承祖并承琼山，该分得价银三钱八分三厘。

崇祯十五年八月二十四日，将本都三保一千七十七号，土名司徒庙下，系顺夫名目山一号，在山浮杉松木出拚与康佛佑名下。得价银一两六钱正，作山一十九股分，各照山分得价派于后。

康衢公祠四大房该分得价银八钱；泰得玠山，该分得价银二钱六分六厘；协得瑄分山一半，该分得价银一钱三分三厘；界（玠）得琼分山，该分得价银一钱三分三厘，瑄分山并承琼分山，该分得价银二钱六分六厘。②

---

① 《徽州千年契约文书（宋·元·明编）》卷4，第418页。

② 《明代万历二十一年十月祁门康衢公祠四大房均分出拚在山浮木价银合同（抄白）附崇祯十五年康衢公祠四大房均分出拚在山浮木价银合同抄白》，原件藏中国社会科学院中国历史研究院，编号：115142110001。

这是祁门康氏宗族出拚林木文约。其山场为康衢公秩下四大房共同所有，万历、崇祯年间将山场出拚，以十九股均分。从其交易额看，山场规模不大，分配到各人所得就更少。这是因为随着世代的推衍，分家析产日益频繁，原先的家产被不断析分，"分籍"日益零碎化。这是宗族人口繁衍的必然结果。

"共业分股"的山场，在林木砍伐之际，也往往是采取写立产业清单的方式，按照各自所持有的山场"分籍"，按股进行分配。现举一例：

石溪康云保、康快、康浃、康德辉、康应岩等，共买受得三保土名胡家坑、白石坞山一号，系七百七十九号李瑞夫名目，计山十二亩。今议将在山杉松苗木斫砍，凭中将山买受山骨分籍契据逐一查明，开具于后。

计开前山十二亩：

云保得一亩八分，快兄弟买得六亩五分，德辉叔侄买得二亩四分，浃兄弟买得四分，应岩买得五分，胡宅现存山二分二厘。

前山分籍多寡，悉照此立清单为准，日后毋得各执买契再生异言争论。

其山力分共计十二股，各人买受多寡于后：

云保自种一股；快兄弟自种并买得奇保等，共得五股半；德辉买得林乞保、汪进同、吕重、胡元得、乞保、康黑等，共得五股半；浃买得胡福得半股。

其力分遵照原立断约，对半均分，现议落分砍斫作二十四股做：

云保做三股，除本身山分并自种力分外，仍该落分做，德辉兄弟山分二分，快兄弟做十二股，德辉做六股外，□山四分，将二分与云保落分做坐，二分与应岩落分做；又多力分一股，亦当与应岩落分做，该山分力分四半股，又做胡宅山二分二厘，又做久山一分八厘。前山落分砍做杉木并松柴，议定每价银一两，山主得四钱五分，落分得五钱五分。

隆庆六年五月十五日立

　　　　　清单人　　　康云保　康快　康浃　康德辉　康应岩
　　中见代书人　　　康时①

---

① 《明代隆庆六年五月祁门康云保等买山清单（抄白）》，原件藏中国社会科学院中国历史研究院，编号：115130605001。

从上引文书看，祁门石溪康云保等人曾经共同买受山场，在隆庆六年（1572）砍伐山场林木时，查明当时买受山场分籍，并按照各自所占山场分籍多寡，写立山场清单。从清单内容看，该山场共分十二股，山场力分为二十四股份。康云保自种一股，且又承佃山场三股。可见康云保即是山主，又兼做佃山人。

祁门十六都石潭汪氏的几份出拚山场林木清单，较为生动地反映宗族内部"共业分股"的山场利润的具体分配方式。如天启四年（1624）八月，拚樵溪、荒田岭并一六住后山木与十五都郑容，得价银二十四两。其具体分成情况如下：

> 其山原系本祠七大分业，后因忠股决公、永股沔公扞葬在上，四大分一半卖与决、沔二家秩下对半为业，三大分一半存。
>
> 忠股：琳、铎、济，共得六股之一。
>
> 琳承祖通山十八股之一，又买受四大分一半，通山四股之一，又买济秩下以乐分籍，通山七十二股之一。后照、晬、廉等，将本位承祖并买受，与继芳承炫故绝分籍一并卖与浮梁教坞江霸。霸之子又一并转卖与本兄弟都、诰、报三人名下。琳股承祖并买受分籍，本兄弟净得一半有零。
>
> 铎秩下材三子，俱存；朴二子煙存，奎说卖党（未清白），梧卖本家玛公祀会，裕在铎公秩下得一半，卖本情。
>
> 济公秩下，除乐卖与琳股，仍梁枭架俱存。
>
> 永股：沔、润、晏、添，共得六股之一。
>
> 沔已买得四房一半，通山合得四股之一；又承祖二十四股之一，本睦死后，亲房本盛、本全将沔该得分籍，全卖与本家三大分祀丁会，以为睦股户门祭葬之需。
>
> 润二十四股之一，存。
>
> 晏、添二股秩下梓、桐、梅、江、矶等，梓、桐、梅俱卖与本家玛公；江、矶系本家三大分分。
>
> 良股：润、汛共得六股之一。
>
> 润分下橧、楮存，祝六十股之一，卖浮梁教坞江霸。霸之子转卖与本兄弟都、诰、报三人名下，榜、楣卖江霸，霸子复卖兄元德。

汛分下，存。

本兄弟于二十四两价银内，当分得四两四钱，除本位承祖分籍在外。

本报亲笔清单，留后执证。①

从此山场清单看，祁门石潭汪氏宗族的樵溪、荒田岭等处山场，以忠、永、良三大基础房为划分依据，分为三大股。其各秩下子孙的扩展房又各自分为若干股，分籍零碎化十分明显。又如天启二年（1622）拚山清单：

共拚与李五保、许银做拚价一十二两。内除予用三钱六分，仍一十一两六钱四分六厘。

英等得一两六钱一分六厘，又一钱六分一厘。

照分得一两六钱一分六厘，又一钱六分一厘。江收处。

炫分得一两六钱一分六厘，又一钱六分一厘。李处。

萤、坤、雨、赤、幸、震、烟、骥、龙，共分得一钱七厘五毛。

梧分得五分三厘七毛。郑处。

梗得一钱六分一厘。江处。

集得一钱六分一厘。郑处。

梁、乐、琰三钱六分三厘。郑处。

架分得一钱二分一厘。江处。

沔、植、栋、柱三钱六分三厘。江处。

梓兄弟分得三钱六分三厘。江得一钱二分一厘，英得二钱四分二厘。

机分得三钱六分三厘。江处。

澜、汛分得一两四钱五分三厘。江处。

松兄弟得一钱五分一厘五毛。英处。

涷得共四之一，一钱五分一厘五毛。英处。

启得四之一，一钱五分一厘五毛。英处。

---

① 《顺治祁门汪氏抄契簿》，《徽州千年契约文书（清·民国编）》卷4，第112—114页。

　　杲得七分五厘八毛。江处。

　　四祐得七分五厘八毛。英处。

　　权得一钱五分一厘五毛。又得乔七分五厘八毛。

　　圣、大共得一钱五分一厘五毛。大又得乔七分五厘八毛。

　　重得七分五厘八毛。

　　厚得七分五厘八毛。

　　溃、汗、焦共得三钱三厘。江一钱一厘，英一钱一厘，李一钱
一厘。

　　焦三钱三厘，内倪思敬得一钱五分一厘五毛。

　　焊、爱、贯、潼、潢共四之一。

　　焊、爱、贯得三钱三厘。外潼得一钱五分一厘五毛。

　　潢得一钱五分一厘五毛。内江、英、李各五分零五厘。

　　荒田岭下山价六两六钱。内除三钱发客，除三钱中人。

　　何福三股之一，价二两。

　　汪本都四股之一，价一两五钱。

　　汪兴隆等十二股之一，五钱，仝尚圣等。

　　汪时英十股之一，六钱，分砍木。

　　倪思元等十八股之一，三钱。

　　倪道隆等六股之一有零，一两一钱。

　　天启二年二月初三日分单

　　　　　　　　　　中见人　　汪尚圣　　何文寿　　何文松　　胡廷启

　　此单倪道隆舅亲笔，据分价，隆等不得六股之一。照单录抄白。①

　　从该山场清单来看，石潭汪氏出樵溪山场，净得木价银 11.646 两；出
拚荒田岭下林木，得银 6 两。但是由于是宗族七大分"共业"山场，所以
在各自房派之下有依据房分层级进行利润分配，最后分到每个族人的利润
十分稀少，其山场"分籍化"十分明显。

　　徽州商人往往也采取合伙拚买杉木，从事木材贸易。如万历三十九年
（1611），祁门奇峰郑元祜、逢旸、逢春、师尹、大前兄弟叔侄 5 人，就曾

---

① 《顺治祁门汪氏抄契簿》，《徽州千年契约文书（清·民国编）》卷4，第119—122 页。

"合伙拼买杉木，至饶造捆，往瓜（州）发卖"①。

在山场林木砍伐的过程中，为防止越界伐木行为，徽人往往采取对所砍木材标用"斧号"，来确定其权属。最迟在元代元统时期，徽人就采用了"斧号"制度。例如元统三年（1335）的一份文书：

> 十三都二保洪社客，头祖墓一段，坐落四都二保，土名张婆坞。却于元统三年二月原到彼看幸，原有四都潘富二评事砍斫杉木并株大木在山，彼时用宝字铁号印讫。今二家凭社长众人入坟内看视，即系控［空］地内砍斫木植，不系坟地畔砍斫。今随即退宝字铁号付与潘富二评事，用人王搬前去，本家不在阻挡。今恐人心无信，立此推号文书为用考。
>
> 元统三年三月初六日　　洪社客（押）
>
> 　见退号人　　洪仁官人（押）②

上引为一份退号文书，四都潘富二砍斫的木材用宝字铁号作为标记。元统三年（1335）十三都洪社客误以为潘富二是在自家墓林中伐木，于是请社长、族人众登山勘查，结果发现潘富二是在"控（空）地内砍斫木植，不系坟地畔砍斫"，于是将用宝铁号作标记的木材交还潘富二，由潘富二搬运发卖。

到了明代，"斧号"标记在解决木材砍伐纷争中发挥着重要的作用。如《排圬畔胡姓砍木文约》：

> 十二都胡琳仝文玉等，于弘治二年二月到排圬畔山上，将树木砍斫。其山本是凌姓买受仝业，凌姓将树斧号印记，托中理论，凭中劝谕。今胡龙泉劝息，立此文约，将前项木植并在山木，尽是凌胜宗、宗生等管业无词。日后本家即无争竞异言。今恐无凭，立此文约存照。
>
> 弘治二年三月初二日立议文约人　　胡琳　胡玉
>
> 　代书见证人　　胡龙泉③

① 《徽州千年契约文书（宋·元·明编）》卷3，第438页。

② 《元统三年三月徽州洪社客立退号文书》，原件藏中国社会科学院中国历史研究院，编号：114130303001。

③ 《嘉庆祁门凌氏膳契簿》，《徽州千年契约文书（清·民国编）》卷11，第488页。

　　这是一份祁门十二都胡姓所立砍木文约。弘治二年（1489），祁门十二都胡琳、胡玉误砍了三四都凌氏所买山场林木，被凌氏族人发现，凌氏遂将被砍木材"树斧号印记，托中理论"。后在胡龙泉等人的劝谕下，胡琳等人"将前项木植并在山木，尽是令胜宗、宗生等管业无词"。

　　除出产木材外，茶叶也是徽州主要山林物产之一。早在唐代，祁门、婺源出产的茶叶就相当有名，源源不断地运往江西销售。到了明代，徽州茶叶品种不断增多，茶叶产量不断增加，茶叶品质不断提升。明代徽州茶叶品种主要有"雀舌、莲心、金芽，次者为芽下白，为走林，为罗公。又其次者，为开园，为软枝，为大号，名虽殊而实则一"① 明代徽州籍学者詹景凤在《明辨类函·食法》中说："吾邑新安六邑，并有佳茶，出茶之地不一，而黄山椰源步郎者胜。茶之品不一，而名雀舌者优。"②

　　茶叶的采摘以清明前后为最佳，这时采摘的茶叶称为"头番"茶。对此，詹景凤亦云："大谛茶以清明前头番为上。就时取之，及其嫩也；乘露采之，及其鲜也；即时制之，及其味未变也。迟则变矣，经宿则败矣。制而非法，则直损而味失矣。吴中鬻茶者，多以桂柳之芽相半，赚人青蚨，而茶非其茶，名天池、虎丘，固不如新安真也。……若茶而至次番，则树之气力已薄，味视头番不啻减半，矧又以他树芽颖参之而不真乎。故茶之贵，真贵鲜也尚矣。"③ 在徽州，谷雨前后也是采茶的好时节之一，所谓"谷雨前后竞采茶"④。

　　明代徽州茶叶品种繁多，其中以松萝茶最为有名。松萝茶本出自休宁松萝山。松萝山，"在县北十三里，高一百六十仞，周十五里，与天葆山联。山半石壁插天，峰峦攒簇，松萝交映，有禅庵焉，创于唐，迁于元，新有大悲殿，寄萝庵并胜概也"⑤。明代隆庆年间，由寓居休宁的僧人大方创制，后来由于市场的扩大，加上"松萝法"不断改进，其品质不断提

---

　　① （明）彭泽修，汪舜民纂：弘治《徽州府志》卷2《食货一·土产·货物》，《天一阁藏明代方志选刊》第21册。
　　② 陈彬藩主编：《中国茶文化经典·明代卷》，光明日报出版社1999年版，第453页。
　　③ 陈彬藩主编：《中国茶文化经典·明代卷》，第453页。
　　④ （清）周溶修，汪韵珊纂：同治《祁门县志》卷5《舆地志·风俗》，《中国方志丛书·华中地方·第240号》，第239页。
　　⑤ （清）廖腾煃修，汪晋征等纂：康熙《休宁县志》卷1《图说·山川》，《中国方志丛书·华中地方·第90号》，第215页。

高，其产地不再局限于休宁松萝山，而是出现徽州各地出产之茶"总号松萝"的繁荣景象。万历《歙志》记载："茶，多出黄山、榔源诸处。往时，制未得法。二十年来，邑人有薙染松萝者艺茶为圃，其法极精，然蕞尔地耳。别刹诸髡采制，归共以取售，总号曰'松萝茶'。"①

关于松萝茶的制作之法，明代多部茶书均有记载。罗廪《茶解》称："松萝茶，出休宁松萝山，僧大方所创造。其法，将茶摘去筋脉，银铫妙制。"② 龙膺的《蒙史》对松萝茶的制法有着这样的描述：

> 松萝茶出休宁松萝山，僧大方所创造。予理新安时，入松萝，亲见之，为书茶僧卷。其制法用铛磨擦光净，以干松枝为薪，炊热候微炙手，将嫩茶一握置铛中，札札有声，急手炒匀，出之箕上。箕用细篾为之，薄摊箕内，用扇搧冷。略加揉接，再略炒，另入文火铛焙干，色如翡翠。③

闻龙《茶笺》对"松萝法"则记载：

> 茶初摘时，须拣去枝梗老叶，惟取嫩叶。又须去尖与柄，恐其易焦，此松萝法也。炒时须一人从旁扇之，以祛热气，否则色香味俱减，予所亲试。扇者色翠，不扇色黄。炒起处铛时，置大瓷盘中，仍须急扇，令热气稍退。以手重揉之，再散入铛，文火炒干，入焙。盖揉则其津上浮，点时香味易出。④

谢肇淛在《五杂组》也描述了"松萝法"：

> 今茶品之上者，松萝也，虎丘也，罗岕也，龙井也，阳羡也，天池也。……余尝过松萝，遇一制茶僧，询其法，曰："茶之香原不甚相远，惟焙者火候极难调耳。茶叶尖者太嫩，而蒂多老。至火候匀时，

① （明）张涛、谢陛著，张艳红、王经一点校：万历《歙志》考卷5《物产》，第101页。
② （明）罗廪《茶解·制》，载叶羽主编《茶书集成》，第208页。
③ （明）龙膺：《蒙史》卷下《茶品述》，载叶羽主编《茶书集成》，第240页。
④ （明）闻龙《茶笺》，载陈祖椝、朱自振主编《中国茶叶历史资料选辑》，第173—174页。

尖者已焦，而蒂尚未熟。二者杂之，茶安得佳?"松萝茶制者，每叶皆剪去其尖蒂，但留中段，故茶皆一色，而功力烦矣，宜其价之高也。①

从上述明人各种茶书中对松萝茶的描述可知，松萝茶的品质之所以能独树一帜，饮誉海内外，主要在于"松萝法"的创制与传播。因为松萝茶品质优胜，其市场需求不断扩大，从而使得松萝茶的品种也不断增加。乾隆《歙县志·物产》记载："茶概曰松萝。松萝，休山也。明隆庆间，休僧大方住此，制作精妙，郡邑师之，因有此号。而歙产本轶松萝，上者亦袭其名，不知佳妙自擅地灵，若所谓紫霞、太函、幕山、金竺，岁产原不多得，其余若蒋村、径岭、北湾、茆舍、大庙、潘村、大塘诸种，皆谓之北源。北源自北源，又何必定署松萝也，然而称名者久矣。"② 明代万历年间，松萝茶销售十分走俏，出现"远迩争市，价候翔涌"③ 的繁荣景象。

由于经营松萝茶有利可图，在利益的趋势下，有不少商人"冒名松萝"，使得市场上的松萝茶真假难辨。黄龙德《茶说》云："茶之所产，无处不有。而品质高下，鸿渐载之甚详，然所详者为昔日之佳品矣。而今则更有佳者焉，若吴中虎丘者上，罗岕者次之，而天池、龙井、伏龙则又次之。新松萝者上，朗源沧溪次之，而黄山磻溪则又次之。……其余杭浙等产，皆冒虎丘、天池之名。宣池等产，尽假松萝之号。此乱真之品，不足珍赏者也。……真松萝出自僧大方所制，烹之色若绿筠，香若兰蕙，味若甘露，虽经日而色香味竟如初烹而终不易。"④ 罗廪《茶解》亦称："今各山悉仿其法，真伪亦难辨别。"⑤

除松萝茶外，明代徽州的黄山云雾茶也较为著名。黄山优质的山水环境是其出产名茶的关键。"新安黄山东峰下有硃砂泉，可点茗，春色微红，此自然之丹液也。"⑥ 许楚《黄山游记》具体记载了黄山云雾茶："（莲花）

① （明）谢肇淛撰，韩梅、韩锡铎点校：《五杂组》卷11《物部三》，第352页。
② 乾隆《歙县志》卷6《食货志下·物产》，《中国方志丛书·华中地方·232号》，第335页。
③ （明）冯时可：《茶录·茶》，载陈祖槼、朱自振主编《中国茶叶历史资料选辑》，第170—171页。
④ （明）黄龙德：《茶说》，载叶羽主编《茶书集成》，第288页。
⑤ （明）罗廪：《茶解·制》，载叶羽主编《茶书集成》，第208页。
⑥ （明）孙大绶：《茶谱外集》，载叶羽主编《茶书集成》，第127页。

庵地平旷约二亩许，四楹三室，左右映带，篱茨甚幽丽。就石缝养茶，多轻香冷韵，袭人断腭不去，所谓黄山云雾茶是也。"① 此外，万历年间休宁闵汶水创制的"闵茶"，也曾名噪一时，"名垂五十年"。"休宁闵茶，万历末，闵汶水所制。其子闵子长、闵际行继之。既以得名，亦售而获利。市于金陵桃叶渡边，凡数十年。……闵茶名垂五十年。"②

二 徽州山林物产的运输

徽人有着悠久的采木、贩木的历史。早在南宋时期，徽州木材、茶叶、桐油、纸张等土特产品运往浙江、江西等地销售。《新安志》载："山出美材，岁联为桴下浙河，往者多取富。"同书又称："祁门水入于鄱，民以茗、漆、纸、木行江西，仰其米自给。"③ 范成大在《骖鸾录》中记载其所见徽州木材运送过程：

> 歙浦杉排，毕集桥下，要而重征之，商旅大困，有濡滞数月不得过者。余掾歙时，颇知其事。休宁山中宜杉，土人稀作田，多以种杉为业。杉又易生之物，故取之难穷。出山时价极贱，抵郡城已抽解不赀，比及严，则所征数百倍。严之官吏方曰："吾州无利孔，微歙杉不为州矣。"观此言，则商旅之病，何时而瘳。盖一木出山，或不直百钱，至浙江乃卖两千，皆重征与久客费使之。④

由此可见，南宋时期，徽人已将木材大量运往严州等地销售，获利颇丰，使得严州府以征收商税为主要财源。

到了明代，由于市场需求扩大，木材价格提高，徽州木材大规模运往外地销售。当时木材主要依靠水路运输。林木在被砍伐后，有时需要借路拖运木材，以靠近河流，便于运输。如《成化十一年祁门洪社宽借路文约》：

---

① （明）许楚：《黄山游记》，载王克谦选注《历代黄山游记选》，黄山书社1988年版，第81页。
② （清）刘鉴：《五石瓠》卷55《闵茶有二》，吴江沈氏世楷堂藏板，光绪二年重刻本。
③ （宋）罗愿撰，肖建新、杨国宜校注：《〈新安志〉整理与研究》卷1《州郡·风俗》，第17页。
④ （宋）范成大：《骖鸾录》，载范成大撰，孔凡礼点校《范成大笔记六种》，第45页。

十西都洪社宽等买到土名虎阶杉木一片，今借到同都谢文辉、谢玉清等土名长小垄山内路一条，抡木经过。议之完日，自行用工掘毁，其路不通往来无词。今恐无凭，立还文约为用。

成化十一年十一月十五日立约人　　洪社宽（押）①

成化十一年（1475），祁门十西都洪社宽等将所买山场杉木砍伐后，借到"西都谢文辉、谢玉清等土名长小垄，山内路一条，抡木经过"，并议定在木材运输结束后，洪社宽等人"自行用工掘毁"所开运木材小路。

徽人往往是在冬季砍伐木材，经过数月风干后，到来年春季江河涨水时，再将木材搬运下山，运至江河中，外运发卖。对此，清初徽州学者赵吉士在《寄园寄所寄》中称："徽处万山中，每年木商于冬时砍倒，候至五六月，梅水泛涨，出浙江者，由严州；出江南者，由绩溪顺流而下，为力甚易。"② 在木材运输的过程中，因距离水次较远，往往需要赁地堆放一段时间，经数月风干后，再搬运至河流运输发卖。《成化十一年祁门胡神童租地文书》即为一例：

十二都胡神童同都汪祖生同西都方胜原、方道原等，今买得东源头浮木一片。今搬抡至黄村、查弯山栈培山，思系搬抡艰难，自情愿出备银五钱，赁到十西谢文辉、玉清、玉濂名下查弯山栈培山，山内后便放硪。神童等即不敢损坏山内杉木，及不敢四处乱放。如有此等，听自文辉告理无词，自行甘陪［赔］损坏。今恐无凭，立此文书为用。

成化十一年十月初五日立文书人　　胡神童（押）

方胜原（押）

方道原（押）

汪祖生（押）

代书人　　胡礼智（押）③

① 《徽州千年契约文书（宋·元·明编）》卷1，第199页。
② （清）赵吉士辑撰，周晓光、刘道胜点校：《寄园寄所寄》卷11《泛叶寄·故老杂纪》，第877页。
③ 《徽州千年契约文书（宋·元·明编）》卷1，第197页。

十二都胡神童将所买山场林木砍斫后，"抬至黄村、查弯山栈培山"，因感到搬运困难，于是出5钱银子，租赁到西都谢文辉等人名下山场，堆放木材，并作出不敢损坏谢氏山内木材和四处胡乱堆放木材的承诺。

徽州虽处万山之中，陆路交通不便，但是水运较为发达。祁门县水运则是"上接闽广，下连苏杭，行旅舟楫往来络绎，实为水陆要津"①。徽州木材主要依靠境内河流运往外地销售。徽州境内主要有新安江、阊江、乐安江等水系。具体到六县来说，"歙县大川，其源从绩溪溪龙从山下，扬之水来至于朱砂崖，过周潭，会于布射、富资水，又南会于大小母碣、丰乐三水，入于练溪，潴于渔梁，又南注于浦口，会休、婺、祁、黟四水，同为新安江，下深渡，出街口，注严州，入钱塘朝宗于海。休宁大川有南港、东港，其南港惟水发源，张公山自西流，东至屯溪；其东港惟白鹤溪水，自黟而下夹源水来会焉，至屯溪与南港为一，注于歙浦。婺源大川以县北浙源山之水为最，水有二：其东流者为浙源水，会于休宁、祁、黟诸水，东入屯溪，入歙浦；其南流者为武溪水，至于县界，经乐平入鄱阳湖。祁门之水最大者，唯北大共水，源出大共山，……会北港水，直注倒湖，入鄱阳。黟县大川北章山之下，章水出焉。东南注于县界，又东南会于横江水，过鱼亭，入休宁，下汶溪、屯溪，注歙浦，同为新安江。绩溪大川以扬之水为冠，扬之水处龙从山，下有二：其北流迳丛山关，过宁国，入芜湖，出扬子江；其南流二十里，为扬溪，……入歙练溪，迳紫阳山北流入于钱塘。"②

即便徽州水运发达，但木材运输依然十分艰辛。明代著名学者王士性曾对木材伐运现象有着十分形象的描述："木非难而采难，伐非难而出难。木植百金，采之亦费百金，值千金，采之亦费千金。上下山坡，大涧深坑，根株既长，轻动不易，遇坑坎处，必假他木抓搭鹰架，使与山平，然后可出。一木下山，常损数命，直至水滨，方了山中之事。而采取之官，风餐露宿，日夕山中。或止一岁半年。及其水行，大木有神，浮沉迟速，多有影响，非寻常所可测。"③ 由此可见，山区木材运输之不易。

---

① 《府宪勒石禁示》，（清）周溶修，汪韵珊纂：同治《祁门县志》卷8《舆地志八·桥梁》，《中国方志丛书·华中地方·第240号》，第271页。

② 康熙《徽州府志》卷2《舆地志下·山川》，《中国方志丛书·华中地方·第237号》，第313—316页。

③ （明）王士性撰，周振鹤点校：《广志绎》卷4《江南诸省》，中华书局2006年版，第289页。

徽州木材主要沿着几条路线运往浙江、江西等地销售。"一从饶州鄱、浮，一从浙省杭、严，皆壤地相邻，溪流一线，小舟如叶，鱼贯尾衔，昼夜不息"①，这正是对徽州木材运输的真实写照。这只是徽州山林物产外运的大致路线，而徽商编撰的路程图则提供了详细的木材、茶叶运输通道。以下笔者主要以明代徽商黄汴《一路程图记》和程春宇《士商类要》为主要史料，对徽州木材、茶叶外运路线作一具体论述。

具体来说，歙县、休宁、黟县的木材、茶叶则主要沿新安江运往杭州、南京、苏州等地销售。程春宇《士商类要》记载从徽州府到杭州的水路路程：

> 本府。梁下搭船。十里浦口。七里至梅口。三里至狼源口。十里至瀹潭。五里至薛坑口。五里庄潭。五里绵潭。五里蓬寨。五里九里潭。五里深渡。十里白石岭。五里境口。对河大川口。五里小沟。五里山茶坪。五里结坞头。五里横石。五里牵毗滩。五里米滩。五里八郎庙。五里街口。巡司。五里王家潭。三里滚滩。二里常潭。二里和尚岭。三里威坪滩。十里竹节矶。五里至云头潭。五里锡行渡。五里老人窗。十里慈滩。对河橦梓源口。十里仰村冈。对河向山潭。十里小金山。即上石渡。五里羊须滩。五里淳安县。三里东溪源口。七里赖爵滩。十里遂安港口。十里塔行。十里藻河。十里至罗山墩。三里瓦窑埠。即关汪庙前。七里至茶园。五里百步街。五里至小溪严。五里猢狲淇。三里童埠。二里试金滩。七里仓后滩。三里白沙埠。进去寿昌县。十里杨溪。十里下街。十里马没滩。十里宗滩。十里倒潭插。十里严州府。建德县。五里至东馆。富春驿。西南进横港，一百里至兰溪县。十里至乌石滩。十里至胥口。十里张村。十里冷水铺。七里钓台。有严子陵祠。三里至鸬鹚源口。五里黄山察。七里六港滩。三里鹅湾。十里桐庐县。桐江驿。十里柏浦。十里至柴埠。十里窄溪。对河新城港口。十五里黄山寺。五里橦梓关。五里新店湾。十里至程坟。十里汤家埠。十里鹿山头。十里富阳县。会江驿。七里大

岭头。三里赤松铺。十里庙山铺。十里大安浦。十里渡船埠。十里鱼浦口。绍兴所盐在此下船。十里至进埇浦。十里杭州江头。陆路。过万松岭，进凤山门。十里至杭州府。

从上述路线看，木材、茶叶运输需要经过众多渡口和码头，作者编辑《水程捷歌》，帮助记诵沿途各地站点。其文曰"一自渔梁坝，百里至街口。八十淳安县，茶园六十有。九十严州府，钓台、桐庐守。橦梓关富阳，三浙埇江口。徽郡至杭州，水程六百走。"①

黄汴《一路程图记》则详细记录了休宁县到杭州的水路：

> 休宁县。十里万安街。二十里梅林。十五里屯溪。上船。浙源至此会黟水，今名南港，即浙江之源。吊桶滩。牛坑。溪东。溪南。草市。黄墩。烟村。岑山渡。共六十里。浦口。五里梅口。至□，陆路十里。上昧滩。下昧滩。箬潭。薛坑口。绵潭。共三十里。深渡。路。至府五十里。长滩。大沟。小沟。三栈坪。横石滩。俗呼天进。牵甽滩。汝滩。俗呼米滩。共五十里。街口。巡司。竹节矶。上锡滩。下锡滩。上、下慈滩。向山潭。共八十里。淳安县。遂安县河口。共六十里。茶园。小溪岩。试金滩。上杨溪。下杨溪。共九十里。严州府。南往兰溪县、衢州府。乌石滩。七里濑、共五十里。钓鱼台。子陵祠。六滚滩。三十里桐庐县。柴埠。可泊。程坟。共九十里。富阳县。浮山案。可以避潮。六和塔。共九十里，至钱塘江。②

祁门、婺源的木材、茶叶主要通过阊江、乐安江水系，运往饶州等地。祁门的木材主要通过阊江运往江西销售。黄汴《一路程图记》详细记录祁门至江西景德镇、鄱阳湖等地的水路通道。其中，从祁门县至湖口的水路路线为：

① （明）程春宇：《士商类要》卷1《徽州府由严州至杭州水路程》，载杨正泰《明代驿站考》（增订本），上海古籍出版社2006年版，第312页。

② （明）黄汴：《一统路程图记》卷7《江南水路》，载杨正泰《明代驿站考》（增订本），第278页。

祁门县。一百里倒湖。一百三十里浮梁县。三十里景德镇。八十里狮子山。九十里饶州府。十里竹鸡林。二十里八字脑。十里洪家阅。二十里团砖。二十里棠阴。巡司。十里打石湾。十里周溪。五里钓台。十五里柴棚。十里饶河口。六十里都昌县。一百二十里南康府。六十里青山。六十里至湖口县。①

从湖口县入鄱阳湖各处的水路路线为：

南至瑞虹三百八十里

本县。六十里南康府。一百二十里都昌县。六十里饶河口。八十里至瑞虹。

东南至饶州府三百七十里

都昌县。六十里饶河口。十里李柴棚。四十里棠阴。二十里团砖。三十里八字脑。二十里竹鸡林。十里饶州府。

西南至江西城三百七十里

本县。六十里青山。六十里南康府。十里左蠡。五十里渚矶。六十里吴城。六十里昌邑。六十里凤凰洲。十里江西城。

西至九江府六十里。

北渡大江，广二十里至大阳庙，又六十里至黄梅县。②

上述两条水运路线正好组成了祁门木材外运江西各地的主要运输路线。

婺源县木材、茶叶主要依靠乐安江运往饶州等地发卖。黄汴《一路程图记》记载了饶州到婺源的水陆路线：

本府。十里乔麦湾。五十里石头街。四十里岭前。三十里乐平县。三十里宝兴寺。三十里毛桥。三十里湾头。二十里黄沙。三十里

---

① （明）黄汴：《一统路程图记》卷7《江南水路》，载杨正泰《明代驿站考》（增订本），第274页。

② （明）黄汴：《一统路程图记》卷7《江南水路》，载杨正泰《明代驿站考》（增订本），第277—278页。

庄坑。六十里婺源县。三十里古坑。三十里汪口。①

徽州发达的水路运输网络，使得徽州境内的木材、茶叶、药材、桐油等山区土特产能够源源不断地被运往外地销售，促进了徽州地区经济的发展。

第三节 明代徽商与山林特产的贸易

徽州境内的茶叶、木材、桐油等山林特产主要由徽商采购并运往外地销售，因此，徽商在徽州山林产品的贩运过程中发挥着重要作用。明代中叶以后，随着商品经济的发展，山林特产的市场需求不断扩大，其商品化程度不断加深。徽人多以木材、茶叶等发家致富，涌现出不少富商巨贾。随着山林产品贸易的发展，徽州境内一些江河渡口、村落成为木材、茶叶、桐油等物资集散地，逐渐形成了地方市场。正是由于源源不断的山林特产运往外地销售，使得徽州与全国各地主要的木材、茶叶等市场联系日益密切。

一 木材贸易

俗话说"靠山吃山，靠水吃水"，徽州山区盛产木材、茶叶、桐油、毛竹等特产，早在唐宋时期，徽人就不乏以贩运这些土特产发家致富者。唐代中后期，祁门县的茶叶生产、贸易十分兴盛，当地人多以茶叶"给衣食，供赋役"。对此，张途《祁门县新修阊门溪记》记载："邑之编籍民五千四百余户，其疆境亦不为小。山多而田少，水清而地沃。山且植茗，高下无遗土。千里之内，业于茶者七八矣。由是给衣食，供赋役，悉恃此祁之茗。色黄而香，贾客咸议，愈于诸方。每岁二三月，赍银缗缯素求市，将货他郡者，摩肩接迹而至。……不独贾客巨艘，居民业舟，往复无阻。自春徂秋，亦足以劝六乡之人业于茗者，专勤是谋，衣食之源，不虑不忧。"② 这其中应该有不少祁门茶商从事茶叶贸易。宋代徽人以茶、木发家

---

① （明）黄汴：《一统路程图记》卷7《江南水路》，载杨正泰《明代驿站考》（增订本），第275页。

② （唐）张途：《祁门县新修阊门溪记》，《全唐文》卷802，第8430—8431页。

者不断增多。南宋罗愿《新安志》称："休宁……山出美材，岁联为桴下
溯河，往者多取富。"①

到了明代前期，徽人茶、木贸易有了新发展。程希道，"尝往邻邑太
平之弦歌乡，置买山场，做造牌筏，得利无算。"② 程实少 "客江湖间，尝
以木易粟，至姑苏贷人。值岁侵，悉弃不取而归。归更事畎亩不复出，力
勤孔时，所入恒倍。家居率晨起，呼子弟督佃佣，各职其职，无侈以肆"③
休宁人程宾赐，"尝自婺源伐巨木五千余，由饶湖抵京至安庆和卖之。"④
休宁人黄义刚，"少商木筏于杭、浙、姑苏，壮经营于正阳、固始，得生
财之大道。"⑤ 程志发 "尝做造牌筏，得厚利，置田一顷余。"⑥ 明永乐年
间，休宁荆墩戴叔明贩木于浙江湖州府德清县。⑦

休宁范氏族人从事木材生意颇为突出。明初，范声远（1362—1427），
同其弟范天远、范文远（1375—1413），常将徽州本地的木材扎排，"从饶
之石埭而下，值夜水暴作，木植漂尽，行李一空。惟兄弟三人，罄身登
岸，寄树巢两旦，暮相顾而哭，水退抵一洲，见沙中隐隐一竹笼，欹角取
之，则己所漂物也。存银七十两，衣服数领，寻赎失木数百株，鬻之获息
亦数倍"⑧，贩运外地销售，获利颇丰。明弘治、正德年间，范钦，"初鬻
木于两淮，继而北上，继而业盐筴，抵淮西"⑨，则是先从事木材生意，获
得一定资本后，转而到两淮经营盐业。范鏋，"弱冠侍父贾两淮，时以木
为贸易。已而，谓父曰：'开支场盐，为淮南商不愈于木商乎？儿可为父

---

① （宋）罗愿撰，肖建新、杨国宜校著：《〈新安志〉整理与研究》卷1《州郡·风俗》，第
17页。

② 《新安程氏诸谱会通》第三册《希道公传》，转引自张海鹏、王廷元主编《明清徽商资料
选编》，第185页。

③ （明）程敏政辑撰，何庆善、于石点校：《新安文献志》卷90《百岁程君实墓表》，第
2237页。

④ （明）程敏政辑撰，何庆善、于石点校：《新安文献志》卷90《孝廉程公孟思墓志铭》，
第2220页。

⑤ 《休宁黄氏世谱》卷2《黄义刚传》，转引自张海鹏、王廷元主编《明清徽商资料选编》，
第292页。

⑥ 《新安程氏诸谱会通》第三册《程志发传》，转引自张海鹏、王廷元主编《明清徽商资料
选编》，第191页。

⑦ （清）戴叔标纂：乾隆《隆阜戴氏荆墩门家谱》卷1，清抄本。

⑧ （明）范涞：《休宁范氏族谱》卷8《谱传·声一公》，明万历刻本。

⑨ （明）范涞：《休宁范氏族谱》卷8《谱传·敏三公》。

壮之.' 从所请, 操纵有方, 所获课利日倍, 众目为名贾"①, 也是开始随父从事木材贸易, 然后转为从事盐业生意.

明代前期, 歙县棠樾鲍通 (1395—1434) "弱冠挟茶货贸易江湖, 以其产增置产业, 处宗党尚宽和, 于人无忤."② 歙县槐塘程宗敏 (1375—1429), "尝于黄山兴贩簰筏, 餐风冒雨, 往返十年, 资本颇裕"③, 经营黄山木材发家. 从明代永乐年间开始, 婺源沱川余氏族人多从事木材业发家致富. 余定广 (1411—1473) 置有大量山场, 积极从事木材经营, 有一天其木材被盗砍, "有邻报公, 某处杉木被某商人越界侵伐, 使人往视之, 商人惧, 出赀以谢罪, 公疑之, 复亲往视, 所侵无多, 即举商人所偿价而还之. 商人遂对天跪拜, 以富贵昌大祝公之子孙而去".④ 正统时期, 歙县许承尧先祖就已将徽州茶叶运至居庸关销售.⑤

明代中期以后由于商品经济的不断发展, 徽商开始崛起, 徽州茶叶、木材大量外销. 正如王廷元所言: "徽州木商的崛起是从明代中叶开始的."⑥ 弘治《休宁志》称: "杉、漆、桐油, 徽人树此为业, 凡江浙、南畿之境, 油漆、器皿、屋料、木植皆资于徽, 而休宁一县多产于西北乡. 杉利尤大, 凡种以三十年为期, 斫而贩之, 谓之杉羔, 动以数十万计."⑦ 康熙《徽州府志》亦云: "山林材木、茗、栗、桐、漆之属, 食利亦无算."⑧ 可见, 从事木材贸易十分有利可图.

在徽属六县中, 婺源县木材产量最大, 且其杉木"质最坚, 自栋梁以至器用小物, 无不需之."⑨ 康熙《婺源县志》记载, "婺居徽饶间, 山多

① (明) 范涞:《休宁范氏族谱》卷8《谱传·敏二十公》.
② (清) 鲍光纯纂: 乾隆《棠樾鲍氏三族宗谱》卷138《世系》, 乾隆二十五年刻本.
③ (清) 程启东等纂修:《槐塘程氏显承堂重修宗谱》卷6《正府续派·回善公》, 康熙十二年刻本.
④ 《婺源沱川余氏族谱》之《十二世广二府君行实》, 转引自王振忠《明以前徽州余氏家族史管窥——哈佛燕京图书馆所藏〈婺源沱川余氏族谱〉及其史料价值》,《徽学》第6卷, 第97—98页.
⑤ (民国) 许承尧撰, 李明回、彭超、张爱琴校点:《歙事闲谭》卷1《歙人出贾时期》, 黄山书社2001年版, 第14页.
⑥ 王廷元、王世华:《徽商》, 第112页.
⑦ (明) 程敏政, 欧阳旦增修: 弘治《休宁志》卷1《物产》,《北京图书馆古籍珍本丛刊》第29册, 第476页.
⑧ (清) 丁廷楗修, 赵吉士纂: 康熙《徽州府志》卷6《食货志·物产》,《中国方志丛书·华中地方·第237号》, 第1000页.
⑨ 《增补陶朱公致富全书》卷1.

田少，西南稍旷衍，东北则多依大山之麓，垦以为田，层累而上，指至十余级，不盈一亩，牛犊不得耨其间，刀耕火种兼溪涧之润，多不及受，而仰泽于天。每一岁概田所入，不足供通邑十分之四，乃并力作于山，收麻、兰、粟、麦佐所不给，而以其杉、桐之入，易鱼稻于饶，易诸货于休。"① 近人陈去病也说："木则婺源为盛。"② 因此，徽州木商多以婺源人为最，所谓"婺（源）远服贾者率贩木，木商以其赀寄一线于洪涛巨浪中"③。婺源沱川余瓒在曾祖余定广的基础上，继续从事山林经营，"田入租，山林入材木，田宅入书致，积著入子钱。盖胥命于户者，肩相摩；转之四方者，辐相辏也。处士率以公平辨给，无不当人人心。……诸贩木者价不贳"④。嘉靖年间，婺源李祖玘因家道中落，弃儒服贾，"时江湾江氏以贩木起家，公与之同事，精理精勤，竹头木屑之微，无不各当于用，业以日起，而家遂饶"⑤。由此可见，当时婺源江湾江氏与三田李氏从事木贸易。

歙县从事木材贸易的木商也较多。弘治年间，歙县已是"薪则有山，艺则有圃"⑥。歙人汪伯龄之父"辄以下贾起繁昌，转而之齐鲁间，赢得以数千计"，后来汪伯龄，"从父兄入蜀，称贷以益资斧，榷茶雅州。"此后，"郡县兴诸大役，必翁居先，若城县城，尚方采木，翁率首事"⑦。歙县岩镇多富商，有一商人，"终岁家食，跬步不出里门，坐收山林林木之利于其家，岁课江淮盐策之利于其子，不逐时而获，不握算而饶，其得之地者殊也"⑧。表明山林木材也是其经营的主要行业，并以此致富。歙县西溪南人吴荣让，"度原隰使田，度山林使种树。山林故多薪木，虎时时出噬人。处士议伐薪，居人则以为十岁利也，于是易以茶漆枋栗之利，积薪水浒，

① （清）蒋灿修：康熙《婺源县志》卷2《疆域·风俗》，康熙三十三年刻本。
② （近人）陈去病：《五石脂》，《国粹学报》第26期，转引自谢国桢选编，牛建强等校勘《明代社会经济史料选编（校勘本）》（下册），第28页。
③ （清）蒋灿修：康熙《婺源县志》卷2《疆域·风俗》，康熙三十三年刻本。
④ （明）汪道昆撰，胡益民、余国庆点校：《太函集》卷48《明故处士慕山余季公墓志铭》，黄山书社2004年版，第1023—1024页。
⑤ 婺源《三田李氏统宗谱·长皋钟三十二两源公行实》，转引自张海鹏、王廷元主编《明清徽商资料选编》，第192页。
⑥ （明）张涛、谢陛著，张艳红、王经一点校：万历《歙志》考卷5《风土》，第99页。
⑦ （明）汪道昆撰，胡益民、余国庆点校：《太函集》卷53《处士汪隐翁配袁氏合葬墓志铭》，第1116—1118页。
⑧ （明）汪道昆撰，胡益民、余国庆点校：《太函集》卷14《谷口篇》，第297页。

以十岁市之，民利视昔有加，虎患乃已。三年而聚，三年而穰。居二十年，处士自致巨万，远近襁至，庶几埒都君云。"① 明末清初，凌日荣，"为木商，多往来于临安、云间。"②

在徽州六县中，祁门山区面积尤为广袤，民多赖以山林为生。同治《祁门县志》云："徽属山多田少，居民恒借养茶为生。"③ 嘉靖年间，祁门知县桂天祥发布的一则告示，就表明祁门山林经济的重要性：

> 本县山多田少，民间差役、日用，咸于山木赖焉。是一山木之兴，固百计之攸属也。小民佃户烧山以便种植，少失防捡，烈焰四溃，举数十年蓄积之利，一旦烈而焚之，及明之于官，只得失火轻罪，山林深阻。虽旦旦伐木于昼，而人不知日肆偷盗于其间，不觉其木之疏且尽也。甚至仇家妒害，故烧混砍，多方以戕其生。祁门之坐穷者，职此之故也。本职勤加督率，荒山僻谷，尽令栽养木苗，复严加禁止。失火者枷号，痛惩盗木者，计赃重论，或计其家资，量其给偿，则山木有养，而民生永赖矣。④

从该告示中可以看出，祁门县从事木材贸易的商人很多。嘉靖《徽州府志》载："祁门之民尤勤于栽植，凡栽橚以三十年为期，乃可伐。"⑤ 明中叶，祁门李源李氏族人购置了近 3000 亩山场，积极从事木材经营，《李氏山林置产簿》详细记载该家族木材经营贸易状况。据陈柯云研究，"自景泰三年至成化八年，李氏族人李溶、李瑛，砍伐木材 14 次之多，其中 8 次共砍木 43000 根。"⑥ 可见，李溶、李瑛就是从事木材贸易的商人。

祁门奇峰郑氏宗族多从事木材贸易，是个木商辈出的宗族，主要将木

---

① （明）汪道昆撰，胡益民、余国庆点校：《太函集》卷 47《明故处士吴公孺人陈氏合葬墓志铭》，第 998 页。

② （清）凌应秋：《沙溪集略》卷 4《义行》。

③ （清）周溶修，汪韵珊纂：同治《祁门县志》卷 15《食货志·茶税》，《中国方志丛书·华中地方·第 240 号》，第 595 页。

④ （明）何东序修，汪尚宁纂：嘉靖《徽州府志》卷 8《食货志·物产》，《北京图书馆古籍珍本丛刊》第 29 册，第 209 页。

⑤ （明）何东序修，汪尚宁纂：嘉靖《徽州府志》卷 8《食货志·物产》，《北京图书馆古籍珍本丛刊》第 29 册，第 209 页。

⑥ 陈柯云：《从〈李氏山林置产簿〉看明清徽州山林经营》，《江淮论坛》1992 年第 1 期。

材运往瓜洲出售。正德、嘉靖、隆庆时期，郑笏、郑谅和郑玄锡等人就购置大量山场，从事木材经营。① 郑凤"商于瓜渚"。② 郑璇，"字洁夫，商于瓜渚"③。万历年间，郑元祐、逢旸、逢春、师尹、大前叔侄 5 人就曾"合伙拚买杉木，至饶造捆，往瓜（洲）发卖"④。《万历郑氏合同分单账簿》为奇峰郑氏宗族木材经营账簿，具体记载了从嘉靖末至万历中期，奇峰郑氏宗族每次山场利益的分配，具体包括山场利润股份分配、砍伐木材的成本开支、酒水钱开支等内容。其中郑圣荣商业资本较大。⑤ 其具体研究相见第四章第二节个案研究。

祁门奇峰为以木商著称的宗族，他们不断将木材贩运到饶州、瓜洲、南京等市场贩卖，形成若干个木商世家，如郑良爽家族、郑笏家族、郑璋家族、郑卷家族等，前后五六代人普遍热衷山林经营，进行木材贸易，前后历时一百多年，长久不衰。明代嘉靖年间，郑笏、郑珪、郑凤兄弟，在瓜洲从事木材贸易。⑥ 其中，郑凤"挟重赀商游淮扬间，家益用裕"⑦。郑笏之子郑谅拥有大量山场，从事山林经营。郑笏之孙郑敷锡（公佑），在继承父祖产业的基础上，继续从事山林经营，于万历二十三年（1595），因人口众多，不便共同营业，将大量山场析分，立有分山阄单，将原共有山场分为天、地、人、和四单，各自独立经营。⑧ 郑璋（字明夫），正德、嘉靖年间"游江淮间，而赀用饶"，从事木材贸易，纳粟以功军饷，授七品散官。⑨

祁门渚口倪氏也是著名的木商家族。倪望铨，"年十六则往来贩木于

---

① 《山契留底册》，明写本，上海图书馆藏。

② （清）周溶修，汪韵珊纂：同治《祁门县志》卷 29《人物志七·孝友》，《中国方志丛书·华中地方·第 240 号》，第 1342 页。

③ （清）周溶修，汪韵珊纂：同治《祁门县志》卷 30《人物志八·义行补遗》，《中国方志丛书·华中地方·第 240 号》，第 1393 页。

④ 《徽州千年契约文书（宋·元·明编）》卷 3，第 438 页。

⑤ 《徽州千年契约文书（宋·元·明编）》卷 7，第 349—499 页。

⑥ （明）郑岳编修，郑维诚增刻：《祁门奇峰郑氏本宗谱》卷 4《文征·德夫小传》，嘉靖刻本，第 17—18 页。

⑦ （明）郑岳编修，郑维诚增刻：《祁门奇峰郑氏本宗谱》卷 4《文征·处士栖竹郑公暨配孺人余氏墓表》，嘉靖刻本，第 30—31 页。

⑧ 《万历二十三年祁门郑公佑等立〈分山阄单〉》，《徽州千年契约文书（宋·元·明编）》卷 8，第 25—72 页

⑨ （明）郑岳编修，郑维诚增刻：《祁门奇峰郑氏本宗谱》卷 4《文征·可闲轩记》，嘉靖刻本，第 26—27 页。

鄱湖闾水间，以信任见重于同侪，所得滋丰"①。倪思喜，"少习举子业，缘家计维艰，弃而就贾，以木殖起家"②。倪道昭，"公初处贫，以殖木始饶蓄积"③。

徽州拚买山林文约中也有不少从事木材经营的记载。万历元年（1572），祁门十三都康云保等曾拚买康文光同侄康潮原、浃、时正等青山十二亩，"前去做造收卖，凭中议作价银一两五钱正"。④ 万历三年（1574），祁门康潜、康濠、康天互、康雷等人拚买"康博、康懌、康德辉名下立山浮木山一号"，"前去砍斫发卖"。⑤ 万历十六年（1588），祁门十五都奇峰郑氏佃仆倪南明、陈付旺、汪师保等拚买房东郑定、佛右、一诚、维烈四大分在山浮木，前去砍斫发卖，"凭中面议时价文银十三两整"⑥。万历十八年（1590），祁门三四都谢铎将"山浮木出拚与客人谢名下前去入山砍斫发卖，当日凭中三面言议，时值木价纹银八钱正"⑦。天启年间，祁门在城方梓茂、方成象父子承拚五都洪氏山场林木，"承去拚砍，三面议定时值价纹银一两一钱整"⑧。以上文约中的康云保、康潜、倪南明、客人谢某和方梓茂父子等人就是从事木材贩运的商人。

明成化间，绩溪人章宏毅，"为经理保长，绩山旧无杉木，兴种自宏毅始，屡聘乡饮宾"⑨。明末绩溪人章韬，"壮年买松杉，贸易于歙，作屋贮树，土人呼曰"'树屋'"⑩。

二 茶叶贸易

明代中叶以后，徽州茶商作为一个群体开始崛起。"休宁一邑之内，

---

① 《祁门倪氏族谱》卷续《望铨公启垣公两世合传》。

② 《祁门倪氏族谱》卷下《慕斋公实录》。

③ 《祁门倪氏族谱》卷下《辉宇公纪略》。

④ 《明代万历元年四月祁门康文光等出拚在山浮木文约（抄白）》，原件藏中国社会科学院中国历史研究院，编号：115140104001。

⑤ 《明代万历三年二月祁门康潜等出拚在山浮木文约》，原件藏中国社会科学院中国历史研究院，编号：115140302001。

⑥ 《徽州千年契约文书（宋·元·明编）》卷3，第198页。

⑦ 《明代万历十八年正月祁门谢铎等出拚在山浮木批》，原件藏中国社会科学院中国历史研究院，编号：115141801001。

⑧ 《徽州千年契约文书（宋·元·明编）》卷4，第207页、208页。

⑨ （民国）章尚志纂：《绩溪西关章氏族谱》卷24《家传》，民国五年刻本。

⑩ 《绩溪西关章氏家谱》卷26《明将材章公家状》，宣统刻本。

西北乡之民仰给于山，多植杉木，摘茗□□，贸迁他郡。"① 表明休宁县从事茶叶贸易的商人所在多有。随着徽州茶叶品种不断增多，尤其是隆庆年间，松萝茶的创制，名噪一时，进一步促进了徽州茶叶生产，使得徽州茶叶贸易不断发展，徽人以茶叶贸易发家者不胜枚举。万历时人冯时可《茶录》载："徽郡向无茶，近出松萝茶，最为时尚，是茶始于比丘大方，大方居虎丘最久，得采制法。其后于徽之松萝结庵，采诸山茶，于庵焙制，远迩争市，价倏翔涌。"② 表明以贩运松萝茶致富者甚多。江西浮梁县景德镇也是徽茶主要的贸易区域。康熙《浮梁县志》记载："今浮产茶甚少，制亦不佳。聚于景镇者，皆徽之休宁、祁门、婺源贾客所鬻。"③ 表明在景德镇从事茶叶贸易的主要是徽州商人。万历年间，休宁闵汶水创制的"闵茶"在苏州一带也很畅销。"休宁闵茶，万历末，闵汶水所制。其子闵子长、闵际行继之。既以得名，亦售而获利。市于金陵桃叶渡边，凡数十年。……闵茶名垂五十年。"④ 祁门邱启立，"家贫，远贾事亲，供养之物莫不毕给。后偕诸侄联旺贩茶湖口，侄舟覆，启立悬重赏救之，侄以货物尽失，生不如死，启立遂以己茶一船予之"⑤。主要在江西湖口从事茶叶贸易。

徽州也盛产桐油，也有从事桐油贩运的商人。歙县棠樾人鲍纯臣，在明末清初王朝更迭之际，"携家归里，复于嘉兴，业桐油，遂起家"⑥。

小　结

本章主要探讨了明代的竹木抽分与坐派和明代徽州山林特产的采伐、运输与贸易问题。明代设立抽分厂专门负责竹木流通中的抽分，开始征收实物。明中叶以后，随着商品货币经济的发展，改为折银征收。抽分厂的设置，一方面有利于维系竹木流通中的秩序，促进木材贸易的发展；另一

---

① （明）程敏政纂，欧阳旦增修：弘治《休宁志》卷1《风俗形胜》，《北京图书馆古籍珍本丛刊》第29册，第468页。

② （明）冯时可：《茶录·茶》，载陈祖槼、朱自振主编《中国茶叶历史资料选辑》，第170—171页。

③ 康熙《浮梁县志》卷1《物产》，康熙二十一年刻本。

④ （清）刘鉴：《五石瓠》卷55《闵茶有二》，吴江沈氏世楷堂藏板，光绪二年重刻本。

⑤ （清）周溶修，汪韵珊纂：同治《祁门县志》卷29《人物·孝友》，《中国方志丛书·华中地方·第240号》，第1330页。

⑥ （清）鲍光纯纂：《重修棠樾鲍氏三族宗谱》卷11《世系》，乾隆二十五年刻本。

方面，随着明廷财政支出日益增多，工部不断加征，造成竹木抽分加倍，严重影响了包括徽州木商在内的商人贸易的发展。徽州本土的木材主要通过杭州、芜湖两地抽分产抽分，成为两地抽分产重要收税来源，因此，工部竹木抽分加征和不时坐派严重影响了徽州木商贸易的热情。

徽州山区物产资源丰富，盛产木材、茶叶、毛竹、桐油、药材等作物，尤其是木材和茶叶为徽州山林物产之大宗，主要外运外销。木材长养周期较长，往往需要二三十年才能成材，其砍伐、运输较为复杂。而茶叶每年春季皆可采摘，其运输也较为简单。徽州木材和茶叶等山林产品的运输主要以水路运输为主，茶叶则间有陆路运输。徽州山林物产主要是利用新安江、乐安江、阊江等水系运往江浙、江西等地销售。徽商在徽州山林物产的贸易方面发挥着重要作用。

徽州六县山林物产为徽商从事木材、茶叶等山林物产贸易提供了良好的资源禀赋条件。早在南宋时期，徽州的木材、茶叶贸易已开始兴起。到了明代，随着商品经济的发展，徽人的茶叶、木材贸易又有了新的发展。徽州六县中，祁门、婺源木材产量大，尤以婺源木材为最。徽人普遍从事木材、茶叶、桐油等山林物产贸易，加强了徽州与全国市场的联系，也促进了徽州地区经济的发展。

第四章　明代徽州民户家族的山林经营

明代户籍分军、民、匠、灶、阴阳等若干类型，其中民户、军户人口众多，为明代户籍的主体，对有明一代的社会、经济、政治、文化、教育等产生重要影响。因受户籍制度的影响，民户与军户在生产生活中呈现出不同的发展面貌。

随着商品货币经济的发展，徽州民众普遍热衷山林经营，民户、军户在其中扮演了十分重要的角色，民户家族和军户家族在山林经营方面的发展路径也有所不同，因此选取代表性的家族进行具体考察显得十分必要。下面笔者主要以祁门石溪康氏、祁门奇峰郑氏的郑卷家族、歙县《罗时升买山地册》、祁门龙源汪氏《五股标书》和祁门汪氏《抄白标书》等丰富的文书资料，对明代徽州民户家族的山场积累、山林经营、林业纠纷、木材贸易、利润分配和山场析分等进行具体考察，以期对徽州民众的山林经营实态和徽州本土木商的发展脉络有全面、深入的认识。

第一节　明代祁门康氏的山林经营：
以石溪康氏为中心

祁门康氏从唐末迁居徽州以来，人丁兴旺，门房支派众多，科第发达，仕宦辈出，明代嘉靖年间被列入"新安名族"。不仅如此，祁门康氏遗存的文书也颇为丰富①，已引起学界关注。但纵观以往的研究不难发现，学界多是从主仆关系、宗族组织与乡村治理、科举专经视角等进

---

① 祁门康氏文书馆藏的单位有中国社会科学院中国历史研究院、安徽大学徽学研究中心、南京大学历史系资料室、中国安徽徽州文化博物馆等。管见所及，除这些馆藏外，民间社会中尚有不少文书遗存。笔者搜集祁门康氏资料十多年，目前除查阅到的馆藏资料外，民间遗存的祁门康氏文书也涉猎较多。

行宏观考察①，而对祁门康氏各支派的具体考察及其内部差异等，则缺少关注。换言之，学界目前对祁门康氏的研究仅停留在历史现象的宏观论述，没有具体、深入的典型考察，甚至在有些观点上还存在一些错误之处。有鉴于此，在前人研究的基础上，笔者选取祁门康氏中资料遗存丰富的石溪门为例，在系统梳理祁门康氏宗族整体脉络的基础上，对石溪康氏山林经营进行考察，试图深化祁门康氏和徽州山林经济的研究。

一　祁门康氏发展述论

在传统中国，徽州是个高移民社会，唐宋以后每当中原动乱，北方大族纷纷南迁，地处山区的徽州就是世家大族理想的迁徙地。中原望族不断迁徙到徽州，将先进的中原文明带到徽州，他们聚族而居，加快了当地原住民与北方望族的融合，极大地推动了徽州区域社会经济发展，造就了明清时期徽州社会、经济、教育、文化的全面繁荣。康氏自五代迁居祁门，枝繁叶茂，科第蝉联，仕宦辈出，文化昌盛，成为徽州著姓望族。下面就宋元明清时期祁门康氏的发展情况进行系统梳理。

（一）世系繁衍与族谱编修

祁门康氏迁居祁门之后，人丁兴旺，形成众多门房支派，历史上多次修谱。下面对祁门康氏的世系繁衍与族谱编修情况进行考察。

1. 世系繁衍

康氏自迁居徽州后，人丁兴旺，枝繁叶茂，除在祁门南乡各村落聚居外，也分迁浮梁、鄱阳、池州等地，发展为众多门派，并很快成为地方望族。成书于明代嘉靖年间的《新安名族志》记载："唐末有名康先者，为避黄巢之乱，由会稽迁歙县篁墩，旋复迁浮梁县化鹏乡发京都曲溪里，是为新安（徽州）康姓始祖"。②"先公，字议诚，殁后葬于江西浮梁县发京

---

① 刘重日、武新立：《研究封建社会的宝贵资料——明代抄本〈租底部〉两种》，《文献》1908 年第 3 期；刘道胜：《明代祁门康氏文书研究》，《明史研究》第九辑，2005 年；郑小春：《明清徽州宗族与乡村治理：以祁门康氏为中心》，《中国农史》2008 年第 3 期；刘卓群：《祁门康氏文书研究》，安徽师范大学硕士学位论文，2014 年；丁修真：《"小地方"的科举社会史：明代祁门科举盛衰考论》，《史学集刊》2019 年第 5 期。

② （明）戴廷民、程尚宽等撰，朱万曙等点校：《新安名族志》后卷，第 554 页。

都曲溪，土名陈端坞。先公生子曰新，于五代之时，由浮梁县化鹏乡曲溪里迁居祁门县南乡尤昌里江村源（后因康氏聚居，发展壮大，改为康村），为康氏定居祁门之始祖，享寿九十岁，殁后葬于十三都七保，土名公子冲"。①

《祁门石溪康氏宗谱》记载，新公生子曰智，智公治宅于祁门江村源，生有两子：俊、盛。长子俊居西，次子盛居东，故有东西源之分。② 三世祖智公享年八十八岁，卒后葬十三都花桥皇官林。四世祖俊（994—1064）公居西源，生守元、守忠、守荣、守珍四子，寿年七十一岁，葬十三都柘（榨）树坑，又名小坦、金榜山；盛公，行三，居东源，生守华、守熙两子，卒葬里之候远坦。③

祁门康氏从四世祖俊、盛二公开始，分为西源和东源两派。从第五世"守"字辈兄弟六人开始，人丁兴旺，枝繁叶茂，分迁各地，成为各自门派的先祖。明嘉靖十七年（1538），由二十一世康镇撰写的《祁门康氏祖墓歌》记载，俊公长子守元仍居康村，但数代后其后裔迁徙池阳，成为池州派的先祖；次子守忠，其五世孙允达公自祁门十二都溶口迁江西饶州府鄱阳县芝山凤冈，成为饶州鳌冈派先祖；三子守荣居本里，成为祁门五门派的先祖；四子守珍传至九代皆书阙，故不知所终。盛公长子守华、次子守熙俱传至七代，子嗣无所考。④

五世祖守荣公（1023—1106）于宋英宗治平四年（1067），迁居板石笙竹坞，殁后葬十三都板石镇埠滩北长坞。守荣生子三子，即戬公（1045—1086）、尧、讃；六世祖戬公生浑、惟敌两子；七世祖浑（1066—1140）生浃、忠国、充、庸、孚五子；八世祖忠国公生德明、克明两子；九世祖克明迁居板（石）溪，是为板（石）溪派始迁祖，德明公传八代后无考。⑤ 笔者即为板（石）溪门三十七世孙，为"礼"字辈。随着世系的推衍，板溪门由衍生出樟源派，礼屋门衍生出倒湖派。守荣公成为板溪、板石、坑口、礼屋、曲坞、碧桃的门祖。

---

① 《祁门康氏宗谱·世系源流》（不分卷），清抄本。
② 《祁门石溪康氏宗谱》（不分卷），明万历年间抄本。
③ 《祁门康氏宗派总括》，清抄本。
④ 《祁门康氏宗谱·祁门康氏祖墓歌》（不分卷），清抄本。
⑤ 《祁门康氏宗谱》（不分卷），清抄本；胡光钊：《祁门县志·氏族考》，民国铅印本。

　　随着世系推衍，祁门康氏枝繁叶茂，在祁门南乡发展为"七门"，俗称"七门康家"。这"七门"分别在祁门南乡的七个村落，即康村、板（石）溪、板石、坑口、碧（白）桃、曲坞和礼屋，其中，康村、板（石）溪、板石、坑口称"上四门"，碧（白）桃、曲坞和礼屋称"下三门"。①

　　从世系繁衍来看，祁门本地的七个门派的始迁祖都有迹可循。康村始迁祖为新公；板溪始迁祖为第九世克明公；板石始迁祖为第九世祖佐公；坑口始迁祖大概为第九世德明公（民间一直流传，坑口始迁祖与板溪为亲兄弟）；曲坞始迁祖为十七世表四公（名友兰，号大观），其于明永乐丁亥年（1407）迁居曲坞；礼屋始迁祖为十七世表一公；碧桃始祖为十九世闻韶公。此外，大北港始迁祖为十世坦公，由板溪门衍生出来的樟源派始迁祖为十五世复祖公（其先迁徙到老屋杨，随后世居樟源。）② 为便于了解祁门康氏门房发展情况，现将其世系图加以绘制，具体如图 4-1 所示：

　　从图 4-1 可以看出，祁门康氏从第五世开始分支，逐渐发展成不同支派。到第九世时，已形成坑口、板溪、清石潭（浮梁县）、板石等几个支派。到了明前期，祁门境内"七门康家"中最后三门：礼屋门、曲坞门和碧桃门最终形成。

　　祁门康氏除在祁门境内迁居外，随着生齿日繁，或迁淮信，或播徽池，或徙饶州，不可周知，难以枚举，形成若干门派。因外迁情况较为复杂，笔者以明代嘉靖年间参加编纂"大成谱"的门派为主，结合《池阳康氏合修星堂宗谱》（民国六年刻本），对各地门派作简要介绍。

　　鄱阳星堂派（六世祖讚公）：守荣公三子讚公，迁居饶州府鄱阳县星堂村，此后枝繁叶茂，又衍生出松树下等支派。

　　浮梁清石潭派（九世祖俟公）：八世祖充公，字彦实，娶姚氏，生三子：伴、佐、俟。其长子伴，字德齐，历官至节度推官，迁居浮梁北乡清石潭，为该支始迁祖。

　　饶州鳌冈派（十世祖允达公）：守忠公五世孙允达公，自祁门县十二

　　① 《康义祠置产簿》，清抄本，南京大学历史系资料室藏；《祁门康氏文书》，见刘伯山主编《徽州文书》第 2 辑第 1 册，广西师范大学出版社 2006 年版，第 375 页。
　　② 《祁门康氏宗谱》（不分卷），清抄本；《祁门石溪康氏宗谱》（不分卷），明万历年间抄本。

都溶口迁江西饶州府鄱阳县芝山凤冈，成为饶州先祖。后十六世元亮公迁居鳌冈，很快就人丁兴盛，开枝散叶，遂在鄱阳附近逐渐形成三十里康村、石子岭（康家岭）等支派。①

池州上清溪派（十一世七三公）：五世祖守元公，居康村西源。其六世孙七三公，讳艺，与子五九，于元末明初之时，由徽之祁邑十三都尤昌里康村，迁贵池西一保上清溪六股潭，是为上清溪一世祖。厥后，分支苗竹园、梅林坂、桃坡、塘边、流婆矶，皆公之裔。具体来说，启宗迁苗竹园，文宗迁梅林坂，成宗迁桃坡，富宗迁塘边，显宗后迁流婆矶。②

池州下清溪派（十一世六五公）：六五公，讳著，字世可，生子二：五四、五六。由徽州府祁门县迁江西吉安府太（泰）和县匡村，复迁贵池东一保下清溪，是为下清溪一世祖。厥后，移居康家衕、林家冲，即公之裔。具体来说，五六公，讳添福，始迁歙邑，后迁贵池下六保西区杨村坂，是为杨村一世祖。③

综上所述，康氏自从五代之时，先公迁居徽州府祁门县后，很快开枝散叶，迁徙至全国各地，逐渐成为地方望族。

2. 族谱编纂

祁门康氏迁居各地后，随着世系推衍，人口迅速增长，加之，传统中国交通阻隔，乃至出现族众"视派如途人"的现象。为维护宗族秩序，编纂族谱成为迫切需求。族谱具有明世系昭穆、显尊卑秩序的功能，编纂族谱可以达到"厚风俗，醇人心"的目的。同时，族谱编修也能体现"同本之枝，同源之流"的尊祖敬宗之意。祁门康氏各门派历代族谱编修较为频繁，现根据各地"老谱"，将其历次修谱情况略述如下。

祁门"七门康家"的族谱编修有迹可循。据《祁门康氏宗谱》记载，祁门康氏族谱于南宋绍兴年间由康人杰始修，乾道三年（1167）由康景杰续修，元至正八年（1348）由康良载三修，明景泰四年（1453）由康汝芳四修，嘉靖十七年（1538）由康绅五修，清咸丰五年（1855）由康晋六修。④据民国《祁门县志·氏族考》记载，"七门康家"最后一次修谱是在光绪二

---

① 《鳌冈康氏重修宗谱》卷1《世系》，2010 年新修。
② 《池阳康氏重修宗谱》卷1《世系》，民国刻本。
③ 《池阳康氏重修宗谱》卷1《世系》，民国刻本。
④ 《祁门康氏宗谱·旧序》，清抄本。

十五年（1899），当时由板溪生员康光燮①、康才英、康太鸿等，联合板溪、樟源、坑口三派合修。② 令人遗憾的是，该谱于"文化大革命"时期上交至花桥村后，从此不见踪迹。在祁门众多的门派中，目前唯一存有族谱的是碧桃门，其修谱时间为光绪三十三年（1907），于次年成书，为手抄本，流传不广。

祁门康氏饶州鳌冈派，自允达公子元亮公迁居以后，人丁兴旺，历史上多次修谱。具体来说，分别在洪武五年（1372）、正统八年（1443）、正德十年（1515）、乾隆庚申年（1740）、乾隆二十八年（1763）、乾隆四十六年（1781）、道光二年（1822）、民国三年（1914）、民国二十三年（1934）等，通过积极修谱，既可明世系昭穆，也使得宗族秩序井然。③

祁门康氏池州派，自七三公、六五公迁居池州上清溪、下清溪后，枝繁叶茂，不仅很快成为地方望族，而且各门派定期修谱。具体来看，顺治辛卯年（1651）志龙、志虎二人始修，乾隆五十年（1785）万寿、元标二人续修，道光二年（1822）三修，道光十五年（1835）四修，光绪九年（1883）五修，光绪二十六年（1900）六修，民国六年（1917）七修。④

综上所述，祁门康氏各门派族谱编修不仅较为频繁，而且类型丰富，既有各门派编纂的支谱，也有各派联合编修的统宗谱。尤为值得关注的是，祁门康氏各地门派曾于明嘉靖年间编纂一部"大成谱"，当时由祁门礼屋门康佑（江峰先生）倡议，碧桃门康绅等人负责编纂。如众所知，历史文献是族谱编纂的基础，当时为搜集资料，族人齐心协力，先后"东寻会稽，西访饶吉，南询建楚，北叩金台，以及关洛"，搜集资料，在各地族人编定散谱的基础上，由康绅等人汇总编纂，遂成"大成谱"。⑤

（二）科举仕宦与地方精英

康氏从唐末五代迁居祁门以后，人丁兴盛，很快就融入当地。他们将中原先进的文化移植到新居地，崇文重教，在宋代就涌现出文武进士数

---

① 康光燮为笔者父亲康荣初之高祖父，为板溪村最后一位生员。其墓位于村中芳坑坑口对面茶山脚。该墓为其与胡、王两位夫人的三人合葬墓，墓碑为民国十一年所立。
② 胡光钊：民国《祁门县志·氏族考》，民国铅印本。
③ 《鳌冈康氏重修宗谱》卷首《旧序》，2010 年新修。
④ 《池阳康氏重修宗谱》卷首《旧序》，民国刻本。
⑤ 《石子岭康氏重修宗谱》卷首《旧序》，2015 年新修。

人，开启祁门康氏科举仕宦的道路。

两宋时期，祁门康氏科举仕宦辈出。北宋时期有文武进士3人，仕宦多人。第五世康守元，北宋前期大学贡元。① 第六世康戬，北宋雍熙年间进士，任光州知州，官至转运使。康伋，大学贡元，历任江陵、金江县主簿、均州知录、通直郎。② 康天申，任彰信军主簿。康泽民，北宋大观二年（1108）武进士，官敦武统制。③ 康霆，居十五都礼屋，北宋靖康元年（1126）武进士，仁东流尉，授承节郎，死节事闻，诏荫其侄康卓。④

南宋时期，祁门康氏在继承北宋文化传统的基础上，继续发展，涌现出众多科举仕宦。康人杰，字汉英，居板石，中南宋乾道丙戌（1166）萧国梁榜进士。康人鉴，赐进士，初授迪功郎，次授修职郎。康景杰，赐进士，任承事郎、荆南府察推。康铨，赐进士。康英，赐进士，笙竹里人。⑤ 此外，南宋时期，祁门康氏仕宦辈出，现将同治《祁门县志》中记载的祁门康氏仕宦，罗列如下：

> 康伻，居板石，吉州文学，任庆军节度推官。
>
> 康舜民，由武功授承节郎。
>
> 康继英，右卫大将军、前彰信军节度使。
>
> 康守熙，京城寺御统判官。
>
> 康侯，居板石湾，真州文学，历任应城主簿、弋阳县丞、务州比教。
>
> 康从圣，字清卿，居笙竹里，由武功任祁门县。
>
> 康润，保义郎、饶州指挥使。
>
> 康必厚，茶陵县主簿。⑥

---

① 《祁门康氏宗谱·历代各支派仕宦》，清抄本。

② （清）周溶修，汪韵珊纂：同治《祁门县志》卷22《选举志·进士补遗》，《中国方志丛书·华中地方·第240号》，第1050页。

③ （清）周溶修，汪韵珊纂：同治《祁门县志》卷22《选举志·武科目表·武进士》，《中国方志丛书·华中地方·第240号》，第925页。

④ （清）周溶修，汪韵珊纂：同治《祁门县志》卷24《人物志二·忠义补遗》，《中国方志丛书·华中地方·第240号》，第1163页。

⑤ 《祁门康氏宗谱·历代各支派仕宦》，清抄本；（清）周溶修，汪韵珊纂：同治《祁门县志》卷22《选举志·进士补遗》，《中国方志丛书·华中地方·第240号》，第1050页。

⑥ （清）周溶修，汪韵珊纂：同治《祁门县志》卷22《选举志·文职补遗》，《中国方志丛书·华中地方·第240号》，第1058页。

以上资料显示，祁门康氏共有 6 位仕宦，虽然多为基层官员，但也属于官僚体系。这些仕宦官员对于提升祁门康氏在地方社会的影响力具有不可忽视的作用。

元代国祚较短，祁门康氏在科举仕宦方面比两宋时期有所下降，但亦不乏入仕的记载。

康南能，字尧彰，居大北港口，中至元壬辰陈亮榜进士，任饶州府教授。① 康宁，任祁门县尹，其宽政以慈，民赖以安。② 现将同治《祁门县志》中记载祁门康氏元代仕宦，列举如下：

> （元）康璋，居大北港口，任大同府广备仓副使。
>
> 康敬昌，任句容县掾主事，授迪功郎。
>
> 康载，居大北港口，授奉议郎、礼部儒士。
>
> 康世英，居板石，官襄府引礼。
>
> 康胜宗，居大北港口，任鄱阳县指挥。③

这里共有 5 人进入仕宦阶层，加上上述 2 人，元代一共有 7 人进入官僚体系，对于进一步巩固祁门康氏社会地位具有重要作用。

迨至明代，祁门康氏科举中进士、举人数量增多，进入仕宦阶层的人数也大为增加。可以说，明代祁门康氏在科举仕宦方面达到顶峰。

值得关注的是，碧桃门虽然形成最晚，发展却十分兴盛，尤其是在明代科举兴盛，共有进士 1 人，举人 5 人。甚至出现"父子三举人"（康汝芳、康永韶、康闻绍）的科举佳话④。康汝芳，正统元年（1436）进士，历官中顺大夫、兵部武选司主事、户部主事、湖广辰州知府，颇有政绩，

---

① （清）周溶修，汪韵珊纂：同治《祁门县志》卷 22《选举志·进士补遗》，《中国方志丛书·华中地方·第 240 号》，第 1051 页。

② 《祁门康氏宗谱》（不分卷），清抄本。

③ （清）周溶修，汪韵珊纂：同治《祁门县志》卷 22《选举志·文职补遗》，《中国方志丛书·华中地方·第 240 号》，第 1059 页。

④ 《祁门康氏宗谱》（不分卷），清抄本；（清）周溶修，汪韵珊纂：同治《祁门县志》卷 22《选举志·文科目表·进士》，第 877 页；卷 22《选举志·文科目表·举人》，《中国方志丛书·华中地方·第 240 号》，第 889 页、第 896 页。

卒后入祀名宦乡贤祠。① 康永韶，字用和，景泰元年（1450）举人，历官监察御史、福建顺昌知县、福清县知县、钦天监正、太常少卿、礼部右侍郎，《明史》有传。② 康闻韶，字乐和，号畏斋，中成化丙午科（1486）举人。初任邓州州学教授，次任北京国子监学录。康汝芳次子康大韶，以岁贡任曹州判官。除康汝芳父子科举入仕外，碧桃门中还有多人担任基层官员。康载，中嘉靖四年（1525）举人，康闻韶子，历任浙江台州府黄岩县知县、湖广郧阳府竹山县知县。③ 万历年间，康承学，字充念，居十五都碧桃，浙江萧山县主簿。④

此外，明末碧桃门还有以身殉国的举人康正谏。康正谏，字秦木，崇祯六年（1633），以《春秋》高中举人，授和州学正。崇祯八年（1635），流寇围攻和州，他誓死抵抗，分守东城，因寡不敌众，城门被流寇攻破。在临死前，他写下一首绝命诗："我读圣贤书，世明春秋旨。为臣报君恩，宁肯惜一死。"本着这样的忠义精神，他与妻汪氏投颍池死，以身殉国。同时，其孀媳章氏亦赴井死。⑤ 可以说是满门忠烈。他死后被明王朝褒奖，诏赠国子监丞，并荫一子，祀名宦，邑祀乡贤。他的事迹被载入《明史·黎宏业传》中，成为继康永韶之后，第二位入《明史》的祁门康氏族人，他的事迹流芳百世。崇祯九年（1636），钦差总督、漕运提督、军务兼海防巡抚凤阳等处、户部兼左金都御史朱文典为康正谏题"忠节名贤"的匾额，以纪念其忠义事迹。⑥ 因此，碧桃门成为明代祁门康氏宗族中最为兴盛的支派，将祁门康氏科举事业推向鼎盛。

除碧桃门外，礼屋门族人在明代科举入仕也颇为突出，共有进士1人，

① 《明英宗实录》卷41，正统三年四月十六日己巳条，第803页；（清）周溶修，汪韵珊纂：同治《祁门县志》卷25《人物志三·宦绩》，《中国方志丛书·华中地方·第240号》，第1187页。

② （清）张廷玉等纂：《明史》卷180《康永韶传》，中华书局1974年版，第4774—4775页；（清）周溶修，汪韵珊纂：同治《祁门县志》卷25《人物志三·宦绩》，《中国方志丛书·华中地方·第240号》，第1189页。

③ （清）周溶修，汪韵珊纂：同治《祁门县志》卷22《选举志·文科目表·举人》，《中国方志丛书·华中地方·第240号》，第902页。

④ （清）周溶修，汪韵珊纂：同治《祁门县志》卷22《选举志·岁贡》，《中国方志丛书·华中地方·第240号》，第979页。

⑤ （清）周溶修，汪韵珊纂：同治《祁门县志》卷24《人物志二·忠义》，《中国方志丛书·华中地方·第240号》，第1124—1125页。

⑥ 《祁门康氏宗谱》（不分卷），清抄本。

举人2人，其他官员2人。如康海，字德广，居十五都礼屋，属于礼屋门。洪武十年（1371）岁贡，"使辽东有功，授福建道监察御史，又任四川道监察御史，以直谏谪烈山，饿七日卒"，入县志《忠节传》。^① 康墀，礼屋人，天顺八年（1464）进士，历官礼部郎中。^② 康弼，礼屋人，以岁贡任北直河间府训导。^③ 康佑，礼屋人，弘治二年举人，任湖广光化县知县。^④

在明代，除了碧桃门、礼屋门科举仕宦最为突出外，祁门康氏其他门派也不乏科举入仕的记载。康宁，板石人，属于板石门。中景泰癸酉科举人，官至顺天府通判。^⑤ 康衢，板石人，号静斋，任应天府通判。^⑥ 康森，字茂林，成化间以明经任吉水县主簿。^⑦ 康诚，居樟源，属于樟源门，任广西桂林府灌阳县县丞。^⑧ 康革，举人，任山西平阳府大宁县教谕。康怀，举人，任江西弋阳县教谕。^⑨

综上所述，康氏从唐末五代迁居祁门以后，随着人口繁衍，宋元时期已是仕宦辈出，进入明代以后，有了进一步发展，以碧桃门、礼屋门为代表的族人，将祁门康氏的科举仕宦推向顶峰，出现科第发达、仕宦辈出的繁荣景象。这些都为祁门康氏在明代发展奠定重要基础。

二 祁门康氏的山林经营：以石溪康氏为中心

祁门位于徽州府西南部，境内万山回环，地势复杂，是徽州府中山林

① （清）周溶修，汪韵珊纂：同治《祁门县志》卷24《人物志二·忠义补遗》，《中国方志丛书·华中地方·第240号》，第1163页。
② （清）周溶修，汪韵珊纂：同治《祁门县志》卷22《选举志·文科目表·进士》，《中国方志丛书·华中地方·第240号》，第892—893页。
③ （清）周溶修，汪韵珊纂：同治《祁门县志》卷22《选举志·岁贡》，《中国方志丛书·华中地方·第240号》，第972页。
④ （清）周溶修，汪韵珊纂：同治《祁门县志》卷22《选举志·文科目表·举人》，《中国方志丛书·华中地方·第240号》，第898页
⑤ （清）周溶修，汪韵珊纂：同治《祁门县志》卷22《选举志·文科目表·举人》，《中国方志丛书·华中地方·第240号》，第890页。
⑥ （清）周溶修，汪韵珊纂：同治《祁门县志》卷22《选举志·岁贡》，《中国方志丛书·华中地方·第240号》，第972页。
⑦ （清）周溶修，汪韵珊纂：同治《祁门县志》卷22《选举志·荐辟》，《中国方志丛书·华中地方·第240号》，第936页。
⑧ （清）周溶修，汪韵珊纂：同治《祁门县志》卷22《选举志·吏材》，《中国方志丛书·华中地方·第240号》，第1027页。
⑨ （清）周溶修，汪韵珊纂：同治《祁门县志》卷22《选举志·文科目表·举人》，《中国方志丛书·华中地方·第240号》，第885页。

面积最为广袤的地区。日本学者在对明代徽州乡村纠纷进行系统考察后指出，"在徽州这样的山间地域，山林经营非常重要，与新安江沿岸拥有广阔平地的歙县、休宁县等相比，位于鄱阳水系阊江最上游的祁门县，尤其缺乏平坦的可耕地，自唐宋时代起，便开始向江西方面输出木材、漆、茶等山林产品，以换取食用米，山林在农业经营中比重极大。"① 由此可见，山林经营对祁门的重要意义。康氏主要分布于祁门南乡十三都、十五都，所在地区山高林密，山林经营对民众生活至关重要。因此，笔者选取文书遗存（主绝大多数为山林文书）丰富的石溪门为中心，对该宗族的山场交易和山林经营中的佃仆经营、共业分股、林业纠纷等山林经营诸面相进行综合考察，以图对明代徽州山林经营研究有所裨益。

（一）文书述略

祁门康氏作为徽州望族，遗存有丰富的文书，本研究主要利用文书遗存最为丰富的石溪康氏文书，对该宗族的山林经营进行考察。现将所涉文书作一介绍。

《嘉靖祁门康氏抄契簿》，收录《徽州千年契约文书（宋·元·明编）》第 5 卷②，共收录文书 50 份，涉及田土买卖、清业合同、主仆关系等内容，时限涉及明代成化、弘治、嘉靖年间，尤以嘉靖年间最为集中。对于该簿册，学界已有考察。③ 笔者选取其中有关石溪康氏山林经营的文书数件。

《祁门康氏文书》，现藏安徽大学徽学研究中心"伯山书屋"，后收录于刘伯山主编《徽州文书》第 2 辑第 1 册，共有 35 件宗族合约，涉及山场、祖茔、诉讼等内容，时限从明中叶至清光绪年间。目前学界已有学者利用这些文书对徽州宗族与乡村治理进行考察。④ 笔者选取其中涉及石溪康氏山林经营的文书。

祁门康氏文书散件，收藏于中国社会科学院中国历史研究院，数量较大，笔者抄录其中明代山林文书数十件，涉及山场买卖、力分买卖、山场

---

① ［日］中岛乐章著，郭万平、高飞译：《明代乡村纠纷与秩序：以徽州文书为中心》，第109—110 页。
② 《徽州千年契约文书（宋·元·明编）》卷 5，第 249—279 页。
③ 刘道胜：《明代祁门康氏文书研究》，《明史研究》第九辑，2005 年，第 202—219 页。
④ 郑小春：《明清徽州宗族与乡村治理：以祁门康氏为中心》，《中国农史》2008 年第 3 期。

清业合同、诉讼合同等等。

《祁门康氏誊录簿》1 册，收录封越健主编《中国社会科学院经济研究所藏徽州文书类编·置产簿》第 10 册。① 该簿册为石溪康氏文书，内容全部为山林文书，共有 47 件，其中，山场买卖契约 31 件，佃山约 9 件，佃仆立还文约 1 件，息讼合同 2 件，清白合同 2 件，承领力坌柴文约 1 件，拚山清单 1 件。

从内容来看，该簿册中所有文书都与康富孙密切相关，如 31 件买卖契约中，有 27 件买主皆为康富孙。其他佃山约、合同文书等都与康富孙有关。因此，可以认定该簿册簿主为康富孙。此外，该簿册文书类型颇为丰富，时限从明嘉靖二十八年（1549）至万历三十二年（1605），历时 56 年。由此观之，利用该簿册可以对康富孙 50 多年的山林积累和山林经营实态进行具体考察。

综上所述，石溪康氏文书遗存较为丰富，笔者在文章中主要利用刚出版的《祁门康氏誊录簿》、尚未出版的祁门康氏文书散件为核心资料，辅之以此前出版的《嘉靖祁门康氏抄契簿》和《祁门康氏文书》，对明代石溪康氏的山林经营进行探讨。

（二）山场积累

石溪康氏山场积累始于何时，已无从稽考，但最晚在明代成化、弘治年间，其族众已普遍从事山林买卖，大量积累山场。我们仅以《徽州文书类目》中收录的明代祁门康氏文书目录② 可以看出，明代共有 192 件（册），洪武 1 件，永乐 3 件，景泰 1 件，成化 7 件，弘治 20 件，正德 20 件，嘉靖 56 件，隆庆 2 件，万历 46 件，天启 9 件，崇祯 25 件。③ 这些不同时代的契约中绝大多数为山林文书，因此，从中可以看出有明一代，祁门石溪康氏的山场积累情况。换言之，石溪康氏在成化、弘治年以后开始大量购置山场，从事山林经营，尤其是在嘉靖以降，山林积累速度明显加快，山林经营的重要性日益凸显，成为该族众维系生计的重要来源。

① 封越健主编：《中国社会科学院经济研究所藏徽州文书类编·置产簿》第 10 册，社会科学文献出版社 2020 年版，第 467—544 页。
② 从这些文书题名的事主名字和《祁门石溪康氏宗谱》（万历抄本）对照，可知这些文书为石溪康氏的系列归户文书。
③ 王钰欣等编：《徽州文书类目》，黄山书社 2000 年版。

　　值得关注的是，石溪康氏山场积累步伐与其宗族世系推衍具有高度的关联性。明代成化、弘治年间是徽商崛起发展的时期，以此为契机，徽州本土与全国市场的联系不断加强。成化、弘治时期，对于石溪康氏来说，是人丁开始兴旺、众多门房支派形成的重要节点。根据族谱记载，到明代洪武年间，石溪康氏形成以第十八世无善（字希智公）、喜善（字希仁）、积善（字希圣）、與善（字希義）、敬善（字希忠）从善（字希和）六兄弟基础的六个基础房，石溪康氏由此人丁兴盛。这六兄弟分别生有若干子嗣，衍生出新的扩展房。其中，无善生鼎新、添新、玄新、富新、寿新、六新六子；喜善无嗣，以其弟积善次子刚新为嗣；积善生□新、刚新（出继喜善）、仕新、佑新、武新五子；与善生永新、记新二子；敬善生胜新、成新二子；从善生清新、廷新二子。这些人物血缘关系，详见后文图4-2。

　　目前遗存下来的石溪康氏文书就是这些扩展房房祖本人和其后裔的资料，尤其以玄新、仕新和武新三房后裔遗存的山林文书最为丰富。这些扩展房房祖主要生活在永乐至成化初年，其山场积累应该在宣德、正统、景泰年间，属于石溪康氏山场积累的起步阶段。现试举一例：

　　　　十三都康世英与本都余童互争三保土名方坑椴坞山木，各词里老，追出二家买受文契。有世英文契，系永乐年间买受；有余童文契，系洪武年间买受，葬坟在内。其山系黎兴祖扒栽杉木。今凭众看，余童契买受葬坟在前，见存坟茔遮护，未砍杉木，仍系余童长养管业。其在山已砍山分杉木，议归世英出备价银四两，将浮木出卖与世英做造发卖，余童再无异说。□有世英原重复文契，日后不在行用。今凭众议，写立合同文约之后，其山一听余童照契葬坟管业，世英等再无异词争论，违者罚银三两入众公用，仍依此文为准。今恐无凭，立此合同文约为照。

　　　　成化四年三月初三日立契约人　　康世英

　　　　　　　　　　　　　　中见人　　汪克谐、康刚率、凌孟清

　　　　　　　　　　　　　　代笔人　　康志忠、康邦杰①

----

① 《明代成化四年二月祁门康世英等清业息讼合文（抄白）》，中国社会科学院中国历史研究院藏，编号：115090402001。

　　上揭文书为成化四年（1468）石溪康世英为处理与同都余童因山场产权纠纷订立的清白合同。该文书显示，永乐年间康世英先祖就购置了本都三保方坑榥坞山场，虽然购置山场比余童祖上的洪武年间为晚，属于重复交易。但从一个侧面显示出，永乐时期石溪康氏已开始购置山场，进行山林经营。直到成化四年，该山场木材成林，入山砍伐林木时，才引发产权纠纷，双方状告到里老。此后，经过里老调处，双方查看各自契书，发现康世英买契在后，系重复买卖。因此，将该山场产权划归余童所有，但对已经砍伐的木材，则帖银4两，出卖给康世英，由其贩运发卖。

　　值得注意的是，成化、弘治年间为这些扩展房门祖儿子辈，如康衢（号静斋）、康裕、康祥、康晃、康杲等人生活的时期。从目前遗存的文书来看，成化、弘治年间这些族人开始逐渐购置山场，进行山林经营，在石溪康氏山场积累的过程中起到承上启下的作用。

　　至第二十世，也就是康衢等人儿子辈，如康表、康贯、康英、康泰、康玠、康大、康社等人，主要生活在成化至嘉靖年间。《嘉靖祁门康氏置产簿》就是成化至嘉靖时期，以康贯、康泰、康杲等人为代表的族人进行山场积累的资料。前述《徽州文书类目》类目中的收录祁门康氏嘉靖56件散件契约，大多是这一时期山场购置的产物。到了第二十一世时，康表等人的儿子辈中的康性、康博、康懌、康悔、康恪、康快、康浃、康富孙等人主要生活在正德、嘉靖、万历时期。他们大量购置山场，留下丰富的文书。笔者抄录的中国社会科学院中国历史研究院未出版的石溪康氏文书中有很多山林文书的事主就是这些人。如正德六年和十年，康性就两次从族人康香手中购买山林苗木和力分，积累山场。[①] 嘉靖年间，石溪康氏族人的山场积累步伐明显加快。现试举一例：

　　　　十三都康文保原同玉兄共买得叶乞食力分苗一备，在土名七保下村麻榨坞，俗名面前坞。其苗里至梅坞口，外至康乞保荒田弯上塘坞头，上至降，下至坑。本位与玉兄共买叶乞食六分中一分，本位该得一半，尽数立契出卖与族人康英、康泗、康性三人名下为业，面议时价纹银一

　　① 《明代正德六年正月祁门康香等卖力坌杉苗契》，中国社会科学院中国历史研究院藏，编号：115110601001；《明代正德十年十月祁门康香等卖杉苗契》，中国社会科学院中国历史研究院藏，编号：115111010002。

钱五分正，在手足讫。原买力分契在玉兄收，一同照证，立此为照。

　　嘉靖二十九年八月二十二日立契人　　　　康文保

　　　　　　　　　　中见人　　　康　　儒①

　　这份买山契显示，嘉靖二十九年（1550），十三都康文保（石溪人）将与其兄康玉原先合伙购置的叶乞食力分苗中占有的分籍，出卖给同族的康英、康泗、康新三人名下为业，获得价银0.15两的收益。嘉靖年间，类似于这样的山场交易文书还有不少，不再赘述。总之，嘉靖年间为石溪康氏山场快速积累的关键期，下文将详细论述。

　　为便下文论述，现绘制石溪康氏山林积累中相关人物世系图，具体如图4-2所示：

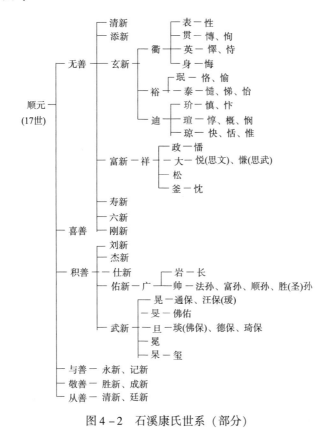

图4-2　石溪康氏世系（部分）

　　① 《明代嘉靖二十九年八月祁门康文保卖力垄苗契（抄白）》，中国社会科学院中国历史研究院藏，编号：115122908002。

图 4 - 2 可以看出，从第十八世开始，石溪康氏人丁日益兴旺，尤以第十九世与善、积善子孙最多。遗存下来的石溪康氏山林文书涉及的人物是从第十九世玄新、富新、六新、佑新、武新等堂兄弟辈开始的，尤以玄新长子衢公秩下、佑新玄孙富孙、武新秩下三大派遗存的山林文书最丰富。这些资料也是笔者利用的核心文书。

迨至嘉靖末年至万历时期，石溪康氏的山场积累进一步加快。下面以《祁门康氏誊录簿》为例来考察石溪康氏在嘉靖、万历年间的山场交易情况。该簿册收录 31 件卖山契，其中，27 山场的买主为康富孙①，山场购置的时间集中在万历元年（1573）至万历三十二年（1604）。

从《祁门康氏誊录簿》来看，31 件山场买卖全部在石溪康氏宗族内部进行。这与此前考察的徽州其他宗族，如祁门贵溪胡氏、祁门王源谢氏等山场交易有所不同，这些宗族的山场交易既涉及宗族内部不同门房，也有与其他宗族之间的山林买卖。石溪康氏山场交易的宗族化特点颇为值得关注。现将康富孙山场购置情况进行统计，具体如表 4 - 1 所示。

表 4 - 1　　　　　　　　康富孙山场购置情况一览

序号	时间	卖主	买主	出卖原因	地产来源	土名	面积	价格
1	万历□□年五月十五日	十三都康元	弟康富孙	无钱用度	自己兄弟卖受山	石迹源梨树坞	0.62 亩	0.8 两
2	万历廿一十二月廿五日	十三都康时文	叔康富孙	无钱用度	承祖买受山	石迹源梨树坞		0.97 两
3	万历廿四年七月初一日	石溪康恃	弟康富孙			石迹源梨树坞	0.5225 亩	1.2 两
4	万历廿六年十二月初四日	兄康憻	弟康富孙			石迹源梨树坞	0.522 亩	1.9 两
5	万历□□年□□月廿六日	十三都康应漳、康时杰、时文、时仪	康富孙		承父买受山	石迹坑堂前坞	八股中合得一股	0.85 两
6	万历十八年九月十三日	石溪康子和	叔康富孙	无钱用度		胡家坑白石坞	1 亩	0.5 两

---

① 康富孙出生于嘉靖二十五年（1546），其大规模购置山场应当是在万历初年以后的事情。

续表

序号	时间	卖主	买主	出卖原因	地产来源	土名	面积	价格
7	万历廿六年六月初八日	石溪康时通	叔康富孙			胡家坑白石坞	在山力分浮木	0.55 两
8	万历十九年六月	十三都康快、康一凤	弟康富孙		买受山	胡家坑白石坞	2 亩	0.8 两
9	万历廿五年十二月廿八日	十三都康德和	叔康富孙	无钱用度	买受山	胡家坑低坞		1.8 两
10	万历十六年八月初六日	十三都康佛佑、康瑷、康康宝、康楷、文魁等	弟康富孙		承祖山	黄泥坑		0.6 两
11	万历十七年五月廿日	石溪康牙孙	叔康富孙	无钱用度	承祖并买受山	黄泥坑		0.3 两
12	万历廿年九月初十日	十三都康福、第康禄	叔康富孙	无钱用度	承祖并买受山	黄泥坑		0.2 两
13	万历廿年十月廿九日	石溪康福	叔康富孙	无钱用度	承祖父买受山	胡二山正源头对奇岭		0.55 两
14	万历廿年十月廿八日	石溪康禄	叔康富孙	无钱用度	承祖父买受山	胡二山正源头对奇岭		0.55 两
15	万历廿二年四月廿六日	石溪康牙孙	叔康富孙	无钱用度	承祖父买受山	对奇岭		0.3 两
16	万历廿年十二月初十日	十三都康时真	叔康富孙		承父买受山	汪家坞	1.25 亩	0.9 两
17	万历十七年四月初十日	十三都康时文、弟时杰	叔康富孙		承祖并买受山	日子坑汪家坞梨树坞		0.4 两
18	万历廿二年三月十六日	十三都康应漳	兄康付笋		承祖父买受山	长垄源梨树坞枫树坵		0.2 两
19	万历四年四月初六日	十三都康时禄	叔康富孙		承祖并买受山	梨树坞长垄源朴树坞		0.37 两

续表

序号	时间	卖主	买主	出卖原因	地产来源	土名	面积	价格
20	万历五年九月廿日	十三都康显爵	叔康富孙	今因户里役无措	承祖买受山	下末山方段碣		0.5 两
21	万历十三年十二月廿二日	石溪康法孙	弟康富孙	今因娶妻欠费	承父买受山	蒋家岻		0.28 两
22	万历十四年十一月廿日	石溪康胜孙	兄康富孙		承祖父买受山	黄净源蒋家坵		0.6 两
23	万历八年十月初二日	十三都康潮、康漳叔侄、康时正兄弟	兄康富孙		承祖买受山	黄净源蒋家坵		0.45 两
24	万历九年十一月十八日	十三都康应渓、康应浩兄弟	兄康富孙		承祖买受山	黄净源蒋家坵		0.5 两
25	万历廿八年三月初三日	十三都康时真	叔康富孙		承祖买受山	石迹源杉树弯		0.65 两
26	万历三十一年六月二十四日	石溪康奇祥	叔康富孙		己买受山	石迹源杉木弯		2.7 两
27	万历卅三年五月廿七日	十三都康峻	叔康富孙		承祖父买受山	黄净源蒋家坵		0.45 两

资料来源：《祁门康氏誊录簿》，见封越健主编《中国社会科学院经济研究所藏徽州文书类编·置产簿》第 10 册。

从表 4 – 1 可以看出，万历时期，康富孙购置山场共有 27 次，山场交易全部都在宗族内部进行，大多是在同辈、叔祖辈之间进行山林买卖。27 次山林买卖，康富孙共用去价银 19.87 两。由此可见，康富孙虽然是一个小规模的山场经营者，拥有的山场数量颇为不少、分布也很广。

从表 4 – 1 所列的 27 件卖山契可知，这些山场全部分布在十三都三保和七保，没有分布在外都的情况，山场分布最集中的地区为石迹源、梨树坞、胡家坑、白石坞、黄泥坑、对奇岭、蒋家坵、黄净源、汪家坞等地区。下面将具体考察这些山场经营情况。

值得关注的是，表 4 – 1 中山场来源大多写"承祖""承祖并买受山""承祖买受山"，说明这些山场在万历以前是这些卖主先祖购置的产业。这从一个侧面说明在万历以前的成化、弘治和嘉靖时期，石溪康氏已进行较为频繁的山场积累。康富孙所购 27 笔山场的来源与上文分析的石溪康氏的山场积累时段完全一致，能够相互印证。

（三）山林经营

石溪康氏经过长期的经营，积累起广袤的山场，加之，康氏为当地望族，因此，其山场主要采取租佃方式进行经营。具体来说，祁门康氏主要将山场租给佃仆进行经营、管理。下面来分析一下嘉靖年间石溪康氏山林租佃情况：

> 十三都佃人宋辛保、黎同、黎彪等，今承断到山主康性、康博、康悔三人名下空山一备，在三保土名石砵、坞斗窟山，前去砍撥锄种花利，遍山无问险峻，栽种杉苗，三年之后，请主到山点青，卖与山主，毋许变卖他人。如违，听自山主理治，追取上年花利。今恐无凭，立此为照。
>
> 嘉靖三十九年九月初七日立承断人　宋辛保、宋琴保、黎彪、宋初得、宋听得、胡永和
>
> 代书人房东　康　应①

上引文书为嘉靖三十九年（1560），十三都佃人宋辛保、黎同等人承佃到山主康性、康博、康悔三人位于本都三保的石砵、坞斗窟山等处的山场，前去开荒，遍山栽种杉松苗木。三年以后，请山主入山查看杉苗长势，并将力分卖给山主。从该佃山约落款处"代书人房东"可以得知，承佃山场的宋辛保等人为康性等人的佃仆，役使佃仆经营山林，在徽州是很普遍也是节约成本的一种方式。

下面以康性、康博、康悔、康懌四大房的山场，来考察石溪康氏在嘉靖、万历时期的租佃经营情况。首先看苧二坞山场的佃山约：

> 佃人林贵保、胡什等，共承佃到房东康性、康博、康悔、康懌四房名下砍过杉木空山一源，坐落七保土名苧二坞，系康仲辛名目山，

---

① 《明代嘉靖三十九年九月祁门宋辛保等佃山约》，中国社会科学院中国历史研究院藏，编号：115123909001。

承佃前去砍撥锄种花利，栽垒杉苗，无问险峻，遍山栽扦，不得抛荒。三年之后，请主到山点青，苗木成材，该得力分照依乡例，照山分卖与山主，不得变卖他人，亦不得私自卖与一人。如违前项，听主理治，并追递年花利偿主，仍依此文为准。今恐无凭，立此为照。

断约合同三纸，各收一纸存照。

嘉靖四十年十月二十九日立

        佃约人   林贵保、胡什、黄乞保、胡法、林定

                林伍、林闰保、汪明

    遇见中人   李 寿

契约二纸，林贵保收一纸，胡什收一纸。

再批，其山作十股栽种。

胡什、黄乞保、汪明共种四股。

林贵保、林伍、林定、闰保共种四股。

胡法种二股，如林定、汪明无力栽种，在胡什、贵保二人名下帮种，不许变与约外人。①

上引佃山约中，佃人林贵保、胡什等人称山主康性、康博、康悔、康懌等人为"房东"，可见，林贵保等人也为石溪康氏的佃仆。这份佃山约显示，林贵保等人承佃的是房东康性、康博、康悔、康懌四大房②位于本都七保苎二坞的砍伐过之空山，前去栽种杉苗。三年之后，请山主入山查看杉苗长势，并议定木材成林后，按照"乡例"，将力分出卖给山主，不得私自出售他人。③值得关注的是，该佃约中的"加批"。从中可知，给山场共分为十股，佃仆林贵保等人按照各自的劳动力情况，承佃相应的股份，各自按股栽种苗木，管理山场。

从前述内容可知，十三都日子坑、白石坞等处也为石溪康氏山场的重

---

① 《明代嘉靖四十年十月祁门林贵保等承佃山约》，中国社会科学院中国历史研究院藏，编号：115124010005。

② 康性、康博、康悔、康懌皆为康衢之孙。康衢生有四子，即康表、康贯、康英、康身。此后，康衢四子形成四大房派。康性、康博、康悔、康懌分别为康表、康贯、康贯、康英和康身之子，属于四大房诸子。

③ 关于明清徽州山林经营中的力分，可参阅陈柯云《明清徽州地区山林经营中的"力分"问题》，《中国史研究》1987年第1期。

要分布地区。对这些山场，石溪康氏也采取佃仆承佃的方式进行经营。下面来看一份佃山约：

> 佃人朱仙保、方云保，今租到本都康名下山一号，土名日子坑、白石坞，除陈元祖租一块，仍□□，内嫩地一片，承佃前去锄种花利、栽苗。其苗成材，该得力分，照依山分卖与山主，不敢变卖他人，及私卖与一人。号内下岐小木一块，不敢侵损，候山主砍后，然后锄种，山主无得阻挡。再有连界杉山木，不敢侵损。其山限种四年，如违，听自理治无词，立契为照。
>
> 　嘉靖四十一年十二月初一日立粗约人　　朱仙保　方云保
> 　　　　　　　中见人　　胡　佳①

这份佃山约显示，嘉靖四十一年（1562）佃人朱仙保、方云等人，承租石溪康氏位于日子坑、白石坞的山场，前去栽种苗木，议定将所得力分出卖给山主，且该山只限种四年。从中可以看出，佃仆的义务相当繁重，对于承佃的山林没有多少自主权，而且还有承佃年数限制。

黄净源也是石溪康氏山林集中的地区之一，对于这里的山场，石溪康氏也采取租佃的方式经营。来看一份佃山约：

> 十三都庄佃胡十［什］、林□［美?］保、黄记等，今佃到山主康性四房兄弟名下砍过木空山一号，在土名黄净源、左家坞外号，承佃前去砍拨锄种花利，栽垒杉苗，无问险峻，遍山栽种。其苗成材，所有力垒，照依乡例卖与山主，不敢变卖他人，及私自卖与一人。如违，听山主理治，追取上年花利，给主无词，仍依此文约为准，连界嫩苗桃开润截，不许侵损烧毁。今恐无凭，立此为照。
>
> 　嘉靖四十二年七月初四日立
> 　　佃约人　黄记、胡十、林美保　胡法、林午、胡乞保、汪名
> 　　中见人　康□

---

① 《明代嘉靖四十一年十二月祁门朱仙保等租山约》，中国社会科学院中国历史研究院藏，编号：115124112002。

其山作十股种，胡十种三股，胡法种三股，黄乞保一股，汪名一股，林美保一股，林午一股，黄记一股①

由此可见，嘉靖四十二年（1563）石溪康氏庄仆胡什、林美保、黄记等人合伙承佃山主康性四房兄弟位于黄净源和左家坞等处砍伐过的空山，前去栽种杉苗。对于力分，也是按照乡例出售给山主。该山分为十股，胡什等人按照各自的劳动力承佃一定股份，胡什、胡法各种三股，含有的比例最高，由此可知他们二人的劳动力较强。

经过嘉靖时期的山场积累，到了万历年间，康性、康恃等四大房的山场规模不断扩大，对于新增的山场，同样采取佃仆租佃的形式经营。现试举一例：

佃人陈胜龙、黄住保、胡福宁等，今承佃到山主康懌、恃、学正兄弟、康时等，有砍过空山一备，坐落七保，土名小黄垄坞，里至石堨上降，外至康□等共业大莫垄坞山为界。四至内山，承佃前去锄种花利，无问险峻，遍山栽种杉松苗木，不敢抛荒。三年之后，请主到山点青，如无苗木，听自山主追取上年花利，所有力分、花利准折，不敢变卖与他人。如违，听主理治。今恐无凭，立此为照。

万历十五年八月初二日立承佃约人　　　陈胜龙、黄住保、胡福宁

代笔人　　　康禹祥

其山作六股种，每股撒松子三升，其银领讫。

陈胜龙一股，陈胜宗一股，黄住保一股，胡福宁一股，黄大□一股，黄讫富一股。②

从上引佃山约可知，万历十五年（1587），陈胜龙、黄住保、胡福宁承佃到山主康懌、康恃、康学正（悔长子）等人坐落七保小黄垄坞的砍过山场，前去栽种松杉苗木。该山共分六股，每股由山主贴补松子银，由承

---

① 《明代嘉靖四十二年七月祁门黄记等佃山约》，中国社会科学院中国历史研究院藏，编号：115124207001。

② 《明代万历十五年八月祁门陈胜龙等佃山约》，中国社会科学院中国历史研究院藏，编号：115141508001。

佃人各认一股，前去栽苗长养。从上面几件佃山约可以看出，佃仆多是合伙佃种山场，按股栽苗长养，这应该与因山场广袤，单个佃仆劳动力不足以承佃整个山场所致。万历年间，康性四大房山场还有很多类似的佃山约，不再赘述。

如前文所述，万历年间康富孙购置很多山场，他拥有的这些山林也采取佃仆经营的方式。兹举一例：

> 佃人胡五隆、林寿等，承佃到房东山主康富孙、康嵚兄弟名下，砍过木空山一备，坐落七保，土名蒋家圻田塝上，系王伯茂名目。今承佃前去锄种花利，无问崄峻，遍山栽种苗木，不敢抛荒。日后苗木成材，所有力坌以四股为率，山主得三股，佃山人得一股。其力坌仍系山主照山分坐买，不敢私自卖与一人，亦不得变卖他人。如违，听主理治。今恐无凭，立此为照。
>
> 万历十六年十月初一日立
>
> 　　　　　　承佃人　　胡五隆、胡记有、林　寿、林五保
> 中见代笔　　康　潮①

这份佃山约显示，万历十六年（1588），佃仆胡五隆、林寿等人承佃山主康富孙、康嵚兄弟位于七保蒋家岘的山场，前去栽种苗木，力坌分为四股，山主得三股，佃山人得一股。康富孙拥有的山林多是采取这种租佃的方式进行经营。

在山场经营管理中，佃仆因看管不利致山场被盗则要受到山主惩罚，并立甘结文约，以此解决问题，并保证日后不再出现类似问题。兹举一例：

> 立承管看守文约庄人蒋天富兄弟等，今有房东土名梨树坞山地一源，上养松杉苗木，供解税课。近因被人破林砍斫，身等不行报知山主，罪坐通同，要闻官理，是身愿自托凭本都里长，恳各山主照依后

---

① 《祁门康氏誊契簿》，封越健主编：《中国社会科学院经济研究所藏徽州文书类编·置产簿》第10册，第531—532页。

派山分出银。立坛封禁之后，身等甘立文约，以后本山长养苗木、松柴在上，凡遇火盗等情，尽系身等一力承管，救息报知，不敢密情忍隐。如违，听山主理治无辞。今恐无凭，立此看守文约为照。

计开土名梨树坞山一十三亩主分。

康懌四房合得四亩一分八厘

康富孙合得一亩五分七厘二毫。后又买得康恀……。

康时合得三亩零六厘五毫。

康时真合得一亩二分九厘。

康璋合得六分四厘五毫。

康时杰合得九分六厘六毫五。

万历廿二年九月十五日立承管文约人　蒋天富

遇见里长　胡　乾①

这份佃仆立承管文约显示，石溪康氏庄仆蒋天富兄弟等人承佃山主梨树坞的山场，长养苗木，管理山林。但万历二十二年（1594）该山场林木被人盗砍，蒋天富等没有及时报告山主。后被山主得知，要将蒋田富等人状告官府。庄仆蒋天富等人被迫请本都里长胡乾出面调解，后来"共业分股"的康氏业主，共同出银立坛封禁，议定以后山场长养、火盗等事，蒋天富等人必须尽力管理，及时报告情况，不得隐瞒。在多方协商之后，由蒋天富立还文约，表示接受这些条件，从而平息这件事情。

综上所述，嘉靖、万历时期是石溪康氏山场迅速积累的时期，其中以康性、康博、康懌、康悔四大房和康富孙等房派积累的山场最为突出。他们对这些山场采取招佃宗族佃仆经营的方式进行山林经营管理。因山林复杂性和劳动力的限制，佃仆多是合伙共同承佃山主的山林，各自占有一定股份，并以此分得相应的力分。佃仆拥有的力分苗木有严格的限制，多是要求木材成林后，出卖给山主，不得私自出卖他人。

从上面的佃山约可知，石溪康氏的山场多是族人共同占有，呈现的是一种宗族内部的"共业分股"产业形态。这种产业形态与诸子均分制的影

---

① 《祁门康氏誊契簿》，《中国社会科学院经济研究所藏徽州文书类编·置产簿》第10册，第472—474页。

响密不可分。

上引万历十六年（1588）胡五隆等人的佃山约最后注明，"山分六十分为率。康富孙得二十六分，本家心兄弟原有二十分，富孙买讫，仍六分，系买康潮漳叔侄、浃兄弟、时正兄弟，系富买讫。康𰀋兄弟得二十四分。康时已买得九分半"①。由此可见，该山场由共分为二十股，由康富孙、康𰀋等人共同占有，各自持有一定的股份，形成的是一种宗族内部"共业分股"的产权形态。

除租佃经营外，合伙经营也是石溪康氏山林经营中一种重要的方式。来看下面的合同文约：

> 康贯同弟康珉、康玠、康政等，共有买受并嘉靖四年标分山地一备，俱坐落本都三保，土名石砾源一号末段东培里、从查坑、峰烂弯垄分水起，至蒋良住后止；一号梨木坞，系与康来龙字号内得山三亩；一号□龙坞，里外坞头垄分水，埋石为界，外至胡间山为界；一号乌龟石、庄前坞，里至梨木坞口，外至堂前坞里垄金字面，下至胡家甽头对过，其山四房均业。今因回禄之灾，祠宇无执，各自情愿将前山写立合同文书四纸，各执为照，同众长养杉松等木，以备日后祠宇之需。自立合同之后，四房弟侄毋［务］要同心协力照管，毋许私自入山盗砍。如有佃人栽垄力分，四房均买，毋许一人多买。如违前项者，听自遵文之人陈告，甘罚银十两公用，仍依此文为照。今恐无凭，立此为照。
>
> 再批，应奎山分，四房均买，毋许一人插买。
>
> 嘉靖五年十二月二十七日立合同人　　康贯、康珉、康玠、康政②

这份合伙长养松杉、均买力垄合同显示，嘉靖四年（1525）康贯（衢公房）、康珉（裕公房）、康玠（逸公房）、康政（祥公房）四房人等共同

---

① 《祁门康氏誉契簿》，封越健主编：《中国社会科学院经济研究所藏徽州文书类编·置产簿》第10册，第532页。

② 《明代嘉靖五年十二月祁门康贯等共养松杉、均买力垄合同》，中国社会科学院中国历史研究院藏，编号：115120512001。

合伙买受并标分位于石砳源、梨树坞登出山场，由四房均业。但嘉靖五年（1526）村中火灾，造成祠宇毁坏，于是这四房子孙商议，共同长养这些山场的杉松苗木，以便日后成材后作为建造祠宇的木料。这是一份典型的合伙经营山林的文书。

山林经过二三十年的长养，成材林木需要砍伐发卖。石溪康氏拥有众多山场，热衷于山林经营，嘉靖、万历年间时常砍伐林木，贩运发卖，将所得利润进行分配。

> 父康性今因用过男德辉己银，前后听算，本利共该十九两五钱，将七保土名杉木塔四水归源立山浮木，本身八分中该得一分，内取一半批与德辉，准还钱银。其木听候同众砍斫之日，照约砍斫无异。其原木砍完，山骨仍系众共，不在批内。立此为照。
>
> 再批，以前账目清算明白了，完讫，日后毋许混算。
>
> 嘉靖四十四年二月初七日父　　康性
>
> 　　　　依口代书弟　　康博
>
> 　　　　同见弟　　　　康悔、康恽①

这是一份以在山浮木抵还欠银的文约，嘉靖四十四年（1565），康性原先向其子康德辉借银 19.5 两，无法如期偿还，于是将自身位于杉木塔的山场中占有的分籍，批给其子康德辉，以抵其所欠银两。由此可见，在徽州即使父子之间血浓于水，但经济往来账也算的很清楚，债务清理也需要订立契约，徽州民众的契约意识由此可见一斑。

胡家坑、白石坞为石溪康氏主要的山场分布地区，木材成林后订立拚山约，砍伐木材。请看下面的拚山约：

> 十三都康文光同侄康潮、浃、时正等与康云保、盛保、德辉、应岩等，共有在（山）浮杉松木一号，土名胡家坑、白石坞、合源，共山一十二亩，内本家叔侄原买得十二都胡青云名下山八分三厘。今现

① 《明代嘉靖四十四年六月祁门在康性以山浮木抵还欠银文约》，中国社会科学院中国历史研究院藏，编号：115124406001。

砍杉松，出拚与云保等前去做造收卖，凭中议作价银一两五钱正，当即收讫。所有砍过木空山，本家叔侄实该山八分三厘，日后眼同召佃锄种栽苗，各无异言，立拚约为照。

再批，前山十二亩，除文光叔侄分籍外，康天福该山一分三厘零，在云保等十一亩一分七厘内。

万历元年四月十八日立拚约人　　康文光

再批，号内未能砍杉松照前。

同侄　　康潮、康浃、时正

中人　　康□、康时

亲眷　　凌祥护

代书　　陈祁保①

这份出拚约表明，万历元年（1573）石溪康文光同康潮、康浃等人将共业分股的胡家坑、白石坞等处山场中的松杉林木，出拚与云保等前去砍伐发卖，获得 1.5 两的收入。

万历三年（1575）康潜等人也立有承拚约：

十三都康潜、康濠、康天互、康雷等，今用价买受得康博、康犟、康德辉名下立山浮木□□□□□，土名高旱坑，系博等承祖康衢买受凌□□等原典康仕宗承祖金业、康仲辛经理山号，内博等同悔共该山八分三厘三三，博、犟、辉共该山六分二厘。会（？）道有立山浮木松杉，身等拚受前去砍斫发卖，价银当凭中付讫，立此受契为照。

万历三年二月初九日立受契人　　康潜

同弟　　康濠

侄　　康天互　康雷

中见　　康泽②

① 《明代万历元年四月祁门康文光等出拚在山浮木文约（抄白）》，中国社会科学院中国历史研究院藏，编号：115140104001。

② 《明代万历三年二月祁门康潜等出拚在山浮木文约》，中国社会科学院中国历史研究院藏，编号：115140302001。

这份承拚约显示，万历三年（1575）石溪康潜等人承拚将原先合伙购置的康博、康懌、康德辉（康性子）等人位于高旱坑山场中的浮木，前去砍伐发卖。这是石溪康氏宗族内部族人之间订立的山林文书，与佃仆承佃山林的性质有着本质区别。前者是同族人，身份地位平等，而后者这是属于"贱民"阶层，对于山主具有很强的经济和人身依附性。

因石溪康氏山场多是共业分股，因此木材成林砍伐时，也是按股分配。来看一份拚山清单：

> 石溪康懌、康富孙同康时弟侄、学正兄弟，共砍七保，土名叶三九住基，土名井坞长垄，系大明名目，照原合同四至，东至弯心下小坑，西至梨树坞口，南田，北降。四至内共砍得杉木五百余根，今将在河木四百卖得价银一十二两五钱，照各人买受分法多寡分，价并具于后。
>
> 计开：
>
> 懌兄弟得五钱二分八，孔瑞兄弟五钱二分八，禹得一钱三分二。
>
> 禹分深保一钱二分半，尧祥六分半，尧分深保六分二厘五。
>
> 潮一百分之一，一钱二分半，时正二百分之一，六分二厘五；浃二分八厘。
>
> 浃分深保八分三厘。共一两七钱一分五厘六毫。
>
> 学正兄弟五钱二分八，云寿一钱三分二厘，玄寿分深保一钱二分半。
>
> 富孙买漳叔侄一百之一，得银一钱二分半；又买时禄二百之一，得银六分二厘五。共一钱八分七厘五毫。
>
> 时己买裳分得一钱三等二毛，裳分深保一钱二分半；国祥六分半。
>
> 国分深保六分二厘五，浃分籍四分一厘六，浃分深保一钱六分七厘。
>
> 浩六分二厘五，浩分深保二钱五分。共九钱零三厘九毛。
>
> 时弟侄承祖并买受共得银八两九钱一分七厘，内思文弟侄分籍，

并深保分籍，系浮拚。

万历九年十月初七日清单　　　富孙（书）①

这份拚山清单显示，康懌、康富孙、康时弟侄、康学正兄弟等人合伙砍伐本都七保叶三九住基、井坞长垄等处山场杉木 500 余根，后将贩运到大河边的 400 根木材出售，获得价银 12.5 两的收入。对于木材利润分配，这些山主根据"共业分股"的原则，按照当时各自购买该山场的分籍（股份）进行利润分配。该文书详细罗列这些山主所得利润，从中可以看出各自分籍不等，其中以康时弟侄承祖并购置分籍最多，分得 8.917 两，其他的山主所得都在 1 两以下。由此可见，石溪康氏山场分籍化十分明显，各山主所占分籍显现出碎片化的特点。

石溪康氏人丁兴旺，形成若干支祠，其中以静斋祠（康衢号静斋）经济实力最强，拥有的山场最多。万历、崇祯年间，包括静斋祠山场在内的族产山林木材成材后，出拚给佃仆砍伐，立有合同文约。现抄录如下：

静斋公生于正统十三年戊辰，卒于弘治十五年壬戌；性公生于弘治三年庚戌，卒于隆庆五年辛未。万历元年癸酉、万历二十一年十月初四日，将本都三保一千七十七号，土名司徒庙下，系顺夫名目山一号。在山浮杉松木一号，出拚与余天龙、兴龙、游二乙等，得价银二两三钱正，作山一十九步分，各人山分得价银，开派于后，眼同清单。

衢公四大房该分得价银一两一钱五分；泰得玠山，该分得价银三钱八分三厘；协得瑄山一半，该分得价银一钱九分一厘五；玠得琼山，该分得价银一钱九分一厘五；瑄分承祖并承琼山，该分得价银三钱八分三厘。

崇祯十五年八月二十四日，将本都三保一千七十七号，土名司徒

---

① 《祁门康氏誊契簿》，《中国社会科学院经济研究所藏徽州文书类编·置产簿》第 10 册，第 533—534 页。

庙下，系顺夫名目山一号，在山浮杉松木，出拚与康佛佑名下，得价银一两六钱正，作山一十九步分，各照山分得价派于后。

康衢公祠四大房该分得价银八钱；泰得玙山，该分得价银二钱六分六厘；协得瑄分山一半，该分得价银一钱三分三厘；界（玠）得琼分山，该分得价银一钱三分三厘，瑄分山并承琼分山，该分得价银二钱六分六厘。①

据此可知，康衢、康性父子去世后，其裔孙设有祭祀他们的山场，分别于万历元年（1573）、万历二十一年（1580）、崇祯十五年（1642）三次将位于司徒庙下的祭祀山场中的杉松林木，出拚给与佃仆余天龙、兴龙、游二乙等人砍伐，前两次获得 2.3 两的收入。对于所得收入，按照山主各自的股份进行分配。崇祯十五年，该山场木材成林，将林木出拚给族内的康佛佑前去砍伐，获得 1.6 两收入。这次还是按照之前议定的十九股进行分配，各山主按照自身占有的分籍分得相应的利润。这三次利润分配中，静斋祠四大房分得的银两都是最多的，可见静斋祠在该山场中占有的股份最多。

康富孙购置的众多山场在万历年间也有承拚契。现举一例：

十五都严法、宋富龙等，今成（承）赂垄，前去砍斫锯柴，挑至大河，眼同发卖。山主康富孙、兴孙、三孙，共有浮杉松一号，坐落土名对奇岭，东至对奇岭，西至法孙兄弟山，上至降，下至石坑砍下。四至内尽行立契出赂垄人严法等，其柴议定，山主每两与赂垄人对半均分。自承之后，各无悔异。今恐无凭，立此为照。

万历廿三年九月十八日立承领人　　严法、宋富龙

中见人　　康德温

---

① 《明代万历二十一年十月祁门康衢公祠四大房均分出拚在山浮木价银合同（抄白）附崇祯十五年康衢公祠四大房均分出拚在山浮木价银合同抄白》，中国社会科学院中国历史研究院藏，编号：115142110001。

通山六股为率，康富孙该得四股，兴孙、三孙各得一股。①

这份承拚约显示，万历二十三年（1595）十五都严法、宋富龙等人，承领十三都石溪康富孙、康兴孙、康三孙等人坐落在对奇岭山场的杉松浮木，前去砍伐，议定山主杂柴出卖所得，每两与严法等力分人等对半均分。从合同最后内容可知，该山场分为六股，康富孙占有四股，为分籍最多者；康兴孙、康三孙各得一股。由此可见，该山场为康富孙等人"共业分股"的产业。

山林地势复杂，在经营过程中常因山界不清、重复交易、分籍不明等产生各种纠纷，石溪康氏在长期的山林经营中各种山林纷争不断。

早在弘治年间，即石溪康氏山场积累的早期，就因山场重复交易产生纠纷。兹将文书抄录如下：

> 十三都康邦杰与族弟康武新等互争山土，各令男侄康思评告，到官审问，蒙帖体勘，二家不愿终讼，情愿托凭亲眷胡□□等和解。勘土名石砾源山，系康元寿、康崧孙、康岩起、康同祖经理，内只除康双得、康邦明、康邦庸原升科管业分籍出卖与康永韶外，其余项向字号内山，是康武新户原升科管业，听康武新户内兄弟子孙照旧永远管业。其胡村山，原是康武新升科管业，今只除坟山众共拜扫。其余胡村山，并听武新户内兄弟子孙照旧管业。又，勘得本都三保、七保等处，及外都各保，系是康元寿、崧孙、岩起、同祖名目经理，原是康邦杰户升科管业，并听康邦杰户内兄弟子孙，照旧永远管业，所有本都三保原藤坑，及七保黄净源、桃树窟，原是康武新承祖买受，康照□梯己买山，不在合同之内。自立合同文书之后，一凭此清白合同文书为始。所是前项字号，二家倘有升科未尽，并听二家各字升科，不许种佃，又不许赍出宗支图系下帖、税粮租批、私约等项，异言争论。如违，甘罚银五十两入官公用，仍此文为始。今恐无凭，立此合同一样三纸，

----

① 《祁门康氏誊契簿》，封越健主编：《中国社会科学院经济研究所藏徽州文书类编·置产簿》第 10 册，第 509—510 页。

各收一纸为照。

  弘治六年四月二十四日立

    合同人   康思、康邦杰、康邦才、康茂亨、康鼎六、康茂祥

    中见人   胡□□、康垫

  劝谕老人   汪嵩①

这份清业合同显示，弘治六年（1493），石溪康邦杰与族弟康武新等人因山场产权引发纠纷，双方告至祁门县官府。祁门知县受理此案后，下帖给里老，要求里老到山场实地勘查。经过里老、亲族的勘查、调处后，双方念及一脉亲情，愿意息讼和解。将石砾源山、胡村山等处山场划归康武新管业，将"本都三保、七保等处及外都各保，系是康元寿、崧孙、岩起、同祖名目经理"山场，划归康邦杰管业。对于上述山林中有尚未升科的山场，两家各自升科管业。

山林纠纷发生后，石溪康氏往往通过订立清白合同来化解矛盾，重新划定山林产权，维护山林经营秩序。如：

石溪康协原买康天明兄弟并承买康宣分籍山一备，土名蒋家坵天塝上，系王伯茂经理。今叔康帅赍出原买故叔康校契书，并卖宣分籍，系干重复，凭中公议，将宣分籍通山以一亩为率，宣该六厘六毫，内取三毫四丝，凑协原买昂股，及天明兄弟本等分籍，并买楷分籍，共四分中得一分，该山二分五厘。宣名下仍该山六厘三毫二丝，听帅为业，帅名下原买轩珩二股，并宣、晓分籍，共该山三分二厘九毫九丝，系听天明卖宣分籍，山价凭中资补，协现砍松木，悉照此约卖价分扒。日后山场亦照此约管业，再不许各执买契争论。今恐无凭，立此清白文约为准。

  嘉靖四十五年二月初一日立约人   康   协

                中见人   康 幡、康 博、康 光②

---

① 《明代弘治六年四月祁门康邦杰等清白合同（抄白），中国社会科学院中国历史研究院藏，编号：115100604002。

② 《祁门康氏誊契簿》，封越健主编：《中国社会科学院经济研究所藏徽州文书类编·置产簿》第10册，第522—523页。

这份合约显示，康协原来买有康宣位于蒋家坵的山场，后来其族叔康帅（康富孙之父）赍出原买故叔康校契书并买宣分籍，两相对照，发现康协系重复买卖，因此，在族中的调解下，将涉事山场的分籍重新调整。同时，对于已砍松木，按照这份新立的合约分配利润。

万历十六年（1588），康富孙与同族人康嵩等因山场纠纷订立清单合同。现抄录如下：

> 石溪康嵩兄弟，今与富孙拚砍土名蒋家坵田塝上浮杉松木，二家各赍出买受浃、浩兄弟，土名蒋家坵田塝上，并土名井坞长垄契书争论。凭中康潮言议，嵩兄弟将买得浃、浩蒋家坵田塝上，承祖山骨分籍，逊便富孙管业。所有富孙买得浃、浩兄弟，土名井坞长垄，承祖并父玄手、粮手项买受分籍山骨并苗木，逊便嵩兄弟长养为业。日后二家俱各不以买契为凭，只照此清单合同为准。今恐无凭，立此为照。
>
> 　　万历十六年十月初一日立清单人　　康嵩兄弟
> 　　　　　　　　　　同立人　　康富孙
> 　　　　　　　　中见代书人　　康　潮①

这份清单合同显示，石溪康嵩兄弟与康富孙因拚蒋家坵、井坞长垄的杉松林木引起纠纷，双方赍出各自契书，在中人康潮的调解下，将该山场分籍重新划分，康嵩兄弟将买得康浃、康浩等人的山场分籍转给康富孙为业；康富孙将买得康浃、康浩等人位于井坞长垄的山场，转给康嵩兄弟长养为业。在此基础上，双方议定以后不以原先买契为凭，而以此清单文约合同为凭，管业各自山场。

石溪康氏山场中"共业分股"山场，除宗族内部共业外，还存在与外都外姓"共业分股"现象。因为这种异姓共业山场分属不同的宗族，彼此距离较远，因此在经营过程中更容易产生纠纷。

万历年间，石溪康氏与十五都查湾汪氏因共业山场引发多次纠纷。无

---

① 《祁门康氏誊契簿》，封越健主编：《中国社会科学院经济研究所藏徽州文书类编·置产簿》第10册，第530—531页。

论是上告官府的，还是在民间和解的，大多最后都通过订立清白合同的方式平息纷争。

十五都汪于祜等，同十三都康盛保等，共有山木一源，坐落十三都，土名黄泥坑。是康盛保执照管业，砍木在山，是汪于祜执买契分籍争论，讦告到官。二家思念至戚，不愿紊繁终讼，凭中劝谕，到山勘验，若遵管业，多寡不均，日后难杜争论。查各卖契，又系照派契卖，凭中仍照各买契分籍，将已砍木价，照分籍补讫。其未砍木，亦照分籍，日后眼同拚卖，其山地亦照分同佃。自立文约之后，二家各宜遵守，毋得异言。今恐无凭，立此合文约二纸，各收一纸为照。

万历四年三月初九日立合同文约人　　汪于祜

同立人　　康盛保

中见族　　汪文储、康　忆、康惟章

康　洙、康　昌、康天二

里　长　　胡　铭[①]

这份合同文约显示，十五都汪于祜[②]与十三都康盛保等人共有位于黄泥坑的山场。万历四年（1576），康盛保入山砍伐林木，作为共业者之一的汪于祜听闻后，执买契分籍与之争论，双方矛盾不可调和，上告至官府。里长、中人到山实地勘查山场，并查看各自契约，按照双方原买分籍各自管业。对于已砍木材计算木价补还对方，对于在山未砍林木则按照各自分籍管业，木材成材后共同拚卖，山地照分同佃，实际上还是维持原先“共业分股”的正常秩序。

虽然经过这次调处，康、汪两姓共业分股山场矛盾得到缓解，但是好景不长，万历二十年（1592）双方因黄泥坑这片山场再次产生纠纷。现将文书抄录如下：

① 《祁门康氏誊契簿》，封越健主编：《中国社会科学院经济研究所藏徽州文书类编·置产簿》第10册，第490—491页。

② 汪于祜，居查湾，正德丁丑进士汪溱次子，任衡阳县主簿。（清）周溶修，汪韵珊纂：同治《祁门县志》卷22《选举志·舍选》，《中国方志丛书·华中地方·第240号》，第1013页。

　　石溪康快叔侄、同弟康富孙、侄康天生兄弟，十五都汪于祜等，为因砍斫土名黄泥坑杉松，分籍重复，讦告本县。行拘间，凭中劝谕，将各人买受契书看明，写立清白，之后不以买契为拘，悉照新立清单分籍为准。如违，听自遵文人赍文告理，甘罚白银五两入众公用，仍依此文为始。今恐无凭，立此合同三纸，各收一纸为照。

　　计开各人分籍，开具于后：

　　康快兄弟该山八分六厘二，应岩该山九分四厘二

　　福禄该山四分七厘一毫，卖在富孙分下。

　　富孙该山一亩一分九厘九毫九丝，加上面买福禄山，合计一亩六分七。

　　康天生兄弟该山一分七厘七毫九。

　　康天二该山一亩一分一厘二毫一丝。

　　汪于祜与侄该山一亩一分九厘。

　　康再云该山二分五毫三。

　　万历廿年二月十七日立

　　　　　　清白合同人　　康快叔侄

　　　　　　同立合同人　　康富孙、康再云、康天生兄弟、康天二

　　　　　　同业人　　汪于祜

　　　　　　里　长　　康　洙

　　　　　　中见人　　康　宝、康　恃、康应奎①

　　这份清单合同显示，万历二十年（1592），石溪康快叔侄、康富孙等人与十五都查湾人汪于祜，因砍木黄泥坑山主杉松浮木引发纠纷，双方上告至祁门县。祁门知县受理此案后，行拘各干人等到堂审问。在这期间，汪、康双方在中人的调处下，查看各自契书，订立合同清单，重新划分山场分籍，议定今后以此合同清单为凭来管业山场。合同后附有康、汪等人占有的山场分籍情况，从中可知康富孙和汪于祜叔侄占有的分籍最多。

　　① 《祁门康氏誊契簿》，封越健主编：《中国社会科学院经济研究所藏徽州文书类编·置产簿》第10册，第500—502页。

虽然这块山场纠纷得到解决，但万历三十八年（1610），康、汪因其他"共业分股"山场产生纠纷。现抄录如下：

> 十三都康学政兄弟、康德温兄弟、康宗贤兄弟、康宗尚叔侄、康体仁兄弟，同十五都汪必晟弟侄，共有三保土名九郑坑、鹰巢坑，系一百六十七号，胡景森，计山四亩二角；一百六十八号，康岩起名目，计山三亩；一百六十九号，胡桂高，计山三亩；一百七十号胡景森名目，计山一十八亩三分七厘五毫。前山四总共计山二十八亩八分七厘五毫。今因斫木，各执契出互争。自情愿托中，收各家契书验如籍，立清白合同，不以各家收契为据，悉凭此清白文约为准。自立之后，各家子孙永远遵守，毋得再生异词。如违，听遵守人赍文告理，甘罚白银十两入官公用，仍依此文为始。今恐无凭，立此清白一样六纸为照。
>
> 计开：山公具得照价山二十九亩八分四厘
>
> 汪必晟弟侄清得实山三十七亩三毫正
>
> 康学政兄弟清得实山三亩零五厘
>
> 康德温兄弟清得实山三亩零五厘
>
> 康宗贤兄弟清得实山八分七厘五毫正
>
> 康宗尚叔侄清得实山九分八厘正
>
> 康体仁兄弟清白实山四亩五分八厘七毫正
>
> 万历三十八年十一月初二日立清白合同文约人　汪必晟弟侄、康学晟兄弟、康德温兄弟、康宗贤兄弟、康宗尚弟侄、康体仁兄弟
>
> 中见代书　康国瑞、康京祥①

由此可知，石溪康学政兄弟、康德温兄弟等人与十五都汪必晟弟侄②等人，共有十三都三保土名九郑坑、鹰巢坑等四处山场，共计山 28.875亩，双方长期共业，相安无事。但在万历三十八年（1610），木材成林砍伐之时，双方因产权引起纠纷，各自赍出买契，重新订立清白合同，将这

---

① 《徽州千年契约文书（宋·元·明编）》卷4，第410页。

② 汪必晟为汪于祜次兄独子。汪于祜仅有一子汪必昂。（清）汪矶纂：乾隆《汪氏通宗世谱》卷115《祁门邑庐溪·亚中大夫江西布政司左参汪公行状》，乾隆五十九年刻本。

些山场分籍重新分配，并议定以后以新立清白合同为凭来管理各自山场。从罗列的分籍清单来看，汪必晟弟侄占有分籍最多，为37.003亩，由此可见，汪氏占有涉事山场的绝大多数分籍，拥有更多话语权。

总而言之，祁门康氏作为徽州的望族，宋元明时期科举发达，仕宦辈出，进入徽州"名族"之列。在长期发展中，康氏形成众多支派，祁门境内有"七门"，即康村、板（石）溪、坑口、板石、碧桃、曲坞、礼屋。除此之外，迁徙到江西鄱阳、池州、湖广等地的还有很多。康氏主要分布在祁门南乡，这里山高林密，山林经济极为重要。石溪康氏遗存有丰富的山林文书，为深入考察该宗族的山林经营提供了绝佳资料。

石溪康氏山场积累从明初开始，到成化、弘治年间山林交易更为频繁，积累步伐加快，在该宗族山林经营中起到承上启下的作用。随着人口繁衍，在嘉靖、万历年间，石溪康氏山林积累迅速增长，尤其是以康性、康博、康悔、康憛为代表的四大房，在整个宗族山林积累中起到关键作用，积累了大量的山场。石溪康氏拥有的广袤山场大多集中在十三都境内，采取佃仆经营的方式管理山林。石溪康氏山林经营普遍存在"共业分股"的情况，既有宗族内部共业，也有与异姓共业，两者相互影响，共同构成石溪康氏山林经营的整体图景。山林地势复杂，在经营过程中常因山界不清、重复交易、分籍不明等产生各种纠纷，石溪康氏在长期的山林经营中各种山林纷争不断，无论是上告官府的，还是民间的纷争，最终大多通过订立合同文约的方式平息争端。

第二节　明代中后期徽州木商研究：以郑卷家族为例

明代中叶以后，随着商品货币经济的发展，徽州木材与全国市场互动日趋加强。市场对木材的需求量很大，经营山林十分有利可图，因此，明代正德、嘉靖以后，徽州民众普遍热衷于山林经营，促进了徽州山区开发和林业经济的发展。在这样的浪潮下，徽州形成许多以经营山林而著名的木商家族。他们广置山场，勤于经营山林，将木材贩运到江西、江南等木材市场销售。① 不仅促进了徽州山林经济的发展，而且加强了徽州与全国

---

① 李伯重：《明清时期江南地区的木材问题》，《中国社会经济史研究》1986年第1期。

市场的联系。祁门奇峰郑氏宗族还有不少家族热衷于山林经营,形成著名的木商世家。从户籍来看,祁门奇峰郑氏木商既有民户家族(如郑卷家族),也有军户家族(郑英才军户家族)。目前这两种家族经营山林的文书资料都保存了下来,为全面认识明代徽州山林经营提供了宝贵材料。郑英才军户家族的山林经营将在第五章进行论述,这里先考察户籍为民户的郑卷家族的山林经营。

南京大学历史系资料室藏《万历郑氏置产簿》第 20 号和中国社会科学院中国历史研究院收藏《郑氏万历合同分单账簿》等资料,提供了郑卷家族山林经营管理、木材贸易、利润分配等珍贵资料。前者保存郑卷家族山场积累、山林经营的丰富资料;后者为郑卷家族木材贸易、利润分配等商业经营方面的资料。通过这两个方面的资料,能够从徽州本土的山林经营和木材流通中的贸易、利润分配等两个方面,全面系统的考察徽州山林经营的整体图景。下面笔者以上述文书资料为主,来考察郑卷家族的山场积累、山林经营、林业纷争、木材贸易、利润分配等问题,以图深化明代徽州本土木商的研究。

一 郑卷家族的山林经营

郑卷家族属于祁门奇峰郑氏宗族中的才七房秩下相一房派,其房祖为元代的郑天相。郑卷家族山林经营历史悠久,从宋元至明末一直热衷于山林经营,前后延续数百年时间,积累起广袤的山场,山林规模十分可观。囿于史料,以往学界对该家族山林经营和木材贸易缺少深入认识。近来笔者在南京大学历史系资料室发现《万历郑氏置产簿》第 20 号,为该家族山林经营的置产簿,内容十分丰富。该文书涉及的时段从明初永乐到万历后期,前后延续 200 年,为从长时段深入考察该家族山场积累、山林经营、林业纠纷等山林经营实态,提供了珍贵资料。通过对郑卷家族山林经营的考察有利于深化明代徽州山林经营诸多细节问题,推进该领域的研究。下面笔者以《万历郑氏置产簿》第 20 号为核心资料,对明代郑卷家族的山林经营进行考察。

(一) 文书概述

《万历郑氏置产簿》第 20 号,1 册,南京大学历史系资料室藏。该簿册有 270 多页,内容十分丰富。举凡山场买卖契约、各类合同、拚山契、批契、认契、诉讼文书等皆有。其中，买卖契约 320 件，除三四件为田地、屋宇契约外，剩下的皆为山场买卖契约。此外，林业合同文书、批契、认契等五六十件。从时间跨度来看，从永乐至万历年间各朝的文书都有，其中最早的一份为永乐二年（1404）郑祈保买山契，最晚的一份为万历三十年（1602）郑圣礼卖山契，前后延续近 200 年。其中，以正德、嘉靖、万历年间的文书最为丰富，集中体现该家族明代中后期山林经营实态。

关于该簿册的归属性，从其内容可以知晓。永乐二年郑启保卖山契的买主为"郑昙、郑以祥"；宣德六年郑文亨卖山契的买主为"郑以祥"；成化、弘治、正德至嘉靖九年（1530）等年间，除正德四年郑惠等卖山契的买主为"郑敏政"外，剩下山场买主皆为"郑卷"；嘉靖四十年（1561）前，山场买主多为"郑萱芳"；嘉靖四十年至万历三十年（1602），山场的买主绝大多数为"郑圣荣"。

那么，上述这些山场买主之间是什么关系呢？现根据族谱，将上述山场买主之间的关系整理如下：

> 才……—宏道—天相—至善—以祥—永英—卷—敏政—萱芳—圣荣①

据此可知，该簿册的归户性可以判断，即该簿册为郑卷家族的置产簿。之所以称之为郑卷家族，是因该簿册显示，大量购置山场是从郑卷开始，且郑卷在家族山场积累中出于"承上启下"的地位，故将该簿册归为郑卷家族置产簿。

根据族谱，将郑卷家族重要人物资料，抄录如下：

> 宏道，字道宏，行宏一。生元大德辛丑，卒洪武己未。葬七保昌源，丁向。配余氏，葬同处，巽向。子：天相、太来；太来，出继。
> 天相，字德辅，行相一。生延祐庚申，卒洪武己酉。配汪氏，合葬十六都社屋坑高池坞，乾向。子：至真、至善、寄奴；寄奴，后

---

① （明）郑岳编修，郑维诚增刻：《祁门奇峰郑氏本宗谱》卷 2《世系》，嘉靖刻本。

无传。

至善，字秉彝，行亨二，生至正丁亥，卒永乐庚寅，葬同至真穴。配胡氏，葬十六都插陇坑，癸向。子：昙、粲、以祥、以能；粲、能，无传。

以祥，字思聪，行民四。生洪武辛巳，卒正统戊辰，葬同昙穴。配横衢余氏，葬斜坑午向。子：永贤、永英、永荣、永荣、永盛；荣无传，盛后居瓜洲。

永英，字义宪，行宪八，生永乐甲辰，卒景泰壬申，葬斌坑青龙坞口。配双溪康氏，葬许七坞口。子：卷。

卷，行一。生景泰庚午，卒辛卯。葬江坑口，配潭下吴氏，葬二八坞。子：敏政，女长适溶口李确，次适贵溪胡外保。

敏政，字勉之，行乾一。生成化壬辰，邑庠生，卒辛卯。配板石康氏，合葬苦竹坞口。子：萱芳，女适栗坞康拱。

萱芳，行角一。生正德宾庚寅，卒嘉靖癸亥。配贵溪胡氏，妾王氏。子：圣荣、圣明，俱王出，女长适方坞方朝会，次适查湾汪一春。①

由上引资料可知，郑天相为相一房之房祖，生于延祐七年（1330）、卒于洪武二年（1369）。因此，郑卷家族属于相一房支。该簿册中最早出现的山场买主郑以祥生洪武三十四年［即建文三年（1401）］、卒正统十三年（1448）。郑永英出生永乐二十二年（1424）、卒景泰三年（1452），享年仅28岁。置产簿中没有郑永英购置山场记载，可能与其英年早逝有关。

郑卷生景泰元年（1450）、卒嘉靖十年（1530）。由此可知，郑卷活跃于成化、弘治、正德和嘉靖前期。置产簿记载，郑卷购置山场截止于嘉靖九年（1529），这是因为嘉靖十年，郑卷已去世。换句话说，郑卷从成年后，直到去世的前一年，一直大量购置山场，热衷于山林经营。

郑敏政生成化八年（1472）、卒嘉靖十年。置产簿中郑敏政仅有1次购置山林记载，他可能不太热衷于山林经营，但具体原因不得而知。

---

① （明）郑岳编修，郑维诚增刻：《祁门奇峰郑氏本宗谱》卷3《事略》。

郑萱芳生正德元年（1506）、卒嘉靖四十二年（1563）。置产簿显示，郑萱芳购置山场的时间从嘉靖十四年（1535）至四十年（1561），前后持续了二十多年。

族谱中虽然没有郑圣荣生卒年的记载，但通过其父郑萱芳的生卒年，可以推测郑圣荣可能出生于嘉靖五年（1526）前后。结合置产簿可知，郑圣荣最早山场交易为嘉靖二十四年（1545），他大概 20 岁。直到万历三十年（1602），仍然有郑圣荣购置山场的记载。由此可见，郑圣荣成年后一直热衷于山林经营，前后延续近 57 年。

综上所述，《万历郑氏置产簿》第 20 号为奇峰郑氏相一房秩下郑卷家族的置产簿。该家族从明初一直到晚明长期热衷于山林经营，前后延续近 200 年，积累了广袤山场，是一个典型的木商世家。

（二）山场积累

郑卷家族的山场积累很早，从元代就已开始，以郑宏道积累的山场为多。例如，成化十二年（1476）十五都郑文俨、郑文侃等于"上年间标分得承祖宏道名目山场，在本都七保土名桂竹段坞，经理系方字九十八号，用工裁木"①。这份合同显示，成化十一年（1475）十五都郑文俨、郑文侃等人标分有"承祖宏道名目山场"。这就说明郑宏道生前积累了山场，并以其名字登记到地籍册系统，到了成化年间仍然由其后裔标分山场。类似于"宏道名目山"的记载，还有不少。现再举一例：

> 十五都郑汝澄同弟涌、侄本懽、本恒兄弟、本恂、本忠、本俊等，今有承祖并买受宏道山二号，坐落本都九保，土名黄李树坞口，系经理屯字四百八十七号、八十八号。其山以七十二分为率，澄等该一十八分，内除潞十八分四分，先年卖讫，仍剩存一十四分。今为均瑶，奉本县金点铺兵，为子祭猪，因各商在外无措，自情愿凭中立契，出卖与同业人郑安信公名下为业，面议时价纹银二两二钱整，……

---

① 《成化十二年祁门郑文俨等立清白杉木合同文约》，《万历郑氏置产簿》第 20 号，南京大学历史系资料室藏，编号：000034。该文书收录的各类契约、合同等文书均无题名，每件文书题名为笔者所加。下同。

再批，前价银尽系澄领去完官。内浙分籍，澄已买受。

嘉靖四十四年十二月二十四日立卖契人　郑汝澄、郑涌

恒　郑本懂、本恒兄弟

本恂、本忠、本俊

中见侄　宗正①

据此可知，嘉靖四十四年（1565）十五都郑汝澄同侄郑本懂等人，承祖并买受坐落在十五九保土名黄李树坞口的郑宏道山场二号。这说明元人郑宏道生前拥有这两号山场，并登记到官方的鱼鳞图册。到了明代嘉靖年间，这些山场还以在郑宏道名目在民间交易。

从上文论述可知，郑宏道生前积累了不少山场。郑宏道生元大德五年（1301）、卒明洪武十二年（1379），由此可知，其山场积累主要在元代。这些山场为明代郑卷家族山林经营打下坚实的基础。

关于郑宏道，同治《祁门县志》记载：

（元）郑宏道，字道宏，居奇峰。一生勤谨，汇谱牒而维孝，思抚孤侄，以敦义行，与叔与京、侄时杰同时。②

据此可知，郑宏道一生勤谨，敦孝尚义，并参与编纂族谱，在宗族中具有一定的地位。

进入明代，郑卷家族主要通过购买方式积累山场，山林不断扩大。现以置产簿中山场买卖契约为例，将该家族山场积累情况进行统计，具体如表4-2所示。

表4-2　　　　　　郑卷家族山场积累情况一览

时间	买主、山场交易次数
永乐	郑县和郑以祥（1）
宣德	郑以祥（1）

① 《明清徽州社会经济资料丛编（第2辑）》，第507页。
② （清）周溶修，汪韵珊纂：同治《祁门县志》卷30《人物志八·义行补遗》，《中国方志丛书·华中地方·第240号》，第1391页。

时间	买主、山场交易次数
正统	——
景泰	——
天顺	——
成化	郑卷（9）
弘治	郑卷（31）
正德	郑卷（66）、郑敏政（1）
嘉靖	郑卷（13）、郑萱芳（25）、郑圣荣（2）
隆庆	郑圣荣（5）
万历	郑圣荣（75）、相一礿（1）、震一祠（5）
合计	235

说明：1. 括弧内数字为山场交易次数。

2. 表中"——"，并非指没有山林交易，而是这些山场买主为相一房的其他族人，并非郑卷直系一脉，故用"——"表示。

从表4-2可知，成化以前，郑卷家族山场积累较少，仅有2次；成化以后山场积累日益加快，共有227次，占总数的96.60%；从成化元年（1465）至万历三十年（1602），平均每年购置山场1.66次。在该家族中，尤以郑卷、郑萱芳和郑圣荣祖孙三人频繁购置山场，山场积累十分迅速。具体来说，郑卷从成化至嘉靖前期（嘉靖十年（1531）），共购置山场119次。其中，成化年间共购置山场9次；弘治年间购置山场31次，平均每年1.72次；正德年间共购置山场66次，平均每年4.13次；嘉靖元年（1522）至嘉靖十年，购置山场13次，每年1.3次。由此可见，郑卷在成化以后频繁购置山场，每年购置山场次数日益增加，尤以弘治、正德年间为最，甚至直到其晚年的嘉靖年间，郑卷每年仍购置山场1.3次。由此可见，郑卷十分热衷购置山场，从事山林经营，为该家族的山林奠定的坚实的基础。郑卷之子郑敏政仅在正德年间购买山场1次，可见其对山林经营的热情不高。

嘉靖年间购置山场次数最多的为郑卷之孙、郑敏政之子郑萱芳，共有25次。相比其父郑敏政而言，对山林经营显得颇为积极。据置产簿记载，郑萱芳最早购置山场是在嘉靖十年，最晚为嘉靖四十年（1561），平均每年0.83次。

嘉靖二十四年（1545）至万历三十年（1602），郑圣荣成为该家族中购置山场的核心人物，共购置山场 82 次。其中，嘉靖年间 2 次；隆庆年间 5 次；万历年间（至万历三十年）75 次，平均每年 2.5 次。由此可见，随着时间的推移，郑圣荣不断购置山场，在万历年间到达最高峰，平均每年 2.5 次。

有明一代，该家族的山场主要分布在那些地区？又主要从哪些社区民众手中购得呢？下面分别考察这两方面问题。

首先来看郑卷家族山场分布情况。现将该家族山场分布情况，统计如表 4 - 3。

表 4 - 3 郑卷家族山场分布一览

山场所在都保	山场土名
十五都六保	三角山……
十五都七保	汪坑源、黄大山、桂竹段、张培坞、张婆坞口、方七坞、白羊坡、桃荆花岭、陈家段、长培、张家山、插木培、宋十五公坞、陈家墓、黄金坞、桂竹段、羊石、通坞、周村源、汪坑、余五坞、胡进坑、江坑、小坑、潘家坞、苦竹坞口、陈家坦、梅木坞、田垄坞、檀木坞、黄婆坞、郑赵坞、宋十坞、通坞、山羊石东培、猪栏坞、张坑下坞、山羊石西培、油尖弯、江二三坞、葛公坞、七婆坞、栗十坞、查坑源、塘坞、刘坞山上培、大岭下、胡八源、旺窟坞、九舍坞、大尖下、檾木坞、竹园坞西培、三亩坦、江桐坞、椑头弯、长坞、尖勾坞、十亩坦坞、麻榨坞、平坞、吴家塚、胡二坞、三坦坞、稠株山、冢林下、茶园坞、千奇坞、枫木坞、天井坞口上截……
十五都八保	实坑、梨木坞、言坑、禾岭、长桃木坞、桥头、左家冲、石门里际上、小深坑、坞头东培、背前坑、吴婆坞……
十五都九保	榉木墩、青山源、罗青坞口、渭家潭、王家青山、大坑源、正坞里、余家坦、桐木坞口、胡进口山岸、罗迁坞口、青山培、王坑社、簸箕弯……

资料来源：《万历郑氏置产簿》第 20 号、万历郑氏《合同分单账簿》

表 4 - 3 虽然罗列的不是郑卷家族所有山场的分布情况，但其家族山场分布的大致情况应当如此。从上表可以看出，郑卷家族的山场主要集中在十五都六保、七保、八保和九保，尤以七保山场最为密集。由此可见，郑卷家族山场绝大多数都在十五都。这与后文考察的郑英才军户家族中郑谅、郑璋两个家族山场分布情况有所不同。郑谅、郑璋家族山场虽然也以十五都为主，但十二、十、十六等外都山场也颇为不少。

从置产簿内容来看，郑卷家族的 320 次山场交易绝大多数在奇峰郑氏宗族内部进行，只有 7 次交易涉及外姓买卖。在外姓山场交易中，涉及较多的是十二都贵溪胡氏，共有 6 次；剩下 1 次为与在城鲍氏山场交易。由此可见，宗族内部之间的交易是其山场积累的最为重要途径。

郑卷家族山场交易主要在宗族内部哪些门房支派中进行呢？根据置产簿内容，可知郑卷家族山场交易涉及奇峰郑氏宗族门房众多，主要有广二房、太三房、夒公房、敬公房、一举房、权公房、相一房，秀之房、明之房、安信房等。在这些众多门房中，山场交易最多的是相一房，因为郑卷家族就属于此房，山场交易集中在本房中进行，也就不难理解。其次，为广二房、太三房。据族谱记载，寿元（震一房门祖）生有太来、天相、传芳三子，他们分别被称为太三房、相一房和广二房的门祖。① 也就是说，震一房派下衍生出太三房、相一房和广二房。其中，郑卷家族为天相一脉，属于相一房。郑卷家族山场除了以相一房为主外，还集中在太三房和广二房，也就容易理解了。

郑卷家族山场积累，除通过购买方式外，以"批契"方式获得山场，也是山场积累的一种重要补充形式。"批契"为一种财产转移的文书。阿风认为："批契是明代徽州地区作为一种成熟的法律文书，在财产（主要是不动产）转移中占有一定的地位。"② 《万历郑氏置产簿》第 20 号收录数件批契文书的抄件，从中可以得知郑卷家族山场积累的特殊形式。

首先，来看第一件批契：

> 十二都胡大雅、胡大显等，共有祖产山场，坐落十五都七保，土名经理方字二百三十二号、三十三号，又对换得六百十三号。前山项处等本位叔侄通山六分中一分，立批契送与亲眷郑卷前去管业。日后子子孙孙，并无异词。今恐无凭，立出为照。
>
> 弘治八年十二月二十六日立契人　胡大雅　胡大显　胡宽　胡玶
> 胡径夫（书）③

由此可知，祁门十二都胡大雅、胡大显等共有坐落在十五都七保的承

---

① （明）郑岳编修，郑维诚增刻：《祁门奇峰郑氏本宗谱》卷 2《世系》。
② 阿风：《明代徽州批契及其法律意义》，《中国史研究》1997 年第 3 期，第 132 页。
③ 《弘治八年祁门胡大雅等批契》，《万历郑氏置产簿》第 20 号。

祖山场和对换所得的山场。弘治八年（1495）将这些共有山场中所得分籍批送十五都的亲眷郑卷前去管业。这份批契没有说明出批的具体原因，但从胡大雅等人山场坐落的位置可知，这些山场分布在奇峰郑氏生活的奇岭村附近。从上述统计可知，十五都七保正是郑卷家族山场分布最为集中的地区。由此可见，距离山高路远，管业不便，可能是十二都胡大雅等人将山场批给亲眷郑卷的主要原因。

其次，再来看第二件批契：

> 十二都贵阗胡定，今承祖胡桂高、胡太初名目经理山场，坐落十五都七保，土名汪坑源，计开一百六十五号、一百七十一号、一百八十八号、一百九十一号、一百九十四号、两百零五号、二百三十一号、二百三十二号、二百三十五号。计山十号，本位该得分籍，尽数批与郑虎应前去入业，所有四至，悉凭该保经理为始。
>
> 弘治十七年四月初八日立批契　岳父胡定①

这份批契显示，弘治十七年（1504）祁门十二都贵溪胡氏族人胡定，将承祖所得位于十五都七保汪坑源的 10 号山场中所得分籍，全部批与女婿郑虎应（广二房）前去管业。这是岳父将山场批给女婿的情况。批契中也没有说明具体原因，很可能与山高路远，管业不便有关。嘉靖十五年（1536），郑虎应将从岳父胡定那里批得的一千一百九十四号山场，卖给其叔父郑鹏（相一房）名下为业，得价银 0.8 两。②嘉靖四十三年（1564）郑虎应之子郑福祐将受批的山场再次出卖，立有契约。现抄录如下：

> 弟郑福祐共承故父承外祖胡定批产山十号，坐落七保，土名汪坑等处，一向各业为标。今因管业不便，同号内分籍，各人多寡不均，兄弟凭中商议，品搭均分。其山一百六十五号、一百七十一号、一百八十八号、二百五号、二百三十一号，凭中补价，出便与郑天祐名下为业。自各便之后，并无异言。今恐无凭，立契分单为照。

---

① 《弘治十七年祁门胡定批契》，《万历郑氏置产簿》第 20 号。
② 《嘉靖十五年祁门郑虎应卖山契》，《万历郑氏置产簿》第 20 号。

再批，前项内山场，是父对换与郑卷已讫。此约不再行用。相佑批。

　嘉靖四十三年三月初一日立约人　　郑福祐　弟相祐　侄景昭

　　　　　中　见　　郑　湛①

这份分单契显示，嘉靖四十三年（1564），因"因管业不便，同号内分籍，各人多寡不均"，经过商议，郑福祐兄弟两人将其故父（郑虎应）从外祖父胡定那里受批的山场，共计 10 号，"凭中补价"，出便与郑天祐名下管业。当时请族人郑湛为中，见证这些山场产权转移。从加批中可知，郑福祐之父郑虎应曾将汪坑源等处山场对换给郑卷。如今重新写立契约，特此说明原先的对山契不再行用，以避免日后争端。

上述这两份契约表明，卖山人郑虎应、郑福祐父子并没有与原批契人岳父、外族父胡定或其亲族有"商议"之类的情况。签字画押中亦未见有批契人家族的族人参与，仅"凭郑庸为中"、"凭中謪议"（郑湛）等见证山场交易。由此可见，阿风认为"这种以批受形式获得的财产，受批的子侄（女婿）在处置该财产时，还应得到立批契人或相关之人的同意或认可，受到一定的限制"② 的观点需要修正。至少郑虎应、郑福祐父子处置批受山场时没有收到原批族人的任何限制，而是自由出卖山场。

最后，再看一份分山批契：

　　郑湛原先年缴受重九、佳本都七保，土名山栗木坞，及大岭下契书。今因圣荣砍斫山栗木坞，单内郑湛印阻，办验明白，听自圣荣发卖。前重九、佳分籍，今查得不在圣荣砍斫之内，系在填杜受业之内；其佳分籍，系俊股受业之内。今查明之后，各照各单受业，毋得互相侵接，批契为照。

　　万历十年六月初一日凭中　郑乔清批

　　同郑志祐批③

这是郑卷家族内部的一份批契。其内容显示，万历十年（1582）郑圣

---

①　《嘉靖四十三年祁门郑福佑等立分山单》，《万历郑氏置产簿》第 20 号。
②　阿风：《明代徽州批契及其法律意义》，《中国史研究》1997 年第 3 期，第 131 页。
③　《万历十年祁门郑乔清等批契》，《万历郑氏置产簿》第 20 号。

荣在从郑湛等人缴受的"来脚契"山场，即栗木坞山场内砍伐林木。当时郑湛等人进行阻扰，后来查明后，听自郑圣荣发卖。同时，查明该山场中重九、郑佳所得分籍，不在郑圣荣砍伐范围内，而是在填杜、俊等受业之内。因此，要求按照各自所得山场分单，管业山场，不得相互侵犯。这份批契与上述批契完全不同，似乎相当于"加批"性质的补充说明，强调按照各自所得山场管业，不得侵占他人山林产权，并不存在将山场转移他人为业的情况。因资料所限，具体情况不得而知。

从上面几份批契可以看出，郑卷家族通过这种形式获得一些山场。虽然这种情况并不多，但却是郑卷家族山场积累的一种重要的补充形式。

（三）山林经营纷争

郑卷家族从明代前期至晚期近 200 年的时间里，经过数代人的积累，购置大量山场。随着世系的推衍，山场分籍化十分明显，由此形成众多"共业分股"山场。现试举一例：

> 郑幼其、郑祗瑾等各承祖标分得山地一处，坐落土名种术培，原系幼其等五分标得方字二百十一号、十二号，共计山四亩四十步；郑祗瑾、郑阐、郑卷三分标得方字二百十号，计山六亩一角。因为人心不齐，一向抛荒。今幼其等商议，将前山三号，照依经理、亩步，以作十分为率，幼其互分人得四分，祗瑾、阐、卷三人得六分，系同出饭食，前去栽种，毋得殆惰。日后成林，照股均分存照。
>
> 弘治十五年正月初十日　祗瑾、仕斌、洪、段才、幼其、联瑾、郑惠、昂、卷、轰①

这份分山单显示，郑幼其、郑祗瑾、郑卷等人承祖共业种术培等三处山场，但因人心不齐，造成山场长期抛荒。在弘治十五年（1502）各共业山主商议，订立合同，将山场分为十股，"幼其互分人得四分，祗瑾、阐、卷三人得六分"，并议定"同出饭食，前去栽种"，以后照此契书的分籍管业。这是一份典型的"共业分股"山场，这种山场是郑卷家族山场的主要形态之一。

---

① 《弘治十五年郑幼其等立分山单》，《万历郑氏置产簿》第20号。

山林重复交易是造成产权纠纷的重要原因，郑卷家族山林经营中因山场重复交易造成的争端十分普遍。如：

> 周源郑天枝、同弟郑天杜、郑圣荣，今砍斫七保土名塘坞段西培，原系亨二公家秩下标分山地。今因二家所买文契重互，凭中劝谕，免伤和气，将前山义处，作八分为率，枝兄弟系买受内得五股，圣荣承祖并买受内得三股。自立合同分单之后，各宜遵守，所有二家文契，日后赍出，不在辨验，悉凭此清白合同文约存照，各管业。如违，甘罚纹银二两入众公用，仍依此文为准。
>
> 万历二年二月初一日立合同分单人　　郑天枝　郑天杜　郑圣荣
> 　　　　劝谕中见人　　郑昂祐　郑　沦　郑霄①

从这份山场合同分单可知，万历二年（1574），郑天枝、郑天杜兄弟（太三房）与郑圣荣（相一房），一同砍伐塘坞段西培的林木时，因发现两家所买契书重复，于是"凭中劝谕，免伤和气"，将该山场分为八分（股），订立分山阄单，郑天枝兄弟合得五股，郑圣荣合得三股。这样一来就形成"共业分股"的产权形态。双方约定，此后以此阄单为凭，各管各业，原先各自买契不再行用。奇峰郑氏宗族内部两个房派族人通过订立分山单，明确各自股份，从而化解产权争端。

再看一份山场清白合同：

> 周源郑松、郑宰、同郑圣荣，原买到郑景通承祖奇应本都七保土名茶园培、廷杰、英才名目山，分籍内重互不明。今凭中验契，写立清白文约，将景通分籍作四股分之。郑宰共得三股，郑圣荣得一股，日后悉凭此约管业，再无得各执契书互论。如违，甘罚纹银二两众公用，仍依此文为准。今恐无凭，立此合同为照。
>
> 万历十三年三月二十日立清白合同人　郑松　郑宰　郑圣荣
> 　　　　书清白人　郑景福②

---

① 《万历二年祁门郑天枝等分山阄单》，《万历郑氏置产簿》第20号。
② 《万历十三年祁门郑松等立山场清白合同》，《万历郑氏置产簿》第20号。

据此可知，郑松、郑宰和郑圣荣等，共同买有本都七保茶园培等处山场。因各自分籍重复不明，为避免纠纷，共业山主托中查验各买契书，订立清白文约，将该山场分为四股，郑宰、郑松分得三股，郑圣荣分得一股，并议定此后凭此清白文约，管业山场，不得持原有契书混争。这份清白合同使得各业主山场"股份化"更为明确，避免了产权纠纷。

山林经营中，因重复买卖引发争端后，查看原先的"老契"（又称来脚契），将新、老契书进行比对，是化解产权纠纷的一种途径。来看下面的清单合同：

> 郑时相先年买受得族侄一遵，七保土名梅木坞祖坟山场。今因砍斫，圣荣印阻理论。是侄一遵赍出原买故兄萱芳老契，原卖新立四至合弯两垄为界，验明是实。日后悉照老契各管各业，并无异说，立契为照。
>
> 一遵赍契开写一百九十二、九十三号，不照老契截界，以致互争。今清讫。
>
> 万历十一年二月初十日立清单人　郑时相
>
> 中见侄　郑加贺　郑一遵①

这份合同显示，万历十一年（1583），郑时相在从族侄郑一遵手中买得的梅木坞山中砍伐林木，郑圣荣前来理论，引起争端。事发后，郑一遵赍查此前从族兄郑萱芳（圣荣父）手中买的该山的老契，双方查验明白。于是，双方重新订立山场清单，议定以后照老契，各自管业，从而成功解决纷争。

签订清白文约也只能缓解争端，上述梅木坞山场，在万历二十六年（1598）再次引发纷争。请看下列文书：

> 周源郑天杜叔侄，承父买受郑一遵七保，土名梅木坞口坟山一单。今因郑圣荣砍拚梅木坞杉松，本家赍出原买一遵契书，卖契四至，东至梅木坞里垄分水，圣荣执父买契，合弯垄分水。二家互争，

---

① 《万年历十一年祁门郑时相等立山场清单》，《万历郑氏置产簿》第20号。

凭中写立清单埋石，里至一遵坟山白虎龙分水上尖，外至坞口埋石垄分水，上至一遵坟头。二家日后凭埋石，里向坑边，听天杜叔侄管业，埋石外合源，听圣荣管业。日后二家各管各业，再不执契互争。今恐无凭，立此清单合同为照。

万历二十六年三月二十九日立清白文约人　郑天杜　同侄郑文烛

中　见　郑天柯　郑景寿

原嘉靖十年被玭叔葬梅木坞山，是父于内取坟弯一条，卖与玭讫。后被一遵将山乱开字号四至，转卖时相叔。前万历十一年砍拚，被时相互争，立有清白文约。今万历二十六年砍木，又被天杜兄执一遵重复卖契，假做本身为中，套押花号，与身互争，今复清讫。①

这份清白文书显示，郑圣荣拚梅木坞杉松木材时，引发争端。当时郑天杜叔侄赍出原买郑一遵山场的老契，郑圣荣则拿出其父郑萱芳买山契，双方争论不休。为缓解矛盾，双方凭中重新订立清白文约，划分山界，并按照新立山界管业。

仔细分析这份清白文约的加批，有几点值得关注。第一，早在嘉靖十年（1531），该山场就被郑文玭盗葬。当时郑萱芳将坟茔禁步山场卖给后者管业，作为标祀。第二，此后，郑时相将该山场四至乱标，转卖给郑时相。第三，万历十一年（1583）郑圣荣在该山场砍伐木材时，郑时相又来互争分籍，当时双方写立清白文约。这就是上文分析的清白文约的由来。第四，万历二十六年（1598），郑圣荣再次来到该山场伐木时，又被郑天杜兄郑天枝执原买郑一遵重复卖山契，来混争产权。此时，双方再次订立清白文约，平息争端。由此可见，徽州山林经营中，即使订立清白文约，达成一致协议，也只能暂时缓解矛盾，不能从根本上解决争端。在经济利益驱动下，双方事主频繁争夺山林产权的现象时有发生。

山林长养往往需要二三十年时间，但分籍不明、重复买卖等问题，平时不易发现，直到木材成林，入山砍伐之时，才能发现问题，由此引发的产权纷争更为普遍。

首先来看第一份认契：

---

① 《万历郑天杜叔侄等立山场清白合同》，《万历郑氏置产簿》第 20 号。

> 郑安应、圣荣、寿等，承俊祀原买得本都七保土名七百六号，冢
> 林下山郑法分籍。今与圣荣、景福互重，砍斫验明，其山一听圣荣、
> 景福管业，本家契书卖出，不再行用，立此认契为照。
> 万历十一年七月二十五日立契人　郑安应
> 　　　　　　　同侄　郑圣荣、寿①

从上引文书可知，郑安应、郑圣荣等人共有一块山场，于万历十一年
（1583），入山砍伐木材时，查验契书，发现自身契书与郑圣荣、郑景福山
场重复。于是，双方订立认契，议定将该山场归由郑圣荣、郑景福管业，
且郑安应原契书不再行用，从而解决山林产权争端。

再看第二份认契：

> 十五都郑云凤兄弟汪坑口五二进公坟山，风损松木一根，是族兄
> 圣荣卖与郑大浮，身不知祖仲坚公秉伯辰、伯通，原将七保承祖业明
> 等处山场，卖与族兄圣荣祖讫，前来阻木。今验明所卖是实，并无异
> 说。其山尽听圣荣照祖买到保契书管业，并无争论。今恐无凭，立此
> 为照。
> 万历十五年十一月冬至日立认契人　郑云凤　同弟云鹏
> 　　　　　　　中见人　郑太②

据此可知，祁门十五都郑云凤兄弟先祖将汪坑口等处山场卖给郑圣荣
管业。但万历十五年（1587），大风将该山场松木损害一根，郑云凤兄弟
将这根松木据为己有，被郑圣荣前来阻止、理论。双方验明契书，发现该
山场被郑云凤父祖绝卖，故订立认契，再次强调该山场归郑圣荣所有。

从上述两份认契可以看出，当拚山发现山林重复交易时，山主往往通
过订立认契，来重新确认山场产权的归属，从而解决产权纠纷。由此可
见，认契是一种重新确立山场产权的契据，订立认契是解决山林产权纠纷
的一种重要途径。

---

① 《万历十一年祁门郑安应等立认契》，《万历郑氏置产簿》第20号。
② 《万历十五年祁门十五都郑云凤兄弟立认契》，《万历郑氏置产簿》第20号。

随着世系的推衍和诸子均分制的影响，山场分籍不断碎片化，犬牙交错，往往也容易造成山林产权争端。先看下面一份山场清单文约：

奇峰郑一诚兄弟同弟志佑、圣荣等，原各契买受一德名目山二号，系一百六十三号、六十四号，土名八亩段。今因砍木，各争分籍不均，凭中验契，议定以十二股为率，郑一诚得六股，志佑得五股，圣荣得一股。自议之后，各并无异说，凭契为照。

再批，日后力分，率听照山栽种。

万历七年十一月十五日立

清单文约人　郑一诚兄弟　郑志佑　郑圣荣

中见人　郑凤翔　郑复振①

据此可知，郑一诚兄弟与郑志佑、郑圣荣等人，原先各自契买一德名目山场二号，坐落在八亩段。万历七年（1572），入山砍伐林木，各方业主因分籍不均，争论不休，于是，凭中查看各自原契书，重新划分山场分籍。经过协商之后，议定该山场分为十二股，一诚得六股，志佑得五股，圣荣得一股。此后，各业主以按此清单文约，各管各业山。由此可见，因山林距离住家较远，造成分籍不清的问题，不易发现，直到林木成材砍伐之时，往往才会显现出来。

再看一份山场清单：

十五都郑一诚兄弟同郑乔、志佑，原买郑亿转卖郑卷名下，内开所卖土名乌龟塌山，经理系一百六十五号分籍。今因砍抃，是圣荣言说祖卷除卖外，仍有存留分籍，及复买契，并可兴等所立清约，贲出勘验，将山立定股数，照分派列管业，外有可兴等清白约内山场，悉听圣荣己业，并无异说，立此为照。

将所抃主分山价银一两派后，以十二股为率。

一诚兄弟得四股，该银三钱三分三厘。

乔得一股，该银八分二厘。

① 《万历七年祁门郑一诚等立山场清单文约》，《万历郑氏置产簿》第20号。

志祐得二股，该银一钱六分四厘。

圣荣得五股，该银四钱一分。

万历八年九月十一日立清约人　郑一诚兄弟　郑乔　郑志祐　郑

圣荣　郑景福

再批，同年五月二日，所立清白分单不在行用。

日后凭契为照，前山系一百六十五号胡太初，改字一个。

圣荣记：契内山因身不在家，被等众于五月初三日，同宰兄混拚。身回家理说，将价付还，复立清白照证。后被乔兄、福侄称买亿家分籍，被他混争，后必再查可也。[①]

据此可知，郑一诚（安信房）兄弟、郑志祐（广二房）等共同买有郑亿转卖给郑卷的山场，土名为乌龟塌山。万历八年（1580）入山砍伐林木时，郑圣荣（相一房）来理说，其祖父郑卷当年出卖该山时，还存留一些分籍未卖。后来，郑一诚等人赍出买郑可兴山林所立的清约，并与原先买契对照，进行查验，于是，将该山场重新划分股份，重新分配。同时，对于郑可兴等清白文约内的山场，全部归郑圣荣为业。该山场买卖是多年前的事情，涉及众多房派，以至直到万历八年进山砍伐林木，各业主才发现分籍不明，只得重新划分山场分籍，各自管业。为避免日后再起争端，在加批中特别提出，同年五月二日，各业主所立的清白分担不再行用。

值得注意的是，在该清白文约之后，郑圣荣写有一段案语。在该段文字中，郑圣荣称，五月二日，立契之时，他本人不在家中，遂致该山场被众人于五月三日，与其族兄郑宰混拚。郑圣荣归来之后，为此事专程去理论，获得同意，各业主重新订立清白合约。但最后一句话"后被乔兄、福侄称买亿家分籍，被他混争，后必再查可也"，表明他对本次重新订立的清白文约不满，不甘心产权被族人混争，期待日后再查。在契书后加案语的情况，在该簿册文书中还有几处。这种案语为事主对涉事山场未尽事宜的补充，一般是表达自己的主观想法，以便日后查看。这在万历《郑氏合同分单账簿》中十分普遍。

万历十五年（1587），郑时相将十五都七保土名山羊石所得力分浮杉

---

① 《万历八年齐门郑一诚等立山场清白文约》，《万历郑氏置产簿》第20号。

松出拚与王冬进砍卖时，发现本家所买郑文明（相一房庄公支）山分的契书与郑圣荣重复。于是，写立认契，规定"本家原买契书，不在行用"，避免了山林产权纠纷。在这件文书之后，郑圣荣也写有案语。兹抄录如下：

> 记：山羊石东培，本家田末边弯心垄一培，身拚与王冬进，得价七钱，应相兄同时相叔来争，俱皆文明重互，彼托福侄来说，时相叔契买文明、文常当契一纸在后日年月，议身还伊价二钱。其山骨认本家管业无争。再验一诚伯侄契书，系嘉靖二十四年，文明一人说奉张氏指令，将山卖与他家。其契上文明涂写，说并买永美、永繁、璇等分籍，并未有一人卖与他家，只有泽契，又是单契，卖正坞所山，不在契单之内。身验与应相兄支义，兼里役往来之情，凭福侄为中，议他五分之一，本家得五分之四，立有合同讫。①

据此案语可知，郑圣荣除将郑时相等人重复交易山地之事详细交代清楚外，还仔细查证郑一诚伯侄的契书。其具体情况是，嘉靖二十四年（1545）郑文明将山场卖给郑一诚等人，并在卖山契中涂写，说买有郑永美（相一房庄公支）等人分籍。但郑圣荣查验后得知，并没有人将山场卖给他家，其契书实为伪造。事情查明后，郑圣荣念及宗谊和里役往来之情，请侄郑景福为中，分与郑时相五分之一山场，写有合同文书存正。由此可知，随着世系推衍，奇峰郑氏宗族内部山林交易频繁，因重复买卖引起产权纠纷的现象十分普遍。

明清徽州佃仆制盛行，故山主一般是是将山场出拚给佃仆砍伐。但明代中叶以后，随着商品货币经济的发展，佃仆生活两极分化日趋明显，迫于生活中的各种压力，佃仆有时会铤而走险，私自入山砍木，由此引发的纷争较为普遍。下面试举一例：

> 佃人刘和等，因弟禹亡，求安葬辛田郑永童住下，有弟郑富保亦行并葬。因砍株木未曾通知房东，郑圣荣要行告理，念身傍祖坟茔未

---

① 《万历十五年祁门郑时相立认契》，《万历郑氏置产簿》第20号。

峰，愿托中立还文约。日后砍斫松竹木，未清同判山，验明纳价，不敢私砍。其山以十股为率，本身承祖，得买受一股，房东圣荣承祖买受，该得九股。自后照山分价，不敢背送，如违，听自告理，甘罚纹银一两入官公用，仍依契文要行赔追。今恐无凭，立此为照。

　　万历二十六年正月十一日立文约　　刘和　刘太　刘三　刘兴
　　　　依口代笔房东　　郑交太
　　　　　　中见人　　余辛乞　胡光①

　　据此可知，郑圣荣佃仆刘和因弟郑禹去世，请求安葬在郑永童住下山地。因入葬需要木材做棺木，于是未经山主同意，刘和等人擅自入山砍伐木材，被山主郑圣荣发现，准备告官。刘和等得知后，承认自身错误，写立还文约，并议定此后砍伐在山松木、竹木之时，需要双方验明纳价，不准私自入山砍木。

　　山林经营纷争在民间调处无法解决的情况下，往往会诉诸官府，进入诉讼程序，通过法律手段解决纷争。郑卷家族山林经营纠纷中不乏诉诸官府的诉讼。如：

　　十五都郑銮、郑银等五大分，因有本都七保土名七婆坞山垄田坞山，江坑口山王三旺住基，二号与族叔郑卷孙萱芳各承祖父买受各号分籍不等。今年三月间，萱芳斫砍七婆坞杉木，与银等相互，二家讦告，本县审理，间各念祖宗一脉，立有堂规，不远终讼。今凭亲族郑昂新等劝谕，看验各买契书。其七婆坞山场，系是萱芳祖父买受，照原清白文约，萱芳为业。又，土名垄田坞，除随田上山一丈，便听郑银管业，其余山场并山脚地，系是萱芳照旧管业。其王三旺住基，系是萱芳祖父买受造屋，住歇久业，于内银等承祖交买分籍。又，土名江坑口山，系是萱芳祖父买受，先年安葬祖坟在上，有因、□□、锻法分籍。今凭亲族郑昂新等劝谕，萱芳将六保金家坦地一片，与族叔郑镒等相共，萱芳四分中得三分，系汪才付佃种，对换五大分王三九住基地，并江坑口山分籍，各便管业。因地好歹，外萱芳贴备王三

_____

　　① 《万历二十六年祁门刘永等立还文约》，《万历郑氏置产簿》第20号。

九住基地价白银六两，随付银等收讫。前项地山等号，自立清白对换文约之后，二家子孙永远遵守，各不许执以阔狭好歹，异词翻悔。如违，听遵守之人告理，甘罚稻谷五十石，上官公用，仍依此文为准。

再批，二家换对税粮，各自供解，不行推付，违照前罚。

嘉靖十一年九月二十七日立

　　　清白文约人　郑　鉴　郑银　郑钊　郑　銮　郑鐣　郑鐷

　　　劝谕亲族　郑昂新　郑鹏　原潭　郑竟中　郑符　郑琼①

这是一份奇峰郑氏宗族内部因山场诉讼而订立的清白文约。郑銮（太三房）、郑银（广二房）、郑钊（太三房）等五大房人等，与郑萱芳（相一房）都在江坑口等山场买有不同分籍。嘉靖十一年（1532）三月，郑萱芳到七婆坞山场砍伐杉木，与郑银等人发生纠纷，双方上告官府。经过祁门知县审理后，双方念及宗族一脉，"立有堂规，不远终讼"，愿意息讼，后经郑昂新等人的劝谕，并查看双方买卖契约。最后商定，婆坞山场原为郑萱芳祖父郑卷买受，于是按照原清白文约，将该山场判归郑萱芳为业。垄田坞的山场归郑银等管业，其他山场、山脚等产业，仍归郑萱芳照旧管业。关于江坑口的山场，虽然郑萱芳祖父郑卷买有该山林，但郑锻等也有分籍，在郑昂新等人的调处下，郑萱芳将六保金家坦山地，与郑银等五大分人等对换，并约定双方按照对换后的山场各自管业。因山地肥瘠不同，郑萱芳贴补价银6两给郑银等收讫。双方议定，此后按照这次订立的清白对换文约管理业各自山地。

万历年间，郑萱芳之子郑圣荣也因山林产权问题与郑应相等产生诉讼。兹将相关文书抄录如下：

十五都一里胡元泰、快手王祖，今领到郑应相与圣荣为争余坞、北培坞杉松，告县至刘爷，按里中从公处报，今到勘析勘验，及查族众十二年合同文约，共计山三十三亩均分。祖琼原买锻、参等分，系族弟圣荣复买榜、松、桂分籍，对半均业是实。今该木价照山分讫，

---

① 《嘉靖十一年祁门郑鉴等立山地清白对换文约》，《万历郑氏置产簿》第20号。

无得异说，所有闻官事务，二家均出，里中领讫。

　　万历二十五年十一月初十日立领约里长　胡贵孙

　　　　　　　　　　　　　　　　快手　王　祖

　　　　　　　　　　　　　　　中见　景　福①

　　上述文书显示，万历二十五年（1597），郑应相（安信房）与郑圣荣（相一房）互争余坞、北培坞杉松的产权，双方矛盾不可调和，上告至祁门县衙。知县刘一爌②受理此案后，并下令里长进行实地勘查。这份文书就是十五都一里里长胡元泰、快手王祖等人调查取证后立的领约。在详细调查中，里长等人查阅了万历十二年的合同文约，提出涉讼山场共33亩，两家对半均分。郑应相祖父郑琼买有郑锻、郑参等人分籍，后郑圣荣重复买受郑应榜、郑应松、郑应桂等人分籍，双方确实是对半均业。因此，经过协商后议定，所砍木材，双方照价均分，所有诉讼费用，也由双方均出。经过里长、快手等人调处，这场奇峰郑氏族内不同房派的诉讼得以平息。

　　皇木采办不仅能享受各种优惠，而且有巨大利润，还能夹带私木，逃避课税，因此，徽州木商广泛参与其间。但是，皇木采办也是一把双刃剑。皇木采办在提供巨大商业机遇的同时，也存在巨大风险，不能定期完成采办任务，往往会倾家荡产。③ 奇峰郑氏木商也积极参与皇木采办活动。如嘉靖二十八年（1549），郑墀、郑河、郑瞫兄弟三人因采办皇木缺少银两，将山场出卖给郑萱芳，获得0.95两收入。④ 嘉靖三十六年（1557），郑珰等人为筹集皇木采办的资金出售山场，后来该山场引起宗族内部纠纷。现将相关文书抄录如下：

　　　十五都郑（文）珰同弟郑（文）光、郑王昺、郑（文）玳、郑

---

① 《万历二十五年祁门县十五都一里里长胡元泰等立领约》，《万历郑氏置产簿》第20号。

② 刘一爌，江西南昌人，进士，万历二十五年至二十六年任祁门知县。康熙《祁门县志》卷3《职官》。

③ 有关明清徽州木商参与皇木采办的研究，可参阅蓝勇《明清时期的皇木采办》，《历史研究》1994年第6期；范金民《明代徽州木商经营活动述略》，《安徽大学学报（哲学社会科学版）》2020年第2期。

④ 《嘉靖二十八年郑墀等卖山契》，《万历郑氏置产簿》第20号。

文明，今为朝廷采取皇木，缺少价银，自情愿将本都七保土名猪栏坞、烧坑下坞、烧坑源山，三处率照思敬公标得山分立契，出卖与兄郑萱芳名下为业。面议时价银二两二钱正，在手足讫，⋯⋯。

嘉靖三十六年十月十九日立

契人　郑（文）光、郑王晜、郑（文）玳、郑文明
中见表兄　胡大韶

这份卖山契显示，嘉靖三十六年（1557），郑文珰、郑文光兄弟（相一房）等人，采办皇木缺少资金，将十五都七保猪栏坞、烧坑下坞、烧坑源等三片山场中，从思敬公（郑庄）那里标分所得分籍山场，出卖给郑萱芳，获得价银2.2两。查阅族谱可知，郑文珰等皆为郑庄玄孙，分别属于郑庄秩下永寿、永钦、永紫、永繁四房子孙。① 他们根据诸子均分制原则，继承郑庄名下遗存山场分籍。这些山场的买主郑萱芳为相一房秩下郑以祥后裔。因此，该山场属于同一房支下不同分支族人之间的交易。

在这份卖山契后，郑萱芳之子郑圣荣写有一段案语，十分值得玩味。兹将其文摘录如下：

荣记：万历六年拚下坞木，有福祐称，伊于嘉靖二十六年郑文朗、潮、文明卖下坞契。又称之分籍卖与郑应松，亦说二十六年契托中宰兄辨验，伊契在先，糊涂分去十分之一。又郑乔称，嘉靖四十二年买郑一遵契，买郑珰分籍在内，此契郑玳卖讫。又且在后，故价未分与他，且珰分籍，冬应称珰亲笔契，又与本家众契。因此三家相互，且此思敬公标书在瓜渚（洲），向皆厚公业。至三十六年一日，瓜洲裔孙男回家时，将山五股齐卖，以备皇木支费。今将标书争明，又说许多故事，此事甚难考矣。晜分籍，本家全得；厚公分籍，本家与景福分一半。再，进之山，原八人分籍，本家与福一半，岩福、应共一半。

上揭郑圣荣案语透露出以下几点信息：第一，万历六年拚下坞山林木时，郑福祐（广二房）称，他早在嘉靖二十六年（1547）就从郑文朗、郑

① （明）郑岳编修，郑维诚增刻：《祁门奇峰郑氏本宗谱》卷2《世系》。

文湖、郑文明等人手中购买该山场，同时又称该山场分籍卖给郑应松。此外，郑福祐还称，托请中人郑宰查验嘉靖二十六年卖山契，证明他买山在郑萱芳之前，于是郑圣荣只得糊涂分给他十分之一的山场分籍。第二，郑乔称，嘉靖四十二年（1563）买得郑文玳山场时，郑文档的分籍也包括在内。但因在郑萱芳买山之后，因此，郑圣荣没有分给郑乔分籍。第三，关于郑文档的山场分籍，郑冬应（广二房）称，为郑文档亲笔书写的契书，而且与郑圣荣家族"众共"山场（涉事山场族人皆为震一房派下子孙）。因此，出于三家共业山场的考虑，同时又考虑到思敬公（郑庄）标书在瓜洲，一直以来与郑厚公共业。于是，在嘉靖三十六年（1557），当在瓜洲从事木材生意的子孙返回家乡时，将涉事山场以五股均卖，以筹措皇木采办经费。这就是嘉靖三十六年郑文档等人卖山契的由来。第四，因各自标书牵涉山场的情况较为复杂，各业主有不同的说词。因此，经过多方协商之后，共业山场的各山主议定，昙公（相一房）分籍，由郑圣荣家族分得；厚公（太三房）分籍，郑圣荣（相一房）与郑景福（广二房）对半均业。对于郑进之名目山场，根据原为八人共业的原则进行析分，郑圣荣、郑福祐（广二房）分得一半分籍，郑岩福、郑应松共得另一半分籍。由此可见，这是震一房派下衍生出的太三房、相一房、广二房等不同门房子孙之间，因共业山场分籍不清引起的纠纷。此外，该山场纠纷也透露出，皇木采办经费不足，往往需要商人自备资金，这无疑增加了商人负担，也加大了商业风险。

综上所述，郑卷家族的山场积累从元代就已开始，明代成化以后，该家族山场积累速度加快，尤以弘治、正德、嘉靖、万历年间山林交易最为集中。在郑卷家族山林积累过程中，郑卷、郑萱芳、郑圣荣等几代人起到关键作用，他们大量购置山场，热衷山林经营。郑卷是一个具有承先启后作用的关键人物，为该家族的山场积累打下坚实的基础。此后，其子郑萱芳、曾孙郑圣荣继承家族传统，持续购置山场，热衷山林经营，积累广袤的山林产业。与郑谅、郑璋家族山场皆有分布外都的情况不同，郑卷家族的山林主要集中在十五都六保、七保、八保和九保，尤以七保最为密集。该家族的山场交易主要集中在奇峰郑氏宗族内部不同房派，尤其以太三房、相一房和广二房为主。有明一代，随着山林规模的扩大，郑卷家族山林经营中常因重复交易、砍伐林木之际等各种因素产生诸多争端。山林纠纷中大多数能够通过民间调解平息，但也有一些纷争诉诸官府，通过法律程序化解争端。

二　晚明徽州木商经营实态：以《万历郑氏合同分单账簿》中心

明代中后期随着商品经济的发展，徽州山林产品市场化趋势日益增强，木材、茶叶等的贸易量不断增加，其中，木材贸易尤为突出。祁门奇峰郑氏是个典型的木商世家，他们不仅积极购买外地木材，进行贩运贸易，还在家乡购置大量山场，蓄养木材，等到木材成林时再从事贩运活动。《万历郑氏合同分单账簿》就是奇峰郑氏家族在将家乡蓄养的木材砍伐出售过程中所产生的账簿，集中反映了郑氏木商经营实态，是较为珍贵的文书档案资料。笔者以该账簿为主，对奇峰郑氏木商的经营活动、利润分配及经营中的纠纷等诸问题作一初步探讨。不当之处，还请方家指正。

（一）账簿概述

《万历郑氏合同分单账簿》1 册，收藏于中国社会科学院中国历史研究院，同时收录于《徽州千年契约文书（宋·元·明编）》第 7 卷①。该账簿与一般商业账簿存在明显区别，主要是将蓄养山场木材砍伐销售的相关合同、分单的内容汇编，实为一种最为简单的账簿，不涉及木材运输、销售地域等具体贸易活动。

该账簿时间跨度较长，上自成化二十三年（1487），下迄万历二十九年（1601），但主要内容集中在万历元年（1573）至万历二十九年（1601）。虽然账簿前半部分内容残缺较为严重，但详细记录每次木材砍伐时的经营状况，具体包括山场利润股份分配、砍伐木材的成本开支、酒水钱开支等内容。在目前存世的徽商账簿中，属于时间较早者②，研究价值不言而喻。

1. 账簿格式

该账簿记载形式较为特别，在此有必要交代一下。举凡每次砍伐木材

---

① 《徽州千年契约文书（宋·元·明编）》卷 7，第 349—499 页。

② 管见所及，目前遗存至今的明代徽商账簿仅有几种，如《万历程氏染店查算帐簿》，收录《徽州千年契约文书（宋·元·明编）》卷 8；《李氏山林置产簿》，中国社会科学院中国历史研究院藏；《万历程氏分家书》，南京大学历史系资料室藏；《万历收支账册》，国家图书馆藏，等等。

的时间、山场坐落、利润分配都加以详细记录，而且每次合同分单最后，多以附"记"的形式，对一些"问题山场"① 做特别说明。账簿汇编了前后近两百次的砍伐记录、合同、分单。

关于其格式，首先记载砍伐木材时间，山场坐落，砍伐木材所得银两；接着，记载山分、力分各得银两，谢中、酒水、成交等各项开支；然后具体记录利润分配情况，按照股份进行具体分配，其股份是多层次、多分支的，故而分配较为复杂；最后，是附记，将分单中存在问题纷争之处，进行说明，并按照通过一定途径加以调解，最后以"记此后考"的套语结束。

2. 簿主考证

依据账簿的相关信息，可以考证出簿主的乡贯、簿主的姓名等基本情况。

第一，簿主的乡贯。《万历郑氏合同分单账簿》虽然未直接记载簿主乡贯，但根据账簿相关内容可以推断为祁门奇峰。具体考证如下：

账簿中有多处提到"奇峰""宏道""英才"等字样，具体情况如下：

> 奇峰郑一成同族时相、鸣朝、鸣圣等，拚七保坚勾坞郑义心名目，共拚十四两一钱，内除六钱用，实银十三两五钱，除力坌五两五钱，山价八两，以作十二股为率，每股六钱六分六厘。②
> □□□□月初二日，拚余家砌
> □宏道八钱七分，英才八钱七分，义心八钱七分。
> ……
> 万历二年四月初二，宗周、国用、岩右、时相③

上引文字中的"宏道"、"英才"等人名，在同治《祁门县志》中都能找到，具体如下：

> （元）郑宏道，字道宏，居奇峰。一生勤谨，汇谱牒而维孝，思

---

① 这里所谓的"问题山场"是指山场分籍不明而存在纠纷，或因山场被盗砍而产生的利益分配冲突的山场。
② 《万历郑氏合同分单账簿》，《徽州千年契约文书（宋·元·明编）》卷7，第480页。
③ 《万历郑氏合同分单账簿》，《徽州千年契约文书（宋·元·明编）》卷7，第358页。

抚孤侄，以敦义行，与叔与京、侄时杰同时。①

（明）郑英才，字膺才。从青阳张宗道学青囊之术，尽得其秘。生平不以此营利，惟积善之家代为卜吉。邑中暨浮、黟大族阴阳二宅，多其手扦。②

此外，中国国家图书馆收藏的《祁门郑英才户籍档册》③，安徽省博物馆收藏《祁门（郑）英才公租簿》④，都与账簿中郑英才为同一人。

由此可见，该账簿簿主乡贯当为祁门奇峰。

从账簿记载看，奇峰郑氏山场主要集中在祁门十五都七保杨木坞、天井坞、梨木坞、竹园坞、索木坞，八保背真坑、吴家坞、桥头、南山谷、刘子山等地。

第二，簿主考证。账簿没有明确记载簿主的具体姓名，但根据其内容能够推断出簿主为郑圣荣。这在账簿多处都有反映。因为每次砍伐一块山场木材就记账一次，这样形成了一百多份合同分单，其中有些账单是抄件，有些账单为原件。如万历十九年（1591）十二月二十八日，拚卖六保土名大湖垃合同分单末尾记有"单在福处，抄照"⑤，当为抄件。又如，万历五年（1577）十二月初十日，拚山合同分单末尾写有"前山各号，俱各眼同分讫。宗禹亲笔，付时相收，相抄付圣荣收"⑥。可见，该账单原件在郑时相手中，后来郑时相抄了一份给郑圣荣收执。也有很多账单为原件，如隆庆六年（1572）四月十七日，拚卖张坑下坞杉松分单末尾写有"郑圣祥单"字样⑦，可见该分单为原件。又如，万历五年十月十六日，拚江二三坞头山场分单末尾写有"应寿单"⑧。

① （清）周溶修，汪韵珊纂：同治《祁门县志》卷30《人物志八·义行补遗》，《中国方志丛书·华中地方·第240号》，第1391页。

② （清）周溶修，汪韵珊纂：同治《祁门县志》卷33《人物志十一·方伎补遗》，《中国方志丛书·华中地方·第240号》，第1775页。

③ 《祁门郑英才户籍档册》1册，明抄本，编号：14398。

④ 《祁门英才公租簿》1册，明抄本，参见彭超《从两份档案材料看明代徽州的军户》，《明史研究论丛》第5辑，江苏古籍出版社1991年版，第86—104页。

⑤ 《万历郑氏合同分单账簿》，《徽州千年契约文书（宋·元·明编）》卷7，第461页

⑥ 《万历郑氏合同分单账簿》，《徽州千年契约文书（宋·元·明编）》卷7，第464页

⑦ 《万历郑氏合同分单账簿》，《徽州千年契约文书（宋·元·明编）》卷7，第357页。

⑧ 《万历郑氏合同分单账簿》，《徽州千年契约文书（宋·元·明编）》卷7，第363页。

从账簿内容看，无论是账单抄件还是账单原件，都与郑圣荣有关，也就是说每块山场郑圣荣均有分籍，都参与木材利润分配。故而最后都由郑圣荣收执，汇编成册，这就是目前所见账簿原貌。这从账簿的附记中也能得到证实。上面介绍的账簿格式中的附记，大多写作"荣记"字样，或者简写为"记"。如万历十四年（1586）正月十六日，拚山合同分单的附记：

> 荣记：桂竹段山，原祖卷公于正德十二年，拚与玉青等砍一次。后又至加［嘉］靖十四年，父萱手拚与王与地光见砍一次。后至身因丧父失业，被天柯、枝杜等妄捏价，侃、仪卖与伊祖栽种力垒。身投（？）族老霄叔、荣姪、子慎、叔汴、叔济、用兄，至一本祠，到山清界验契，勘得活下弯合坞，乃田广之所，系是进之名目。二百廿九号，东垒下田，西垒下坑，南降，北坑，系是昙、庄、厚、鼎一半，本家原买支宗等一半，今又昙、庄、厚再有买契得价所有。九十八号、九十七号，系是宏道随田山，本家买得壹兹（？）产，转买侯（？）、侃、仪家山，验契明白。后凭霄叔、荣侄转拚去讫，得价六钱。立约存证。进之名目眼全立单分讫，再无异说。记后考。[①]

"荣记"的书写者即为郑圣荣。从中可以得知，桂竹段山场为其曾祖父郑卷于正德十二年（1517）拚卖一次；嘉靖十四年（1535），其父郑萱又拚与王某混砍一次。不料其幼年丧父，山场被族人侵占，后来圣荣请族人进行调解，最终"问题山场"得到解决。万历十五年（1587）十二月，拚三七木弯合同分单附记中提到，隆庆元年（1567）"身因丧父，仅一十三岁"，与"后至身因丧父失业，被天柯、枝杜等妄捏"恰好吻合。从中能推断出郑圣荣出生于嘉靖三十三年（1554）。

此外，从本章第一节的内容可以得知，郑圣荣为郑卷曾孙、郑敏政孙、郑萱芳长子。[②] 郑卷家族为典型的木商世家，从明前期到万历时期的

---

① 《万历郑氏合同分单账簿》，《徽州千年契约文书（宋·元·明编）》卷7，第418页。
② "萱芳，行角一。生正德宾庚寅，卒癸亥。配贵溪胡氏，妾王氏。子：圣荣、圣明，俱王出，女长适方坞方朝会，次适查湾汪一春。"参见（明）郑岳编修，郑维诚增刻《祁门奇峰郑氏本宗谱》卷3《事略》。

郑圣荣，一直热衷于山林经营，积累广袤的山场。从这一点来看，郑圣荣从事山林经营应是继承祖业，并进一步拓展山林规模。

万历十四年十月十五日，砍保唐明坞下边山场附记："今身往赣靛归。"① 万历十四年（1586）十一月初四日，拵塘坞东培坞头分单有记："此一截山，原系才、爵、凤山一单，被天杜兄弟恃强瞒身往赣州买靛不归，强砍在山。"② 这两条资料都明确记载郑圣荣不但经营木材贸易，而且还在赣州经营靛青业。

综上所述，考证得出账簿簿主为祁门奇峰郑圣荣。他是个既从事木材贸易，又兼营靛青生意的徽商。他出生于木商世家，继承祖业，继续从事山林经营，进行木材贸易。

（二）释"股"

如众所知，中国古代实行诸子均分制，随着世系的推衍，家族人口日益繁盛，但在分家析产之时总是按照基础房与扩展房之间的不同层次，在同一层次的房派之间实行诸子均分制，这样就形成了多层次、多分支的复杂关系。祁门奇峰郑氏宗族中郑英才一支在明初沦为军户。③ 按照明代律法，军户不能随意进行分家析产，而随着人口的繁衍，同一房派财产不断增加，每个房派众多子孙共同拥有同一块山场或者共同占有不同山场的现象十分普遍，山场产权分籍化、碎片化十分明显。从账簿内容看，高级层次的房分之下往往又有若干低级层次房分股份，形成了多层次、多分支的不同层次股份关系，出现了"大股""小股"等从属于不同房分的股份形态。

首先，来看高级层次股份及其关系。家族式合伙中的股份制，是以具有血缘关系的不同房分来划分的。换句话说，基础房就是高一级的股份，扩展房就属于层次低一级的股份，也就是说"房"是区分不同层次股份的基本依据。所谓"大股"就是指房的级别层次较高的族人所得

---

① 《万历郑氏合同分单账簿》，《徽州千年契约文书（宋·元·明编）》卷7，第424页。
② 《万历郑氏合同分单账簿》，《徽州千年契约文书（宋·元·明编）》卷7，第426页。
③ 有关祁门奇峰郑氏军户的证明资料与研究，参见彭超《从两份档案材料看明代徽州的军户》，《明史研究论丛》第5辑，第86—104页；张金奎《明代卫所军户研究》，线装书局2007年版，第99页。

的股份，"小股"就是某一房分之下扩展房下不同支派之间所得的股份。

如隆庆元年（1567）二月十二日，合同分单记载：

> 拚六保三七木弯山，分三两五钱，
>
> （1）相一公一两一钱六分。
>
> 亨一公五钱八分。作五股，元众得三分，三钱四分八厘，周众得二分，二钱三分二厘。
>
> 亨二公五钱八分。周众得二钱九分；圣荣得二钱九分。
>
> （2）广二公一两一钱六分。
>
> □□得□□八分之一，银一钱四分五厘。
>
> 内一诚、相得文质一钱四分五厘。
>
> 仍八钱五分，元众得。
>
> （3）太三公一两一钱六分。
>
> 惟二钱九分，周众一半，一钱四分五厘；琼轴一半，一钱四分五厘。
>
> 德照五钱八分，周众得；周己一股，周众一股，时相一股。
>
> 厚二钱九分，元众得一钱一分六厘，周己得一钱七分三厘。①

从该合同分单可以看出，相一公、广二公、太三公都分得相同的利润，均为一两一钱六分。按照诸子均分制原则可知，相一公、广二公、太三公属于同一辈的人物。在这份合同分单中属于最高一级的股份。而各自秩下房分又衍生出低一级的股份。如相一公所得利润又被分成亨一、亨二两股，各得五钱八分。而亨一公所得利润又分成五股，元众得三分三钱四分八厘，周众得二分二钱三分二厘；亨二公所得利润也分成两股，周众、圣荣各得一股，各自分得二钱九分。这样仅在相一公分下就形成三个不同层级的"股份"。同理，广二公、太三公之下也按照房分层次派生出了不同层次的股份。这种情况在账簿中很普遍，也是该账簿的主要特色之一。

---

① 《万历郑氏合同分单账簿》，《徽州千年契约文书（宋·元·明编)》卷7，第355页。

又如，拚刘子山东边上截厚、昙公山，共得山价二两三钱，其具体分单如下：

（1）厚公一半，一两一钱五分，作五分。

一股：候七分七厘，伊、智共得。

　　　重九、参一钱五分五厘，沦伯侄得。

二股：立、六天一钱五分五厘，伊、智共得。

　　　黑佛七分七厘，沦伯侄得。

三股：沦、渐五分六厘存，霄伯侄，智得；

　　　标、森五分六厘，圣荣、福与枝互重。

　　　法五分六厘，智右、圣荣得。

四股：钊、镇一钱五分，一诚弟侄得。

　　　堂七分七厘，伊、智共得。

五股：伊志得一半，沦伯侄得一半。

（2）昙公一半，银一两一钱五分，作三分，各三钱八分三厘。

一股：三钱八分三厘，一诚弟侄得。

二股：三钱八分三厘，圣荣得意坦一钱九分一厘，沦、渐得一钱九分一厘。

三股：三钱八分三厘，伊、志得一钱九分一厘；沦己得一钱九分一厘。①

由于砍伐的是昙公和厚公共有山场，因此，昙公和厚公各得一半，各自分得一两一钱五分。在各自房派之下又分成若干股份，其中，厚公分下分成五股，昙公分下分成三股。每股皆是平均分配，厚公分下每股分得二两三钱，昙公分下每股分得三钱八分三。这也与中国古代诸子均分制度一致。这里的厚公和昙公就属于"大股"，为高级层次的股份，而厚公和昙公各自下面派生出的每一股就属于"小股"。"大股"与"小股"之间的关系是从属关系，后者从属于前者。值得关注的是，无论是"大股"还是"小股"，同一层次的股份之间均是按"股"平均分配，而在"小股"之

---

① 《万历郑氏合同分单账簿》，《徽州千年契约文书（宋·元·明编）》卷7，第367页。

下又按照具体人员的分籍，分得各自所得利润。账簿中很多合同分单均能说明这一点。

再如，万历六年（1587）十二月二十三日，抎山合同分单中①，总共得二两一钱六分，作四分，每股五钱四分。然后具体开列厚公、惟公、德公、始公各自得利润五钱四分，而在各自分下又分若干股，其中，厚公分下分成五股。通过计算可知每一"小股"分得利润相同，均为一钱〇八厘，而在"小股"之下又按照各自占有山场分籍，分得各自不同的利润。这与上述分析的"大股"与"小股"的关系相一致。

为进一步理解奇峰郑氏木商账簿中利润分配时的"股"份及各层次股份之间的关系，现再举一例加以说明。万历十九年（1591）九月十二日，抎七号土名黄金坑宏道名目山所立合同分单：

议宏道价银三十三两六钱，分后。

（1）亨一公五两六钱，作五分，每分一两一钱二分。

玧股一两一钱二分。……

……

段葵二股二两二钱四分。震一祠得二钱八分，松宰五钱六分，志右一两四钱。

（2）亨二公五两六钱。作四股分，每股一两四钱。

思聪一两四钱。……

思亮一两四钱。……

……

（3）贞一公五两六钱。作四股分，每股一两四钱。

谦华二股二两八钱，……

鼎公一两四钱，……

……

（4）贞二公五两六钱。作四股，每股一两四钱。

文质一两四钱。……

烈山一两四钱。……

① 《万历郑氏合同分单账簿》，《徽州千年契约文书（宋·元·明编）》卷7，第385页。

卿伦一两四钱。……

真保一两四钱。……

（5）太三公十一两二钱。作四股，每股二两八钱。

惟股二两八钱。……

始二两八钱。……

德二两八钱。……

厚二两八钱。作五分，每分五钱六分。

一股：五钱六分。……

二股：五钱六分。……

三股：五钱六分。……

四股：五钱六分。……

五股：五钱六分。……①

这次合同分单中，砍伐宏道名目山场共得价银三十三两六钱，共分成六"大股"，即亨一公、亨二公、贞一公、贞二公、太三公（得两大股），其中，亨一公、亨二公、贞一公、贞二公各得一"大股"，各得银五两六钱，太三公分得两"大股"，得银十一两二钱。而在亨一公、亨二公、贞一公、贞二公、太三公各自股份之下又分成若干"小股"。其中，亨一公分下分成五股，每股一两一钱二分；亨二公分下分成四股，每股一两四钱；贞一公分下分成四股，每股一两四钱；贞二公分下分成四股，每股一两四钱；太三公分下分成四股，每股二两八钱。而在这些"小股"之下，又按照具体占有分籍，再次分成若干股，如太三公分下厚公分得一股，得银二两八钱，作五股分，每股得银五钱六分。这样就形成了三个不同层次、关系十分复杂的股份关系，每个不同层次的"股"的内涵与外延也完全不同。这种不同层次的"股"主要是根据不同层次的房派系谱关系来划分的，每个不同层次"股"分得的利润则是按照诸子均分制的原则，平均分配。奇峰郑氏合同分单账簿中出现这样多层次关系"股"份，主要是由世系推衍和明代军户长时间内不能分家析产的政策等因素共同造

---

① 《万历郑氏合同分单账簿》，《徽州千年契约文书（宋·元·明编）》卷7，第391—392页。

成的。

账簿中除这种多层次关系的"股"份外，还有一种一般意义上的家族合伙股份制。如万历九年（1581）九月二十八日所立合同分单：

> 郑洧、天柯兄弟、天构、圣荣等，原共买受七保刘坞、惠忠、思忍山一单。今因砍拚价银，内因重互，分籍不等，凭中写立分单，分籍开派于后。日后凭此管业无异，存照。
>
> 其山以十二股为率。
>
> 郑洧内得二股，天枝兄弟得八股；
>
> 天构得半股，天柯得半股；
>
> 圣荣得一股。
>
> 万历九年九月廿八日立
>
> 　　　　　　　合同分单　　郑洧　郑柯　枝杜　天构　圣荣
>
> 　　　　　　　中见人　　郑应寿　景荣　文辉（书）①

这份合同分单是针对山场分籍纠纷与利润分配冲突，而对各自所得分籍进行重新调整而立的合同。山场共分成十二股，郑洧得二股，天柯兄弟得八股，天构得半股，天柯得半股，圣荣一股。值得注意的是，这里所说的"股"并没有层次之分，而是属于同一层次的"股"，每个人按照各自所占山场分籍，分得若干股。这种家族合伙中"股"份制，在明清徽州社会中广泛存在。又如，万历八年（1580）闰四月初七日合同分单：

> 万历七年八月廿四日，郑沦伯姪同伊弟姪、再寿弟姪、拱兄弟，拚卖八保言坑达杰山，山价八两，以四分分之。
>
> 沦伯姪一股，银二两；
>
> 伊弟姪一股，银二两；
>
> 再弟姪一股，银二两；
>
> 栱柯兄弟得一股，银二两。
>
> 此行因与圣荣、景福互重，今凭中议，前价因先分讫不追，将山

---

① 《万历郑氏合同分单账簿》，《徽州千年契约文书（宋·元·明编）》卷7，第386页。

骨以三股为悉，天柯、枝共得一股，圣云、福得二股。

      万历八年闰四月初七日同业人 再寿，批

            中见 景荣

        立单人 郑沦 郑伊 再寿 枝拱①

    万历七年（1579）八月二十四日，拚卖八保言坑达杰山，共得山价银八两，作四股均分，每股得二两，即郑沦伯侄、郑伊弟侄、郑栱柯兄弟各得二两。这里的"股"属于同一层次，没有出现多层次的股份。

    又如，万历二十五年（1597）十一月初三日，郑志祐、天柯等砍伐本都七保三坦坞山场，因"各买各管业，分股不等"，在砍伐木材的时候发生纠纷，"各自情愿将其山议作股份管业，日后悉遵此清单分价，不得执称各买原契互论"。于是将山场分成十六股，郑志祐得一股，郑天柯得一股，郑天杜得二股半，郑方寿得一股，郑圣荣得三股半，郑景福得一股，郑文烛得五股半，郑景遇得半股。② 这里处理山场产权纠纷的原则，就是按照"股"份进行利益重新分配，而这里的"股"也是与上述两个事例中的"股"的性质相同，都是属于同一层次的、最为简单的一种股份关系。这与上面分析的那种"大股"之下又分为若干"小股"，"小股"之下又分成若干股份的多层次股份关系中的"股"的性质有着本质区别。

    （三）利润分配

    弄清账簿中"股"的性质，对于分析其具体利润分配有着很大帮助。下面结合账簿具体内容，对每次砍伐木材的利润及其分配形式进行具体论述。

    需要说明的是，《万历郑氏合同分单账簿》与一般商业账簿存在明显的区别。该账簿为每次砍伐木材的利润分配的合同、分单的汇编，没有涉及木材经营的成本、运输费用的开支，仅为将每块山场木材砍伐出卖所得利润，是一种最为简单的记账方式。因此，每砍伐一块山场，就进行一次利润分配，而且每次所得利润都数额不大。

    账簿前半部残缺较为严重，主要记录嘉靖三十五年（1556）至万历二

---

① 《万历郑氏合同分单账簿》，《徽州千年契约文书（宋·元·明编）》卷7，第370页。
② 《万历郑氏合同分单账簿》，《徽州千年契约文书（宋·元·明编）》卷7，第491页。

十九年（1601）历次砍伐木材所得银两及其利润分配情况，具体情况如表 4－4 所示。

表 4－4　《万历郑氏合同分单账簿》所见历次砍伐山场木材收入情况一览　单位：两

序号	时间	山价	山分	力分
1	嘉靖三十五年九月初九日		1.4	
2	——			
3	嘉靖四十五年十一月		0.69	
4	——			
5	——			
6	——			
7	——			
8	嘉靖四十五年十一月		1.3	
9	隆庆元年二月十二日		3.5	
10	隆庆六年四月十七日		1.8	
11	万历二年四月初二日		2.61	
12	万历三年正月二十八日		0.9	
13	万历□年二月二十日		3	
14	万历□□		1.5	
15	万历四年正月初十日	3		
16	万历五年十月十六日	3.75	1.79	1.79
17	——		1.79	
18	万历六年十一月十二日	2		
19	万历七年十一月十八日	2.3		
20	万历七年十二月初二日		8.3	
21	万历八年三月二十六日		1.95	
22	万历八年闰四月初七日	8		
23	万历八年十一月初八日			
24	万历八年九月二十一日		1	
25	万历八年□	7.2		
26	万历九年正月十一日	1	0.5	1
27	——			
28	万历九年四月十八日			

序号	时间	山价	山分	力分
29	万历九年五月二十日		0.2	
30	万历九年六月二十七日	0.15		
31	——			
32	万历九年八月十八日	1.5	0.6	
33	万历□□			
34	万历九年九月初八日	1.85		
35	万历九年九月初三日	2		
36	万历九年九月初九日	2		
37	万历六年十二月二十三日		2.16	
38	万历九年九月二十八日			
39	万历十年三月二十日	6.7	2.65	
40	万历十年四月初十日		3	
41	万历十年五月二十一日		1.8	
42	万历十年五月二十九日	1.88		
43	万历十年九月初二日	54.6		
44	万历十年十一月十二日	3	1.42	
45	万历十年十一月初八日		1.9	
46	万历十年十二月十七日		4.5	
47	万历十一年二月二十日	2.5	1.1	
48	万历十一年二月二十五日	2.8		
49	万历十一年闰二月十八日	12.4	6.2	
50	万历十一年	5.5		
51	万历十一年五月二十七日		1.1	
52	万历十一年七月二十五日	2.3		
53	万历十一年七月二十六日		1.4	
54	万历十一年七月二十五日	3.1		
55	万历十一年七月二十八日		1.8	
56	万历十二年二月初十日	0.76		
57	万历十二年七月初二日	0.5		

续表

序号	时间	山价	山分	力分
58	万历十二年十月二十九日	0.75		
59	万历十二年十一月初三日			
60	万历十二年九月		2.2	
61	万历十二年十二月	2.4		
62	万历十二年是二月二十九日	4.8		
63	万历十三年五月初四日		7.8	
64	万历十三年十二月初九日		1.175	
65	万历十三年十二月初六日		1	
66	万历十四年正月十六日	0.6		
67	万历十四年			
68	万历十四年□初一日	0.2		
69	万历十四年六月十九日	2	0.9	
70	万历十四年七月初四日	17	8.2	
71	万历十四年七月初七日	1.55	0.75	
72	万历十四年十月十五日			
73	万历十四年十月十八日		0.2	
74	万历十四年十月二十日	0.45		
75	万历十四年十一月初四日			
76	万历十四年十一月初六日	0.35		
77	万历十四年十一月二十七日	0.35		
78	万历十四年十二月二十日	6.3	3	
79	万历十五年四月初□日		0.9	
80	万历十五年七月初八日		2.64	0.69
81	万历十五年九月		3	
82	万历十五年九月			
83	万历十五年十一月	0.7		
84	万历十五年十一月二十日		4.6	
85	万历十五年十二月□□日		1.5	
86	万历十六年□月二十二日	4.4	2	

序号	时间	山价	山分	力分
87	万历十六年三月十八日			
88	万历十六年五月	14.5		
89	万历十六年五月十四日	0.411		
90	万历十六年六月十九日	3.15	3	
91	万历十六年六月二十五日	6.2		
92	隆庆六年正月二十九日	11		
93	万历十七年四月初六日	0.9		
94	万历十七年十二月初二日	0.65		
95	万历十七年七月十六日	0.8	0.4	
96	万历十八年二月初八日	0.1		
97	万历十七年七月十八日			
98	万历十七年七月二十日	0.5		
99	万历十七年九月十一日		2	
100	万历十八年二月二十四日		0.7	
101	万历十八年三月初六日	1.4	0.69	
102	万历十八年三月十五日	0.38	0.16	0.16
103	万历十八年三月十五日	1.2	0.41	0.25
104	万历十八年八月二十日		0.6	
105	万历十八年十二月十九日	0.63		
106	万历十九年四月二十日	1		
107	万历十九年五月二十二日	3.1		
108	万历十二年七月十二日		0.85	
109	万历十三年三月初九日	4.2	2.4	1.57
110	万历十五年七月初四日	16.8		
111	万历十九年九月初十日	0.25		
112	万历十九年十一月二十日	1.4		
113	万历十九年十二月初二日			
114	万历十九年十二月初七日	0.4		0.05
115	万历十九年十二月二十八日	7	3.2	3.2

序号	时间	山价	山分	力分
116	万历二十年二月十五日	3		
117	万历三年七月初四日	1.5		
118	万历五年十二月初十日	4.45		
119	万历□□		0.94	
120	万历二十年九月初二日	6.5		
121	万历二十年八月初六日	0.2		
122	万历二十年	4.2	1.8	
123	万历二十年九月十五日	7.5	4	3.2
124	万历二十年十月初三日	3.6		
125	万历二十年十二月十三日	4		
126	万历二十年十一月十六日	1.2		
127	万历二十年十一月十六日	0.36		
128	万历二十年十一月十七日			
129	万历二十一年正月二十一日		0.9	
130	万历二十一年二月十四日	2.6	1.2	
131	万历二十年十二月二十六日	0.7		
132	万历二十一年正月十六日			
133	万历二十一年二月十一日	6.15		
134	万历二十一年四月十二日	4		
135	万历二十一年八月十六日		0.1	
136	万历二十一年九月	5.2		
137	万历二十一年十月二十五日	9.2		
138	万历二十一年十一月十九日	0.4		
139	万历二十一年十一月十一日	9.2	4.5	4.5
140	万历二十四年闰十一月十九日	1.4		0.6
141	万历二十年三月初二日			
142	万历二十年七月十一日	3.1		0.95
143	万历二十五年七月一日		2	
144	万历二十二年五月初二日			

续表

序号	时间	山价	山分	力分
145	万历二十二年五月十四日	0.45	0.3	0.15
146	万历二十二年五月十五日	1.12	0.5	0.5
147	万历二十二年九月初十日	1		
148	万历二十二年十二月二十五日			
149	万历二十二年十一月初六日			
150	万历二十二年十一月二十四日	2.96	1.4	1.3
151	万历六年九月二十一日	14.1	8	5.5
152	万历二十三年	0.8		
153	万历二十三年四月十三日	1.13		
154	万历二十三年六月二十六日		4.15	
155	万历二十三年八月十一日	0.72	0.18	0.18
156	万历二十三年七月初八日	4.2		
157	万历二十三年八月十一日	1.5		
158	万历二十三年八月十八日	1.4		
159	万历二十三年八月二十日	0.4		
160	万历十四年十二月十二日		3.9	
161	万历二十三年十一月十一日	13.8		
162	万历二十四年七月初八日	6.7	4.8	1.6
163	万历二十五年六月二十日	3.71	2.39	
164	万历二十五年七月十五日		0.6	
165	万历二十五年九月十八日	8.3	1.6	1.6
166	万历二十五年十月初四日	12.85	7.6	
167	万历二十五年	3.95		
168	万历二十七年闰十月十三日	4		
169	万历二十五年十一月初三日			
170	万历二十六年八月二十五日	1.54	0.46	
171	万历二十六年十二月十六日			
172	万历二十六年十二月初十日	0.96		
173	万历二十七年二月初一日	10		

续表

序号	时间	山价	山分	力分
174	万历二十八年二月十五日	4	1.91	1.33
175	万历二十八年七月十二日	1.2		
176	万历二十八年四月二十二日	25.6		
177	万历二十八年十二月初二日	3.6		
178	万历二十八年十二月初十日	2.4		
179	万历二十九年三月二十一日			

说明："——"表示内容残缺的部分，"山价"表示未除去各种费用的总的毛山价。

资料来源：《徽州千年契约文书（宋·元·明编）》卷7，第349—499页。

从表4-4中可以看出，从嘉靖三十五年（1556）至万历二十九年（1601）的26年间一共有172次（除去7次缺载）山场砍伐记录，每次砍伐所得的银数不多，最少的仅为0.1两，最多的为54.6两，大部分银数都在5两以下，银数在10两以上的仅有10次。这说明祁门奇峰郑氏每块山场规模不大，每块山场的木材也有限，是个小型规模的木商家族。

账簿内容还显示出，祁门奇峰郑氏木商利润分配主要分为山分（主分）、力分两部分，由此可知，该宗族山场采取租佃制的方式进行经营，山场主要由佃户或佃仆进行苗木的种植、管理与砍伐。"力分"[1] 是指山主对从事山场劳作的人们付出的工本进行补偿的一种手段，在明清时期的徽州山林经营中普遍存在。从账簿内容可以得知，奇峰郑氏山场经营中的力分与山分基本是五五分成。

奇峰郑氏木商在利润分配时采取家族合伙中的股份制，按照不同层次的"股"份进行分配。多层次的"股"份制是该账簿的最大特色。每次合同分单中在扣除力分、谢中、酒水、成交费等外，其山分利润主要按照股份制进行平均分配，即每个层级的股份分得的利润相同。如"万历十二年（1584）七月十二日，抃江坑义心随田山，主分抃得价银八钱五分，内除八分酒水，余作十股分，每股七分七厘。"[2] 又如，万历二十三年（1595）七保刘子山西培合同分单：

---

① 关于力分出现的时间、力分分成的具体情况及其影响因素、力分出现的意义等内容，请参见陈柯云《明清徽州地区山林经营中的"力分"问题》，《中国史研究》1987年第1期。

② 《万历郑氏合同分单账簿》，《徽州千年契约文书（宋·元·明编）》卷7，第456页。

拚山价银八钱，作五股分，每股一钱六分。

鼎祀得三股半，

仍一股半，作五股，每股四分七厘五毫。

志右得鹏四分七厘五毫，

荣明得二股半。仍半股：荣明得一半，一分一厘五毫；应相一半一分一厘五毫。

仍一股，作三分。鼎祀一分五厘，前琼祀二分五厘，志五厘。①

该山场共得八钱，作五股均分，每股得一钱六分。鼎祀三股半，剩下的三股半，又分成五股，每股得四分七厘五毫。从而形成多层次的股份，其利润分配，是按照每个层次的股份进行分配。

账簿中还有一种特殊的利润分配方式，即按照各自所占山场亩步多寡进行利润分配。山场一般都种植杉、松等木材，等到树木成材砍伐时，一般都是按照木材出售数量进行利润分配，但是奇峰郑氏账簿中却出现了不按照木材数量，而是按照山场亩数进行利润分配的特殊现象。这种情况在徽州属于极为少见的特殊现象。现将这些情况进行统计，具体如表4－5所示。

表4－5　　《万历郑氏合同分单账簿》中按照亩步分配利润一览

序号	时间	内容
1	万历十二年七月初二日	山分二钱五分，作山廿五亩分之，廷杰五亩，得五分。
2	万历十二年九月	拚小里坞山，山分二两二钱，照亩角分。 九百九号，郑秀二亩二角。宗凯弟侄得一亩一角，鼎得一亩一角。 九百八号，山二亩二角。宗凯得一亩一角，郑宰松、徐艾得一亩一角。 九百九号，康恢员山，二亩二角。宗凯得一亩一角，徐艾得七十五步， 郑松宰得二角三十步，郑圣荣得二十五步，郑彭祀得二十五步，郑景福得二十五步。

① 《万历郑氏合同分单账簿》，《徽州千年契约文书（宋·元·明编）》卷7，第480页。

续表

序号	时间	内容
3	万历十六年六月廿五日	主力共拚价银六两二钱。通山共计五亩一角二十步，计一千二百八十步，每一步派银三厘五。 鼎祀三百七十步半，该银一两三钱二分二， 一诚伯侄八百八十五步，该银三两九分七， 志右八步七分半，该银三分一厘二， 圣荣兄弟八步七分半，该银分一厘二。
4	万历二十年十二月十三日	拚七保张得住前，系土名张株坞，主力共拚得价银四两整，计山十五亩，每亩二钱六分六厘六。 志右得十亩二角三十五步，该银二两八钱三分七， 圣荣得四亩一角二十五步，该银一两一钱六分正。
5	万历□□	共拚得一两一钱二分。 力分五钱，主分五钱。其山九亩，每亩得五分五。 五十八号山三亩，该一钱六分六，鼎祀得； 五十九号山三亩五分，该一钱九分四，鼎祀一钱七分；荣明二分四厘三。 六十、六十一号，共三亩五分，该一钱三分九，厚得一钱二分一，荣得一分七厘三。
6	万历二十五年九月十八日	山分一两六钱，作三十三亩分，每亩四分八。 凤翔八亩，得三钱八分；鼎众得三亩三角，一钱三分二。 绰、继一角，得一分二， 圣荣得二十一亩二角，因福买厚下分籍，分去一亩二角，圣荣实山二十一亩，得价九钱六分。 志右二角，得二分四。

资料来源：《徽州千年契约文书（宋·元·明编）》卷 7，第 407、411、442、468、477、489 页。

从表 4-5 中能够窥见每亩山场的利润。第 1 例每亩山场一分，第 3 例每亩山场八钱四分，第 4 例每亩山场二钱六分六厘六，第 5 例每亩山场五分五，第 6 例每亩山场四分八。由此可见，每亩山场的利润均在一两以下。

此外，会社参与利润分配的现象也值得注意。明清时期，徽州会社名目繁多，类型多样，举凡钱会、祭祀性会社、桥会、文会等无所不有。会社作为一种民间组织，往往发挥着融资、祭祀、从事公益事业等多种职能。[1] 而

---

[1] 有关明清时期徽州会社的研究成果可参见卞利《明清时期徽州的会社初探》，《安徽大学学报（哲学社会科学版）》2001 年第 6 期；王日根《明清徽州会社经济举隅》，《中国经济史研究》1995 年第 2 期；史五一《明清徽州会社研究》，黄山书社 2015 年版，等等。

明清时期徽州是个典型的宗族社会，这就使得会社的宗族色彩十分浓厚。奇峰郑氏宗族也创建了多种会社，为商业发展提供资金。《万历四十一年祁门郑元祜等立清单合同文约》[①] 中就能见到郑氏商业资本有些来源于思义会、敦义会等民间组织。而在万历《郑氏合同分单账簿》中同样能见到商业资本来源于会社的情况，会社也积极参与山场的利润分配。

万历十一年（1583）七月二十六日拚七保竹园坞合同分单：

> 山分得一两四钱。
>
> 仗积、相来共分得银九钱三分五厘，作三分。
>
> 日生会得一股，银三钱一分一厘。
>
> 圣荣得二股，银六钱二分二厘。
>
> 兴志、岩锡股，银四钱六分六厘。
>
> 岩锡该银二钱三分三厘，日生会得。
>
> 兴右该银，五分八厘，日生会得。
>
> 景秀兄弟，五分八厘，志右得。
>
> 志该一钱一分六厘五毫，存。[②]

从中可以看出，日生会参与利润分配的具体情况，而且所得股份也比较多。该块山场总共得银一两四钱，仅日生会就分得六钱〇二厘，占山场总额的43%。这说明该会社是这块山场的主要股东之一，会社经济在山场经营中发挥着重要作用。

又如，万历二十七年（1599）二月初一日合同分单：

> 将六保鹅见弯山价各名下分法数目具后：
>
> 前山以四股为率，内除英才公四股之一，仍三股，实拚价银十两整。分后。
>
> 明五公祀二两三钱二分六厘五毫，志才二两三钱二分六厘五毫。

---

① 《徽州千年契约文书（宋·元·明编）》卷3，第438页。

② 《万历郑氏合同分单账簿》，《徽州千年契约文书（宋·元·明编）》卷7，第403页。

坚甲会二两三钱二分六厘五毫，加蕃兄弟七钱七分五厘五毫。①

……

在此，坚甲会也参与山场利润分配，所得利润与明五公祀、志才等利润相同，相当于该块山场总额的五分之一左右，为单股所得最高者。说明坚甲会也是山场的主要股东之一。这两个事例说明，明代中后期，会社经济在奇峰郑氏木商经营中发挥着重要作用。日生会、坚甲会等民间集资组织作为郑氏木商的重要资本来源，也参与其利润分配。

从账簿内容看，在奇峰郑氏木商经营的过程中，费用开支名目繁多，主要有酒水、谢中、成交费、做工、拚客、祭祀、教乐等开支。从其费用数额看，各种开支数额不等，相差很大，有些数额很大，甚至超过山主所得，有些费用开支较小。下面将账簿中内容完整的各项费用开支加以整理。具体情况如表4-6。

表4-6　　　《万历郑氏合同分单账簿》所见各种费用开支一览　　　单位：两

序号	时间	山价	主分	力分	酒水	成交	谢中	其他
1	万历五年十月十六日	3.75	1.79	1.79	0.16			
2	万历八年三月二十六日	1.95			0.15			
3	万历十年三月二十日	6.7				0.12	0.285	打火1
4	万历十年五月二十九日	1.88					0.08	
5	万历十四年七月初四日	17	8.2			0.1		
6	万历十六年六月十九日	3.15				0.7		
7	万历十八年三月十五日	0.38	0.16	0.16		0.06		
8	万历十九年五月二十二日	3.1				0.03	0.15	共支0.57
9	万历十三年二月初九日	4.2						拚客、酒水0.2
10	万历十九年十二月初七日	0.4		0.05			0.25	
11	万历三年七月初四日	1.5				0.05		支0.045与拚人
12	万历二十年九月初二日	6.5				0.2	0.14	0.4
13	万历二十年	4.2	2.4					
14	万历二十年十月初三日	3.6						支0.2两买松子

① 《万历郑氏合同分单账簿》，《徽州千年契约文书（宋·元·明编）》卷7，第494页。

续表

序号	时间	山价	主分	力分	酒水	成交	谢中	其他
15	万历二十一年二月十四日	2.6	1.2	1.2	0.2			
16	万历二十一年二月十一日	6.15			0.05			0.11两买松子
17	万历二十一年十月二十五日	9.2			成交、酒水0.2			
18	万历二十一年十一月十一日	9.2	4.5	4.5	成交、酒水0.2			
19	万历二十四年闰十一月十九日	1.4		0.6	0.2			
20	万历二十二年五月十四日	0.45		0.15	0.01			
21	万历二十二年十一月二十四日	2.96	1.4	1.3	0.16			
22	万历六年九月二十一日	14.1	8	5.5		0.6		
23	万历二十三年七月初八日	4.2			0.6			0.02两贴遇禁，0.11两买松子
24	万历二十三年八月十一日	1.5						支0.035两贴抬人用，支0.025两贴抬人用
25	万历二十三年十一月十一日	13.8				0.8		
26	万历二十四年七月初八日	6.7		1.6	0.2			0.1买松子
27	万历二十五年六月二十日	3.71	2.39		0.2			0.025两买松子
28	万历二十五年七月十五日				0.18			做工3.8
29	万历二十五年九月十八日	8.3	1.6	1.6				做工4.8
30	万历二十五年十月初四日	12.85	7.6	0.7				做工5.25
31	万历二十七年闰四月十三日	4			0.25			
32	万历二十六年八月二十五日	1.54	0.46					做工0.5
33	万历二十八年二月十五日	4						做工1.55，0.07两托中看管

资料来源：《徽州千年契约文书（宋·元·明编）》卷7，第363、369、387、390、422、441、453、456—457、460、464、466—468、470—474、476、479—480、483—484、487—488、489—490、491—492、495页。

从表4-6中可以看出，账簿中各项费用开支的具体情况。酒水开支最低的为 0.01 两，最高的为 0.6 两，但基本维持在 0.2 两左右。成交费最低的为 0.03 两，最高的为 0.14 两。谢中费是为答谢在合同订制过程中中人积极撮合而付出的费用，其最低值为 0.08 两，最高值为 0.4 两。由于奇峰郑氏家族采取将山场租佃的方式进行经营，因此在种植苗木时，往往需要贴备佃山人购买松子所需的银两。上表显示，山主贴备松子钱的最低值为 0.025 两，最高值为 0.2 两，大部分维持在 0.1 两左右。砍伐山场的做工费用开支在各项开支中数额最大，最低为 0.5 两，最高为 5.25 两，而且有时做工所得费用甚至超过山主所得的利润。如万历二十五年（1597）九月十八日合同分单中，共得 8.3 两，山主仅得 1.6 两，而做工所得为 4.8 两①，为山主的三倍之多，占总收入的一半以上。这说明木材的采运劳动量大，费用开支多。当山场林木成材时，山主往往承包给拚客砍伐，账簿中贴拚客费用最低为 0.025 两，最高为 0.045 两。

若从各项开支占山场总额的比率角度来分析各项费用开支，则能更深入地了解各项费用开支的动态情况。现将各项开支所占比率情况整理成表 4-7。

表 4-7　《万历郑氏合同分单账簿》所见各项费用开支比例一览

序号	时间	酒水	成交	谢中	做工	购买松子
1	万历五年十月十六日	4.2%				
2	万历八年三月二十六日	7.7%				
3	万历十年三月二十日		1.79%	4.25%		
4	万历十年五月二十九日			4.26%		
5	万历十四年七月初四日	1.22%				
6	万历十六年六月十九日	22.2%				
7	万历十八年三月十五日	15.79%				
8	万历十九年五月二十二日		0.96%	4.84%		
9	万历十三年三月初九日					
10	万历十九年十二月初七日	6.25%				
11	万历三年七月初四日	3.33%				

① 《万历郑氏合同分单账簿》，《徽州千年契约文书（宋·元·明编）》卷 7，第 489 页。

续表

序号	时间	酒水	成交	谢中	做工	购买松子
12	万历二十年九月初二日	3.06%	2.15%	6.15%		
13	万历二十年					
14	万历二十年十月初三日					5.56%
15	万历二十一年二月二十四日	7.69%				
16	万历二十一年二月十一日	0.81%				1.79%
17	万历二十一年十月二十五日	2.17%				
18	万历二十一年十一月十一日	2.17%				
19	万历二十四年闰十一月十九日	14.29%				
20	万历二十二年五月十四日	2.22%				
21	万历二十二年十一月二十四日	5.41%				
22	万历六年九月二十一日	4.26%				
23	万历二十三年七月初八日	14.29%				2.26%
24	万历二十三年八月十一日					
25	万历二十三年十一月十一日	5.8%				
26	万历二十四年七月初八日	2.99%				1.49%
27	万历二十五年六月二十日	5.39%				0.67%
28	万历二十五年七月十五日					
29	万历二十五年九月十八日				57.83%	
30	万历二十五年十月初四日				40.86%	
31	万历二十七年闰十月十三日	6.25%				
32	万历二十六年八月二十五日				33.47%	
33	万历二十八年二月十五日				38.75%	

资料来源:《徽州千年契约文书（宋·元·明编）》卷7，第363、369、387、390、422、441、453、456—457、460、464、466—468、470—474、476、479—480、483—484、487—488、489—490、491—492、495页。

从表4-7可以清晰的看出，酒水开支最低为0.81%，最高为14.29%，大多在3%—7%之间波动。成交费最低为0.96%，最高为2.15%。谢中费最低为4.25%，最高为6.15%，平均在5%左右。酒水和成交费合计，最低为1.22%，最高为2.17%。酒水、成交和谢中费用合计，最低为4.26%，最高为15.79%。做工费最低为33.47%，最高为57.83%。由此可见，做工费在各项费用开支中的比率也是最高的。

此外，拚客砍伐木材所得也是一项重要支出。奇峰郑氏为祁门著姓望族，拥有广袤的山场，积极从事木材经营，是个木商辈出的宗族。该族的山场大多采取租佃方式进行经营，佃山者一般主要有佃户和佃仆两种。前者为国家的编户齐民，与山主没有人身依附关系；后者为山主家的佃仆，与山主有着严格的人身依附关系，属于贱民阶层。从账簿内容看，奇峰郑氏山场的承拚人中既有一般百姓，也有佃仆，一般百姓中既有郑氏宗族内部族人，也有异姓，而且这些拚客主要集中在特定的几个家庭。

首先，来看来自郑氏宗族内部的拚客。万历九年（1581）六月二十七日，将三弘坦坞口山山场拚与荣寿兄砍斫，只得价 0.15 两。[①] 万历十四年（1586）正月十六日，郑景荣承拚文约：

> 姪郑景荣，今承拚得叔郑圣荣山一备，坐落七保，土名桂竹段，宏道名目内。东田，西降，南北垄下抵田。四至内议价银六钱，外同余应五分等霄伯姪、志右、圣荣等共业连界。进之□（派?）下弯，共议价银二钱正。前二号是身承拚砍斫发卖。今恐无凭，立此为照。
> 万历十四年正月十六日承拚人　　郑景荣
> 　　　　　　中见人　　　郑　霄[②]

郑景荣承拚两块山场砍斫发卖，承拚人郑景荣与山主郑圣荣为叔姪关系。

再看外姓拚客。外姓拚客身份较为复杂，既有国家编户齐民，也有属于贱民的佃仆阶层；既有奇峰郑氏周围村落的村民，也有外县拚客。而且从账簿内容看，奇峰郑氏山场拚客主要集中在牛背石、刘当保、王三旺、汪圣祖、余七、余云青、吴志才、吴时保、汪圣进等少数几个人。如万历二十年（1592）十二月二十日，余七等立承拚文约：

> 拚人余七、汪圣祖等，先月拚到谅（让?）四公、鼎厚公等江坑岭下砍斫，系房东应相、圣荣兄弟因原买受得堂、标、森、拱兄弟分

---

① 《万历郑氏合同分单账簿》，《徽州千年契约文书（宋·元·明编）》卷7，第378页。
② 《万历郑氏合同分单账簿》，《徽州千年契约文书（宋·元·明编）》卷7，第417页。

籍，投里硬阻。今凭中清白，纳价三钱整。其木听身发卖，因前各收分单难以尽概，改（？）凭中（立）清白文约存照。

　　万历二十年十二月二十日拚承人　　　余　七　汪圣祖　郑□□
　　　　　　　　　　　　　里　长　　　郑公右　郑应坤
　　　　　　　　　　　　　中见人　　　郑景荣　郑一遵①

　　拚人余七、汪圣祖等称山主为"房东"，由此可知，余七、汪圣祖等人为奇峰郑氏佃仆。结合账簿其他内容看，这些异姓拚客绝大多数都属于奇峰郑氏的佃仆。之所以呈现这种现象，主要是因为佃仆看守山林、砍伐木材是其为主家服役的主要内容之一②。加之，役使佃仆从事木材砍伐，可以节约成本。除这些佃仆外，浮梁人也多承拚奇峰郑氏山场砍斫，如万历十四年（1586）十月十五日，奇峰郑氏将某块山场出拚于浮梁汪丙吴砍斫③；万历二十一年（1593）四月十二日，将茶桃岭山场断与浮梁人砍斫。④

　　那么，拚客的劳动报酬如何？从账簿内容看，其工资收入较低，佃仆甚至没有收入，完全是义务劳动。如万历十四年十月二十日，将金家坞口上边山场"浮木拚与余云青得价四钱五分。圣荣分价三钱，仍一钱五分，系凤翔、天杜、志祐等照原万历十二年（1584）十一月初三日，所立合同文约内照分分讫"⑤。由此可见，余云青并没有得到什么报酬。万历三年（1575）七月初四日，拚九保峡里外截，共得价银1.5两，但支给拚客汪喜的报酬仅有0.045两，为山主总收入的3%，足见拚客的工资之低。万历二十三年（1595）八月十一日，拚大岭下杉松，共得价银1.5两，但拚客方圣节等人仅得到0.06两的收入。⑥ 若结合表4-6所列各项费用开支，则更能清晰的看到，在各项费用支出中拚客的支出是最低的。概而言之，拚客从事繁重的体力劳动，但其工资极为低下。

---

① 《万历郑氏合同分单账簿》，《徽州千年契约文书（宋·元·明编）》卷7，第468页。
② 关于佃仆的服役内容可参见叶显恩《明清徽州农村社会与佃仆制》，安徽人民出版社1983年版。
③ 《万历郑氏合同分单账簿》，《徽州千年契约文书（宋·元·明编）》卷7，第424页。
④ 《万历郑氏合同分单账簿》，《徽州千年契约文书（宋·元·明编）》卷7，第471页。
⑤ 《万历郑氏合同分单账簿》，《徽州千年契约文书（宋·元·明编）》卷7，第426页。
⑥ 《万历郑氏合同分单账簿》，《徽州千年契约文书（宋·元·明编）》卷7，第484页。

此外，从账簿内容看，当族众因山场利益纠纷无法解决时，往往鸣官告理，请求官府介入。如万历二十二年（1594）五月初二日，拚辛田王坑深坞，因分籍重互引起纠纷，族人请郑圣荣去看勘，但未能平息争端，最后卷入山场纷争的"后四家不凭中处，又到官了散讫"①。针对山场时常遭到盗砍的问题，奇峰郑氏宗族除通过订立合同文约予以控制外，还向官府申请告示，借助官府的力量，加强对山场的管理。如万历二十三年（1595）七月初八日，合同分单中有支 0.02 两贴遇禁牌的支出②，即为奇峰郑氏宗族借助官府力量加强山场管理的事例。

（五）经营纠纷

《万历郑氏合同分单账簿》为明代中后期徽州一个普通中小木商的账簿，其内容真实反映一个中小木商家族苦心经营的历史，相关内容涉及与地方社会中宗族内部成员、异姓宗族等的互动关系，也折射出了商业发展与社会变迁的历程。

从账簿内容看，奇峰郑氏族宗族至少拥有山场一百多处，每次砍伐山场规模不大，利润较少，但参与分配的股份较为复杂，呈现出多层次、多分支的股份关系。加之随着人口繁衍，山场分籍化、碎片化的趋势日益凸显，一块山场往往是几个、十几个甚至几十个族人所共有，每个人都拥有"分籍"。这种现象造成产权纠纷十分严重。随着商品经济的发展，宗族内部不同门房支派之间贫富分化日益明显，出现恃强凌弱的现象，贫困的族人迫于生计压力，难免发生偷盗山场的情况。在上述多重因素综合影响下，账簿中奇峰郑氏族人因砍伐过界、偷盗林木、强占山场等纠纷随处可见。

账簿内容显示，奇峰郑氏山场碎片化、分籍化现象十分明显，因山场碎片化而产生的产权纠纷十分普遍。万历七年（1579）十一月十五日，砍伐某块山场"□□分籍，互争不明"，后来"凭中验契，前所买山分硬，立清白开单各业，毋得各执契书互争，凭此照"③，通过重新订立合同文约的形式解决山场纠纷。万历八年（1580）九月二十一日，郑一诚兄弟等人

① 《万历郑氏合同分单账簿》，《徽州千年契约文书（宋·元·明编）》卷7，第475页。
② 《万历郑氏合同分单账簿》，《徽州千年契约文书（宋·元·明编）》卷7，第483页。
③ 《万历郑氏合同分单账簿》，《徽州千年契约文书（宋·元·明编）》卷7，第366页。

因山场分籍问题，引发争端，订有合同文约：

> 十五都郑一诚兄弟全郑乔、志祐，原买郑亿转买郑卷名下，内开所卖土名乌龟垲，经理系一百六十五号分籍。今因砍拚，是圣荣言说祖郑卷除卖外，仍有存留分籍，及后买契并可兴等所立清约，赍出勘验。将前山立定股数，照分派列管业，外有可兴等清白约内山场，尽听圣荣己业，并无异说。立此为照。①

通过将旧契"赍出勘验"，对山场重新"立定股数"，平息了纷争。

万历九年（1581）正月十一日，拚七保土名索木坞，因"各契书重互不等，凭中验契，写立分单，日后凭此为照"②。万历九年四月十八日，拚大深坑山场，因为契书重互，将旧契加以检查并订立认约，重新划分了山场分籍。③ 郑洧、天柯兄弟、天构、圣荣等，原买受七保刘坞、惠忠、思忍山场，但在万历九年九月二十八日砍伐林木时，"内因重互，分籍不等"发生产权纠纷，后"凭中写立分单，分籍开派于后"④，将山场股份进行重新划分，从而解决争端。万历十二年（1583）十一月初三日，郑沥、郑湛五分、宗凯、圣荣等砍斫张婆坞杉松木，因"与汪坑源、余家坞四至毗连不明，到所勘验"，"自情愿将方字一百九十五号、九十六号、九十七号、九十八号、九十九号、二百号、二百一号，共山七号，计山三十三亩，全号内亩步议作分股亩角"⑤，通过订立合同实现对各自山场有效管理。万历十七年七月十八日，郑应瞻混砍王二坞口宏道名目山场浮木，引发争端，郑圣荣与化叔理阻，后郑应瞻纳价五钱，平息这场纠纷。⑥ 账簿中还有许多因"分籍不明"而产生的产权纠纷，性质大同小异，不再一一列举。

账簿中内容显示，因生活贫困或乘族人外出之时，盗砍山场的现象十分常见。万历八年（1580）九月二十一日，合同分单之后有批语："身在

---

① 《万历郑氏合同分单账簿》，《徽州千年契约文书（宋·元·明编）》卷7，第372页。
② 《万历郑氏合同分单账簿》，《徽州千年契约文书（宋·元·明编）》卷7，第374页。
③ 《万历郑氏合同分单账簿》，《徽州千年契约文书（宋·元·明编）》卷7，第376页。
④ 《万历郑氏合同分单账簿》，《徽州千年契约文书（宋·元·明编）》卷7，第386页。
⑤ 《万历郑氏合同分单账簿》，《徽州千年契约文书（宋·元·明编）》卷7，第409页。
⑥ 《万历郑氏合同分单账簿》，《徽州千年契约文书（宋·元·明编）》卷7，第447页。

古楼埠买谷，被将拚了，身回理办，将并还身"①，说明奇峰郑氏宗族中有人乘簿主郑圣荣外出购买粮食之时，将其拥有分籍的山场林木砍伐发卖。后郑圣荣回来发现，并进行追究后，才将所砍木材还给郑圣荣。从账簿内容看，簿主郑圣荣年幼之时，其父祖经营的山场曾经多次被族人强行砍伐，说明奇峰郑宗族中存在以大欺小、倚强凌弱的现象。万历十四年（1586），奇峰郑氏宗族中有人乘簿主郑圣荣在赣州经营靛青生意之时，将郑圣荣拥有的郑秀名目山场"私拚与浮梁汪丙昊砍斫"。郑圣荣回家发现后，将祖上"郑鸾、怡保、永清契书办验"，因而获得五分价银的赔偿金。同年十月十六日，郑佳友名目山场"被拚人汪丙黑夜执过河岭私卖讫"，后来山主追究后，同样获得五分价银的赔偿金。万历十四年十一月初四日分单显示，簿主郑圣荣在赣州经营靛青时，郑天杜兄弟强行砍伐其山场林木。郑圣荣发现后，将天柯兄弟所砍柴木挑回，并贴补斧手郑梅寿工食柴十五担，平息此事。②

奇峰郑氏山场除存在被族众盗砍、盗卖外，也存在被异姓盗砍的现象。如万历十四年十月十八日，陈家坦、王四保老庄基下山场就被王记保盗砍。③ 万历二十年二月十五日，发生了盗砍山场事件，山主"报众投里"，请族兄到山勘踏四至，重新划分山界。④

奇峰郑氏宗族中也存在欺诈、捏造契书，侵占山场的现象。万历十年（1582）九月初二日合同分单"附记"中即称：

　　荣记：一块分籍，实卖义心号内分籍，与志兄宏道号内分籍未卖，志兄将伊买梯分籍对换，以便管业注单，凭分单为证。所有六亦分籍，本家买得，因先年分单未注，让杜讫。后卖此块分籍，因乔兄欺心，重买与他。今凭荣、湛叔、一遵为中，骗我用钱一钱七分，此事惟天知之。⑤

① 《万历郑氏合同分单账簿》，《徽州千年契约文书（宋·元·明编）》卷7，第372页。
② 《万历郑氏合同分单账簿》，《徽州千年契约文书（宋·元·明编）》卷7，第426页。
③ 《万历郑氏合同分单账簿》，《徽州千年契约文书（宋·元·明编）》卷7，第425页。
④ 《万历郑氏合同分单账簿》，《徽州千年契约文书（宋·元·明编）》卷7，第462页。
⑤ 《万历郑氏合同分单账簿》，《徽州千年契约文书（宋·元·明编）》卷7，第393页。

这件文书内容显示，郑圣荣所买分籍被其兄郑乔重复卖与他人，后来又骗取郑圣荣一钱七分。面对这样的无赖之人，郑圣荣发出了"此后惟天知之"的感叹。

明清时期徽州是个典型的契约社会，契约意识深入人心，契约是产权的书证，在纠纷发生之时起着重要的作用。因此，徽州民众深知契约的重要性。但有些人为谋取自身利益，私自捏造契约的现象也普遍存在。奇峰郑氏合同分单账簿中就存这种现象。万历十五年（1587）十一月合同分单"附记"云：

> 山羊石东培，本家田末中垄一条，凭大弯心，拚与王冬进，得价七钱。后应相兄仝应榜兄□叔来争，皆称文明等重，互伊托福□□□说，时相叔契买文明、文常□□契书，皆在我后，议身贴银二钱，山骨认本家全业。再，一诚叔契，系加［嘉］靖廿四年，文明一人说奉母指令，契上糊涂写永美、永繁、璥、泽等分籍在上，并无一人卖与他，仅有泽契一纸，又是卖正坞段山，又不在此单内。身念与应相兄交义并有往来之好，凭福姪逊他五分之一，本家得五分之四。立合同讫。①

郑应相等人为争夺山场利润，不惜通过在契书上糊涂写上"永美、永繁、璥、泽等分籍"的方式，试图分得山场分籍，侵占山场。山主通过仔细比对各种契约文书及其字迹，认定其为伪造，但念在同族情宜，并与"交义并有往来之好"，特分与其五分之一的山场分籍。

又如，万历十八年（1580）十二月十九日，八保土名南冲宏道名目山场，郑圣荣与郑凤翔已查验契书，将山场利润进行分配。但郑凤翔又"捏说廷杰名目与伊重互，伊家加［嘉］靖四十四年先买讫"，后来郑圣荣只好将凤翔之契进行查看，发现其"只开廷杰名目，未开字号，况南冲有廷杰名目二号，既得一号，岂得二号之理？况本家明开字号、土名号源，焉有不遵之理，而分先后可乎？再宗正叔在日，原已说开三百十九号卖与凤翔，三百十四号卖与本家，合［何］来混争，于情不堪。未立分单，记此后考。"② 虽

---

① 《万历郑氏合同分单账簿》，《徽州千年契约文书（宋·元·明编）》卷7，第433页。
② 《万历郑氏合同分单账簿》，《徽州千年契约文书（宋·元·明编）》卷7，第455页。

然发现问题之所在，但鉴于郑凤翔的强势地位，郑圣荣只得忍气吞声，记上"记此后考"的字样，留给后人去解决。

每当出现产权之争、利润分配纷争之时，除通过订立合同方式对各自的权益进行重新调整而得到解决外，还存在一种十分微妙的情况，即往往是写上"糊涂分了"的字样，显示出一种无奈之举。据笔者不完全统计，账簿中出现"糊涂分了""只得与他糊涂分了"等记录至少达16次之多。现将这些情况列举如表4－8。

表4－8　　《万历郑氏合同分单账簿》所见"糊涂分了"情况一览

序号	时间	内容
1	万历八年三月二十六日	为中糊涂去了，我与他立有文约，□□公下未做文约，日后当为办之。
2	万历十一年闰二月十八日	苦竹坞口祖坟背后山一号，系一百八十六号义心名目；又祖坟右边，系一百八十九号，亦义心名目。……身因一百九十二号，东至竹坞大降，西至平坞里垄分水，……他家四至在内，凭中景福侄勘明，纳价银1两，糊涂分了。
3	万历十一年五月二十七日	昙公买仲坚分籍，叙伦公买得。惠忠向分籍验契，只开写南谷名目。前仲坚乃南山家子孙，未分与他家。本家得价讫，所有感念、坦地、亦六契内未写名目，糊涂让他得价讫。
4	万历十一年七月二十五日	本家有法、敨、介、邦、显、寿、兹、产契，俱情处（清楚）未争，糊涂送银0.26两。
5	万历十□年初一	旧立分单，因身不在家未明。今拚后，归办明俱，各退价还身。……如遗与岩叔公处，伊家又无度契，只得糊涂与他均分了。
6	万历十四年七月初七日	山羊石东培，原庄公标作十单管业。……今被时相叔拚买牛背石力垒，身不与他人业，他就去坐原宅山分，与身混争。身砍杉木四十根家用，伊只得托景福侄来说，将力垒糊涂分派与他。
7	万历十九年十二月二十八日	厚公下照旧得四股，0.8两。身买应相、应榜、松分籍不明，与凤翔表心，糊涂分了，未立分单。
8	万历二十年八月初六日	又本家再有三百六十八号郑明山，坐在三百八十四号之上，福旺、与凤翔二人在山下发愿拜神，只得糊涂将花和垄等山价银0.2两，在清店了散讫。

续表

序号	时间	内容
9	万历二十年十月初三日	凤翔因争力垄，混分去 1.7 两。
10	万历二十年十一月十七日	正统年间写标俊山在前，未与他人入业。他家在徐艾名下追价 0.1 两，我家同福旺并柯杜、凤翔同挤得价 0.25 两，凤翔糊涂分去三分之一。
11	万历二十一年九月日	被凤翔兄将宏道四至混争，骗做人银 0.15 两。
12	万历二十四年又十一月十九日	四至内挤与汪圣道、圣礼等砍斫，……糊涂作四股分之。
13	万历二十三年四月十三日	杜得法九分之一，沔分籍亦糊涂分去了。
14	万历二十三年八月十一日	余皆未对，但契上又写并无存留，以致糊涂争竞。
15	万历二十三年八月十八日	万历十八年，晋堂挤木身阻，荣云侄为中，纳价 0.5 两。今次挤木，身将契验，糊涂纳身价 0.3 两，余价作晋堂、奇应契书分价讫。
16	万历二十八年七月十二日	六十六号承祖有分，被凤翔兄将十五号义心名目，与伊重复，契书互争，只得他让分得价银。本家只得后买宗正分籍，余皆翔去。

资料来源：《徽州千年契约文书（宋·元·明编）》，卷 7，第 369、400—402、420、423、461、466、468—469、472、474、481、484、487、496 页。

从账簿内容看，"糊涂分了"至少包括两种含义。第一，因为山场规模小，碎片化、分籍化十分明显，每份的份额十分微小，犬牙交错，无法分辨具体分籍，在达成协议后，只好糊涂分了。第二，迫于族中某些强悍人物，无法与之抗衡，无奈之下，只得忍气吞声，与之糊涂分了。郑凤翔可谓其中典型代表。上文中已说明郑凤翔为该族中的强悍人物，多次强行砍斫他人山场，捏造契书，强行参与利润分配。这在表 4-8 中也能得到反映。第 7、8、9、10、11、16 五个事例都与郑凤翔有关，占总数的 37.5%。可见，郑凤翔是个较为跋扈之人。

综上所述，账簿显示在经济利益面前，徽州宗族内部那种温情脉脉的亲情关系显得微不足道，代之而起的是金钱至上，骨肉相残现象的频发。万历时期奇峰郑氏宗族内部同样也存在着贫富不均、恃强凌弱的现象。这种社会失序现象的出现，与明代中后期商品经济繁荣发展，带来人们思想观念的变迁有着密切关系。正如万历《歙志·风土》所言，当时徽州社会秩序呈现出："富者百人而一，贫者十人而九；贫者既不能敌富，少者反可以制多；金令司天，钱神卓地。贪婪罔极，骨肉相残；受享于身，不堪暴殄；因人作报，縻有落毛。于是鬼蜮则匿影矣，戈矛则连兵矣，波流则襄陵矣，丘壑则陆海矣。"①《万历郑氏合同分单账簿》中所见奇峰郑氏族人争夺山场利益的现象，可以看作是万历时期徽州社会失序的一个缩影。

上文利用奇峰郑氏中郑卷家族的置产簿、账簿，对明代中后期该家族的山林经营、山林纠纷、木材贸易等内容进行了深入考察，从长时段的角度探讨明代中后期徽州本土木商的山林经营、经营纠纷、木材贸易等内容，深化了明代中后期徽州本土木商的研究。

郑卷家族的山场积累从元代就已开始，明代成化以后，该家族山场积累速度加快，尤以弘治、正德、嘉靖、万历年间山林交易最为集中。在郑卷家族山林积累过程中，郑卷、郑萱芳、郑圣荣等几代人起到关键作用，他们大量购置山场，热衷山林经营。郑卷是一个具有承先启后作用的关键人物，为该家族的山场积累打下坚实的基础。此后，其子郑萱芳、曾孙郑圣荣继承家族传统，持续购置山场，热衷山林经营，积累广袤的山林产业。

中国古代合伙经营的现象极为普遍，尤其到了明清时期得到进一步的发展，各种行业中普遍实行合伙制，并逐渐制度化，出现了新的形态。②合伙制中有均股合伙与不均股合伙两种，股东构成也较为复杂，有主要股东与一般股东、职能股东与非职能股东之分，两者之间的权利与义务有着明显区别。③明清时期徽商资本组合形式多样，其中，合伙制成为徽商普遍采用的一种方式。如众所知，明清时期徽州是个典型的宗族社会，徽商合伙经营，带有浓厚的宗族性质，多是家族式合伙④。

---

① （明）张涛、谢陛著，张艳红、王经一点校：万历《歙志》考卷 5《风土》，第 99—100 页。

② 相关内容可参见刘秋根《中国古代合伙制初探》，人民出版社 2007 年版。

③ 参见刘秋根《明清徽商工商业铺店合伙制形态——三种徽商帐簿的表面分析》，《中国经济史研究》2005 年第 3 期。

④ 参见张海鹏、王廷元主编《徽商研究》，第 68—82、544—556 页；阮明道《吴氏经商帐簿研究》，《四川师范学院学报》1996 年第 6 期；王裕明《明清徽州典商研究》，人民出版社 2012 年版。

而随着商品经济的发展，徽商合伙制中又出现了新形态，即出现家族合伙中的股份制。① 这种股份制又因其家族中众多房派分而形成不同层次的股份，形态较为多样、复杂。《万历郑氏合同分单账簿》中的奇峰郑氏木商就是采取家族合伙股份制，实为这种多层次、多分制股份制的典型代表。

《万历郑氏合同分单账簿》是每次砍伐木材的利润分配的合同、分单的汇编，没有涉及木材经营的成本、运输费用的开支，每砍伐一块山场，就进行一次利润分配，故每次所得利润数额较小。按照不同层次的"股"份进行分配，形成"大股""小股"多层次的股份关系，乃该账簿的最大特色。每次合同分单中在扣除力分、谢中、酒水、成交费等外，其山分利润主要按照股份制进行平均分配，即每个层级的股份分得的利润相同。账簿中还有一种特殊的利润分配方式，即按照各自所占山场亩步多寡进行利润分配。明代中后期，会社经济在奇峰郑氏木商经营中发挥着重要作用。日生会、坚甲会等民间集资组织是郑氏木商的重要资本来源之一，也参与其利润分配。

《万历郑氏合同分单账簿》为明代中后期徽州一个普通中小木商的账簿，其内容真实反映了一个中小木商家族苦心经营的历史，簿主郑圣荣是位既从事木材贸易又兼营靛青生意的徽商。账簿显示，在具体经营中，因受到经济利益的驱使，族人和外姓盗砍、盗卖木材和山场现象时有发生，甚至像郑凤翔这种私自捏造契约，恃强凌弱，强行参与利润分配的情况也不乏见。这些都显示出，经济利益面前，徽州宗族内部那种温情脉脉的亲情关系显得微不足道，代之而起的是金钱至上，骨肉相残现象的频发。《万历郑氏合同分单账簿》中所见奇峰郑氏族人争夺山场利益的现象，可以看作是万历时期徽州社会失序的一个缩影。这种社会失序现象的出现，与明代中后期商品经济繁荣发展带来人们思想观念的变迁有着密切关系，也折射出了商业发展与社会变迁的历程。

---

① 值得关注的是，马勇虎教授的研究显示晚清徽商合伙经营出现了新变化，他将徽商合伙分为普通合伙与合股合伙，并认为晚清徽商合伙逐渐冲破了宗族的限制，合伙股东的非宗族化趋势较为明显。参见马勇虎、李琳琦《晚清徽商合伙经营实态研究——以徽商商业文书为中心的考察》，《安徽师范大学学报（人文社会科学版）》2012 年第 7 期。

第三节 《罗时升买山地册》考释

从前面章节的研究可知,明代中后期随着商品货币经济的发展,徽商开始崛起,促使徽州与全国市场的联系日益加强,徽州民众普遍热衷于山林经营,山林经济规模不断扩大,形成众多以为经营山林著称的木商和木商家族。但前文的研究存在一定的局限。第一,置产簿、分家书、散件买卖契约等资料,多是涉及山林坐落方位、价格等,但很少提及交易山场的面积,因此,难以对明代徽州山林经济进行定量研究。第二,置产簿、分家书等文书涉及的山场交易往往是几代人甚至是某个家族、某个宗族在长时段内的山林交易、山场积累情况,因这些资料的局限,很难对单个人的山林经济和山林规模进行深入考察。幸运的是,笔者近来阅读到《罗时升买山地册》,这是晚明徽州人罗时升数十年间长期购置山地的统计材料。下面笔者以该资料为核心,同时参考其他相关材料,对晚明徽州本土木商罗时升的山林积累、山场分布、山林规模和木材贸易等山林经营实态进行个案考察,以期深化对明代徽州山林经济的研究。

一 文书概述

下面将对《罗时升买山地册》的格式内容,簿主乡贯、姓名和所属宗族支派,该书的成书年代,进行系统介绍、考证,以图对该簿册文书有一个全面的认识。

(一) 格式内容

《罗时升买山地册》1册,上海图书馆藏。全书共有171页,14000多字。其内容以表格的形式,详细登载罗时升每次购置山地的字号、土名、山地数量和亩步、金业情况及纳税户头等情况。山地字号从表字一千三百号至一千五百九十号(中间并非连号),共计山场字号164号。每次交易中都记录一个字号山场,共计164次山场交易。每次交易买进山场数额不等,所买山场来源若干人等。为便于论述,现举一例,介绍该簿册记录的基本格式。

表字一千三百二号，土名必达坞、枫树垄，山二亩二分四厘六毛（毫）。

买叶永清山二分二厘三毫，自金。

买（余）世夫山二分四厘一毫，余尚钦金，税罗应祖户。

买余燻山二分二厘四毫，　　　　　　，税罗惇义户。①

……

上引文字为罗时升购买表字 1302 号土名必达坞、枫树垄的山场记录，这次山场交易分别从叶永清、余世夫和余燻山等人手中购得若干山场。其金业情况，有的是其卖主自己的金业山场，有的为其他人金业山场。② 关于每笔购置山场的纳税情况，也有详细记载，上述后两次山场购置都在罗氏族内户头纳税，即分别在罗应祖户、罗惇义户中纳税。该簿册每个山场字号登记的格式基本相同，不再赘述。

有些山场字号登记比较详细，除记录所购山地的字号、土名、山地数量和亩步、金业、纳税户头等情况外，还有一些按语，用以说明这些山场的经营方式及津贴情况、木材贩运和利润等情况。如表字 1340 号山场，按语"此号（万历）四十二年（1614）砍木，照股分木、分松柴。是年，召与方开扒，贴杉秧三千根"③。说明该号山场的木材在万历四十二年砍伐发卖，按照原先的股份分配木材和松柴，应该是一种"共业分股"的产业形态。在林木砍伐后，招佃方姓租佃该山场，并给予贴补杉木苗 3000 根。类似的按语全书中还有很多，对于深入考察罗时升所购山场的经营实态具有重要价值。

（二）簿主考证

该簿册虽然题名为《罗时升买山地册》，但与罗时升直接相关的信息相对较少。出现这种情况，可能是在数十年前上海图书馆从市场上购买该簿册时，其封面原来有题名"罗时升买山地册"字样，但后来遗失；或是当时有所残缺，重新装裱后，原先内容脱落造成。虽然具体情况不得而

① 《罗时升买山地册》，明写本，上海图书馆藏，编号：563722，第 3 页。
② 关于明清徽州土地金业问题的研究，请参阅栾成显《明清徽州土地金业考释》，《中国史研究》2010 年第 4 期。
③ 《罗时升买山地册》，明写本，第 31 页。

知，但既然题名"罗时升买山地册"，应该有所依据，并非空穴来风，只是后人无从知晓其中的原委了。需要说明的是，在利用时仍需对其簿主的乡贯、名字等进行考证，这是至关重要的环节，它直接关系下面对其山场积累、山林规模和木材贸易等山林经营实态的研究。

首先，考证簿主的乡贯情况。该簿册题名《罗时升买山地册》，查成书于嘉靖年间的《新安名族》，徽州府只有歙县有罗姓分布。由此推测，该簿册归属地很可能是歙县。

值得关注的是，该簿册提到一些山场在"东关"纳税的情况。兹抄录如下。

表字一千四百五十一号，土名墓林坞。原山一亩二分，又重复卖，思身用价买叶永清虚山五分，与思对半。其税在东关四图二甲罗楣户。①

表字一千五百一十二号，土名慈姑塘，地一分七厘九毫，山三亩六分三厘二毫。……曹懋忠山三分一厘六毫，与余子扬对换舡坞寨，子扬占了税。该曹美岳补本家木价，其税收在东关四图罗应明户。②

上文显示，表字号1451号山场在罗楣户纳税。关于罗楣，清代、民国《歙县志》有三条记载。现抄录如下：

（明）孙氏，罗楣妻，楣客死浔阳，励节五十二年，寿八十三。③
（明）罗楣妻孙氏，东关人。夫客死浔阳，氏励节五十三年，卒年八十三，有司三旌其门。④
（明）罗楣妻孙氏，东关人。夫客死浔阳，氏励节五十三年，卒年八十三，有司三旌其门。⑤

---

① 《罗时升买山地册》，明写本，第81页。
② 《罗时升买山地册》，第123页。
③ 康熙《徽州府志》卷16《人物志·烈女》，康熙三十八年刻本。
④ 道光《歙县志》卷8《人物志十一·烈女》，道光八年刻本。
⑤ 民国《歙县志》卷11《人物志·烈女》，民国二十六年铅印本。

上引三条资料，虽然都是关于明人罗楣妻子孙氏节烈事迹的记载，详略不一，内容也稍有出入，但都能说明楣为明代人，且居住在歙县东关。方志中的这些记载，与上引 1451 号山场纳税在东关的记载一致。因此，两种资料记载的罗楣应该为同一人，即明代歙县东关四图人。

可喜的是，《歙县罗氏置产簿》中也有罗楣的记载。现抄录如下：

> 立卖契人罗权，今将承祖分受己分下东关弟字　　号，土名本家仓屋内右边山地一业，系下等不麦地，计税　　正。其地东至寺墙，西至路塝，南至威土墙，北至梓等众地。今将四至明白，本身兄弟四分合得一分，立契出卖与本家堂弟楼名下为业，三面议价纹银六钱正。其银当日收足，其地听凭日下管业，其税候大造之年起割入户支解，不在难异。倘有内外人等异言，系身理值，不干买人之事，立此卖契存照。
>
> 万历十年六月　　　日立卖契人　　罗　权
> 　　　　　　　　凭中人　　罗　桐、罗　楣①

据此可知，上述山地买卖为罗氏族内交易。万历十年（1582），罗权将承祖所得位于东关弟字号土名本家仓屋的山场出卖给堂弟罗楼名下为业，罗楣以中人的身份见证这次山地交易。由此可见，罗楣与买卖双方属于同族之人，都在歙县东关居住。不仅如此，从这份契约还可以得知罗楣生活在晚明时期。这份契约中出现的罗楣与上文论述的罗楣应为同一人。换句话说，《罗时升买山地册》中的簿主罗氏与罗楣也当为同族人，都居住于歙县东关的聚落。

又据，该簿册表字 1559 号山场记载，"土名姚家坞，山五亩二分三厘九毫"。而同样字号和土名的山场在《歙县罗氏置产簿》中也有记载。兹摘录如下：

> 立卖契人程玄将，今将续买到钱君选、钱君植、钱立明、钱立教、钱立家、钱君质、钱君懋、江伯兴、钱立纲、钱立朝、钱立选

---

① 《歙县罗氏置产簿》（隆庆五年十二月至崇祯十二年九月），《中国社会科学院经济研究所藏徽州文书类编·置产簿》第 1 册，社会科学文献出版社 2020 年版，第 389—390 页。

等，表字一千五百五十九号，土名姚家坞、葛家岭，计税八厘六毛，系巴可远金业，并在山杉松二木，凭中立契出卖与在城东关四图罗名下为业，三面议定时值价纹银十两正。其银当即收足，其山听凭买人日下管业，其税册年过割无异。从前至今，并无重复交易。如有内外人等异说，俱身理治，不干买人之事。恐后无凭，立此卖契存照。

余中□原买钱立国分数，亦卖与罗边，价收讫，再批。

崇祯八年十二月日立卖契人　　　程玄将

中见人　　朱汝功、余养溟①

上揭崇祯八年（1635）歙县程玄将卖山契中表字 1559 号山场土名也为姚家坞，与《罗时升买山地册》中字号、土名完全相同。不仅如此，程氏卖山契的买主为"在城东关四图罗　名下"，这与《罗时升买山地册》中的东关四图罗氏也完全一致。综上所述，《罗时升买山地册》买山地册的簿主罗氏为歙县东关四图人，而不是为学界熟知的居住在十四都呈坎村的罗氏。

虽然簿册题名簿主为"罗时升"，但其身份信息尚不明晰。因此，仍需要根据东关四图的文书进一步考证。

东关四图罗时中，今将承祖己分下东关弟字　号，土名驿后，本身兄弟四分中合得一分，本家仓屋内右边不麦山地，其地东至开化寺墙为界，西至本家塝，南至威土墙，北至梁等众分地为界，尽行立契出卖与堂弟楼名下为业，面议时值价纹银五钱正。其银当即收足，其地日下听凭管业，中间即无重复交易。如有内外人等异说，系是时中支解，不在难异。其税候造册之年，听凭过割入户支解。今恐无凭，立此卖契为照。

隆庆五年十二月立卖契兄　　　罗时中

中见兄　　　罗时清②

---

① 《歙县罗氏置产簿》（隆庆五年十二月至崇祯十二年九月），《中国社会科学院经济研究所藏徽州文书类编·置产簿》第 1 册，第 405—406 页。

② 《歙县罗氏置产簿》（隆庆五年十二月至崇祯十二年九月），《中国社会科学院经济研究所藏徽州文书类编·置产簿》第 1 册，第 383—384 页。

这是明隆庆五年（1571）歙县东关四图罗氏族内山地买卖契约，卖主为"罗时中"，与《罗时升买山地册》中的簿主"罗时升"，应该属于同辈人。该山地的买主为卖主的堂弟罗楼，因此，罗时升、罗时中与罗楼当为同辈之人。值得关注的是，该契约中山地东至"开化寺墙为界"。关于开化寺，民国《歙县志》记载如下：

> 开化寺，在县志西新民桥右。唐天祐元年建，号十方院。宋大中祥符元年，敕改今名。元至正十二年，毁重建。咸同乱后，日就颓败，今乏僧居，残屋半存。①

由此可见，开化寺位于歙县县城西边新民桥右边，为著名的古寺，后在清代咸同兵燹中遭受重创，逐渐落败。

除县志外，歙县乡都字号文书也有记载。抄录如下：

> 东关三图：敬、温、履，三保。县前、县下、县后、贤阅坊、横街、开化寺前、御书楼前、白石井、学前、十三问、县右、双泉井、罗家巷口、新民桥。
>
> 东关四图：孝、清、薄，四保。玄妙观、月城里、仓前、许家祠前、解元坊、御书楼、小井头、龙舌头、东河城、罗家巷、开化定光寺、新民桥、西河城、叶家山、荷花池、贺家坦、紫阳门。②

上引资料显示，开化寺、新民桥都位于歙县东关三图和四图。都图村镇文书记载与《歙县罗时置产簿》记载相一致，因此，《罗时升买山地册》簿主属于歙县东关四图人无疑。

幸运的是，笔者近期查阅到成书于明崇祯八年（1635）的《新安城东罗氏家谱》，在其中找到了罗时升和上文出现的罗楣、罗楼、罗时清等人的记载。现在抄录如下：

---

① 民国《歙县志》卷2《营建志·寺观》，民国二十六年铅印本。
② 《歙县乡里都图村镇岁征地亩总目》，清抄本，歙县档案馆藏。

（二十四世）罗梯，字时升，号思泉，琏第三子，义倡重立膳茔。生嘉靖壬寅三月初九日，殁万历甲寅十一月廿二。娶街川胡氏，生嘉靖甲寅正月十二，生三子：文爝、文煜、文㶷。

（二十四世）罗楼，字时高，号敬泉，琏第四子。生嘉靖甲辰五月初七，殁万历丁巳六月二十二。娶雄村朱氏、继娶程氏，……。生一子：文焌……

（二十四世）罗楣，字时相，号继泉，琏第五子，娶孙氏，生二子：文鲤、文鲸。公殁乙巳十月二十二。

（二十四世）罗栢，字时清，魁长子。生正德辛未十一月二十六，殁丙子五月初十。娶张氏，合葬紫阳山。生三子：文耀、文炳、文灯。①

以上资料提供几个重要信息。第一，《罗时升买山地册》簿主罗时升，名字为罗梯，属于歙县城东罗氏。他生于嘉靖二十一年（1542）、卒于万历年四十二年（1614），享年73岁。第二，罗楼、罗时清（栢）、罗楣皆为二十四世，即为带"木"字旁的同辈人，且罗梯、罗楼、罗楣三人为亲兄弟关系，都为罗琏的儿子。② 第三，这些人物与上引《歙县罗氏置产簿》和《罗时升买山地册》中出现的罗楣、罗时升、罗楼几个关键人物的信息完全能够对应一致。

歙县城东罗氏始迁祖，即第14世罗伯五，"字道达，讳冬孙，宋末自呈坎迁居郡城（歙城）东关龙舌头，为城东之始祖"③。由此可知，歙县城东罗氏为呈坎罗氏分支。从该宗族以罗秋隐（讳天秩）为始祖可进一步得知，歙县城东罗氏为呈坎后罗的一个支派。

综上所述，综合《罗时升买山地册》《歙县罗氏置产簿》《新安城东罗氏家谱》《歙县志》和相关文书，可以考证出《罗时升买山地册》簿主为罗梯，字时升，为歙县城东（东关四图）罗氏，属于歙县呈坎后罗的一个分支。他生活在嘉靖二十一年（1542）至万历四十二年（1614），即活

① （明）罗文烈、罗士衡纂修：《新安城东罗氏家谱·世系》（不分卷），崇祯八年刻本。
② 《新安城东罗氏家谱·世系》记载："罗琏，字良器，号玉泉，配尚书荣公孙女杨氏，生五子梁、柱、梯、楼、楣"，可知罗琏共有五个儿子。
③ （明）罗文烈、罗士衡纂修：《新安城东罗氏家谱·世系》（不分卷）。

跃于晚明时期。

（三）成书年代考证

前述表字 1451 号、表字 1512 号山场，纳税情况都提到"东关四图"。关于东关，嘉靖《徽州府志》记载，"嘉靖四十一年（1562），析东关三图，置东关五图"①。由此可见，嘉靖四十一年，东关由三图增至五个图。上引两处山场都在东关四图罗氏族人户头纳税，因此，可知该簿册成书当在嘉靖四十一年之后。结合上文论述可知，嘉靖四十一年，罗时升已满 20 岁，已经成年，具备了独立行事、购置山林的基本条件。

又，该簿册中多次提到购置"本府沈太爷"山场情况。现抄录几条如下：

> 表字一千三百九十三号，土名枫树坞，山二亩八分九毫。买本府沈太爷官山三毫，王诚金，税罗文户……②
> 表字一千一百一十八号，土名磨刀弯，山四亩八分三厘五毫。买本府沈太爷没官山三分一厘二毫，王诚金……③
> 表字一千四百三十五号，土名何二坞。买本府沈太爷官山一分五厘六毫，王诚金，税……④

由此可见，徽州府知府为沈姓。现将康熙《徽州府志》所载明代嘉靖四十一年（1562）以后，有关沈姓知府的史料抄录如下：

> 沈文，浙江仁和人，进士。万历二十年任。
> 沈茂荣，浙江慈溪人，进士。万历二十六年任。⑤

---

① （明）何东序修，汪尚宁纂：嘉靖《徽州府志》卷 1《厢隅乡都志》，《北京图书馆古籍珍本丛刊》第 29 册，第 34 页。
② 《罗时升买山地册》，第 59 页。
③ 《罗时升买山地册》，第 65 页。
④ 《罗时升买山地册》，第 73 页。
⑤ 康熙《徽州府志》卷 2《秩官志·郡职官·知府》，康熙三十八年刻本，《中国方志丛书·华中地方·第 237 号》，第 571 页。

由此可见，该簿册提到的沈太爷应该为上述两位徽州知府，因资料所限，无法知晓其所指具体何人，但沈知府在任的基本时间则可以确定在万历二十年（1592）之后。

在簿册中，有几处提到购置山场和木材利润分配的具体时间。如"表字一千三百一十三号，土名阴潭后，山三亩三分三厘九毫。万历三十一年买余世魁山二亩五厘。内原买余谆、余慎之、余行之、余元询、曹止之、余天赐、余尚勇、余廷美、叶永清，后又买叶永清重复山，并余天赐共山三分三厘八毫，清得价。"①。山场经营中，提及最晚的时间为，"表字一千五百六号，土名枫树岭，山八亩八分五厘。……四十三年二月初九日，卖与姚奉泉木七千，每千六十两算。"② 由此可知，该簿册最晚截止到万历四十三年（1615），即罗时升去世后的第二年。

结合上文的论述，可知该簿册时跨度为嘉靖四十一年以后至万历四十三年。换句话说，该簿册反映的是嘉靖末年至于万历末年50多年间山场经营的情况。故《罗时升买山地册》是晚明徽州木商罗时升的山场交易、山林经营的真实记录。

（四）罗时升家世

《罗时升买山地册》的簿主罗时升出身于歙县城东罗氏，主要生活在嘉靖、万历年间。那么，家世情况如何，对其山林经营有什么影响。下面就其家世作一初步考察。

呈坎罗氏为徽州望族，宋元明清时期，科第发达，仕宦辈出，商业兴盛。歙县城东罗氏迁居东关以来，继承原先文化传统，很快成为望族。正德十年（1515），南京户部尚书、绩溪人胡富在为城东罗氏撰写的谱序中称，"新安罗氏之显，一尚书、三知府、七通判，可谓荣矣"③。

十六世祖罗庆益，生大德元年、卒洪武元年，"善于经营，富甲一方"，为元代地方富户。十七世罗诚辅（庆益子）"聪慧明敏，府学以亲老归养。太祖驻跸玉屏山时，诚辅与数老被召见问策"。十九世罗启贤（罗诚辅孙）"治《春秋》，授顺天府通判"，颇有政绩。罗时升高祖、二十世

---

① 《罗时升买山地册》，第9页。
② 《罗时升买山地册》，第121页。
③ （明）罗文烈、罗士衡纂修：《新安城东罗氏家谱·罗氏家谱旧序》（不分卷）。

罗鉴（罗启贤子），三岁丧父，"长而服勤向上，苦志以自植立，家因以裕"，应该是经商起家致富。后来其子"本清、本浩君，勤勤家理，足继父志，而大其业，孙廷海、廷山、廷曜、廷瑞、廷威，森森然起，是无可虞于后者矣"①，可见，罗鉴的儿孙两代不仅继承了父祖辈的经商传统，而且将家业发扬光大，开启商业兴盛景象，为罗时升的商业经营打下坚实的基础。二十一世罗本清（罗鉴长子），"年高为时所重"，在乡里颇有威望，"率众重编家谱，膺锡义官"。谱成后，他邀请户部尚书、绩溪人胡富撰写谱序。罗本浩（罗时升曾祖父），生景泰三年（1452）、卒正德九年（1511），继承家族商业，继续行商。罗本华"以耆德宿儒执教于州间"。二十二世罗廷曜（罗时升祖父），生成化二十一年（1485）、卒嘉靖十五年（1536），"输粟义官，娶刑部郎中童宗远女"，继续从事商业经营。二十三世罗珮，"治《易经》，授山东济东县主簿"。二十三世罗琏（罗时升父），娶尚书杨荣的孙女；罗时升的叔父罗璇，善书能文。②

综上所述，罗时升出身于教育发达、仕宦辈出和商业兴盛的宗族，尤其是罗时生出身于商贾世家，从其高祖罗鉴到罗时升本人，已经五代从商，积累了丰富的商业经验和商业资本。这些文化、经济因素对于罗时升从事山林经营、木材贸易产生了重要影响。

为便于论述，现将相关人物世系绘图如图4-3。

图4-3 罗时升家族世系（部分）

（五）相关文书

歙县东城罗氏文书以往发掘不多，目前除了《罗时升买山地册》外，还有上文引用的《歙县罗氏文书》。该文书为最新出版的产物，遗存1册，

---

① （明）罗文烈、罗士衡纂修：《新安城东罗氏家谱·寿克斋翁八袤序》（不分卷）。
② （明）罗文烈、罗士衡纂修：《新安城东罗氏家谱·世系》（不分卷）。

其时限为明代隆庆五年（1571）至崇祯十二年（1639），属于晚明时期。这与《罗时升买山地册》的时段基本相同，两者能够结合起来考察。

《歙县罗氏置产簿》1册，内容全部为田、地、山、屋宇等地产的买卖契约，计有67件。时限从隆庆五年十二月至崇祯十二年九月，共有68年。地产来源广泛，既有县城附近的东关、一都等产业，也有八都、二十九都、三十都等距离较远的聚落。关于该置产簿中各种产业的买主，隆庆、万历年间以罗楼为主，崇祯以后多不写明买主信息，只以"罗 名下"为业的形式表示。结合族谱世系来看，该置产簿应该是罗楼家族两三代人的购置各类产业的置产簿。如前所示，罗楼与罗时升（罗梯）为亲兄弟，因此，该置产簿与《罗时升买山地册》密切相关，都属于歙县城东罗氏文书，时段又比较相近，且其中一些关键人物，如罗楣、罗楼等在两种文书中都有出现，为深入考察相关问题提供了珍稀资料。

值得关注的是，罗梯（时升）在该簿册中出现两次，分别在万历十三年（1585）和万历三十六年（1608），都是在罗时宗族内部买卖位于东关四图罗家巷的店铺时，作为中人见证屋宇交易。[①] 这不仅说明罗时升在族中有一定的地位和声望，而且也可以印证该置产簿与《罗时升买山地册》有着密切的关联。

二 山场来源

《罗时升买山地册》共记录164个山场字号交易情况，山场来源十分广泛。从其内容来看，既有罗氏宗族内部的山场交易，也有与其他姓氏的山地买卖，尤以后者买卖为主。从山场买卖涉及的姓氏来看，主要有余、叶、凌、许、曹、梅、吴、汪、钱、姚、潘、程、江、黄、罗、宋、朱、田、方、邵、何、张、金等23个。就交易的频繁程度来说，主要以余、叶、曹、许、江、钱等最为集中，故这些姓氏成为罗时升山场最为主要的来源。

既然罗时升从很多民众手中购置山场，那这些姓氏主要分布在哪些地区呢？《新安城东罗氏家谱》记载，众多的山场来源姓氏有不少就分布在

---

① 《歙县罗氏置产簿》（隆庆五年十二月至崇祯十二年九月），《中国社会科学院经济研究所藏徽州文书类编·置产簿》第1册，社会科学文献出版社2020年版，第258—359、367—368页。

罗氏宗族聚居的歙县东关附近，其中很多还是罗氏的姻亲家族。现将相关内容抄录如下：

（二十世）罗鉴，讳通真，字仲远，号克斋。年八旬，恩赐寿官。娶东关程氏，继娶北关程氏。

（二十一世）罗本华，讳张九，别号拙隐轩，以耆德宿儒执教于州间。娶绣衣坊吴氏。

（二十一世）罗本椿，讳太贞，娶南街黄氏，生一子廷置。

（二十一世）罗本清，讳胡应，字源洁，别号竹庵，德高望重，率众重修家谱。配东门黄氏，继娶彭氏、苏氏。

（二十一世）罗本茂，娶东关曹氏，生二子廷辉、廷晓。

（二十二世）罗廷杰，讳荣祖，娶上北街吴氏，生一子珧。

（二十二世）罗廷佐，讳四，名祯。娶北门外张氏，生一子槐。

（二十二世）罗廷佳，名祥，娶洪氏，生二子琇、瑜。

（二十二世）罗廷宪，讳邦用，娶西关吴氏，生二子瓒、璜。

（二十二世）罗廷山，讳虎，字汝立，号南源，授江西益府引礼，娶黄家坞黄氏，继娶程氏、吴氏，生四子璋、珮、琮、琢。

（二十二世）罗廷威，讳彪，字汝重，号练溪。治《易经》，授广东韶州府照磨，娶新安卫王千兵女王氏，生二子玠、珂。

（二十三世）罗瑄，字良碧，号驿泉，娶东关黄氏，生二子槐、杨。

（二十四世）罗本，字时修，号汝阳，娶东门许氏，生二子文炎、文燮。

（二十四世）罗桥，字时济，号忆轩，授河南项城县幕，配东关黄氏，立罗朴次子文烈为嗣。

（二十四世）罗朴，字时文，号敬轩，娶东关江玠女，生二子文勋、文烈。

（二十四世）罗槐，字时茂，号记泉，娶渔梁巴氏，生四子文衣、文采、文裱、文禄。

从以上资料可以看出，歙县城东罗氏联姻对象涉及东关曹、东关程

氏、南街黄氏、绣衣坊吴氏、上北街吴氏、东门黄氏、北门外张氏、西关
吴氏、黄家坞黄氏、新安卫王千兵女王氏、东关黄氏、东关江氏等。嘉靖
《徽州府志》记载，歙县城内"关隅"中，黄家坞在东关、南街和新安卫
前在西南隅。① 由此可见，这些姓氏主要聚居在歙县东关的周遭村落，且
与《罗时升买山地册》中的主要姓氏一致。同时，结合《歙县罗氏置产
簿》买卖契约可知，歙县县城附近程、黄、许等的卖山契中多称买主为
"亲人罗楼""亲人罗 名下"等等。由此可进一步证明，这些姓氏成为
罗时升山场交易最为重要的来源。换言之，在罗时升数十年的山场购置
中，歙县县城附近的程、黄、吴、许、曹等姓氏成为其山场的主要购置
对象。

对于钱姓，族谱虽然尚未记载其与罗氏的关系，但置产簿有所记载。
现抄录如下：

> 钱阿余今因欠少衣食，自愿将故夫续买表字一千五百七十号，计
> 山地税六分五厘，凭中立契出卖与在城亲人罗 名下为业，三面议定
> 时值价纹银一两二钱正。其价收讫，其地听凭随契管业，其税册年于
> 本图四甲钱永祥户内起割无异，从前至今，即无重复交易，恐后无
> 凭，立此卖契存照。
> 崇祯八年七月二十二日立卖契人　　钱阿余
> 　　　　　　代书外甥　　胡增老
> 　　　　　　中　见　　张景星②

由此可见，钱氏也为东关罗氏姻亲家族。结合上文的分析，罗时升购
置的山场中钱氏占有重要地位就不难理解了。

除上述这些山场交易情况外，簿册中还有一种特殊的山场交易形式，
即从徽州知府手中购买"没官"山场，簿册中称为"本府沈太爷没官山"。
现将这种形式的记载加以整理，具体如表4-9。

---

① （明）何东序修，汪尚宁纂：嘉靖《徽州府志》卷1《厢隅乡都志》，《北京图书馆古籍珍
本丛刊》第29册，第34页。
② 《歙县罗氏置产簿》（隆庆五年十二月至崇祯十二年九月），《中国社会科学院经济研究所
藏徽州文书类编·置产簿》第1册，第396页。

表4-9　　　　　　　　　　罗时升购置徽州府沈太爷没官山场　　　　　　单位：税亩

序号	字号	土名	山场情况
1	表字1318号	李树弯	买本府太爷山1.124亩，王诚金
2	表字1393号	枫树坞	买本府沈太爷官山0.003亩，王诚金，税罗文户
3	表字1418号	磨刀弯	买本府沈太爷没官山0.312亩，王诚金
4	表字1435号	何二坞	买本府沈太爷官山0.156亩，王诚金，税。
5	表字1462号	沿墓山	买本府沈太爷官山0.224亩，王诚金
6	表字1470号	靖山猪狗垒	买本府沈太爷山0.312亩，王诚金，税江秋户。
7	表字1476号	白额垒	买本府沈太爷山0.169亩，王诚金。
8	表字1478号	松尖坞	买本府沈太爷没官山0.225亩，王诚金。
9	表字1482号	杨梅坎	买本府沈太爷没官山0.075亩，王诚金
10	表字1490号	打柱凹	买本府沈太爷山0.056亩，王诚金
11	表字1511号	程苘坎	买本府沈太爷没官山0.124亩，王诚金
12	表字1513号	中山双坑口	本府沈太爷没官山0.281亩，王诚金，税江秋户
13	表字1558号	皂泥塘	买本府沈太爷没官山0.156亩，王诚金。
14	表字1559号	姚家坞	买本府沈太爷没官山0.156亩，王诚金。
15	表字1560号	姚家坞	买本府沈太爷没官山0.156亩，王诚金。
16	表字1588号	铺店岑里	买本府沈太爷没官山0.904亩，王诚金，税江秋户。
17	表字1590号	庙坞口	买本府沈太爷没官山0.094亩，王诚。

资料来源：《罗时升买山地册》，上海图书馆藏，明写本，编号：563722

　　从表4-9可以得知，罗时升从徽州沈知府手中购买没官山场17次，涉及17个山场字号，这些山场分别坐落在16个土名（姚家坞2次），17次山场交易累积4.527亩。虽然这些山场在罗时升山林积累中仅占极少数，但徽州府接收的民间没官山场却成为罗时升山场来源的一种特殊形式。此外，从上文的分析中可知，万历年间有两位徽州知府姓沈，即沈文，万历二十年（1592）至万历二十二年（1594）在任；沈茂荣，万历二十六年（1598）至万历三十年（1602）在任。由此可知，罗时升从徽州沈知府手中购置没官山地当集中在万历二十年至万历三十年这10年期间。

　　关于罗时升山场的分布。《罗时升买山地册》中164次山场交易的字号均为"表字号",故罗时升数十年间购置的山场应该全部集中在一个地区。那么,表字号山场坐落哪里呢?《歙县罗氏置产簿》有相关记载。兹抄录如下:

> 三十都九图立卖契人余志旸同弟志惠,今为欠少使用,自情愿将承祖表字一千五百六十四号,土名西山,计山税一份四厘,尽行立契出卖与在城罗　名下为业,三面议定时值价纹银四钱正。其银当即收足,其山听凭买人日下管业过税,无异说。从前至今,即无重复交易,如有亲房内外人等异言,系卖人支当,不干买人之事。今恐无凭,立此卖契存照。
>
> 崇祯八年十一月日立卖契人　　余志旸
> 　　　　　　同卖　　余志惠
> 　　　　　　中见　　余君佐
> 　　　　　　代书　　胡重山、余志高①

这份卖山契显示,三十都九图余志旸、余志惠兄弟二人将承祖继承的表字 1564 号山场,出卖给在城(城东)罗氏为业。由此可见,表字号山场当位于歙县三十都九图②,故罗时升毕生购置的所有山场都记载在歙县三十都九图境内。因为城东罗氏所在的歙县城区附近多为开阔的盆地,没有山地,因此,罗时升主要从其他地方购置山场也就容易理解了。

三　山场规模

《罗时升买山地册》共记录 164 字号山地的交易,其中 135 次明确统计有山场面积,虽然 29 次没有直接统计山场面积,但可根据每笔交易的情况进行累加统计。此外,该簿册虽然题名买山地册,但其内容除山场外,尚有少量买田、地的记录。现根据该簿册内容,将罗时升购置产业情况进行统计,具体如表 4-10 所示。

---

① 《歙县罗氏置产簿》(隆庆五年十二月至崇祯十二年九月),《中国社会科学院经济研究所藏徽州文书类编·置产簿》第 1 册,第 401—402 页。

② 关于明清徽州土地字号的登记情况,可参阅黄忠鑫《明清徽州土地字号的分配与使用实态》,《中国经济史研究》2020 年第 1 期。

表4-10   罗时升买购置各类田土统计   单位：税亩

产业类型	总额	山	田	地
面积	518.715	512.535	0.022	6.158
%	100	98.80	0.01	1.19

从表4-10可以看出，罗时升在50多年的时间内购置大量的地产，其产业结构以山场为主，共有山512.535亩，占总产业的98.80%；地仅有6.158亩，占总量的1.19%，田最少只有0.22亩，几乎微乎其微。需要说明的是，虽然这份买山地册不是罗时升田、地、山、塘等全部产业的汇总，而是以山场为主的产业统计，但从中可以看出，罗时升主要以山林经营为主，拥有500多亩山场。在徽州山区来说，罗时升称得上是一个大地产所有者了。[①]从簿册内容来看，罗时升大量购置山场的主要目的在于山林经营，并定期将木材砍伐贩卖，因此，就这一点来说，罗时升是一位颇具经济实力的徽州木商。

从簿册内容来看，在罗时升164个字号山场购置中，单次购置山场的规模1亩以下的有42次；单次购置山场规模以1—3亩之间居多；单次超过30亩上的仅有1次，即37.82亩；10亩以上的山场购置仅有6次，分别为12.078亩、10.34亩、17.627亩、10.552亩、11.652亩、18.542亩；5—10亩之间的有19次。因此，罗时升拥有的大量山场是以积少成多、长期积累起来的。可以说，其500多亩的山场是其倾毕生精力、苦心积累的结果。

四 山林经营

罗时升50多年积累起500多亩山场，这么广袤的山林是如何经营的呢？虽然《罗时升买山地册》为简易的表格统计，但从其简短的文字中仍然可以知晓罗时升山场经营的一些侧面。

从簿册内容来看，罗时升购置的众多山场有些是空山，有些是有林木的山林。根据不同的山场类型，罗时升采取不同的方式进行经营管理。从前面章节的内容来看，徽州民众购置空山后，往往采取租佃的方式进

[①] 栾成显：《明代黄册研究（增订本）》，第133、409页。

行山林经营，由佃户（或佃仆）栽种苗木，山主一般贴补苗木银两，或苗木若干。罗时升也采取租佃的方式经营山林，并贴补苗木或苗木银。

万历三十八年（1610），"表字一千三百九十三号，土名枫树坞……召与庙坞王子多开扒，种杉苗。其租准作栽苗工食。如有荒芜，征租二担。约送线（信）鸡两只，计银二钱，一向未收"①。该山场坐落在枫树坞，招给庙坞的王子多栽种杉苗，并议定山租作为栽苗工食贴补给栽种人。杉苗栽种后，山主（罗时升）入山查看杉苗，如发现山场有荒芜，则向栽种人征收 2 担山租。佃山者需要送给山主（罗时升）2 只信鸡，或者交银 0.2 两，但山主从没有收过。

万历四十一年（1613），"表字一千三百四十号，土名茶子潭……此号四十二年（1614）砍木，照股分木、分松柴。是年，召与方开扒，贴杉秧三千根"②。由此可知，万历四十二年，罗时升砍伐该山场木材后，随即招佃方姓人来栽种苗木，并贴补 3000 根杉苗。

万历四十年（1612），砍伐表字 1457 号，土名黄石坑，"四十二年冬，召与江岩女官开扒，贴谷一石，又米二斗，栽杉苗"③。该山场林木砍伐贩运两年后，招佃江岩女栽种，罗时升帖佃山人谷 1 担、米 2 斗，以作栽苗工食。

罗时升购置山场时，有时也采取和族人合伙的方式共同购置山场，合伙经营山林。如"表字一千三百二十五号，土名徐家坞、北培……众买程从儒山二分二厘五毫，思出银三两，敬出银五两"④。表字 1325 号山场中，罗时升和弟堂罗梅（思川）、亲弟罗楼（字敬泉）合伙购买程从儒山 0.225，后两者分别出银 3 两和 5 两。很显然，这块山场由三人共同购置，合伙经营，木材贩运收入应该也是合伙分配。

众所周知，徽州山区地势复杂，随着人口繁衍和诸子均分制影响，山场分籍化日益明显，促使在山林经营过程中，为便于管业山场，业主之间往往需要对换山场，以便各自经营顺利进行。因山场肥瘠不一，在对换时

---

① 《罗时升买山地册》，第 59 页。
② 《罗时升买山地册》，第 31 页。
③ 《罗时升买山地册》，第 83 页。
④ 《罗时升买山地册》，第 19 页。

往往需要以贴补的方式补偿对方。在罗时升众多的山场交易中，对换山场的情况随处可见，请看下面山场对换情况：

> 表字一千三百一十三号，土名阴潭后，山三亩三分三厘九毫。
> 万历三十一年
> ……
> 买余子佩山一分一厘三毫，对换横培，税仝，程齐法仝。
> 买余涉二叔侄山七厘五毫，对换王家坪山一分七厘。
> 买吴承恩山二厘三毫，对换东坑水竹垅，吴景阳仝。
> 买许汴山一分一厘三毫，自仝。此税与兄思对半，身将一千三百三十五号，土名石坦，原买余键山一分一厘二毫抵换。思一半，与身全业，身一半，与思石坦全业。①

由此可知，万历三十一年（1603），罗时升购置表字 1313 号土名阴潭后的山场时，买余子佩、余涉二叔侄、吴承恩和许汴等人山场时，就分别以之对换相关的山场，且每笔对换山场的面积都不相同，应该是视山场肥瘠情况作出的处理。

又如，罗时升购置表字 1329 号土名阳培的山场时云："此号内除余子扬税四分五厘未过，将表字一千五百五十号有大杉木换与他。"② 再如，购置表字 1342 号土名羊栈、白石坎的山场时，罗时升说，"内思该二厘六毫五丝，身将圣字三百四十七号，该山一厘五毫六丝五忽凑思全业，该补思一厘九丝"。这是将圣字 347 号山场凑给堂弟罗梅（思川）为业，因为山场肥瘠不一，又给他 0.0209 亩山场作为补偿。买山地册中，关于罗时升购置山场时对换山场的情况还有很多，不再赘述。这种在山场交易时通过对换山林的方式来处理山林经营中不便管业的问题，有效地促进了徽州山林经营的有序进行。

经过二三十年的长养，林木成材后，需要砍伐贩运，由此获得一定的利润收入。关于徽州山场的砍伐情况，清初徽州学者赵吉士称："徽处万

---

① 《罗时升买山地册》，第 9 页。
② 《罗时升买山地册》，第 23 页。

山中，每年木商于冬时砍倒，候至五六月，梅水泛涨，出浙江者，由严州；出江南者，由绩溪顺流而下，为力甚易。"① 该簿册中，也有罗时升多次砍伐山林，贩运木材的记载。万历四十年（1612），砍伐表字号 1457 号土名黄石坑的山场中小木 500 多根。② 万历四十二年（1614）八月十五日，罗时升将 1506 号土名枫树岭的山场，"召与休宁戴松朝砍，每根工食银一分八厘，并栈（札）排、砍巴蔴线在内，至大河交数"③。这里是将山场出拚给休宁人戴松朝砍伐，并给予他每根林木 0.018 两的工食银。这些木材砍倒、剥皮后，都用巴蔴线札成排，贩运到大河（新安江）中交付山主，清点数目。到万历四十三年（1615）二月初九日，这些木材风干后，罗氏将 7000 根杉木出售给木客姚奉泉，以千根 60 两的价格成交，合计得价银 420 两的收入。④ 由此可知，每根成材杉木平均价格为 0.06 两。

山场一般距离居住地较远，地势也较为复杂，在经营过程中往往会因山界不清，或其他原因引起各种纷争。罗时升山林交易中就曾引发数次纠纷。当他购置表字 1324 号，土名徐家坞口的山场时，"钱德亮将山五分六厘二毛，张弘□金。亮当银一两，后被虎所伤，不知何人盗卖，本家无价，系吴积良为中，递年还谷一秤，只收三年"⑤。罗时升购置钱德亮山场时，被老虎所伤，山场被盗卖，罗时中无价，于是以吴积良为中，双方商定，由钱氏每年交谷 1 秤，连续收三年，以作补偿。万历三十五年（1607），罗时升购置表字 1529 号，土名徐还姑住处山场时，被卖主骗银 1 两。到万历四十年（1612）山场推收过割交税时，又被对方骗 5 钱。⑥

罗时升山场交易中较为复杂的纠纷发生在万历三十几年。现将相关文字摘抄如下：

> 三十一年四月十二日买，许立道、许汴金，原收各家分数，卖

---

① （清）赵吉士辑撰，周晓光、刘道胜点校：《寄园寄所寄》卷 11《泛叶寄·故老杂纪》，第 877 页。

② 《罗时升买山地册》，第 87 页。

③ 《罗时升买山地册》，第 119 页。

④ 《罗时升买山地册》，第 119 页。

⑤ 《罗时升买山地册》，第 17 页。

⑥ 《罗时升买山地册》，第 133 页。

与本家。又，三十二年十一月二十七日，许华鹿户有税一分六厘，用银十两收。又，三十六年，其子许三才告本县张爷处，告取续官本与取续，私下说许望泉、许津朝，黄册外存税一分五厘，劝我出银二十两。另又写契一纸，又重复买姚岩相山九分，用银五两。①

这是一份多年积累的山场纠纷，事情起因于万历三十一年（1603），当时罗时升购置许立道、许汴金业山场，当时许氏二人将原来各家的分籍全部卖给罗时升。到了万历三十三年，该山场在许华鹿户中纳税，有1分6厘，用去10两白银。到了万历三十六年（1608），许氏之子许三才上告歙县县衙，当时的知县张涛受理了此案。许三才称，许望泉、许津朝在官方登载的黄册外，隐瞒了1分5厘产业，要请罗时升出银20两，来解决这次纠纷。此外，罗时升写了一份契约，并花费5两银子，重复购买了姚岩相九分山场，从而结束这次纷争。由此可见，在山场交易和山林经营的过程中，产业的买卖双方因利益的纠葛，往往引发长期的纠纷，乃至诉讼。

综上所述，《罗时升买山地册》簿主为歙县城东东关四图人罗时升，该簿册为其50多年山场购置情况的汇总资料。罗时升所在的宗族为歙县东关罗氏，为呈坎后罗的重要分支。他出生在一个商贾世家，家族长期的经商经验和资本积累，为其长期从事山林经营提供了重要基础。罗时升的山场来源十分广泛，其中，歙县县城附近的程、黄、吴、许、曹等姓氏成为其山场的主要购置对象。购置徽州府没官山场成为其山场来源的一种特殊形式。经过50多年经营，他积累起500多亩的山场，成为一个较大的徽州本土木商。罗时升广袤的山场都为"表字号"，合计164号，都集分布在三十都九图境内，形成一个山林集中区域。

罗时升采取租佃经营和合伙经营的方式对广袤的山林进行经营管理。因山场地势复杂和诸子均分制的影响，罗时升在山场交易中常采取对换山林的方式协调和邻近山主之间的关系，以便其山林经营的顺利进行。每当林木成材时，罗时升多是将山场招人砍伐木材，给予伐木人一定的报酬。

① 《罗时升买山地册》，第120页。

木材砍伐后，通过新安江贩运到江南木材市场销售。在数十年的山林经营中，罗时升积累的广袤的山场，获利颇丰，成为一位颇有经济实力的徽州本土木商。

《罗时升买山地册》为罗时升毕生山林经营的汇总，可弥补置产簿、分家书资料对单个人山林经营记载的不足，通过对该簿册的个案考察，深化了明代个体民众的徽州山林经济规模的定量考察，推进了该领域的研究。同时，以往学界对罗氏的研究多集中在歙县呈坎罗氏宗族的历史人物、宗族组织、族规家法、文会等方面①，而对罗时升所属的歙县城东罗氏宗族的研究尚付阙如，因此，本文的研究弥补了这方面的不足，有利于该领域研究的继续展开。

第四节　明中叶徽州山场析分实态

明代中后期，随着商品经济的发展，徽州山林物产市场化趋势不断增强，从而使得山林经营变得十分有利可图，在经济利益的驱使下，徽州宗族、商人、百姓等各种群体积极购置山场，从事山林经营，于是在明代中后期，徽州境内出现了拥有数百亩山场，乃至上千亩山场的大土地所有者。祁门龙源汪氏就是拥有上千亩山场的典型家族。那么，如此广袤的山场是如何积累起来？其山场是如何分布的？又是何析分的呢？下面笔者主要以祁门龙源汪氏《五股标书》资料对上述问题作一初步探讨。

一　文书概述

《五股标书》1册，嘉靖写本，上海图书馆藏。由序言和产业清单两部分组成。内容多达150余页，为现存徽州分家书中部头较大者。该分家书

---

① 赵华富：《徽州宗族研究》，安徽大学出版社 2004 年版，第 530—565 页；罗来平：《解读〈溪川文会〉》，《合肥学院学报（社会科学版）》2005 年第 5 期；史五一、杜敏：《徽州文会个案研究——以民国〈呈坎溪川文会簿〉为中心》，《安徽大学学报（哲学社会科学版）》2007 年第 6 期；舒林、朱士群：《宗族体系中的经济逻辑和权力结构——以呈坎罗氏宗族为个案》，《湖北社会科学》2007 年第 4 期；罗会定：《从昔日呈坎罗氏族规族例看伦理道德教育》，《安徽省徽学学会二届二次理事会暨"徽州文化与和谐社会"学术研讨会论文集》，2007 年；谭频璇：《二十世纪以来罗聘研究综述》，《艺术工作》2020 年第 1 期。

析分对象皆为山场，其规模在 1700 亩以上，山场来源途径多样，管理严密，析分过程细致，故而具有较高的研究价值。

（一）文书格式、内容

该分家书书写格式也比较特别。在序言之后，将承祖和买受山场逐一开列，具体包括山场所有者、类型、字号、坐落和面积。例如：

> 一、汉文公坟山，草字二百二十一号，凤凰山，十步。
> 一、阡十二公坟山，草字二十一号，炭家坞，二角。
> 一、贵公坟山，被字十号，白石坞，二亩二角四十步。
> 一、瑞公坟山，草一百八十九号，禾堵垄，一亩三角十步。
> 一、瑞婆坟山，被字五百六十号，引将原，二亩二角四十步
> ......①

然后，按照参与阄分人员承祖与购买山场及各自坟山、坐本山等逐一记录，例如：

> 永良公分得祖户一保、二保、十三都五保，及买受山，共山二百五十九亩四十一步七分，又买受五亩三十六步五分七厘，又各分买受四十四亩三角五步，众己共三百零九亩二十三步二分三厘，坐去坟山四十一亩二角三十四步五分，坐本山二十一亩三角十七步九分，除一角五十三步五分，补政一公多坐山数，仍实山二百四十六亩三十七步三分三厘，在后阄标单。②

接着，将十大单、九小单等具体阄分的山场坐落、字号、土名、面积等情况逐一加以记载。例如，第一单桂芳公、菊芳公阄得：

> 桂芳公、菊芳公阄得第一单，戊字
> 被字六十九号起至七十六号止，土名城门坑，共山八号，计山四

---

① 《五股标书》，嘉靖写本，上海图书馆藏，线普：563772。
② 《五股标书》，嘉靖写本，上海图书馆藏，线普：563772。

十九亩二十九步五分。

被字一百六十七号、一百六十八号，土名陈七坞，共山二十四亩二角三十六步。

外段山一半，计山十二亩一角十八步。①

接下来，将十大单和九小单各自分得的山场进行统计，并除去坟山等内容，最后，将实际分得的山场记载下来。为照顾诸子均分制原则，按照山场"肥瘠宽窄"情况，对参与阄分的人员进行补贴。例如永良公所得山场记载如下②：

永良公，分得贤公二百五十八亩三十五步，众己买受并瑞还山公四十八亩三角二十五步，共山三百零七亩五分，众己坐存坟山及坐本山六十五亩四十二步四厘，仍实山二百四十一亩三角十八步四分六厘。阄得大小字号四单

大四单，丙字号，计山七十六亩三步二分，苗芳、俊芳；

大一单，戊字号，计山七十五亩三角四十步，桂芳、菊芳；

小二单，梁字号，计山二十五亩三角四十五步；

小五单，青字号，计山二十五亩三角十三步。

内扒五亩三角二十六步补白石公山数，实山十九亩三角四十七步，仍补数山于后……

以上介绍了《五股标书》的书写格式情况。下面介绍一下内容。

由序言中"龙源汪滋同弟汪淀、侄汪寿溥、寿岗、侄孙德冲等，世居龙源"等和序言签名内容可知，其分家者为龙源汪兹、汪淀兄弟，同侄汪寿溥、寿岗及侄孙于巍、于宪、得重、德伦、德冲和德镇等10人。分家时间为嘉靖四十二年（1563）。序言记载："为承祖并买受异姓外宗山场，传代未分，赖金星桥、吴文峰、郑西桥、郑静川诸眷人等，不惮数载之劳，秉公辨契定界。在松明、贵清等山则立标单；在异姓外宗山场则立清簿，

① 《五股标书》，嘉靖写本，上海图书馆藏，线普：563772。
② 《五股标书》，嘉靖写本，上海图书馆藏，线普：563772。

但本户承祖贤公标得山场并清簿所载，众已买受异姓外宗山场，尚未阄搭便业，会众公议，复延亲族郑双桥、郑双栢、郑静川、汪源等，除众存坟墓祭祀山场及各分坟山、近庄坐业山场并各买受异姓外宗未及借补凑片成段者，照经理、亩步、字号、四至坐业外。其余无问承祖、买受，通融扣算，凑补成段，照肥瘠宽窄，品搭阄分，不拘经理、字号、四至，悉凭新立硬界为准，定为大单十，小单九，照分籍多寡阄分为业。"① 由此可见，龙源汪氏宗族承祖并买受外姓山场一直没有析分，直到嘉靖四十二年（1563）才进行分家析产。当时是请亲族金星桥等人勘查山场，"辨契定界"，将承祖山场立标单，将异姓外宗山场立清簿，除将祭祀山场众存外，其余山场，"无问承祖、买受，通融扣算，凑补成段，照肥瘠宽窄，品搭阄分，不拘经理、字号、四至，悉凭新立硬界为准，定为大单十，小单九，照分籍多寡阄分为业"，设立大单和小单分别进行析分。该分家书析产的对象为贤公标得山场及购买外姓山场，从其内容看主要有一般性山场和坟山等，规模较大，共有 1700 余亩。

（二）簿主乡贯考证

分家书内容中提到的白石公、蛟潭公、汪于祚、汪于祜等人，在同治《祁门县志》中均有记载：

> 汪标，字立之，居查湾。弘治己未进士，知山东武定州，复知北直定州。所至兴教化，省刑罚，蠲市税，减夫征，民大悦。迁南京刑部郎中，以事忤刘瑾，瑾怒。人曰："可以去矣。"标曰："触瑾而死，于义何恨。"出知鹤庆府，未期年，政通民和，改大理，濒行民遮拥，不得前寻，升金齿兵备致政。子溱，有传。②

> 汪溱，字汝梁，一字蛟潭，标之子。少豪放，忽梦老人取其心洗濯之，复纳腹中，遂折节读书。性刚直，矫然自异于俗。正德丁丑，成进士，授大名府推官。权贵惮之，上幸大名。溱因事进谏，备陈军民疾苦，有从驾官取驿马去，急使追之归，上不罪曰："汪溱边都才

① 《五股标书》，嘉靖写本，上海图书馆藏，线普：563772。
② （清）周溶修，汪韵珊纂：同治《祁门县志》卷25《人物志三·宦绩》，《中国方志丛书·华中地方第240号》，第1199—1200页。

也。"刘瑾私语人曰："溱一见我边都可立得。"溱笑曰："瑾欲以边都买我乎。"卒不往。瑾诛，起湖广兵备，平宁夏乱，赞画王守仁有功，擢江西左参政，终以不合于时，弃官归。①

汪于祚，居查湾，四川按察司知事。②

汪于祜，居查湾，衡阳县主簿。③

据此，初步认定簿主为祁门查湾人。

又据万历《祁门县志》卷四《乡市》记载，查湾在祁门十五都。由此，进一步推断祁簿主为祁门十五都查湾人。

又，查阅乾隆《汪氏通宗世谱》卷一一五《祁门邑查湾》、《祁门邑庐溪》，分家书中提到的白石公、蛟潭公、汪于祚、汪于祜等人皆有记载：

标，字立之，号双溪，又号白石山人，行旻七，彦清公四子也。以《春秋》登弘治己未科伦文叙榜进士。知山东武定州，丁忧服阕，改知易州，转南京刑部郎中奉政大夫。父彦清赠奉政大夫，母陈氏赠宜人，配胡氏，封恭人。历任云南按察司副使，致政归，享年八十而卒。子五人：深、洧、溱、淀，潢，女二。④

公讳溱，字汝梁，行格七，号蛟潭，别号梅男山人，世居徽之祁门。……丁丑，登舒芬榜进士，除保定府推官，为畿辅近地。……娶同邑平里章廷用处士女讳天香，封安人。子男五。长子于祚，按察司知事；次于祥，殇；次于礼，邑庠生，后公五年卒；次于祜，国子生，皆安人出；次于祧，侧室杨氏出。……孙男八：必暐、必晖、必晟、必暲、必昇、必晫、必昂、必昕。⑤

---

① （清）周溶修，汪韵珊纂：同治《祁门县志》卷25《人物志三·宦绩》，《中国方志丛书·华中地方第240号》，第1203页。

② （清）周溶修，汪韵珊纂：同治《祁门县志》卷22《选举志·舍选》，《中国方志丛书·华中地方第240号》，第1011页。

③ （清）周溶修，汪韵珊纂：同治《祁门县志》卷22《选举志·舍选》，《中国方志丛书·华中地方第240号》，第1013页。

④ （清）汪矾纂：乾隆《汪氏通宗世谱》卷115《祁门邑庐溪》，乾隆五十九年刻本。

⑤ （清）汪矾纂：乾隆《汪氏通宗世谱》卷115《祁门邑庐溪·亚中大夫江西布政司左参汪公行状》，乾隆五十九年刻本。

由此可见，汪标（白石公）、汪溱（蛟潭公）为父子关系，汪淀为汪溱第四子，汪于祚、汪于祜则为汪标之孙、汪溱之子。此外，序言中提到了汪兹、汪淀、汪寿溥、寿岗、于巍、于宪、得重、德伦、德冲和德镇等人在乾隆《汪氏通宗世谱》中亦有记载。① 综上所述，《五股标书》簿主为祁门龙源汪滋等人，乡贯为十五都查湾村。

（三）归户文书

除《五股标书》外，祁门龙源汪氏归户文书多有遗存。如北京大学图书馆藏《元贞元二年龙源汪必招卖荒地白契》②，中国社会科学院中国历史研究院藏《弘治六年祁门汪存普等卖山赤契》③、《嘉靖三十五年汪于祚批契》④、《万历祁门汪氏膳契簿》1 册⑤、《嘉靖十九年汪氏兄弟产业清单》⑥、《隆庆五年汪乞付等甘罚文约》⑦、《万历四年汪必祯等合同文约》⑧、《万历五年汪于祜等会约》⑨、《万历九年祁门县给汪于祜帖文》⑩、《万历二十五年康昌等立合同文约》⑪、《万历二十五年汪于祜等立合同文约》⑫、《万历三十二年康天生等立清白合同》⑬、《万历四十三年汪必晟等合同文约》⑭，等等。

---

① （清）汪矾纂：乾隆《汪氏通宗世谱》卷115《祁门邑查湾·世系》，乾隆五十九年刻本。据查湾世系图可知，汪滋为彦清之孙、轰之子，汪寿溥为彦政之曾孙、永明之孙、苗芳之子，汪寿岗为彦政之曾孙、永善之孙、松芳之子，汪于巍为彦清之曾孙、澄之孙、润之二子，汪于宪为彦清之曾孙、腾之孙、溉之二子，汪德伦为彦政之玄孙、永善之曾孙、权芳之孙、寿期之子，汪德冲为彦政之玄孙、永明之曾孙、朴芳之孙、寿爵之子，汪德镇为彦政之玄孙、永明之曾孙、荣芳之孙、寿阶之子。

② 张传玺主编：《中国历代契约汇编考释》上册，北京大学出版社1993年版，第546页。
③ 《明清徽州社会经济资料丛编（第2辑）》，第469页。
④ 《徽州千年契约文书（宋·元·明编）》卷2，第240页。
⑤ 《徽州千年契约文书（宋·元·明编）》卷7，第225—296页。
⑥ 《徽州千年契约文书（宋·元·明编）》卷2，第113页。
⑦ 《徽州千年契约文书（宋·元·明编）》卷2，第470页。
⑧ 《徽州千年契约文书（宋·元·明编）》卷3，第25页。
⑨ 《徽州千年契约文书（宋·元·明编）》卷3，第31页。
⑩ 《徽州千年契约文书（宋·元·明编）》卷3，第74—75页。
⑪ 《徽州千年契约文书（宋·元·明编）》卷3，第283页。
⑫ 《徽州千年契约文书（宋·元·明编）》卷3，第285页。
⑬ 《徽州千年契约文书（宋·元·明编）》卷3，第328页。
⑭ 《徽州千年契约文书（宋·元·明编）》卷3，第452页。

（四）家世

龙源汪氏家族是祁门著姓望族①，居住于祁门十五都查湾村。南宋前期，越国公汪华后裔中的汪廷茂迁徙到查湾，为该村汪氏始祖。对此，宗谱记载：

> 廷茂，字元卓，行二十五，生乾道二年丙戌，寿六十六。性警敏，识度不凡，卜扩于溪源十里许曰查湾青龙嘴。后嗣据其性，遂定居焉。又因其地为龙溪之源，更号龙源。②

由此可见，龙源汪氏因居住"龙溪之源"而得名。

宋代以来，龙源汪氏世居查湾。明代初年，78 世汪振宗生有彦政、彦清二子，而彦政、彦清又育有多子，从此枝繁叶茂。明代中期以后，龙源汪氏开始勃兴，彦清子汪标、孙汪溱、曾孙汪惟效③先后高中进士，出任中央和地方高级官员，将龙源汪氏科举之业推向顶峰。族中汪寿爵、汪洧、汪于祚、汪于怙、汪必晖、汪必暐等先后担任丘县主簿、四川按察司知事、衡阳县主簿等州县地方基层官员。此外，明代弘治以后，该族还有汪浚、汪于礼、汪于宾、汪于徕、汪于明、汪于文、汪于怙、汪于祚、汪于麒、汪于麟、汪必暐等庠生、太学生十数人。④ 可以说，有明一代是龙源汪氏发展的鼎盛时期，科举兴盛，教育繁荣，仕宦辈出。清代中期以后，逐渐式微。为了下文叙事需要，现将《五股标书》中相关重要人物世系图展示如图 4–4。

---

① 对于这样一个典型的仕宦家族，学界关注甚少。管见所及，仅有叶显恩在从事佃仆制研究时，鉴于该家族佃仆制的典型性，曾于 1979 年前往祁门南乡查湾进行调查，并作为个案进行研究，撰有《关于徽州佃仆制的调查报告》。参见叶显恩《明清徽州农村社会与佃仆制》，第 304—317 页。此后，关于龙源汪氏，未见有专文研究。

② （清）汪矶纂：乾隆《汪氏通宗世谱》卷 115《祁门邑庐溪》，乾隆五十九年刻本。

③ 汪惟效，字澹石，居查湾。崇祯辛未进士，授山东青州府推官，督师廉其才，召至幕府参赞军务，以功召补户科给事中。初为山东同考官，又主试江西，号得士，流寇内逼，疏请召凤督师师入卫。又劾首辅陈演佐理无状词，甚切直，皆不报。（（清）周溶修，汪韵珊纂：同治《祁门县志》卷 25《人物志三·宦绩》，《中国方志丛书·华中地方第 240 号》，第 1238 页）

④ （清）汪矶纂：乾隆《汪氏通宗世谱》卷 115《祁门邑查湾》，乾隆五十九年刻本；（清）周溶修，汪韵珊纂：同治《祁门县志》卷 22《选举志·舍选》，《中国方志丛书·华中地方第 240 号》，第 1011、1013 页。

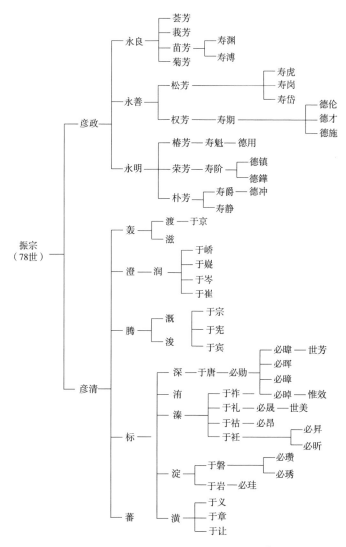

图4-4　祁门龙源汪氏世系（部分）①

二　山场来源与山场总量

从该分家书看，祁门龙源汪氏山场主要是通过承祖与购买两种途径积累起来的。所谓承祖主要是通过继承祖上产业而积累起来的山场，具体到该阄书而言，主要是继承先祖贤公分得的山场。所谓购买则是通过金钱手

_____

① 据乾隆《汪氏通宗世谱》卷115《祁门邑查湾》中的世系图绘制而成。

段进行土地兼并，龙源汪氏主要是通过购买异姓外宗山场不断积累了山场规模。那么，承祖与购买山场的数量有多少，其各自所占比例又如何呢？笔者依据阄书内容，将其具体内容整理成表4-11：

表4-11　　　《五股标书》所见龙源汪氏山场来源情况

山场来源途径	承祖	购买
面积	361 亩 2 角 40 步	1045 亩 11 步
百分比	25.71%	74.29%
合计	1406 亩 2 角 51 步	

资料来源：《五股标书》，上海图书馆藏。

从表4-11中可以看出，祁门龙源共汪氏承祖山场较少，为361亩2角40步，仅占全部山场的25.71%。而其通过购买所得山场则有1045亩11步之多，占全部山场的74.29%。由此可见，祁门龙源汪氏山场主要通过购买途径积累起来的。

既然，祁门龙源汪氏山场主要通过购买积累起来的，那么，这些山场又主要从哪些姓氏手中购买的呢？请看表4-12：

表4-12　　　《五股标书》所见祁门龙源汪氏购买异姓山场情况

姓氏	面积	姓氏	面积
陈	251 亩 4 角 12 步	汪文显	40 亩 2 角 55 步
叶	11 亩 3 角 57 步	胡	14 亩 20 步
吕	3 角 50 步	吴	6 亩 2 角 4 步
方	203 亩 1 角 15 步	汪弘远	44 亩
郑	35 亩 3 角 20 步	李子成	1 亩
奚	34 亩 3 角 20 步	康	400 亩
合计	1045 亩 11 步		

资料来源：《五股标书》，上海图书馆藏。

从表4-12中可以看出，祁门龙源汪氏购买异姓山场的具体情况。购买异姓山场涉及陈、叶、吕、方、郑、奚、胡、吴、李、康等姓氏。其中，购买最多的为康姓，有400亩，所购买山场总数的占38.28%。200亩以上的有陈、方等姓，分别为251亩4角12步、203亩1角15步。30—100亩的有郑、奚、汪等姓，分别为35亩3角20步、34亩3角20步、30

亩以下的有叶、吕、胡、吴、李等姓，分别为 11 亩 3 角 57 步、3 角 50 步、14 亩 20 步、6 亩 2 角 4 步、1 亩。最少的为李姓，仅为 1 亩。购买叶、吕、胡、吴、李、郑、奚等姓山场总和尚且没有购买方姓山场多。概而言之，祁门龙源汪氏所购异姓山场主要集中在康、陈、方、郑、奚等姓，他们是龙源汪氏主要的土地兼并对象。

从文书内容看，祁门龙源汪氏山场主要分布在祁门县十五都一保、二保和十三都五保等地。这些地区正是龙源汪氏购买异姓山场家族的居住地区。

三 山场析分

祁门龙源汪氏拥有近 1700 余亩山场，对如此大规模的山场，汪氏宗族内部是按照什么原则进行析分的，又是如何管理的，每个房分各自分得多少山场。下面就上述这些问题进行阐述。

对于山场的管理与析分问题，《五股标书》序言称："在松明、贵清等山则立标单；在异姓外宗山场则立清簿。"[1] 由此可见，该族对承祖与购买异姓山场加以区别管理，对承祖山场立标单，对于所购异姓外宗山场则设立清簿。这种管理方式较为严密，为日后稽查提供了便利之处。

在具体析分山场时，分家书序亦言："但本户承祖贤公标得山场并清簿所载众已买受异姓外宗山场，尚未阄搭便业，会众公议，复延亲族郑双桥、郑双栢、郑静川、汪源等，除众存坟墓祭祀山场及各分坟山、近庄坐业山场并各买受异姓外宗未及借补凑片成段者，照经理亩步、字号、四至坐业外。其余无问承祖、买受，通融扣算，凑补成段，照肥瘠宽窄，品搭阄分，不拘经理字号、四至，悉凭新立硬界为准，定为大单十，小单九，照分籍多寡阄分为业，且继前族众条款外，复增立数条于后。"[2] 由此可见，龙源汪氏进行山场析分之时，除将一部分祭祀山场众存外，其他的山场皆在析分之列，而且是分别设立大单和小单进行析分。为更好的对众存与析分的山场进行管理，在嘉靖四十二年（1563）析分之时，又增加了一些条款，试图进一步加强对这些山场的管理。现将这些新增条款

① 《五股标书》1 册，嘉靖写本，上海图书馆藏。
② 《五股标书》1 册，嘉靖写本，上海图书馆藏。

摘录如下：

一、众存祖坟祭扫墓山，秩下子孙毋得分拆变卖。如违，会众呈治，坐以不孝论，仍责令复前约。

一、众存祖坟山内，除已开载生坟外，自后各坟山上下左右并来脉处所，子孙不许侵葬。如有侵犯，责令改正，仍罚银三十两入祠公用不恕。

一、众存祭扫墓山，二祠递年为首者，限九月以裹，邀齐踏勘，子孙并家童庄户，毋许盗砍。如盗砍一株，罚银一两不恕。

一、众存祖坟山内有先年间造生坟在上，已载在簿者，听存禁步。阡葬未开载者，不得入山开造。如违，坐以侵祖罪，责令平没。

一、各分分得山场内，遇有存禁步生坟已开在簿者，听在禁步内阡葬，毋得那（挪）移。未开载者，不许混阡。

一、各买异姓外宗文契，务宜珍收，阄得人倘有外侮，各分赍出照证，不许执匿，会众撑持，毋得独累一人。

一、各分毋许挑外侮以报私怨，致使费用不赀。如有违者，定行计费用等物，尽数责挑衅人赔赏不恕。

一、五大分见标山场，有各分先年栽种苗木在上者，限丁卯以里，砍木还山，过此遵约，渐分主力。其在山力分愿对换便业者，听山主对换便业。无分之人，不许种买以损山利。

一、各分标得山场，新立四至，内倘有承祖并买受山场，或有遗漏字号、亩步未载着，悉照标得人管业，毋得异说。

一、尚田打草山，东边自松林岭至程明坦止，西边自陂山岭至汪坑止。内除异姓外宗照清簿坐号及挑号搭阄外，其余承祖松明、贵清该得分籍，并异姓山场，俱贤公分下存留，打草不在分内。

一、毛平源除祖户康姓已标外，仍有祖户未标者，照该分入业，异姓未标者，照契与保簿入业。又二保汕鱼坑等处，字号已载在清簿者，照号入业，余祖户山场并买受同宗者，照分入业，其异姓山场查契入业。

一、庄户阡葬，无问众己，惟遵例取具文约，听在各住所随便阡葬，各分毋得阻当（挡）。

一、四保奇溪承祖并买受山场，俱系政一公、政二公二祠存留长养，以备贤一婆祭祀支用，秩下子孙不得分拆变卖。其在山松杉力分，俱听二祠共坐长养，毋许私买，亦毋许私自栽垄。其守墓庄基，亦系存留。如违，听自呈治，准不孝论，仍依此文为始。

一、十三都八保承祖并买受山场，候后查契，照分分业。

一、条约开载未尽者，悉遵族众先年所定条款。①

从中可以看出，15 条内容涉及广泛，其中，众存山场中的祭祀坟山内容较多，管理较为严格。此外，对于参与析分的山场及未标山场的苗木种植、管理都做了详细的规定。

下面对山场的具体析分内容进行分析。从阄书内容看，龙源汪氏共将山场分若干份，参与阄分的主要有永良公、永善公、永明公、震之公、永腾公、白石公、蛟潭公、永梁公等，采取大单十、小单九的方式进行析分。为贯彻诸子均分制，在各自分得山场的同时，还将一些山场进行补贴，以此来平衡各自权益。现将按大单、小单析分山场具体情况，统计如表 4-13、表 4-14。

表 4-13　　　　　　　　　　十大单所见山场析分情况

单号	编号	阄主	面积
第一单	戊字	桂芳公、菊芳公	75 亩 3 角 40 步
第二单	丁字	永腾公	76 亩 1 角 16 步
第三单	甲字	白石公	78 亩 2 角 41 步
第四单	丙字	苗芳公、俊芳公	76 亩 3 步 2 分
第五单	乙字	永明公	76 亩 2 角 6 步
第六单	己字	震之公	75 亩 2 角 56 步 2 分
第七单	壬字	岗良	76 亩 4 步 2 分
第八单	庚字	永澄公	75 亩 3 角 18 步 6 分
第九单	辛字	永明公	76 亩 42 步 6 分
第十单	癸字	伦、邵、帷	75 亩 2 角 29 步 6 分

资料来源：《五股标书》，上海图书馆藏。

① 《五股标书》1 册，嘉靖写本，上海图书馆藏。

表4-14   九小单所见山场析分情况

单号	编号	阄主	面积
第一小单	杨字	震之公	26亩44步
第二小单	良字	永梁公	25亩3角45
第三小单	冀字	永明公	24亩2角
第四小单	豫字	蛟潭公	25亩2角34步
第五小单	青字	永良公	25亩3角13步
第六小单	充字	永善公	25亩1角20步
第七小单	雍字	白石公	25亩2角33步5分
第八小单	创字	永澄公、永腾公	12亩3角50步,12亩3角50步
第九小单		永明公	25亩3角52步

资料来源:《五股标书》,上海图书馆藏。

从表4-13和表4-14中可以看出,祁门龙源汪氏山场析分的具体情况。十大单中每个人分到的山场数量基本相同,都在70多亩。九小单中的每个人分到的山场也数量也相当,在20多亩。再结合阄书内容看,除永澄公和永腾公各自分得第八小单中的一半外,无论是大单、还是小单,每个人基本上都是独立分得一个标单。从上文绘制的图4-4中来看,十大单和九小单中分得相同山场数量的阄主基本为同辈人,充分体现诸子均分制的影响。

下面将表4-13和表4-14中每个人分得的山场面积加以汇总,同时结合阄书中相关内容,将每个人分得的山场总量加以统计。具体见表4-15。

表4-15   《五股标书》所见山场阄分情况一览

阄主	阄得山场	众存坟山及坐本山	实得山场
永良公	307亩5分	65亩42步4厘	241亩3角18步4分6厘
永善公	269亩2角56步3厘	44亩43步4分4厘	225亩2角12步5分9厘
永明公	378亩3角46步2分3厘	111亩15步7分4厘	267亩1角30步4分9厘
震之公	186亩2角56步9分	56亩1角11步2分	130亩1角45步7分
永澄公	140亩31步7分	26亩2角53步5分	113亩1角38步2分
永腾公	169亩1角49步	44亩2角32步2分6厘	124亩3角16步4分4厘
白石公	151亩1角44步7分6厘	122亩3角22步2分7厘	156亩2角24步6分9厘
合计	1733亩52步8分2厘	470亩3角40步4分5厘	1260亩1角6步5分7厘

资料来源:《五股标书》,上海图书馆藏。

从表 4 - 15 中可以看出，分得山场在 200 亩以上的有永良公、永善公、永明公，三家分得山场占总山场的一半以上，其中，永明公分得山场最多，为 267 亩 1 角 30 步 4 分 9 厘。震之公、永澄公、永腾公、白石公各自分得的山场在 110—160 之间，三家总和还不到总山场的一半。此外，值得注意的是，祁门龙源汪氏用于祭祀的山场多达 470 亩 3 角 40 步 4 分 5 分，占总山场面积的近 30% 。由此可见，祭祀性山场在龙源汪氏宗族山场中的地位。正如叶显恩所说的那样："查湾全村汪姓是靠祠庙这个拜祖为中心的祭祀系统来维系的。家族组织与祠庙祭祀系统合为一体。"[1] 换句话说，祭祀性山场是维系龙源汪氏宗族血缘关系的重要经济基础。

综上所述，明代中后期随着商品货币经济的发展，全国性的市场逐渐形成，促进了地域之间贸易的发展。在这种背景下，徽商不断将徽州木材运往外地销售，加快的徽州山林经济的发展，使得经营山林变得有利可图，徽州民众普遍热衷于山经营，形成拥有数百亩山场，乃至上千亩山场的大土地所有者。祁门龙源汪氏宗族就是拥有 1700 余亩山场的家族。

嘉靖年间祁门龙源汪氏宗族析分山场的《五股标书》，显示出其大量山场主要通承租和购买手段不断积累起来，其中，尤以购买山场居多，这是其山场积累的最主要的途径。祁门龙源汪氏的山场析分对承祖与购买异姓山场加以区别管理，即对承祖山场立标单，对于所购异姓外宗山场则设立清簿。这种管理方式较为严密，为日后稽查提供了便利之处。在山场析分之时，除将一部分祭祀山场众存外，其他的山场皆在析分之列，且是分别设立大单和小单进行析分，诸子均分制在其中得到有力的贯彻。祁门龙源汪氏对同姓与异姓山场分别采取"标单"和设立"清簿"的管理方式，在徽州地区具有鲜明的特色。明代嘉靖年间祁门龙源汪氏的山场管理与析分具有一定的典型性，体现出明代徽州社会山场析分实态。

第五节　明末徽州异姓共业山场析分实态

明中后期随着商品货币经济的发展，徽州山林经济呈现出日益繁荣的

---

① 叶显恩：《明清徽州农村社会与佃仆制》，第 306 页。

景象，徽州宗族普遍重视山林经营。山场一般距离居住地较远，面积广大，使得其情况远比田地更为复杂，因此在山林购买、管理与经营的过程中，为维护共同的经济利益，相邻区域的异姓宗族之间，往往存在相互合作的现象，他们往往共同购买、管理和经营山场，形成"共业"①这一特殊的产业形态。然而，由于山场购买多寡不均、山界不清等因素，使得异姓宗族之间，在合作的同时，也不断产生争端。为协调各方利益，解决矛盾，异姓宗族之间往往通过订立清白合同文约的方式，对各自山场进行重新分配，以维护共同的经济利益。而遗存下来的《祁门十三都二图谢家坦汪氏文书》中的《抄白标书》就是异姓宗族对共业山场进行重新分配的典型事例。下面笔者主要以此文书为主，同时结合《遐字号田土簿》，对异姓共业分股山场的产业形态及其处分和汪氏家族经济结构进行考察。

一 文书概述

《祁门十三都二图谢家坦汪氏文书》原件由刘伯山收藏，同时收录于《徽州文书》第4辑第4册。② 根据刘伯山的整理可知，该户文书共有52份（册），既有散件，也有鱼鳞图册、誊契簿、分家书等簿册若干部，类型丰富、数量可观。最早一件的为乾隆五十三年（1788），最晚的一件为民国十三年（1924）。簿册文书共有14件，除了抄白文书、田土字号、实征册、鱼鳞图册等外，还有乾隆末年的誊契簿4册，分家书5册，分别是《清嘉庆二十四年十月主盟主父汪立仁立阄书》2册、《清同治十一年七月汪国典立关书》1册、《清光绪三十一年新正月汪乾宾同弟乾宣立关书》2册。③

需要说明的是，笔者并非是对该户文书进行全面研究，而是选取由乾隆年间汪义先抄录的明代崇祯年间《抄白标书》1册和《遐字号田土簿》1册，对明代后期徽州社会中的异姓共业山场的产业形态及其处分、家庭

---

① 相关研究，可参见栾成显《明代黄册研究（增订本）》，第229—231页；任志强《试论明清时期的产权共业方式》，《明清论丛》第5辑，第258—267页；刘道胜《众存产业与明清徽州宗族社会》，《安徽史学》2010年第4期。
② 刘伯山：《徽州文书》第4辑第4册，广西师范大学出版社2011年版。
③ 刘伯山：《祁门十三都二图谢家坦汪氏文书的寻获与调查》，《徽州文书》第4辑第4册，第216页。

经济结构进行探讨。

《抄白标书》1册，包括崇祯十三年（1640）、十五年（1642）3件析分山场合同，该分家书与一般分家书的最大不同在于，并非在同一户家族内部进行析产，而是与多个异姓同时进行产业析分。具体来说是汪、方、谢、王、李等宗族对共业山场进行析分。在目前遗存下来的徽州文书中，这类分家书较为罕见，因而具有较高的研究价值。《遐字号田土簿》1册，乾隆年间汪义先抄录，包括遐字1至1136号田土字号产业清单，详细登记其先祖在明代拥有的各项产业情况。举凡田土字号、业主、土名、面积、四至都逐一记录，从中能窥见汪氏家庭经济结构。

簿主考证。《抄白标书》虽然不是原件，但与原件具有同样的研究价值，由乾隆年间汪义先抄录。从文书内容看，三份分山合同中汪氏宗族中的汪澹石都是主要业主之一，而每次阄分山场产业清单中，汪澹石所得山场都是单独开列。如崇祯十三年四月十三日所立分山标书开列的产业清单如下[①]：

> 汪澹石阄得山，遐字四百八十号起，至四百九十七号止，……
> 谢泰保阄得山，遐字四百八十号起，至四百九十七号止，……
> 汪尚有、汪大生等阄得山，……
> ……

由此可见，汪澹石所得山场不仅单独开列，而且还是放在第一的位置，而汪尚有、汪大生所得山场并未单独开列。又如，崇祯十五年分山阄书的记载[②]：

> 遐字十一号起至二十八号止，土名小留坑、合源，共计山九十九亩一角四十步。前山以作十二股为率。汪澹石得六股，……
> 遐字三十二号起至四十三号止，土名石床坑，共计山五十九亩二角。前山以作十四股为率，汪澹石得七股，该得实山二十九亩，方福

① 刘伯山主编：《徽州文书》第4辑第4册，第220—225页。
② 刘伯山主编：《徽州文书》第4辑第4册，第228—230页。

显、永祯、永槐共得二股六分六厘，方惟德堂得一股三分三厘，方宗潮得三股。

　　遐字一百十八号，土名塘坑住基，俗名显山，计山三亩零四十步。前山以作四股为率，汪澹石得一股，该得山三角十步。仍三股，该山二亩一角三十步，照方应户宗派买契分业。

　　……

　　以上阄分山场中，汪澹石所得山场均是单独开列。由此初步推断簿主为汪澹石。又，文书中有"十三都二保遐字体号南北分关抄白合同文约，画押分关一本，澹石收执"① 字样。因此，可以判断出乾隆年间汪义先所抄录的《抄白文书》，当为汪澹石所保存，其簿主为汪澹石。

　　崇祯十三年（1640）四月十三日清白合同记载，"龙源汪澹石同叔必寿、兄世高、侄元讽、亲眷谢泰保，共用价买受得十三都遐字号山场一备，土名汊口南北合源南边山场，与各姓新立标分文簿，照文管业。北边未分，照买契得业。今因各用价多寡不同，议将南北山场，俱作四大股为率，澹石得二股，必寿同泰保共得一股，世高同元讽共得一股管业"②，由此可见，汪澹石为祁门龙源汪氏后裔。

　　关于汪澹石，同治《祁门县志》记载：

　　　　汪惟效，字澹石，居查湾。崇祯辛未进士，授山东青州府推官，督师廉其才，召至幕府参赞军务，以功召补户科给事中。初为山东同考官，又主试江西，号得士，流寇内逼，疏请召凤督帅师入卫。又劾首辅陈演佐理无状词，甚切直，皆不报。③

　　结合上文《五股标书》的分析和乾隆《汪氏通宗世谱》卷115《祁门邑查湾》的记载可知，《抄白文书》提到的汪澹石与查湾汪澹石应为同一人。因查湾村龙源汪氏聚居村落，位于祁门十五都。因此，乾隆年间汪义

---

① 刘伯山主编：《徽州文书》第4辑第4册，第239页。
② 刘伯山主编：《徽州文书》第4辑第4册，第239页。
③ （清）周溶修，汪韵珊纂：同治《祁门县志》卷25《人物志三·宦绩》，《中国方志丛书·华中地方第240号》，第1238页。

先所抄录的《抄白文书》的簿主为查湾汪惟效（字澹石）。他为崇祯四年（1631）进士，是明末中高层官员，分得山场数量最大也就比较好理解了。因此，刘伯山将该文书题名为《祁门十三都二图谢家坦汪氏文书》，实误，应改为《祁门十五都二图谢家坦汪氏文书》。

二　析分过程

一般的阄书大多是在某一宗族内部进行分家析产，涉及的仅是单一的宗族，而祁门十五都二图谢家坦汪氏文中的《抄白标书》并非宗族内部的分家析产，而是针对多个异姓宗族之间的共业山场进行析分，涉及的是众多宗族。在遗存至今的徽州文书中，这种阄书较为罕见，故而其具有较高的研究家价值，这对于全面认识徽州宗族社会实态亦不无裨益。那么，这些异姓共业山场按照什么原则进行析分的，其析产层次如何。下面笔者就这些问题进行考察。

从文书内容看，汪澹石等异姓共业的山场析分具有鲜明的层次性，即并非一次性的将所有产业进行析分，而是逐步进行析产。崇祯十三年（1640）四月十三日所立的分山标书，仅是对异姓共业山场中的南边进行析分，其内容如下①：

> 立清分摽山合同文约人汪澹石等、方永槐等、方宗朝、汪尚有、谢泰保等，又同业王、李、方等，为查契清山定界正业，以杜争端，以收永利事。照得山清则利兴，业混则讼起，不在分数之多寡也。十三都山场退字　号起至　号止，土名等处。各家买受多少不均，向因人众心志不一，未行清查，混互不明，管业无定，以致苗木荒芜，又且争讼叠起。今公议延中，清分订界，兴利杜争，各卖买契及官文公私合同，尽俱付众，公同查考。或买有重复、契有真伪，分有多寡，焚香盟神虚公稽核，毫无偏曲。如有挟私害公，利己亏人，以少作多，以无为有者，神明鉴察，文契查清，照数分山，立定硬界，毫不那〔挪〕移。写立标分文书，一样七本，各姓收一本，永远遵守管业。其山分定各家，保

① 刘伯山主编：《徽州文书》第4辑第4册，第218—220页。

为子孙世业，不许变卖约外之人，以硬合文，即同约中亦不许私
买。如违，听同约人执文赴官告理，责令取赎，仍依此文为准。
分后倘有他姓及无分之人，或造伪契及买先年无用老契混争，约
内同心协力，赴官鸣理，必求青［清］白，不致偏累得山之人。
凡我同盟，自后各宜勤力栽种，严革火盗，收天地自然之利，贻
子孙永守之宝，庶不负此盛举也。为此，同立清白合同书于标书
之前，永远为照。

　　分山条款开后

　　……

　　崇祯十三年四月十三日立清白合同人　　　汪澹石、方永槐、方永
和、方福显、方福相、方宗朝、方永祯、方新像、汪尚有、汪大生、
谢泰保、谢兴富、方时礼、方永羕、王、李

　　　　　　　　　　中　见　　　汪必仕、陈敏教

　　　　　　　　　　代　书　　　章振先

　　从上文可知，祁门十五都汪澹石、方永槐、谢太保异姓人等共业山场
若干，但后来因山界不明，各家"买受多少不均，向因人众心志不一"，
"以致苗木荒芜，争讼叠起"，为了协调各自管业山场的利益，于是订立山
界，写立分山合同，从而避免争端。

　　崇祯十五年（1642）二月初六日所立分山合同，则对共业山场的北部
进行析分。其全文如下①：

　　　　立清分合同文约人汪澹石等、方永槐等、方宗潮、谢泰保，共
　　有十三都二保土名退字东北二边山场。其南边山于崇祯十三年标分
　　钉界，各管各业无异，仍有北边山场，自退字三号起，至二百七十
　　六号止。向因各家公私文契未曾贲出，照验明白，以至仍前混互不
　　清，管业无定，荒芜苗木，且起争端。今公议延中齐集，同业各贲
　　公私文契，付众公同查考，各家不无重复，不无真伪。诚恐琐碎剖
　　辨，未免反伤和气，听中劝谕，将各号山场议作股分管业。自定之

―――――――――
　① 刘伯山主编：《徽州文书》第4辑第4册，第227—228页。

后，各照所派各号分股，永远为业，再不得复执先年公私文契，又生寡端，以破清分合文。如有违文起衅，同业人俱要齐出公议，呈官理论，仍照清分合文为准。所有兴养条款项等，照十三年标分南边标书遵行。立此清分合同文约六本，汪收二本，方收四本，永远为照。

再批，前各号山，除言坑、七亩坦二处、七园坞共四号，新立四至外，余俱照经理为准。

崇祯十五年二月初六日立

清分合同文簿人　　　　汪澹石（图记）、方永槐、方福显、方福相、
　　　　　　　　　　　方永祯、方宗潮、方溍用、谢泰保

　　　中见人　　　　　汪必仕、陈敏教、汪尚有

从中可以看出，崇祯十三年（1640）汪、方、谢等姓氏仅是共业山场中的南边山场进行析分，而北边山场尚未析分，后因"各家公私文契未曾赍出，照验明白"，造成山界不清，苗木荒芜，影响全体业主的共同利益。于是，崇祯十五年（1642），将共业山场中的北边山场，按照股份进行析分，并规定"自定之后，各照所派各号分股，永远为业，再不得复执先年公私文契，又生寡端，以破清分合文"，而且强调"所有兴养条款项等，照十三年标分南边标书遵行"。至此，汪、方、王、李、谢等异姓"共业分股"的山场析分完毕。

从上面两份分山标书合同可以看出，祁门十五都汪澹石、方宗潮、李百悦、谢泰保等异姓共业山场的析分是通过两次分别完成的。而且在对共业山场进行析分之时，本着先是众多异姓进行析分，然后才是同姓内部对所阄分的产业进行再次分配。可以说，这些异姓共业山场的析分是本着"先总后分"的原则进行分配的。

崇祯十三年第一次对异姓共业山场进行析分时，"共立标分文书一样七本，各姓收一本"。然后，是将各自所分得山场的字号、土名、面积逐一开列，现简略抄录如下：

汪澹石阄得山，退字四百八十号起，至四百九十七号止，……

谢泰保阄得山，退字四百八十号起，至四百九十七号止，……

　　汪尚有、汪大生等阄得山，退字四百八十号起，至四百九十七
号止

　　方宗潮阄得山，退字六百二十五号起，至八十五号止，……

　　方福显、方永祯、方永槐阄得山，退字五百七十号起，至六百十
五号止，……

　　方时礼阄得山，在前大四至内扒出，……

　　李百悦、李仲芳、方三七、王天祐阄得山，……①

　　在这份异姓共业山场分山合同订立之后，作为同业人的汪、方两个家
族，又各自对所得山场进行族内分配，订立分山合同。

　　在分山合同订立的当天，祁门龙源汪氏及亲眷谢氏就所得山场进行重
新分配，立有清白文约：

　　龙源汪澹石同叔必寿、兄世高、侄元讽、亲眷谢泰保，共用价买
受得十三都退字号山场一备，土名汉口南北合源南边山场，与各姓新
立标分文簿，照文管业。北边未分，照买契得业。今因各用价多寡不
同，议将南北山场，俱作四大股为率，澹石得二股，必寿同泰保共得
一股，世高同元讽共得一股管业。其山有未栽种者，召佃栽种，有堪
砍拚者，照股相分。所有各等条款，悉遵新立标书，各录一本为率。
议定之后，永宜同心协力，再无异言。今恐无凭，立此合同清白文约
四纸，各收一纸为照。

崇祯十三年四月十三日立合同清白文约	汪澹石、同我、必寿
	兄世高
	侄元讽
亲　眷	谢泰保
代　书	章振先（抄白）②

　　从这份分山合同中可以看出，祁门十五都龙源汪宗族与其亲眷谢

---

　　① 刘伯山主编：《徽州文书》第4辑第4册，第220—225页。
　　② 刘伯山主编：《徽州文书》第4辑第4册，第239页。

泰保将共同购买的山场，按照股份进行析分，具体来说是，"澹石得二股，必寿同泰保共得一股，世高同元讽共得一股管业"。这就形成异姓"共业分股"这一特殊的产业形态，在明清时期的徽州具有一定的普遍性。

崇祯十三年（1640）四月三十日，即第一份异姓集体签订分山合同之后的第七天，作为共业山场所有者之一的方氏宗族内部，对所分得的山场进行再一次的分配。"方福显、永祯、永槐等，今将标得南边山场眼同品搭，新立硬界，编作天、地、人三单"，并将各自所得山地字号、土名、面积逐一开列：

> 天字单，方永义、永槐、永凤三人阄得，……
> 地字单，方福显、福明阄得，……
> 人字单，方福相、永祯、永和、新像阄得，……①

由此可见，崇祯十三年第一次析分山场之时，先是对异姓共业山场所有人集体进行析分，然后再是各个宗族内部对所分得山场进行再次分配。

下面来看崇祯十五年（1642）二月初六日，异姓共业山场的第二次析分过程。从文书内容看，这次析产是在第一次的基础上，对异姓共业山场的北部进行析分。其清白合同中称，"今公议延中齐集，同业各赍公私文契，付众公同查考，……听中劝谕，将各号山场议作股分管业"②。由此可见，这些异共业山场，是按股分配。这在标书中所开列的产业清单中也得到的体现。现举两例如下③：

> 逻字十一号起至二十八号止，土名小留坑、合源，共计山九十九亩一角四十步。前山以作十二股为率。汪澹石得六股，二处共该得实山八十七亩零二十步，方福显、相、义、祯等共得三股，方永槐、

_____

① 刘伯山主编：《徽州文书》第4辑第4册，第225—227页。
② 刘伯山主编：《徽州文书》第4辑第4册，第227页。
③ 刘伯山主编：《徽州文书》第4辑第4册，第228—229页。

祯、兼等共得一股，方宗潮得二股。

　　遏字三十二号起至四十三号止，土名石床坑，共计山五十九亩二
角。前山以作十四股为率，汪澹石得七股，该得实山二十九亩，方福
显、永祯、永槐共得二股六分六厘，方惟德堂得一股三分三厘，方宗
潮得三股。

　　从中可知，遏字十一号起至二十八号山场，共分十二股，汪澹石得六
股，方氏的六股；遏字三十二号起至四十三号，共分十四股，汪澹石得七
股，方氏共得五股。这种"共业分股"产业在明清时期的徽州具有一定的
普遍性。

　　在崇祯十五年（1642）二月初六日，异姓对共业山场北段的析分也具
有"先总后分"的特性。现举两例如下：

　　遏字一百二十四号起至一百三十二号止，土名花坞，并塘坑同头
照合同天、地二阄得业。

　　天字阄原作十八股，因锡照分在内，作十九股分派，潮兼、锡照
二人各十九股之一，仍十七股，作四股分派。……

　　地字单，方宗潮阄得己业。……①

　　由此可见，在第二次对异姓共业山场进行析分时，方氏宗族又对各自
所得山场进行重新分配。

　　总而言之，《抄白标书》中异姓共业山场的析分不是一次完成的，而
是经过数次析分才得以完成的。而这种"共业分股"的异姓共业山场的析
分，又具有鲜明的层次性，先是所有异姓集体进行析分，然后再是各自所
有者内部对所得山场进行再次分配。简单来说，异姓共业山场的析分是本
着"先总后分"的原则进行分割的。

　　在崇祯十三年（1640）和崇祯和十五年两次对异姓共业山场进行析分
的同时，为了有效地管理山场，维护各自的权益，明确各方的权益与义

---

① 刘伯山主编：《徽州文书》第4辑第4册，第230—233页。

务，在订立分山合同之时，特列"分山条款"① 若干条，以确保日后山场日常管理工作的顺利进行。崇祯十五年（1642）的标书中再次强调，"所有兴养条款项等，照十三年标分南边标书遵行"②。从这些规条可以看出，山场管理中的苗木兴养、放火隔盗、主力分成等均有所体现。

三 家庭经济结构

这份文书为祁门十五都二图汪氏的归户文书，因此其中大多山场当为所得汪氏产业。崇祯十三年（1640）汪、王、方、谢等异姓所立的分山文约中，汪澹石所得山场清单，仅开列其字号、土名、四至，无山场面积记录，故而无法判断其山场规模。崇祯十五年汪、方、谢等异姓所立标分共业山场北段文约中，汪澹石所得山场大多记录了具体面积，粗略统计，汪澹石所得山场当在 170 亩以上。③

乾隆年间汪义先抄录的《遐字号田土簿》，详细登载了祁门十五都汪氏产业的类型、字号、土名、面积、四至等，能统计出明代末年汪氏家族中产业的经济结构。

据《遐字号田土簿》记载，祁门十五都汪氏产业共有 1136 号之多，其产业类型主要包括田、地、山。首先来看其山产情况。从田土字号簿看，汪氏所得山产记载具有一定的格式，具体内容抄录如下④：

---

① 一、凡买契、官帖、合同等文，俱面同查考，详悉无遗，清定分数标分，以后只看新立标分合同为准，先年一切公私文契，俱不行用。

一、四至以新立硬界标书为准，经理四至不用，以杜纷争。

一、各姓分得山场，倘遇外侮，约内人同心协力，出备赀费，赴官鸣理，不致偏累得山之人。

一、长养苗木，尽系力分人及时栽苗丛密，五尺一株，不得荒废寸土。松子布撒，主力照分各合。三年点青，如有抛荒，追出逐年花利，鸣官理治。

一、力分照旧例，三七为率，山主得七分，力分人得三分，俱至拚木时，眼同分价，不分木，力分人无许变卖他人，以致混破全业。如有私卖，鸣官究治，力分不与。

一、火盗尽系种山人照管，逐年砍拨火截，倘有偶失，约内人同行救护，不得坐视失火之人，查名呈治，不救之人，一并罚究。或有不肖之人，私自盗木一根，查出约内公议，责令照本山大木赔还，容隐不报，一并呈治。

一、标分分数，订立界至，详定条款，俱系大众盟神虔公裁酌，确当俱各心服，以后各宜永远遵守，无得妄生奸诡，开衅异议，以致纷争坏约。如有前情，约内同赍文簿赴官告理，甘罚白银十两，入官公用，仍依此文为准。

（资料来源：刘伯山主编《徽州文书》第 4 辑第 4 册，第 219—220 页）

② 刘伯山主编：《徽州文书》第 4 辑第 4 册，第 227—228 页。

③ 刘伯山主编：《徽州文书》第 4 辑第 4 册，第 228—233 页。

④ 刘伯山主编：《徽州文书》第 4 辑第 4 册，第 248 页。

一号，休宁方进保，土名月坳下，山一亩二十步，东月坳山，西谢山，南坑，北塝。

二号，谢晓民，土名小垄源下，山六十五亩，东降，西李山，南坑，北降。

三号，李伟，大垄源，山二十五亩，东中垄，西进保山，南溪，北降。

……

笔者将汪氏所得所有山产加以统计，汪氏共有山场 2602 亩 45 步。

再看田产。从田土字号簿看，汪氏所得田产登录具有一定的格式，具体情况如下①：

四十七号，谢虎，月坳下，田一亩二角七步，东田厂，西田末，南山，北坑。

四十八号，胡大盟，婆冢坞，田一角，东山，西自山，南坑，北山。

四十九号，谢虎，石床坑，田三角，东坑，西山，南坑，北山。

……

经过统计，汪氏所得田产共有 567 亩 1 角 4 步。

最后看地产情况。从田土字号簿看，汪氏所得田产登录亦有一定的格式，具体情况如下②：

八十八号，吴虎，里家弯，地二角十步，东溪，西，南，北地。

八十九号，吴仁祖，里家弯，地二角，东地，西地，南溪，北地。

九十号，谢元祖，里家弯，地二十步，东地，西地，南路，北地。

……

经过统计，汪氏所得地产共有 73 亩 2 角 23 步。

---

① 刘伯山主编：《徽州文书》第 4 辑第 4 册，第 251 页。
② 刘伯山主编：《徽州文书》第 4 辑第 4 册，第 253—254 页。

现将田土字号簿中所见汪氏各项产业情况统计如表 4 - 16。

表 4 - 16 　　　　　　　　《遐字号田土簿》所见汪氏产业一览

田土类型	田	地	山
	567 亩 1 角 4 步	73 亩 2 角 23 步	2602 亩 45 步
合计	3243 亩 12 步		

资料来源：刘伯山主编：《徽州文书》第 4 辑第 4 册，第 247—314 页。

从表 4 - 16 中可以看出，祁门十五都龙源汪氏共有田土 3243 亩 12 步，其中，田 567 亩 1 角 4 步，地 73 亩 2 角 23 步，山 2602 亩 45 步。在汪氏产业中，山场占了产业总数的 80% 以上，可见，汪氏不仅是一个大土地所有者，而且山场是其最为主要的产业。

徽州是个典型的山区，山多地少。祁门县在徽州府中山区面积更为广大，山多田少的情况更为突出，所谓"祁门岩邑也，山居十之八，水居十之二。"①

汪氏众多的产业中，田用以种植水稻，地用以种植小麦，山场则主要兴养林木和茶叶。而汪氏所拥有的田、地、山等产业的具体情况已如上述。嘉靖年间，祁门知县桂天祥也说："本县山多田少，民间差役、日用，咸于山木赖焉。是一山木之兴，固百计之攸属也。"② 可见山场林木生产在祁门县百姓日常生活中具有更为重要的意义。在汪氏家庭经济结构中，山场是其最为重要的产业，也是生计主要来源。而且，拥有 2602 亩 45 步山场，在徽州山区俨然是一户大山场所有者。祁门十五都龙源汪氏，拥有大量山场，大规模从事山林经营并以此来维系日常生活是自不必待言，山林经济显然在汪氏家庭经济中占有十分重要的地位。

总而言之，共业多是按股分配，这种"共业分股"的产业形态，在明清时期的徽州具有普遍性。学术界在对"共业分股"产业形态多有关注③。

---

① （明）李维桢：《大泌山房集》卷 54《聚源壩记》，《四库全书存目丛书》集部第 151 册，第 670 页。

② （明）何东序修，汪尚宁纂：嘉靖《徽州府志》卷 8《物产》，《北京图书馆古籍珍本丛刊》第 29 册，第 209 页。

③ 可参见栾成显《明代黄册研究（增订本）》，第 229—231 页；任志强《试论明清时期的产权共业方式》，《明清论丛》第 5 辑，第 258—267 页；刘道胜《众存产业与明清徽州宗族社会》，《安徽史学》2010 年第 4 期。

值得注意的是，检阅既有的研究，不难发现，目前对"共业分股"的研究，多是局限于单个宗族内部进行的探讨，而对异姓"共业"产业的析分没有给予应有的关注。虽然从某种意义上说，明清时期的徽州是个典型的宗族社会，但"共业"并非仅局限于宗族内部，即并非只有宗族共业，而族际之间也同样存在共业的现象。异姓共业也同样存在，宗族共业仅是"共业"的一种形式而已，而并非其整体面貌。祁门十五都二图谢家坦汪氏文书中的《抄白标书》即为异姓共业的一典型例证。

需要说明的是，正因为以往的研究多集中在宗族共业上，缺乏对异姓的深入分析，因而其某些观点也具有一定的局限性，需要加以修正。以往学界在探讨徽州社会的产业形态时，注意到"众存产业"是徽州一种特殊产业形态，其大多是在宗族内部分家析产之时产生，主要存在于同姓宗族内部，众存产业是作为一种族产而存在，是徽州宗族得以维系的重要基础。① 也有学者认为明清时期徽州的宗族礼俗生活决定了共业的产生与发展。② 其实，这些论断仅是针对宗族共业而言的，并未包括异姓共业。"共业"山场不仅局限于宗族内部，而且在异姓宗族之间也存在，决定"共业"产业形态的不是血缘宗族系谱关系，而是共同经济利益关系，只要有共同的经济利益，无论是在宗族内部还是异姓宗族之间，都会有合作的需要，而在互助合作的基础上，便出现了共业现象。

任志强指出："诸子均分制和产业频繁买卖是形成共业的主要途径，而管业不便则是其消亡的主要原因。"③ 这种认识是有一定道理的。共业产生的形式决定了其具有脆弱性，其经营较为松散，主要依赖血缘关系和契约关系加以维系。异姓共业则完全依赖契约关系维系，在经营过程中，往往因为经济利益冲突，造成共业终止。《抄白标书》中的汪、方、王、李、谢等众多异姓出于经济利益的需要，共业购买、经营若干山场，形成共业现象。但不久之后，因为各姓购买多寡不一，人心不一，造成"管业无定"，山业荒芜，因而出现了崇祯十三年（1640）和崇祯十五年（1642）

① 可参见栾成显《明代黄册研究（增订本）》，第229—231页；任志强《试论明清时期的产权共业方式》，《明清论丛》第5辑，第258—267页；刘道胜《众存产业与明清徽州宗族社会》，《安徽史学》2010年第4期。
② 林济：《明清徽州的共业与宗教礼俗生活》，《华南师范大学学报（社会科学版）》2000年第5期。
③ 任志强：《试论明清时期的产权共业方式》，《明清论丛》第5辑，第266页。

对共业山场的析分，从而引起了共业的消亡。

小　结

本章对明代徽州民户家族的山场经营进行专题研究，目的在于深入了解明代徽州普通民户家族山场经营实态。研究表明，以祁门石溪康氏、奇峰郑氏中的郑卷家族等为代表的徽州民户家族山场积累在明初已开始，主要通过继承和购买两种方式购置山场，山场来源既有宗族内部交易，也有族际之间的交易，乃至出现跨县、跨府等跨区域的山林买卖。这些家族在明中叶商品经济日趋活跃的商业浪潮中大量购置山场，积累起广袤的山林产业，出现专门从事木材贸易的徽州本土木商群体，郑卷家族和歙县罗时升就是颇为典型的代表。

明代中叶以后社会经济的发展造成逐利之风盛行，冲击了原有的社会秩序。与大量购置山场相伴而生的是山林争讼的日趋频发，徽州山林纷争成为明代徽州诉讼中最为常见的诉讼类型。这些山林争讼既有宗族内部的，也有不同宗族之间的，乃至还有不少主仆之间的争讼，这些纷争集中体现了徽州的"健讼"之风。

随着世系的推衍，徽州民众不断购置山场的同时，山场析分也成为一种常态。在明代徽州，宗族内部的山场析分和异姓之间的山场析分表现出不同的特点。祁门龙源汪氏在山场析分时，对承祖山场立标单，对所购异姓外宗山场设立清簿，这种管理方式在徽州地区具有鲜明的特色。异姓共业山场析分较为复杂，往往进行数次分割，具有鲜明的层次性，多为按股分配。共业作为徽州重要的产业形态之一，并非仅局限于宗族内部，族际之间也普遍存在共业的现象。异姓共业完全依赖契约关系维系，互助合作的需要是形成共业现象的基础，而彼此间经济利益冲突，则会造成共业终止。

第五章　明代徽州军户家族的山林经营

——以祁门郑英才家族为中心

　　明代中后期，随着商品货币经济的发展，徽州木材、茶叶、漆、桐油等山林特产商品化趋势日益加强，遂使山林经营有利可图，因此，在这样的社会经济背景下，徽州宗族普遍热衷于山林经营，出现不少以经营山林著称的宗族和木商世家。祁门奇峰郑氏就是典型的木商世家。该宗族从宋元以来，长期致力于山场买卖、山林经营和木材贸易，形成若干个以经营木材贸易著称的木商世家。该宗族的户籍既有民户，也有军户，两种户籍的家族都遗存丰富的文书。前文已考察该宗族中的民户家族，即郑卷家族的山林经营。本章对该宗族中的军户家族，即郑英才军户家族山林经营情况进行探讨。郑英才军户家族遗存的明代山林文书资料极为丰富，举凡买卖契约、清业合同、文约、置产簿、抄契簿、分家书、账簿等无所不包。这些丰富的山林文书资料为全面、系统和深入考察徽州军户家族的山林经营和木材贸易提供重要基础。下面笔者以置产簿为核心资料，对郑英才军户家族的山林经营进行具体考察。

第一节　祁门奇峰郑氏宗族发展述论

　　祁门奇峰郑氏宗族以山林经营和木材贸易著称，形成若干个木商世家，有力推动了明代徽州山林经济的发展和徽州与全国市场的联系。以往的研究因资料匮乏，对该宗族发展情况和著名木商家族之间的系谱关系缺乏认识，极大限制了对该宗族山林经营研究的广度和深度。有鉴于此，笔者利用近期搜集到的族谱资料，对该宗族的发展情况做初步考察，为深化对该宗族的山林经营的研究提供基础保障。

一 世系繁衍与族谱编纂

奇峰郑氏自从唐代五代迁居祁门后，人口繁衍迅速，枝繁叶茂，形成门房支派众多、科举仕宦辈出、商业活动频繁的徽州望族。

奇峰郑氏宗族源于歙县郑氏。唐永泰元年（765），歙县人郑选自歙县官塘迁居祁门书锦乡营前，成为营前郑氏始迁祖，因孙郑传赠尚书衔。选生京、成、湾、荣四子，湾生艺、谓、传、鲁、玫。[1] 其中，三子传，生于会昌三年（843），当时晚唐社会动荡不安。乾符二年（876），黄巢之乱，"盗发中原，跨州连郡，转相剽掠，搔动乡邦，独公兄弟义居当里，众皆推服"[2]。从此，郑传开启保卫乡里的戎马生活。中元元年，"王仲隐复自秋浦之赤岭入当县。公慨然作色，誓举义旗，招集义兵，保护郡邑"[3]。后来，郑传在大顺、乾宁、天祐年间屡立战功，"东婺、睦、衢、杭、南，破洪、饶、抚、信、临，阵三十有八，战胜三十四处，继受纶言数十，诰勅二十八道，莫不四远钦风，群雄慑服"[4]，历官淮南节度、左押衙保义都指挥使、金紫光禄大夫、检校司徒兼御史大夫、上柱国，后世称其为司徒公。[5]

郑传生有十三子，即延晖、延辛、延匡、延光、延绍、延芳、延玙、延琚、延珣、延坊、延阙、延英、延升，皆为达官显贵。他们分迁各地，形成众多支派。长子延晖之孙文旦，由营前迁旧宅，其后有仲友者，命其子子真、子章迁居祁门西乡清幽，又称清溪，称为清溪郑氏。[6] 第四子延光，历官都兵马指挥使、银青光禄大夫、检校工部尚书，留居营前，其裔孙尚三公从营前迁居峡城，形成峡城郑氏。[7] 传公第六子司空延芳迁居婺

---

[1] 《峡城郑氏宗谱》卷1《统宗世系·敬德公派》，道光元年刻本。

[2] （明）程敏政辑撰，何庆善、于石点校：《新安文献志》卷96上《行实·唐司徒郑公传家传》，第2462页。

[3] （明）程敏政辑撰，何庆善、于石点校：《新安文献志》卷96上《行实·唐司徒郑公传家传》，第2462页。

[4] （明）程敏政辑撰，何庆善、于石点校：《新安文献志》卷96上《行实·唐司徒郑公传家传》，第2462页。

[5] （明）彭泽修，汪舜民纂：弘治《徽州府志》卷9《人物三·义勇》，《天一阁藏明代方志选刊》第21册。

[6] （明）郑之珍：《清溪郑氏家乘》卷首，万历刻本。

[7] 《峡城郑氏宗谱》卷首《峡城郑氏重修宗谱序》，道光元年刻本。

源七都中平，其子毅公迁居银川，形成银川郑氏一宗，此后人丁繁盛，银川派下又形成槎潭、大源、沙城、武口、蒋村等若干小派系。① 此外，传公后裔在祁门境内不断迁居，分别形成湘源郑氏、溶溪郑氏、龙源郑氏等众多支派。②

奇峰郑氏始于郑传次子延辛。延辛"以佐父靖寇功，历官银青光禄大夫、检校国子祭酒兼殿中侍御史、上柱国"③，仍居营前旧宅。延辛生德义、德宏、德礼三子，德义生煦，始迁居周源奇峰。④ 奇峰郑氏由此得名，因郑选始迁祁门营前，故尊其为一世祖。

六世祖煦生礼，礼生六、思、聪三子，思生安、世猷、忠。世猷生四子：金、超、奕、才。从十世奕、才开始，形成奕六房、才七房两个基础房派。现将两房房祖信息罗列如下：

> 奕，行六，配胡氏，合葬浮梁何监坞郑家坞。子：真、玫、资；真、玖，俱无传。
> 处士讳才，行七，葬左家冲口墩上，丙向。配宋氏，葬三保张伯坑，丙向；继汪氏，葬奇岭源井塝上。子：长十二，无传；次广，宋出。⑤

由此可见，奕六房、才七房分别是取两人名和排行组合而成。这种门房名称在奇峰郑氏宗族众多门房中颇为常见。

从十世奕六房、才七房开始，奇峰郑氏人丁兴盛，枝繁叶茂，在奕六房、才七房基础房的基础上，衍生出众多新的扩展房。为便于叙述，现将奇峰郑氏重要门房支派逐一论述。

到时十六世时，奇峰郑氏奕六房秩下应经、应午、应发，分别形成成之房、明之房、秀之房。现将这些门房祖情况列举如下：

---

① 《婺源银川郑氏支谱》卷首《重修银川郑氏宗谱知启》，乾隆四十年刻本。
② （民国）胡光钊：《祁门县志·氏族考·郑》，民国油印本，第41页。
③ （明）戴廷民、程尚宽等撰，朱万曙等点校：《新安名族志》后卷，第457页。
④ 《峡城郑氏宗谱》卷1《统宗世系·敬德公派》，道光元年刻本，第34页。
⑤ （明）郑岳编修，郑维诚增刻：《祁门奇峰郑氏本宗谱》卷3《事略》，嘉靖刻本，第1页。

应经，又名成之，行五二，配胡氏，合葬陈家坦。子：一德、一举。

应午，又名明之，行庚一，配胡氏，合葬辛田。子：一民、一宁；宁，后无传。

应法，又名秀之，行丙一，配胡氏，合葬梓溪。子：义轩、礼轩。①

由此可见，这个三房派是以别名作为房名。其中，成之房下又衍生出一德房、一举房。现将该二房祖基本情况抄录如下：

一德，字端夫，行万一，配胡氏，合葬吴家坞，辛向。子：日新、祐新、鼎新，鼎后无传。

一举，字贵夫，行贵一，配章氏，合葬斜坑口，艮向。子：南山、南谷。②

从族谱世系来看，十七世一德房、一举房下子孙人丁颇为兴盛。才七房到十六世的重庆、应旂，分别也衍生出重一房、辛一房：

处士讳重庆，字斗南，行重一，葬六保查木坞段住后。配王氏，葬七保西坑，甲向；继陈氏，附葬查木段。子二：寿元、龙孙；龙孙，出继。

处士讳应旂，行辛一，配李氏，合葬六保蓝溪岭背源吴嫂坞口，巳向。以重庆公子龙孙嗣。女长适二十一都桃源陈文道，次适十二都平里王庚一。③

从上引文字可以看出，重一房、辛一房皆以行为房名。此后，重庆子

---

① （明）郑岳编修，郑维诚增刻：《祁门奇峰郑氏本宗谱》卷3《事略》，嘉靖刻本，第3页。

② （明）郑岳编修，郑维诚增刻：《祁门奇峰郑氏本宗谱》卷3《事略》，嘉靖刻本，第3页。

③ （明）郑岳编修，郑维诚增刻：《祁门奇峰郑氏本宗谱》卷3《事略》，嘉靖刻本，第3页。

寿元、应旂又分别衍生出震一房、震二房：

> 寿元，字岩甫，行震一。生宋淳祐壬寅，卒元皇清癸丑。配汪氏，合葬七保倒坞源，艮向；继汪氏，葬七保胡进坑口。子：良臣，前汪出。
>
> 处士讳龙孙，字云甫，行震二，葬十四都锡坞口。配芦溪汪氏，葬七保西坑。子：与京。①

由此可见，十七世震一房、震二房也是通过排行来命名的。

综上所述，从第十世开始，奇峰郑氏开始形成奕六房、才七房两个基础房。此后，随着世系的推衍，这两个基础房下又分别衍生出众多扩展房。其中，奕六房下衍生出成之房、明之房和秀之房，才七房下衍生出重一房和辛一房。此后，随着人丁日盛，扩展房下又衍生出次一级的扩展房，即成之房下应经二子：一德、一举，分别衍生出一德房、一举房。才七房重一房、辛一房又衍生出次一级的扩展房震一房、震二房。

奇峰郑氏发展到第十七世时，已是人口繁盛、门房众多的宗族。此后，随着世系推衍，奇峰郑氏原来的扩展房下又衍生出一些新的房派。而且，这些房派日后成为奇峰郑氏仕宦辈出、人丁兴盛、经济富足的门房，因此，有必要进行详细介绍。

宋末元初，奇峰郑氏宗族发展迎来新的阶段。十八世震一公房寿元子良臣，字良佐，行二。其生于宋咸淳甲戌（1274），卒于元至大庚戌年（1310），生胜祐、宏道、原道三子。具体如下：

> 胜祐，字希道，行胜一，附葬良二公穴，以宏道子太来嗣。
>
> 宏道，字道宏，行宏一。生元大德辛丑，卒洪武丁未。葬七保昌源，丁向。配余氏，葬同处，巽向。子：天相、太来；太来，出继。
>
> 原道，字道生，行本一。生元大德癸卯，卒明正统甲戌。配程氏，合葬七保桐木坞，艮向。子：传芳。②

---

① （明）郑岳编修，郑维诚增刻：《祁门奇峰郑氏本宗谱》卷3《事略》，嘉靖刻本，第4页。
② （明）郑岳编修，郑维诚增刻：《祁门奇峰郑氏本宗谱》卷3《事略》，嘉靖刻本，第5页。

十九世胜祐、宏道、原道分别生太来、天相、传芳：

太来，字德彦，行太三。生元统甲戌，卒洪武戊辰。配英溪金氏，合葬十六都老庄基，巳向。子：敏、学；学，后无传。

天相，字德辅，行相一。生延祐庚申，卒洪武己酉。配汪氏，合葬十六都社屋坑高池坞，乾向。子：至真、至善、寄奴；寄奴，后无传。

传芳，字时杰，行广二。生元泰鼎丙寅，卒洪武丁丑。配隐山汪氏，合葬七保美盈坑，艮向。子：均斌。[①]

二十世的太来、天相、传芳分别形成太三房、相一房和广二房等三个新的扩展房。这三个房派也是以排行来命名的。

震二房秩下的十八世与京，生权、秀、夒、敬四子，分别形成权公房、秀公房、夒公房和敬公房四个新的扩展房。

值得关注的是，随着世系的推衍，在元末明初时，奇峰郑氏的发展进入新的阶段，其关键人物是秀公子二十世郑英才。关于郑英才，族谱资料记载：

处士讳英才，又讳膺才，行分一。生元至元乙亥十二月十四日，卒永乐丁酉正月十六日。配贵溪胡伯南女，生至元丙子四月十二日，卒永乐己丑，合葬十六都樵潭坑上岸，卯向。子：安礼、安本、安信。女：长常适兴田程日新，次澄适流口张诜七。[②]

由此可见，郑英才为元末明初人，生有安礼、安本、安信三子。

对于郑英才生平事迹，同治《祁门县志》则有如下记载：

（明）郑英才，字膺才。从青阳张宗道学青囊之术，尽得其秘。

<hr/>

① （明）郑岳编修，郑维诚增刻：《祁门奇峰郑氏本宗谱》卷3《事略》，嘉靖刻本，第6页。

② （明）郑岳编修，郑维诚增刻：《祁门奇峰郑氏本宗谱》卷3《事略》，嘉靖刻本，第6页。

生平不以此营利，惟积善之家代为卜吉。邑中暨浮、黟大族阴阳二宅，多其手扦。①

元末明初郑英才被编入军户系统，生有安礼、安本和安信三子，明代规定军户不能随意分家析产，因此，分别形成安礼公房、安本公房和安信公房这三个新生房派。在日后的发展中，郑英才秩下房派的人丁最盛、商人辈出、山林经济最为著名，形成若干个木商世家。因此，有必要将二十一世安礼、安本和安信作一介绍：

安礼，行安二，生至正癸巳。洪武庚申，奉孝悌力田诏，授怀庆府济源县丞，卒建文壬午。葬三保项家弯，丁向。配方坞方氏，葬六保塘里，卯向。妾王氏，葬六保寺背坞，卯向。子：怀德、惧德、忻德、悟德。怀、忻，方出，惧、悟，王出。女适浮梁凤楼张干四。

安本，行义二。生至正丙午。永乐甲午，应税户人才诏，授湖广永州府副使，卒宣德乙卯，葬蓝溪仓坞后。子：惟德，陈出；庸德，吴出；实德，叶出；仓德、明德，吴出。女：长适贵溪汪维外，次适贵溪胡文德，次适桃源陈通。

处士讳安信，行信二。生洪武庚戌十一月十八日，卒景泰庚午六月二十七日。临卒焚借券，嘱以口食，田租给贫者三年。葬十六都四保张补港，乙向。配贵溪胡元济女，生至正乙巳，卒建文壬午，葬九保牛栏山，庚向。继桃源陈仕祯女，生洪武庚申，卒宣德辛亥，葬张补港。子：尚德、保德、宣德，胡出；佑德，陈出。女息真，适流口张文宗，胡出。②

从上引资料可知，二十一世安礼、安本和安信子孙众多。至此，奇峰郑氏众多重要门房全部形成。为便于下文研究，现将奇峰郑氏门房图，呈现如图 5－1 所示：

① （清）周溶修，汪韵珊纂：同治《祁门县志》卷33《人物志十一·方伎补遗》，《中国方志丛书·华中地方·第240号》，第1775页。

② （明）郑岳编修，郑维诚增刻：《祁门奇峰郑氏本宗谱》卷3《事略》，嘉靖刻本，第7—8页。

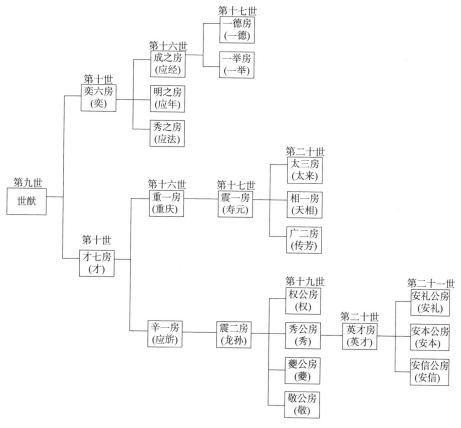

图 5-1　祁门奇峰郑氏房派图

从图 5-1 可以看出，奇峰郑氏第十世形成奕六房、才七房两个基础房，此后经过几百年的发展，到明代前期，形成 6 个不同层次、多分支的门房，俨然成为一个人口众多的大族。

随着世系推衍，人口繁衍，奇峰郑氏原住地的人地矛盾日益突出，因此出现分迁外村、外地寻求新的生存空间的情况，形成众多新的聚居村落。宋末元初之际，十七世寿元（1342—1313），行震一，迁居周源。龙孙，行震二公，迁居奇岭口（今芦溪乡奇口村）。元代中期，十九世秀（1298—1352），行秀一，迁居奇岭（即今溶口乡奇岭村）外门北岸。此后，其后裔有分迁奇岭村的中门、里门和附近的兰溪村，分别形成奇岭村的外门、中门、里门三派和兰溪派。① 到明代宣德六年（1432），二十二世

---

① （民国）胡光钊：《祁门县志·氏族考》，民国油印本，第40—41 页。

安礼公长子怀德、三子忻德卜居奇岭村南边十里的张村，形成张村派。[①]至此，奇峰郑氏宗族在祁门境内形成奇岭、奇口、兰溪、张村等聚落，成为一个名副其实的大宗族。

从唐末迁居祁门以来，随着世系推衍，奇峰郑氏宗族曾经多次编纂族谱，以加强对宗族的管理。下面对奇峰郑氏族谱编纂情况作一简要论述。

奇峰郑氏首次编纂族谱是在宋元之交，当时由十八世郑与京编纂，但这部族谱未能保留下来。到了明代嘉靖年间，二十五世郑岳和二十六世进士出身、官至按察使的郑维诚父子编纂新的族谱，即《祁门奇峰郑氏本宗谱》。十分幸运的是，该谱完整保存下来，成为珍贵的善本文献。该谱也是笔者重点利用的文献，故有必要加以介绍。

是谱分为四卷，内容分别为卷一《宗原》、卷二《世系》、卷三《事略》、卷四《文征》。内容丰富，体例完备。值得关注的是，《文征》中收录该族中历代仕宦人物诰敕、传记、祠堂记和经商人物传记。其中，很多文字为郑维诚所撰写，价值颇高，为研究奇峰郑氏宗族科举仕宦、商业活动、宗族建设等提供珍稀资料。

随着世系推衍，为对加强对族众的管理，维系宗族秩序，有效开展宗族活动，奇峰郑氏各门房支派不断进行宗族建设，其中最为重要的就是建造祠堂。奇峰郑氏祠堂既有统宗祠，也有各门房的支祠。

奇峰郑氏在宋元时期建有家庙，但元毁于兵火。因此，在明代正德年间，郑氏族人"长沙判晃，太学生笏、庠生兰、杲、敏、第、岳、裪诸宗英"等宗族中的精英谋划重建，"仿庙制而为祠堂"。工竣之后，名其堂为一本堂，并于正德十二年（1517），请当年新科进士的族人郑建撰写堂记，但该文在族谱中未见。族谱中保存下来堂记为正德十五年（1520），时任翰林院国史修撰、儒林郎的歙人唐臯[②]所撰。

一本堂，正德十年（1515），由权公房秩下二十四世郑富新和安信公房秩下二十四世郑良曙倡建。[③]"基拓地于奇水之西者，凡四亩，其制增于

---

① （明）郑岳编修，郑维诚增刻：《祁门奇峰郑氏本宗谱》卷4《文征·聚庆堂记》，嘉靖刻本，第19—20页。

② 唐臯为郑建会试之主考官，即"座主"。该记文当为唐臯应郑建之请而作。

③ （明）郑岳编修，郑维诚增刻：《祁门奇峰郑氏本宗谱》卷3《事略》，明嘉靖刻本，第21、24—25页。

其旧祠之前，为一本堂"，规模较旧祠为宏。奇峰郑氏本着"大报本也，诸有劳于家庙，洎应祀之主，得从祀焉"①的原则，在祠堂中供奉始迁祖司徒公郑传、传子延辛公及其有功于宗族的先祖。一本堂落成后，为加强对宗族的管理，曾根据义门郑氏族规进行增损，撰成《一本堂祠规》。"时奉祀之时，长幼燕集之际，布其家规，而聆其训词"②，有效地维系的宗族秩序。

明代嘉靖年间礼制改革，极大地推动了民间的祠堂建设。在这样的背景下，奇峰郑氏陆续建设众多支祠，促进了宗族组织化建设。

澄心堂，位于奇岭郑氏祖宅之东，是郑英才为缓解人口压力，在祖宅附近兴建的新居。明初，在朱元璋的"籍没富户以充卫所"的政策下，郑英才被编为军户，其子孙进入军户系统，承当繁重的赋役负担。因此，郑英才致力于农业经营，以应对赋役之供。英才之子安本、安礼和安信遵从父命，皆致力于田土经营，并由此发家，成为雄于乡里的富户。英才死后，因子孙繁多，澄心堂无法容纳，于是孙辈中有五人从该屋宇中分迁各地。弘治十五年（1502），该宅毁于火灾，此后英才秩下子孙散居各处，不合者二十多年。正德十四年（1519），英才秩下三大分子孙商议，重新兴建澄心堂，形成"中为堂，后为寝楼，前为门屋各三楹，弘敞壮丽，视前有加，堂名仍其旧"，并以此来祭祀郑英才。嘉靖四十三年（1563），英才秩下子孙在明代礼制改革浪潮中，将该堂正式改为祭祀郑英才的祠堂，由安信房派下的族人、进士郑维诚撰写记文。③ 因此，澄心堂成为郑英才秩下安本、安礼、安信三房子孙共同祭祀的祠堂。

聚庆堂，为英才公秩下安礼公子怀德、忻德的支祠。宣德六年（1431），为缓解人地矛盾，怀德、忻德兄弟二人从奇岭迁居十里以外的张村定居，开始建造屋宇，此后人丁日盛，形成新的门派。正德六年（1511），怀德、忻德建造的屋宇毁于大火。到嘉靖六年（1527），其子孙重新建造屋宇，"中为堂以待宾客，后为寝楼以祀四代之主，前为门屋各三楹，壮丽弘敞，视旧有加，匾其堂曰聚庆"。由此可见，这时的聚庆堂

---

① （明）郑岳编修，郑维诚增刻：《祁门奇峰郑氏本宗谱》卷4《文征·祁门奇峰郑氏祠堂记》，嘉靖刻本，第18页。

② （明）郑岳编修，郑维诚增刻：《祁门奇峰郑氏本宗谱》卷4《文征·祁门奇峰郑氏祠堂记》，嘉靖刻本，第18页。

③ （明）郑岳编修，郑维诚增刻：《祁门奇峰郑氏本宗谱》卷4《文征·澄心堂记》，嘉靖刻本，第18—19页。

不仅规模较旧宏大，而且俨然成为祭祀四亲之祖的祠堂。嘉靖四十四年（1565），由安信房裔孙、官至按察副使的进士郑维诚撰写堂记。

余庆堂，为英才公秩下安信公次子报德①的支祠，也即奇岭中门的支祠。该屋宇原为报德的旧居，到弘治十五年（1502）年，因人口繁衍，不便聚居，报德孙良朴、良柽、良栢和曾孙岳（良楷子），在祖宅西边数百步的东山之山麓择地，新建屋宇，迁居于此。该屋宇前为门屋各三楹，中为堂屋以待宾客，后为寝楼以祀四代应祀之主。堂号初取名积善堂，后一度改为友恭堂，最后定名余庆堂。其堂名的更改都以先祖的良好德行为准则。报德生仕豪（行豪四）、仕充（行充四），兄弟二人友善数十年。仕豪"与弟充友善，终身未尝分爨"②，仕充"事兄恭，一钱寸帛，不如私室"③。嘉靖甲寅，郑岳子郑维诚、升任陕西督学返乡之时，改溪拓地，重新修葺，"围坦册添，视旧改观，前树绰楔以荣君恩，因之名曰余庆"。其堂名的演变，集中体现了"积善之家必有余庆"伦理观念。

澄心堂，为郑英才秩下安信公长子尚德房的支祠，也即奇岭里门的支祠。元末明初，郑英才在奇岭村祖宅北岸兴建澄心堂作为居所。取名澄心堂，是为训诫子孙。成化十二年（1476），尚德子仕震、仕素迁居于村中的栀峰之麓居之，因其右有墩，人称墩头。当时他们建设新居，堂名"亦以澄心名者，不忘祖训欤，以孝悌教其家者也"。此后，因人口繁衍迅速，为缓解居住压力，于嘉靖十七年（1538），进行扩建。此后，子孙读书入仕者渐多，"子弟相继为邑庠生者凡七人，其有志者尚未艾"，尤以郑维诚为代表。④ 他于嘉靖甲午乡试中解元，嘉靖二十年（1541）中进士，历官金华府推官、陕西都学、户部主事、广东按察司副使。嘉靖四十三年（1564），功成名就的郑维诚为该堂撰写堂记。

综上所述，到明代嘉靖年间，在全国宗族组织化迅速开展之际，奇峰

---

① 报德，字克绍，行报三。生洪武甲戌十一月十七，卒正统戊辰六月初七，葬十六都焦坑塘，丁向。见（明）郑岳编修，郑维诚增刻《祁门奇峰郑氏本宗谱》卷4《世系·震二公房》，嘉靖刻本。

② （明）郑岳编修，郑维诚增刻：《祁门奇峰郑氏本宗谱》卷4《世系·安信公房》，嘉靖刻本。

③ （明）郑岳编修，郑维诚增刻：《祁门奇峰郑氏本宗谱》卷4《文征·余庆堂记》，嘉靖刻本，第23页。

④ （明）郑岳编修，郑维诚增刻：《祁门奇峰郑氏本宗谱》卷4《文征·澄心堂记》，嘉靖刻本，第21—23页。

郑氏也积极开展宗族组织化建设，形成了宗祠（一本堂）和聚庆堂、澄心堂、余庆堂等众多支祠，形成了一个门房众多、祠堂林立之强大的宗族社会。

二　科举仕宦与地方精英

奇峰郑氏从唐末迁居祁门以后，文风昌盛，科举兴旺，仕宦辈出。唐宋之际，郑传父子多人以武力保卫乡里，因军功起家，并由此进入仕宦行列。郑传"自广明迄天佑，创置岩寨，垂三十年，握兵三万，保护乡间，其功非小补"①，因保障乡里有功，历官淮南节度、左押衙保义都指挥使、金紫光禄大夫、检校司徒兼御史大夫、上柱国。郑传生有十三子，其中多人位列官卿。长子延晖，充左押衙右先锋第一部、都知兵马使、检校工部尚书；次子延辛，充歙州团练押衙，银青光禄大夫、检校国子祭酒兼御史中丞；三子延匡，充左右先锋指挥军都头，顺义七年，往抚州投临川，充右军散押衙、水军都知兵马使、检校工部尚书；四子延光，充节度押衙左先锋第三部都知兵马使、银青光禄大夫、检校工部尚书兼御史大夫；五子延绍，充节度押衙前兵马副使；六子延芳，授将仕郎、检校饶州馆驿巡官。② 郑传父子在唐宋之际，以武力起家，仕宦辈出，显赫一时。

南宋罗愿称："其（新安）人自昔特多以材力保捍乡土为称，其后寝有文士。黄巢之乱，中原衣冠，避地保于此，后或去或留，俗益向文雅，宋兴则名臣辈出。"③ 对唐宋时期徽州风气转变有精辟论述。因宋代实行右文政策，奇峰郑氏也完成从武将到文官的转变。才七房秩下十五世郑梦龙，举宋淳祐八年（1248）进士，"授彭州刺史，兼管劝农公事节制屯戍军士"④。

迨至明代，奇峰郑氏科举日盛，仕宦辈出。明代初年，奇峰郑氏族人多以经营地方有功被授官职者。如二十一世安礼公，"洪武庚申，奉孝悌

① （明）彭泽修，汪舜民纂：弘治《徽州府志》卷9《人物三·义勇》，《天一阁藏明代方志选刊》第21册。
② （明）程敏政辑撰，何庆善、于石点校：《新安文献志》卷96《行实·唐司徒郑公传家传》，第2467页。
③ （宋）罗愿撰，肖建新、杨国宜校著：《〈新安志〉整理与研究》卷1《州郡·风俗》，第16页。
④ （明）戴廷民、程尚宽等撰，朱万曙等点校：《新安名族志》后卷，第457页。

力田诏，授怀庆府济源县丞"①。安本，"永乐甲午，应税户人才诏，授湖广永州府副使"②。正统年间，郑彦华，以岁贡授武功知县。安信房秩下二十四世郑良楷，字式之，为郑维诚祖父，成化己亥，补儒学生，成为儒学生员。③ 敬公房秩下二十三世郑胜新，赠光禄署丞。④ 安礼公房秩下二十四世郑良清，成化乙酉贡入太学⑤。

明代中叶以后，奇峰郑氏文风日盛，科举人才辈出。一举房秩下二十四世郑晃，字晦之，行昇一，号秀峰。弘治甲子中应天乡试，授官曹州学正。正德十一年（1516），升长沙府通判。长沙府"郡粮百万，征输独难"，郑晃到任后，遂"革秤头、火耗诸弊，开心布诚，逋负尽完"⑥。因为官清廉，颇有政绩，载入该府志《名宦传》。嘉靖元年（1522），升任马湖府同知。⑦ 嘉靖七年（1528），卒于任上，入名宦祠。⑧ 嘉靖三十六年，（1557），祁门知县钱同文申请入祁门县乡贤祠。⑨

敬公房秩下二十四世郑叔建贵赠户部主事。⑩ 二十五世郑建，字一中，号栢崖。正德十一年（1516），中应天乡试；正德十二年（1517）中进士。正德十六年，选户部主事。嘉靖元年（1521），遇恩诏封承德郎，历员外郎。嘉靖六年（1527），升任高州知府，卒于官⑪ 二十五世郑肃，字敬夫。成化二十二年（1486）中应天乡试，历任邵阳、蒲圻教谕，弘治十二

---

① （明）郑岳编修，郑维诚增刻：《祁门奇峰郑氏本宗谱》卷3《事略》，嘉靖刻本，第8—9页。

② （明）郑岳编修，郑维诚增刻：《祁门奇峰郑氏本宗谱》卷3《事略》，嘉靖刻本，第8—9页。

③ （明）郑岳编修，郑维诚增刻：《祁门奇峰郑氏本宗谱》卷3《事略》，嘉靖刻本，第24—25页。

④ （明）郑岳编修，郑维诚增刻：《祁门奇峰郑氏本宗谱》卷3《事略》，明嘉靖刻本，第17—18页。

⑤ （明）郑岳编修，郑维诚增刻：《祁门奇峰郑氏本宗谱》卷3《事略》，明嘉靖刻本，第22页。

⑥ （明）过庭训：《本朝分省人物考》卷37，明天启刻本。

⑦ （明）余承勋：嘉靖《马湖府志》卷5《儒学》，明嘉靖刻本。

⑧ （明）余承勋：嘉靖《马湖府志》卷6《秩官列传》，明嘉靖刻本。

⑨ 《祁门奇峰郑氏本宗谱》卷4《文征·马湖府同知郑晃入乡贤祠申文》，嘉靖刻本，第6—7页。

⑩ （清）周溶修，汪韵珊纂：同治《祁门县志》卷22《选举志·封赠》，《中国方志丛书·华中地方·第240号》，第947页。

⑪ （明）郑岳编修，郑维诚增刻：《祁门奇峰郑氏本宗谱》卷3《事略》，嘉靖刻本，第37页；（明）曹志遇：万历《高州府志》卷4《职官》，明万历刻本。

年（1499）卒于官。①

　　奇峰郑氏科举最为兴盛的支派为安信公房。除上文论述的二十四世郑良楷于成化十九年（1479）成为儒学生员外。其子郑岳（二十五世），尧咨，行静一，号石潭。"自六经诸子史以及星历、医卜之学，靡不精究，乐以古今世务，与人讲论，故一乡之士，获益良多。"② 正德庚午，以儒士应试，补邑庠生。嘉靖二十五年（1546），以子郑维诚贵封文林郎、金华府推官。③

　　良楷长孙、郑岳长子郑维诚（二十六世），字伯明，号少潭。嘉靖十三年（1534），以《书经》中应天乡试解元，嘉靖二十年（1541）中进士，授金华府推官。④ 嘉靖二十六年（1547），授南京礼科给事中，"奉旨条陈六事，皆允行"⑤。嘉靖二十九年（1550），由户科给事中擢升长沙知府。⑥ 嘉靖三十二年（1553），任陕西按察司副使。⑦ 嘉靖三十八年（1559），调任广东按察司副使，抗击倭寇，屡有政绩。⑧ 嘉靖四十一年（1562），因忤权贵，罢归，此后长期致力于宗族和地方社会事业。郑维诚为官清廉，颇有政绩，得到同僚的认可，"自为金华推官，平反死狱以百数，民命赖以苏；为给事直言正论，国体赖以立；守长沙，长沙数十万之民得其所，国本赖以固；督学关中，一道德同风俗，为国家培养数百年丰芑不尽之才"⑨。郑维诚致仕返乡后，积极投身于宗族教育，在村中创建少

---

　　① （明）戴廷民、程尚宽等撰，朱万曙等点校：《新安名族志》后卷，第457页。

　　② （明）郑岳编修，郑维诚增刻：《祁门奇峰郑氏本宗谱》卷4《文征·敕封金华府推官郑石潭公暨汪孺人墓志铭》，嘉靖刻本，第35—36页。

　　③ （明）郑岳编修，郑维诚增刻：《祁门奇峰郑氏本宗谱》卷4《文征·封文林郎金华府推官石潭郑公行状》，嘉靖刻本，第36—38页。

　　④ （明）郑岳编修，郑维诚增刻：《祁门奇峰郑氏本宗谱》卷4《文征·送郑少潭先生考绩序》，嘉靖刻本，第44页。

　　⑤ （明）郑岳编修，郑维诚增刻：《祁门奇峰郑氏本宗谱》卷3《事略》，明嘉靖刻本，第47页。

　　⑥ （明）郑岳编修，郑维诚增刻：《祁门奇峰郑氏本宗谱》卷4《文征·送少潭公赴陕西督学序》，嘉靖刻本，第44—45页。

　　⑦ （明）郑岳编修，郑维诚增刻：《祁门奇峰郑氏本宗谱》卷4《文征·送少潭公赴陕西督学序》，嘉靖刻本，第45—46页。

　　⑧ 《祁门奇峰郑氏本宗谱》卷4《文征·巡视海道广东按察司副使郑维诚敕》，嘉靖刻本，第5页；（明）郑岳编修，郑维诚增刻：《祁门奇峰郑氏本宗谱》卷3《事略》，明嘉靖刻本，第47页。

　　⑨ （明）郑岳编修，郑维诚增刻：《祁门奇峰郑氏本宗谱》卷4《文征·贺学宪少潭五旬序》，嘉靖刻本，第46—47页。

潭书院，讲学其中，教育族众，推动了宗族教育事业的发展。① 郑岳次子郑维藩，"嘉靖丁酉，补邑庠生。己酉，台试第一，补廪"；三子郑维调，"嘉靖己酉，儒士应试，补邑庠"②。郑维诚长子郑胤元，生于嘉靖十六年（1537），后"由邑庠应例，补国学生"③。郑胤元次子郑逢旸，于万历二十四年（1596），中武举人，任获港把总。④ 郑良楷子孙五代皆有科举功名，进入仕途，是明清徽州教育文化发达的集中体现。

奇峰郑氏除拥有举人、进士的高级功名外，具有生员、太学生等基层功名的人也颇为不少。如景泰年间岁贡生郑良清；嘉靖年间，安信公房秩下二十五世郑良枨之子郑岱，为岁贡生；天启年间郑麟喻，以岁贡恩选山东日照县知县、广东化州知州。⑤ 如二十五世郑筞为太学生，县丞；二十五世郑璋因经商知府，纳七品散官。嘉靖二十七年（1548），奇峰郑氏"相继为邑庠生者凡七人"⑥。人文之兴盛，由此可见一斑。

奇峰郑氏宗族除致力于读书仕进外，众多族人更加注重地方经营，经营田产、山林，参与宗族建设，热心公益事业等则是其主要表现。

元末社会动乱不安，人民流徙，饥殍载道，震二公房秩下十八世郑与京，将家产全部变卖，以麻饼和粥赈之，救济饥民。震一房秩下十九世郑宏道，"汇谱牒而维孝思，抚孤侄以敦义行，与叔与京、侄时杰同时"⑦。

下面以人丁最盛、科举颇为发达的郑英才三房为例，来论述郑氏地方精英的地方经营。元末明初，郑英才师从青阳张宗道学青囊之术，擅于堪

① （清）周溶修，汪韵珊纂：同治《祁门县志》卷11《舆地志十一·古迹》，《中国方志丛书·华中地方·第240号》，第413页。
② （明）郑岳编修，郑维诚增刻：《祁门奇峰郑氏本宗谱》卷3《事略》，明嘉靖刻本，第47—48页。
③ （明）郑岳编修，郑维诚增刻：《祁门奇峰郑氏本宗谱》卷3《事略》，明嘉靖刻本，第55页。
④ （清）周溶修，汪韵珊纂：同治《祁门县志》卷22《选举志·武科目表·武举人》，《中国方志丛书·华中地方·第240号》，第926页。
⑤ （清）周溶修，汪韵珊纂：同治《祁门县志》卷22《选举志·岁贡》，《中国方志丛书·华中地方·第240号》，第970、977、981页。
⑥ （明）郑岳编修，郑维诚增刻：《祁门奇峰郑氏本宗谱》卷4《文征·澄心堂记》，嘉靖刻本，第21—22页。
⑦ （清）周溶修，汪韵珊纂：同治《祁门县志》卷30《人物志八·义行补遗》，《中国方志丛书·华中地方·第240号》，第1391页。

舆之术，并"以勤俭起家，税甲一邑"①。此后在朱元璋打击富户政策下，郑英才后被佥为军户。郑英才生前立下遗嘱十数条，除强调家庭教育外，主要是"务生理，急正赋之供"。从此可看出，军户负担颇重。郑英才生有三安礼、安本和安信三子，"各服劳于赋役之供，以承公志"，大多遵照父命，各安生理。由此开始，郑英才秩下安本、安礼和安信三房成为世代担负军户的职役。生至正十三年（1353）、卒建文十年（1402）的安礼，"以孝悌力田，举为济源丞"；生至正二十六年（1366）、卒宣德十年（1435）的安本，勤于农田经营，以"税户人才，举为永州仓副使"。族谱指出，"虽限于制，未得显仕，皆以其职供朝廷任使"②。由此可知，明初打击江南富户政策隐喻其中，该政策对郑英才子孙影响深远。生洪武三年（1370）、卒景泰元年（1450）的安信，行信二，"能守公力田之教，终其身为良民"，继承父志，致力于农田经营，由此起家。在临终前，将此前借券全部付之一炬，并嘱托儿孙将以三年的田租接济乡里的贫民。③

安信房秩下二十四世郑良爽，"治家甚严，斩斩有度，好储书供耽玩，闻人有古善本，不吝重金购之，盖乡之奇士也"。他在乡村有很高威望，为人排纷解难，出现"乡曲细民有争，不至公府必之君"④ 的现象。二十五世郑岳，"读书破万卷，不务涉猎，穷究旨趣，上下数千年兴亡成败如指掌。下及星历、医卜，无不根极诣妙，足自名家，试场屋有声"⑤，于阳明心学颇有所得。他鉴于族谱多有舛谬，于是重新编纂宗谱，"参考故典处理，悉删去之，断自迁祁者始，凡例登载，精确周缜，无让诸名史"⑥。他还提出"谱不明则源流淆，祠不立则无以明一本，而维情义，于此二者汲汲焉"谱论思想。除编纂族谱外，郑岳还热心于地方公益事业。嘉靖二

① （明）郑岳编修，郑维诚增刻：《祁门奇峰郑氏本宗谱》卷4《文征》，嘉靖刻本，第36—38页。

② （明）郑岳编修，郑维诚增刻：《祁门奇峰郑氏本宗谱》卷4《文征·澄心堂记》，嘉靖刻本，第18—19页。

③ （明）郑岳编修，郑维诚增刻：《祁门奇峰郑氏本宗谱》卷4《文征庠士·郑先生节妇张孺人墓表》，嘉靖刻本，第28—29页。

④ （明）郑岳编修，郑维诚增刻：《祁门奇峰郑氏本宗谱》卷4《文征·郑处士以清暨配胡氏合葬墓志铭》，嘉靖刻本，第32—33页。

⑤ （明）郑岳编修，郑维诚增刻：《祁门奇峰郑氏本宗谱》卷4《文征·贺封君石潭郑公六旬初度序》，嘉靖刻本，第42—43页。

⑥ （明）郑岳编修，郑维诚增刻：《祁门奇峰郑氏本宗谱》卷4《文征·封文林郎、金华府推官石潭郑公行状》，嘉靖刻本，第38—38页。

十三年（1544）、二十四年（1545），连续饥荒，郑岳慷慨解难，买谷赈济饥民，"赖以存济者众"。他还为乡里民众排纷解难，"乡里讼，公折之，无不服"，有效维护了乡村社会秩序。嘉靖年间，钮纬、宋岳、尤烈、钱同文等四人祁门知县，"咸重公行，宾之乡饮，公俱不赴，为诸君所重"①。嘉靖三十二年（1553）秋七月，祁门知县尤烈巡访南乡，登门拜见郑岳。当时的场景是，"见苍发朱颜，魁然一丈人，心始异之。既而，就坐问应，动止秩秩有章，雍雍有度，而子侄仆从皆整肃有矩法，乃知隐德君子，非以子贵者。少潭翁之文行勋德，为时推重，二庠生博学斐声，厥有源哉！"②由此可见，郑岳是一位名重乡里的乡绅，颇有声誉。二十四世郑良域，将其曾祖安信公救济族众的田地立为义田，以救济族中贫困者。他在乡间积极参与各种事物，"乡党服其德，事无巨细，必曰请自竹墩（良域号竹墩）"③。

二十四世郑良址，字以安，为奇峰郑氏族老。正德十年（1515），奇峰郑氏一本祠建成之时，郑良址随即制定堂规以训族人。为加强宗族秩序的管理，他又在族中推选"推耆德三人以行之。凡族之人有不平，必请命三人者，而听曲直焉"，以此来维系宗族秩序。此外，因他具有较高的声望，在乡里出现纷争时，多出面调解，颇有成效。④

概而言之，唐宋至明代，奇峰郑氏文风昌盛，科举发达，仕宦辈出。尤其是明代中叶以后，郑英才三房子孙科第最为发达，仕宦最多。郑氏乡绅还致力于地方经营，以田地、山林起家者颇多。这些乡绅通过编纂族谱，制定族规，广泛参与民间调处，有效维护了乡村社会秩序。

三　商业发展与人口迁徙

明代中叶以后商品货币经济高度发展，长途贩运贸易兴起，地域性商帮先后涌现。明代中叶徽商迅速崛起，徽州经商之风日盛。在这样的社

① （明）郑岳编修，郑维诚增刻：《祁门奇峰郑氏本宗谱》卷4《文征·敕封金华府推官郑石潭公暨汪孺人墓志铭》，嘉靖刻本，第35—36页。

② （明）郑岳编修，郑维诚增刻：《祁门奇峰郑氏本宗谱》卷4《文征·别封君石潭翁》，嘉靖刻本，第43页。

③ （明）郑岳编修，郑维诚增刻：《祁门奇峰郑氏本宗谱》卷4《文征·竹墩哀吟序》，嘉靖刻本，第40—41页。

④ （明）郑岳编修，郑维诚增刻：《祁门奇峰郑氏本宗谱》卷4《文征·寿族老以安公六十序》，嘉靖刻本，第41页。

会背景下，奇峰郑氏族人开始闯荡商海，其族人普遍热衷于山林经营，涌现出不少以经营山林著称的木商世家。他们或在家乡从事山林经营，成为本土木商，或从事长途贩运贸易。伴随着商业活动的发展，奇峰郑氏多迁居外地，不断完成在地化，形成新的聚落。

奇峰郑氏经商始于何时，暂时无考。但至少在宋元时期，奇峰郑氏已从事山场经营，并且形成一定规模。如郑廷芳，从元代延祐六年（1319）至至正五年（1345）的20多年时间中，陆续购买山场十几笔，拥有山场三四十亩。① 可见，元代后期，郑廷芳是个颇有经济实力的山林经营主。到至正五年（1345），因族人繁衍众多，遂立分山合同，郑廷芳开始将山场分为十五股，分仁、义、礼、智、信五阄，各收一阄，各管各业。② 由此可知，郑廷芳除个人独资经营山地外，还有一些家族共同经营的山场，若是加上此前个人经营的山场，其山场规模颇为可观。

明代初年，郑英才父子四人多致力于田地、山林经营，成为"税甲一邑"的富户，以致成为明太祖打击对象，被编入军户系统，永充其役。因明廷规定军户不能随意分户，因此，为应对赋役征派，郑英才秩下安信房大量购入田地、山场，形成较大规模地产所有者。到了明代中叶，随着商品货币经济的发展，徽州与全国各地市场的联系日益加强。木材成为奇峰郑氏经营的主要行业，奇峰郑氏山林经营者，不断将木材贩运到饶州、瓜洲、南京等市场贩卖，形成若干个木商世家，如郑良爽家族、郑笏家族、郑璋家族、郑卷家族等，前后五六代人普遍热衷山林经营，进行木材贸易，前后历时一百多年，长久不衰。生于正统九年（1444）、卒于弘治六年（1493）的郑良爽，"服贾数千里外，赀用丰裕"。其子郑山、郑昆、郑仑在母亲的教导下，继续从事木材贸易。③

明代正德、嘉靖年间，奇峰郑氏族人普遍从事商业经营，经商之风更为兴盛。明代嘉靖年间，郑安信房秩下二十五世郑笏（字慎夫）、郑珪（字德夫）、郑凤（字祥夫）兄弟，在瓜洲从事木材贸易。④ 其中，郑凤

① 张传玺主编：《中国历代契约汇编考释》，北京大学出版社1993年版，第554—576页。
② 张传玺主编：《中国历代契约汇编考释》，第674页。
③ （明）郑岳编修，郑维诚增刻：《祁门奇峰郑氏本宗谱》卷4《文征·郑处士以清暨配胡氏合葬墓志铭》，嘉靖刻本，第32—33页。
④ （明）郑岳编修，郑维诚增刻：《祁门奇峰郑氏本宗谱》卷4《文征·德夫小传》，嘉靖刻本，第17—18页。

"挟重赀商游淮扬间，家益用裕"①。郑笏之子郑谅拥有大量山场，从事山林经营。郑笏之孙郑敷锡（公佑），在继承父祖产业的基础上，继续从事山林经营，于万历二十三年（1595），因人口众多，不便共同营业，将大量山场析分，立有分山阄单，将原共有山场分为天、地、人、和四单，各自独立经营。②嘉靖年间，郑琜"远贾成都"，将四川的木材贩运到江南地区销售。③二十五世郑璋（字明夫），正德、嘉靖年间"游江淮间，而赀用饶"，从事木材贸易，纳粟以功军饷，授七品散官。④郑璋二弟郑璊（字洁夫），幼年丧父，弃儒就贾，并说"商为四民一，即为之未害耳"，"乃挟数千金与其兄璋、弟王忽游江淮、荆楚间，未十年赀日饶裕"。在瓜洲经营木材贸易之时，他还热心于地方公益事业，"以盐坝为官民共道，遇粮运辄阻商行，乃捐金募工，别濬一河，使官运无碍，商不留难，至今人利赖公焉"。在商业经营中，郑璋兄弟有明确分工，正所谓"兄璋常家居，公以独立任贾事，岁获利至千万，公不毫发私也。岁获利至千万"⑤。由此可见，在木材贸易过程中，郑璋主要在老家负责经营管理山林，郑璊则"十九在外"，负责将木材运到瓜洲，负责木材销售，且经营有方。上述文字虽不免夸张，但郑璊兄弟为富商巨贾是应是可信的。郑璋儿子郑任、郑佐继续购置山场，从事山林经营，形成规模较大的山场所有者。⑥

万历二十一年（1593），郑逢旸兄郑晋在瓜洲进行木材贸易时，不幸身故，其钱财被族叔、地牙荣锡一概侵吞，于是郑逢旸、郑逢旦同侄在前等人将荣锡状告到按院。⑦万历四十一年（1613），合伙经营木材贸易的郑

① （明）郑岳编修，郑维诚增刻：《祁门奇峰郑氏本宗谱》卷4《文征·处士栖竹郑公暨配孺人余氏墓表》，嘉靖刻本，第30—31页。

② 《万历二十三年祁门郑公佑等立〈分山阄单〉》，《徽州千年契约文书（宋·元·明编）》卷8，第25—72页

③ （明）郑岳编修，郑维诚增刻：《祁门奇峰郑氏本宗谱》卷4《文征·完妇记》，嘉靖刻本，第25页。

④ （明）郑岳编修，郑维诚增刻：《祁门奇峰郑氏本宗谱》卷4《文征·可闲轩记》，嘉靖刻本，第26—27页。

⑤ （明）郑岳编修，郑维诚增刻：《祁门奇峰郑氏本宗谱》卷4《文征·明处士洁夫郑先生墓志铭》，嘉靖刻本，第33—34页。

⑥ 《嘉靖郑氏置产簿》，南京大学历史系资料室藏。

⑦ 《明代万历二十七年祁门郑逢旸等立还用银并出山田庄基价银清单》，中国社会科学院中国历史研究院藏，编号：115142708001。

元祐、逢旸、逢春、师尹、大前等人，因风雨影响，造成木材到瓜洲之时，错过商机，造成生意亏本，于是众多合伙人按照各自占有的股份赔偿损失。①

虽然唐末郑传迁居祁门西乡营前以后，不断有族人外迁，形成新的支派。但奇峰郑氏出现大规模的人口迁移则是在明代中叶随着经商之风兴起而出现的，其族人大量迁居侨寓地，开始占籍，不断在地化。

因奇峰郑氏主要在饶州、湖广、瓜洲等地进行木材贸易，因此，迁居江西、湖广、江苏的族人较为集中。明代正德年间，太三房秩下二十六世郑藻迁居饶州；嘉靖年间，郑高寿迁居湖广。② 相一房秩下二十五世郑和迁居庙安；二十六世郑文璇，迁居甘镇。二十五世郑公政，因在瓜洲经商，遂迁居于此。③ 明代弘治、正德年间，广二房秩下二十五世郑庆春、郑庆寿、郑同政、郑善政等人一同迁居甘镇；嘉靖年间，二十七世郑记寿迁居淮安。④

夔公房秩下二十三世郑文友、郑文春、郑文富兄弟三人迁居池州府象鼻石，逐渐形成新的支派；嘉靖年间，二十六世郑时凤迁居盱眙县。⑤ 敬公房秩下二十二世郑本善、二十四世郑宏，迁居奇岭附近的查本段，从事山林经营；嘉靖年间，二十五世郑茕立迁居江西进贤县；二十五世郑汲迁居湖广；二十五世郑河迁居江西浮梁县。⑥ 一德房秩下二十世郑寄生迁居襄阳；正德、嘉靖年间，二十五世郑太保、郑尚保兄弟迁居浮梁县。⑦ 除迁居外地外，奇峰郑氏族人也有在祁门县境内迁移的。如秀之房秩下第二十世郑舍迁居奇岭附近的查湾。⑧ 一德房秩下二十一世郑颙迁居祁门南乡溶口。⑨

总之，奇峰郑氏宋元以来一直以经营山林，从事木材贸易著称。在明代中期以后，木材经营的传统得到延续，出现数个木商世家。伴随着商业

---

① 《徽州千年契约文书（宋·元·明编）》卷3，第438页。
② （明）郑岳编修，郑维诚增刻：《祁门奇峰郑氏本宗谱》卷2《世系·太三公房》，嘉靖刻本。
③ （明）郑岳编修，郑维诚增刻：《祁门奇峰郑氏本宗谱》卷2《世系·相一公房》，嘉靖刻本。
④ （明）郑岳编修，郑维诚增刻：《祁门奇峰郑氏本宗谱》卷2《世系·广二公房》，嘉靖刻本。
⑤ （明）郑岳编修，郑维诚增刻：《祁门奇峰郑氏本宗谱》卷2《世系·夔公房》，嘉靖刻本。
⑥ （明）郑岳编修，郑维诚增刻：《祁门奇峰郑氏本宗谱》卷2《世系·敬公房》，嘉靖刻本。
⑦ （明）郑岳编修，郑维诚增刻：《祁门奇峰郑氏本宗谱》卷2《世系·一德公房》，嘉靖刻本。
⑧ （明）郑岳编修，郑维诚增刻：《祁门奇峰郑氏本宗谱》卷2《世系·秀之公房》，嘉靖刻本。
⑨ （明）郑岳编修，郑维诚增刻：《祁门奇峰郑氏本宗谱》卷2《世系·一德公房》，嘉靖刻本。

活动的发展，明代弘治年以后，奇峰郑氏族人不断迁居江西、湖广、苏北等地，占籍定居，属于典型的商业移民。这种商业移民，在商贾遍天下的徽州具有一定的普遍性。

第二节　郑英才"军庄"的山林经营

明代人户"以籍为定"，将全国人户分要分为军、民、匠、灶等户籍，"役皆永充"。军户人口约占全国的五分之一，对明代社会、经济、政治、文化等产生深远影响。因此，军户的研究长期受到学者关注，涌现出一大批成果。① 管见所及，目前徽州军户的研究仅涉及祁门善和程氏、祁门郑英才等少数几个家族，而且这些研究成果多是利用族谱资料进行宏观考察，对于徽州原籍军户的社会经济生活，尤其是山林经营实态关注不够。② 有鉴于此，笔者以置产簿为中心，对祁门原籍军户郑英才军庄的山林经营作一初步考察。

一　郑英才军户概说

关于明代军户，于志嘉指出："就户籍管理的层面看'原籍军户'、'卫所军户'和'附籍军户'共同构成一个军籍，协力承担一名军役，彼

---

① 王毓铨：《明代的军屯》，中华书局 2009 年版；顾诚：《隐匿的疆土——卫所制度与明帝国》，光明日报出版社 2012 年版；李龙潜：《明代军户制度浅论》，《北京师范学院学报》1982 年第 1 期；张金奎：《明代卫所军户研究》，线装书局 2007 年版；彭勇：《明代班军制度研究——以京操班军为中心》，中央民族大学出版社 2006 年版；于志嘉：《卫所、军户与军役——以明清江西地区为中心的研究》，北京大学出版社 2010 年版，梁志胜：《明代卫所武官世袭制度研究》，中国社会科学出版社 2012 年版；李新峰：《明代卫所政区研究》，北京大学出版社 2016 年版；赵世瑜：《卫所军户制度与明代中国社会——社会史的视角》，《清华大学学报（哲学社会科学版）》2015 年第 3 期；吴才茂：《明代卫所制度与贵州地域社会研究》，中国社会科学出版社 2021 年版，等等。

② 目前关于徽州军户的研究有：彭超《从两份档案材料看明代徽州的军户》，《明史研究论丛》第 5 辑，第 86—104 页；张金奎《明代原籍军户社会地位浅析——以族谱资料为中心》，中国明史学会、南京大学历史系、南京中山陵园管理局主编《第十届明史国际学术讨论会论文集》，人民日报出版社 2005 年版，第 141—148 页；周绍泉《明清徽州祁门善和程氏仁山门族产研究》，《谱牒学研究》第 2 辑，第 1—35 页。此外，于志嘉在其研究论文中曾举例歙县柳山真应庙方氏、藤溪陈氏两个军户家族的事例。参见于志嘉《试论族谱中所见的明代军户》，《"中央研究院"历史语言研究所集刊》第 60 本第 2 分，1989 年，第 635—667 页；《明清时代军户的家族关系——卫所军户与原籍军户之间》，《"中央研究院"历史语言研究所集刊》第 74 本第 1 分，2003 年，第 97—140 页。

此间有互相支援之责。"① 因此，明代军户可以分为原籍军户、卫所军户和附籍军户三种。② 下面就原籍军户郑英才的军籍来源、军役负担等进行论述。

郑英才为祁门南乡奇峰郑氏子孙，生元至元元年（1335），卒明永乐十五年（1417），享年虚83岁。③ 郑英才师从著名堪舆师张宗道，得其真传。同治《祁门县志》记载：

> （明）郑英才，字膺才。从青阳张宗道学青囊之术，尽得其秘。生平不以此营利，惟积善之家代为卜吉。邑中暨浮、黟大族阴阳二宅，多其手扦。④

由此可见，郑英才堪舆之术在浮梁、徽州颇有盛名。在张宗道的众多门徒中，郑英才与西乡伦坑汪仕周、文堂陈伯齐并称于世。对此，《南源汪氏支谱》记载：

> 仕周公精青囊之术，博览杨曾廖赖之书，而探其秘于太极动静之微芒，以与为消息，故窥天玉疑龙之学，辄有神悟，遂与一时郑英才、陈伯齐诸友，同受业于张宗道，于龙穴砂水，与庸师之掇拾皮毛、挟南车以行术艺者迥别。⑤

郑英才勤于力农，善于经营，产业雄于一乡。族谱记载：

> 公当明开国议法之初，征输之令，刻期以赴，违者祸且不测，乡民重畏法，而轻弃其产者比比然。公毅然曰："畏难而虚国课，非忠

① 于志嘉：《明代军户家族的户与役：以水澄刘氏为例》，《"中央研究院"历史语言研究所集刊》第89本第3分，2018年，第542页。
② 李龙潜曾将明代军户分为"郡县军户"和"在营军户"，但并不全面。（可参见李龙潜《明代军户制度浅论》，《北京师范学院学报》1982年第1期）因此，笔者采用于志嘉的说法。
③ （明）郑岳修，郑维诚增补：《祁门奇峰郑氏本宗谱》卷2《世系》。
④ （清）周溶修，汪韵珊纂：同治《祁门县志》卷33《人物志十一·方伎补遗》，《中国方志丛书·华中地方·第240号》，第1775页。
⑤ 《南源汪氏支谱》卷9《仕周公记》，民国二十二年刻本。

也；苟安而废先业，非孝也。不忠不孝，曷以教家。"乃躬率其子尽力于农亩，而三子者各服劳于赋役之供，以承公志，蔼然有礼教之风，卒以起家，税雄（雄）一邑。公且以其余买药，以济乡民之不能医者，至义所当，举虽千金弗怪。①

上揭材料中的"明开国议法之初，征输之令"，是明初朱元璋打击富户豪强的政策②，由此造成"乡民重法"，出逃者众多。在这种氛围下，郑英才却率其三子勤于农耕，由此起家。郑英才虽然没有被征到京师，但却没有逃过充军的命运。

《英才公租簿》记载，郑英才充军是在洪武二十八年（1395），当时他已60岁，从此郑英才家族就落入了军户系统。③ 关于郑英才充军原由，其曾孙郑仕斌④在弘治九年（1496）的一份诉状中称：

> 状告人郑食德户丁郑仕斌，年七十二岁，系十五都一图军籍，状告为分豁清理军伍事。有故祖郑英才为查理须知事，问发广西庆远卫千户所，百户孙雄下军。今奉到发册清勾内称……。

由此可见，郑英才是因"查理须知事"被充广西庆远卫军户，属于"谪发，以罪迁隶为兵者"⑤。但奇怪的是，嘉靖年间郑英才后裔郑岳、郑维诚父子编纂的《祁门奇峰郑氏本宗谱》中，不仅对郑英才充军之事毫无记录，而且整部家谱没有任何文字记录其家族的军户信息，可能是原籍军户是有意避开军户的户籍身份，怕因此受到过多的牵连。⑥ 换句话说，从族谱根本看不出郑英才家族的军户户籍。在明代，族谱中避而不谈家族军

---

① （明）郑岳修，郑维诚增补：《祁门奇峰郑氏本宗谱》卷4《文征·澄心堂记》，第18—19页。

② 冯剑辉：《明代京师富户之役考论——以徽州文献为中心》，《史学月刊》2015年第1期。

③ 彭超：《从两份档案材料看明代徽州的军户》，《明史研究论丛》第5辑，第86—104页。以下关于郑英才军户在卫所活动的资料，皆转引自此文，不再逐一标注。

④ 郑仕斌，行斌四，生宣德庚戌，卒正德戊辰，子良鉴。参见（明）郑岳修，郑维诚增补《祁门奇峰郑氏本宗谱》卷2《事略》，第15页。

⑤ （清）张廷玉等：《明史》卷90《兵二·卫所·班军》，中华书局1974年版，第2193页。

⑥ 于志嘉：《试论族谱中所见的明代军户》，《"中央研究院"历史语言研究所集刊》第60本第2分，1989年，第636页。

户的现象十分普遍。①

另外，能够证明郑英才家族军户身份的是明代进士登科录。郑英才六世孙郑维诚于嘉靖二十年（1541）中进士，其在登科录中的信息记载如下：

第三甲第一百一十名，军籍，《书经》。顺天府乡试第一名，会试一百四十五名，国子监生。②

上引资料显示，郑维诚的户籍为军籍无疑。这与上引郑仕斌诉状中记载郑英才为军户的内容一致。由此可见，郑英才家族直到明代嘉靖年间仍然没有脱离军籍。

值得注意的是，族谱却记载郑英才只有三子：安礼、安本、安信，并无第四子永成。③ 从上述族谱对家族的军户身份没有任何记载可知，郑岳、郑维诚父子编纂族谱之时，很可能是故意不记载留在卫所的家族子孙。这也进一步说明，族谱资料在有些方面并不可靠，因此，使用族谱时，需要与其他资料相互印证。

郑英才死后，勾郑永成补军役。郑永成死后，由其子郑旺补役。郑旺死后，无子可补，遂勾其侄郑贵补役。当时郑贵年幼，"记录在官"，郑贵成年后遂补役，此后一直由在卫的子孙继承下去。因此，其家族就分为原籍军户和卫所军户两大支，而"军装"、盘缠就成为两支族人联系的重要纽带。

为应对军装、盘缠等支出，郑英才在携带第四子郑永成赴卫之时，将家业析分为四大股，郑永成分得一股作为"军庄"，让留在原籍的三个儿子郑安礼、郑安本和郑安信"三大股"轮流管理"军庄"收租，并立有合同文约：

---

① 关于族谱不记录军役的现象，于志嘉认为："若修谱者与卫军分属不同房派，其先祖事迹又不详，很可能略而不记。这或许是现存族谱中较少军户记事的原因，也因此使在利用时受到很大限制。"（参见于志嘉《试论族谱中所见的明代军户》，《"中央研究院"历史语言研究所集刊》第60本第2分，1989年，第636页。）但《祁门奇峰郑氏本宗谱》的编纂者郑岳、郑维诚父子确为郑英才嫡系房派子孙，但族谱却没有记载军役的信息。因此，笔者认为修谱者与充军族众是否为同一房派，并非是造成族谱是否记载军役信息的必然因素。

② 《明代登科录汇编（十）》，学生书局1969年版，第5101页。

③ （明）郑岳修，郑维诚增补：《祁门奇峰郑氏本宗谱》卷2《世系》，嘉靖四十三年刻本。

原祖上留下田地、山场，以备祭祀、户役军人盘缠等项。……同众商议，内取浮租六百三十秤，照后开列土名，付各股老成领收蓄积，预备军人盘缠费。其余田地、店租，尽付轮流为首人经收，以备祭祀等项。……

从上引文字可知，最初军庄收入有 630 多秤。以 1 秤 20 斤算①，计有 12600 斤以上，也算是不少的收入了。这些军庄产业包括田地、山场，都由安礼、安本和安信三大房轮流管理。其租除用于祭祀之外，全部用于"帮贴"在卫所服役的族人。

明初对于如何送军装盘缠到卫所没有严格规定，可以是原籍军户差人送达卫所，也可由卫所军人回籍取讨。直到弘治十年（1497），明廷才做出由原籍军户应继人丁"五年一送军装"②。因此，弘治十三年（1500），原籍户丁郑马、郑开赍送军装盘缠到宁远卫所。但即使如此，还是有不少卫所军人回籍取讨军装盘缠的现象。郑英才孙郑贵就曾于正德五年以回乡祭祖和损坏军装、衣甲、鞍马等件的名义，回祁门原籍取讨白银一百多两，远远超过原来郑英才设定的 12 两，可谓是十足的"勒索"，造成原籍军户户丁的不满。前述族谱中没有记载军役的任何文字，可能与原籍与在卫两支因军装盘费的矛盾有关。血缘关系的淡化和军役负担，是造成原籍军户与卫所军户之间矛盾的主要因素，这种情况十分普遍。③

至万历年间，郑贵之孙郑光先补军役后，时常以"房屋被烧""兄长死亡无银埋葬"等各种理由，多次往返追讨盘费，甚至在万历二十五年（1597）"恶人先告状"，投诉祁门官府，最后却被知县杖责十二柄。同时，知县做出规定，"自后以庚子（万历二十八年（1600））为起，必须十年方许关支，务必当官发给，不许私自侵受。行关彼处卫所，不得委给关文，以开军人骗局"④。

---

① 明清时期，徽州的地租收入的"秤"的斤两多寡不一，有 15 斤、18 斤、20 斤、25 斤和 30 斤等不同情况，因此，笔者选取 20 斤这个比较中间的数字为标准。

② "其不奉册勾之家，以五年为率，着令户下应继人丁，给与供送批文，就于户内量丁追与，盘缠不拘多寡，明白照数开写。"参见（明）霍冀《军政条例类考》卷 3《五年一送军装》，明嘉靖三十一年刻本。

③ 参见于志嘉《明清时代军户的家族关系——卫所军户与原籍军户之间》，《"中央研究院"历史语言研究所集刊》第 74 本第 1 分，2003 年，第 97—140 页。

④ 彭超：《从两份档案材料看明代徽州的军户》，《明史研究论丛》第 5 辑，第 99—100 页。

由此可见，郑贵等在卫服役的军人勒索行径。

　　明代规定军匠户不能分户，"景泰二年奏准……如人丁数少，及有军匠等项役占窒碍，仍照旧不许分居"①。因此，随着时间的推移，军户家族"军庄"等产业经营规模不断扩大，乃至形成千亩以上的大地产所有者。如祁门善和程氏任山门军户家族的"军庄"产业，在程弥寿将众存田产作为军业田时规模只有百余亩，到了明代嘉靖、万历年间，山场1149亩2角47步，共有、祭田、学田和军业田等计315.5796亩。② 善和程氏原籍军户族人在管理这些产业的过程中认识到，"田之所出，效近而利微，山之所产，效远而利大，……所谓日计不足、岁计有余也"③。郑英才军户家族的军庄产业在长期的经营后，形成山场、田地、屋基等多种地产的产业结构，规模颇大，并留下置产簿。

　　随着"军庄"产业规模的扩大，善和程氏仁山门原籍军户和奇峰郑英才原籍军户的军役负担大为减轻，不再是困扰原籍军户的问题。正如于志嘉所言："明初一名军役在有明一代能衍生出多少军籍子孙，而实际赴卫执行军役的又是何其少数。在这种情况下，军役对军户造成的实质负担，不论就在家族整体赋役中所占的比重，或就其对所有家族成员的羁绊程度而论，都较明初时大大的减轻。若族中已有军赀田专供军费，'军籍'对军户成员的约束意义将更行降低。"④ 因此，万历年间形成的郑英才军户家族的"军庄"置产簿就成为考察明代军户"军庄"山林经营的珍贵资料。下面将具体论述。

二　文书概述

　　《正德—嘉靖郑氏誊录簿》第28号，1册，明抄本，南京大学历史系资料室收藏。该簿收录文书类型丰富，包括买卖契约、合同文约、诉讼案卷等内容。其中，买卖契约80多件，合同文约20多件。从时间跨度来看，该簿册涉及元至正二年（1342）至明万历十五年（1587），其中元代至正

---

① （明）李东阳撰，（明）申时行修：万历《大明会典》卷20《户部七·户口二·黄册》。
② 周绍泉：《明清徽州祁门善和程氏仁山门族产研究》，《谱牒学研究》第2辑，第3页；颜军：《明清时期徽州族产经济初探——以祁门善和程氏为例》，《明史研究》第5辑，第61页。
③ （明）程昌撰，周绍泉、赵亚光校注：《窦山公家议校注》卷5《山场议》，第74页。
④ 于志嘉：《再论族谱中所见的明代军户——几个个案的考察》，《"中央研究院"历史语言研究所集刊》第63本第3分，1993年，第660页。

年间文书仅2件，明代的文书包括洪武、永乐、成化、弘治、正德、嘉靖、隆庆和万历年间，尤以嘉靖、万历年间的文书最为集中。从内容来看，除少数买卖契约涉及屋基、田地外，绝大多数的文书为山林文书，包括山地买卖契约、清业合同、息讼合同、遗嘱合同、对换文约、佃仆立还文约、合伙经营合同和诉讼案卷等，这为考察其山林经营提供重要基础。

关于该置产簿的簿主信息，簿册封面和内容均没有直接记载，但从其所收文书内容不难判断出其归属。明代众多买卖契约中的买主绝大多数记录为"郑英才""郑英才子孙""郑英才三大分军庄""郑军庄"。例如下面的合约：

> 十六都郑应户户丁应试兄弟原万历十年，将一保土名主簿潭等处山粮四亩，入十五都郑维明军庄名下，黄册亲供，推割三亩，仍欠一亩，假大造推入供解。所有纳除，先年收讫外，下届贴代纳银一钱五分正，日后各无异言，立此合同各收为照。
>
> 万历十三年十一月二十四日立约人　郑应试　同弟应元
>
> 　　中见兄　应瑞①

买主为祁门十五都郑维明军庄，按照郑英才生前的遗嘱，三大分军庄由安立、安本、安信三房轮流管理，可知郑维明为万历年间管理军庄的族人。

再如，隆庆三年（1569）的许廷轰基地屋宇契：

> 十六都许廷轰同侄文祥、文灿、文皎等共承租并买受基地屋宇一备，坐落本都一保土名主簿潭。现住基地屋宇并四围空地，新立四至，里至英才田，外至英才田，前至山，后至山。于内本家叔侄兄弟该得新旧基地屋宇，并各人该得分籍，尽数立契出卖于十五都郑英才三大分军庄为业，面议时值纹银四两五钱正，……②

① 《万历十三年郑应户户丁应试兄弟立合同文约》《正德—嘉靖郑氏誉录簿》第28号，南京大学历史系资料室藏。置产簿中每件文书原无题名，此文书题名笔者所加。下同。

② 《隆庆三年祁门廷轰卖基地屋宇契》，《正德—嘉靖郑氏誉录簿》第28号。

买主明确记载为郑英才三大分军庄，其卖主许廷轰为万历十五年
（1587）郑、许主仆山场互控案的许氏族人。详见下文论述。

再如，嘉靖四十五年（1566）买卖契约：

　　十六都郑应祖同弟应禅、应元共有承父田地山场、庄基屋宇一
备，坐落本都一保，土名主簿潭等处，所有土名亩步、四至字号，开
载不尽，逐一开单于后照证。前项田地山场、屋宇基地，本位兄弟合
得分籍，今因户役，自情愿凭中尽数立契出卖与十五都郑英才秩下子
孙为业，面议时价纹银四十九两，在手足讫。……
　　嘉靖四十五年二月二十二日立契人　郑应祖、同弟应禅、应元
　　　　　依口代书　应祥
　　　　　中见兄　新淳
　　　　　中　见　陈浔、包贵①

该产业的买主为郑英才，但嘉靖四十五年郑英才已去世140多年。这
里显然是其军庄产业的纳税户头。

合同文书中也多涉及"郑英才""郑英才秩下""三大分军庄"。如嘉
靖年间佃仆的佃山约：

　　十五都徐甫等，今佃到房东郑良椿三大分军庄三大分山一号，在
于本都九保，土名茶园培，前去拨种松杉木，毋得抛荒。其力分毋许
变卖各房子侄并他人。如违，听自追倍花利，力分不与。今恐无凭，
立此佃约为照。
　　嘉靖二十八年四月初二日立佃约人　　徐甫、郑唐、程隆保
　　　　　　中见人　　郑豹、郑尉（书）②

上引文书为十五都奇峰郑氏佃仆徐甫等人承佃主人郑良椿三大分军庄
山场的佃山约。郑良椿为郑英才玄孙、郑安信曾孙，属于三大分军庄中的

---

　　① 《嘉靖四十五年祁门郑应祖等卖田地山场庄基屋宇契》，《正德—嘉靖郑氏誊录簿》第
28号。
　　② 《嘉靖二十八年祁门徐甫佃山约》，《正德—嘉靖郑氏誊录簿》第28号。

安信房（第三房）。

明清时期的徽州是典型的契约社会，民众在日常生活中形成强烈的契约意识，因此，对于契约文书的保存十分重视。该置产簿保存有说明该簿册文书缘由，颇能证明其归户性。现抄录如下：

> 奇峰郑良椿、同弟良萱、良梯等，思念先祖存留并续置祭祀、军庄田地山场契书文约等项，因各房收贮散乱，未经腾录，恐后子孙蕃衍，人心不古，或至疏遗，故托亲眷程伉为证，令各赍出。复恐怀私执匿，投祠告神，各已赍出，集收一处，腾录成册，以便检阅。间有捡寻未尽者空白，以待登载。如有故执者，神明纠察，悉照投词责报。自后各房子孙永远遵守，不堕先人之志，是所愿也。
>
> 嘉靖二十八年四月二十五日　　郑良椿、良萱、良梯、良吉、崙
> 　　　　　　　　　　　　　　　锦、文选、文佳、文昺、经、
> 　　　　　　　　　　　　　　　森、恪
> 　　　　　见议亲眷　　程伉①

这份文约是嘉靖二十八年（1549）郑英才秩下安礼房（良萱、文佳）、安本房（良梯、文选等）和安信房（良椿、岳等）等三大房子孙共同订立的文约，透露出以下重要信息：第一，三大房先祖等购置众多产业，留下祭祀、军庄田地山场，并保存有完整的契约文书，以作凭证。第二，这些产业的契据收藏在各房族众手中，没有集中誊录，较为散乱。第三，随着社会经济的发展和世系的推衍，惟恐人心不古，为加强军庄田地山场等产业的有效管理，避免不肖子孙盗卖，于是三大房裔孙郑良椿等托凭亲族程伉为中，要求将保存放在各房的契据赍出，不得私匿，集中到一起，誊录成册，以便日后查证。第四，嘉靖年间距明初已过去一百多年，难免有一些产业的契据有所遗漏，因此，待日后找出，再补充登载。这份文书既集中体现徽州宗族强烈的契约意识，同时也能够明确证明这份置产簿的归户性。换句话说，这份置产簿就是在嘉靖二十八年订立契约之后，汇总成册的产物，当为郑英才军庄产业汇总文书。至于簿册中保存有隆庆、万历年

---

① 《嘉靖二十八年祁门郑良椿等立保契据文约》，《正德—嘉靖郑氏誊录簿》第28号。

间的文书，应该是在嘉靖二十八年（1549）第一次汇总成册后，增补进去，重新誊录而成。

综上所述，该簿册中绝大多数涉及的产业归属人为郑英才军户。再结合上引文约和前文论述，可知该簿册应该属于郑英才军户家族中的"军庄"产业文书。

三 山场经营

郑英才军户的"军庄"产业以山林为主，其产业主要通过购买途径获得。从买卖契约的内容来看，既有宗族内部不同房派之间的山场交易，也有跨都交易的，甚至还有跨县（如浮梁县）的山林买卖。

现以山地买卖契约为例，其山场主要来源于十二都吴氏、十二都胡氏、十五都郑氏和十六都倪氏等几个聚落，另有 2 处山场来源于浮梁县兴福都程氏。在众多的山场交易中，奇峰郑氏宗族内部买卖占据三分之一左右，可见宗族内部山场交易为郑英才军庄的主要途径。

军庄山场主要采取租佃经营的方式。从其租佃形态来说，既有佃户承佃，也有佃仆租山经营；既有族内租佃，也有族际租佃。

先看隆庆六年（1572）的佃山约：

> 十六都胡记保等今承佃到十五都郑维明军庄山一源，坐落本都一保，土名主簿潭。其山新立四至，东至田，西至大峰，南至洪下至石觜河潭，北至上坞界，下至培界。四水俱内，承佃前去砍斫，无问险峻，遍山丛密栽种杉松苗木，毋得抛荒。日后成材之日，请同山主看验，对半均分，无得私强。如违，听自山主告理，外人无得强种，火截俱系佃人承管，松子山主出办。立此佃约为照。
>
> 隆庆六年七月十一日立
> 佃　人　胡记保、显昌、龙保、周保、王交保、王乞保、胡显心
> 见　人　胡桂、汪星保①

十六都胡记保等承佃十五都郑维明军庄在主簿潭的山场经营，要先将

---

① 《隆庆六年胡记保等佃山约》，《正德—嘉靖郑氏誊录簿》第 28 号。

山场上的杂柴砍斫，然后由山主出办松苗，遍山栽种松杉苗木，不得抛荒。在林木成材之时，请山主上山查验，将主分、力分对半均分。

置产簿中保存一份胡记保等领松子的契约，现抄录如下：

> 十六都胡记保、同弟王交保等，今领到十五都郑维明军庄山主松子银六钱五分正，前去买松子，在主簿潭四水俱内，变〔遍〕山栽种，毋得抛川长山。今恐无凭，所领是照。
>
> 再批，竹园坞山长松子尽行领去。
>
> 万历元年二月二十六日立领人　胡记保、周保、龙保、显富、王高保、王乞保、文永、显池①

结合隆庆六年的佃山约可知，万历元年（1573）佃户胡记保等人从山主郑维明处领去松子银六钱五分，前去购买松子，在承佃的山场遍山栽种，并负责日常管理。

山场距离住所较远，地势复杂，其经营管理远比水田更为艰难。因此，佃户在承佃山场数年后，往往迫于生计，被迫将力分转让于山主。万历十四年（1586），原承佃主簿潭山场的佃户立有卖"力分"契。罗列如下：

> 十六都胡龙保同周保、廷羊、王交保、王龙、胡五保、显池，共有原承佃到十五都郑军庄山一源，坐落本都一保，土名主簿潭。其山新立，原种四至，东至田，西至大峰，南至洪，下至石嘴，北至上坞界，下至田界，四水俱内，栽分得力分。今立契出卖与山主郑军庄名下为业，面议时价文银五两五钱正，在手足讫。自卖之后，无得私自盗砍，无得变卖他人。今恐无凭，立此为照。
>
> 再批，前项力分自卖之后，倘有重复，听主告理。
>
> 万历十四年十月初四日立
>
> 　　契人　胡龙保、周保、廷羊、交保、王龙、胡五保、胡显池
> 中　见　胡全保、胡桂②

---

① 《万历元年胡记保等领松子银约》，《正德—嘉靖郑氏誊录簿》第28号。
② 《万历十四年祁门胡龙保等卖山场力分契》，《正德—嘉靖郑氏誊录簿》第28号。

万历十四年（1586），在承佃郑氏军庄山场15年后，原先的佃户胡龙保等人将他们共同拥有的"力分"出卖给山主郑氏军庄，获得5.5两白银。虽然契约中没有注明出卖原因，但与经济贫困不无关系。类似于这样的佃山者卖力分的契约颇为不少。如前文提到的十六都许廷轰也曾承佃郑氏山场，于隆庆四年（1570）将力分卖给山主郑英才名下为业，获银0.15两。[①] 结合上述具有前后关联的胡记保等佃山约、领松子契和卖力分契，可以清楚的了解郑英才军庄山场的经营情况。

明清时期的徽州佃仆制十分盛行，因此，徽州大族普遍役使佃仆经营山场。奇峰郑氏军庄也多用佃仆经营。弘治三年（1490），十五都汪三等将"先年栽分到房东郑可昂本都六保，土名竹园坞、牛角坞弯口上培山内杉木中拥有的一半力分"，出卖与郑英才秩下子孙为业。[②]

佃仆比一般佃户的身份更低，属于贱民阶层，生计更为艰难，迫于生计，他们有时铤而走险，盗砍山主山场。如万历二十一年（1593），佃仆郑旺兴、包记龙等立还文约。现摘录如下：

> 十五都郑旺兴、包记龙、汪圣祖、余七等自不合，盗砍房主郑英才众官人本都土名坚凹坞等处山场杉松，致房主状投本都里长。是旺兴等不愿到官，情愿托凭同都里长郑国祥等，立还文约。其盗砍木价，当凭验赃，追纳价讫。日后通源山场，毋问尔我，自行遵循禁约法度，不敢入山盗砍，锯造窑柴，及梯做长柴，致损杉松苗木。如违，听自各分山主呈官理治。今恐无凭，立此为照。
>
> 万历二十一年九月二十日立还文约人　　郑旺兴、郑子兴、包记龙、汪圣祖、余七、汪天付、郑奇兴、郑福兴、包二保
>
> 　　　　　　　　　　代笔里长　　郑国祥、康世勋[③]

---

① 《隆庆四年祁门许廷轰卖山场力分契》，《正德—嘉靖郑氏誊录簿》第28号。
② 《弘治三年祁门汪三等卖山场力分契》，《正德—嘉靖郑氏誊录簿》第28号。
③ 《万历二十一年祁门郑旺兴等立还文约》，《正德—嘉靖郑氏誊录簿》第28号。

这份佃仆立还文约是万历二十一年（1593）佃仆郑旺兴、包记龙等人，合谋一起盗砍房主郑英才众官人在十五都坚凹坞等处山场中的松杉，房主发觉后，状投本都里长。后在里长郑国祥的调处下，郑旺兴等佃仆立下立还文约，以表罪过，并将盗砍的木材当面查证清楚，折价赔给山主，约定今后不再入山盗砍杂柴。从这份文书中可以得知，即使在万历年间，民间的"户婚田土"等纠纷发生后，仍有不少纠纷首先还是由里长理处。[①]

奇峰郑氏是人丁繁盛、门房众多的大族，因此，随着世系的推衍和诸子均分制的影响，加之，土地交易频繁，造成山场分籍化，犬牙交错，在经营过程中常因产权、盗砍等引发山场纷争。郑英才军庄山场的经营纠纷十分频繁，既有族内不同房派的纷争，也有主仆诉讼。

早在郑英才在世时，族内不同房派就因山场的产权引发利益之争，为此，郑英才于永乐十年（1412）立有合同。抄录如下：

> 奇峰郑英才同弟邦敏立和［合］同议约，诚谕子孙，常谓和移宗亲，英达仁义，二者不絜，禽兽何殊。况吾先祖皆以孝义超群，名扬前烈［列］。今英才等谢先祖之遗荫，致子孙以绳之，既绍箕裘，理家承志。今见各家光男勇而无礼，伤败人伦，致将祖上田地山场，或因文契交加，或相连界，至有所不明。至今□动，辄笔兴词，语言不逊，固［因？］知仁义，玷厚祖宗。昔孟子云："贼仁者谓之贼。贼义则谓之残。"此之谓也，吃吾兄弟之生，得共祖而连枝，与此前言合，当训诫。今后各分子孙务要谨守，仁义必在得人，恭以序人伦，琢成玉器。如遇否泰，必在协力相扶，但有公私和用，相应春秋祭祀，少长如仪应。各田山屋地，倘有不明，将出各家文书经理，二分下子孙凭此托族众办理，毋得执法侵占，不许饰词兴讼，妄生争端，有伤和气。日后子子孙孙遵吾命。《诗》曰："永言孝思，思孝维则。"故立斯文，汝言遵守。如违不遵，仰遵守人明捧

① ［日］中岛乐章著，郭万平、高飞译：《明代乡村纠纷与秩序：以徽州文书为中心》，江苏人民出版社 2019 年版，第 169—213 页。

盂，执玉兢兢，将出此文赴官，准不孝论。立此诚文二纸，付各分
下子孙，永远存照。

　　永乐十年岁次壬辰三月二十四日立诚谕合同议约人

　　　　　　　　　　　郑英才诚谕、邦敏

　　亲房　　　　郑得、得民、秉忠、仕启

　　族人　　　　郑伯辰、伯京、伯权、伯宏、伯恒

　　亲眷　　　　程原明、汪震楮

　　奉书侄　　　郑等初①

　　这份合同产生在永乐十年（1412），当时郑英才已77岁。按照明廷的
政策，他应该已从服役的广西宁远卫退役回家。② 这份合同议约有几点值
得关注。第一，从卫所退役回来的郑英才看到族中子弟追逐个人利益，不
讲求孝义，造成郑英才和郑邦敏两房子弟的山地、田地产业纷争。第二，
面对族众的产业纠纷，郑英才决心整顿风气，要求族人遵孝义，序人伦，
同心协力，将各自田地山场文书赍出，相互查验，明确产权，避免纠纷。
由此可见，早在明初社会经济尚未全面复苏、商品经济没有全面繁盛之
时，徽州宗族社会失序的现象已露端倪。

　　随着商品货币经济的发展，到明代中期以后，土地交易更为频繁，社
会上逐利之风更为盛行。这种社会背景下，奇峰郑氏军庄山场的纠纷更为
频发。

　　首先来看族内山林纠纷。成化十九年（1483），郑寿与郑良谐（安信
公房）因山界不明，引发纷争：

　　　　十五都郑寿，因与族兄郑良谐互争宋二坞石枧山地，讦告到官。
　　蒙帖里老胡仲昂等行勘问，蒙亲眷胡容志等劝谕，免伤宗义。今不愿
　　紊繁终讼，愿托凭亲眷里老胡仲昂等言议，将所告山地明立疆界，两

　　① 《永乐十年祁门郑英才等立诚谕合同议约》，《正德—嘉靖郑氏誊录簿》第28号。
　　② "洪武十五年，令各卫军士年老及残疾，有丁男者许替役，所管官旗，留难者坐罪。" 参
见（明）李东阳秀，申时行撰《大明会典》卷137《兵部二十·军役·老疾》，明万历内府刻本。

相对换，从便管业，逐号开写于后。

计开……

成化十九年二月立约人　　　郑寿

　　　　　　　评　议　　胡仲昂、郑昔爱、康从礼、汪彦政

　　　　　　　　　　　　郑志仁、汪奇辛、胡景昂、康志仁

　　　　　　　代　书　　汪惟信、郑安①

上引文书为郑寿与郑良谐（安信房）互争山场引发的诉讼，上告到官府。祁门知县下帖文要求里老胡仲昂等人到涉讼山场进行勘查。此后在亲眷胡容志等人的调解下，双方以宗义为重，山场重新立界，并相互对换，以便今后各自管业，从而息讼了事。

弘治三年（1490），安本公房派下郑良弼与敬公房派的郑昂互争"本都六保土名平家坡、下坞源末尾、小麦坞汪三住后等处山地"，上告到官府。经排年里长和耆民陈宗器等人实地勘查后，双方不愿终讼，将所争各处山场，"照保经理"，并将已砍伐的林木拨补应得之人，双方订立合同文约，以此结束纷争。②

契约文书是产权的明证，因此，也有族人伪造契书争夺山场产权现象发生。来看下面山林纠纷文书。

先来看一份与诉讼相关的佃仆卖力分契：

十五都汪三等于先年间栽分到房东郑可昂本都六保，土名竹园坞、牛角坞弯口上培山内杉木一片。原与可昂同栽力分，汪三兄弟合得一半。后父汪田宗又买得可昂同栽一半力分，又昂已栽苗木一块。今为无钱用度，自情愿将前项山内自栽杉木并买得可昂杉木，无论大小不等，尽数立契出卖与今买山人郑英才秩下子孙为业，面议时价白银四两五钱，在手足讫。其山上截小苗一块，仍系存留。

　　弘治三年四月二十日立契人　　　汪三、汪仕富、汪仕善、汪仕春

　　　　　　　依口代笔　　郑时中③

---

① 《成化十九年祁门郑寿等立对换山地文约》，《正德—嘉靖郑氏誊录簿》第28号。

② 《弘治三年祁门县郑昂等立互争山场合同文约》，《正德—嘉靖郑氏誊录簿》第28号。

③ 《弘治三年祁门汪三出卖山场力分并杉木契》，《正德—嘉靖郑氏誊录簿》第28号。

由此可知，汪三为郑可昂的佃仆，将竹园坞、牛角坞弯口等山场中栽种力分和购买所得杉木，出卖给郑英才秩下子孙为业，获得白银 4.5 两。但因土地交易频繁，这块山场在弘治九年（1496）引发纷争。现将其文书抄录如下：

> 十五都郑英、汪三、郑仓德等，共买得山一段，坐落六保土名竹园坞牛角弯，经理系万字九百四十九号。其山原是郑秀经理，秩下子孙分籍，俱是郑可轩、可昂兄弟对半买受为业。后郑可昂该得山场一半，卖与本都郑仲新，转卖与郑仓德、仕复、仕佐等以讫；可轩一半卖与郑英、汪三相共。其山大小杉木，俱是汪三并与汪臭等，各截栽种。弘治八年，有原卖山人可昂，因佥郑仲新转卖得价略多，诱骗郑英银物，另与假写含糊分籍不明文约，唆令郑英状告本县。今年郑英、汪三砍过可昂原卖契开四至界内杉木，郑复等托凭郑英叔郑班等，照依可昂卖契，看明分籍、四至，至各不争论。其山俱照可轩一半，四分中郑英合得一分，汪三合得一分。所是在山松苗，日后成材，砍斫力分，俱照山分四分均坐，不许多寡挽买，又生争论。立文之后，各人务要遵守，不许另异生词争论。如不遵者，听遵守人告理，甘罚白银十两入官公用，仍依此文为始。所有郑可昂与郑英私立假约废毁，不在行用。今恐无凭，立此合同文约为照者。
>
> 　　弘治九年五月初三日立约人　　　郑英、汪三
> 　　　　　代书见人　　　郑班　　学诗①

上引的合同文约为奇峰郑氏不同房派和外族为争夺山林产权引发的诉讼。具体来说是，秀之房（可昂）与郑英才秩下安礼房（仕佐）、安本房（仓德）、安信房（仕复）和外族汪三等人之间的林业纠纷，情况较为复杂。这份合同文约有几点值得关注：第一，涉讼山场原为郑秀经理，其秩下的郑可轩、郑可昂兄弟买受为业，后来这兄弟二人分别将各自占有的一半山场出卖给郑仓德、郑仕复、郑仕佐和郑英、汪三。第二，买主之一的

---

① 《弘治九年祁门郑英、汪三、郑仓德等立山场清业合文约》，《正德—嘉靖郑氏誊录簿》第 28 号。

汪三即为弘治三年（1490）出卖此山场力分的郑可昂家的佃仆。地位低下的佃仆能在五六年内与房东郑氏族人合伙购买山场，可见佃仆群体并非都是穷困潦倒，而是存在两极分化，有些佃仆也有一定的经济实力。像汪三这样具有一定经济实力的佃仆，在徽州应该不是少数。[①] 第三，弘治八年原卖主郑可昂进行"找价"，诱骗买主之一的郑英钱财，并与之订立分籍不明的假合同文约，同时唆使后者上告官府。第四，弘治九年（1496），郑英、汪三在从郑可昂手中买来的山场中砍伐杉木时，郑仕复等人托郑英叔郑班查看郑可昂的卖契，结果因分籍不明，双方争论不休。第五，经过协商，郑英、汪三和郑仓德等人，将山场划分为四股，明确各自分籍，并废除郑可昂与郑英私立假契约。从这份比较为复杂的山场产权纷争可知，在山林经营过程中，民众在经济利益的驱使下，甚至不惜伪造文书，以图占有山林产权。

祁门十二都冯四坞口也是郑氏军庄所在山场之一。该山场为洪武年间郑英才从其外甥李文彬手中购买所得，郑英才念及亲情，将李文彬母郑氏安葬在山。到嘉靖十三年（1534），李氏后人李帅保不知祖上坟茔山场的来历，到山砍伐柴木，郑英才裔孙郑德良得知后，状投里老。李帅保不愿终讼，遂立还文约，保证以后不敢再侵犯，只保留祖母郑氏生坟一所。[②]

万历十五年（1587），郑英才军庄山场在经营过程中，发生主仆之间为争夺山场产权引发的长久诉讼。置产簿中收录涉讼双方诉状、祁门县、徽州府和屯田御史等衙门的批文、供招、申文等相关诉讼文书，为深入考察晚明徽州主仆纠纷提供了绝佳史料。[③] 下面进行具体考察。

郑维明在嘉靖、隆庆年间，用价买受十六都许多保等位于主簿潭的山场，作为军庄产业，交给佃仆许元保、许多保等住歇，佃种山田。到了万历年间，佃仆许氏族人长期拖欠山租，并入山盗砍木材，被山主发现后，"逆仆"许多元保等赶杀山主，于是，郑维明只好上告祁门官府。现将郑维明诉状抄录如下：

① 晚明徽州佃仆经济实力的变动情况，参看［日］中岛乐章著，郭万平、高飞译《明代乡村纠纷与秩序：以徽州文书为中心》，第245—255页。
② 《嘉靖十三年祁门李帅保等立还山场文约》，《正德—嘉靖郑氏誊录簿》第28号。
③ 关于晚明徽州主仆纠纷的研究，可参考［日］中岛乐章著，郭万平、高飞译《明代乡村纠纷与秩序：以徽州文书为中心》，第218—244页。

万历十五年正月十三日，许家托租盗木，语言不逊，众议佛估相达，承恩县主张爷□，告为杀主大变事。祖买军产，土名主簿潭等处山田屋地，逆仆许多保等，住种栽养杉松苗木，供解军饷。如违不行，应付租谷，盗砍上坞松杉松木三百余根。椿存理论，仆歹持刀赶杀。幸遇郑池等保救，乞追木，应付正罪。上告。

原告　　郑维明

被犯　　许保、元保、文盛、上祖、圣保、文照

干证　　郑池保、陈絃①

该诉状揭开了主仆诉讼的序幕，接下来双方围绕"佃仆身份"、托租盗木等一系列问题展开激烈的诉讼，使得案情变得日趋复杂，诉讼不断升级，从祁门县、徽州府再到屯田御史等衙门。

在郑维明状告祁门县后，佃仆许元保却也不甘示弱，随即向祁门县提起诉讼。其诉状如下：

剿豪吞占事，本户承祖金业坟山基地，近被土豪郑浩等贿买，公正书手违法改册，占基开坟。兄法被恶郑祖打死卷证，势至屋后造坟，嗔阻控从耳，生不保居，死不保墓。恳令良善急救，一家保全基，立墓安生。上告。②

从上引佃仆许多保向祁门张知县的诉状可以看出，许多保族人状告原由是山主郑浩等人，通过贿赂书手，篡改地籍册，侵占其坟山基地等产业。更为恶毒的是，竟然说郑氏打死其兄许法，造成"生不保居，死不保墓"的险境。因此，为"保全基业，立坟安生"，遂不得不状告官府，以此维护自身合法权益。

郑氏、许氏主仆双方先后状告官府，事由不仅各异，而且真假难辨。查康熙《祁门县志》可知，万历十五年（1587）在任的县令为张季思。③

① 《万历十五年正月十三日祁门县郑维明状告逆仆许多保托租盗木并杀主诉状》，《正德—嘉靖郑氏誊录簿》第 28 号。

② 《许多保本县张爷诉状》，《正德—嘉靖郑氏誊录簿》第 28 号。诉讼案卷中从这份诉讼文书开始，皆有提名。

③ 张季思，四川内江人，万历九年至万历十五年，任祁门县知县。康熙《祁门县志》卷 2《职官》，康熙二十二年刻本。

接到双方诉状后，张知县是否下帖文请里老、衙役等进行勘查取证，不得而知。但该诉讼案卷中，保留有一份"供招"文书，为祁门知县审判结果，详细记录诉讼起因、过程等，颇为珍贵，为揭示这场主仆诉讼真相提供重要资料。因论述需要，现将其文抄录如下：

> 一、问得一名许元保年三十二，系十六都一图民籍，状招今在官郑维明，于嘉靖、隆庆等年间，用价契买元保，今不在官许廷轰、许文祥等十六都先存、今故郑应祖，土名主簿潭全业基地、庄屋，向是许元保、许多保等住歇，耕种田地。基屋后山场松杉竹木，俱系看守，历年应付无异。许多保等不合，而□主窝远，屡年将租谷拖欠，窃盗山杉木。比郑维明念系庄仆一向未□，至万历十四年十二月内，郑维明往庄收租，间见本山内被盗砍木椿甚多，随即向伊理论。比许多保又不合，不分主仆名分，反行辱骂，唏言殴杀，又不合，不行应付，以致郑维明不甘具壮。本年正月十三日，赴县告准，行拘问许多保，自合出名，实告为当，亦又不合，捏名许文添情具状，诉准通蒙，行拘一干人证到官。再三研□，审得许凤翔、许元保等住居郑维明山庄，佃种郑维明田亩，递年拖欠田租，未尽完足，窃本山杉木百根。今年郑维明向伊取讨，反出言不逊，骂主欺主，诚属刁顽。除远年拖欠者，姑兑追究外，自万历十年起，至十四年止，查阅欠帖，共计九两八钱四分，合于各佃户名下，追给田主。至于窃户多保住居切近，难诿他人，但未获真赃，姑不重究，仍令递年照旧应付，不准抗违。前情俱的，今蒙俱的所供是实。许元保稍有力，郑维明告纸二钱五分。①

从这份"供招"文书内容，可以将案情基本情况归纳为以下几点：第一，郑维明在嘉靖、隆庆年间，买十六都郑应祖在主簿潭的山场、基地、庄屋，当时由郑应祖的佃仆许元保、许廷轰、许文祥等住歇、耕作，屋后的杉木也由他们看守，历年相安无事。可见，郑维明买了该处地产后，许元保等也随地产一起转移，成为郑维明的佃仆。这后来成为许多保等抵赖

---

① 《供招》，《正德—嘉靖郑氏誊录簿》第 28 号。

佃仆身份的原因。下文将详细论述。第二，许元保、许多保等随着产业转移到郑维明名下后，欺负郑维明离这些产业较远，多年拖欠租谷，盗砍杉木。第三，"房东"郑维明念及自家庄仆名分，一直没有强行追讨。直到万历十四年（1586）十二月，郑维明前往该处收租，发现山内被盗砍杉木、椿树等甚多，随即和许元保等理论。结果后者却恼羞成怒，"不分主仆名分，反行辱骂，唏言殴杀"。第四，主家郑维明见此情况，不甘心受辱，于万历十五年（1587）正月十三日上告祁门县。第五，祁门张知县受理此案，行拘原被告、干证等人到官。经多次审理后，查实许元保等确实佃种郑维明田亩、山场，多年拖欠田租，并盗砍杉木百根。主家郑维明今年前往收租，许元保等出言不逊，骂欺山主。第六，祁门知县张季思了解实情后，做出判决。许元保等人远年拖欠的租谷、山租等不予追究，要求许元保等人补交从万历十年（1582）至万历十四年地租等银 9.84 两。但对于许多保盗砍杉木一事，因该山虽为许多保佃种，但没有抓到他盗木证据，因此不予追求，只要求许多保等人每年按照旧约履行义务，不得违反。

祁门知县张季思审判结束后，郑维明抄录了一份抄招给帖，从中能看出一些具体情况。现抄录如下：

> 抄招给帖事，祖置主簿潭庄田山地，蓄木收租，供军无异。逆仆许多保等，睭身窝远，倚持刁强，负租盗木，藐法欺蔑，告蒙镜断，恶犹抗躲，计令弟男搪结，反唏暗害。切今天台指日异擢，恶仍欺蔑，告诉无门，恳赐抄招给照，杜患告。
>
> 抄招给付告人　郑维明

从这份抄招给帖可以看出，主家郑维明购买主簿潭田、地、山等产业，蓄养杉木，供付军役。逆仆许多保横行刁蛮，负租盗木。但郑氏认为上告无门，显然是因对祁门知县张季思对盗木一事没有追究的判决不满意。

此后郑氏族人郑相达上告徽州府，知府古之贤受理了此案，并下批文给祁门县汤主簿。其批文如下：

> 告为逆杀大变事，祖买土名主簿潭山田地屋军庄，以逆许多保等

住种无异，岂多骤富，持刁欺窝，违文背义，盗木三百余根，契约并证，军饷无解征理。逆腾持斧赶杀，郑池保救证，骇思命寄凶锋，究无控路，乞批县廉，代彰法典。剿告。①

据此可知，徽州知府古之贤②给祁门主簿汤文郁③的批文中，要求重点查证盗木一事。

许多保族人不服原来的判决，于三月十三日，再次提出诉状。因属于军、民诉讼，故这次上告的衙门是南京的屯田御史衙门"屯院"。孙御史接到诉状后，给祁门县下达批文。兹将批文摘抄如下：

> 许多保出院状告，为豪军谋产杀命事。军豪玩法，民遭缴变，承祖百金，房产祸□屯军郑相达等辈，贪婪吞不遂。计今二月初九日，谋造伪契，诬欠利债，统众郑养浩等蜂围，强逐老幼，捲掠资蓄，拆屋占基，势同抄扎，剿窜无依。比弟文元鸣论，遭截毒打，破脑断足，伤命死。地邻排郑应等，证祖业栖基，军势夺占，抄家杀弟，宪法何容？乞准比府廉剪豪。上告。
>
> 被告　郑相达、郑养浩、宁寿、学圣
>
> 干证　郑应、何禹④

许多保在给屯田御史的诉状中指出，郑氏军庄地产所有者郑养浩（安本房）、郑宁寿（安信房）、郑学圣（安信房）等人是"豪军谋产杀命"，是"玩法"行为。他还认为郑氏族人是伪造契约，诬陷欠租，驱逐老幼，强拆屋基，造成许氏族人生活难以为继。此外，他还诬告郑氏族人毒打其弟许文元致死。同时，许多保还以地邻、排年郑应等人为证，说明其田地庄屋为其祖业，郑氏强行侵占自家的产业。这份诉状的内容足以说明许氏毫不示弱，试图争夺郑氏军庄产权的心态。

---

① 《徽州知府故太爷给祁门汤主簿批文》，《正德—嘉靖郑氏誊录簿》第28号。
② 古之贤，四川梁山人，进士，万历十四年至万历十五年，任徽州知府。康熙《徽州府志》卷3《郡职官》，《中国方志丛书·华中地方·第237号》，第571页。
③ 汤文郁，湖广平江监生，万历十三年至万历十六年，任祁门县主簿。康熙《祁门县志》卷2《职官》，康熙二十二年刻本。
④ 《许多保三月十三日往屯田御史诉状》，《正德—嘉靖郑氏誊录簿》第28号。

郑氏族人也不甘受欺，郑相达于三月二十八日向祁门县提出诉状：

> 翻案逆诬事，饷军庄产主簿潭等处，世养许多保等住歇耕种，田被吞租，山被盗木，理论赶杀。鸣天蒙判，追赃宽罪。逆倚习讼何禹翻越屯院，契册两相，凭何诬谋产伤证，两无何诬杀命。庄佃藐主，如子逆父，叩招抵诬，杜患切诉。①

在这份诉状中，郑相达指出两个关键问题。第一，许家人不服原先判决，越讼上告屯田御史衙门，妄图翻案。第二，再次强调许多保等人的庄仆身份，并认为"庄佃藐主，如子逆父"，对于许多保等人诬告行为，必须进行严惩。

祁门知县张季思在收到屯田御史孙大人的批文后，十分重视，立即进行调查取证，重新审判。五月十五日，给屯田御史孙大人上申文，报告案件最新审查结果。该申文详细讲述案情来龙去脉。祁门张知县在申文开头指出：

> 一、问得一名许文多，年四十正，系直隶徽州府祁门县十六都一图民籍，状招文多，与先问结。今不在官许元保、许凤翔等，现住基地屋宇，坐落土名主簿潭，有故祖绪光显、许光灵、许勇先、许廷远等，于弘治、正德等年间，将基地屋宇各得分籍，各契卖与今故汪以朴、倪世济、郑天芹等三家，照契管业。至嘉靖四十五年，汪以朴、倪世济、郑天芹等，将各原买得许家基地屋宇，转卖与今在官郑维明、相达入军庄为业。又于隆庆三年间，文多亲兄许洋，即今在官许文皎、许文盛，及不在官许廷夔、许文奇、许文祥等，将各未卖尽分籍，又续分籍，尽数卖与郑维明，亦入军庄为业。至万历九年间，奉例清丈，量得前项基地，致字一千二百三十九号、五十四号、五十五号、五十六号、五十七号，共计平地四百一十六步三分，俱系郑维明全业。又，一千二百五十二号、五十三号，内郑维明该得平地二百八十一步。前后通计，基地七号，郑维明实共地六百九十七步三分，归

---

① 《三月二十八日郑相达诉状》，《正德—嘉靖郑氏誊录簿》第28号。

户纳税，管业无异。①

上引祁门知县张季思的申文详细说明郑、许主仆涉讼田地山场的频繁交易的复杂情况。归纳起来主要有几点值得关注：第一，涉讼基地庄宇等产业最早在弘治、正德年间，由许文多先祖出卖给汪以朴、倪世济、郑天芹等三家为业。第二，嘉靖四十五年（1566），原买主汪以朴、倪世济、郑天芹等三家，将所买产业转卖给郑维明、郑相达入军庄为业。第三，隆庆三年（1569），许文多的兄长许洋、许廷轰等人，将原先基地屋宇中未卖尽的分籍和后续买进的分籍，全部出卖于郑维明，也入军庄为业。第四，万历九年（1581），张居正改革之时，奉例清丈田土。查明涉讼基地共有7号，前5号为郑维明全业，后2号郑维明占有281步。这些产业由郑维明归户纳税，管业无异。

在讲明涉讼田土交易原由后，祁门知县张季思将诉讼原由阐述如下：

> 前基屋田地，系许多保等还文，佃住耕种。是文多等递年负欠租谷，本年正月内复砍本山柴木。是郑维明登门理论，反被出言不逊，致郑维明不甘，具状赴县告准。间比文多得知，躲闪不出，票拘得许元保、许凤翔到官，蒙查屡年拖欠租银九两八钱四分，审取供词在卷。随将许元保、许凤翔、许多保各拟杖罪发落讫。比文多思得负欠租谷填真，无以抵对。又恐日难脱庄仆名目，就不合架控告，为豪军谋产杀命事，屯军郑相达诬欠利债，统众蜂围老幼，捲掠资蓄，拆屋占基。比弟许文元鸣论，遭截毒打破脑，断足伤命死，地等行虚情，径赴屯院孙老爷处告准。蒙批仰祁门县究报，到县行拘间，郑维明亦具状诉县，通蒙行拘一干人证到官，再三研审得，许文多祖先年将基屋田地一半卖与汪、倪、郑三姓。至嘉靖四十五年，倪、汪、郑复转卖与郑相达为业。又，隆庆三年，文多亲兄许洋等，将先年未卖一半并卖与郑相达，俱有文契可据。前项基屋田地，即系许文多等佃住耕种。在徽州，即截然有主仆之分也。本年正月内，郑相达因文多负欠田租，窃砍柴木，具告本县，乃文多脱欺（?）庄仆名目，辄逃躲，

---

① 《本县问结申孙爷供招》，《正德—嘉靖郑氏誊录簿》第28号。

不赴审理，寻控赴告宪台。

今查相达买契，及审卖人许洋，是郑氏岁久业明，何为谋产。比因取租，口语未原相殴，何尝杀命，俱属全诬，众应反坐。但文多不肯甘心为相达庄仆，似应听从其便。其田地房屋合令相达另召佃人居住耕种。许文多不许仍前霸住郑氏庄屋，以启衅争。今蒙取供是实。

祁门知县张季思的这段文字将此前主仆双方诉状过程进行了概括，还提到屯田御史孙大人给他的批文，要求祁门知县重新审理并汇报的情况。值得注意的是，张知县明确指出，在徽州"住主屋、种主山、葬主山"实为佃仆的风俗。并指出，许文多等人因不甘心为郑氏庄仆，故诬告山主郑维明、郑相达等人。

在充分调查，并重新审理后，祁门知县张季思做出判决：

一、议得许文多所犯，除诬告人私债强夺孳蓄产业，及毁人房屋。又除抢人财物，并不应轻罪，俱不坐外，若告郑相达截许文元毒打，破脑断足等情得实，郑相达合依拆人肢体者律徒罪。今虚依诬告人徒罪，加所诬罪三等，律杖一百，流三千里，有《大诰》，及遇蒙恤刑恩例，通减一等，杖九十，徒二年半，系民审。许文多稍有力，照例折纳工价，完日发落，宁家缘奉批问事理，羁候申详允施行。

一、照出许文多、郑维明各告纸一分，折银二钱五分，许文多工价银九两，通共纸工价银五两五钱，追纳官库收贮，听候屯院项下取解。其许文多等佃住庄屋，听自退田搬移另居。郑维明另行召佃住种，取库收附，缴余无照。

据此可知，祁门知县张季思最后做出的判决是，许文多等人杖九十，徒两年半。同时，要求许文多等人搬离原来佃住的田地屋宇，由郑维明重新招佃住种。

对于祁门县的审判，新上任的屯田御史王大人却给予驳回，并在批语中称：

许文多卖业之人，堪拟赎徒否，且卖田不卖佃，此中俗例也。今以拖租返失，断令退佃搬移，以杜霸住之衅。是矣！而郑维明以卖业之为人庄仆，情理顺乎？仰县再详。

六月十三日驳下到县①

据此可知，屯田御史王大人认为许文多只是卖业之人，按照俗利"卖田不卖佃"，以此认定其为庄仆是否合乎情理，为此，要求祁门知县张季思重新详细审查。

祁门知县张季思接到屯田御史孙大人的批语后，立即重新审理此案，并于七月二十六日，以申文的形式报告给屯田御史。其申文如下：

直隶徽州府祁门县为豪军谋产杀命事，抄奉钦差巡按直隶带官屯田马政御史王批，据本县申详犯人许文多招田前事，奉批许文多卖业之人，堪拟赎徒否，且卖田不卖佃，此中俗例也。今以拖租返失，断令退佃搬移，以杜霸住之衅。是矣。而郑维明以卖业之为人庄仆，情理顺乎，仰县再详，奉此遵依。

案查万历十五年三月十九日，奉钦差巡按直隶屯田马政监察御史孙批，据十六都民许文多告为豪军谋产杀命事，奉批仰祁门县究报，奉此行据。郑维明翻案逆诬事，据此随拘，原被事内一干人证到官，审得许文多故祖许光显等，于弘治等年曾将土名主簿潭住居地屋，各该分籍卖与故民汪以朴、倪世济、郑天芹等三家为业。嘉靖四十五年，三家具各转卖军户郑维明、郑相以为军庄。隆庆三年许文多亲兄许洋等，各将先年未卖尽分籍立契，又尽卖与郑维明全业。万历九年奉例清丈，郑维明前后契买，实共基地六百九十七步三分，全业归户，纳税管业。仍系许多保等还文佃住，耕种交租。递年恃顽，负欠租稻，复因盗砍柴木，郑维明理论，许多保不顾主仆名分，出言不逊。比郑维明赴县告追屡年拖欠租稻。因许洋向在凤阳地方生理，趁钱乘机□赎卖明原业，且要脱庄仆名色，更名许文多，捏情赴告本院，奉批到县，遵依审拟。许文多伙诬告人徒罪，稍有力，折纳工价，断令许文多等退田搬移。其基听自郑维明另行召佃，住歇耕种，

① 《新任屯田御史王大人驳下批语》，《正德—嘉靖郑氏誊录簿》第28号。

取供在卷。于本年五月十五日，具招申详本院批开，前因随该本县知县张遵将犯人许文多、郑维明，及拘许洋等到官，覆鞠参看得，郑维明先年买受许光显等庄屋田地，向系许多保、许元保等赁住其屋，佃种其田，故维明以庄仆视之，谓其为伊佃户，非阅卖主也。使许氏卖屋卖田之后，脱手而去，不复居其屋，种其田，则维明安得槩以卖主为庄仆乎？

卑县原断许氏退佃移居，正使其脱庄仆之名，非为霸郑氏之屋也。况徽州之俗，在房东则以主人自居，在佃人则以庄仆自认，合郡皆然，相沿已久。比之他郡，尤截然不复。抵昂者，不独一维明、多保尔也。原许洋卖屋之后，向寓凤阳生理，家赀颇足，欲图取赎先年卖明庄基田地，故乘维明告取欠租，辄易多保之名为文多，捏情赴告宪台，据律反坐正，以惩其诬耳。复审前情明确，合照原拟申夺。为此，卑县今具前项原由，同原奉批，另具书册，合行申乞，照详明示，遵奉示行。须至申者。

万历十五年七月二十六日　　堂行①

祁门知县张季思的这份申文有几点值得注意：第一，系统回顾前几次祁门县、屯田御史等衙门审理此案的过程，并引用相关文字，以此作为这次申文的前提。第二，许洋（许文多）在出卖主簿潭地产后，在凤阳经商，颇有起色。他以经济崛起为契机，试图赎回原先出卖的产业，并将原先许多保的名字更改为许文多。第三，许洋乘郑维明取讨欠租的时机，向屯田御史提请诉讼。第三，祁门知县张季思再次提及徽州庄仆制的问题。他对"徽州之俗，在房东则以主人自居，在佃人则以庄仆自认，合郡皆然，相沿已久"风俗表示认同。他认为原先自己的判决，之所以让许洋等人搬离庄屋，就是想让许氏脱离庄仆身份。第四，在全面审查的基础上，祁门知县张季思做出维持原判的决议，并将连同原来的批文，另外造册，呈请请求屯田御史王大人审批。

屯田御史王大人接到祁门知县的申文后，于八月二十八日给祁门县下发批语。兹将其内容抄录如下：

① 《张爷复审照前招申院》，《正德—嘉靖郑氏誊录簿》第28号。

　　许文多复审明确，仍照原拟赎发，余无再断。库收缴。①

　　由此可见，屯田御史王大人这次认可了祁门县维持原判的决议，并要求以此下发结案。

　　但到此案件尚未结束，此后郑相达、懋德二人向徽州府金爷提请诉讼。十二月二十八日，徽州府金大人做出批语：

　　诉为悔宪叠诬事，宪府三详，宁容刁诳，世养军庄，佃恶许多保等，盗木吞租百两，鸣县告府结明。岂刁番诳，屯院批县，允拟招徒，卷积数宗，岂持刁钻，隐宗展转，更词捏名，复诬屯院，幸送天台。思恶叠诬，叠招难容，悔宪经害，恳天提吊县卷，剪诬杜害。上诉状后，许多保躲逃不出。十五年三月，府牌行提得紧，拿得许洋解府，一审发县。汤主簿查契册，理刑所发县牌。为减宪蔽究事，蒙屯院孙批。据祁门县民许文多状告前事，蒙此行拟，该县申解各犯前来，审得所告产业，已经前任张知县二次鞫断招详。今本犯复以不查丈册具告，合再委查。为此，仰本官照票事理，即将郑维明等所买许文多地名主簿潭基地，今丈致字号，共七号，每号步数若干，亩步契册，是否相同，逐一备查明白。具由星火申报，以凭招结施行。②

　　查康熙《徽州府志》可知，万历十五年（1587）徽州知府仍为古之贤，同知为于翰，通判为胡邦彦，推官为金枝，故这里的"金爷"应为徽州府推官金枝③。因此，郑相达是向徽州府推官提请诉讼。据此批语可知，徽州府推官金枝要求祁门县衙门查阅涉讼田地山场屋宇的契书，并火速回报徽州府。

　　祁门知县接到批文后，要求主簿汤文郁查证契书。汤主簿查证之后，向徽州府提出申文进行回报：

---

　　① 《八月二十八日屯院依拟发县批语》，《正德—嘉靖郑氏誊录簿》第 28 号。

　　② 《十二月二十八日郑相达、郑懋德向徽州府金爷诉状》，《正德—嘉靖郑氏誊录簿》第 28 号。

　　③ 金枝，浙江崇德人，进士。万历十四年至万历十六年，任徽州推官。康熙《徽州府志》卷 3《郡职官》，第 580 页。

祁门县主簿汤为减宪蔽究事，抄奉本府理刑所信票，蒙屯院孙批。据祁门县民许文多状告前事，备仰照票事理，即将郑维明等所买许文多、汪以朴、倪世济、郑天芹等地名主簿潭基地。今丈致字号，共七号，每号步数若干，总结若干，亩步契册，是否相同，逐一备查明白，具由星火申报等因，奉此遵依。

即查本县归户库册，原先数散，复吊[调]该图归户印信底册到县。查得一千二百三十九号，计地二十一步；五十、五十四号，计地一百七步三分；五十五号，计地一百二十步；五十六号，计地一百一十四步；五十七号，计地五十四步。以上五号，共地四百十六步三分，系郑维明全业。一千二百五十二号，计地一百五十二步；五十三号，计地二百二十二步六分，共地三百七十四步六分，系与郑至爱己共业，内郑维明五十二号该地一百一十四步，五十三号该地一百六十六步九分五厘。前后七号，郑维明共该实地六百九十七步三分正。并吊郑维明原买文契，查兑相同，于内许文多并无名目、毛厘分籍，拟合伸报。为此，卑职合将前项原由，同原奉信票，拟合申缴。伏乞照验施行。①

从上引的申文可以得知，祁门县汤主簿查证十分仔细，不仅在县衙库房中查阅涉讼产业归户清册，还调阅该图的归户印信底册、买卖契约等一并查阅，两者相互比照。最后得出结论：郑维明所买的产业中，许文多并"并无名目、毛厘分籍"。在此基础上，汤主簿将前项原由，连同原奉信票一起呈给徽州府衙门，请求照此复查单结果施行。

徽州府推官金枝接到汤主簿的申文，做出最终判决："许洋拟杖，以为帮恶之戒，今蒙取供是实。……议许洋所犯合依不应得而为之，事理重者，杖八十，有大诰，减一等，杖七十"。至此，郑、许主仆互控案宣告结束。

综上所述，万历十五年（1587）持续近一年的郑、许主仆互控案，持续时间虽然不太长，但涉讼双方却以各种理由多次上诉不同级别的衙门，造成案件复杂化，造成官司从祁门县、徽州府到屯田御史不等衙门之间来

---

① 《本县汤主簿查契册具由申府》，《正德—嘉靖郑氏誊录簿》第28号。

回旋转。上下级衙门之间以申文、批文的形式持续关注案情的进展情况。在本案的审理中，关键的问题在于欠租盗木和许氏的佃仆身份的认定。同时，这个案件也显示出，晚明时期随着社会经济的发展，徽州佃仆的生计模式多样化，随着经济实力的增强，他们试图摆脱佃仆身份的想法越发浓烈。正是出于这种强烈的"跳梁"心理，才多次上诉、越诉，甚至不惜诬告主人，造成案情的复杂化。

第三节　郑谅家族的山林经营

明廷起初规定，军户不能分户，但在嘉靖年间全国赋役改革的浪潮中，"军匠开户"问题被提上日程，因此，嘉靖以后，军户分户现象十分普遍。对此，于志嘉提出："随着隆庆六年军政条例的颁行，新造的军、民黄册也应将新户名一体编入，军户分户不再有违法之虞。甚至就某种意义来说，丁众田多的军户顺应各地方均田均甲的施行，成为被强制析户的对象。'户'与'籍'成为两个不同的概念，'分户'不影响'同籍'。"① 郑英才军户就属于"丁众产多"的原籍军户，安礼、安本和安信三房人丁兴旺，田地、山场规模较大。明代正德、嘉靖年间，郑英才军户家族子弟纷纷独立经营山林，很快形成几个颇具规模的木商世家，尤以三房安信房派支为主，主要有郑山家族、郑谅家族和郑璋家族。他们不仅热衷于本土的山林经营，还将木材贩运到江西、江苏等木材市场贩卖，形成一个完整的山林经营体系。下面先对郑谅家族的山林经营作初步考察。

一　文书概述

在遗存众多的奇峰郑氏文书中，郑谅家族的文书颇为可观。管见所及，簿册文书主要有《山契留底册》《万历二十三年祁门郑公佑等立分山阄单》《源一公祠山地田契录》，散件文书也较多。下面主要就簿册文书逐一介绍。

《山契留底册》1册，上海图书馆收藏。该簿册共有山地契约200余

---

① 于志嘉：《明代军户家族的户与役：以水澄刘氏为例》，《"中央研究院"历史语言研究所集刊》第89本第3分，2018年，第594页。

份，时间跨度大约从明天顺到万历年间。最早的一件为弘治五年（1492），最晚的一件为万历二十一年（1593）。其中，以嘉靖时期的文书最多。该册文书类型丰富，以山地买卖契约为主。此外，山场清白合约、分家书（分单）、租佃文约亦为不少。

从文书内容看，买卖契约的买主为郑笏、郑谅、郑玄锡，合同文书也以这些人物为主。查阅族谱可知，该簿册涉及的几个人物为父子、祖孙关系。因此，其簿主血缘关系为郑笏—郑谅—郑玄锡。由此可知，该簿册为郑谅家族的山场册。

《万历二十三年祁门郑公佑等立分山阄单》，中国社会科学院中国历史研究院图书馆收藏，收录于《徽州千年契约文书（宋·元·明编）》第8卷。其内容在第二章《分家书所见明代徽州山林经济规模》已有所涉及，不再赘述。这里结合族谱对其簿主信息作一补充。

族谱资料记载，该分山阄单为郑谅第四子郑敷锡（公佑）和其侄子可继等所立。为便于下文论述，将簿主世系图进行绘制，具体如图5-2所示：

图5-2　郑谅家族世系（部分）

从图5-2可知，郑笏生郑谅，郑谅生四子：玄锡（公应）、真锡（公安）、帝锡（公赐）和敷锡（公佑）。该分山阄单另外三个事主可成、可行、可嘉，分别帝锡、真锡和玄锡之子。[1] 换句话说，该分山阄单为郑公佑与其侄子（即三个兄长的儿子）所立的分山阄单。

《源一公山地田契录》[2]，安徽师范大学图书馆藏，共有215页。该簿册内容可以分为三个部分。第一部分收录有郑氏在十二都、十四都、十五都的山地田等产业的买卖契约、清业合同、分家书、诉讼文书等，其中，山林文书较多。从收录的内容来看，最早的一份文书为弘治十六年

---

① （明）郑岳编修，郑维诚增刻：《祁门奇峰郑氏本宗谱》卷2《世系》。
② 原题名《源一公祠本都山地田契录》，不准确。从其内容来看，不仅包括十二都，而且还有十四都、十五都等。因此，笔者重新题名。特此说明。

（1503）的卖山老契，最晚的一件为雍正六年（1728）十四都一图三甲李开运户户丁推单，其中，以正德、嘉靖、万历时期的文书居多。

第二部分内容为《源一公祠十二都山地田契录》，收录源一公祠在十二都购置的田地山场的买卖契约、合同和诉讼文书，尤以山林文书为多。其时间跨度从万历三年（1575）至万历四十七年（1619）。为便于后世子孙能够了解徐家坑山场的来源，特意将这些山场汇总为《徐家坑合源山来历》，收录郑筠家族在十二都购置山场的买卖契约、分山阄单、清业合同等文书。其时间跨度从弘治六年（1493）至康熙三十二年（1694）。

第三部分为附录，有《溶口桥里胡宅吊图》《贵阊故桂高吊图》《溶潭李宅吊图》等几个宗族的世系图。结合置产簿的内容来看，郑筠家族购置的田地山场集中在十二都贵溪胡氏、十四都溶潭李氏和十四都溶口胡氏等宗族，附录这些宗族的世系图，就是郑谅家族的子孙日后便于查阅产业的来龙去脉，以为凭证，避免各种纠纷。徽州民众强烈的契约意识，由此也可见一斑。

关于该簿册的归户性。查阅族谱可知，郑谅，字惟贞，行源一。生弘治二年（1489），卒嘉靖二十四年（1545），享年56岁。① 此外，该簿册中买卖契约的买主多为"郑筠""郑谅""公应兄弟""筠、谅祀"等。对照图5-2郑谅家族世系图可知，该置产簿为郑谅家族田地山场等产业契录汇总。由此可知，该簿册为郑谅祠产业置产簿。该簿册中的上述文书抄录的字体明显不同，显然是郑谅家族不同时期族人各自誊录而成的。

以上介绍的郑谅家族山林经营的三种簿册文书，下面主要利用这些文书对该家族的山林经营作一初步考察。

二 山场积累

郑谅家族的山场积累较早，从明初就已开始。当时郑英才、郑安信父子就曾多次购入山场，尤以郑安信购置山场为多。到了弘治年间，山林买卖契约中买主多为"安信分下子孙""安信子孙"。试举一例如下：

十五都郑文质，今有众共山，坐落本都九保，土名牛栏山，见葬

---

① （明）郑岳编修，郑维诚增刻：《祁门奇峰郑氏本宗谱》卷3《事略》，第46页。

信二婆在内。今将本位山分籍，见坐分栽全，在坟林外栽苗三百余根，并在山竹七十根。今为无钱支用，自情愿将前项山并杉松竹木，尽数立契出卖与本都郑安信分下子孙为业长养，面议时价银二两七钱，……。

　　　　弘治四年十一月十五日立契人　　　郑文质①

　　在这份卖山中，郑安信分下子孙从族人郑文质手中买到牛栏山的山，包括在山苗木三百余根，山竹七十根，可见具有一定的经济实力。根据前述郑谅的出生年代，可知这时应为郑谅父祖购置山场的阶段。

　　为便于论述，现将郑谅家族中从事山林经营的人物信息罗列如下：

　　郑谅曾祖父郑仕素，行素四。生永乐十九年（1421），卒弘治四年（1491），生四子：良域、良谐、良晨、良址。成化丙申迁居于奇岭村中的枥峰山麓居住，购置山场，"后家益饶，子孙益衍，凡所以绘饎之者，日益加美"②。

　　郑谅祖父郑良域，字以宽，行域五，号竹墩。生正统八年（1443），卒正德四年（1509）。生三子：笏、珪、凤。郑良域遵守安信公遗志，设立义田，救济族众贫困子弟，在乡里颇有威望。此外，他广置产业，"家益殷惠"，山场也颇具规模。③

　　郑谅之父郑笏，字慎夫，行录一。生天顺壬午（1462），卒年不详。"少游邑庠，治《春秋》，通大义，同列推为先登，后为国学生。"④《祁门县志》有其记载。兹抄录如下：

　　　　郑笏，字慎大，居奇岭，正德时庠生。曾祖患疯，笏晨夕侍养，三年不离。曾祖怜其勤劬，给田数亩。殁后，笏存作祭产以例，肄业国学，选县丞，不就。家司徒庙毁于元季，未复。笏倡建，拓地于奇

①　《弘治四年郑文质卖山白契》，《明清徽州社会经济资料丛编（第2辑）》，第467—468页。

②　（明）郑岳编修，郑维诚增刻：《奇峰郑氏本宗谱》卷4《文征·澄心堂记》，第21—22页。

③　（明）郑岳编修，郑维诚增刻：《奇峰郑氏本宗谱》卷4《文征·竹墩哀吟序》，第40—41页。

④　（明）郑岳编修，郑维诚增刻：《祁门奇峰郑氏本宗谱》卷3《事略》，第35页。

水之西，增于旧制。①

由此可见，郑笏热衷宗族活动，倡议重建司徒公家庙。

郑笏在正德年间大量购买山场，留下不少买卖契约。仅以《山契留底册》为例，正德年间，郑笏购置山场 20 次。其中，正德元年（1506）4次、正德二年（1507）1 次、正德四年（1509）7 次、正德六年（1511）1次、正德九年（1514）1 次、正德十三年（1518）2 次、正德十四年（1519）2 次、正德十五年（1520）1 次、正德十六年（1521）1 次。嘉靖以后未见有其购置山场的记录，可能已去世。②

郑笏弟郑珪、郑凤都是经营木材贸易的商人，长期往返于祁门和瓜洲之间，转运木材。关于郑珪，族谱记载：

> 郑德夫讳珪，别号培竹，邑南奇峰人。性质实敦，朴蔫友爱，偕弟凤商扬之瓜渚。嘉靖甲申夏，凤染疫，德夫时寓高邮得报，昼夜兼行来视疾……③

关于郑珪兄弟友善的记载，《祁门县志》则称：

> 郑珪，字德夫，居奇岭。嘉靖间，弟凤商于瓜渚，染疫。珪时寓高邮得报，昼夜兼行，视疾躬为，炼药煮糜，至废寝食。医恐疫见染，劝之归。曰："有命。"及凤愈，珪疾旋作。医再三劝归，犹以弟虽少痊，依我为命为辞。未几，竟以疫死，人义而哀之。④

从上引两条资料的内容可知，郑珪、郑凤兄弟都在瓜洲经营生意。此

---

① （清）周溶修，汪韵珊纂：同治《祁门县志》卷 29《人物志七·孝友》，《中国方志丛书·华中地方第 240 号》，第 1339 页。

② 《山契留底册》，明抄本，上海图书馆藏，编号：563711。

③ （明）郑岳编修，郑维诚增刻：《奇峰郑氏本宗谱》卷 4《文征·德夫小传》，第 17—18 页。

④ （清）周溶修，汪韵珊纂：同治《祁门县志》卷 29《人物志七·孝友》，《中国方志丛书·华中地方第 240 号》，第 1342 页。

外，郑凤还"挟重赀商游淮扬间，家益用裕"①。

到了郑谅时，因前辈积累的财富颇为充裕，因此，他大量购置山场。笔者据《山契留底册》统计，从嘉靖元年（1522）至嘉靖二十四年（1545），郑谅共购置山场 59 次。从上文可知，郑谅于嘉靖二十四年去世，所以，以后不见有其购置山场记录。从其山场交易可知，郑谅明显比其父郑笏购置山场更为积极，山场积累规模更大。

嘉靖中叶以后，郑谅家族经济实力更为雄厚，其四个儿子玄锡②、真锡③、帝锡④、敷锡⑤等都购置大量山场。仅以《山契留底册》进行统计，郑玄锡兄弟四人，从嘉靖二十五年（1546）至隆庆二年（1568），共购置山场 134 次，平均每年购置山场 6.1 次；有银价记录的为 88 次，共计用银 742.33 两。由此可见，郑玄锡兄弟十分热衷于山林经营，经济实力也颇为雄厚。

《源一公山地田契录》中，收录郑谅家族的嘉靖、隆庆、万历、崇祯山场契约 100 件，从中可知该家族万历以后山场购置情况。这些产业主要是郑玄锡兄弟四人购置。

综上所述，郑谅家族从郑英才、郑安信父子就开始积累山场，为后世子孙以"承祖"的形式继承下来。到明代弘治以后，又经郑仕素、郑良域、郑笏等祖孙三人的勤力经营，山场数量颇为可观。到明代嘉靖、万历年间，郑谅、郑玄锡父子两代人更加热衷于山林经营，大量购置山场，使得该家族山林经济呈现更为繁荣的景象。

经过几代人的积累，明代中叶以后，郑谅家族拥有广袤的山场，这些山场主要集中在哪些地区、主要从哪些民众手中购买呢？下面对该家族山场分布情况进行考察。

关于郑谅家族山场分布情况，从各种置产簿来看，其山场主要分布于十二都、十四都和十五都等地。具体情况，参见表 5–1。

---

① （明）郑岳编修，郑维诚增刻：《奇峰郑氏本宗谱》卷 4《文征·处士栖竹郑公暨配孺人余氏墓表》，第 17—18 页。
② 郑玄锡，字见之，行桂六，生于嘉靖五年（1526）。
③ 郑真锡，字守之，行十五，生于嘉靖十四年（1535）。
④ 郑舜锡，字顺之，行廿八，生嘉靖十七年（1538）。
⑤ 郑敷锡，字保之，行三四，生嘉靖二十年（1541）．

表 5 - 1 郑谅家族山场分布一览

山场所在都保	山场土名
十二都八保	太婆岭、鲤鱼山、吴家山、高坑源、上港
十二都九保	徐家坑、潘家坞、小坞口
十四都十保	黄连坑、上头坞、方堨段、独木坞、瓦瑶坡、竹园坑、堨坎坞、金竹坞、上舍坞、垄田里、堨子坑、鱼儿培、杉木弯、独山邬、栈岭、刘坞、林（凌）村、平坡下、方田坞、
十五都三保	淡竹坞、塘塝山、吴家坞口、人力住前、住后坞、棕皮弯、塘坞西培、椑木坑、桐木坞口、桑木坞、柿木坞上坦、黄八榨坞、大宋二坞、石枧坞、叶家墓山、古角段、美藤弯、胡大源、张村源下培、流砂培、纸培坞、罗师田、下山弯、横路、大祁岭下、张伯岭下
十五都六保	潘婆师坞、峡山坞、涨头山、石门下、东山下、包公充口、作堨山、程家坞口、鼓角段、芦坞、大园坞、石枧坞、龙井钟楼弯、羊栈坞、石井坞山、王六坞口、山桃树坞、高坞、小椑木岭、八亩段、梨木坞、苦竹坞、芦坞、牛肠岭、小坞、七椰坞、南山坞、横培、羊鹅坑、岭背源、笙竹坞、乾田坞、旧宅坑、古塘坑上培、古塘坑坎、源大坞心上下培口、牛角坞、大椑木岭、坞沙培、深坞、椑木坑口、牛角弯、王六坞、荒田坞、石田、婆墓坞、罗葡山、小塘坞口、月形、张伯岭下、朱培坞、板坞、石赖坞、上坦坞、牛肠岭下、下坞、郑杞住坞、旧舍坞口、坡下长弯、石枧、叶家目下、周大陂、芒槌坞、麻榨坞、李木坞、中坞、里田弯、枫木坞、外石门头、余家坞头、黄陈坑源头、榴坞、杨二坞、车盘源、打鼓嵊、木杓坞、葱草坞
十五都七保	王二八坞
十五都十保	堨子坑、汪四公坞、作头坞、堨子坑
十六都十保	焦坑、梨木坞下培、瓦遥山、虎班充上培、管五坞、沙段弯

资料来源：据《山契留底册》《源一公山地田契录》《万历二十三年祁门郑公佑等立分山阄单》统计而成。

从表 5 - 1 可以看出，郑谅家族的山场主要分布在十二都八保、九保，十四都十保，及十五都三保、六保、七保、十保，十六都十保。其中，以奇峰郑氏宗族所在的十五都山场最为集中，尤其是十五都六保山场达 80 多处，是郑谅家族山场最为集中的分布地区。其次是十五都三保，再次是十四都十保。虽然这些山场并非是郑谅家族全部山场的分布区域，但也足以表明其山场分布十分广袤的特点。

郑谅家族广袤的山场从哪些民众手中购买来的呢？现将该家族山场购买所涉民众来源统计如表 5 - 2。

表 5 - 2　　　　　　　　　　郑谅家族山场购置所涉姓氏一览

山场所在区域	山场来源
十二都	贵溪胡氏、丘氏
十四都	溶口桥里胡氏、溶潭李氏、叶氏、程氏
十五都	奇峰郑氏、康氏、胡氏
十六都	清溪郑氏
江西浮梁	章氏

资料来源：据《山期留底册》《源一公山地田契录》《万历二十三年祁门郑公佑等立分山阄单》统计而成。

从表 5 - 2 可知，郑谅家族广袤的山场主要来自十二都贵溪胡氏、丘氏；十四都溶口桥里胡氏、溶潭李氏、叶氏、程氏；十五都奇峰郑氏、康氏、胡氏；江西浮梁章氏；十六都清溪郑氏。查阅上述三种置产簿可知，在所有的山场交易中，以奇峰郑氏宗族内部山场交易最为频繁，交易规模最大；其次是十四都溶潭李氏，再次是十二都贵溪胡氏，最少的为江西浮梁章氏。

仅以《山契留底册》进行统计可知，在郑笏 20 次山场交易中，十四都李氏达 13 次之多，超过一半；奇峰郑氏 6 次，十二都胡氏 1 次。郑谅嘉靖元年至嘉靖二十四年，共购置山场 59 次，其中，十五都奇峰郑氏宗族内部交易 56 次，十五都康氏 2 次，十二都胡氏 1 次。郑玄锡兄弟四人从嘉靖二十五年至隆庆二年，共购置山场 134 次，其中，郑氏宗族内部交易高达 124 次，占据绝对优势，说明其山场主要从宗族内部购置；十四都叶氏、李氏各 3 次；十四都程氏、十五都胡氏、十五都康氏和浮梁章氏各 1 次。由此可见，郑谅家族的山场最主要的来源为宗族内部交易，十四都李氏交易位居第二位。

三　山林经营

虽然郑谅家族的山林分布广，规模较大，但因人丁兴盛和诸子均分制的影响，造成山林分籍化现象也十分明显，故"共业分股"成为一种重要的产业形态。

先看嘉靖二十一年（1542）的一份共业分股的合同：

十五都郑荣立同弟德立、侄郑谅，共有一德名目山一号，坐落本都苦竹坞，山一源，内田一丘，并在山主力苗木在内，共以三分为率，荣立、德立承祖得一分，谅买挺立、极立、贞立、成立、好义共得二分，各契买主力合同明白。今因砍拚其山杉木，凭中写立清白文约合同二纸，各收为照。其拚卖价银，郑谅得二分，荣立、德立得一分。其在山未砍嫩苗，系照三股均业，并无己栽己买，谅得二股，荣立、德立得一股。自立文约之后，云云。

嘉靖二十一年十二月初六日立合同文约人　郑荣立　德立　郑谅

见中　郑　尉　郑彪①

这份合同显示，郑荣立、郑德立兄弟（敬公房）和族侄郑谅（安信房）原共有苦竹坞的山场。该山场分为三股，荣立、德立承祖得一分（股），谅买挺立、极立、贞立、成立、好义共得二分（股），并有买卖契约、合同为证。嘉靖二十一年（1542），苗木成材砍伐杉木，双方按照协商订立清白合同，将发卖木材所得的银两，按照原先的"共业分股"的比例进行划分，即郑谅得两股，荣立、德立得一股。同时，对于未成材的苗木，双方也按照原先"共业分股"的比例进行分配，即谅得二股，荣立、德立得一股。由此可见，郑荣立、郑谅叔侄双方严格按照"共业分股"的方式划分山场分籍、木材收益。这是一种典型的共业分股现象。

共业分股形态不仅存在宗族内部，而且异姓之间根据各自利益需求，往往也采取"共业分股"方式经营山林。如：

十五都郑谅次同十四都李温叔侄、十二都胡德善、胡进奎、丘美、丘节付、丘安等，共有十二都八保，土名太婆岭一号，四至名目，自有经理可照。今因砍拚，眼同将各买分股，逐一清查，以便遵守，所各买该得分股，开派于后，以便日后永远管业。自立清单之后，再不得另有异说。今恐无凭，立此合同清单五纸，各收一纸为照。

---

① 《源一公祠本都山地田契录》，安徽师范大学图书馆藏。

计开前山以二大股为率：

郑谅祠该得一股，仍一股，又作十三股为率。

李温叔侄该山三股，胡德善该山五股，胡进奎该山一股，

丘美该山二股，丘节付该山一股，丘安该山一股。

万历二十七年十月廿四日立

　　　　合同清单人　　郑谅祠（押）、李温叔侄（押）

　　　　　　　　　　　胡德善（押）、胡进奎（押）、丘美（押）

　　　　　　　　　　　丘节付（押）、丘安（押）

　　　　中见人　　　　胡子承（押）①

　　上引合同为郑谅与十四都李温叔侄、十二都胡德善、丘安等异姓之间订立的山场清业合同。他们共同占有十二都八保太婆岭山场，并有鱼鳞图册为证。万历二十七年（1599），砍伐成材林木时，相互协商，按照原先各自买的股份进行分配，各自管业，形成异姓"共业分股"现象。他们将全山分为两大股，郑谅得一大股；胡、丘等人合得一大股。剩下一大股，根据各自购买的山场分籍，再分为十三股，李温叔侄该山三股，胡德善该山五股，胡进奎该山一股，丘美该山二股，丘节付该山一股，丘安该山一股。这样一来，就形成多层次、多分支的异姓"共业分股"形态，使得山场产权更为复杂。

　　"共业分股"形态并非一成不变，在一定的情况可以转化为独立经营形态。现举一例，内容如下：

　　奇峰郑谅同弟郑谦、诏等，承祖标分得坐落本都六保，土名桃树坞并高坞、小棹岭、八亩段、牛肠岭；又三保笙竹坞。今因肥硗远近不一，共业不便，凭亲族品搭均匀，分为三单，立界阄分，永远为业。

　　天字号山，……系谅阄得。

　　地字号山，……系谦兄弟阄得

---

① 《源一公祠本都山地田契录》，安徽师范大学图书馆藏。

人字号山，……系诏兄弟标阄得

嘉靖十二年九月二十日立

合同文约人　　郑谅、郑谦、郑诏、郑询、郑诚、郑训
与议亲族　　胡嵋、郑（良）枋、郑梅、郑璋
郑瑾、郑瑶、郑恭、郑文选①

这份合同文约显示，郑谅与郑谦、郑诏等人，承祖标分本都六保和三保的山场，原先采取的是共业的方式经营。但后因为"肥硗远近不一，共业不便"，于是，在亲族的见证下，将原先共业的山场分为天、地、人三单，各自分得一单，独立经营。这是共业分股经营转化为独立经营的现象。

祁门奇峰郑氏为地方望族，使用佃仆经营山场十分普遍。第二节内容已有所涉及，不再赘述，这里仅作一点补充。为使佃仆能够安身立命，尽心尽力地栽种苗木，长养山林，主家有时也不断改善佃仆的居住环境，改善他们的生活。如：

奇峰郑维调叔侄、同郑公安弟侄、圣荣兄弟，共造庄屋一所，在七保土名庙背坟前大坵田内。其田原共租四十八秤，内取坟边约租十秤造屋，以安王天进、余云青住歇。其造屋工食、砖料等项，议以十股为率，维调叔侄出四股，公安弟侄出四股，圣荣兄弟出二股。其基田并路，系调叔侄出四秤，公安弟侄出四秤，圣荣兄弟出二秤。新立四至，东至塝，西至外墙脚，南至墓林，北至墙脚大门外向东横过，存行路三尺，以通空地。其庄基、伴仆俱照前出分籍管业，其四至外田租，俱系维调叔侄、公安弟侄管业。所有四至外，圣荣仍该租数，系调安补还银四钱讫。自议之后，各无异说。云云。

万历七年十月二十一日立

合同文约　　郑维调、公安（真锡）、圣荣
中见人　　郑时宠、应瞻、凤翔②

---

① 《山契留底册》，明抄本，上海图书馆藏，编号：563711。
② 《源一公祠本都山地田契录》，安徽师范大学图书馆藏。

这份合同显示，奇峰郑氏不同房派为使共同占有的佃仆更好地服役，一起建造庄屋给佃仆王天进、余云青等佃仆居住。郑维调叔侄（安信房）和郑公安弟侄（安信房）、郑圣荣（相一房）等族人约定，造屋的工食、砖料等项，议以十股为率，维调叔侄出四股，公安弟侄出四股，圣荣兄弟出二股。此外，对于基田和道路等，也由各自出租，一起负担。对于庄基、伴仆等也"照前出分籍管业"。这显然也是一种"共业分股"现象，只不过也将佃仆包括在内。郑氏族人改善了佃仆的居住生活，后来王天进、余云青等佃仆也成为郑谅家族、郑圣荣家族苗木栽种、山林长养和拚山的主要劳动力。①

木材经过二三十年的长养后，往往需要砍伐发卖，这时需要订立"拚山约"，请人砍伐木材，明确砍拚山人和山主之间的权利义务关系。下面试举一例：

> 十五都汪尚佑、江长孙等，今承拚到同都郑谅公坟山，坐落十二都九保徐家坑，伏字一千十六号胡子华，十七号胡清友，十八号李贵清，共山二十一亩，东峰，西田，南坞口，北太初山，于内松木，本身托中承拚，前去砍斫，做柴发卖。当日面议价银，交明已讫。其山主原有大松木及老林，内存养十根，又通山存养飞子松木八十根，又杉木印过三十根，除前四行存养外，其余听自砍斫。云云。
>
> 万历四十四年十二月初四日立
>
>   承拚人   汪尚祐、江长孙
>
>   中见人   胡宗大、胡金祥、胡子凌②

这份承拚约是万历四十四年（1616）十五都汪尚祐、江长孙等人，承拚同都郑谅公位于十二都九保徐家坑坟山中的松木，前去砍伐，做柴发卖。据梁淼泰研究，明清时期江西景德镇烧制瓷器的窑柴大多来自祁门县。③ 因此，这里汪、江等人砍伐的柴木应是顺着阊江贩运到景德镇出售。

---

① 《万历郑氏合同分单账簿》，《徽州千年契约文书（宋·元·明编）》卷7，第423页、第426页。

② 《源一公祠本都山地田契录》，安徽师范大学图书馆藏。

③ 梁淼泰：《明清景德镇城市经济研究》，江西人民出版社1991年版，第374—377页。

拚山时，双方约定山中的大松木、老林木保留 10 根，松木 80 根，杉木 30 根，其他山中木材、杂木由承拚人砍伐。

林木成材砍伐之时，对于木材的收益，也根据"共业分股"的原则，所有业主均按股分得相应的份额。此外，也需要付给发客一些酒水钱。下面来看天启十年的山场清单：

> 立清单人胡廷龙、廷鹤、时振同郑谅祠，共拚本都八保，土名鲤鱼山松浮木，与十四都王子云、胡记福、记祖等，得价银二十一两，内除成交发客酒水四钱七分，实银二十两五钱三分。内除力分六两八钱四分三厘，主分实银十三两六钱八分七厘，又除请七里城原业主一钱二分，又除四分半，请月溪，实银一十三两五钱二分，内众存银二两，以备众支众用，并醮坟费，实银一十一两五钱二分。
>
> 郑谅祠该十二股之一，该价银九钱六分。
>
> 时振六股之一，该价银一两九钱二分。
>
> 仍银八两六钱四分，龙得四两三钱二分，
>
> 鹤得四两三钱二分。
>
> 前该力分银六两八钱四分三厘。
>
> 郑谅祠四股之一，该银一两七钱一分。
>
> 龙得二两五钱六分半，鹤得二两五钱六分半。
>
> 天启四年九月十二日立清单人　　胡廷龙（押）、胡廷鹤（押）
>
> 　　　　　　　　　　　　　　　郑谅祠（押）、胡时振（押）
>
> 　　　　　　　　中见人　　胡宗大（押）、王文宠（押）①

这份山场清单立约人为胡廷龙、胡廷鹤、胡时振等与郑谅祠共同订立的，是将他们"共业分股"的鲤鱼山中的松木，出拚给王子云、胡记福等人前去砍伐，共得 21 两的收益。除去给"发客"酒水钱 0.47 两，实得 20.53 分的利润。因为山林是采取租佃的方式经营的，故有"力分"②、"主分"。因此，又需给租佃山场的佃户"力分"银 6.843 两。剩下"主

---

① 《源一公祠本都山地田契录》，安徽师范大学图书馆藏。
② 陈柯云：《明清徽州山林经营中的"力分"问题》，《中国史研究》1987 年第 1 期。

分"银 13.687 两，除去请七里城、月溪等人的酬劳费外，剩下 13.52 两，其中，众存银 2 两，作为日后共业山场所有人众用和醮坟开支费。余下的 11.52 两为纯利润收入，由"共业分股"的众业主按股分配。从清单内容来看，山场分为 12 股，郑谅祠得 1 股，该银 0.96 两；胡时振分得 2 股，该银 1.92 两，胡廷龙、胡廷鹤各得 4.5 股，各该银 4.32 两。清单约定，该山场的"力分"银也是按照"共业分股"的原则，在各业主之间进行利润分配。具体情况是，全山的"力分"分为 4 股，郑谅祠得 1 股，该银 1.71 两；胡廷龙、胡廷鹤各得 1.5 股，各自该银 2.565 两。

到崇祯年间，郑谅家族山场经过长期的经营，位于十二都九保的徐家坑山场发展为郑、胡、李三姓"共业分股"产业。其木材成林拚卖时，也立有清单。为便于论述，抄录如下：

> 崇祯十二年五月十六日，拚十二都九保土名徐家坑上培，伏字一千十九号胡太初山七亩；二十号景申山七亩；二十一号嵩孙山七亩；二十二号李子成山七亩；二十三号桂高山七亩。共山五号，计山三十五亩。四至内同前原有文约均业，今因拚木，各赍买契，眼同查明，照各买契分股份价，以后拚木，悉照此单为准，无得异言争竞。云云。
>
> 胡太初山七亩，郑谅祠买权原买本文、本武、志善、胡浩兄弟，本祠全业。
>
> 胡景申山七亩，郑买庆等一半，三亩五分；李天森弟侄一半，三亩五分。
>
> 胡嵩孙山七亩，郑买全，内胡应贤得四十八股之一。
>
> 李子成山七亩，郑买李师隆一半，三亩五分；李定祠买上元一半，三亩五分。
>
> 胡桂高山七亩，郑买胡浩兄弟一半，三亩五分；胡应贤得一半，三亩五分。
>
> 共拚价银一十五两六钱，内支六两二钱力分，又支五钱，帖种山买松子，仍实银八两九钱，照前单相分。
>
> 郑谅祠共该山二十四亩三分五厘，分得银六两一钱五分六厘五。
>
> 李定祠该山三亩五分，分得银八钱八分四厘。
>
> 李天森弟侄该山三亩五分，分得银八钱八分四厘。

胡应贤共该山 ，分得银九钱二分三厘。①

这份合同清单显示，崇祯十二年（1639）拚十二都九保徐家坑上培5号山场，共计35亩。郑、胡、李等"共业分股"的业主以原共业文约为准，将各自买山契赍出查证，并议定照各自买山契中的股份分配拚木利润，要求以后拚木皆以此清单为准。

对于山地分籍的分配，胡太初山七亩，郑谅祠全业；胡景申山七亩，郑谅祠合得一半。即三亩五分；李天森弟侄合得一半，即三亩五分；胡嵩孙山七亩，除胡应贤得四十八股之一外，剩下山场皆由郑谅祠所得；李子成山七亩，郑谅祠买一半分籍，该得一半产业，即三亩五分；立定祠买一半分籍，该得一半产业，即三亩五分；胡桂高山七亩，郑谅祠买胡浩兄弟一半分籍，该得一半，即三亩五分；胡应贤该得一半，即三亩五分。

拚山得价银15.6两，除去"力分"银6.2两，帖买松子钱0.5两，仍剩余8.9两，按照上述"共业分股"中郑、胡、李等共业人所得山地股份，进行利润分配。其中，郑谅祠占有山场股份最多，计24亩3分5厘，该得价银也最多，为6.1565两；李定祠该山3亩5分，该得价银0.884两；李天森弟侄该山3亩5分，该得价银0.884两；胡应贤分得山场若干，该得价银0.923两。由此可以计算出，胡嵩孙七亩山场中，每股得银0.079两。

四 山林产权纠纷

如前文所述，郑谅家族山林分布广，山场占有形态各异，既有宗族内部"共业分股"，也有异姓"共业分股"。随着世系的推衍，山场分籍化更为明显，因此，在山林经营过程中往往会因山林产权产生纠纷，有些纠纷不断升级，上告到官府，发展为诉讼。

在山林经营过程中，郑谅家族子孙往往通过事先订立清白合同的形式，来防止山林产权纠纷。如：

郑公佑同余元共有秧坵塝上山，现养浮竹苗一块，因共业不便长养，今眼同新立四至，里至塘坵天方直上至峰，外至垄分水下坑中，凭

---

① 《源一公祠本都山地田契录》，安徽师范大学图书馆藏。

埋石为界，分作里、外二单，照得后阄为准，长养管业，毋得越界挖笋乱砍，违者罚银三钱公用。其现在山浮竹亦照数并讫，日后再无异言。塘垆田方以里养竹，仍系众共，毋许私自盗砍，违者照前议罚。各阄得单内，日后长养杉松，亦系均共无异。云云。里单系余元得，外单系公佑得。

　　万历三十二年九月初七日立合同人　　郑公佑、余元

　　　　　　　中　见　　余　松①

　　这是一份郑公佑与余元签订的山场清白合同，郑、余双方以"共业分股"的形式共同占有秧垆塝上山，栽有竹苗。因共业不便，于是双方重新订立山场四至，埋石为界，余元得里单，郑公佑得外单，照阄管业，长养竹苗，不得越界挖笋、乱砍竹木。由此可见，郑、余双方通过重新划分山界的形式，成功避免了产权纠纷。

　　虽然事先订立清白合同可以防止产权纠纷，但随着世系的推衍，山场分籍化更为明显，因此，"共业分股"的山场很容易造成林业纠纷。②

　　嘉靖年间郑谅家族与其他房派因共业山场产权引发纠纷，双方订立清白文约：

　　　　奇峰郑良萱同侄孙郑玄锡兄弟等，共山一号，在本都六保，土名古塘坑。今因砍木，二家各执股份，不明言议，间恐伤和气，凭中良枋劝谕，将前山写立清白文约，以四股为率。昱、良萱等得三股，玄锡兄分一股。自立文之后，二家照前股分为业，所斫砍木，亦照前股分分，二家各宜遵守，毋得异言。

　　　　嘉靖三十一年四月二十一日立

　　　　　　　　　　合同人　　郑良萱

　　　　　　　　约同立文人　　郑玄锡

　　　　　　　　中见人　　郑良枋　郑埜　郑恭　郑侨

　　　　　　　　　　　　郑　沐　郑尚儒　李奇保③

　　① 《源一公祠本都山地田契录》，安徽师范大学图书馆藏。
　　② 可参阅［日］中岛乐章著，郭万平、高飞译《明代乡村纠纷与秩序：以徽州文书为中心》，第219—213页。
　　③ 《山契留底册》，明抄本，上海图书馆藏，编号：563711。

上揭文书显示，郑玄锡与族叔祖郑良萱（安礼房）共业十五都六保古塘坑山场。在嘉靖三十一年（1552）砍伐林木之际，双方各执股份，争论不休。为避免伤和气，在族中郑良枋的劝解下，双方订立清白文约，将该山场以分为四股，并明确各自占有的股份，郑玄锡分得一股，郑昱、郑良萱等合得三股。同时，双方约定，日后皆以此股份为定，各自管业，所砍伐的木材也照此股份分配。这份郑氏宗族内部订立的清白文约，显然是因双方"共业分股"的股份不明引起的。

万历二十三年（1595），丘安将十二都徐家坑山场出卖给郑公佑为业，但仍保留有一些分籍，双方约定埋石为界，"埋石里截听郑荫坟管业，埋石外截听丘荫坟管业"，这样就形成了"共业分股"的产业形态。①

但随着世系的推衍，到了康熙二十七年（1688），郑、丘双方后裔却因产权产生纠纷。现将相关文书抄录如下：

> 立合同文约郑谅祠、丘立长寿祠，原共有山一号，坐落十二都九保，土名徐家坑口象鼻外截，曩有山松木十二株。今丘寿祠自斫六株，共业人郑谅祠托约理，劝谕二家将现砍过松杂木六株，与丘不计，仍存在山六株，与郑谅祠为荫木。二家永远不得强砍盗斫，如违，甘罚白银三两公用。云云。
>
> 再批，所有他姓分股，照印契管业。此照。
>
> 康熙二十七年正月念九日立
>
> 　　合同文约人　　丘天圣（押）、丘长寿（押）
>
> 　　　　　　　　　丘祯福（押）、郑翼圣（押）
>
> 　　　　　　　　　亲圣（押）、建圣（押）、及先（押）
>
> 　　中见人　　　　李抱清（押）、胡于学（押）
>
> 　　　　　　　　　胡茂卿（押）、胡又素（押）、胡文仲（押）
>
> 　　代　书　　　　胡公恕（押）②

这份合同是郑、安两家为处理"共业分股"的徐家坑山场纠纷订立

---

① 《万历二十三年丘安等立合同文约》，《徽州千年契约文书（宋·元·明编）》卷3，第278页。

② 《源一公祠本都山地田契录》，安徽师范大学图书馆藏。

的。郑谅祠和丘立祠共业徐家坑山场。康熙二十七年（1688），丘寿祠族人入山砍斫松木六株，"共业人"郑谅祠族人与之争论。在乡约的劝解下，郑氏对丘氏砍伐的六株杂木不予追究，同时将山中剩下的六株松木拨入郑谅祠，作为护坟荫木。双方议定，以后各自管业，永远不得入山强行盗砍松木。这份清业合同表明，山林产权问题是异姓共业山场纠纷的重要原因。

郑谅家族众多的山场在经营过程中因产权纠纷，上告官府的情况也较为普遍，以万历十四年（1586）、万历十七年（1589），郑氏与丘安、李天树等的山林产权诉讼影响最大。

祁门十二都丘安、丘记保在郑谅家族庄屋居住，耕种主家田地，为郑氏庄仆，历来服役无异。到万历三年（1575），丘记保与丘安、丘高孙等族人，将承祖所得的徐家坑口、胡家山等山场，除存留祖坟外，其他山场并在山苗木绝卖给郑功管业，蓄养荫木，庇护祖坟，一向无侵犯。但到了万历十四年，丘记保与丘安、丘高孙等族人不合，开始不守本分，"欺瞒郑家住居弯远"，将胡家山塝的木植柴薪，全部砍伐。山主郑功前往庄屋收租时，发现木材被盗砍，于是与丘氏族人理论。但身为庄仆的丘记保不顾主仆名分，率族人毒打山主郑功，致其落水，身负重伤，当时被地邻胡进府、郑坤等救下。于是郑氏族人鉴于"记保等盗木，反行殴主"行为，于当年十一月十三日，以"图掳杀命事"，将丘记保等人状告到祁门县衙。[①]

庄仆丘记保见山主"殴主伤重，罪戾难抵"，但却由在官的丘安出面，牵扯高坑源等其他的山场，以"占冢杀命事，添情赴告"，也上告祁门县。祁门知县张季思接到诉状后，很快就受理此案。这样一来，就成为主仆互控案，双方各执一词，使得案情复杂化。

祁门知县张季思将双方事主、一干人证押到官府审理案件。在经过详细的审理后，做出判决：

> 审得丘记保、高孙，乃郑功庄仆也。万历三年，丘安等将买受胡家山山场卖与郑功，内除祖坟二所，余山并木尽属郑功管业。今年十一月，丘记保等欺功住居住弯远，私往卖明，山内伐取柴薪，偶遇房

---

① 《源一公祠本都山地田契录》，安徽师范大学图书馆藏。

主郑可行、可传见而谕阻，即被记保等多人逞凶重殴，当有乎进府救解始脱。今照徽俗主仆之分，截然不紊，乃记保盗取主木，反行灭分凌主，法应重惩。姑念山野村僻之民，偶出无知，姑枷责拟杖以惩，将来其伐去柴木量，追银三钱给主。前情俱各是的，今蒙取供，所供是实。①

张知县的判词有几点值得关注：第一，查明丘记保、丘高孙等人为郑氏庄仆。第二，认定佃仆丘记保等人盗砍木材，重殴山主的犯罪事实。第三，认同徽州主仆名分的风俗，并以此作为判罚丘记保罪行的依据，给予丘记保等人重罚。第四，姑念山野村民的无知，对丘记保等人从轻发落，给予杖责。同时，将丘记保等人砍伐的柴木折算白银 0.3 两赔偿给山主郑功等人。

在审判结束后，祁门知县张季思给原告郑功下发一份帖文。兹将其内容抄录如下：

> 直隶徽州府祁门县为恩帖杜患事，据十五都一图民郑功状告前事称，身被庄仆丘记保等盗木殴主告台，蒙验契判山，究证定罪，万代鸿恩，但恶素悍暴，今虽□伏，终怀狼毒，唏言身祖坟墓辖伊住也。日后要行侵害，不容蓄养庇荫，恳抄招给帖，永照庶亡魂安妥，不胜感激，唧恩告据，此拟合抄招给帖。为此，除外合给本告收照，其郑姓先年买绝徐家坑口胡家山，照旧管业，长养树木，庇荫祖坟，丘氏子孙日后，再毋许入山，仍前盗砍侵犯等情。如违，许令执帖告官，以凭从重究治枷号，决不轻贷。须至帖者。
>
> 右帖给付本告郑功，准此。
> 万历十四年十一月初二日给②

这份帖文是祁门知县张季思应原告郑功要求抄录抄招给贴时，发给郑氏的帖文。从其内容来看，再次强调郑氏徐家坑口、胡家山仍照旧管业，

---

① 《源一公祠本都山地田契录》，安徽师范大学图书馆藏。
② 《源一公祠本都山地田契录》，安徽师范大学图书馆藏。

长养树木，庇荫祖坟。庄仆丘氏子孙永远不得再入山盗砍荫木。若是违反，则允许郑氏族人执此贴文告官，并对丘氏族人进行重究。

如果说万历十四年（1586）郑、丘主仆互控案相对比较简单，那么，万历十七年（1589）郑功与李天树的诉讼案情却颇为复杂。

祁门十四都李天树常年在外经商，从不问家中事务，祁门老家的母亲倪氏只得与其弟李天标相依为命。到万历三年（1575）三月，母亲倪氏病危之时，命李天标将承租标分的徐家坑山场 4 亩，除存留生坟一所不卖外，其余标得空山全部立契出售给郑功为业，获得价银 5.8 两，以维系生活。

此后，郑功又于万历三年、万历十一年（1583）陆续买受胡仁、李琥等人山场，并在山中埋葬父亲，经营管理山场，一向相安无事。直到万历十七年（1589），李天树回家，得知母亲和弟天标卖山场的事情，心有不甘，于是托中人胡进奎写立认契，向郑功勒索价银，也就是俗称的"找价"，但没有结果，更为难受。在这种情况下，李天树强行将其弟李天标的荒田荒地，重复立契出卖给郑功，"以图厚价"。

山主郑功得知李天树的图谋后，以"天树灭母文契，明张骗局"为由，于万历十七年六月二十六日，向祁门知县提起诉状，并得以告准。闻知此情后，被告李天树心有不甘，捏造虚情，"具状为土豪事赴诉"，也向祁门县提起诉讼。祁门知县常道立①，传唤一干人等到官府，再三研审，做出判决：

> 天树久外，伊母李阿倪缺食，命伊弟天摽将天树承祖全业山一号，土名徐家坑四亩，于万历三年立契，尽数出卖与郑功为业，得价银五两八钱。今年天树始归，有异言，托中胡进奎、李上立认契一纸，勒郑功倍增价银，而无其由也。又将伊弟共分荒田荒地，复立卖契与郑功为由，明系骗局。夫母命弟书，何异父卖子绝。天树不顾母养，不奔母丧，母急将前山自卖自食，而天树又违母设骗局，价可乎？姑念原未尽字，断令郑功给银一两，仍领认约。至于本山生坟一所，系查李琥、李仪所开，琥、仪子孙李世盛、李汝楫等，已立契复

---

① 常道立，湖广汉阳人，进士，万历十六年任祁门知县。在任仅一年，万历十七年县令为祝以庭。康熙《祁门县志》卷 2《职官》，康熙二十二年刻本。

卖与郑功，与天树无干，不得藉口，姑拟发落。今蒙取问，实招罪犯。①

从这份判词可以看出，常知县再次认定李天树犯罪事实，同时对李天树重复卖田地一事，要求郑功给 1 两白银作为领认约，算是给李天树象征性的补偿。但此山中的生坟一所，与李天树无涉。

李天树不服祁门县的判决，于七月十六日，向徽州府提请诉讼。徽州府很快受理此案，并派人请祁门县虞典史提拘涉案双方和干证胡进奎等人到徽州府，进行审问。徽州知府指出：

> 审得李天树久外，弃母倪氏不养，倪氏同伊弟天摽将伊兄弟承祖共业山一号，土名徐家坑四亩，卖与郑功，得价五两八钱。倪氏认约存证，而天树面回日，亦自立有认约可据也。至生坟一所，乃李世盛、李汝楫所卖者，与天树无干，且经该县审断，似已详悉。而天树乃捏词越告，又诬称贿书偏供，刁虚可恶，本当重拟，姑从轻问，应罪发落。②

据此可知，徽州知府经过审理后，认可祁门知县的审判，认为李天树"捏词越告，诬称贿书偏供"的行为，属于刁蛮无赖之举，并给予定罪。

在充分了解案情，细致审理之后，徽州府做出最后判决。具体如下：

> 议得李天树所犯，依不应得为而为之，事理重者，律杖八十，有《大诰》，减等杖七十，系民审有力折纳，工价赎罪，完日发落。宁家一照出李天树、郑功各告纸银二钱五分，李天树工价银一两三钱五分，收贮府库。听候本府项下，作正支销，取库收附，卷余无招。

这份判词显示，徽州府最后给予李天树杖七十的惩罚，涉案双方的诉状纸张费各自交给徽州府库房收贮。

---

① 《源一公祠本都山地田契录》，安徽师范大学图书馆藏。
② 《源一公祠本都山地田契录》，安徽师范大学图书馆藏。

根据徽州府的指示，九月初三日，祁门知县给原告郑功下发帖文，了结此案。其帖文如下：

> 直隶徽州府祁门县为恩照杜患事，据祁门县十五都一图籍郑功，具状告称，身买徐家坑山契明业，久陡遭逆恶李天树挟骗告县，断明存卷。岂复捏词越诬，蒙天验契，烛诬证罪定业，切恐日久奸生，恩赐抄招杜患等因。据此，案照先据本县民李天树状告，为土豪事。及据郑功诉为劈诬事，俱经牌行本县虞典史申解各犯人卷到府，审问明白，取供具招发落讫。
>
> 今据告称前因，拟合抄给帖。为此，今抄问过招由，合行给付收执，备照施行。须至帖者。
>
> 右帖给付郑功收照。
>
> 万历十七年九月初三日给①

综上所述，在晚明时期，随着社会经济的发展，无论是宗族内部、一般民众，还是佃仆群体，为追逐自身的经济利益，甚至不惜以身犯险，侵占山林产权，由此造成山林产权诉讼的频发。这些诉讼现象也显示出，商品经济的高繁荣发展，严重冲击着徽州社会中的原有秩序，代之而起的是产权纠纷的频发和社会的失序。

第四节　郑璋家族的山林经营

明代中叶以后，军户分户成为一种新的趋势，因此，原籍军户家族的族人由此独立出来，成为新的业户。郑英才军户家族人丁众多，产业颇丰。经过长期的积累，在明代正德、嘉靖年间，原籍军户中形成众多热衷于山林经营的家族，形成木商世家，尤以三房安信房一脉最为突出。前文已对郑谅家族的山林经营进行考察，现在以南京大学历史系资料室收藏的《嘉靖郑氏置产簿》第 21 号、第 31 号和《嘉靖郑氏置产簿》，及中国社会科学院中国历史研究院图书馆收藏的《祁门郑氏抄契簿》为核心资料，同

---

① 《源一公祠本都山地田契录》，安徽师范大学图书馆藏。

时辅之以其他相关资料，对原籍军户郑璋家族的山林经营状况进行探讨，以期深化对明代徽州山林经济的研究。

一 文书概述

《嘉靖郑氏置产簿》第21号，1册，南京大学历史系资料室藏。该簿册收录文书类型丰富，举凡买卖契约、拚山约、各类合同文书、诉讼文书等皆有。从内容来看，收录的文书绝大多数为山林文书，为深入考察具体家族的山林经营提供珍贵资料。从文书涉及的时段来看，景泰、天顺、成化、弘治、正德、嘉靖等年间的皆有，最早的一份为景泰元年（1450）卖山契，最晚的一份为嘉靖三十五年（1556）郑任、郑佐兄弟订立合山场文约。其中，以正德、嘉靖年间的文书最为集中。也就是说，该簿册文书以明代中叶的文书最为集中，体现该家族明代中叶山林经济规模、经营实态。

关于该簿册的簿主，根据内容可以做出判断。正德元年（1506）至嘉靖十二年（1533）之间的山林买卖契约的买主多为"郑璋""郑璋兄弟四人"等，嘉靖十二年以后的买主多为"郑任""郑佐"。值得关注的是，所有的买卖契约、合同文约最后的加批皆有"真契系任收，任批"、"真契系佐收，佐批"等文字。现试举一例：

> 十五都郑良杰今有承父标分得祖产山一号，坐落本都六保，土名引坑源，系字三百五十五号，……今为无钞支用，自情愿将前项山本位该山一十三亩五分，并在山大小木苗，尽数立契出卖与侄郑璋兄弟四人名下为业，面议时值纹银五两正，在手足讫。……今恐无凭，立此文契为照。
>
> 　　正德四年闰九月初五日立契人　　郑良杰
> 　　　　　　　　　　见　人　　郑　珪
> 真契系任收，任批①

这份卖山契是一份抄件，正德四年（1509），郑良杰将从父亲那里继

---

① 《正德四年祁门郑良杰卖山契》，《嘉靖郑氏置产簿》第21号，南京大学历史系资料室藏。置产簿中每件文书并无题名，该题名为笔者所加。下同。

承的祖产山，即引坑源的山场出卖给族侄郑璋兄弟四人，得到 5 两白银的收入。这份抄件加批中有"真契系任收，任批"，这表明这份卖山契的原件由郑任收藏。很显然，这份抄件是从郑任那里抄录来的。该簿册中的这种情况很多。总体言之，这些契约的原件都由郑任、郑佐收藏。

值得关注的是，该簿册收录一份颇为珍贵的文书，能进一步揭示出其簿主的归属性。现摘抄如下：

> 奇峰郑佐同兄郑任，共承祖父收买山场契书，并众己标分山场文约。因分居致不便，凭姊夫康澜、外甥倪大佐为证，雇请书人连羽，将各山场契书并上手文契约，腾录一式二扇，各收一扇。真契文大概对半匀收，凡各人所收真契文约，各亲注名花号，于腾录各契文之后。日后二房倘要照证，收注人自行赍出，毋许执匿。今恐无凭，立此合同文约为照。

> 嘉靖三十五年太岁丙辰春二月初六日立合同文约人　　　郑　佐
> 　　　　　　　　　　　　　　同立约兄　　　郑　任
> 　　　　　　　　　　　　　　中见姊夫　　　康　澜
> 　　　　　　　　　　　　　　　外　甥　　　倪大佐
> 　　　　　　　　　　　　　　　书　人　　　连　羽①

这份合同文约表明，郑任、郑佐兄弟除了继承有祖父郑良晨购置山场的契书，同时还保存有"众己标分山场文约"。但因兄弟二人分居，造成契书收藏管理上的不便，于是请姊夫康澜、外甥倪大佐为证，并雇请连羽将这些山场的契书，连同那些上手契（俗称老契、来脚契）等一同誊录两份，郑任、郑佐兄弟各收藏一份。此外，为便于今后查证，这些契书原件由郑任兄弟二人各自对半收执，并要求"凡各人所收真契文约，各亲注名花号于腾录各契文之后。日后二房倘要照证，收注人自行赍出，毋许执匿"。这句话明确说明了上文分析的郑良杰卖山契中加批的由来。因此，这是一份十分珍贵的合同文约，他不仅说明该簿册中加批"真契系任收，任批""真契系佐收，佐批"的原由，而且也集中体现了徽州民众强烈的

---

① 《嘉靖三十五年祁门郑佐兄弟立山场誊录契书文约》，《嘉靖郑氏置产簿》第 21 号。

契约意识。

那么，簿册中买主、事主中郑璋、郑任、郑佐是什么关系呢？查阅族谱可知，郑佐、郑佐兄弟为郑璋之子。① 由此可见，该簿册为郑璋、郑任、郑佐父子等人购置田地、山场的置产簿。为便于下文论述，现将郑璋家族世系加以绘制，具体如图 5 - 3 所示。

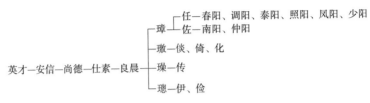

图 5 - 3　郑璋家族世系（部分）

从这份图 5 - 3 可知，郑璋兄弟四人为璋、璈、璪和璁。结合前文论述可知，郑璋兄弟四人在正德、嘉靖年间合伙购置不少山场。查阅族谱可知，郑璋兄弟、郑任和郑佐等人的基本情况。具体如下：

璋，字明夫，行录五。生成化辛卯，纳七品散官，卒丙申，葬十六都焦坑口，辛向。配方氏，葬黄崐，继胡氏，葬王村，继桃源陈氏，妾余氏，俱附葬焦坑口。子：任，余出；佐，陈出。女：长适叶村叶良法，次适渚口倪道尧，次适双溪康洛，次适查湾汪于化。

璈，字洁夫，行录十。生成化乙未，卒辛卯。配双溪康氏，合葬齐坑口王龙住后，未向，妾刘氏、周氏。子：俊，刘出；倚、化，俱周出。女：长适渚口倪本佑，次适严塘王章佑，次适小源朱珊，次适查湾汪于宪。

璁，字泽夫，行录十五，生成化壬寅，卒甲午。配贵口胡氏，合葬兰溪胄坞，亥向；继汪氏。子：伊、俭，俱胡出，女：长适贵溪胡洞；次适渚口倪真保。

任（圣寿），字惟重，行廿三。生正德丙子，配查湾汪氏。子：春阳、调阳、泰阳、昭阳、凤阳、少阳，女一，适桃源陈浴。

佐（真寿），字惟良，行廿五。生正德戊寅。嘉靖丙寅，奉抚按

_____

① （明）郑岳修，郑维诚增刻：《祁门奇峰郑氏本宗谱》卷 2《世系·安信公房》，第 54 页。

帖，冠带约正。配严塘王氏，妾马氏。子：南阳，王出；仲阳，马出。①

由上引资料可知，郑璋生成化七年（1471）、卒嘉靖十五年（1536），郑璬生成化十一年（1475）、卒嘉靖十年（1531），郑璁生成化十八年（1482）、卒嘉靖十三年（1534）。可见，郑璋兄弟活跃于正德至嘉靖十五年前。同时，结合置产簿内容可知，这段时间正好是郑璋兄弟大量购置山场的时期。置产簿中，嘉靖十五年以后不再出现郑璋兄弟购置山场的记录，其原因在于，他们在嘉靖十五年（1536）前后，全部去世了。嘉靖三十一年（1552）虽然出现买主"郑璋祀"的记载，但这时郑璋早已过世，只是作为祀产的买主而已，并非自然人。郑璋的长子郑任，生于正德十一年（1516）；次子郑佐，生于正德十三年（1518），而且得到巡抚、巡按的帖文，获得了"冠带约正"，即乡约约正。可见，郑佐在乡村社会具有一定的威望。郑佐主要从事山林经营，因此，其"冠带约正"身份的获得，主要是通过经济力量得到的。据此可知，郑任、郑佐兄弟成年的时间在嘉靖十五年以后。置产簿中郑任兄弟最早以事主身份参与山地合同订立的时间是嘉靖十七年（1538），当时他们分别为22岁、20岁。由此可见，郑任兄弟购置山场，广泛参与山林经营的时间，当在嘉靖十七年以后。

综上所述，该置产簿的簿主为郑璋、郑任、郑佐父子，他们在正德、嘉靖年间大量购置山场，从事山林经营，形成木商世家。下文将详细论述。

《嘉靖郑氏置产簿》第31号，计1册，南大学历史系资料室藏。内容不多，收录田地、山场买卖契约13件，山场清白合同3件，对山契1件。从时段来看，最早的一件为弘治十一年（1498）倪秦卖山契，最晚一件为康熙三十六年（1697）李文祖等对山契，其中，以嘉靖、万历年间的为多。值得关注的是，晚明著名戏剧家郑之珍卖山契2件，商业合同2件。郑之珍为祁门县十六都清溪郑氏宗族后裔，与十五都奇峰郑氏宗族，同为司徒公郑传之后，居住聚落毗连。这些文书为考察山林经营过程、产权纷争等实态提供了重要素材。

① （明）郑岳修，郑维诚增刻：《祁门奇峰郑氏本宗谱》卷3《事略·安信公房》，第34页。

关于该置产簿的簿主信息，从其内容亦可知晓。不少卖山契、合同文书的买主和事主为"郑任、郑佐"。康熙三十四年（1695）、三十六年（1697）的卖山契、对山契的事主为"郑璋祀"。由此可知，该簿册应为郑璋家族置产簿。

《嘉靖郑氏置产簿》1 册，南大学历史系资料室藏。该簿册收录文书不多，包括卖山契 32 件，拚山契 1 件，逊约 1 件，退山契 1 件，佃山约 1 件，合计 36 件。从时段来看，最早的一件为弘治二年（1489）郑可轩、郑可昂卖山契，最晚的一件为万历三十二年（1604）郑伯和立对山契，其中，以正德、嘉靖年间文书为主。

关于该簿册簿主信息，从其内容可知。正德至嘉靖十五年（1536）之间，山场的买主皆为"郑璋""郑璋兄弟""郑圣寿（即郑任）"。万历年间合同文书的事主多为"郑纯阳、郑调阳、郑潮阳""郑璋祀"。据上文郑璋家族世系可知，郑纯阳等皆为郑璋诸孙。由此可知，该簿册为郑璋家族祖孙三代人置产记录的汇总簿。

《祁门郑氏抄契簿》1 册，中国社会科学院中国历史研究院图书馆收藏。该簿册前几页内容为山场的土名、字号，中间空白一页。接着是一份康熙五十七年（1718）七月分成股份清单。此后为《续置己业》，近 10 份文书，时间为康熙十年（1671）到二十六年（1687）。接下来有 10 几份明代山林文书，此后是 20 多份清顺治到康熙二十九年（1690）山林买卖契约。从时间跨度来看，涉及明代嘉靖、万历和清代顺治、康熙等年间。笔者主要利用其中十几件明代卖山契、合同等文书。这些文书涉及的买主和事主多为郑调阳、郑少阳、郑泰（太）阳等，他们皆为郑璋之孙。由此可知，该簿册为郑璋家族置产簿。

二　山场积累

下面笔者主要以上述 4 种置产簿、抄契簿为主，对郑璋家族的山场积累、山林经营等进行考察。

郑璋家族与郑谅家族同为安信公房秩下仕素公裔孙，因此，这两个家族早期的山场积累轨迹相似，从明初即已开始。到明代中叶，因军户分户得到认可，故从弘治以后，两个家族从原先大家族的产业中各自独立出来，经营山林，山场积累速度不断加快，很快成为木商世家。

　　郑璋家族的山场积累途径主要有承租继承和购买两种方式，其中，又以购买方式为主。所谓承祖继承山场，就是根据诸子均分制原则，从先祖产业中分得相应的股份，得到一定数量的山场。这是传统中国产业继承的中特有方式。关于其承祖山场，现试举一例：

　　　　奇峰郑梅、同弟郑璋、瓘、侄谅等，共承祖遗有山场，在本都六保，土名兰坑、椑木坑，及十四都凌村，十六都十保焦坑等处。今因子侄渐繁，同业不便，嘀议将各号在山堪砍浮木，另立文约标分各砍。其前行等处山场，除众共存留外，其余凭亲族胡嵋等为证，眼同将前山远近肥硗，苗木多寡，品搭均匀。新立四至，分为仁、义、礼、智四单，焚香告白。祖先阄业各业，所有条段、字号、四至，开列于后。倘有遗留，未曾登载，日后并系众共，各无执异，云云。

　　　　……

　　　　一、礼字号，系谅兄弟标得……

　　　　一、智字号，系璋兄弟标得……

　　　　一、仁字号，系瓘兄弟标得……

　　　　一、义字号，系梅标得。

　　　　嘉靖十一年三月二十四日立约

合同人	郑梅	郑璋	郑琰	郑琼
	郑谅	郑谦	郑诏	郑俊
亲眷	胡嵋			
见叔	郑良枋			
见弟	郑山①			

　　这是郑梅同郑璋兄弟四人标分承祖山场的合同分单。这份合同文约标题为《素公分下存标山文约》，据族谱记载，"素公"，即为郑仕素，生永乐十九年（1421）、卒弘治十年（1491），享年70岁。郑仕素生四有子，即长子良域、次子良谐、三子良晨、四子良址，此后子孙繁盛，形成四大

---

① 《素公分下存标山文约》，《山契留底册》，明抄本，上海图书馆藏，编号：563711。

房派。郑仕素身前购置不少山场，在其去多年后的嘉靖十一年（1532），四房子孙因"子侄渐繁，同业不便"，于是，根据诸子均分制的原则，除保存一些众存产业，以供祭祀等支用外，将郑仕素所得位于十四都、十五都和十六都等多处山场，以"远近肥硗，苗木多寡，品搭均匀"的标准，分为仁、义、礼、智四大分（股）。这些山场析分后，按照各自所得山场，砍伐在山木材发卖。因这次分家时，郑仕素的诸子均已去世①，因此，山场在其诸孙之间标分。根据标文约，郑谅（良域之孙）分得礼单②、郑梅（仕素次子良谐独子）分得义单、郑璋（仕素三子良晨长子）分得智单、郑瑾（仕素四子良址长子）分得仁字单。在山场析分之后，四大分山场获得者还焚香告白，以表敬意。这是郑璋家族继承先祖山场的典型事例，郑璋家族山场来源于承祖的继承山场还有一些，情况大体相同，不再赘述。

大量购置山场是郑璋家族山场积累的最为主要的途径。从上面的山场标书中可知，郑璋祖父郑仕素就积累了不少山场。郑璋之父郑良晨也购置一些山场，成化二十年（1484）购置山场2次；弘治十八年（1505）购置山场1次；正德元（1506）年和正德九年（1514）购置山场6次，其中，正德元年有5次。③郑良晨购置的山场虽然不多，但也是其家族山场的积累中重要的一环。

郑璋家族大量购置山场是从郑璋兄弟开始的。仅以《嘉靖郑氏置产簿》第21号进行统计，郑璋兄弟从正德元年（1506）至嘉靖十五（1536）共购置山场65次，其中正德年间43次、嘉靖年间22次，平均每年购置山场2.17次。从用费来看，这65次山场共用银730.31两，平均每次用银11.24两。在这些山场交易中，单次交易超过50两的有3次，其中，正德十一年购置郑度等人山场用银50两，正德十五年购置族叔郑谅汇等人山场用银63两，嘉靖八年购置族叔郑良模山场用银60两。单次交易超过100两以上的有2次，其中，嘉靖六年购置郑文献等山场就用银120两；嘉靖

---

① 郑良域，生正统八年（1443），卒正德四年（1509）；郑良谐，生正统十年（1445），卒正德五年（1510）；郑良晨，生景泰元年（1450），卒正德元年（1506）。郑良址，生天顺五年（1461），卒嘉靖三年（1524）。由此可知，郑仕素诸子在嘉靖三年时，已全部去世。

② 郑良域生笏、珪、凤三子，其中，长子郑笏生于天顺六年（1462），卒年不详。但根据第二节内容可知，嘉靖元年以来未见郑笏购置山场和经营山林的记录，因此，嘉靖十一年标分山场时，郑笏应该已去世，故由其长子郑谅分得此单。

③ 《嘉靖郑氏置产簿》第21号。

六年购置郑良机山场用银 120 两。由此可见，相比郑良晨，郑璋兄弟四人不仅购置山场更为频繁，而且用银也颇多。这些都说明郑璋家族的山林经营，在正德至嘉靖前期高速积累，达到一定的规模。

嘉靖中叶以后，郑璋兄弟四人先后去世，代之而起的是郑璋之子郑任、郑佐。他们在继承父祖辈山场积累的基础上，不断购置山场，进一步充实了家族的山场规模。从《嘉靖郑氏置产簿》第 21 号来看，郑任、郑佐兄弟也购置了不少山场，花费亦为不少。如，嘉靖二十四年（1545）购置族兄郑济山场用银 70 两，同年购置堂兄郑俫山场用银 40 两。① 郑任兄弟最后一次参与山林买卖是在万历六年（1578）。② 此外，郑任、郑佐兄弟为《嘉靖郑氏置产簿》第 21 号簿册中所有契约、合同等文书原件的保存者，这也从侧面说明郑璋家族的山场到了郑任、郑佐兄弟时期快速积累，达到新的高度，拥有广袤的山场。

万历六年以后，郑璋家族的山林交易主要是集中在郑璋诸孙纯阳、调阳、泰阳、凤阳、少阳等人手中。《祁门郑氏抄契簿》中山林交易主要是在万历二十三年（1595）至万历四十四年（1616），山场买主多为郑调阳、郑少阳等人。③ 据族谱记载，郑任之子郑调阳出生于嘉靖二十一年（1542）、郑少阳出生于嘉靖三十五年（1556），他们成年当在万历初年，因此，他们兄弟大量购置山场，全面参与山林经营，当在万历中期以后。这就是《祁门郑氏抄契簿》中为何万历中期以后山林交易的买主多集中在郑调阳、郑少阳等人的重要原因。

综上所述，郑璋家族主要依靠承祖继承和购买两种途径，尤其是购置山场成为该家族山场积累最为重要的途径。从明前期到晚明，经过数代人的辛勤劳作，郑璋家族积累起广袤的山场，成为著名的木商世家。下文将详细论述其山场经营情况。

郑璋家族颇具规模的山场主要分布在哪些地区？又主要从哪些民众手中购置呢？下面分别考察这两方面问题。

首先来看郑璋家族山场分布情况。为便于论述，现将该家族山场分布情况统计如表 5 - 3。

---

① 《嘉靖郑氏置产簿》第 21 号。
② 《嘉靖郑氏置产簿》第 31 号。
③ 《祁门郑氏抄契簿》，中国社会科学院中国历史研究院收藏，编号：216020000004。

表5-3 郑璋家族山场分布一览

山场所在都保	山场土名
十四都十保	方四塚坞、江土坞、高坞、乾坑、凌十九坑、高坞、会后、天师堂、凌村弯头、后头坞、查木坞、前山坞、锡坞、清明坞、竭头坑、作头坞、竭子坑、坑口
十五都三保	吴家坞、笙竹坞
十五都六保	牛肠岭、羊栈坑、黄家门前、许家坞、旧宅坑、齐坑口、檀木坑、引坑源、椑木坑、兰溪源、里田弯、深坞上培、中坞、下坞下培、冷水坞、白额坞、葱草坞、住场坞、王十坞、王六坞、程家坞、胡家山、田舍坞、黄陈源、杨梅树、宋二婆坞、金家坦、大言坑、胡大源、龙井坑、祈岭源南岸祖宅住后、桐木坞口、柿木坞、黄榨坞、枫木坞、石门坞、外塘坞、庄背坞、古塘坞、何坞、中栏坞
十五都七保	张坑源、桑园坞
十五都九保	水井坞、梨木坞、查木坞
十六都一保	凑水坞、里塘、尼姑塘坞、茶科坞、汪八坞、焦潭弯、枫树坞
十六都十保	焦坑口、井桐坑、黄荆坞、吴背岭、打山嘴、

资料来源：《嘉靖郑氏置产簿》第21号、《嘉靖郑氏置产簿》第31号、《嘉靖郑氏置产簿》和《祁门郑氏抄契簿》。

从表5-3可以看出，郑璋家族的山场主要分布在十四都十保，十五都三保、六保、七保、九保，十六都一保和十保。其中，以十五都六保山场最多、最为集中，其次为十四都十保，再次为十六都一保。与前述的郑谅家族相比，郑璋家族山场除没有分布在十二都的情况外，其他山场分布区域与前者基本相同。

由此可见，郑璋家族广袤的山场主要分布在十四都、十五都和十六都等奇峰郑氏居住地奇岭附近的几个地区。

郑璋家族广袤的山场从哪些民众手中购买来的呢？现将该家族山场来源统计如表5-4。

表5-4 郑璋家族购置山场所涉姓氏一览

山场所在区域	山场来源
十四都	溶潭李氏
十五都	奇峰郑氏、康氏
十六都	清溪郑氏、叶氏、汪氏、陈氏、谈氏、胡氏、李氏

资料来源：《嘉靖郑氏置产簿》第21号、《嘉靖郑氏置产簿》第31号、《嘉靖郑氏置产簿》和《祁门郑氏抄契簿》。

从表5-4可知，郑谅家族广袤的山场主要来自十四都溶潭李氏，十五都奇峰郑氏、康氏，十六都清溪郑、叶、汪、陈、谈、胡、李等宗族。查阅4部置产簿可知，在所有的山林交易中，以奇峰郑氏宗族内部交易次数最多，最为频繁，数量最大。仅以《嘉靖郑氏置产簿》第21号进行统计，山林买卖契约共有94件，其中，郑氏宗族内部交易多达53件，可见，宗族内部山场交易是郑璋家族山场积累最为重要的途径。在宗族外部交易中，以十四都李氏和十六都清溪郑氏最为集中。

既然大量的山林交易在奇峰郑氏宗族内部进行，那么，郑璋家族山场交易涉及奇峰郑氏宗族哪些房派呢？查阅4种置产簿可知，郑璋家族山林交易涉及众多房派，既有郑璋所在安信房内部族人之间的交易，也有与宗族中其他众多房派之间买卖山场的情况。现以《嘉靖郑氏置产簿》第21号为例进行统计，53次山场买卖中，既涉及郑璋家族所在的安信房内部交易，也涉及该房与安本房、安礼房、敬公房、一德房、权公房、秀之房、相一房等众多房派之间的山场交易，其中，以郑英才军户秩下安本、安礼房和安信三房之间的山场买卖最为普遍。

三 山林经营

郑璋家族从明代前期至晚明近200年的时间里，经过数代人的积累，购置了大量山场。与前述郑谅家族一样，面对广袤的山场，郑璋家族也采取租佃的方式进行经营。现试举一例：

> 十六都李美善等，今佃到十五都郑璋等名下山一号，坐落一保土名汪八坞，前去砍拨，栽垒木苗。其山以十二分为率，璋等名下合得一十一分，本家祐善兄弟得一分。本家佃去六分栽种，祐善兄弟佃种五分，无问险峻，务要遍山栽垒，不许抛荒。日后杉木成材，不许盗砍，邀同山主到山行号，发卖主力三分均分，山主得二分，佃人得一分。所有抛荒，听自山主告理，退还花利。今恐无凭，立此为照。
>
> 嘉靖十二年八月十八日立佃约人　李美善
>
> 　　　　　　　同佃人　李祐善
>
> 　　　　代书中见　胡顺保①

---

① 《嘉靖十二年祁门李善等佃山约》，《嘉靖郑氏置产簿》。

上引文书显示，嘉靖十二年（1533）祁门十六都李美善、李祐善等人，承佃十五都郑璋兄弟位于十六都一保的汪八坞山场，前去砍拨，栽垒木苗。全山分为十二分（股），郑璋兄弟合得十一分（股），李祐善兄弟兄弟合得一分（股），这显然也属于异姓"共业分股"山场。李美善承佃六分（股）栽种苗木，李祐善兄弟承佃五分（股），前去栽种苗木。显然，李美善、李祐等人承佃的是属于郑璋兄弟所占有的十一分（股）山场。在承佃之时，双方约定，"无问险峻，务要遍山栽垒，不许抛荒"。在日后林木成材时，不许盗砍杉木，并邀请山主郑璋等人到山查验杉木斧号，以便清点木材数量。木材发卖时，按照主力三分分配的原则，所得利润进行分配，其中郑璋等山主分得二分（股），承佃人李美善、李祐善等人分得一分（股）。在承佃山场之后，要求承佃人李美善等人不得抛荒，需要全山遍种苗木，否则由山主告官理处，并追还原本给予承佃人的花利。这份佃山约集中体现郑璋家族采取租佃方式进行山林经营的样态。

众所周知，山场往往是立体式的不规则形态，地势复杂，加之，随着世系的推衍和诸子均分制的影响，山场分籍化十分明显，因此，造成山界不清，原有业主经营不便，往往需要通过订立对山契的形式，将这些山场对换与其他山主，以便各自山林经营的正常进行。下面来看一份对山契：

> 十六都郑伯桂仝侄思宪二大房人等，共将本都蕉坑下十保，土名茶园山等处田契一纸，计租二十秤。又将蕉坑口西培山，新立四至，东坑，西降，南埋石抵璋祀山，北至璋祀山。今将四至内山，本位八股中合得一股半，又贴银一十二两整，出对与十五都郑少阳等叔侄名下为业，实对得郑少阳叔侄二大房人等，土名井洞坑中垒山场。钉界四至，东至顶埋石三柱一弹横过，抵南北弯至埋石；西至田；南田贴中垒弯心直上，抵横过埋石；北短垒弯弦直上，抵横过埋石为界。本家原买有李本山中垒二十四之一，尽在埋石四至之内，原契缴讫。四至内山并苗木，听自本家管业长养，护坟保祖，二家再毋许侵害。自对之后，二家子孙永远遵守。其山毋得再买再葬，违文侵害。如违，听遵守人赍文告理，如文甘罚白银三十两入官公用，仍依此对契为

准。今恐无凭，立此合同契文二纸为照。

　　万历四十三年二月初一日立

　　　对契人　郑伯桂等（押）郑思宪等（押）

　　　　　　　胡应宸（押）胡大才（押）

　中见亲族　郑政元（押）郑学忠（押）郑魁元（押）郑必头（押）

　　　　　　　郑有志（押）郑伯明（押）郑天兴（押）李才兴（押）①

　　这份对山契是万历四十三年（1615），祁门十六都清溪郑氏族人郑伯桂同侄郑思宪两大房人等，将位于本都蕉坑口等处山场中所得的一股半分籍，并加贴12两白银，出对与十五都郑璋之孙郑少阳叔侄名下为业，以此对换郑少阳等在井洞中垄的山场。因为两处山场肥瘠不同、大小各异，因此对换时，郑伯桂等人需要补贴一些银两。双方山场对换之后，按照对山契的约定，双方在对换后所得山场进行经营管理，不得在各自原来的山场中葬坟，也不得再次出售原先的山场，不然则听对方赍文告理，并罚银38两。这份对山契说明，在山场经营的过程中，因管业不便或分籍不明等，业主之间对换山场往往是一种维系山林经营有序运转的重要方式。

　　十六都郑伯桂等人与郑璋家族对换山场，并非偶然、个别现象，而是徽州山林经营中的普遍现象。继万历年间对换山场后，康熙三十六年（1697），十六都李、郑等人与郑璋家族对换山场，订立对山契。现呈抄录如下：

　　　立出对契人十六都李郑，原买得本都清溪郑伯桂同弟福元共有山一号，土名凑水坞，系经理一千八十二号，所有分籍，尽系出对与十五都郑璋公祀名下前去管业。自对之后，各无悔异，如有悔者，尽系出对人承管。今恐无凭，立此对契为照。

　　　康熙三十六年十月初一日立对契山　李文祖、求圣、郑宜富

　　　　　　　代笔中　郑全佇②

------

　　①　《万历四十三年郑伯桂等立对契合同》，《徽州千年契约文书（宋·元·明编）》卷3，第445页。

　　②　《康熙三十六年祁门郑伯桂等》，《嘉靖郑氏置产簿》第31号。

据此可知，十六都李文祖、郑宜富等人原先买的同都清溪郑伯桂兄弟位于凑水坞的山林，后将该处山场的所有分籍，全部出对与十五都郑璋公祀，即郑璋的祭祀组织名下管业。

随着诸子均分制的进行，山场分籍化十分明显，郑璋家族广袤的山场在经营过程中，常出于山界问题、产权问题等需要订立分家书、清白合同、息讼合同等，以此来维系山林经营的正常运行。来看一件分山阄书：

> 奇峰郑梅同弟郑璋、瑾、侄谅等，承祖买受山一源，坐落本都三保，土名笙竹坞，经理系一千一百九号。今因其山住近人众，共业不便，托凭亲族胡嵋等为证，立为天、地、人、和画图为界，阄定各业。其山上培存田地塝二丈，下培地塝二丈五尺。自立文之后，各宜遵守。
>
> 嘉靖十一年三月二十日立
>
>   合文约人 郑梅 郑璋 郑瑾 郑王忽 郑琼
>   郑瑶 郑谅 郑谦 郑俊
>
>   见叔   良枋
>
>   见亲   胡嵋
>
> 天字单，系璋兄弟阄得……
>
> 人字单，系梅阄得……
>
> 地字单，系谅兄弟阄得……
>
> 和字单，系瑾兄弟阄得……①

这是一份郑璋家族内部的分山合约，郑璋等人"承祖"买得位于十五都三保笙竹坞的山场，但随着世系推衍，到嘉靖十一年（1532），四大房子孙人丁众多，造成"共业不便"，因此，郑璋等四房子孙托亲族胡嵋为中，将笙竹坞山场分为天、地、人、和四单，由郑璋等四大房人等各自拈阄管业。其中，郑璋兄弟（三房良晨子）阄得天字单，郑梅（二房良谐子）阄得人字单，郑谅兄弟（长房良域孙）阄得地字单，郑瑾兄弟

---

① 《分笙竹坞山文约》，《山契留底册》，明抄本，上海图书馆藏，编号：563711。

（四房良址子）阄得和字单。通过写立分山阄单，重新划分各业主的山林分籍，避免因产权不明引起的纠纷，以此确保业业主山林经营顺利进行。

奇峰郑氏属于门房支派繁多、人丁兴旺的望族，因此，在山林经营过程中，为避免分籍不清，引起的纠纷，族众普遍订立清白文约来明确各自分籍，各自独立经营。请看嘉靖九年的清白分山文约：

> 十五都郑良枨、良椿、良机、郑梅等，同族兄郑景、郑滋、郑允、郑美等，各承祖买受本都六保土名程家坞山一备，经理系呆字一千二百七十七号、七十八号、七十九号、八十号、八十一号、八十二号，共计山六号。因各祖买受及续买分籍，向未清查，今情愿托凭亲眷汪荣等、程宏昶、汪慨议立清白文约。前山以一百二十亩为率，各开分籍，逐一开具于后，各凭批照，在山堪砍杉木，各不许侵犯一根。该砍过杉木山场，除信二公分籍，系分下子孙原佃程者，系佃程者，其各分山场同众共佃与山下山人佃种，日后照山分均买。如私自买者，众议不与力分。自立清白文约之后，务要遵守。如违，听约人赍文告理，甘罚银五十两入官公用，仍依此文为准。今恐无凭，立此合同文约，各收为照者。
>
> 计开：
>
> 信二公分下标业三十八亩二分五厘，买怀德分籍六亩二分七厘五，买忻德分籍四亩七分八厘五，买书分籍一亩五分九厘六八七五，买光童分籍三亩九分五厘六二五。前五行共计山五十四亩九分五厘九三七五。
>
> 震四公分下：买俊善锦分籍，共七亩九分三厘五，买芹分籍一亩五分九厘六八七五。前二行共计山九亩五分零九三七五。
>
> 晨五公分下：买富善三亩九分五六二五，买用黄、加、厚分籍，共二亩六分三七五，买怀德分籍六亩三分七五。前三行共计山十二亩九分六八七五。
>
> 珪公分下：买虎、豹、麟分山二亩九分一八七五，买儒、俊分籍四分九厘四五三一二五，买怀德分籍二亩一分二厘五，买忻德四亩七分八厘一二五。前四行共计山十一亩三分六厘七九六八七五。

凤公分下：买怀德二亩一分二厘五，买珊、珽一亩九分七八一二五。前二行共计山四亩一分零三一二五。

谅公分下：买怀德二亩一分二厘五，买庸九分八厘九零六二五，买兰一亩五分九厘六八七五，买茂七分九厘八七三七五。前四行共计山五亩五分零九三七五。

祐善公分下：山三亩九分五厘六二五，叔瑜分下买日辛一亩九分七八一二五，买大志、一德分籍二亩二分二，买一德分籍，该二亩八分一厘二五。三行共计山七亩零三八六二五。

宏分下：买一德分籍该二亩八分三厘五。

滋分下：祖业六分五厘九三七五，买一德分籍九分三厘七五。二行共计山一亩五分九厘六八七五。

茂分下：山七分九厘八四三七五。

景分下：山六分五厘九三七五。

尚分下：山六分五厘九三七五。

孟高分下：山九分八厘九零六二五。

权分下：山九分八厘九零六二五。

款惠分下：山四分九厘四五三一二五。

慰分下：山一亩五分九厘六八七五。

彪分下：山九分八厘九零六二五。

嘉靖九年三月初七日立清白合同文约人　　郑良枨、郑良椿、郑良机、郑梅、郑景、郑滋、郑允、郑美、郑山、郑璋、郑谅、郑询、郑诏、郑肇、郑权、郑彪、郑款

　　　　　中见人议言亲眷　　　汪荣、程宏昶、汪凯

真契系佐收，佐批。①

这份清白山场文约是奇峰郑氏众多门房支派共同订立，意在将承祖买受山场和后续各自购买的山场分籍调查清楚，然后各按照一定比例，重新分配山场份额。这次清白文约有几点值得关注：第一，参与订立文约的事主众多。查阅族谱可知，这些族人全部为安信公房支下的扩展房族人。郑

① 《嘉靖九年祁门郑良枨等立清白山场文约》，《嘉靖郑氏置产簿》第21号。

安信生尚德、报德、宣德和佑德四子，郑良杖为报德房派仕充子，良椿为佑德房派仕奋子，良机为宣德房派仕趁子，郑山、郑梅、郑璋、郑询、郑谅、郑诏等为尚德派子孙。到嘉靖九年（1530），安信四大房下子孙众多，山场分籍化十分明显，造成分籍不清。因此，各房子孙协商之后，将承祖和后来各房购买的山场分籍进行查证清楚，然后按照诸子均分制的原则重新分配各自分籍。第二，参与析分的山场为十五都六保程家坞山场，共计6 号山场，面积 120 亩。在亲眷汪荣等、程宏昶、汪慨的见证下，四大房秩下的扩展房子孙以批照为凭，分得一定份额山场。第三，该山场中成材杉木，不允许私自入山砍伐。第四，该山场中除信二公（安信）分籍外，其他山场均由原承佃人程氏继续承佃山场。这份山场清白文约显示，随着世系的推衍，家族拥有的山场分籍化更为琐碎，容易造成产权不明现象。因此，在山场经营过程中，郑璋家族往往会根据实际情况，及时做出调整，重新订立清白文约，将共业山场产权重新分配，进一步明确各自份额与产权，从而维系了山林经营正常运转。

在山林经营过程中山场重复买卖时有发生。这种现象往往造成产权纠纷，双方事主常通过订立清业合同的方式，来解决矛盾，维护山林经营秩序。如：

> 兄郑恭先年用价买受郑琐、郑球、郑尔桂兄弟，本都六保土名婆墓坞、杨仕坞山，二十四分中一分。其山郑任、俭、倚三分承父，伯璋亦买是实。二家各买，贲出原契，看得重复。因卖人存亡，贫穷难追，合凭中写立合同，将二家所买重复，议作对半均分为业，再不许贲出原契批争。如违，甘罚因一两与不悔人用，仍依此文为始。今恐无凭，立此文契合同一样，各收一纸为照。
>
> 嘉靖二十八年四月初八日立合同人　　郑恭、同弟郑友
> 　　　　　　　　　中见人　　郑良萱、郑琼
> 真合同系任收，任批。①

上揭文书显示，郑恭（郑梅长子）、郑友（郑梅次子）兄弟，原先买

---

① 《嘉靖二十八年祁门郑恭等立山场清业合同》，《嘉靖郑氏置产簿》第 21 号。

受郑球、郑尔桂兄弟位于十五都六保婆墓坞、杨仕坞等处山场中的1/24。这些山场中郑任（郑璋长子）、郑俭（郑琯次子）、郑倚（郑璥次子）三人各自承父占有一定分籍，且郑恭伯父郑璋也买有分籍。因各家都买有该山中一定分籍，因此，各自赍出原买契约，共同查证，发现存在重复买卖的现象。但"因卖人存亡，贫穷难追"，于是，各方事主凭中重新订立合同，将二家重复买卖的山，作对半均分，各自管业。同时，议定今后再不许拿出原契混争山场分籍。这份清业合同说明，在山林经营过程中，重复交易在所难免，而订立清白合同，重新分配分籍，则是解决产权矛盾，维系山林经营秩序的重要途径。

随着社会商品货币经济的高度发展，逐利之风日趋盛行，因此，在山林经营的过程中常因产权、盗木等问题产生纠纷。一般来说，在山林纠纷发生后，涉事双方往往也通过订立合约的方式解决。如：

> 叔郑纹、郑縻、郑繁、同兄郑经于正德十五年，因父身故，将本都六保土名牛睗岭山，又该分籍出卖与叔祖仕趁名下，得价安殡父丧。叔良机嘉靖六年，将前山转卖与侄圣寿故父郑璋为业。今年本家兄失记已曾卖绝，到前山砍木二根，是圣寿兄弟执契理说。今凭亲族验契，卖绝是实，所有前山，悉听圣寿兄弟照旧管业。本家兄弟并无异词，立此为照。
>
> 嘉靖十七年十月十三日立约人　　郑纹、郑縻、郑繁
> 　　　　　　　　　验契叔　　郑芳、兄郑岳
> 　　　　　　　　　亲　眷　　汪勤、汪唐、汪化
> 　　　　　　　　　里　长　　竟中
>
> 真契系任收，任批。①

这份山场清白合同主要包括以下内容：第一，正德十五年（1520），郑纹、郑縻兄弟四人（郑良桂之子），因父去世，将十五都六保牛睗岭山场中占有的分籍出卖与叔郑仕趁为业，将所得价银用来办理父亲后世。第二，嘉靖六年（1527），郑良机将该山场转卖给郑圣寿（即郑任）父郑璋

---

① 《嘉靖十七年祁门郑纹等立山场清白合同》，《嘉靖郑氏置产簿》第21号。

为业。第三，嘉靖十七年（1538），郑纹兄弟忘记正德十五年绝卖该山场的情况，入山砍伐木材二根。结果被该山场现任拥有者郑任兄弟发现，并赍出契书，与郑纹兄弟理论。第四，双方以亲族、里长等人为中，查证各自契书，最后认定郑纹等人绝卖山场的事实，从而议定该山场全部归郑任兄弟所有，照旧管业。这份山场前后转卖两次，历时多年，从而造成纠纷，通过订立文约的方式，暂时解决了山场产权纠纷，维护了山林经营秩序。

嘉靖十七年（1538）订立山场合同文约可能没有完全落到实处，后来诉诸官府。祁门知县下发漂文，从而彻底解决纷争。现将其文书抄录如下：

> 祁门县为凶恶强阻业，四（肆）伐杉木，装害急切事。据十五都郑惟仁状告前事，据此行拘郑惟仁、郑繁等到官，眼同面审明白。除到票仰本役前去，即将牛晹岭现砍成熟杉木，给发郑惟仁交客放往饶州等处发卖。郑经、郑纹、郑麾、郑繁等兄弟四人毋得仍前阻当[挡]。如违，治以重罪，决不轻饶。须至漂者。
> 　　右仰十五都一里同本告郑惟仁　　准此
> 　　嘉靖十八年七月初八日　漂押　　限完日消
> 　　真契系佐收，佐批。

据此可知，嘉靖十八年（1539）该山场纷争还是上诉到官府。祁门知县受理案件后，行拘郑惟仁、郑繁等人到官审理，并差使衙役去涉讼山场查勘。经过仔细研审，祁门知县做出判决，将已砍的木材让郑维仁交给"发客"，顺阊江贩运到饶州发卖，郑经兄弟四人不得阻当，彻底解决了该山场的产权纠纷。

清溪郑氏与奇峰郑氏居住的聚落分别在十六都、十五都，两地相毗连，双方的山林交易颇为频繁。前述郑璋家族山场分布情况就足以证明这点。晚明时期，在经济利益的驱动下，双方族人往往因产权引发纷争。下面以万历年间郑之珍等人与郑璋家族几份关联文书为例，考察两个宗族之间山场交易实态：

> 十六都郑之珍等同弟郑新兴、淳汶等，原承郑德英买受本都李文

达、文勇，土名焦潭湾、苦莲树坞山。原新立四至，东垒分水，下抵焦坑口，西垒分水抵郑讯、郑任、郑淳等山，南田，北尖。原契十二股为率，共得二股，又，倪宜买受二股；又，十五都郑任、郑化等原承父买受李文玖内七股半；又，任兄弟己买李祐善、乞善原承文仕内得二股。今凭中验各前契，难作十二股清派，劝谕等宗义为重，悉凭各买契相共，日后毋得异说。今恐无凭，立此合同清白文约为照。

　　万历四年十二月初七日立

　　　　　　　　合同文约人　郑之珍、郑新兴、郑淳汶、郑天寿

　　　　　　　同约　倪道尧

　　　　　　　同约　郑任等、郑化等①

　　上引文书主要有以下几个要点：第一，十六都郑之珍同弟郑新兴等人，原先承郑德应买受本都李文达等人在焦潭弯等处山场，其山西边与十五都郑任等人的山场接壤。第二，该山场共有十二股，郑之珍兄弟分得二股；倪宜买受二股；十五都郑任、郑化等人承父买受李文玫七股半山场。此外，郑任兄弟从李祐善等人手中卖得该山场二股。第三，因该山场分籍较为复杂，于是在万历四年（1576），各“共业分股”的业主将原契赍出查验，出于“宗义”情谊考虑，双方业主议定，以原先买契为准，对各自所得山场管业。为此，重新订立清白文约，以为凭证。

　　但该合同文约订立仅两天后，郑之珍等人即将所得山场分籍出卖给郑任为业，立有卖山契。兹抄录如下：

　　　　十六都郑之珍等同弟新兴、宸、淳汶，共有承祖得［德］英原买一保土名焦潭湾，新立四至，东垒分水，下抵焦坑口，西垒分水抵郑天讯等山，南田，北大峰尖，四至内山原买李文达、文勇分股。今因管业不便，自情愿凭中将前山并大小木苗并山，该得分股，尽数立契出卖与十五都郑任、郑佐名下为业。面议时价纹银二两五钱正，在手足讫，价契两明。成交之后，各无悔易，未卖之先，即无重复交易。

———————————

　　① 《万历四年祁门郑之珍等立山场合同文约》，《嘉靖郑氏置产簿》第 31 号。

今恐无凭，立此为照。

　　万历四年十二月初九日

　　　　　　立契人　郑之珍、新兴、淳汶、天寿、宸（书）

　　　　　　中见人　倪道尧、郑□□、郑应祥、方圣保、李神保①

　　据此可知，郑之珍等人出于"管业不便"，将上述山场和在山苗木中所得分籍，一并出卖给十五都郑任、郑佐兄弟为业，得价银2.5两。郑之珍等人先是与"共业分股"的诸业主重新订立清白合同，明确各自分籍。两天以后，郑之珍就将所得分籍山场出卖给郑任兄弟为业。

　　但该山场在万历六年（1578）引起业主之间的诉讼。为便于论述，现将相关文书摘录如下：

　　　　十六都郑之珍等，同十五都郑任等，原共土名枫树坞、焦潭湾山，于万历四年已经族中郑等写立清白谕，珍等以少便多，写出卖契，俱便任等为业。封在□处，因□故事淹，至今致告本县。是族老郑濬、郑锡等，体念二家虽居两都，实系一家，义不容伤，幸际县主仁慈，愿和者听。为此，托中赴禀县主，候准之日，方得将原契价、清白合同两付，以全宗义，以杜争端。该纳昗价并款中人，并系二家均出，毋得再生异词。如违，罚银三两入官，仍移此文为准。今恐无凭，立此为照。

　　　　再批，前山力垄，原郑遐保于四年凭中人卖与任、佐便砍，不在此约之内。

　　　　万历六年十一月初二日

　　　　　　立约人　　郑之珍

　　　　　　族　老　郑濬、郑锡、方圣保、郑沐、应祥、李神保

　　再批，二家列名不尽，自有四年文约为准，各无异说。②

　　这份清白文约显示，郑之珍等人和十五都郑任等共有枫树坞、焦潭湾

① 《万历四年祁门郑之珍等立卖山契》，《嘉靖郑氏置产簿》第31号。
② 《万历六年祁门郑之珍等立山场息讼合同》，《嘉靖郑氏置产簿》第31号。

等山场，在万历四年（1576）重新订立清白文约，重新山林分配分籍。这份文书前文已有分析。几天后，郑之珍将分得的山场，出卖给郑任兄弟为业，立有卖山契，前文也进行了考察。但因原契书封在别处，使得其他族人难以知晓实际情况，于是在万历六年（1576），双方状告到官府。后来，涉讼双方请族老郑濬、郑锡等人出面调处，体念两族虽然居两都，但同为司徒公郑传后裔，"实系一家，义不容伤"，因此，双方同意和解。族老等人将调处结果禀告祁门知县，待获得批准后，需将双方原契、清白合同等原立文书两相交付，以全宗谊，以杜争端。此外，该文约后有两份加批也值得关注。一份是说明该山力垒已在万历四年卖给郑任、郑佐兄弟，不在本次文约之内。第二份则是说明，这次订立的山场合同文约，若有未尽开列山场，则以万历四年双方所立文约为准，以杜绝纷争。

郑之珍是晚明著名的戏剧家，因《新编目连戏救母劝善戏文》而闻名海内外，目前对于郑之珍的研究都集中在文学、戏剧方面①，对于他的社会经济生活则涉及甚少②。这3份具有前后关联的契约文书之发现，则可以弥补这方面的不足，在一定程度上反映社会生活中郑之珍的形象，凸显了其日常生活中鲜活的面相。

木材经过二三十年长养成材后，往往需要砍伐出卖，这时需要订立拚山约。请看下列拚山契：

> 十五都郑良辰同十六都郑志昂，共有立山浮木乙〔一〕块，坐落里塘案山，原系七十三号山。其山良辰原买得十六都郑德温等十五股中得十四股，志昂原得天补十五分之一，于内任、佐已买得伯爵分籍。三家立契出拚与倪初付名下，前去砍斫发卖，面议时价银正，在手足讫。其价契两相交付，成交之后，各不许悔。今恐无

---

① 参见魏慕文《郑之珍〈新编目连救母劝善戏文〉的产生及流传》，《东南文化》1994年第4期；朱万曙《徽州戏曲》，安徽人民出版社2005年版，第219—266页；朱万曙《〈祁门清溪郑氏家乘〉所见郑之珍生平资料》，《文学遗产》2004年第6期；陈文建《〈新编目连救母劝善戏文〉研究》，重庆师范大学2010年硕士学位论文；陈琪《明万历刻本〈新编目连救母劝善戏文〉学术价值》，《文物坚定与鉴赏》2019年第1期，等等。

② 管见所及，目前只有阿风利用一份由郑之珍写的卖山契考察，但并未涉及郑氏本人社会经济生活的面相。参见阿风《徽州文书中发现一份明代戏曲家郑之珍代书的契约》，《明史研究》第16辑，黄山书社2018年版，第195—200页。

凭，立此为照。

  万历十年正月初十日立拚契人　郑良辰

      同卖人　郑志昂

      中见人　李神保①

  这份文书显示，万历十年（1582），十五都郑良辰同十六都郑志昂有"共业分股"的山场在里塘案。该山中郑良晨买得十六都郑德温十四股，郑志昂买得一股。在该山中，郑任、郑佐兄弟也买得伯爵的分籍。现在三家将这块"共业分股"的山中浮木，出拚与倪初付前去砍伐发卖。

  该拚山后有一份较长的加批，主要内容是：该山场在万历三十年（1602）腊月，被十六都郑鸣皋、郑伯和、郑鸣吕三人盗葬。郑任等人得知后，鸣官究治，郑鸣吕等人上门赔礼，在中人郑一阳等人调处下，写立购买废墩的逊约，从而获得正当的安葬权。

  幸运的是，这份逊约也遗存下来了。现将其文抄录如下：

  十五都郑良辰原买得十六都郑德温等里塘案山废墩一所，今因鸣皋等不知来历，错葬论亏，托中劝谕，宗谊为重，仅将废墩一堆逊与十六都郑伯和、鸣吕前去安葬，当得价银　正。压田土，听自晨分年。又，砍拨和等，毋得异言。今恐无凭，立此逊契回文合同二纸为各照。

  万历三十一年正月十九日

    立逊约　郑良辰

   三大分秩下　纯阳、调阳、潮阳、祯阳

   中见人　郑一阳、郑学儒、郑可成、郑才星、郑天兴②

  据此可知，十六都郑鸣皋等人不知废墩来历，在山场盗葬，引发诉讼。经过中人调处后，双方约定，由郑伯和等人出面购买废墩，前去管业。对于山中蓄养的林木，要求郑伯和等不得侵犯。通过这种方式，十六

---

① 《万历十年祁门郑谅辰等立拚山约》，《嘉靖郑氏置产簿》，第20号。

② 《万历三十一年郑良辰立逊约》，《嘉靖郑氏置产簿》，无编号。

都郑伯和等与十五都郑良臣等化解矛盾，有利于营造良好的山林经营秩序。

因山场地势复杂，尤其是相毗连的山场，经过长期经营，山界往往越发模糊。因此，在砍伐林木时，往往需要重新划分山界，以进一步明确山林产权。来看康熙年间一份清业合同：

> 立合同文约十六都郑德公祀等，同十五都郑璋公祀，今因一保土名凑水坞上下二号相连，因四至交加，今值砍木之际，二家托中登山验明。界至其上培山一千八十一号，系十五都郑璋祀全业，东坞心直上至峰。其下培西坞心，直上至峰，系十六都全业者。照契管业，二家子孙永远遵守，毋得混争。如违，甘罚银硃十觔，入官公用，凭此合同文约二纸存照。
>
> 康熙三十四年十月十四日立
>
> 合同文约　十六都郑德公祀
> 经　手　郑士琦、郑士品、郑大新
> 十五都郑璋公祀
> 经秩下孙　郑连孙、郑亿圣、郑全伫
> 中　见　郑捷如、胡天祥①

这份山场清业合同说的是，十六都郑德公祀与十五都郑璋祀"共业"十六都一保凑水坞山场。因两家山场上下相连，四至交加，犬牙交错。康熙三十四年（1695）砍伐林木时，两家子孙托中登山查验山界，认定该山上培1081号山场，为郑璋祀全业；该山下培系十六都郑德公祀全业。双方议定，此后两家子孙照此契管业，不得混争。郑德公祀、郑璋祀均为明代中叶郑德、郑璋去世后的祭祀组织，虽然这分清业合同是康熙年间订立的，但两家共业经营山场，始于明代无疑。

从明前期至清初，郑璋家族数代人普遍热衷于山林经营，形成广袤的山场。郑璋兄弟不仅在家乡广置山场，进行山林经营，而且还积极将山中木材贩运到瓜洲等地销售，并由此发家，成为著名的木商世家。郑璋，

---

① 《康熙三十四年祁门郑的公祀等立山场清业合同文约》，《嘉靖郑氏置产簿》第31号。

"尚游江淮间，而赀用饶"①。郑璈年少负有大志，尝曰"商为四民一，即为之未害耳。乃挟数千金与其兄璋、弟珫游江淮、荆楚间，未十年赀日饶裕"②。郑璈"十居在外"，从事的是木材贸易，由此发家，"赀日饶裕"。后来郑璈在瓜洲病逝，其兄郑璋扶枢归葬桑梓。

对于郑璋兄弟在外经商的情况，同治《祁门县志》记载：

> （明）郑璋，字明夫，居奇岭。正德间岁饥，尝捐金以赈，值宸濠变，兵费不充。璋输粟供饷，授七品散官。弟璈，字洁夫，商于瓜渚，见运河为官民要道，遇粮运辄阻商行。璈捐金别浚一河，使官运无碍，商不留难，至今赖之。瓜有善人钱姓者穷无归，璈畀以居室不取值，钱绘像祀之。③

翰林院国史编修金达为郑璈撰写的墓志铭中称"商而儒行，隐以德尊。曷乃其大，孝友是敦。捐居义隆，筑河名存。免害于盗，以有夙恩"，可见郑璈是一位儒商良贾。

综上所述，从明初开始，郑璋家族已逐步积累山场。到正德、嘉靖年间，在军户分户的浪潮中，原籍军户郑英才秩下各房派纷纷析户，大量购置山场，独立经营山林。经过数代人的积累，郑璋家族形成广袤的山林，主要集中在十五都、十六都等地，采取租佃方式进行山林经营。在经济利益的驱使和分籍化的影响，使得山林纠纷十分频发，郑璋家族主要采取订立分山阄书、清白合同等方式来解决矛盾，营造良好的山林经营环境。

小 结

军户人口占明代人口的五分之一，对明代社会、政治、军事、经济、文化等领域产生深远影响。目前学界多通过族谱、方志、政书等传统典籍文献，对明代原籍军户的军籍来源、军役分担、生计模式、婚姻状况等进行考察，取得丰硕成果。但因资料所限，对原籍军户的生活经济生活实态

---

① 《奇峰郑氏本宗谱》卷4《文征·可闲选记》，嘉靖刻本，第26—27页。
② 《奇峰郑氏本宗谱》卷4《文征·明处士洁夫郑先生墓志铭》，嘉靖刻本，第33—34页。
③ （清）周溶修，汪韵珊纂：同治《祁门县志》卷30《人物志八·义行补遗》，《中国方志丛书·华中地方第240号》，第1393页。

缺乏深入认识。有鉴于此，本章利用原籍军户家族的文书资料，即置产簿、散件文书等最为原始的史料，对明代郑英才军庄产业和郑英才秩下郑谅、郑璋等家族的山场积累、山林经营和山场纠纷等问题进行系统考察，在一定程度上弥补以往学界对原籍军户社会经济生活实态认识的不足，深化了该领域的研究。

祁门郑英才在明初充军，此后整个家族落入军户系统。为应付军役负担，郑英才选择四子承袭军役，在原籍设立"军庄"以供应卫所服役族人的军装盘费问题。于是，在原籍的安礼、安本、安信就成了原籍军户。这些"军庄"产业以山林为主，由原籍这三大房轮流经营，其收入出祭祀外，主要供给卫所军人军装盘缠。因军户的户籍身份，使得军庄的山林经营形态与普通民众家族的山林经营颇为不同。

明代前期，碍于军户不能分户的制度限制，祁门郑英才军户家族众多房派子孙只能在"郑英才"户下不断积累山场，共同经营山林，形成众多"共业分股"山林。迨至正德、嘉靖年间，"军匠开户"问题作为赋役改革的一个重要议题被提上日程，此后军户分户成为一种普遍趋势。作为原籍军户的郑英才秩下安礼、安本、安信三大房子孙纷纷分户，大量购置山场，独立经营山场，形成众多世代经营山林的木商世家。原籍军户中以安信房支子孙山林经营最为突出，形成郑山家族、郑谅家族和郑璋家族等以经营山林著称的木商世家。

郑谅家族、郑璋家族的山场积累从明初就已开始，到成化、弘治年间进一步发展，至正德、嘉靖、万历时期达到顶峰。这些家族除"承祖"继承"共业分股"山场外，大量购置山林是其山场积累的最为重要的途径。这些家族的山场十分广袤，主要分布在十二都、十四都、十五都和十六都。这些地区环绕在奇峰郑氏所居村落四周，便于进行交易，进行山林经营管理。

明代中后期，随着商品货币经济的发展，拜金主义日益盛行，郑英才军户家族的山林经营纷争越发频繁。这些纷争既有族内纠纷，也有不少族际纷争，甚至还存在不少主仆互控诉讼。围绕山林产权纠纷，郑英才军户针对不性质的纷争，或通过订立清白合同、息讼合同，或者诉状官府，通过诉讼程序解决纷争。

本章的研究表明，郑英才军籍的户籍身份，没有使得郑英才之下三大房子孙走向贫困。相反，在明前期军户不能分户的情况下，三大房共同经营山林，形成颇具规模的"共业分股"山林。这些山林为郑谅、郑璋家族山林积累提供了重要来源。嘉靖以后，军户分户成为普遍现象，于是，郑谅、郑璋家族纷纷分户，购置山场，独立经营山林，成为著名的木商世家。"户"与"籍"成为不同概念，分户后，郑英才军户家族的山场积累更为迅速，山林规模更为庞大，但在有明一代始终没有脱离军籍系统。军户身份使得郑英才家族的山林经营呈现出与普通民户家族不同的面相。

第六章　明代徽州山林经济与地方社会

徽州山多地少的自然地理环境，使得山林经济在百姓的日常生产生活中占有十分重要的地位。为了维持生计，徽人普遍重视对生态环境的保护，积极植树造林，实现了人与自然的可持续发展。然而，明代以降，随着人地矛盾日益加剧，山区有限的资源基本被开发完毕，围绕有限的山林资源，徽州民众之间、民众与宗族之间、异姓宗族之间，往往易引发纠纷，因而使得山林经济在维护农村社会基层秩序中起到重要作用。徽州地处山区，山林经济是百姓维系日常生活的重要来源，也是徽商资本来源的重要基础，还是徽州宗族族产的主要来源。换言之，山林经济是徽州最为重要的经济结构，影响了民众生活的方方面面。

第一节　徽州山林经济与民众生计

徽州地处万山之中，山地面积广大，耕地严重不足，但却蕴含丰富的木材、茶叶、药材、毛竹、桐油、生漆、葛蕨等山林物产资源。自唐宋以来随着经济重心的南移，徽州地域开发步伐也不断加快，当时徽州人就不断将本土出产的山林特产运往外地销售，换取生活必需品来维持生计。迨至明代，由于商品经济进一步发展和徽商崛起，山林物产市场化趋势不断加强，山林经济在百姓日常生活中地位和作用进一步凸显出来。可以说，山林经济是徽州民众生产生活赖以维系的生命线。

一　徽州民众日常生活的经济命脉

徽州山多田少，可供耕作的田地有限，水稻等粮食作物产量不高，自然环境较为恶劣，从而使得徽州自古以来就是一个粮食严重匮乏的地域。即使在丰年，粮食也仅能维持三个月，若遇到灾荒，粮食匮乏就更为严重，粮价飞涨，百姓难以度日。徽州的粮食主要依靠江西、浙江等外地供应。徽州文集、方志等多有记载。南宋徽州著名学者程珌云："其山峭壁，其水清激，雨终朝则万壑迸流，晴再旬则平畴已坼，故干与溢特易旁郡。又其地十，为山七八，田仅一二。……大抵亦谓新安易水旱，地陋而收薄。"① 明末崇祯年间，休宁人汪伟也称："徽州介万山之中，地狭人稠，耕获三不瞻一。即丰年亦仰食江楚，十居六七，勿论遂饥也。"② 祁门县山地面积比例更高，"祁邑田少山多，时逢荒歉，皆取给于江西之饶河。邻有遏籴之时，祁民则坐以待毙。"③

面对山多田少、土地贫瘠的恶劣自然环境，徽州民众便积极利用丰富的山林物产资源，广泛种植林木，不断输往外地，换取粮食以维持生计。早在南宋时期，休宁人就将当地出产的木材运往江浙地区销售，由此致富者所在多有，同时在民间还形成将木材作为女子嫁妆的民俗。罗愿在《新安志》中说："（休宁）山出美材，岁联为桴下浙河，往者多取富。女子始生则为植杉，比嫁斩卖以供百用。"④ 祁门县在徽州六县中山地面积为最广袤，山林经济在百姓日常生活中更为重要。南宋时期，当地人就利用便捷的水运条件，将本地出产的"茗、漆、纸、木行江西，仰其米自给"⑤。及至明代，在商品经济发展的推动下，徽州民众普遍种植林业，热衷于山林经营，形成"山无一寸不植树"⑥ 的繁盛景象。在休宁县，"有高山浚川，长林沃野，民居之稠，物产之夥，在他县右"⑦。休宁西乡民众普遍从事茶木经营，"休宁一邑之内，西北乡之民仰给于山，多植杉木，摘茗

① （宋）程珌：《洺水集》卷7《徽州平籴仓记》，《景印文渊阁四库全书》第1171册，第327页。

② 康熙《休宁县志》卷7《艺文·奏疏·汪伟奏疏》，《中国方志丛书·华中地方·第90号》，第1083页。

③ 《祁门倪氏族谱》卷续，民国刊本。

④ （宋）罗愿撰，肖建新、杨国宜校著：《〈新安志〉整理与研究》卷1《州郡·风俗》，第17页。

⑤ （宋）罗愿撰，肖建新、杨国宜校著：《〈新安志〉整理与研究》卷1《州郡·风俗》，第17页。

⑥ （清）丁廷楗修，赵吉士纂：康熙《徽州府志》卷2《物产》。

⑦ （明）程敏政纂，欧阳旦增修：弘治《休宁志》卷1《风俗形胜》，《北京图书馆古籍珍本丛刊》第29册，第468页。

□□，贸迁他郡"①。由此致富的也所在多有，"徽人树此为业，凡江浙、南畿之境，油漆、器皿、屋料、木植皆资于徽，而休宁一县多产于西北乡。杉利尤大，凡种以三十年为期，斫而贩之，谓之杉羔，动以数十万计。"②

一般而言，南方山区多盛产葛蕨，而葛蕨粉作为一种重要救济作物，能够弥补粮食不足，维持民众生计，因此，在灾荒之年山区民众多山上采集葛蕨，以备取葛蕨粉充饥。北宋末年，庄绰《鸡肋编》卷上《说蕨》中已有记载③：

> 蕨有青紫二种，生山间，以紫者为胜。春时，嫩芽如小儿拳，人以为蔬。味小苦，性寒。生山阴者，可煅金石。叶大则与贯众、狗脊相类。取置田中，或烧灰用之，皆能肥田。又有狼衣草，小者亦相似，但枝叶瘦硬。人取以覆墙，又杂泥中，以砌阶甃，涩而难坏。蕨根如枸杞，皮下亦有白粉。暴干擣遂，以水淘澄取粉，蒸食如镃，俗名乌糯，亦名蕨衣。每二十斤代米六升。绍兴二十年，浙东艰食，取蕨根为粮者，几遍山谷。

徐光启在《农政全书》中也说："掘取根入土深者，水浸洗净，蒸食之。或以水中揉出粉，澄滤成块，蒸煮皆可食。及采花丽干食，亦可。"④徽州山区的自然地理环境为葛蕨的生长提供了良好的条件，葛、蕨在六县都有生长。嘉靖《徽州府志》记载："葛，饥岁擣取其粉，食之以接粮。苋、藜、蕨，皆物之旅，生者、贫者所资也。蕨之苗可采食，其根擣而滤之、澄之，以取粉。山人每恃之以接粮，然性冷味甘而滑。"⑤歙县，"产

---

① （明）程敏政纂，欧阳旦增修：弘治《休宁志》卷1《风俗形胜》，《北京图书馆古籍珍本丛刊》第29册，第468页。

② （明）程敏政纂，欧阳旦增修：弘治《休宁志》卷1《物产》，《北京图书馆古籍珍本丛刊》第29册，第476页。

③ （宋）庄绰撰，萧鲁阳点校：《鸡肋编》卷上《说蕨》，第10页。

④ （明）徐光启撰，石声汉校注：《农政全书校注》卷53《荒政·草部·葛根》，第1577页。

⑤ （明）何东序修，汪尚宁纂：嘉靖《徽州府志》卷8《物产》，《北京图书馆古籍珍本丛刊》第29册，第208页。

于山者曰笋、曰石耳、曰蕨、曰葛"①。休宁县，"蕨粉、葛粉，荒年时以济饥"②。婺源县，"冬月多掘蕨根以充食"③。祁门县，"葛，则饥岁掘根，捣其粉，蒸之以接粮。蕨，有水蕨、有山蕨，其根可取粉，以接饥"④。黟县，"葛，饥岁捣其取其粉以接粮"⑤。绩溪县，"葛，岁饥捣取其粉以接粮；蕨，苗可采食，其根捣而滤之、澄之，取粉以接粮，然性冷味甘而滑"⑥。

明代中后期，徽州人地矛盾更加突出，粮食短缺尤为严重，而徽州商业的发展使得贫富分化进一步加剧，社会流动不安。万历《歙志》对此有着形象、生动的描述。正德末、嘉靖初，徽州已是"出贾既多，土田不重，东家已富，西家自贫"。嘉靖末隆庆间，徽州社会出现了"末富居多，本富尽少。富者愈富，贫者愈贫。起者独雄，落者辟易。资爱有属，产自无恒。贸易纷纭，诛求刻核。奸豪变乱，巨滑侵牟。于是诈伪有鬼域矣，讦争有戈矛矣，芬华有波流矣，靡汰有丘壑矣"。万历年间，徽州社会分化更加严重，"富者百人而一，贫者十人而九"⑦。按照南宋前期著名学者洪迈的说法，健壮的农夫一天可以采蕨六十斤，而"每根二斤可充一夫一日之食"⑧。可见，蕨在饥荒之年的确能够维持生计。

---

① （清）张佩芳修，刘大櫆纂：乾隆《歙县志》卷6《食货志下·物产》，第338页。
② （明）程敏政纂，欧阳旦增修：弘治《休宁志》卷1《物产》，《北京图书馆古籍珍本丛刊》第29册，第476页。
③ （清）蒋灿修纂：康熙《婺源县志》卷2《疆域·风俗》，康熙三十三年刻本。
④ （明）黄汝济纂：永乐《祁阊志》卷10《物产·蔬茹》，明抄本，祁门县图书馆收藏。
⑤ （清）王景曾修，尤何纂：康熙《黟县志》卷2《物产》，康熙二十二年刻本。
⑥ （明）陈嘉策纂修：万历《绩溪县志》卷3《食货志·土产》，万历九年刻本，绩溪县档案馆藏。
⑦ （明）张涛、谢陛著，张艳红、王经一点校：万历《歙志》考卷5《风土》，第99页。
⑧ （宋）洪迈：《容斋随笔·容斋三笔》卷6《蕨其养人》，第479—480页。其全文如下："自古凶年饥岁，民无以食，往往随所值以为命，如范蠡谓吴人就蒲赢于东海之滨；苏子卿掘野鼠所去草实，及啮雪与旃毛并咽之；王莽教民煮木为酪；南方人饥饿，群入野泽掘凫茈；邓禹军士食藻菜；建安中，咸阳人拔取酸枣、藜藿以给食；晋郗鉴在邹山，兖州百姓掘野鼠、蛰燕；幽州人以桑椹为粮，魏道武亦以供军；岷蜀食芋。如此而已。吾州外邑，□崛山在乐平、德兴境，李罗万斛山在浮梁、乐平、鄱阳境，皆绵亘百余里，山出蕨其。乾道辛卯、绍熙癸丑岁旱，村民无食，争往取其根。率以昧旦荷锄往掘，深至四五尺，壮者日可得六十斤。持归捣取粉，水澄细者煮食之，如粗粅状，每根二斤可充一夫一日之食。冬晴且暖，田野间无不出者，或不远数十里，多至数千人。自九月至二月终，蕨抽拳则根无力，于是始止。盖救饿赢者半年，天之生物，为人世之利至矣！古人不知用之，传记亦不载，岂他邦不产此乎？"

　　在这种社会秩序严重失衡的情况下，葛蕨粉就成为徽州广大民众缓解粮食危机救命稻草。康熙《黄山志定本》亦云："蕨，山中在在生之，……及时采取，煠去涎滑，日干可为蔬，或断其根，捣洗澄粉。凶年可以御饥。"① 在休宁，嘉靖年间，"自休之西而上尤称斗，入岁收董，不给半饷，多仰取山谷，甚至采薇、葛而食。"② 在婺源，"冬月多掘蕨根以充食"③。在祁门，即便是丰年，粮食尚"不能自支"，因此，"岁祲，小民粉蕨葛佐食"。④ 在黟县，晚明时期，农人虽然"终岁勤劬"，但仍是"亩收不给，多远取于池饶"故而"贫不能负者，仰采岩谷薇葛以充"⑤。在绩溪，"岁饥捣取其（葛）粉以接粮；取（蕨）粉以接粮。"⑥ 明代中期徽州人口达到新的高峰，粮食危机更加严峻，小民生活日益贫困，多采以蕨为生。明代休宁儒生吴子玉曾言："若宋隆兴五年，史记徽大饥，人食蕨葛。自今观之，无论岁大饥，诸山谷小民无岁不采凫、芘、蕨葛以济，以故恤助之政不可一日阙然亡讲。"⑦ 由此可知，南宋初年只是遇到饥荒之时，民众才采蕨为食，而到了明代中后期，随着人地矛盾尖锐化，徽州已出现了"无论岁大饥，诸山谷小民无岁不采凫、芘、蕨葛以济"的情况。

　　蜡具有密封、防腐、润滑等多种功效，应用十分广泛，为我国著名特产。嘉靖《徽州府志》记载，蜡，"以为宣歙、唐邓、伊洛间尤多"⑧，可见，蜡在徽州也有一定产量，自然也是徽州民众日常生活中一项重要的经济收入来源。

---

　　① （清）闵麟嗣：康熙《黄山志定本》卷2《山产》，《续修四库全书》，《史部·地理类》，第 723 册，第 769 页。

　　② （明）何东序，汪尚宁纂：嘉靖《徽州府志》卷2《人事志·风俗》，《北京图书馆古籍珍本丛刊》第 29 册，第 66 页。

　　③ （清）吴鹗修，汪正元纂：光绪《婺源县志》卷3《疆域六·风俗》，光绪九年刻本。

　　④ （明）余孟麟修，谢存仁纂：万历《祁门县志》卷4《地理志·风俗》，万历二十八年刻本。

　　⑤ （清）王景曾修，尤何纂：康熙《黟县志》卷1《风俗》，康熙二十二年刻本。

　　⑥ （明）陈嘉策纂修：万历《绩溪县志》卷3《食货志·土产》，万历九年刻本，绩溪县档案馆藏。

　　⑦ （明）吴子玉：《大鄣山人集》卷31《志略部·恤政志》，《四库全书存目丛书》集部第 141 册，齐鲁书社 1997 年版，第 610 页。

　　⑧ （明）何东序修，汪尚宁纂：嘉靖《徽州府志》卷8《物产》，《北京图书馆古籍珍本丛刊》第 29 册，第 212 页。

值得注意的是，徽州民居多木质结构，建造民宅、祠堂等都需要大量木材，故而木材、毛竹等山林物产在徽州民众的民居建筑、祠堂等建设中起到重要作用。明代著名学者谢肇淛曾经生动的描写在徽州见到民居建筑："吴之新安，闽之福唐，地狭而人众，四民之业，无远不届，即遐陬穷发、人迹不到之处，往往有之，诚有不可解者。盖地狭则无田以自食，而人众则射利之途愈广故也。余在新安，见人家多楼上架楼，未尝有无楼之屋也。计一室之居，可抵二三室，而犹无尺寸隙地。"① 徽州民居多为楼上架楼的多层建筑，必然需要大量的木材，而这些木材也多产于本土。天启四年（1624），徽州某县冬尤兄弟因建造房屋缺乏木料，盗砍了二十一都金本、金成、金高寿户三大分共有祖坟山木材，被金氏族人告到县衙。② 嘉靖二年（1523），祁门五都洪氏佃仆汪新奎房屋被火烧毁，主人洪氏曾"贴工食银十两，松木五根，小杉木一千二百根"③，给佃仆汪新奎等人造作房屋之用。佃仆居住的房屋尚且需要"松木五根，小杉木一千二百根"之多，徽州名门望族居住的民居建造消耗的木材就更不计其数了。

祠堂作为宗族的重要象征之一，其建造规模更为宏大，需要的木材自然更多。这在建造祠堂的相关文书中得到了充分的体现。如万历十一年（1583）徽州某县建造祠堂均役合同：

> 十一都汪谏、汪天经、天荣三大房等，□□□□□□□源，众议建立祠堂，土名前岸。因人不齐，未立合同。今复笃议五分均造，以后毋许执拗，所有装修并造墙匠工木料，并照以前均出。自立合同之后，各分子孙永远遵守。如有违文不出，甘罚白银三两五钱入祠公用。倘有恃顽不服，听自闻官理治，仍依此文为准。今恐无凭，立此合同一样五张，各收一张永为照者。
>
> 计开：所有中义火佃银并庄坑头木价以贴祠堂用讫，不在五分内

① （明）谢肇淛撰，韩梅、韩锡铎点校：《五杂组》卷4《地部二》，第131页。
② 《徽州千年契约文书（宋·元·明编）》卷4，第149页。
③ 张传玺主编：《中国历代契约汇编考释》，北京大学出版社1993年版，第1061页。

算，肇依众口再批。

……

隆庆三年五月十九日立合同人　　汪谏 天相（等 15 人）

亲人　吴轼

依口奉书姪　　汪天肇①

　　从这份建造祠堂合同文书中可以看出，汪氏族人"人心不齐"，在建造祠堂时发生争论，为此要求做五分均造，要求"所有装修并造墙匠工木料，并照以前均出"，从而解决了因建造祠堂所需木料、工匠等矛盾。

　　徽州木材还是百姓日常生活燃料的主要来源。明代著名学者王士性曾说："江南饶薪，取火于木。"② 由此可知，百姓日常生活消耗的柴薪量也是很大的。在大量的山场租佃合同中，随处可见山主将佃户所种植山场中的柴木、枝桠等作为力分，给予兴养者。这种现象在徽州十分普遍。为了解决生活困难，困苦百姓有时也盗砍山主柴木，如天启五年（1625）祁门庄仆康具旺、李六保盗砍山主林木，"造窑柴发卖"③，被山主发现，立下甘罚文约。

　　概而言之，徽州民众克服山多田少的劣势，充分利用山区适合种植林木、茶叶、桐油、生漆等山林物产的优势，大量种植经济作物，改变作物的种植结构，并将这些丰富的山林物产运往外地销售，换取粮食等生活必需品。到了明代中后期，徽州山林物产不断市场化，徽州民众不再局限于将这些物产换取粮食来维持生计，而是大规模经营山林，获取丰富的利润，以此为职业，从事商业贸易，形成了徽商群体中的一支重要力量。这标志着徽州山林经济发展进入了新的阶段。而木材、毛竹等山林物产在徽州民众的房屋建造、家具及手工艺品等方面同样起着重要作用。

　　值得注意的是，随着商品货币经济的发展，民间田土买卖日趋频繁，其中山场交易占有重要地位。为便于叙述，现将第二章九个置产簿中所见七个家族田土买卖、交易通货情况加以统计，如表 6 - 1 所示。

---

① 《徽州千年契约文书（宋·元·明编）》卷 2，第 430 页。

② （明）王士性撰，周振鹤点校：《广志绎》卷 1《方舆崖略》，第 191 页。

③ 《明清徽州社会经济资料丛编（第一集）》，第 460 页。

表6-1　　　　　　　　七户家族置产簿所见田土交易契约统计

时间	契约件数	田土类型				所用货币			
		田	地	山	塘	宝钞	谷物	布帛	白银
洪武	3	—	—	3	—	3	—	—	—
建文	1	—	—	1		1	—	—	
永乐	26	1	1	17		13	—	5	—
洪熙	5	—		5		4		1	
宣德	19	—	2	17		6	2	8	—
正统	38	—	4	34		1		17	10
景泰	8	—	—	8		—	1	2	5
天顺	4	—		4		—	1		2
成化	16	—	2	14					14
弘治	35	3	2	30					27
正德	54	7		47					39
嘉靖	325	39	27	257	2				229
隆庆	73	20	8	45	—				94
万历	718	313	148	251	6				702
泰昌	2	—	1	1					1
天启	37	1	1	35	—	—			32
崇祯	92	17	19	56					78
合计	1456	401	215	825	8	28	4	33	1233

说明：田地山塘一起混卖的契约件数未予统计，田土买卖其未注明货币类型的亦未统计。

从表6-1中可以看出，七个家族置产簿中共有土地买卖契约1456件，其中买田契401件，买地契215件，买山825件，买塘契8件。由此可见，山林契约占总数的56.66%，超过了一半以上，这也凸显了山林经济在徽州山区中的地位和作用。另外，从土地买卖交易的频率看，成化以后，土地买卖流转速度不断加快，尤其是嘉靖、万历年间达到了高峰。以山林契约为例，嘉靖时期为257件，万历时期为251件，嘉靖、万历时期山林契约占总数的60%以上，可见，嘉靖、万历时期徽州民间社会中山地交易十分活跃。从土地买卖交易的货币来看，使用宝钞的有28件，主要出现在洪武至正统时期，以永乐时期比例最高，有13例，占总数的46.43%，正统以后宝钞在民间土地交易中绝迹；使用谷物的有4件，主要出现在宣德、天顺时期；使用布帛交易的有33件，出现在永乐至景泰时期；成化以后民间交易皆用白银，白银逐渐成为民间流通领域的主币，嘉靖以后白银货币化基本完成。从中可以看出，徽州民间土地买卖交易中通货情况，洪武至建文时期以宝钞为主，永乐、洪熙、宣德、正统时期则是钞、谷、布、银兼用，成化以后皆用白银交易。由此可见，徽州民间土地交易中存在着明显的白银货币化趋势。这与前贤的研究基本一致。[1]

前述明代山林经济规模研究中的七个家族置产簿显示，无论是购买次数、所用金额，还是购买山场的数量都主要集中在嘉靖、万历年间，故而嘉靖、万历时期是他们购置山场的主要时期。而这期间，民间山林买卖全部用白银交易，而且土地流转速率和规模不断增加。嘉靖以后，正是白银在社会流通领域中主币地位基本奠定的时期，社会中产生了巨大的白银需求，而正是这种社会内部的巨大的需求，不断推动中国市场的极大扩展，进而扩大到了世界范围，促使白银成为世界货币。[2] 同时，嘉靖、万历时期正是明廷逐渐放松海禁，私人海外贸易日益兴起的时代，大量的白银通过海外贸易源源不断的入流中国。嘉靖、万历时期，徽州民间山林交易中白银成为流通领域的主币，正与这一时期海上贸易促使日本和美洲大量白银入流中国的时代背景密切相关。[3] 可以说，嘉靖、万历时期徽州民间山地买卖交易中普遍使用白银，正是这一时期白银货币化进程中的一种体现。

---

① 早在20时80年代，傅衣凌就敏锐地注意到明代前期徽州民间通货情况。他曾利用146件徽州土地契约进行初步统计分析，指出明代前期的相当一段时期内使用的通货是很复杂的。具体来说，洪武、永乐之间以钞为主，宣德、正统则钞、谷、布、银兼用，成化、弘治以银为主。参见傅衣凌《明代前期徽州土地买卖契约中的通货》，《社会科学战线》1980年第3期。近来，万明在探讨明代白银货币化问题时，曾用427件明代徽州土地买卖契约，继续探讨明代前期货币流通的实态，认为洪武至建文时期，是宝钞推行于民间的第一阶段，特点是作为国家法定货币的宝钞迅速衰落，白银货币化的趋势已明显出现；永乐至宣德时期，是宝钞推行于民间的第二阶段，特点是宝钞再度经历顶峰后衰落，向白银过渡的实物交易出现；正统至成化时期，是宝钞绝迹于民间流通的阶段，特点是白银逐渐成为实际主币，并向全国展开。在此基础上，她进一步提出明初存在一个白银货币化的趋势，明代的白银货币化是从民间开始的，经历了自下而上的历程，作为宝钞最强劲的对立物的白银，最终不以统治者的意志为转移，逐渐占据了主币的地位，白银货币化是民间趋势促动的结果，而不是国家法令推行的结果。参见万明《明代白银货币化的初步考察》，《中国经济史研究》2003年第2期。邱永志：《"白银时代"的落地：明代货币白银化与银钱并行格局的形成》，社会科学文献出版社2018年版。

② 参见万明《明代白银货币化的再认识》，《中国钱币论文集》第五辑，中国金融出版社2010年版，第251—252页。

③ 参见万明《明代白银货币化：中国与世界连接的新视角》，《河北学刊》2004年第3期。

二　徽商资本的重要来源

明代中期开始，徽商开始崛起，徽商资本来源多样。早在 20 世纪 50 年代，日本学者藤井宏在《新安商人的研究》一文中，就将徽商的资本来源分成七个类型，即共同资本、委托资本、婚姻资本、援助资本、遗产资本、官僚资本和劳动资本。① 值得注意的是，在徽州山区，山林经济收入也是徽州商人重要来源之一。日本学者中岛乐章较为敏锐地注意到这个问题，他认为"商业资本屡次依赖同族筹措，特别是山林经营的收益常常成为资本来源。同时，徽商商人会把商业活动利润再次在故乡购买土地和山林。"② 徽商经营的盐、典、茶、木四大行业中，茶、木是徽州山林经济最为主要的两大组成部分。早在唐宋时期，徽州人就将本土出产的茶、木等土特产品运往域外销售，获得收入，换取粮食，维持生计，故而在徽商群体中，茶商、木商最先开始兴起，也就是这个道理。而且，茶商、木商兴起后，他们往往将资本投入典商、盐业等其他行业，从而进一步促进了徽州商业发展，壮大了徽商队伍，也是徽商保持几百年兴盛的主要原因之一。如明代徽州著名学者汪道昆在《太函集》中曾经记录了一位歙县丰乐商人，从事山场种植，经营山林，"坐收山林林木之利于其家"。为了扩大商业经营，他将一部分利润投入盐业经营，"岁课江淮盐策之利于其子，不逐时而获，不握算而饶，其得之地者殊也"③，在盐业上也获得了成功，进一步促进了其商业发展。

据学者研究，徽商多是小本起家。④ 为了筹措资金，往往将山林出售，换取经商所需的资金。这在徽州文书中也得到了反映。嘉靖二十年（1541）黟县七都欧细女与其弟因"无银买卖"，情愿"将承祖续买山场四号"出卖与同都汪敏为业，获得白银 1.7 两⑤，从而筹措了经商所需资本。天启二年（1622）黟县七都汪治"因生意"，将承祖共业风水山出卖给休

---

① 参见［日］藤井宏著，傅衣凌、黄焕宗译《新安商人的研究》，《江淮论坛》编辑部编《徽商研究论文集》，安徽人民出版社 1985 年版，第 131—272 页。
② ［日］中岛乐章著，郭万平、高飞译：《明代乡村纠纷与秩序：以徽州文书为中心》，第 10 页。
③ （明）汪道昆撰，胡益民、余国庆点校：《太函集》卷 14《谷口篇》，第 297 页。
④ 张海鹏、王廷元主编：《徽商研究》，第 18—26 页。
⑤ 《崇祯黟县汪氏抄契簿》，《徽州千年契约文书（宋·元·明编）》卷 8，第 460 页。

宁吴某名下为业，获得 15 两收入①，解决了经商资本问题。类似的例子还有很多，不一一列举。

从事木材、茶叶贸易的徽商，其资本包括资本来源和资本组合方式两个方面。一般来说，资本来源是指其商业原始资本来源。资本组合方式又称资本形态，是指从事山林产品贸易的商人其商业活动由谁出资、归谁所有，分为独资和合伙两种形式。

明代从事徽州山林特产贸易的徽商资本来源主要有官僚资本、商业资本和借贷资本。明代从事山林产品贸易的商人资本来源为官僚资本的较为少见。如祁门《李氏山林置产簿》簿主李汛为宏治乙丑进士，历官南京工部主事、广西思恩府知府。致仕后，在家乡李源大量购置山场，从事木材经营，到其孙辈时，拥有 3000 余亩山场。② 其子孙从事木材贸易的资本显然来源于政治领域。

来源于商业领域的资本，如明末歙县大木商吴养春，其祖父吴守礼，贾盐策于维扬、淮海间，为雄居两淮的大盐商。③ 其父吴时佐继续从事盐业经营。吴养春除了从事盐业经营外，同时在黄山广置山场，拥有黄山山场 2400 多亩，获利数十万两。④ 其木业资本显然是来源于盐业领域。来源于借贷资本的，如婺源程鸣岐，"幼极贫，嗣佣趁木簰，勤慎愿悫，客倚重之。贷赀贩木，乃渐饶裕"。⑤

资本组织形态主要有独资和合伙两种形式。独资形态，是指商业活动资本由自己个人出资，归个人所有，商业利润也归个人所有，由个人承担商业风险和全部债务。合伙形态，是指商业活动资本由两个或者两个以上的人共同出资，共同占有全部利润，共同承担全部风险和债务。明代从事徽州山林产品贸易的商人资本组织形态以独资和合伙两种为主。其具体内容详见第三章第三节中关于山场经营方式的论述。

总之，徽州出产的木材、茶叶、毛竹、桐油等山林物产为徽商提供了重要的资本来源，为徽商的发展壮大提供了重要的经济基础。

---

① 《明清徽州社会经济资料丛编（第 2 辑）》，第 542 页。
② 陈柯云：《从〈李氏山林置产簿〉看明清徽州山林经营》，《江淮论坛》1992 年第 1 期。
③ （明）鲍应鳌：《瑞芝山房集》卷 8《寿光禄丞吴公六十序》，《四库禁毁书丛刊》集部第 141 册，第 168 页。
④ （近人）程演生：《天启黄山大狱记》，民国油印本。
⑤ 民国《重修婺源县志》卷 41《人物·义行》，民国十四年刻本。

三 徽州宗族的重要经济基础

徽州是个典型的宗族社会，族产是徽州宗族赖以发展的重要经济基础。而在族产的众多来源中，山林经济占有十分重要的地位。这是由徽州山区的自然环境决定的。徽州地处万山之中，山多地少，耕地严重不足，山地面积广大，山场自然成为民众日常生活的主要产业，在徽州宗族所拥有的田、地、山、塘等族产中，山场的规模最大，成为徽州宗族组织举行祭祀、公共活动等的主要经济来源，是徽州宗族组织得以维系的重要经济基础。在第二章第二节"明代徽州山林经济的规模"中，九个家族的置产簿中有好几个宗族的山场就是以族产形式而存在的。祁门李源李氏族宗族拥有的族产皆为山场，规模在 3000 亩以上。祁门善和程氏仁山门东房派族产中共有、祭田、学田和军业田等计 315.5796 亩，山场 1149 亩 2 角 47步①，其中，山场也占绝大多数。祁门十六都石潭汪氏族产中，田地数量微乎其微，绝大多数也是山场，规模在 200 亩左右。晚明时期，歙县大商人吴养春家族也占有 2000 多亩黄山山场。嘉靖年间祁门龙源汪氏《五股标书》中，参与析分的族产绝大多数也是山场，规模在 1400 亩以上。② 类似这种情况在徽州普遍存在。由此可见，山场是徽州宗族族产最为重要的组成部分，实乃徽州宗族赖以维系的经济命脉。即使到了 20 世纪 50 时年代，徽州社会中绝大多数山场仍是以"公堂"占有的形式存在。据调查，当时祁门文堂村中绝大多数的山林被公堂占有，全村共有山场 5252 多亩，公堂祀会就占有 4600 余亩。③ 山林经济在徽州宗族族产中的地位于此可见一斑。

山场是徽州民众赖以生存的物质基础，故而徽州宗族普遍重视山林经营。正如陈柯云所说的那样，"徽州山林具有宗族经营的特点"④。徽州族产中众存产业的相当部分也是山林，这种众存山林也多由宗族经营。龙源汪氏是通过设置清簿、订立合同并设立附加条款等方式来实现对山场管理的。⑤ 善和程氏仁山门东房派十分重视对族产山林的经营，专设治山者，

---

① 周绍泉：《明清徽州祁门善和程氏仁山门族产研究》，《谱牒学研究》第 2 辑，第 3 页；颜军：《明清时期徽州族产经济初探——以祁门善和程氏为例》，《明史研究》第 5 辑，第 61 页。
② 《五股标书》1 册，嘉靖写本，上海图书馆藏，线普：563772。
③ 陈柯云：《从〈李氏山林置产簿〉看明清徽州山林经营》，《江淮论坛》1992 年第 1 期。
④ 陈柯云：《从〈李氏山林置产簿〉看明清徽州山林经营》，《江淮论坛》1992 年第 1 期。
⑤ 《五股标书》1 册，嘉靖写本，上海图书馆藏，线普：563772。

负责山场的日常管理，同时以家长、斯文等进行监督，形成了以管理为核心，治山者、家长、家众、斯文等积极参与监察的严密的山场管理体系，从而保证了族产经济的有效运行。该族对山林经济的重要性有着深刻的认识："田之所出，效近而利微，山之所产，效远而利大。……所谓日计不足、岁计有余也。"① 总之，山林经济是徽州族产最为重要的组成部分，乃徽州宗族组织不断发展壮大的重要经济基础。

第二节　徽州山林经济与基层社会秩序

徽州是个典型的山区，山多田少，耕地资源有限，南宋以来地域资源开发基本完成。随着人口繁衍，明代中叶以后徽州人多地少的矛盾日益凸显，围绕有限的资源，民众之间相互争夺、冲突时有发生。徽州山区森林物产资源丰富，山林经济在徽州百姓日常生活中占有十分重要的地位，故而围绕山林利益的纷争也最为多见。为了防止纠纷的发生，徽州民众多采取订立合同文约的形式来加以调解各自的利益，解决矛盾。可以说，山林经济对徽州基层社会秩序的维系起到重要作用。

一　订立合约：山林纷争的防范

鉴于山林经济在徽州百姓日常生活中的重要地位，徽州人为了维护基层社会秩序，往往在山林纠纷发生之前，通过订立合同文约的形式，将矛盾化解于萌发之前，从而既有利于调解个体之间的权益，也有利于地方社会秩序的稳定。

隆庆五年（1571），休宁张训、张齐保等共有山场一号，但唯恐混业不便，而引发争端，于是两家订立清业合同，成功避免了纠纷②：

> 立合同人张训、张齐保共买业有山一备，坐落本都一保……共山三亩二分有零。内训边三契，共买四分之三，齐保边买四分之一。今因混业不便，两相情愿，凭中眼同品荅［搭］各业，训边分得里边连

---

① （明）程昌撰，周绍泉、赵亚光校注：《窦山公家议校注》卷5《山场议》，第74页。
② 《万历休宁〈齐保公置产簿〉》，《徽州千年契约文书（宋·元·明编）》卷7，第106页。

界，就便为业；齐保分得外面为业，界自弯口埋石七个，直上至降。今从分扒勾业之后，各遵界至内管业，两下毋得生情越界侵害，所有四勾内田塝上，各依旧业长养，不可养苗害田。恐后无凭，立此合同一样二张，各执一张存照。

　　隆庆五年十月初六日立合同人　　　张训（押）　　张齐保（押）
　　　　　　　　　　中见人　　　张茶（押）

　　祁门奇峰郑氏宗族拥有广袤的山场，并积极从事山林经营，是个典型的木商之家。但随着世系推衍和分家析产的不断进行，使得山场分籍逐渐碎片化，山界变得较为模糊，为避免因此产生的山林纠纷，该族往往通过订立合同文约的形式，将矛盾化解于萌发之前。

　　万历二十三年（1595），郑公佑叔侄等四大房，将承祖并买受山场进行析分，有《分山阄单》1册，可作为协调宗族内部成员山场利益，避免发生纷争的典型代表。郑公佑叔侄等四大房人等订有合约①：

　　　奇峰郑公佑仝侄可继、可成、可嘉四大房人等，原承祖父并续置山场，因人心不一，致山荒芜。今同商议，除先年存留祀山外，其余山场作天、地、人、和品搭均分，以便各人栽养，庶山无遗利，子孙有赖。先年四房因造坟等项，少安佑、立行银两，将旧宅坑等处山一契扒还安等为业。今与侄等商议，所拚花利，仅敷还本利，念至亲将此山骨退还众共凑分，倘分外仍有遗漏土名，仍系众共。自立文之后，上山订界粘阄，永远遵守，毋许悔异，如悔者，罚银十两公用，仍依此文为准。今恐云云。

　　　再批，各家原开生坟在山，听开人管业，日后安葬，阄得之人无得阻当［挡］。各阄得山场或有风水，悉听寻得之人开葬，禁步悉照上祖列坟心，各出三丈。

　　　再批，旧宅坑等处山一契，仍未砍尽，其堪砍者，听安、佑立行三年之内砍斫，将山付分得之人入业。

① 《万历二十三年祁门郑公佑等立〈分山阄单〉》，《徽州千年契约文书（宋·元·明编）》卷8，第28—29页。

郑公佑同佺可继、可成、可嘉四大房人等鉴于族内"人心不一",造成祖业山场的荒芜,为了更好的管业山场,协调各自利益,将祖业山场分成四股,进行析分,目的是实现"庶山无遗利,子孙有赖"。通过订立合约,避免了相互争夺产业现象的出现。

祁门三四都凌奇祥等鉴于承祖山场"分法多寡不均",将这些山场进行阄分,避免了争端①:

> 立分单人凌奇祥等,今将土名大塘坞山一号,共计山六亩,所有先年收买胡姓分法多寡不均。自天启二年五月,将各人原买老契、新契逐一查明,是祥兄弟先年买胡优等分籍,除二人本身一半,仍多山二分五厘,是奇祖出价四钱五分与祥、安二人凑合老分。通山作四大股均业,在山老松木二十根,俱系照山四股均业。日后砍木,即无异言。立此合同分单为照。
>
> 计开股分于后:
>
> 凌奇祖,四股之一,该山一亩五分。
>
> 凌奇祥,四股之一,该山一亩五分。
>
> 凌奇安,四股之一,该山一亩五分。
>
> 凌兴文,四股之一,该山一亩五分。
>
> 天启二年五月二十五日立
>
> 　　　　合同分单人　凌奇祖、凌奇安、凌奇祥、凌兴文
> 　　　中见书人　凌兴祖

凌奇祥等四人将承祖产业进行平均分配,避免了因山场分籍多寡不均而造成的产业纠纷。

徽州人往往通过签订清业合同的形式,协调各自的权益,避免山林纠纷的发生。如成化年间,祁门十八都黄希贤与叶茂英等订立的山林清业合同文约②:

---

① 《嘉庆祁门凌氏膳契簿》,《徽州千年契约文书(清·民国编)》卷11,第448—449页。
② 《祁门十八都沙堤叶氏文书》,《徽州文书》第2辑,广西师范大学出版社2006年版,第204页。

十八都黄希贤同本都叶茂英共山一号，坐落本都一保，土名庄背坞，计山五亩三角。其山东至仁翁田，西至降，南自地，北至和卿山。希贤内四分合得一分，茂英合得三分。其山原栽杉苗竹木，系茂英己同工力栽苗，后茂英自砍。其空山听自希贤照依分剂亩步，听自希贤栽坌，希贤自砍。仍有空闲山，仍听茂英照依亩步分剂栽坌，二家各不在言议。自立合同文约之后，候长养杉木竹成林，二家各宜遵守，各砍研，不在争占。今恐人心无凭，立此合同文书二纸，各收一纸存照者。

成化元年三月二十二日立合同文人　　黄希贤、叶茂英

中见人　　黄永贤、叶文政

代书人　　叶文茂

遇见人　　叶文辉、叶文显

祁门十八都黄希贤与叶茂英共同置有山场一号，按照各自分籍将山场分为四分。该山场先是叶茂英栽苗自砍，其砍伐后的空山则由黄希贤按照分籍进行栽苗自砍。通过订立清业合同的形式，明确了各自的权益，避免了因山场分籍问题产生的争端。

二　林业纠纷诸面相

与田地相比，山场要复杂的多，一块山头面积已较为庞大，加之，山场一般距离居民住地较远，管理不易，围绕山林的纠纷十分频繁。从现有的资料看，山场纠纷类型众多，举凡山场重复买卖、山场界线不明、盗砍盗卖山场等都会引起山场产权纷争。

（一）山场重复买卖

在日常生活中，百姓迫于生活压力，重复买卖山场的现象较为常见，由此造成的纠纷也较为频繁。

正统八年（1443）祁门县方寿原重复买山地而立有退还文契：

十西都方寿原，有父方添进存日，于永乐二十二年间，作祖方

味名目，买到本都谢孟辉名下七保，土名方二公坞山一片，系经理
唐字三百八十七号，计山一十亩。有本都谢能静先于永乐十八年间，
用价买受谢孟辉前项山地，已行雇人拨作，栽养杉苗在山。是父添
进将山地拨去一弯，致被能静状告老人谢志道。蒙索出二家文契
参看，系干重复。今寿原凭亲眷李振祖等言说，自情愿将前项山
地悔还先买人谢能静，照依先买文契，永远管业，本家再无言
说。……

　　　正统八年十二月初八日退契人　　方寿原（押）

　　　　　　　　　　见　人　　李振祖（押）方安得（押）

　　　依口代书人　　　邵志宗（押）①

　　十西都方寿原的父亲方添进于永乐二十二年（1424）购买同都谢孟辉
名下七保方二公坞山场十亩。但这块山场早在永乐十八年（1420）就由谢
能静从谢孟辉手中卖得，而且已"雇人拨作，栽养杉苗在山"。于是，谢
能静将此事状告于老人谢志道。谢志道将两家文契赍出参看，确认此山为
重复买卖。后来，方寿原在姻亲李振祖等人的调停下，将自己重复购买的
山场退还给谢能静，承认其对山场的管理权。

　　祁门康氏有关山场重复买卖的几件合约，提供了较为典型的事例。成
化四年（1468），祁门十三都康世英与同都余童互争三保方坑枧坞山木，
"各词里老"，后来将二家买卖文契赍出查看，系重复买卖，而从订立清业
息讼合文：

　　　十三都康世英与本都余童互争三保土名方坑枧坞山木，各词里
老，追出二家买受文契。有世英文契，系永乐年间买受；有余童文
契，系洪武年间买受葬坟在内。其山系黎兴祖扒栽杉木，今凭众看，
余童契买受葬坟在前，见存坟茔遮护，未砍杉木，仍系余童长养管
业。其在山已砍山分杉木，议归世英出备价银四两，将浮木出卖与世
英做造发卖，余童再无异说。□有世英原重复文契，日后不在行用。

―――――――

　　① 《徽州千年契约文书（宋·元·明编）》卷1，第139页。

今凭众议，写立合同文约之后，其山一听余童照契葬坟管业，世英等再无异词争论，违者罚银三两入众公用，仍依此文为准。今恐无凭，立此合同文约为照。

　　　成化四年三月初三日立契约人　　　康世英

　　　　　　　　　　　　中见人　　　汪克谐　康刚率　凌孟清

　　　　　　　　　　　　代笔人　　　康志忠　康邦杰①

　　祁门十三都康世英与同都余童互争山场，各自投到里老，赍出二家文契参看，发现余童先于洪武年间买受，而康世英则于永乐年间买受，系重复买卖。在里老的调解之下，认定余童所买受的坟茔山场，未砍杉木，仍归其长养管业。将已被砍伐杉木的山场，由康世英出备白银 4 两给余童，所砍木材由康世英发卖，并将康世英原买重复文契废止，二家就此平息纷争。

　　随着商品经济的发展，土地买卖变得越来越频繁，民众迫于生存压力，重复出卖山场的现象变得越发常见。万历三十二年（1604），祁门康天生等人与十五都汪必晟等人围绕山场产权发生纠纷，订立清白合同：

　　　　十三都康天生兄弟、康孝［学］正兄弟、德温兄弟、康淇、康仁寿兄弟，同十五都汪必晟、弟侄汪振福、昂等，共有山一号，坐落七保，土名亭子岭，系宾字八百八十四号余兴发名目，新立四至，……。四至内山二家因各买契重复，今凭中验明，写立清白合同，不以各家买契为定，悉照此清白合文为准，其各人名下该得亩步分籍开载于后。自立之后，各宜永远遵守，再毋得各执买契互争。如违，听遵守人赍文告理，甘罚白银五两入众公用，仍依此文为准。今恐无凭，立此清白合同三纸，各收为照。

　　　　再批，其山议定眼同招佃锄种栽苗，同业人毋许入山混种，以致

_____

① 《明代成化四年二月祁门康世英等清业息讼合文（抄白）》，中国社会科学院中国历史研究院藏，编号：115090402001。

抛荒。批。

万历三十二年七月初二日立

　　　　　　合同文约人　　　康天生兄弟　　康孪正兄弟

　　　　　　　　　　　　　　康德温兄弟　　康淇　康仁寿兄弟

　　　　　　　　　　　　　　汪必晟弟侄　　汪振福昂

　　　　　　中见人　　　　　康真寿　　胡晨　　康京祥

计开：各人该得分籍开后

　　汪必晟弟侄该山七亩八分八厘正；汪必振福该山四厘正；汪必昂该山四厘正；康孪正兄弟该山一亩九分零五毛正；康德温兄弟该山一亩九分零五毛正；康天生兄弟该山一分四厘正；康淇该山四厘六毛正；康仁寿兄弟该山四厘六毛正。[①]

祁门十三都康天生等人与十五都汪必晟[②]等人共同置有一块山场，后因四至内山场契书存在重复买受的问题。因此，二家凭中验契，订立清白合同，"不以各家买契为定，悉照此清白合同为准"，从而解决纷争。

崇祯十一年（1638），祁门康晖祖因自身失记，重复买卖山场，而订立清业合同：

----

　　① 《徽州千年契约文书（宋·元·明编）》卷3，第328页。

　　② 祁门十三都康氏与十五都汪必晟等人的归户文书多有遗存。如《万历十四三年汪必晟等何人文约》：

　　十五都山主汪必晟弟姪同十三都康天元叔姪、康鸣飏、康时真、康宗贤兄弟、康宗尚、康体仁兄弟，今将三保土名葱草坞，系崧孙名目，共计山一十三亩，今凭中验契清白，将各人分法开载于后，不以各人买契为拘，悉照此清单合同为准。自立文约之后，各宜遵守，以后毋得再生异议，以启争端。今恐无凭，立此清白合同文约一样七纸，各收一纸为照。

　　计开各人山分于后：

　　汪必晟弟侄该实山四亩七分零八毫；康天元叔侄,该实山二亩八分正；康宗贤兄弟该实山一亩八分八厘七毫正；康鸣飏该山实五分八厘一毫四九正，此山系康宗安处；康时真,该实山三分七厘四四九；康宗尚,该实山一亩三分五厘七二八正；康体仁兄弟,该实山一亩三分三厘五毛正。

　　万历四十三年十一月念九日立合同文约人　　汪必晟弟侄　康天元叔侄　康时真

　　　　　　　　　　　　　　　　　　　　　　康宗贤兄弟　康宗尚　康体仁兄弟　康宗安

　　　　　　中见人　康国瑞　康时周

从中可以看出，祁门十五都汪必晟等人与十三都康天元等人共有山场，分籍不明，于是重新验契，订立清白合约，并规定"不以各人买契为拘，悉照此清单合同为准"。这与上面所引万历三十二年的做法一致。资料来源：《徽州千年契约文书（宋·元·明编）》卷3，第452页。

兄康晖祖原将本都一保、三保、七保等处山骨并浮苗卖［康］德良，因身失记，将契内山复卖，土名一保牛屎坞、谢六坞、箬皮弯、七保土名小高山、朴木坞、枫木垱、田土弯上、白石坞、竹坞岑、系机坞、杨木坞、面前坞、麻榨坞、谢家坞、四亩垱、田傍上、姚家坞、屏凤山。三保青林坞，系胡家坑买德容十二之一，凭中是身退去原得，并凭中算明补讫，仍村未卖者。七保井坞、长垒竹坞、源狐狸垒、炭山坞，本身并承接神祖兄弟分法。三保胡三山合源，并接神祖分籍，听光祥管业。又土名捍汉坞、高凯坞、上下张猪墩、胡家坞、白石坞、师家塔、范九坞、竹系坞、杨木坞，系父买大道分法，是光祥己业。再与吉祥、光祥二人共业山，计开黄泥培、石坛坞口、东培、佛龛坞、后冲坞、王吉坞、应朝山、胡二山合源、松干坑、十五都张西冲承父分法。自议之后，各无异言遵守，如违者，甘罚白银一两入官公用，仍依此文为准。恐后无凭，立此文约为照。

再批，身先年有山契数纸，卖与叔德良，今不详开解。

崇祯十一年正月初一日立合同兄　康晖祖

中见　康大行　张宁兼①

祁门十三都康晖祖原来已将本都一保、三保、七保等处山场并在山苗木出卖与叔康德良为业，但是后来这些山场又重复出卖，引起纷争，从而订立清业合同，重新调整各自所得山场分籍，确认各自的权益。

（二）山界不明

徽州山地面积广袤，山场在百姓生活中占有重要地位。而山场的情况与田地相比更为复杂，其中，山场的界线就是个十分重要的问题，因为其牵涉到山场的产权问题。随着人口繁衍和分家析产的不断进行，同一块山场的分籍不断被分割成份额明确但又彼此相连的部分，这种分籍化、碎片化现象十分明显。随着土地交易的频繁发生，山场界限变得越来越模糊，因界限不明或者分籍不清而发生的纠纷变得十分频繁，由此形成了众多的山场划界（立界）合同文书。

---

① 《明代崇祯十一年十一月祁门康晖祖清业合同》，中国社会科学院中国历史研究院藏，编号：11517111001。

正统二年（1437），祁门十西都谢震安与谢能静就因山场界限不清，发生争执，立有订界合同：

> 十西都谢振安等共有山地一号，坐落本都七保，土名吴坑，系经理唐字一千九百五十九号。其山与谢能静等一千九百六十号山□连界，因为南北二至不明，两下互争。今凭众议，将前项山重新立界至。其振安山地，南至坑，随坑出，至田随坑直达，至上双弯口中心直上，至平降抵谢显先、谢能□墓背坞头弯心，二家山界为则。其坑里一千九百六十号山地，系谢能静、李景昌二家同共对半管业。其坑外一千九百五十九号山地，系谢振安、谢能静等管业。今凭众议之后，二家各不许竞争，如有易〔异〕词，听赍此文赴官理治，仍依此文为始。今恐无凭，立此合同文书为用。
>
> 正统二年三月十七日　　　谢振安（押）
> 　　　　　　　　　　　　谢能静（押）
> 　　　　　　　　　　　　周克毅（押）
> 　　劝议人　　　谢从政（押）
> 　　　　　　　　谢用政（押）
> 　　代书见人　　周得文（押）①

谢震安有一号山场，与谢能静的山场相连，造成四至不明，引发争端。后来，凭"众议"，将二家山场重新立四至，从而确认各自山场的界限。

成化十五年（1479），祁门五都饶荣宗与同都洪富及在城汪琴等山场，因"三家地土相连，未曾明界，今互告拘提，凭中陈文胜等劝浼，不愿紊繁，同众到地眼同踏勘，将前项地土各照经理亩步多寡，新立四至，埋石定界"②，通过订立划分地界合同的方式解决了争端。

弘治六年（1493），祁门十三都康邦杰与族弟康武新因山场分籍不明，发生争斗，订立清白合同：

---

① 《徽州千年契约文书（宋·元·明编）》卷1，第122页。
② 张传玺主编：《中国历代契约汇编考释》下册，北京大学出版社1993年版，第1099页。

十三都康邦杰与族弟康武新等互争山土，各令男侄康思讦告，到官审问，蒙帖体勘，二家不愿终讼，情愿托凭亲眷胡王从等和解。勘土名石砾源山，系康元寿、康崧孙、康岩起、康同祖经理，内只除康双得、康邦明、康邦庸原升科管业分籍出卖与康永韶外，其余项向字号内山，是康武新户原升科管业，听康武新户内兄弟子孙照旧永远管业。其胡村山，原是康武新升科管业，今只除坟山众共拜扫，其余胡村山，并听武新户内兄弟子孙照旧管业。又勘得本都三保、七保等处，及外都各保，系是康元寿、崧孙、岩起、同祖名目经理，原是康邦杰户升科管业，并听康邦杰户内兄弟子孙照旧永远管业。所有本都三保原藤坑，及七保黄净源、桃树窟，原是康武新承祖买受，康照□梯己买山，不在合同之内。自立合同文书之后，一凭此清白合同文书为始。所是前项字号，二家倘有升科未尽，并听二家各字升科，不许种佃，又不许卖出宗支，图系下帖、税粮租批、私约等项，异言争论。如违，甘罚银五十两入官公用，仍此文为始。今恐无凭，立此合同一样三纸，各收一纸为照。

　　弘治六年四月二十四日立

　　　合同人　　康思、康邦杰、康邦才、康茂亨、康鼎六、康茂祥

　　　中见人　　胡王从　康埜

　　劝谕老人　　汪嵩①

康邦杰与族弟康武新发生山场纠纷，告到官府，官府下帖文进行勘查，二家心念一族，不愿终讼，在亲眷胡王从、老人汪嵩等的调解下，重新订立山场分籍，确定各自应有的山场。

正德十五年（1520），祁门十西都谢彦俊与其侄谢兰茂等，因山界不明发生诉讼：

　　十西都谢彦俊同侄谢兰茂等，有承租共业谢伯政山一号，坐落本保，土名蕉坞篠山，系经理吊字二千四百五号；又彦俊承祖买受同处

----

　　①《明代弘治六年四月祁门康邦杰等清白合同（抄白）》，中国社会科学院中国历史研究院藏，编号：115100604002。

谢庆芳吊字二千四百六号山一备；又兰茂承叔买受谢公玉土名蕉坦吊字二千四百十号山一备。今为前项伯政、庆芳、公玉山场，谢天、谢濡各执界，至讦告府县。是亲族谢滩等劝谕，二家思系一宗，不愿终讼，将前项庆芳、公玉二号山骨议价凑均，并将彦俊、兰茂原买受谢文辛山二十步，凑片在内。新立大四至，东山脚下埋石、至地及溪，西大降，南文辛山，北谢尚仁山，埋石为界。除山脚下各人已［以］前开耕地，听各业外，回号山场不以经理、四至、亩步多寡为拘，亦不以二家原买契字为拘，只凭今立合同，照依新立四至，二家对半均业。外将谢兰茂承祖开耕谢尚仁土名蕉坦山脚地一备，东田，西山，南林乡地，北彦信地，议价凑与，断自彦俊管业。所有立山浮木，在本年一概砍斫，照依原议，彦俊合得三分，兰茂合得一分。其山骨从卖木之后，二家仍系对半管业，只许栽养竹木朝荫宅基，山内大小弯堰地坦，毋许栏占侵掘入己，异言争论。再议，谢彦俊、谢兰茂二家共于承祖谢伯政号内山，以六分为率，内除老分与胡瑛、胡玉等管业，其余山场俱系彦俊、兰茂二家对半均业。自议之后，毋许违文，如违，听遵约人告理，甘罚白银十两入官公用，仍依此文为始。今恐无凭，立此清白合同一样二纸，各执一纸，永远为照。

正德十五年庚辰六月十五日立

合同人　　　谢彦俊、谢忠等（等 11 人）

劝谕中人　　谢滩、谢景辉、谢景明

里长　　　　谢以功

代书中人　　李郎①

谢彦俊与其侄谢兰茂等因承祖并买受伯政、庆芳、公玉等山场，因界限问题发生纠纷，"谢天、谢濡各执界，至讦告府县"。此后在亲族谢滩、里长谢以功等人的调解下，二家"思系一宗，不愿终讼"，将上述问题山场重新立界，并作出规定"不以经理、四至、亩步多寡为拘，亦不以二家原买契字为拘，只凭今立合同，照依新立四至，二家对半均业"，成功解

---

① 《明代正德十五年六月祁门谢彦俊等息讼清业合同》，中国社会科学院中国历史研究院藏，编号：115111506002。

决了山界问题。

嘉靖年间，祁门奇峰郑氏抄契簿中记录有不少关于山场分籍不明或者股份不明等引发的争端。奇峰郑山等买受山场若干，嘉靖四年（1525）因分籍"锁（琐）碎，不便管业"，凭中议定，将问题山场三号"尽听郑玩叔侄前便业"①。

嘉靖九年（1530），祁门十五都郑良枨等因"承祖及续买分籍苗木尚未查清"，订立清白文约：

> 十五都郑良枨、良桧、良机、郑梅等，同族兄郑景、郑滋、郑允、郑美等，各承祖买受本家六保，土名程家坞山一备，经理系万字一千二百七十七号至一千二百八十二号，共计山六号。因各祖买及各续买分籍苗木，尚未清查。今情愿托凭亲王宗昶、汪溉，议立清白文约。前山以□□二十亩为率，各该分籍逐一开具于后，各凭执照在山场砍杉木，眼同议价将卖，除力坌一半价银，该主分价银，照依分籍均分。今后在山杉木，各不许侵砍一根。其砍过杉木山场，除信二公分籍山，听分下子孙原佃种者，仍系佃种。其（余）各分山场同众共佃与山下人佃种，日后力坌照山分均买。如私自卖者，众议不与力坌。……
> 嘉靖九年三月初七日立清白合同人　郑良枨、良椿（等15人）
> 亲眷　王宗昶、汪溉②

郑良枨等与族兄郑景等人，因承祖买受及续买山场分籍苗木尚未查清，托凭亲族王宗昶、汪溉等调解，订立清白文约。规定将问题山场以二十亩为率，重新划分各自应得的分籍，"各凭执照在山场砍杉木，眼同议价将卖，除力坌一半价银，该主分价银，照依分籍均分"。

嘉靖三十一年（1552），奇峰郑良萱等砍伐山场林木时，因股份不明，订立清业合同：

> 奇峰郑良萱同侄孙郑玄锡兄弟等，共山一号，在本都六保，土名

---

① 《山契留底册》，明抄本，上海图书馆藏，编号：563711。
② 《山契留底册》，明抄本，上海图书馆藏，编号：563711。

古塘坑。今因砍木，二家各执股份不明，言议间恐伤和气，凭中良枋劝谕，将前山写立清白文约，以四股为率。昱、良萱等得三股，玄锡兄分一股。自立文之后，二家照前股分为业，所斫砍木，亦照前股分分，二家各宜遵守，毋得异言。

嘉靖三十一年四月二十一日立

合同人　　郑良萱

约同立文人　郑玄锡

中见人　　郑良枋、郑垫、郑恭、郑侨

郑　沐、郑尚儒、李奇保①

郑良萱与侄孙郑玄锡兄弟共有山场一号，因砍伐木材，二家各自股份不明，怕因此伤和气，在中人良枋等人的劝谕下，写立清白文约，并将前项山场分为四股，"昱、良萱等得三股，玄锡兄分一股"，从而避免了一场争端。

山场界线纠纷不仅发生于宗族内部不同门房支派之间，而且异姓宗族之间由于山场连，往往也容易造成山界纠纷。

万历三十二年（1604），祁门胡文与汪典等发生山场界限纷争，订立合同：

立清白合同胡文等，原有承祖签业山一号，土名经源，系胡寿孙名目，与汪典、辅众山相连，二家互界，因砍木不明。今托里中将中垄山脊为界，流水向东，听汪砍木管业；流水向西，听胡砍木管业。二家自议之后，照依此文管业为定，不以前文为准。日后各不得生端异言。今恐无凭，立此清白合同二，各永远为照。

万历三十二年二月二十七日立

清白合同人　　胡文

仝立人　　汪典、汪辅、胡文铎、胡文继

中见人　　余应昌

劝谕里长　　方永盛、汪志真②

① 《山契留底册》，明抄本，上海图书馆藏，编号：563711。
② 《嘉庆二十二年祁门凌氏〈合同文约膳契簿〉》，《徽州千年契约文书（清·民国编）》卷11，第282页。

祁门胡文与汪典、汪辅等山场相连，因砍木界限不明，托中以山脊为界，重新山界，并议定"流水向东，听汪砍木管业；流水向西，听胡砍木管业"。

弘治元年（1488），祁门三四都黄、金、胡三姓因山场界限相连，引发了一场诉讼①：

> 　三四都住人黄富、金缘保、胡胜宗，三家互争三都八保，土名塘坞山界，讦告本县。蒙批里老汪景余等到山踏勘，照依汪仲晓等原立合同疆界。今重立合同，画图为界，俱凭红珠授界。外截山系胡胜宗家管业，北抵金家墓林红授为界，金家墓林南北凭红授为业；其金家墓林北边红授向北、抵黄富家红授分心为界，内山胡胜宗家管业；其黄富家山，系里截南至红授抵胡胜宗家山进北，尽系黄富家管业。今自画立图格合同之后，各再不许执契四至混争。如有违文，听自遵图人陈理，甘罚银五两公用，仍依此图为准。今恐无凭，立此合同图格一样三纸，各收为照。
> 　弘治元年戊申岁五月初三日立
> 　　　　　　　图约人　　黄　富（押）、胡胜宗（押）、金缘保（押）
> 　　　　　　　中人　　　金　昊（押）
> 　　　　　　　　　　　　汪汉本（押）
> 　　　　　　谕解里老　　饶秉立（押）、王大成（押）
> 　　　　　　　　　　　　汪景余（押）、王大绩（押）

祁门三四都黄富、金缘保、胡宗胜等三家互争山界，引起纠纷，告到祁门县衙，知县下达批文，让里老汪景余等人登山勘查。结果，依据汪仲晓等原立合同的山场界线，重新订立合同，画图为界，并请用红色朱笔标出山界，从而解决了三家山界争端。里老汪景余等人在这场纠纷的处理中，起到了取证、调解作用。

（三）盗砍盗卖山场

随着商品经济的发展和经济利益的驱动，使得明清时期徽州盗砍盗卖

---

① 《徽州千年契约文书（宋·元·明编）》卷1，第240页。

山场林木的现象普遍存在。盗砍盗卖山场的现象类型多样，既有宗族内部之间的盗砍盗卖现象，也有异姓宗族之间的盗砍盗卖现象，甚至佃户或佃仆在非常时期也盗砍盗卖主家的山场谋利。

成化五年（1469），祁门程付云盗砍十西都谢玉清杉木，引发了一场诉讼，致使谢玉清向知县递交了状纸。现录如下：

> 告状人谢玉清，年四十九岁，系十西都民状告。本家有故祖于上年间买受到本都谢思敬分籍山地，系经理伐字九百九十四号、九百九十五号，坐落本都十保，土名庄背坞、上坐坞。其山向与谢思义、谢乞、谢辛善等共业。至今年正月间，有本都程付云等，因买一都汪仕容田上坐坞，木植滕胧，概将本家邻界庄背坞杉木，尽数强砍。是玉清同思义前去理阻，当用谢字斧号印记，状投里老。有程付云等，倚恃蛮强，欺斗住远，不与理明，力要趁水撑放前去，不容为禁。今未若不状告乞为桩管前木，被程付云概砍分籍木植，虚负契买长养难甘。为此，具状来告祁门县大人，详状施行。
>
> 　　　　成化五年三月十四日告状人　　　谢玉清（押）①

十西都谢玉清与谢思义等三人共同管理祖上置买的庄背坞、上坐坞山场，但在成化五年（1469）正月，十西都的程付云等在购买汪仕容上坐坞木材之时，盗砍了谢玉清山场中的所有杉木。获悉此事的谢玉清等人，将程付云所砍木材标上谢家的斧号，同时向里老状投。但程付云却恃强凌弱，不与里老明理，强行将杉木从水路运出，迫使谢玉清上告到祁门知县。

弘治二年（1489），祁门十二都胡琳等盗砍三四都凌氏山场，后订立砍木文约：

> 十二都胡琳仝文玉等，于弘治二年二月到排坵畔山上，将树木砍斫。其山本是凌姓买受全业，凌姓将树斧号印记，托中理论，凭中劝谕。今胡龙泉劝息，立此文约，将前项木植并在山木，尽是凌胜宗、宗生等管业无词，日后本家即无争竞异言。今恐无凭，立此

---

① 《徽州千年契约文书（宋·元·明编）》卷1，第186页。

文约存照。

　　弘治二年三月初二日立议文约人　　胡琳、胡（文）玉

　　　　代书见证人　　胡龙泉①

　　胡琳与胡文玉于弘治二年（1489）盗砍凌氏买受山场的木材，凌氏将被砍木材标上斧号印记，托中进行理论，在胡龙泉的劝谕下，达成和解，订立砍木文约，确认了凌氏对山场的管业权。

　　看守山场是佃仆为山主服役的主要内容之一，但因佃仆疏于管理，造成山场被盗砍盗卖的现象也屡有发生。嘉靖三十六年（1557），休宁苏氏佃仆程岩正等就因看管不周，造成山场被人侵害，致使山主苏忠义告官：

　　　　十三都住人程岩正、程齐旺、程天寿、吴奇祥、吴社、郑文德，原前加［嘉］靖十一年看守城居苏忠义坟山一片，坐落十三都，土名渔梁，当得银八钱，栽养松苗。年来管理不周，被人侵害数多，苏忠义告县。岩正等再三恳兑，自愿栽补，山主因念祖坟，亦不深究，亲到本山缚验，见存松杉小木共一千余根，岩正等自当协同长养。自三十七年□插补，三年补满三千之数，听从山主为（?）验，如少甘罚。其山松杉、桠枝、草柴，三年一次，尽是程岩正等梯拨，不分与苏忠义。其树木苏忠义自行拚卖，不分与程岩正等。倘有外人到山侵害，本身自行招知山主。今恐人心无凭，立此合同一样二张，各执存照。

　　　　加［嘉］靖三十六年七月初三日立

　　　　　　　　　　合同人　苏忠义、程岩正（等7人）

　　　　　　　　　　中见人　汪　兴②

　　休宁十三都程岩正等曾与嘉靖十一年（1532）看守城居山主苏忠义坟山一片，但后来因管理不周，致使山场被人侵害，林木遭到盗砍。苏忠义上告知县，程岩正等心知理亏，再三恳求，表示愿意补栽苗木。苏忠义因

────────────

① 《嘉庆祁门凌氏膳契簿》，《徽州千年契约文书（清·民国编）》卷11，第488页。

② 《徽州千年契约文书（宋·元·明编）》卷6，第225—226页。

念祖坟没遭到破坏，在清点在山树木后，再次将山场交给程岩正等人兴养，重新订立兴养文约，规定各自的权利与义务。

隆庆五年（1571），祁门五都饶有寿盗砍同都洪氏杉木，立有赔偿文书：

> 五都饶有寿，今于十二月间，擅入洪家段坞山上窃砍杉木四根，是洪获遇，要行呈治。有寿知亏，托中凭约正劝谕免词，自情愿将本身原代洪家茶园坞头栽松木，计七十根，本身力垒三十五根，尽数拨与洪　名下，准偿木命。其前力垒树木，日后成材，听洪砍斫，本身即无异言。日后即不敢仍前入山砍斫，如遇违德，听自呈治毋词。今恐无凭，立此为照。
>
> 隆庆六年正月初六日还文书人　　饶有寿
>
> 　　　　代笔　　饶　松
>
> 　　　　约正　　洪　莹①

饶有寿于隆庆五年（1571）十二月，擅自闯入五都桃源洪氏洪家段坞山场，盗砍杉木四根，被洪氏抓获，要鸣官理治。饶有寿自知理亏，托中并凭借乡约正洪莹进行劝谕，情愿将承佃洪家茶园坞山场中的力分松木三十五跟，尽数拨与洪氏为业，以此赔偿自己盗砍的杉木。

万历四十六年（1618），祁门谢承宪等人承祖山场被休宁人盗砍，抓获方祖达等人，送知县理治，并将诉讼费用进行平均分摊：

> 立合同人谢承宪、谢承意二房叔侄人等，原承祖父买受本都土名闻水源山场，东至徐家垯，西至李二垯等号，向业无异。近被休宁惯贼偏行盗砍无厌。今幸登山捉获方祖达等，当投乡约验赃，送县闻官正罪。□值二房子孙眼同嘀议，一应公私适用盘缠，二房眼同支用，注账明白，其盘费银议定二房对半相认。倘有钱粮不敷，二房众借众还。如有子孙不遵众议者，即将不遵之人承祖股（分）山场抵还，毋许入业，仍以不孝闻官毋论。今恐无凭，立此合同二纸，各收一纸

---

① 张传玺主编：《中国历代契约汇编考释》下册，北京大学出版社 1993 年版，第 1111 页。

为照。

　　万历四十六年七月初六日立合同人　　　谢承宪（等9人）

　　　　　　　　中见人　　　谢守法

　　再批，讼完之日，二房盟神算账。①

　　祁门谢承宪叔侄人等承祖买受本都闻水源山场，被休宁人肆无忌惮的盗砍，谢承宪等登山亲自抓获方祖先等，并将盗伐人与被砍杉木送官理治。二房祖孙商议后，将一切诉讼费用进行平均分摊。

　　徽州也盛产毛竹，盗挖竹笋的现象也较为普遍。崇祯十四年（1641），徽州某县王氏宗族的竹山"因枝（秩）下人心不一，私盗笋竹苗木"，影响了国课，族人王宇通等人"恐荒废虚供"，于是"特集枝（秩）众，三面绘图，分匀定界，各自管业，庶使国课有供，各业有主"②，从而成功化解了一场族内矛盾。

　　除盗砍山场林木外，盗卖山场的现象也较为常见。万历四十年（1612），祁门十六都石潭汪氏宗族内部就发生了盗卖山场的现象③：

　　　　石潭汪本垠原有从伯汪尚炫买受得四甲汪华禄二保土名樵溪塘坞山，通山四股中得一股。后炫故，其子继芳将本山凭身父汪尚照为中，卖与房叔汪尚荧等讫，未有存留山分。身等不知来历，误听董六诱谋，凭族叔尚容书契，将前山盗卖董六。今因砍木，尚荧等葬祖在前，执契理论。身自托兄汪城立还限约，取回董六身原卖契无词。如不取回，听自理论，凭此为照。

　　　　万历四十年九月二十六日立约人　　　汪本垠

　　　　　　　　代书兄　　　汪本城

　　汪本垠继承有其从伯汪尚炫卖得山场樵溪塘坞山的一部分产业，后来汪尚炫去世，其子汪继芳已将该山场全部产业卖给汪尚荧。而汪本垠在不

　　① 《明代万历四六年七月祁门谢承宪等均分诉讼盘费合同》，中国社会科学院中国历史研究院藏，编号：115144607001。

　　② 《天理良心》1册，黄山市徽州寻根馆吴琳收藏。

　　③ 《顺治祁门汪氏抄契簿》，《徽州千年契约文书（清·民国编）》卷4，第35—36页。

知来历的情况下，又受到董六的诱惑，将这块山场盗卖给董六。结果，在砍伐木材之时，原买主汪尚荧将原先买山契书拿出，与汪本垠理论。汪本垠自知理亏，请兄长汪本城出面，写立退还文约，将董六卖契取回，平息争端。

因误买山场也会引起产业纠纷。崇祯四年（1631），祁门黄记秋之先祖因误买谢漾等八号山场，引起诉讼：

> 立清业合文人黄记秋、谢孟义，为因黄记秋祖误买谢漾等山八号，契业不明，以致谢孟义讦告，仓院告送本府刑厅鲁太爷台下，蒙发牌行县，即拘原被并与里排、保甲、地邻知证，赍带保簿前去告争山处所查看，得伐字一千六百七十一号程二坞山二亩一角谢天祥金业，又一千六百七十二号程二坞山一亩谢芝惠金业，俱谢孟义祖买葬祖三穴，勒有墓碑；又一千六百八十四号赤叉源山五亩，又一千六百八十五号赤叉源大坞头山一亩，又一千六百八十八号青龙弯山三亩，俱汪日新金业，谢孟义祖买业。旧因黄记秋误种本山三号，致谢孟义告县，审明山断谢孟义业，招卷存照；又一千六百八十六号大岭山一亩李起宗金业，亦系谢孟义祖买业，公同勘明。前山六号系谢孟义明业；又一千六百七十八号檀木坞山一角谢文炳金业，系江祖管业；又一千六百七十九号枳坑山一亩谢芝蕙金业，系记秋管业。以上八号山场四至悉照经理，俱各勘明，两毋相涉，凭中劝谕，荒山小忿，不愿终讼，所各衙门讼费等项，各告各管，毋得混黑。自立合文之后，各管各业，永远遵守，毋得悔异，如悔者，听不悔人赍文理论。恐后无凭，立此清业合文二纸，各收一纸为照。
>
> 崇祯四年四月　日立清业合文人　黄记秋、谢孟义
> 中见里长　李德寿
> 地邻　汪社保
> 保长　李君益
> 甲长　谢祖
> 代书人　李君辅①

---

① 《徽州千年契约文书（宋·元·明编）》卷4，第306页。

　　黄记秋之祖误买了谢漾山场八号，契业不明，造成谢漾后人谢孟义上告徽州府衙，徽州府下贴文到祁门县，要求将原、被告拘行审查，派里排、保甲、地邻等查看"保簿（鱼鳞图册）并带去问题山场进行勘查取证。取证后发现，其中，三号山场为谢孟义祖上买业，而被黄秋记误种苗木，造成谢孟义上告知县，遂将这些山场断与谢孟义为业。而黄记秋只拥有一千六百七十九号山场的管业权。结果，两家在中人的调解下，订立息讼清业合同，明确了各自的山场管理权。

三　晚明休宁胡、金两姓山场互控案剖析

　　晚明时期商品货币经济高度发展，山林经营有利可图，因此，造成山林纠纷问题十分突出。上述内容主要宏观考察明代徽州山林纠纷的类型，缺少典型个案考察。有鉴于此，笔者以《休宁县胡燮告金新盗砍坟木案宗》为核心资料，同时结合相关史料，对晚明时期休宁县胡、金两姓山场互控案进行考察，以期深化对明代山林纠纷的认识。

　　《休宁县胡燮告金新盗砍坟木案宗》，收录于《中国明朝档案总汇》第1册①。该案卷反映的是万历六年（1578）至七年（1579），休宁县十都三图胡、金两姓围绕盗砍坟山木材问题展开的诉讼。② 该案卷收录诉讼文书内容丰富，不仅有胡、金双方的诉状、禀文，还有里长、山邻等呈文、结状，休宁县知县、徽州府同知的批文，山林买卖契约、清白合同。这些丰富的文书为深入考察该案情提供了绝佳素材。

　　该案件是关于坟山木材的，属于"田土"诉讼类型。诉讼的起因很简单，即万历六年二月初二日，休宁县十都三图金新和其佃仆承积才、程天云等人，跨越山界，侵入本地胡燮坟山砍伐荫木三百根。此事被胡燮发现，于是上告休宁县官府，由此拉开了双方激烈的互控。

　　值得关注的是，本案虽然起因十分简单，但双方为在诉讼中争取有利地位，一再变换上诉事由，甚至不惜捏造情节，诬告对方。这样一来，就

---

　　① 中国第一历史档案馆、辽宁省档案馆编：《休宁县胡燮告金新盗砍坟木案宗》，《中国明朝档案总汇》第1册，广西师范大学出版社2001年版，第152—177页。

　　② 关于该案卷，管见所及，仅阿风在其专著《明清徽州诉讼文书研究》一书第八章《明代中后期徽州的宗族墓地、祠庙诉讼》中"明代徽州诉讼文书一览表"第40条列表罗列题名，但文中并未有任何文字分析，书后附录中也未见该案卷的整理文字。参见氏著《明清徽州诉讼文书研究》，上海古籍出版社2016年版，第193页。

将原本简单的诉讼演变为十分复杂的案件。休宁县、徽州府在审理过程中，不断下批文，邀请里长、山邻、典史等到山查勘实情，多方官员之间往来文书频繁。但随着互控双方不断变换情由上诉，各级衙门官员要求查验买卖契约、保簿（鱼鳞图册）、里甲册籍等文书，府县官员之间围绕案情审理的文书更加频繁。因此，从案情发展、审理过程能够窥视徽州"健讼"之风。

万历六年（1578）二月初二日，休宁县十都三图金新和其佃仆程积才等人侵入胡燮坟山砍伐荫木，被山主胡燮发现，于是后者上告休宁县官府。现将胡燮诉状抄录如下：

> 告为豪恶害民事。土豪金新，势如窝虎，锁骗小民祝社进，投身里役，恨谏成仇。瞰家土名大坞山坟山，辖伊毗连。本月初二，集仆程积才、天云多人，不分界至，将身坟木盗砍三百根，山邻叶泽团、天团等证，投邻里取。恶倚豪强，靠族生员压制乡邦，啖赃不吐。有此豪横，下民遭害。情急奔台，乞亲究告。
>
> 万历六年二月初十日准亲提　　知县陈正谟老爹
>
> 被　　金新、金萱、程积才、天云
>
> 干证　祝社进、叶泽团、天团
>
> 原　　胡燮①

从上引诉状可以得知以下主要信息：第一，万历六年二月初二日，金新伙同其佃仆程积才等人，侵犯胡燮山界，入山砍伐后者坟山荫木300根。第二，胡燮得知后，首先状投里邻，但金新等人仗势欺人，横行乡里，造成胡燮申诉无望。第三，面对金新等人的横行霸道，胡燮忍无可忍，只得上告休宁县官府，希望诉诸法律解决问题。第四，接到胡燮的诉状后，二月初十日休宁知县陈正谟②即受理此案。

① 《休宁县胡燮告金新盗砍坟木案宗》，《中国明朝档案总汇》第1册，第152页。
② 陈正谟，号师云，闽南平人，进士，万历四年至六年任休宁县知县。他在任颇有政绩，入该志县《名宦传》。参见康熙《休宁县志》卷4《官师·职官表·知县》，第456页。同书《名宦传》记载："陈正谟，号师云，闽南平人。英年登进士，令黟期年，调休宁。力除豪猾，时歙方以丝绢，移征五邑，民变作集于休宁。谟以身提衡其间，忤触用事者，加赋事卒解，谟因落职。民究之，邵给谏庶为记去思。"参见康熙《休宁县志》卷4《官师·名宦》，第500—501页。

就在胡燮状告金新等人几天后，后者闻讯遂以"翼虎占害事"的情由，将胡弼、胡燮兄弟及干证叶泽团等人告至休宁县官府。为便于叙述，现将其诉状抄录如下：

> 诉为翼虎占害事。访豪胡弼六邑讼师，遍害小民，院府案积，占祖丹水坞等山，含究四志。身叔有光等承祖共业，大坞山辖局被谋，恨父赎回，欺身贫儒，瞰叔居远，复平跨占论触计，着虎弟胡燮牙爪，叶泽团扶证诬害。幸天亲提包台明目，伏乞亲勘验契，审中剿虎。上诉。
>
> 二月十五日准诉
>
> 金新、金有光（生员）、金萱
>
> 胡弼、胡燮、叶泽团
>
> 程云付（种山佃人）、张聪①

这份金新的诉状透露以下重要信息：第一，金新等人声称胡弼为"讼师"，迫害民众，强占山场。第二，金新叔父金有光为生员，在乡村社会具有一定威望，但其在大坞山的山场被胡氏谋骗，后由金新父亲赎回。第三，胡弼仗势欺人，请其弟胡燮、山邻叶泽团诬陷金氏，企图侵占山场。第四，金新等人的诉状被休宁县官府受理。

至此，胡燮、金新互控状词都被休宁县官府受理，由此拉开双方互控案。需要注意的是，双方争夺现实利益，在状词中以恶毒的语言骂称对方，诉讼情由真假如何，是否符合实情。这些都需要调查取证、不断审理才能做出判断，双方互控无疑使得案情变得复杂化。

休宁知县受理双方互控案后，都下发批文，请里长、山邻等人进行调查取证。同年三月份，金新在状告的状词中称"蒙批亲勘，待命于今"，就是明证。在这次诉状中，金新声称，胡弼等人强行越界砍伐其在山柴木。② 这是新出现的情由，此前的诉状中没有，这无疑使得案情日益复杂化。

---

① 《休宁县胡燮告金新盗砍坟木案宗》，《中国明朝档案总汇》第1册，第152—153页。
② 《休宁县胡燮告金新盗砍坟木案宗》，《中国明朝档案总汇》第1册，第153页。

为应对金新等人，胡燮以"豪害无休事"的情由，再次状投休宁县官府：

> 告为豪害无休事。讼师金新，奸刁异常，盗木骗民，身告无解，贿拴无干。生员金有光妄诬诉抵，蒙审盗木情真，批候亲勘。豪恶愈加拴兄，霸收身业吴塘田租，佃人三保、李史契证。切思坟木被盗，未蒙勘结，今又霸收田租，藐法害民，殆无休日，若不救治，民难安生。乞审众证，勘究追赃，剿害安民。上告
>
> 八月十二日批准告
>
> 原告　胡燮
>
> 被犯　金新、金萱、金宽、金有光、程积才、胡天云、胡法
>
> 干证　叶泽团、汪岩旺、汪顺、祝社进、叶天团、张聪、李三保、李史①

这份诉状包含以下重要信息。第一，胡燮也称金新等人为"讼师"，欺压民众。第二，金新等人将胡氏吴塘田租强行独占。第三，这次诉状同样被休宁县官府受理。这次诉状中提到的强占田租之事为新出现的情况，这使得原本尚未明晰的案情进一步复杂化。

在这种情况下，为使案情发展对自身有利，胡燮等人怂恿其佃户李史状告官府。具体情况如下：

> 告为打骗小民事。身叔三保佃种大户金新、胡燮合业吴塘田租一坵，叔向交燮租谷，五年无异。今田是身耕种，岂豪金新不依旧额，主兄金运势将燮租概夺强收，坑缺租谷，不能完交。恳取被新喝同金和、金萱等，将身捉打，员见劝证。豪恶打骗，小民难安。乞怜准究剪恶。上告。
>
> 八月十二日准户房
>
> 原告　李史
>
> 被告　金新、金运、金和、金萱、金宽

---

① 《休宁县胡燮告金新盗砍坟木案宗》，《中国明朝档案总汇》第 1 册，第 154—155 页。

干证　李三保、胡燮、员口

八月十三日，陈知县老爹亲临山所，勘踏埋石，本家坟右水坑为界，直上至降。①

这份诉状显示，吴塘田为胡燮、金新两家共业水田，由李三保、李史叔侄承佃经营，此前李三保已向胡燮交租五年，没有出现任何问题。但在万历六年（1578），李史承佃耕种此田时，金新等人却百般刁难，不以原来租额为准，将原本属于胡燮的那份田租一概强收，造成李史无法向胡燮交租。李史与之理论，却被金和、金萱等人捉打。在此情况下，李史忍无可忍，只有诉诸官府。

上揭诉状说明，休宁知县陈正谟不仅受理此案，且于八月十三日，查验"保簿"（即鱼鳞图册），又亲自到山查勘埋石，以李氏坟右边水坑为新的山界。

对于陈知县的调查取证，金新以"恳恩判业事"的情由，给陈知县进呈禀文，既表达感激之情，又要求知县帮助"除碑追还柴木"。现将具体内容呈现如下：

具禀帖人金新禀为恳恩判业事。身同叔金有光等承祖大坞山西培，被访豪讼师胡弼势占丹水坞等山得志，不念西培山祖墨，义存利资，儒节不许出卖。隆庆四年，拘腹张聪谋买金才五股之一，计税三分，遂与同谋指夭亡众。仆李圣保改作胡圣保，冒立堆碑，意图蚕食凑业。故父比执合墨理说，倍价赎回，碑批起举山还，堆明契证。豪谋不灭，二月，阻家砍采界内松枝，着胡燮代告，牙爪叶泽园扶证，诬砍坟木，后砍身山松苗小木六十株，以实告词。又不奉勘，罄砍柴木，截途殴辱里排汪锡，山佃程云付等皆证。节告蒙审，亲勘查契，保簿钉明，北界水坑。乞批，差公责令，除碑追还柴木，杜禀谋。上禀。

万历六年十月二十六日具禀帖人金新系十都三图　　准②

<hr/>

① 《休宁县胡燮告金新盗砍坟木案宗》，《中国明朝档案总汇》第1册，第155页。
② 《休宁县胡燮告金新盗砍坟木案宗》，《中国明朝档案总汇》第1册，第163—164页。

金新的禀文提供了以下重要信息：第一，即隆庆四年（1570）在胡氏的指使下，张聪在涉讼山场购买金才五分之一分籍山场，并将佃仆改姓，冒立堆界碑。金新父亲得知后，出高价赎回金才出卖的山场分籍。第二，二月份金新等人在山场界内砍伐松枝，遂被胡弼弟胡燮状告官府，指控其砍坟木。这进一步讲述了诉讼的起因。第三，胡燮等人不理会勘查结果，入山砍伐柴木，并殴打勘查的里长汪锡。此后，休宁县知县陈正谟亲自勘查山场，查验保簿（鱼鳞图册），重新划定山界。

上文提到的隆庆四年涉讼山场买卖情况，案卷中保存有金才卖山契。现抄录如下：

> 十都住人金才，今将承祖父买业周字七百七十三号山一亩五分，本身五分合得一分，该山三分，土名大坞山西培，佃人胡记、程云付。今将自情愿凭中，将前项山田尽行立契出卖与胡　　名下为业，收租养木。立此出卖文契为照。
>
> 　　隆庆四年三月二十七日立卖契人　　金　才（押）
> 　　　　　　依口代书人　张　聪
> 　　　　　　中见人　叶黑囝①

这份卖山契，就是上文提到的隆庆四年胡氏唆使"张聪谋买金才五股之一"山场的契书。从这份卖山契可以得知，金才作为涉讼山场的业主之一，将其位于大坞山西培山场五分之一分籍，连同佃山人胡记、程云付，出卖给胡氏为业，收租养木。这份契约显示，购买金才山场分籍的买主确实为胡氏。这与上述金新的禀文完全一致，表明金新所言非虚。

但陈知县调查取证，并未缓解案情。相反，当年十二月，胡、金双方又分别以"贿捺事""诬占事"的情将对方状告官府。② 不仅如此，为了击垮胡燮等人，金新还罗列平日胡氏九条"恶迹"，附在诉状之后，以便县官参考。这些所谓的"恶迹"涉及混淆是非、假造印信、诈骗钱财、充里长、侵夺族内财产、伤风败俗等多方面。③ 这样一来，使得案情愈加扑

---

① 《休宁县胡燮告金新盗砍坟木案宗》，《中国明朝档案总汇》第 1 册，第 158—159 页
② 《休宁县胡燮告金新盗砍坟木案宗》，《中国明朝档案总汇》第 1 册，第 155—156 页。
③ 《休宁县胡燮告金新盗砍坟木案宗》，《中国明朝档案总汇》第 1 册，第 157—158 页。

朔迷离，真假难辨。

万历七年二月，胡燮、金新又以分别以"揔提事""吊卷事"情由再次将对方状告至休宁县官府。但是这时知县陈正谟已调离休宁县，由署印官丁爷受理诉状。也就是在县官离任，出现"权力真空"时，金新状告称"假手本"，由此引发"假手本"事件。

众所周知，明代设立里老制度，县官在审理案件中常下批文请里老进行实地调查取证，县官的批文就是该案中所称的"手本"。即使晚明里老制度日益败坏，但在徽州纠纷案中，县官还依旧会发文请里老进行调查取证，并将调查结果以呈文的形式上报，以利于案件审判。[①]

对于金新等人指控的"假手本"之事，胡燮坚决予以回击。他在诉状中称：

> 诉为假批事。虎豪金新，盗身坟木。勘追豪躲，告台豪瞰。县官离任，假捏手本。拴仇汪锡等，朋谋计害，思县勘后，豪躲未出，并无一字入卷，焉有手本批里？且身业坟木与兄胡弼无干，岂容妄诬扯抵？乞究假批正罪。上诉。
> 二月十七日准
> 原告　胡燮
> 被犯　金新、汪锡
> 干证　吴黄系皂隶、汪文系排年、张特系快手、并原承未到犯人批票[②]

胡燮的诉状显示，当时休宁县官委托里长汪锡进行调查时，因汪锡与胡氏素有恩怨，因此与金新串通一气，合谋陷害。县官亲自到山查勘时，金氏躲避不出，没有一字入卷宗，哪里有手本批给里长。值得关注的是，在此案中胡燮提出涉讼山场与其兄胡弼毫无关联，为何金氏要将其扯入此案中。在这份诉状中，皂隶、排年、快手等都因此前参与调查、提拘，因此，都作为干证人员，以协助案件审判。

---

① ［日］中岛乐章著，郭万平、高飞译：《明代乡村纠纷与秩序：以徽州文书为中心》，第169—211页。

② 《休宁县胡燮告金新盗砍坟木案宗》，《中国明朝档案总汇》第1册，第160—161页。

对于胡燮的指控，金新等人毫不示弱，给出应对之策，那就是以"弊害事"再次状告胡燮等人。其状词如下：

> 诉为弊害事。下民冤抑，不诉不明。土豪胡弼，告争山业，蒙帖本县亲勘，界至水坑等情。岂豪弊贿汪锡，将县原批委定界，词隐不附卷，上负爷台天心，下要明占祖业。乞准追锡承县批文，并拘里排册籍详勘。诉。
>
> 三月十二日准　　查卷　　快手程凤
>
> 原告　金新
>
> 被　　胡弼、胡燮、汪锡①
>
> 汪景凤等系排年

从金新的这份状词可以看出，他再次提到前任知县陈正谟"亲勘"山界、以水坑为界之事。同时，金氏指控胡燮等人贿赂里长汪锡，遂使汪锡在陈知县发给其的批文中，故意隐瞒实情，未将真实勘查定界结果记录卷宗，认为里长的这种行为是"上负爷台天心，下要明占祖业"。因此，金新要求追讨汪锡的"承县批文"，并赍出"里排册籍"详细查勘。

胡燮、金新涉讼双方都将矛头指向了查勘的里长汪锡。换言之，将里长汪锡推向了风口浪尖。因此，汪锡闻讯后，为洗刷自己的"冤屈"，不得不给休宁县"署印官丁爷"上一份呈文，解释"手本"事情的来龙去脉。现将其呈文抄录如下：

> 十都三图里长汪锡，呈为奉批官仰手本事。先奉县主陈老爷钧批手本一个，仰役照依批语内事理。前到金新、胡弼告争山，所举坟等情，胡弼人众，欺役弱家，不服续奉。县主离任，致未回官。今被金新牵告，事处两难。今蒙牌提，合将原批印信手本，具奉施行，超拔蚁役，万感洪恩。为此具呈，须至呈者。
>
> 七年三月二十二日　准呈②

---

① 《休宁县胡燮告金新盗砍坟木案宗》，《中国明朝档案总汇》第 1 册，第 161 页。

② 《休宁县胡燮告金新盗砍坟木案宗》，《中国明朝档案总汇》第 1 册，第 163 页。

从上引里长汪锡的呈文可知，休宁县前任知县陈正谟曾给他批文"手本"，要求汪锡按照手本中的批语到涉讼山场进行调查取证。此后，里长汪锡前往金新、胡弼争讼坟山勘查取证。结果，胡弼人多势众，欺压里长，不服调查。就在调查取证结束之时，恰逢陈正谟调离休宁县，于是造成手本未能"回官"。对于金新诉状，汪锡觉得进退两难，在丁爷"信牌"① 提拘的情况下，他遂将前任知县陈正谟的批文原件印信手本呈送上去，以便案情审理。

此后，胡燮以"巨奸大弊事"情由，再次将金新等人状告到官府。这次状告到徽州府，使得诉讼从县级上升到府级。为便于论述，现将其文抄录如下：

> 诉为巨奸大弊事。金新盗砍坟木，县亲勘明，随差吴黄定界，通都人民可审。告府审责，送台勘究。新亏赂仇，汪锡蓦捏手本，冒里妄呈。岂知审明方众，参定附卷，犯未到官，参自何来？弊出市井恶霸，机乘县官去任，钻捏手本，欺天虐民。设批两载，岂延今呈，爷临五月，刁何不告？恳查号簿，剪弊粘单。诉。
>
> 四月初一日　　丁爷　　准行
>
> 原告　胡燮
>
> 被　金新、汪锡、金宽、金尚保
>
> 干证　吴黄皂隶、汪文、叶泽团、朱祖应②

胡燮在这份诉状中提出，"署印县官丁爷"，即徽州府同知丁应宾③来休宁已五个月，为何里长汪锡才将"原批手本"上呈。因此，胡燮要求丁爷重新查验保簿（鱼鳞图册），以辨真伪。鱼鳞图册是登记土地产权最为重要的册籍，对判断山场产归属起到关键作用。因此，徽州府同知丁应宾

---

① 关于明代信牌，可参阅陈学文《明代信牌、信票和路引的考释》，《中国典籍与文化》2014 年第 2 期；吴铮强《信牌、差票制度研究》，《文史》2014 年第 2 期；阿风《明代"信牌"渊源考》，《第十七届明史国际学术研讨会暨纪念明定陵发掘六十周年国际学术研讨会论文集》，2016 年 8 月，第 193—197 页。

② 《休宁县胡燮告金新盗砍坟木案宗》，《中国明朝档案总汇》第 1 册，第 164—165 页。

③ 丁应宾，湖广龙阳人，进士。万历三年至八年任徽州府同知。参见康熙《徽州府志》卷3《职官志·郡职官》，第 575 页。

受理了胡燮的诉状。

为便于徽州府审理案情，胡燮将金新盗占山木，唆使里长汪锡假捏手本情弊，共计 4 条，附在诉状之后，以便徽州府审案参考。因这些内容于涉讼山场密切相关，现抄录如下：

> 一、民产以业为凭，保簿四至为据。身山七百七十四号，西至垅。伊山七百七十三号，北至水坑、垅坑，悬隔疆界分明，世无越坑过垅，岂容盗木占山。

> 一、身山西至垅，陇上葬坟，摽祀四十余年，管业一百余载。上有胡圣保坟碑之见存，又有伊仆程积才等之揽约，霹称伊山伊父，岂肯与身葬坟，伊仆岂肯立约看守？据理原情，焉能欺罔？

> 一、县主陈老爹，旧年八月十三亲临山所，勘明四至，随差皂吴黄、山邻泽团等埋界坑心截住，不与金新上垅，邻排共视。刁亏抗躲，乘县去任，势仗市霸，钻嘱窃印，不审两犯，不发该房。岂知旧年捏批，今春去任，两载里何不呈爷临？五月连环二词，刁恶又无一告，据锁押，既无快手同拘，误起举，又无排邻会议，贿仇作弊，罪恶弥天。

> 一、胡弼山无毫分，汪锡实一讼师，仇诬砍木，刁恶先何不告捏参批，偏付仇恶冒呈。但业有四至，籍不可欺；山有祖坟，天不可欺；县官定界，人不可欺。若舞弊于县官之去任，肆奸于密迩之仁天，则产业无凭，保簿无据，民情湧匕，讼占纷纷，占山事小，侮弊罪大。乞查号簿，严究奸刁，剪弊超冤。激切。粘告。①

从上引胡燮罗列金新等人 4 条"罪状"可知，这些内容基本与前述各诉讼文书内容一致，应该并非全为虚词。尤其是提到的万历六年（1578）八月，前任知县陈正谟勘查山场的情况，与前述诉讼情况完全能够相互印证。同时，根据鱼鳞图册记载，涉讼山场方位已十分清楚，即胡燮山场为774 号，金信山场为 773 号，两山之间界线分明。

面对胡燮新的指控，金新等人以"健占劈诬事"情由，再次上诉至官

---

① 《休宁县胡燮告金新盗砍坟木案宗》，《中国明朝档案总汇》第 1 册，第 165—166 页。

府。在诉状中，金氏指称，山邻叶泽团等人接受胡燮贿赂，假做山界。接到金新诉状后，徽州府同知丁应宾给休宁县典史徐熻①下发批文，要求其将勘查结果呈报。②

对于金新的指控，山邻叶泽团等人立即给丁爷上呈"结状"，以澄清事实。现将山邻"结状"内容摘录如下：

> 十都三图山邻叶泽团等，今于与执结事，蒙县主老爹　亲临本图，胡燮、金新告争砍木山，所吊查保簿，拘身眼同，勘得胡燮山七百七十四号，土名大坞山尾，东至降，西至垅，南至田中间，胡燮葬有胡圣保坟一穴在上年远。金新山七百七十三号，土名大坞西培，北至水坑。向各依界管业无异，旧年二月，是金新、程积才等，将胡燮山上坟脑松木砍斫一百余根，搬挖回家，以致胡燮状告。已经陈知县勘明，埋界未结。今蒙复勘，身等山邻不敢容隐，如虚甘罪。结状是实。
>
> 万历七年五月初二日结状　　山邻叶泽团、叶天团　　状③

据此可知，山邻叶泽团等人与县官一同参与勘查涉讼山场，并查验涉讼双方鱼鳞图册，明晰了胡燮、金新山场的字号、土名，并对诉讼原因再次说明。同时，山邻指出，前任知县陈正谟勘明山界，并埋石为界，但"未结"案。如今，山邻叶泽团等人再次奉命勘查山场，将结果呈报丁爷。这就是这份山邻结状产生的缘由。

前文已述及徽州府同知丁应宾给休宁典史徐熻下发批文，要求其将勘查结果上报。六月初九日，休宁县典史徐熻给丁氏上报呈文，详细讲述调查过程和调查结果。因叙述需要，笔者不厌其烦，将其内容抄录如下：

> 直隶徽州府休宁县典史徐　　为贿捺事。　　奉掌县事，本府同知丁发下人卷批。据本县十都三图胡燮状告前事批，仰徐典史勘报奉

---

① 徐熻，江西丰城人，万历六年至九年，担任休宁县典史。参见康熙《休宁县志》卷4《官师·职官表·典史》，第456页。

② 《休宁县胡燮告金新盗砍坟木案宗》，《中国明朝档案总汇》第1册，第167页。

③ 《休宁县胡燮告金新盗砍坟木案宗》，《中国明朝档案总汇》第1册，第167—168页。

此，随将原被锁押胡燮、金新一干人犯，带同书手金春，亲诣告争山所，拘集里邻、知证人等。胡燮与金新各执出官印保簿送验，眼同对众，从公逐一查勘得胡燮业山，土名大坞山尾，系周字七百七十四号，东至降，西至垅，南至田，北至七都界。于中胡燮葬坟一穴，年远，石碑镌有胡圣保名目，四围蓄养松木荫坟。于嘉靖三十四年间，有程积才立约承佃胡燮山，看守无异。又勘得金新业山，土名大坞山西培，系周字七百七十三号，东至田，西至降，南至降，北至水坑。勘得两家字号、四至不同，垅、坑隔截，向来各照界至管业无异。万历六年二月内，金新见得胡燮前山蓄有松木，就同程积才等，将胡燮垅上荫坟松木越界砍伐。是的勘明，随将二犯押发回县取具。山邻叶泽团、叶添团连名结称，旧年二月，是金新、程积才等将胡燮山上坟脑松木砍斫一百余根，搬拖回家，以致胡燮状告。已经勘明，埋界未结等情，及取书手金春，依形画图，俱在卷复审，核具由问。据二家亲人朱团、韩植、朱本周、汪潮等谕处明白，连名具息告到，似应俯从，缘奉发勘事理，拟合呈报。为此一立案，一呈掌县事本府同知丁。卑职未敢擅便，今备前项勘过缘由，粘连山邻结状画图，并原发卷宗合行，一并呈乞亲审，定夺施行。

万历七年六月初九日①

休宁县典史徐熇这份呈文包括以下主要信息：第一，根据徽州府同知丁应宾的批文，押送涉讼双方胡燮、金新，书手金春，山邻、干证等人，一同到涉讼山场勘查山界。在调查中，徐氏仔细查验了胡、金双方的鱼鳞图册，以明确涉讼山场产权。第二，经过实地调查、查验保簿和询问山邻、干证，典史徐熇做出判断：胡、金两家山场字号、四至皆不同，垅、坑隔界。万历六年（1587）二月，金新等人觊觎胡燮坟山松木，遂率众入山盗砍荫木，由此引发诉讼。第三，为使得调查结果更为可靠，典史徐熇将书手金春调查中所绘制的山图、山邻结状和原发卷宗一同递交给掌休宁县事的徽州府同知丁应宾，以便其审查。

七月十六日，金新以"罔体仁政事"情由，再次将胡弼状告官府。他

---

① 《休宁县胡燮告金新盗砍坟木案宗》，《中国明朝档案总汇》第1册，第168—169页。

在状词中称，"既不谋占山，何拘朱团、朱本周等封银八两成买，误饵和息"①，提出胡燮率朱团等人出8两银子购买山场，企图以此和解息讼。针对金新的指控，七月十八日，胡燮以"恳解杜害事"，又一次将金新等人状告至官府。在状词中指出，"审新、积才盗木情真，责押送台，批委南衙。勘查金新越界盗木是的，具由呈台。新亏，拘亲朱团、汪潮箍和，偿身木价五钱封付，朱本周等证。思新盗木三百节，经勘明取结画图，埋石尚存，岂容箍息。恳解追赃杜害"②。对于金新等人试图用赔偿木价五钱的方式来"箍息"，表示不满，要求官府追赃杜害。这里提到的"南衙"即为徽州府同知办公地点。

经过一年多的诉讼，万历七年（1579）九月二十九日，金新将涉讼山场占有的分籍中取六分出售给朱万茂，为避免日后纠纷，于是和胡燮等人订立合同文约。现将其内容抄录如下：

> 立合同人金新、朱万茂、胡燮。有胡燮祖业，周字七百七十四号，土名大坞山尾，与金新祖业，周字七百七十三号，土名大坞山西培二号山毗连。有金新将七百七十三号山内，取六分，凭中契卖朱万茂为业。茂恐二山相连，若不立定四至，恐后争竞。凭中议立合同，开注各号四至，以便管业。胡燮山七百七十四号，东至降，西至垅，南至田，北至七都界。金、朱二家山七百七十三号，东至田，西至降，南至降，北至胡家坟右垅脚水坑为界。自立合同之后，各照规定合同四至，管业为定，各不许生情，侵占异说。如违，执此闻官，甘罚白银十两公用，仍依此文为据。立此合同一样三张，各执一张，永远存照。
>
> 万历七年九月二十九日立合同人　金　新
>
> 　　　　　　　　　　　　　　　　　朱万茂
>
> 　　　　　　　　　　　　　　　　　胡　燮
>
> 　　　　　　　　中见亲人　韩　植
>
> 　　　　　　　　　　　　　朱　团③

---

① 《休宁县胡燮告金新盗砍坟木案宗》，《中国明朝档案总汇》第1册，第170页。
② 《休宁县胡燮告金新盗砍坟木案宗》，《中国明朝档案总汇》第1册，第170—171页。
③ 《休宁县胡燮告金新盗砍坟木案宗》，《中国明朝档案总汇》第1册，第171—172页。

金新与胡、朱二家立定界至合同。方与回官和处，凭中赔偿本家木价银五钱。

这份合同是胡燮、金新互控双方自诉讼发生以来，心平气和地订立的第一份合同。朱万茂购买涉讼山场中金新的分籍，成为这次合同订立的直接原因。涉讼双方以此山场买卖为契机订立清业合同，要求今后双方"各照规定合同四至，管业为定"。这为后来互控双方息讼和解打下了基础。

十月十四日，新任休宁知县鲁知县，经过查看原卷宗和各种调查资料后，做出判决，"审得胡燮、金新止因小忿讦告，蒙府行县勘报已明，准令亲邻人等议处，将金新山地，众人出银八两，买为众业，彼此不相干涉，两各输服，取息在卷拟此。今奉牌提，前因拟合申解，为此县司今将前项缘由，并粘连山图，同结状原卷及抄息词，一并差人管解赴府告投外，同原奉信牌，合行申缴，伏乞详审施行"。将审判结果报送徽州府，连同提交徽州府的还有"府提知县陈正谟卷一宗　掌县事丁爷卷一宗，俱附户房，府县共三宗"①。至此，经过一年多的胡燮、金新互控坟木案告一段落。

综上所述，晚明时期休宁胡、新互控案起因并不复杂，但互控双方为胜诉，在诉讼过程中不仅诬称对方为"额豪""讼师"，而且不断变换情由"诬告"对方，多次互控至休宁县、徽州府，使得简单的案情日益复杂化。休宁县、徽州府官员在审判过程中，不断邀请里长、山邻、典史等进行实地调查取证。在契约意识强烈的徽州，为使得勘查取证更有说服力，官员要求查验双方买卖契约、保簿（鱼鳞图册）、里甲册籍等资料，以明确涉讼山场的产权归属。各级人员在调查取证的过程中，调查结果以呈文、禀文、结状等形式呈报官府，进一步增强了证据链，为官府做出正确判断提供了充足的依据。涉讼双方为使得调查结果对自身有利，在调查取证过程中，甚至诬陷调查的里长、山邻、典史等人接受对方贿赂，故意"造假手本"，窜改山图等。这些都使得案情扑朔迷离，不断复杂化。诉讼从休宁县上升到徽州府，在一年多的时间内，各级官员多次亲勘，调查取证，在

---

① 《休宁县胡燮告金新盗砍坟木案宗》，《中国明朝档案总汇》第 1 册，第 174—175 页。

掌握充分证据的基础上，最终判胡燮胜诉、金新败诉。晚明随着商品货币关系的发展，徽州与全国市场的联系日益密切，山林经营有利可图。在这样的背景下，逐利之风盛行，山林纠纷频发。万历六年（1578）至七年（1579）的休宁县胡燮、金新坟木互控案就是典型例证。金新等人为一己私利，率众侵入胡燮山场盗砍松木 300 根，引起诉讼。此后双方为各自利益，不断变化理由控诉对方，甚至不惜捏造情由诬告对方，使得案情日益复杂化。这场互控案还进一步说明徽州健讼之风颇为盛行。

第三节　徽州山林经济与生态环境

徽州地处万山丛中，山林物产丰富，山林经济在百姓日常生活中占有重要地位。明代中叶以后，随着商品经济的发展，尤其是徽商崛起，徽州出产的木材、茶叶、毛竹等土特产商品化进程日趋加快，山林经营利益可观。以木材为例，徽州山区拥有大面积的薪炭林，既是当地民众生活燃料的重要来源，亦为邻近的景德镇瓷业生产提供大量窑柴，市场需求量十分巨大。与此同时，徽人普遍重视对生态环境的保护，积极植树造林，加之风水观念在当地颇具影响，徽州宗族普遍重视墓林山场风水的维护，严厉禁止盗砍盗伐行为，必要时还请官府出具告示，以增加其法律威慑力，使得明代徽州生态环境基本上保持良好的状态。有关山林生态环境保护的记载在各类徽州文书、家谱中比比皆是，笔者即以这些资料为主，对明代徽州山林经济与生态环境保护问题进行论述。

一　徽州文书所见生态环境保护措施

徽州是个典型的山区，在日常生产实践中徽人十分重视对生态环境的保护。宗族内部之间、异姓宗族之间出于共同的经济利益需求，宗族祭祀礼俗需要，往往会加强合作，共同订立合同文约或山林禁约，来实现对生态环境的保护，维护共同利益。

徽州民众十分重视对生态环境的保护。早在宋代，徽人就普遍种植林木，"休宁山中宜杉，土人稀作田，多以种杉为业。"[①] 罗愿在《新安志》

---

① （宋）范成大：《骖鸾录》，（宋）范成大撰，孔凡礼点校：《范成大笔记六种》，第45页。

也中称："女子始生则为植檟，比嫁斩卖以供百用。女以其故，或预自蓄藏。"① 可见，南宋时期徽州已形成植树造林的风气。明代中叶以后，随着社会经济的发展，经营山林变得十分有利可图，徽人普遍重视木材生产。祁门善和程氏认为"田之所出，效近而利微，山之所产，效远而利大，……所谓日计不足、岁计有余也。"② 随着世系的推衍，分家析产变得十分频繁，山场不断被析分，为维护共同的经济利益，同一宗族内部不同门房支派之间，往往通过订立合同文约的形式来禁止乱砍乱伐的行为，有效地维护地方生态环境。如明代祁门十八都沙堤叶氏家族几件山林清业合约，就充分反映了徽人对山林经济与生态环境问题的认识。《成化二年张仕贤等立山林清业合同文约》如下：

> 十八都张仕贤承程……，坐落一保，土名彭龙坑□□□，与本都叶茂英买受山地共号。因二家前后栽垒杉苗大小、多少不明。仕贤同茂英谪议，惟恐二家子孙日后砍斫不无争竞。今托凭邻居郑品宗□到山看视劝说，二家栽垒各自杉木，前后砍斫，不论出山多少、阔狭，各砍各业。所有其山见仕贤栽垒外截，与王彦成山界相连，里至茂英栽垒，景清所上空截为界，茂英栽垒里横降，外及景清栽黄老，上横至空截为界。自立文之后，二家私盗界至杉木，如违不遵文约人，听自遵文人告理，甘罚白银十两入官公用，仍依此文为准。今恐无凭，立此合同文约二纸，各收一纸为照。
> 　　成化七年二月二十七日立约人　　张仕贤（押）
> 　　　　　　见人　　郑品宗（押）　　叶永兴（押）③

张仕贤与叶茂英因栽养杉苗多寡不一，为避免今后双方发生纠纷，二家订山场清业合同，对山场重新划界，明确各自的分籍。明确议定双方均不得私自盗砍林木，否则赍文告官理治。

明代中叶以后，在商业利益的驱使下，徽州宗族内部族人之间围绕山

---

① （宋）罗愿撰，肖建新、杨国宜校著：《〈新安志〉整理与研究》卷1《州郡·风俗》，第17页。
② 周绍泉、赵亚光：《窦山公家议校注》卷5《山场议》，第74页。
③ 刘伯山主编：《徽州文书》第2辑第2册，第216页。

林经济利益的纷争屡见不鲜，盗伐林木现象也所在多有。为了维护族众的共同利益，宗族内部人员之间，也多通过订立兴养山林合约的形式来维护共同的经济利益。万历年间祁门十八都叶氏《检呈兴养文约》①，即为典型事例：

> 沙堤叶天佐、天昌、道节、道论、道淑、德振二大分等，共有祖产企业并买受一保土名西坑、吴坑等处合坞山场，历代葬坟长养砍木。今因子姓蕃衍，人心不一，苗木未及成材，辄行砍斫，思得各号葬有祖坟，即砍不无警祖，且失众利。通众眼同谪议，将合坞坟山场等号，尽行禁养，编立首人，每旬四人到山巡哨。凡秩下子姓及仆人等，毋许入山犯禁，私砍警祖，致坏众事。倘有外人盗砍拿获者，报众理治，毋得狥情卖放。或有外人侵占，二分人等协同告理，不得退缩偏累。再张、黄二姓佃种力垄，不得私卖，二分亦不得私买各场内□□。张、黄锄种栽插，递年秋间，到山验苗，伦［轮］付锄资，递年沿节界降谷，周围开拨大截，谅给工食。诚恐人心不一，议立斯文，开列条款于后。二分各□协力遵，以光昭祖业，成就祀事，毋得狥私破调。如违，准不孝论，仍依此文为准。今恐无凭，立此文约一样纸，各收为照。
>
> 万历四十二年三月十八日立（合）同文约人　叶天佐、天昌、道节、道论、道淑、德振
>
> 又十八呈官

该兴养文约显示，在经济利益的驱使下，沙堤叶氏宗族内部族人之间也发生"苗木未及成材，辄行砍斫"的现象，严重损害了木材成长，影响了族众的共同利益。为了维护宗族成员共同经济利益，万历四十二年（1614），叶天佐等人"通众眼同谪议，将合坞坟山场等号，尽行禁养，编立首人，每旬四人到山巡嘀"，并对族人盗砍木材行为作出各种处罚。为增强其法律效力，叶氏族人还将兴养文约呈请官府，从而有效地保护林木成长，也有力地保护了生态环境。

---

① 刘伯山主编：《徽州文书》第2辑第2册，第264页。

虽然通过合族订立兴养文约暂时抑制了宗族内部成员盗砍木材的行为，但是到了天启年间，又发生了叶氏宗族林木被外族盗砍的现象。为了维护族人共同经济利益，叶氏族人合族订立山林文约：

> 沙堤叶天产、道谦二大分，共承祖西坑、吴坑等坞山场，向立禁长养杉松杂木，俱已成材。近来人心不一，有失巡缉，致家外人等盗砍。道众谪议，除已往不究，复立文约，秩下子姓奴仆，不许入山盗砍，仍编立首人，挨次巡缉。倘有外人盗砍，子姓拿获，报众（理治），不许狥情卖放。如有秩下及奴仆盗砍一根，罚银一两入众，无论杉松杂木，众□□□。编首照工通山拚砍，不拘秩下、外人拚买者，俱要先兑价银贮匣，然后入山砍斫。（如违）前项，罚银一（两）公用，仍依此文为准。今恐无凭，立此存照。
>
> 天启七年五月十八日
>
> 　　　　　立文人　　叶天产　道绍　道谦　道让　道□
> 　　　　　中见人　　其泰①

该文约中提到的"安坑等坞山场，向立禁长养衫松杂木。俱已成材"，显然是指万历四十二年（1614）合族所立的《检呈兴养文约》。但是到了天启七年（1627），沙堤叶氏族内"人心不一，有失巡缉"，疏于管理，致使林木被"家外人等盗砍"。为维护族众的共同经济利益，叶天产、道谦二大分人等复立文约，议定"不许入山盗砍，仍编立首人，挨此巡缉"，并对盗砍林木行为作出相应处罚，从而保护了木材的成长，有效地维护了生态平衡。

徽州地区风水观念盛行，朱熹大力提倡风水之说，对徽州风水发展起到了促进作用。清初徽州学宦赵吉士在《寄园寄所寄》中曾言："风水之说，徽人尤重之。其平时构争结讼，强半为此。"② 徽人对先祖墓地、来龙山的林木风水尤为重视，一般都在祖茔墓地、来龙山种植数量不等的树木，庇荫风水，严禁盗砍荫木。徽人多是通过订立合约的方式来保护墓林

---

① 刘伯山主编：《徽州文书》第2辑第2册，第264页。
② （清）赵吉士辑撰，周晓光、刘道胜点校：《寄园寄所寄》卷11《泛叶寄·故老杂纪》，第877页。

的生态环境，对盗砍行为进行处罚。

为了防止族人盗砍木材，侵害风水，徽州宗族往往在事情发生之前，通过合族订立保祖合约来杜绝损害祖茔风水行为的发生。祁门奇峰郑氏为当地望族，十分重视对祖茔风水的保护。如嘉靖三年（1524）就曾订立《兰溪峡山湾合同》来养护祖茔荫木：

> 奇峰郑经同侄郑恭等，共有山一号，坐落本都六保，土名峡山弯，经理系万字七百五十七号，各造坟在上。今凭中议立合同文约，二家所造坟茔禁步内并来龙，悉照一本堂规内开条约，不许侵犯。如违，听遵守人禀祀，即令改正，以子孙违犯教令罪名议罚，仍依此文约为准。今恐无凭，故立此合同文约，各收一纸为照。
>
> 嘉靖三十年三月日立
>
> 合同文约　　郑经　郑纹　郑纪　郑绛
>
> 郑總　郑恭　郑玄锡
>
> 劝议　　郑良萱　郑良朽　郑文锦
>
> 郑　岳　郑文选　郑　昆①

又如，徽州某县十二都汪氏宗族保祖合约：

> 十二都汪诠同侄天旺、天辉兄弟等，共有始祖汪小祖安葬九保土名杨七场；又先祖柯二公安葬同保例弯里，乃吾门奕荒，传命脉攸关。近因子孙蕃衍，居住星散，诚恐人心不一，本家日后倘有逆恶子孙不以祖家为重，希图微利变卖外姓人等，以害本家风水。今托凭本管亲戚，复立文约，务要保全祖坟，户内人等毋许私自变卖。如有此等，坐在原卖之人取赎，仍罚白银五两公用。如有违文，听自赍文告理，准不孝论。今恐无凭，立此文约永远遵守，将本家子孙枝［支］派各股该得分籍逐派于后，其山以一百九十二股为率。
>
> 汪诠得六十四股，又买得汪子救十六股，又买得汪清三十二股；汪天旺兄弟得三十二股，内批买王榄来该（？）山桥亭场并泥秋场降

---

① 《山契留底册》，明抄本，上海图书馆藏，编号：563711。

山并地，以一十六股为率，诠得四股，旺兄弟得四股，天赐得四股，天辉兄弟得四股，内辉本位一股，先年卖与诠讫。只批。

汪天辉得一十一股零五分；天积得一十一股零五分；天印得一十一股零五分；侄大成得一十一股零五分；汪天赐得四股；天茶得二股。

万历三十六年十月十四日立

合同文约人　汪诠

汪天旺兄弟

汪天辉弟侄

中见人　　王福孙（等5人）①

该保祖文约中，十二都汪诠叔侄等人有感祖坟命脉攸关，而子孙繁衍，散居各处，"诚恐人心不一"，唯恐发生"逆恶子孙不以祖家为重，希图微利变卖外姓人等，以害本家风水"，于是，复立文约，保全祖坟，并按照门房支派将各自房分山场股份进行分配，起到了防患未然的作用。

明代中叶以后，随着商品经济的发展，土地买卖越来越频繁，同一块山场多次转让，往往也会出现盗砍林木，破坏风水的行为。为了防止这种现象的发生，徽州宗族也多通过合同禁约来杜绝。如歙县吴良栢等立严禁盗卖合同：

立合同人吴良栢、吴良恺、吴良梅、吴时洋，于先年将坟山一业土名匾担垂，卖与故兄吴昭为业，有昭子腾龙、魁等，将坟山转卖四图吴尚完名下。今良栢等托中，将价银四十七两取回。其山照四大分派，良栢该得二分，良恺与侄时洋共得一分，良梅兄弟共得一分。其坟山大小松树，因尚完出拚，今子孙不忍伤祖，又备银四两，取松木长养，荫庇坟茔，子孙日后永远毋许砍斫。如有盗砍一木者，查出甘罚白银十两公用。如有子孙将坟山盗卖与他人，许有分法子孙经官告理，以不孝论罚。所有拚柴薪松枝，照合同四分均分。今恐人心不

---

① 《明代万历三十八年祁门谢赐寿等立保护荫山合同》，原件藏中国社会科学院中国历史研究院，编号：115143812001。

一，共立合同四纸，永远为照。

其匾担垂坟契并推单，系吴良栢收去，其松毛坞买契并推单，系吴时洋收去。

万历三十九年九月初一日立

合同人　吴良栢、吴良恺、吴良梅、吴时洋

中见人　吴自海、吴万全、李栢校、吴文宸①

歙县吴良栢等人将坟山卖给族兄吴昭，后来吴昭死后，其子腾龙等人，又将坟山转卖给吴尚完名下为业。吴良栢等人发现后，托中用47两白银赎回该坟山，并将山场照四大分派。吴良栢等人"不忍伤祖"，为了保护祖茔风水，"又备银四两，取松木长养，荫庇坟茔，子孙日后永远毋许砍斫"，并对盗砍林木行为作出处罚。

天启三年（1623）黟县屏山叶朱氏宗族为保护村落水口生态环境而订立的村规民约：

立合同朱廷宝、朱湘、朱文瑶三门人等，本村水口蓄养松木，荫庇一村，阴阳二基，攸赖非轻。近被无知小人，业立访帖禁约，恐后人心懈息，仍被窃害。今众议立合同，日后倘有牛羊入堑及窃取松毛树片草薪者，合众呈治。费用银两，廷宝九房每十两出银五两，朱湘六房每十两出银三两，文瑶中房每十两出银二两，永以为则，临用出备，毋得推延误公。立合同三张，各执一张存照。

天启三年正月初六日立合同人　　朱廷宝、朱湘、朱文瑶②

该文书显示，黟县屏山朱氏为了维护村落水口生态环境平衡，采取合族众议方式订立禁约，按照房分出备银两来津贴巡视村落水口的费用。

徽州山多地少，百姓都靠栽养林木为生。出于共同的利益需求，徽州异姓宗族之间往往也共同购买山场，共同经营山林。在兴养的过程中，异

---

① 《明代万历三十九年歙县吴良栢等赎回坟山并严禁盗卖合同》，原件藏中国社会科学院中国历史研究院，编号：115143909001。

② （近人）朱懋麟修纂：《黟县屏山朱氏重修宗谱》卷8《谱后天启三年众立合同》，民国九年刻本。

姓宗族之间往往通过共同缔结禁约合同的方式来维护共同的经济利益。如嘉靖二十六年（1547），祁门三四都汪舍远等订立的禁止伐木文约：

> 三四都侯潭汪舍远、汪太闰、汪介、汪桂、汪棋，桃墅汪坎、汪僩，灵山口程毛，楚溪胡太平，柯里饶玙、倪晖、方荣等会议。本乡山多田少，实赖山地栽养松杉、桐竹等木，以充公私之用。弘治等年间，虽曾会禁，后被玩法不行，近年以来，节被无藉之徒不拘山地有无分籍，望［妄］青［情］砍斫，斩掘笋苗，或为屋料，或为柴挑，或作东瓜芦棚，或作豆角金［签］插。有以砍木为由，并砍他人竹木拚卖者；有以掘椿为由，连砍全山苗木和卖者；有故意放延烧利其柴薪，妄取为料者，致使有山者徒有土石，栽山者枉费人工，上负官钱，下乏家用，兴言及此良可痛心。往年上司明文，仰本县空白山地俱要栽养竹木以兴民利，迄蒙府县节禁。为此合集各村人众编立户甲，议开禁约条件于后，俾各遵守，联名具状赴县陈告，乞给告示于人烟辏集去处张挂省谕禁约。自今以后，凡有似前私砍松杉竹木及放火延烧者，许诸人拿获扣问来历，恃强不服者听拿获人首告惩治。每砍一根，其大者计价倍罚，其小者罚银一钱公用，放火烧毁者会□□值追赔，仍依此约为始。今恐无凭，立此合同文约为照。
>
> 计开：
>
> 一、凡各家大小人丁，每人凭众给与号□木担一条，木□□□□有损坏，告知该管甲总，令□本家山内砍来重号印记更换，无号者俱作盗砍论，告官理罚。
>
> 一、凡各家砍斫竹木等项或家用，或变卖，务要报知当坊该管甲总，该管甲总遍告众总，明说系何处山场，计若干数目，若有混砍他人山内竹木，许诸人查出首告，砍者及卖者，一体理罚。
>
> 一、凡各菜园、鱼塘内有东瓜芦棚、豆角金［签］插，俱要报知该管甲总，明说是本家何山砍来。若验园塘有新采棚插而来历不明者，照前首告理罚。
>
> 一、凡各家竹园山地，不许无分者及纵家人锄掘笋鞭，盗斩上竿苗笋，事□拿获，倍追还主，仍要理罚。
>
> 一、凡各家栽养桑、枣、柿、栗、棕、桐等果木，亦不许□容公

窃私取，如违拿获，俱行理罚。

一、凡各家田园编篱，止许荆棘、杂柴、黄荻、杂竹，不许砍斫松杉苗木，如犯听拿获人首告理罚。

一、凡砍用竹木，虽称山地有分，报众知会，仍要邀有分人同砍分用。若以有分为词，过砍他人分法者，亦同盗砍理罚。

一、各处有等无藉之徒，故意放火延烧苗木，以便乘机窃取。今后如有此等，许被害之家陈说会众，将被烧苗木议值若干，务令犯人备［倍］价赔还，其残烧木植，仍听被害家砍斫，不许无分人妄砍，恃强不服，决行告理罪罚。

一、采薪之人，止许刽无碍杂柴，不许并砍松杉等木及用长柄割刀批［劈］割松杉树枒，其捡拾落地若□，毋许折毁枒枝，若妄入人家墓林攀折树枒者，一体理罚。

一、各处铺店，除明买成材树木及杂柴外，不许收买木椿及松杉等苗通同货卖，如违，买者卖着一体理罚。

一、各处田地与山相连者，许令刽高一丈五尺外□木，不许利己损人，低养□□。如违，许会众理说砍开。如系坟山，须酌论高低，不以丈五为拘。

一、各处山场数十年来，俱为不毛山，似无主，自今告禁，山利可兴，人见有材，未免互相争论。倘有互界不明，许即托乡保知事人勘明埋石规之，以杜争端。

一、各村有犯，许诸人捉拿交付本甲甲总，本甲甲总遍告众总，如约议罚。如恃强不服，会众告理，罪止及所犯之人，不许扯诬。如家人有犯，家主代为设法告免者，并罚家主。

一、柯里、侯潭、排前、灵山口、楚溪、黄沙源，俱照今开人户，共编为一十二甲，甲立一□□□筹约一十二扇，付各处甲总收掌，一年四季月终相聚一会，将本季内某人故犯□□若干，备载于簿。所罚之物众贮，候有事支消，庶犯人知惩。

一、官给告示须于人烟辏集及买卖会聚去处张挂，庶得通知。

嘉靖二十六年丁未岁正月二十四日同立议约人　　　汪舍远（等）①

---

① 《徽州千年契约文书（宋·元·明编）》卷2，第156—157页。

该山林禁约为祁门三四都侯潭汪氏、桃墅汪氏、灵山口程氏、楚溪胡氏与柯里饶氏等异姓宗族为保护山林木材而缔结的合约。文书显示，早在弘治年间，上述几个宗族就曾立有禁约合同，但"后被玩法不行"。到嘉靖年间，发生了乱砍乱伐林木的现象，致使"有山者徒有土石，栽山者枉费人工，上负官钱，下乏家用"。为响应官府植树造林的号召，同时也为保护各自共同的经济利益，共同订立禁伐树木文约，并请官给告示，将告示张挂人烟密集之处，以晓谕广大民众。该山林禁约包括十四个条款，内容较为丰富，显示了异姓宗族之间合作的力度。

值得注意的是，该禁约中提到的"往年上司明文，仰本县空白山地，俱要栽养竹木以兴民利，近蒙府县节禁"，即为嘉靖年间祁门知县桂天祥颁布的告示。其全文如下：

> 本县山多田少，民间差役、日用，咸于山木赖焉。是一山木之兴，固百计之攸属也。小民佃户烧山以便种植，少失防捡，烈焰四溃，举数十年蓄积之利，一旦烈而焚之，及明之于官，只得失火轻罪，山林深阻。虽旦旦伐木于昼，而人不知日肆偷盗于其间，不觉其木之疏且尽也。甚至仇家妒害，故烧混砍，多方以戕其生。祁门之坐穷者，职此之故也。本职勤加督率，荒山僻谷，尽令栽养木苗，复严加禁止。失火者枷号，痛惩盗木者，计赃重论，或计其家资，量其给偿，则山木有养，而民生永赖矣。[①]

嘉靖二十六（1547），祁门三四都汪舍远等人缔结的山林禁约，则是将知县桂天祥告示的主体思想在实践中执行。这也说明了官府告示对百姓具有一定的威慑力。

又如，《嘉靖三十五年祁门张祖等护山禁约》：

> 东都一、二图排年张祖、张钰、李廷珖、李伯清等，窃见本都山多田寡，各家户役因赖山利以供解，近被无耻刁徒不时入山侵害。嘉

---

① （明）何东序修，汪尚宁纂：嘉靖《徽州府志》卷8《食货志·物产》，《北京图书馆古籍珍本丛刊》第29册，第209页。

靖三十年，祖、珖等已立合同禁约，请给县示，禁革杉木，毋许偷盗，有等恃顽，藐视不遵。今会众重议，悉依前立合同条款，将本都上孚溪起至孚溪口，外至石坑口，无分各姓山场，在山杉松竹木概行禁革。自立禁约之后，毋许仍前窃盗肆害如故。犯者，盗木一根，罚银一钱公用。若本犯恃强□众不服，邀同在会立文人等呈官理治。凡在禁约之家，毋许偏私曲互以驰众议。所有各家地佃、伴仆等讨柴烧炭，俱不许戕害杉松苗木。若损木一根，无分大小，罚银仍前。烧炭务宜谨守，毋许纵火延误。须至禁约者。

　　嘉靖三十五年二月　日立合同禁约人　　张祖、李溶（等 12 人）（押）①

　　该护山禁约显示，祁门十东都张祖与李溶等人曾于嘉靖三十年（1551）立有合同禁约给县示禁，禁止偷盗林木。但到嘉靖三十五年（1556），还是发生了偷盗行为。张祖与李溶等人"见本都山多田寡，各家户役因赖山利以供解，近被无耻刁徒不时入山侵害"，再次订立山林禁约，重申前立合同条款，禁止盗砍木材与薪柴，并对盗砍行为给予相应处罚，这也在客观上保护了生态环境。

　　异姓宗族之间保护山林生态环境的行为，不仅仅局限于徽州境内，而且与周边县域宗族也存在相互合作。如祁门二十二都王氏宗族与浮梁县梓舟都黄氏就联合购置山场，共同经营，共同保护林木，禁止乱砍乱伐，维护生态平衡：

　　　　廿二都王诠卿同梓舟都黄淮玉、相玉等，有黄西坑合得山场，东至黄坑大降，西至大源头直上抵葛坪降，里至乌庄尖随□仙坦降，外至山坑口。大四至内用工栽养杉松竹木，屡被本庄及外人不次盗砍，不惟坑费工本，抑且虚赔粮税。今请里邻为盟，议立禁约。自今以后，四至内杉松竹木，毋许仍前肆为盗砍。如本庄盗砍者，外人有能举报，定行重谢，庄人见一罚十，仍责置酒封山。如外人盗砍者，听庄人举报，亦见一罚十，置酒封山。同业之人亦不许私砍，违者罚亦

---

　　① 《徽州千年契约文书（宋·元·明编）》卷 2，第 242 页。

如前。有□放互相容隐者，访出鸣众，与盗砍之人同论。或恃强抗约，不服罚者，通众鸣官理治，决不轻恕。

万历十四年二月廿六日

　　立约人　　王诠卿（押）

　　同约人　　黄淮玉（押）黄相玉（押）

　　见年里长　汪任道（押）

　　递年里长　赵正（押）赵良惟（押）赵守儒（押）汪汉（押）

　　庄人　　　闵靖（押）闵贤（押）闵仓（押）

　　邻人　　　赵清（等11人）（押）①

从上引文书看，祁门二十二都王诠卿同浮梁梓舟都黄淮玉、相玉等曾共同买受山场，召佃兴养苗木，但屡"被本庄及外人不次盗砍"，造成"坑费工本，抑且虚赔粮税"的严重后果。为杜绝盗砍竹木行为，二家请里邻为盟，共同立禁伐文约。在文书落款中有里长、庄人和邻人签名，多重身份中人参与禁约订立，有效地增强了其执行效力。

明代中叶以后，随着官府的倡导，乡约在维护农村基层社会秩序中发挥着越来越重要的作用②。徽州民众也多采取创建乡约的形式保护山林生产，维护生态环境。如嘉靖四十一年（1562），祁门十西都谢氏所立乡约中就包括保护生态环境的内容：

> 十西都排年谢公器、谢昔、谢德遗、谢玉、李仲齐等，条立乡约，敦笃风化，切照额社里排，上为催征国税，下纠乡民善恶。……徽俗山多田少，全赖栽杉苗柴木，以供国课。有等外县外都军民人户杂居本村地方，倚恃无籍排甲，横行生事，累及本都、当年。伊等不思有主山场，专以偷盗柴木、烧炭占种，利己害人，致山濯濯，税无所供。理说不服，里排今已具呈本县。蒙帖示禁，编甲巡视，毋得仍蹈前辄，务要各安本分，毋作非为，庶使□□，人民得以安生。如违，定行呈官理治，里排毋得徇私偏狐，抗众坏法。……

---

① 《徽州千年契约文书（宋·元·明编）》卷3，第162页。

② 参见陈柯云《略论明清徽州的乡约》，《中国史研究》1990年第4期；常建华《明代徽州的宗族乡约化》，《中国史研究》2003年第3期。。

嘉靖四十一年十一月立议约合同排年　　谢公器、李仲齐（等 10
人)①

该文书为祁门十西都谢氏与李氏宗族共同订立创建乡约合同。从中可
知，祁门十西都山多田少，百姓主要依靠山林经济为生，而外县外都人多
次偷盗林木，砍柴烧炭，不仅严重影响了谢、李二家日常生活，而且使得
山场成"童山"，指使"税无所供"。为了能及时上纳国课，保护生态环
境，谢、李两个宗族加强合作，共同创建乡约。

二　家谱所见生态环境保护措施

徽州民众多聚族而居，宗族作为一种地方组织在人们的生产、生活中
发挥重要作用。山林经济在徽人日常生活中占有重要地位，宗族普遍重视
山林经营。加之，山场又是族产最为主要的组成部分，是徽州宗族有效运
行的经济基础，所以，徽州宗族十分重视对山林生态环境的保护。徽州宗
族往往以族规家法的形式，将有关植树造林和保护生态环境的措施写入家
谱之中，要求全体族众遵守与执行，并对破坏生态环境的行为进行各种处
分。② 下面笔者以徽州家谱中资料为主，对徽人在林业生态环境的保护措
施进行论述。

（一）大力提倡植树造林，绿化环境

徽州地区盛产木材、茶叶、毛竹等山林物产，民众主要依赖这些山林
物产为生。早在唐宋时期，徽州人就已意识到山林经济的重要性，广泛种
植杉松竹木。南宋著名学者范成大曾言："休宁山中宜杉，土人稀作田，
多以种杉为业。"③ 明代中叶以后，经营山林变得十分有利可图，徽州宗族
普遍热衷于山林经营，也更加重视对山林生态环境的保护。祁门文堂陈氏
家法规定：

① 《明嘉靖四十一年祁门县十西都谢公器、李仲齐等立建乡约完纳兴义革弊赋役议约合同》，
原件藏南京大学历史系资料室。

② 关传友曾对徽州家谱中的植树护林行为有过探讨，参见《徽州宗谱家法资料中的植树护
林行为》，《北京林业大学学报（社会科学版）》2003 年第 4 期。

③ （宋）范成大：《骖鸾录》，载范成大撰，孔凡礼点校《范成大笔记六种》，第 45 页。

一、远近山场栽植松杉竹，毋许盗砍盗卖，诸凡樵采人止取杂木。如违，鸣众究治。

一、本里宅墓、来龙、朝山、水口皆祖宗血脉，山川形胜所关。各家宜戒谕长养林木，以卫形胜，毋得泥为己业，掘损盗砍。犯者，公同众罚理治。①

（二）严格禁止毁林，保护生态环境

徽州宗族不仅积极提倡植树造林，而且还对乱砍乱伐的毁林行为进行处罚，将这些条款写进家谱，以族规家法的形式颁布，要求族众遵守，养成环保意识。

祁门文堂陈氏乡约家法有如下规定：

一、各户祖坟山场、祭祀田租，须严守旧约，毋得因贫变卖，以致祭享废缺。如违，各户长即行告理，准不孝沦无词。

一、本都乡约，除排年户众遵依外，仍各处小户散居山谷，不无分外作恶、窝盗、放火、偷木、打禾、托租等情。今将各地方佃户编立甲长，该甲长人丁令甲约束。每月朔，各甲长清晨赴约所，报地方安否何如。如本甲有事，甲长隐情不报，即系受财卖法，禀众重究。每朔日，甲长一名不到者，公同酌罚不恕。②

休宁范氏宗族也规定"树木、什器则爱惜之，或被人侵害、盗卖盗葬，则同心合力复之"。③休宁茗洲吴氏家规也对破坏林木行为作出相应惩罚措施：

一、荫木：本族前后山竹木并水口中洲墩上杨木等柴，往往有毁害者。今后倘有访获，砍木竹一根者，罚银一两，损枝桠者，罚椅一钱，不可轻恕。

---

① 《隆庆六年祁门文堂乡约家法》，隆庆六年刻本。
② 《隆庆六年祁门文堂乡约家法》，隆庆六年刻本。
③ （明）范涞修纂：《休宁范氏族谱》卷6《谱祠·宗规》，万历二十八年刻本，安徽省图书馆藏。

一、诸处茔冢，子孙方依时亲自展省。近茔树木，不许剪拜。

一、祖墓不许侵葬、盗卖，祖宗自由合同文书，遵守毋违。

一、众产有私自卖者，罚银一两入匣，仍责令赎还。①

祁门清溪郑氏宗族为祁门著姓望族，其族谱中对山林、风水林的保护条款更为严密、细致。万历《祁门清溪郑氏家乘》卷四《祀产条例》收录有很多关于山场的条款。该族山场广袤，其族内共分五大房，各自阄得一定的山场。其中，申明溪、杨梅洲就有相当数量的山场，其"蓄养树木，以为来龙，西边庇荫"，但是曾遭遇"洪水漂流，木货客蓬等物，阁积在上，俱被地方强梁之人趁水抢夺"，造成宗族林木严重损失。有鉴于此，清溪郑氏宗族规定，"凡遇洪水漂积，什物又候次日天明水退，听自本祠务首之人收拾，三日之内，无人识认，方行报"②，从而有利维护了该族的利益。

歙县许村许氏宗族十分重视对生态环境的保护。宋元以来随着社会经济的发展，许村人口迅速膨胀，到了明代中期，许村出现了较为尖锐的人地矛盾，族人大量滥伐林木，造成水土流失严重，生态环境逐渐恶化。也就是在这一时期，许村商业也逐渐兴盛，许氏宗族中较为有远见的人士开始注重对村落生态环境的保护，将保护山林环境的措施记载在家谱中，以族规家法的形式，通行全部族众，要求族众养成保护生态环境的意识。乾隆《重修古歙东门许氏宗谱》中就保存有明代宣德年间《戒后侵祖迁坟伐木说》文字。现录如下：

愚谓祖宗之丘墓者，实子孙之基本生死，附之以安，犹木之倚土而立也。夫人之魂体居墓，受山川淑气则灵，灵则魂安，安则致子孙昌衍而不替，且以木之根本入土受阴阳，化气则生，生则根盛，盛则致枝叶敷荣而不悴。由是言之，其理不异，盖丘墓尤可植松楸以荫庇，树木尚可积粪土以栽培，俾皆周密固带，毋令风动霜摧，树木且然，而况丘墓岂不爱护，肯容侵暴，而失谨欤。嗟夫世之浇俗，有不

① （明）吴子玉纂：万历《休宁茗洲吴氏家记》卷7《家典记》。
② （明）郑之珍纂：《祁门清溪郑氏家乘》卷4《祀产条例》，万历十一年刻本，上海图书馆藏。

孝子孙奸猾鄙徒，每见共祖近族有贵显丰腴者，辄曰："是某祖茔之荫，益何使我寥寥贫乏久困之，若是耶?"而不知彼祖之积德有来矣。天祐以绥，余庆不省己之祖德不培，余殃未尽，以致于是也。夫何谬信妖术诬证，诱移父母之枢于祖侧，或斩脉，或掘廓侵而葬之。谓人曰："我有分子孙也，宁阻我乎?"而不知明罹罪愆，暗冒禁忌，犯分越礼，漏泄灵气，致使神魂惊恐不安，以起讼争，复速之祸，是徼福未得，灾殃立至，明竟官司，幽罹罪遣家业，子孙倾覆衰亡，岂不悔哉! 倖而苟免子孙岂能久乎? 譬之树木正茂，掘土戕根，立见枝叶枯悴，斯言近之矣，可不戒钦。昔有蒋挺之、崔从山、张志宽、员半千辈，皆前朝之正人君子，以保坟陵为重事，各于先茔之畔广植松柏，惟罔荫护，矧有李克，见祖坟有人盗其树者，克即刃之，为人后者，宁忍自盗其树乎? 无非皆以念劬劳之德，以期亲魂之安，长养爱惜，忍令残毁斯，其纯孝之所发见，精神之所感通也。吾宗丘墓、荫木，保之有年，先人曾革侵葬，至于盗伐亦施禁止，非不严重，或有明知故犯，《传》曰："明则有礼，乐幽则有鬼。"神子亦曰："私则有背于人情，公则有违于官制。"而今之后吾族子子孙孙各请自谨，固不可妄听诬惑，侵祖迁坟，亦不可纵内外人砍伐茔木，杜于荫庇。《礼》曰："为宫室不斩丘墓。"各勿故违以贻后悔，斯乃吾祖之至愿也。或有不才不孝者，以祖宗丘墓为轻事，不尊禁止，故违而私害义，侵葬盗木，听公经理论罪，以警于将来，因志惓惓，特以笔谏者也，幸无忽诸。①

歙县许氏宗族对祖先坟茔风水林木的保护，由此可见一斑。

绩溪积庆坊葛氏宗族也十分重视风水山林的保护。其族规家法规定，"祖宗坟茔，妥其遗体，山场草木所以荫庇风水也，且堂众田地山租并生放银两，又为祭祀支费。苟或有不肖子孙将众产盗卖，或侵占为己业，及魃砍坟茔木植，召赖输放银两，不依期交付者，家长即以家法治之，责令照数还众，仍于犯人名下行罚。盗卖众产，及侵占者罚银十两，盗砍木植者罚银一两，召赖银两者罚银一两。如不甘罚，经公呈告，坐以子孙败墓

---

① （清）许登瀛等纂修：《重修古歙东门许氏宗谱》卷9《杂著》，乾隆六年刻本。

之罪"。① 同时，该族对族产山场的管理也较为严格，"各处修整先茔，清理产业，及收田地、租苗、山草价银，不可无人任事。今将冠巾者总立文簿，排写名次，轮拨管事，每一年委八人经管。如轮该管办不行，任事者罚银三钱，不该管办来搀，任事者亦罚银三钱。"② 这些都体现出徽州宗族十分重视对生态环境的保护。

总而言之，徽州民众在生产生活中都时刻体现出对生态环境的重视，已将生态环境看成是日常生活中不可或缺的一部分，充分认识到了生态环境的重要性，具有一定的环保意识。他们不是一味盲目的攫取林业资源，而是积极植树造林，加强对树木的管理，营造可持续发展的林业生态环境，实现资源的不断再生，形成民众生活与生态环境的良性互动。

小 结

本章主要探讨徽州山林经济与地方社会的相关问题。徽州是个典型的山区，山林物产资源丰富，以木材、茶叶、毛竹、桐油为主的山林经济在百姓日常生活中起到十分重要的作用。可以说，山林经济是徽州民众赖以生存的主要物质基础。正因为如此，明代中叶以后，随着徽商的崛起，徽州山林物产市场化不断加强，经营山林变得有利可图，徽州人普遍重视山林经营。

明代中叶以后，随着人口繁衍，徽州人多地少的矛盾日益凸显，而山林经济对百姓日常生产生活的维系起到十分重要的作用，故而围绕山林资源，宗族内部成员之间、异姓宗族之间展开了激烈的争夺，使得山林纷争时常发生，甚至引发长期诉讼。加之，徽州风水观念盛行，墓林风水事关宗族之命脉，由此引发的诉讼更为频繁，程度更为激烈。故而山林经济在徽州社会秩序的维系中占有十分重要的地位。为了尽量防止山林纠纷的发生，徽州宗族内部成员之间、异姓宗族之间加强了合作，往往通过订立合同文约（包括禁约）的形成，来协调各自的利益，将矛盾化解于萌发之前。但是在经济力量的驱动下，尤其是在明代中叶以后，商品经济繁荣发展的刺激下，山林纠纷仍不断发生。而世系的推衍，分家析产的进行，使

① 《绩溪积庆坊葛氏重修族谱》卷3《家训家规》，嘉靖四十四年刻本。
② 《绩溪积庆坊葛氏重修族谱》卷3《家训家规》，嘉靖四十四年刻本。

得山场分籍化十分明显，这又进一步加剧了山林纠纷。因山场重复买卖、山场界限不明、盗砍盗卖山场等问题而引发的山林纠纷较为常见。为了解决纠纷，维护地方社会秩序，徽州民众往往也通过订立合同文约（包括清业合同、息讼合同等），请求中人、里老等来调解纠纷。即使上告到官府后，民间调解也始终贯穿其中，无论是在调查取证，还是在官府的审判过程中，里老、中人等群体都起到十分重要的作用，这对于徽州山林诉讼的解决起到十分重要的作用。正是因为徽州社会中存在强有力的民间调解机制，从而有效维系了徽州地方基层秩序的正常运行。

徽州地处山区，山林经济是徽州最为重要的经济结构，是徽州民众生产生活赖以维系的生命线。木材、茶叶等山林物产成为徽商从事商业贸易的最初商品，为徽商的资本积累提供了重要基础。山林经济还是徽州族产的主要组成部分，成为徽州宗族开展各种宗族活动的重要经济来源。可以说，徽州山林经济对徽州地方社会经济、文化、教育等发展都产生重大影响，民众的日常生活无时无刻不受到山林经济的影响。

徽州民众十分重视对生态环境的保护，广种林木，加强对苗木的经营管理，通过订立合约加强对树木成长环境的维护，严禁乱砍滥伐，并对违反规定的行为进行惩罚。徽州民众还借助官府的力量，请官府出告示，以加强其法律威慑力。徽州宗族内部成员和异姓宗族之间，共同协作，为徽州良好生态环境的维护起到了十分重要的作用。徽州家谱资料中也有很多保护生态环境的举措，显示出徽州民众对生态环境的重要性有着积极的认识，主动保护生态环境。这为徽州林业资源的可持续发展创造了良好的条件，实现了人与自然的良性互动。

结　　论

　　本书以明代徽州山林经济为研究对象，以徽州文书为核心资料，对有明一代徽州山林经济的发展脉络、经营管理、典型家族的山林经营（军户家族、民户家族）和木材贸易，及明代徽州山林经济与地方社会等方面进行系统、全面的考察，弥补了以往研究中论述主题的局限和明清两朝笼统论述"点明到清"的不足，全面展现了明代徽州山林经济的整体图景。

　　徽州地处皖南山区，崇山峻岭，陆路交通不便，河网密布，水系发达。徽州山区丰富的木材、茶叶、桐油、毛竹、药材等山林物产资源，为其地域开发提供了良好的资源条件。唐宋元时期，中原动乱，北方大族纷纷迁居徽州（歙州）避乱。他们将中原先进的技术带到徽州，进行山林垦殖，广种林木，兴修水利，掀起徽州地区早期开发的浪潮，促进了徽州地域开发进程，实现从"鄙野"到"富州"的转变。唐宋元时期的早期开发，为明清时期徽州经济的繁荣发奠定了坚实的基础。

　　迨至明代，徽州山区开发进入一个新的阶段。徽州先进的种植技术，使得松、杉、桐油、毛竹、漆等经济林木的种植规模进一步扩大，形成了多样化的经营。随着商品货币经济的发展，徽商逐渐崛起，成为全国经济实力最强的商帮之一，他们将本土的木材、茶叶、药材、桐油、生漆等山林产品运往全国各地销售，也进一步加快了徽州山林物产的商业化，加强了徽州与外地之间的经济文化交流。明代中叶以后，山林经营十分有利可图，地主、商人、农民等都普遍热衷于山林经营，山林经济呈现出前所未有的繁荣景象，遗存大量的明代山林契约、置产簿、分家书何商人资料即为明证。在经济利益的驱动下，山林经济的规模日趋扩大，甚至出现了拥有数千亩山场的大山场所有者。

　　徽州民众在长期的山林经营中，不仅形成了多样化的经营策略，而且探索出多种经营、管理方式，有效地推动了明代徽州山林经济的繁荣发展。因山场所有权性质和业户占有的山场规模的差异，明代徽州山场的经营方式也呈现出多种多样的形态，有力地促进了山林经济的发展。山场经营方式和山场产权性质的差异，加之分家析产的进行，使得山场不断分籍化、碎片化，从而使得明代徽州山场的管理方式也呈现出设置机构、订立合约和众存等丰富多彩的样态，有效地维护了徽州山林经营管理秩序，促进了徽州山林经济的持续发展。

在经济利益的驱动下，明代徽州民众普遍热衷于山林经营，而民户、军户因户籍影响，在山林经营方面呈现出不同的发展路径。祁门康氏、祁门奇峰郑氏中的郑卷家族、歙县罗时升、祁门龙源汪氏等民户家族的山林经营相对"自由"，较少受到户籍制度的约束，既无"军庄"山林产业，亦无需承担军役。徽州民户家族的山场积累与山场析分相伴相生，可根据家族发展的需要，随时"分户"，更容易形成专门从事木材贸易的徽州本土木商群体。军籍身份使得原籍军户郑英才家族的山林经营呈现出与普通民户家族不同的形态，郑英才"军庄"的山林经营收入专门供应卫所军户的军装缠费。明代前期，受到军户不能分户的限制，郑英才秩下子孙多是共同经营山林，军籍身份为其家族的山林经营提供最初的积累，形成众多"共业分股"的山林，这些产业成为日后其三大房族人山林经营的重要经济基础。在明代正德、嘉靖年间，伴随着赋役改革的浪潮，"军匠开户"成为不可避免的新趋势，郑英才军户秩下安礼、安本、安信三大房子孙不断分户，独立经营山林，迅速积累大量山场，形成郑山家族、郑谅家族和郑璋家族等以经营山林著称的木商世家。

值得注意的是，以往学者在考察明代徽商木材贸易活动时，多是涉及徽商在西南、湖广地区的木材贩运活动，而对徽商在徽州本土的山林经营、木材贸易等问题涉及不多，甚至将两者混为一谈。本书立足于徽州本土，利用丰富的文书资料，尤其是大量新发现山林文书，对有明一代徽本土木商的经营活动进行综合考察。例如祁门郑卷家族从明初到明末长期在徽州购置山场，经营山林，并将木材贩运到江西饶州、江苏瓜洲等地发卖，成为著名的木商世家。这种长时段、整体性的考察，对于深入认识徽州地区经济结构和徽商商业经营颇有裨益。

徽州民众在山林经营中为维护山林经营秩序订立大量合约，但在经济利益的驱动下，山林纠纷却频繁发生，甚至引发激烈的诉讼。徽州山林纠纷种类很多，重复交易、越界砍伐林木、盗砍盗卖等则是其主要的几种纷争类型。晚明时期，山林诉讼中主佃纠纷、主仆纠纷明显比明代前中期增多，这与商品货币经济发展，山林经营有利可图，基层民众经济实力增强和自身意识觉醒等密切相关。

虽然徽州地处山区，但一府六县内部存在明显差异，其中，祁门县的山区面积最为广袤，山林经济最为突出。日本学者曾称，"在徽州这样的山间地域，山林经营非常重要，与新安江沿岸拥有广阔平地的歙县、休宁相比，位于鄱阳水系阊江最上游的祁门县，尤其缺乏平坦的可耕地，自唐宋时代起，便开始向江西方面输出木材、漆、茶等山林产品，以换取食用米，山林在农业经营中比重极大"[①]。又因目前所知祁门县遗存的明代徽州文书最丰富，故考察祁门县的山林经营成为深入了解明代徽州山林经济诸多面相的重要路径，这在本书中得到充分体现。

徽州地域开发至明代步入"承上启下"的关键阶段。进入明代尤其是明中后期以来，伴随全国范围内兴起的商业化浪潮，以及徽州宗族、徽商等力量的迅速崛起，徽州山林经济发展规模不断扩大，商业化程度显著提高，由此为清代以后徽州山林经济的发展奠定基本格局。以往学界多以"明清并论"的整体视角考察徽州山林经济，事实上学界对明代徽州山林经济的关注远不及清代，由此造成对清代徽州山林经济发展中各类现象的源流缺少认识。因此，本书综合考察明代徽州山林经济发展诸面相，对于深入了解清代徽州山林经济发展情况，明晰明清徽州山林经济发展的异同，贯通明清两代间的认识具有重要的意义。

笔者也曾试图以区域比较研究视角来考察明代徽州山林经济，以期从全国性视角深化对其发展进程共性和个性的认识。但管见所及，明代徽州民间文书遗存在全国范围内相对丰富，其他地区迄今仅为零星发现。受资料时空分布不均的限制，目前笔者对明代区域间山林经济发展路径的异同尚缺少探讨。而清代的江西赣南、浙江遂昌、贵州清水江、福建永泰和闽东等山区文书遗存较为丰富，因此，将清代徽州与浙赣、贵州清水江、福

① ［日］中岛乐章著，郭万平、高飞译：《明代乡村纠纷与秩序：以徽州文书为中心》，江苏人民出版社 2019 年版，第 109—110 页。

建永泰等地山林经济进行比较研究不仅较为可行，而且可以在比较中明晰王朝典章制度、地方习惯法与山林经济行为三者对不同地区山林经济发展的影响，从而彰显徽州山林经济的特性。这些考察，笔者只能期待日后能够进行，并希望有所突破。

附录 《万历郑氏置产簿（第20号）》所见郑卷家族山场购置一览

序号	时间	卖主	买主	地产来源	出卖原因	价格	面积	备注
1	宣德六年十月十一日	十五都郑文亨	郑以祥	承祖山场	生病黄种在身	小绵布五疋		
2	弘治六年五月二十三日	十五都郑文质	郑卷	承祖山场		0.7两		
3	正德四年六月初十日	十五都郑立	郑卷	承父买受山地		0.4两		
4	正德七年五月初八日	十五都郑绰、郑全等	同业人郑卷	承祖及买受山场		1两		
5	正德六年二月二十五日	十五都郑重辛、郑勖辛等	郑卷	祖产山		0.5两		
6	正德八年十一月二十一日	十五都郑黄、郑加、郑厚	族兄郑卷	祖产山		0.25两		
7	正德二年五月二十日	十五都郑思、郑徽等	郑卷	祖产标分山场		0.75两		
8	嘉靖二年闰四月十八日	十五都郑可乞、郑参、郑洋	郑卷	承祖并买受山场		2两		
9	嘉靖二年闰四月十八日	十五都郑钊、郑镇、郑镰、郑镗	郑卷	承祖买受山场	今为户役无措	5两		
10	正德八年九月初十日	十五都郑立、侄郑六乞、郑黑保	郑卷	承祖并买受山场		0.5两		
11	正德八年五月初三日	十五都郑天乞	郑卷	承祖买受山		2两		

续表

序号	时间	卖主	买主	地产来源	出卖原因	价格	面积	备注
12	嘉靖二年九月二十日	十五都郑玲、郑鉴	郑卷	承祖并买受山场		0.3两		
13	正德十一年正月二十四日	十五都郑黑保	郑卷	承祖买受山地		0.12两		
14	景泰九年二月初四日	十五都郑隆保	郑永上			0.2两		
15	正德八年十一月初六日	十五都郑敖、鈢	郑卷	祖产并买受山场	今为无钱用度	1两		
16	正德二年十月初一日	十五都郑六乞	郑卷	承祖买受山地		1两		
17	正德十三年八月十二日	十五都郑亿、侄郑坦	郑卷	承祖买受田地山场		3两		
18	正德八年正月十三日	十五都郑寿新	郑卷	祖产并买受山地		3两		
19	正德七年十二月二十一日	十五都郑贵	郑卷	承祖标分山地		0.5两		
20	正德九年三月二十日	十五都郑珊、郑珽	郑卷	祖产山地		0.2两		
21	正德七年三月二十八日	十五都郑师保	郑卷	承祖买受山地		1两		
22	正德九年九月十二日	十五都郑坚	郑卷	承祖山地		0.2两		
23	正德六年二月二十五日	十五都郑浙	郑卷	祖产山		0.4两		
24	弘治九年二月二十七日	十二都胡大雅、胡大显等	郑卷	祖产山		4两	3亩	
25	成化十三年十一月二十四日	十五都郑秀、侄郑福	郑卷	承祖标分山场		0.5两		
26	永乐十六年九月十八日	十五都郑太亨、郑宗兴	郑县	祖产山地	管业不便	小绵布八疋		

续表

序号	时间	卖主	买主	地产来源	出卖原因	价格	面积	备注
27	弘治十年八月二十日	十二都胡神童、侄胡宽获	十五都郑卷	祖产山	不便照管	5.8两	3亩3角	
28	弘治十三年十月初四日	十二都胡任获	十五都郑卷	祖产山		1两	2亩	
29	弘治十三年七月二十一日	十五都胡关童、侄胡志刚等	郑卷	祖产山地		2.2两	2亩	
30	弘治十三年四月二十五日	十五都康侃	郑卷	买受山场		1两		
31	弘治八年四月十九日	十五都郑俊宠、郑六安	郑卷	祖产山			1亩1角	
32	弘治八年正月十二日	十五都郑仲刚、郑文鉴等	郑卷	祖产山地	管业不便	0.5两		
33	成化十五年七月十三日	十五都郑永吴、郑恺通	郑卷	祖产田山	无钱用度	7.2两		
34	正德三年十一月初三日	十五都郑惠、弟郑忠	郑卷	祖产标分山场	无钱用度	0.45两		
35	正德五年九月二十日	十五都郑宝新	郑卷	祖产山		0.5两		
36	正德四年正月十三日	十五都郑佛保	郑卷	承祖买受山场		0.8两		
37	弘治八年二月十二日	十五都郑仲刚、郑文鉴、郑文爵	郑卷	祖产山		0.5两		
38	正德四年正月十八日	十五都郑惠、弟郑忠	郑敏政	祖产标分山场		0.6两		
39	成化四年十一月初八日	十五都郑仲彬、弟郑永清等	郑卷	祖产山地		0.4两		
40	成化十二年三月十六日	十五都郑文杰、郑文偰	侄郑卷	祖产山田	无钱用度	1.5两		
41	嘉靖十六年十二月初八日	十五都郑念	郑萱芳	承祖山田		0.1两		

续表

序号	时间	卖主	买主	地产来源	出卖原因	价格	面积	备注
42	正德四年六月初三日	十五都郑侯、弟郑敖等	郑卷	承祖买受山地		0.9两		
43	正德八年九月初十日	十五都郑立、侄郑六乞	郑卷	承祖买受山地		0.5两		
44	嘉靖三年二月二十四日	十五都郑镱、弟郑铲	郑卷	承祖买受山地		0.85两		
45	正德六年十二月初六日	十二都胡浩、胡伋、胡璋	十五都郑卷	承祖胡太初名目山	无钱众用解纳	5.5两		
46	正德七年正月初十日	十五都郑宗、郑进、侄郑新春	郑卷	买受山场		0.95两		
47	弘治十四年十一月十八日	十五都郑忍	郑卷	祖产并买受山场		0.6两		
48	成化二十二年十一月二十六日	十五都郑邦、弟郑显	郑卷	祖产山地		0.15两		
49	嘉靖二十四年二月初三日	周源郑玳	郑萱芳	承祖买受山地田		2两		
50	正德七年七月十六日	十二都军人胡聪	十五都郑卷	承祖胡太初名目山场	今军回家缺少盘缠	0.8两		
51	正德元年四月十二日	十二都胡宽	十五都郑虎应	承祖买受胡太初山场		0.4两		
52	弘治八年十二月二十六日	十二都胡大雅、胡大显等	十五都亲眷郑卷	祖产山场				批契
53	万历二年十二月初二日	周源郑福佑	郑圣荣	承祖批产		1.5两		
54	嘉靖十年五月二十日	十五都郑虎应、郑止应	叔郑鹏	买受山场		0.8两		
55	嘉靖四十年九月初七日	十五都郑一遵	伯郑萱芳	承祖买受胡桂高山场		0.8两		
56	嘉靖二十一年五月二十五日	十五都郑金桂、郑玉桂、郑三桂	郑玳	承祖买受外祖胡杰祖产山	户役无钱用度	0.2两		

序号	时间	卖主	买主	地产来源	出卖原因	价格	面积	备注
57	弘治十七年四月二十七日	十五都郑烈、郑真保	郑卷	祖产山		1.5 两		
58	弘治十二年四月初十日	十五都郑烈、郑真保	郑卷	承父标分及祖产山场	管业不便	2 两		
59	正德元年二月二十一日	十二都胡杰	十五都女婿郑璞	承祖胡桂高名目山地		0.5 两		
60	嘉靖十年十月十二日	十五都郑萱芳	族伯郑鹏	承祖买受宏道名目山地		4 两		
61	正德元年正月二十九日	十二都胡杰、胡伮、侄胡璋	十五都郑宪新	承祖胡桂高名目山地	管业不便	4 两	5 亩	
62	正德八年十月二十二日	十二都胡佶、胡伸、胡俨	十五都亲眷郑佶、郑宪二家	承祖山场	管业不便	25 两		
63	嘉靖三十六年六月二十二日	十五都郑宗正	郑萱芳	承祖山田	无钱用度	0.9 两		
64	嘉靖四十年五月二十三日	十五都郑宗实	同业人郑萱芳	承祖买受山场	无钱用度	0.8 两		
65	正德十一年十一月二十一日	十五都郑泽	郑卷	买受山场	管业不便	1.6 两		
66	正德十四年四月十五日	十五都郑济	郑卷	承祖飙分山场		3 两		
67	嘉靖十八年八月十九日	周源郑光	郑卷	标分山场	无钱用度	0.3 两		
68	嘉靖四十年九月初一日	十五都郑一遵	伯郑萱芳	标分山场		0.5 两		
69	宣德九年十月二十四日	十五都郑大亨、弟郑宗兴	郑厚、郑昙	祖产山地	无钱用度	大白布十四疋		
70	嘉靖十九年八月二十五日	十五都郑参、侄郑洋	郑汝萱	承祖并买受山场	无钱用度	0.8 两		
71	嘉靖元年二月二十八日	十五都郑亿	郑卷	承祖山场		0.4 两		

续表

序号	时间	卖主	买主	地产来源	出卖原因	价格	面积	备注
72	嘉靖三年四月十七日	周源郑钊	郑卷	买受山场		0.2两		
73	正德七年二月初三日	十五都响	郑卷	承祖买受山场		0.3两		
74	正德十六年六月初九日	十五都郑亿、侄郑地、郑坦	郑卷	承祖买受山场		1两		
75	正德十五年二月二十二日	十五都郑感	郑卷	承祖买受山场		0.5两		
76	嘉靖三十七年三月初一日	十五都郑霄	郑萱芳	承祖并买受山场		0.4两		
77	正德十五年十月十四日	十五都郑惠	郑卷	承祖并买受山场		0.3两		
78	正德八年十一月二十日	十五都郑旺	郑卷	祖产山场		0.8两		
79	正德十一年十二月十三日	十五都郑才、弟郑涯	郑卷	承祖标分山场		1两		
80	正德元年四月十三日	十五都郑惠、郑忠	郑卷	承祖标分山场		0.3两		
81	嘉靖二十九年四月二十四日	周源郑文潮、郑文常	郑萱芳	承祖买受山场		0.7两		
82	正德十五年正月十五日	十五都郑鹏、郑才、郑济、郑璈	郑卷	承祖标分山场		4两		
83	正德十三年六月二十一日	十五都郑旺、郑响	郑卷	承祖买受山场		1.2两		
84	弘治十四年十二月二十六日	十五都郑亿、侄郑地、郑坦	郑卷	承祖买受山场		1.2两		
85	嘉靖十六年八月十五日	十五都郑坦、弟郑墿、郑塊、郑址	郑萱芳	祖产旱田	户役无钱用度	1.6两		
86	嘉靖二十八年正月二十五日	周源郑墿、弟郑河、郑墿	郑萱芳	承祖买受山场	采办缺少	0.95		采办皇木

续表

序号	时间	卖主	买主	地产来源	出卖原因	价格	面积	备注
87	正德十三年四月二十日	十五都康侃	郑卷	买受山场		16两		
88	正德八年正月十三日	十五都郑寿新	郑卷	买受祖产山	无钱用度	2两		
89	正德十一年正月初十日	十五都郑才	郑卷	承祖标分山场		2两		
90	正德十年十一月十八日	十五都郑惠、弟郑忠	郑卷	祖产山		0.2两		
91	正德十一年正月初十日	十五都郑旺	郑卷	标分祖产山		0.2两		
92	正德十年四月初三日	十五都郑昂	郑卷	祖产山地	无钱用度	3两		
93	正德十年十二月二十六日	十五都郑重九	郑卷	承祖标分山场		3两		
94	正德九年二月二十九日	十五都郑祗瑾、弟郑瑾	郑卷	承祖并买受山场		0.6两		
95	弘治元年二月二十四日	十五都郑永吴	郑卷	祖产山地	无钱解纳	0.4两		
96	嘉靖六年十二月二十四日	十五都郑拆	郑卷	承父买受山场		0.55两		
97	正德七年四月十一日	十五都郑六乞	郑卷	承祖买受山地		0.6两		
98	正德九年九月十一日	十五都郑三保、弟郑五保	郑卷	祖产山地		1两		
99	正德八年十二月初六日	十五都郑候、第整天乞	郑卷	承祖买受山场		1两		
100	万历十六年二月二十四日	十五都郑云凤、云鹏、云鹤	郑圣荣	承祖买受山场		0.1两		
101	万历六年八月十二日	周源郑岩锡	郑圣荣日生会	承祖买受标分山地		0.27两		

续表

序号	时间	卖主	买主	地产来源	出卖原因	价格	面积	备注
102	弘治十八年九月三十日	十五都郑昊	郑卷	承祖山地		2.1两		
103	弘治十年十月十五日	十五都郑文质	郑可尚	祖产山		0.9两		
104	万历六年十二月初四日	十五都郑复元	郑圣荣	承祖买受山场		0.2两		
105	嘉靖三十九年五月初八日	周源郑銮、侄郑复元	郑萱芳	承祖并买受山场		1两		
106	正德十年九月二十八日	十五都郑正	郑卷	祖产山场		0.3两		
107	正德八年十一月初六日	十五都郑感、弟郑念	郑卷	承祖买受山场		0.2两		
108	弘治八年十二月初八日	十五都郑羊	郑卷	祖产山		0.1两		
109	正德八年十一月初六日	十五都郑亦、弟郑六	郑卷	承祖买受山场		1两		
110	嘉靖十二年四月十二日	十五都镇、郑清、郑永	郑萱芳	承祖并买受山场		0.2两		
111	成化十一年二月十九日	十五都郑仕聪	郑永新	祖产山		0.4两		
112	嘉靖三十九年八月十九日	周源郑址	郑天保	承祖买受山场	户役无钱用度	0.12两		
113	隆庆六年五月初八日	周源郑文常、郑文璸	郑圣荣			0.1两		
114	弘治十六年十一月十八日	十五都郑忍	郑亿感	祖产山地		0.3两		
115	嘉靖三十二年十二月初八日	周源郑璬	郑萱芳	承祖山场		0.1两		
116	万历九年十一月二十八日	周源郑景秀兄弟	郑圣荣					

续表

序号	时间	卖主	买主	地产来源	出卖原因	价格	面积	备注
117	万历十三年九月初四日	十五都郑景立	叔郑圣荣	承祖买受山场		0.6两		
118	正德十四年二月初三日	十五都郑乞保	郑卷	祖产山场		3.1两		
119	正德元年六月二十五日	十五都郑六乞	郑卷	承祖父买受山场		2两		
120	嘉靖五年六月二十八日	十五都郑珍、弟郑珮、郑珠	郑卷	买受山场		1两		纠纷
121	正德二年正月初一日	十五都郑天乞、弟郑六乞	郑萱芳	程度买受山场		1.6两		
122	正德元年正月初十日	十五都郑琦、弟郑琉、侄郑效	郑卷	祖产山场		0.2两		
123	正德五年三月十六日	十五都郑惠	郑卷	祖产坟山		0.33两		
124	正德四年七月二十日	十五都郑爵、郑才、郑凤	郑卷	买受山场		1两		
125	正德三年十二月二十九日	十五都郑铎	郑卷	承父买受山场		3两		
126	正德五年十二月初七日	十五都郑绍进	郑文质	承祖山场		0.2两		
127	正德十一年十二月十三日	十五都郑才、弟郑爵	郑卷	承祖标分并买受山场		1.5两		
128	天顺七年四月十五日	十五都郑仲刚、郑文质等	郑永吴	祖产山地		1两		
129	嘉靖二十四年十一月二十四日	周源郑塊、弟郑止、侄郑转太	郑萱芳	乘坐买受山场		0.1两		
130	嘉靖三十二年十二月初二日	周源郑璈	郑萱芳	承祖山		0.1两		
131	正德十五年八月十九日	十五都郑才、弟郑济	郑卷、郑鹏	承祖庄基山地		0.55两		

续表

序号	时间	卖主	买主	地产来源	出卖原因	价格	面积	备注
132	嘉靖十六年十一月十六日	十五都郑感	郑萱芳	承祖田地		0.2两		
133	弘治七年十月二十日	十五都郑永贤、侄郑效正	郑卷	祖产民地		0.5两		
134	弘治十八年正二二十日	十五都郑祐新、侄郑富	郑卷	祖产山地		0.6两		
135	弘治十四年四月二十五日	十五都郑真保	郑卷	祖产山场		1.6两		
136	正德十三年六月初二日	十五都郑惠	郑亿			0.17两		
137	成化二十三年二月初四日	十五都郑贞新	郑卷	祖产山地		0.7两		
138	弘治六年四月十一日	十五都郑祐新	郑卷	祖产山地		0.7两		
139	弘治十四年三月初二日	十五都郑真保	郑卷	祖产山地		1两		
140	成化十八年九月初二日	十五都郑永贤、郑恺通、侄郑晚孙	郑卷	墓山	今为户役	3两		
141	弘治四年十月十三日	十五都郑恍昌	郑卷	承祖买受山场	管业不便	0.5两		
142	成化二十三年四月初七日	十五都郑恺通	郑卷	祖产山		3.7两		
143	永乐二十年正月二十八日	十五都郑仲坚	郑昙	祖产山地		大绵布三十疋		
144	永乐二十一年十二月二十八日	十五都郑仲坚	郑昙、郑祥	祖产山地	今因病患在身，屡遭差役	12两，绵布十疋		
145	嘉靖九年七月十七日	十五都郑乞保	郑卷	承祖标分荒地		1.1两		
146	嘉靖二年三月二十四日	十五都郑茂	郑卷	承祖标分山场		3两		

序号	时间	卖主	买主	地产来源	出卖原因	价格	面积	备注
147	嘉靖五年八月二十一日	十五都郑泽	郑轟	标分基地		22两		
148	嘉靖二十二年三月初七日	周源郑泽	郑卷	承祖标分山地		1.1两		
149	弘治十七年二月十一日	十五都郑忍	郑卷	祖山山地	无钱用度	0.2两		
150	万历五年四月初五日	周源郑榴、弟郑桂、郑末	郑圣荣	承祖标分并买受山场		0.6两		
151	正德十五年四月十五日	十五都郑济	侄郑光	承祖标分山地		4两		
152	嘉靖五年七月初一日	郑才	郑爵	基地屋宇、山地	因老病在身，日食难度	12两		
153	嘉靖六年十月二十日	弟郑皎	郑基	祖产山地		0.3两		
154	嘉靖二十九年七月十七日	周源郑文常、弟郑文质	郑法	承祖山地		0.3两		
155	弘治五年正月二十日	十五都郑晚	郑卷	标分祖产山地		1.5两		
156	弘治四年十一月十六日	十五都郑恺通	郑卷	祖产山地		1.8两		
157	弘治八年二月十五日	十五都郑纪	郑卷	祖产标分山地		0.7两		
158	嘉靖二十二年十二月十九日	十五都郑墿、弟郑六	郑萱芳	承祖山地		1.9两		
159	嘉靖二十二年三月二十四日	十五都郑感	郑萱芳	祖产山地		1.3两		
160	嘉靖二十一年六月初八日	十五都郑阿汪	郑亦	标分并买受山地	因夫不幸年老无子，日食难度	0.6两		
161	嘉靖二十二年十月初十日	兄郑坦	郑亦	承祖标分山场		0.3两		

序号	时间	卖主	买主	地产来源	出卖原因	价格	面积	备注
162	正德八年闰正月二十八日	周源郑段、弟郑瑞	郑卷	承父买受山场		0.8 两		
163	万历十二年十一月十五日	周源郑成寿	郑圣荣、郑景福	承祖标分并买受山场		0.53 两		
164	万历五年四月初一日	十五都郑渚	族侄郑圣荣	承祖标分并买受山场		2 两		
165	嘉靖二十九年四月二十九日	兄郑溉、郑添	郑泳渚	承祖买受山场		0.45 两		
166	万历五年二月初五日	周源郑天池	兄郑	承祖山场		0.8 两		
167	嘉靖四十一年八月十二日	兄郑洋	郑辂			0.25 两		
168	万历十年五月二十七日	族叔郑松	侄郑圣荣	承祖标分并买受山场		0.8 两		
169	万历六年二月十八日	周源郑安应	郑圣荣	承祖买受山场		0.27 两		
170	万历七年二月二十七日	周源郑记得	郑圣荣	陈祖标分山场		0.8 两		
171	万历十六年六月十二日	周源郑安应	郑圣荣	承祖买受山场		0.5 两		
172	万历五年十二月二十二日	周源郑文寿、弟郑芳寿	族弟郑圣荣	城祖父买受山场		1.1 两		
173	万历六年十二月三十日	周源郑新寿	族弟圣荣日生会	承父买受山场		0.6 两		
174	嘉靖二十年四月初八日	周源郑仗	郑东（冬）应	承祖标分山场		0.25 两		
175	嘉靖四十二年十月二十日	侄郑相右、弟郑末右	叔郑冬应	承祖标分山场		0.24 两		
176	嘉靖四十二年二月十三日	弟郑积应	郑冬应	承祖标分山场		0.47 两		

续表

序号	时间	卖主	买主	地产来源	出卖原因	价格	面积	备注
177	万历五年八月初八日	十五都郑道贵	郑圣荣	承祖廷杰名目山场	今因户役无钱解纳	0.4 两		
178	万历五年八月初八日	十五都郑茂桂、弟郑济和	震一祀三大分	承祖廷杰名目山场		0.5 两		
179	万历十五年三月二十六日	周源郑文寿	郑圣荣、景福	承祖标分山场		0.65 两		
180	正德元年四月十三日	十五都郑惠、弟郑忠	叔郑卷	买受并标分山场		0.45 两		
181	弘治九年八月十一日	十五都郑元、弟郑成	郑毛乞	祖产山地		1.1 两		
182	嘉靖六年十月十九日	十五都郑习政	郑可	买受山场		0.8 两		
183	成化十八年五月十五日	十五都郑友春等	郑永贤	承祖买受山场		2 两		
184	弘治六年闰五月初三日	十五都郑倚、弟郑琼	郑长伦	对换山场		0.8 两		
185	弘治七年正月初四日	十五都郑效	郑卷	故父买受山场		1 两		
186	万历八年四月初五日	周源郑安应、侄郑相寿	侄郑圣荣	承祖买受山场		0.55 两		
187	万历八年四月初十日	周源郑景通	郑圣荣	承祖买受山场		0.6 两		
188	正德十一年三月十九日	侄郑旦、弟郑照	郑卷	祖产山地	无钱用度	0.53 两		
189	天顺四年五月二十六日	十五都郑文升	侄郑琦	祖产山场		1.4 两		
190	万历五年八月初八日	周源郑相寿、郑桐寿	郑圣荣	承祖买受山场		0.6 两		
191	嘉靖十二年二月十七日	十五都郑标、弟郑植	郑菊兄弟	承祖标分山场		0.5 两		

续表

序号	时间	卖主	买主	地产来源	出卖原因	价格	面积	备注
192	万历五年四月二十八日	十五都郑沧	郑圣荣	买受山场		1 两		
193	嘉靖三十九年六月十五日	周源郑仕	郑法	承祖标分山场		0.2 两		
194	嘉靖三十九年六月十七日	周源郑仕、弟郑积应	郑法	承祖标分山场		0.48 两		
195	万历六年八月十二日	周源郑岩锡	荣生义会	承祖标分山场		0.27 两		
196	万历十年十二月十二日	叔郑松	侄郑圣荣	买受山场		0.27 两		
197	嘉靖二十五年正月初十日	十五都郑溥、弟郑早、郑沛	郑法	承祖思广公买受山场		0.3 两		
198	弘治六年正月初四日	十五都郑杲新	族兄郑玺	祖产山地		谷二十九秤		
199	嘉靖二十四年六月十七日	十五都郑梯	郑法	陈祖对换山场		0.3 两		
200	隆庆五年十二月	周源郑榴、弟郑桂、郑末	郑圣荣	承祖标分山场		0.4 两		
201	隆庆二年六月二十七日	十五都周源郑记得	郑圣荣	承祖标分山场		1.5 两		
202	万历十六年四月二十八日	周源郑记得	郑圣荣	标分竹山		1.6 两		
203	万历四年八月初六日	周源郑复元	郑圣荣	承祖买受山场		0.5 两		
204	成化二十三年十一月十六日	十五都郑邦、弟郑显	郑容安、郑铭	祖产山地		0.15 两		
205	万历四年正月初十日	郑复元	相一祀、广二祀二股祭祀		钞少户役支用	0.4 两		
206	嘉靖三十年六月十七日	十五都郑镛、侄郑沧		承父买受山场		1 两		

序号	时间	卖主	买主	地产来源	出卖原因	价格	面积	备注
207	嘉靖三年二月二十四日	十五都郑镒、郑铲	兄郑济	承父买受山场	无钱用度	0.8两		
208	景泰五年二月十三日	十五都郑克让、郑克训	郑彦华	标分山场		布八疋		
209	正德十五年十一月二十四日	郑时应	叔郑齐	承祖买受山场		0.28两		
210	弘治十八年六月二十六日	十五郑钿	郑卷	承祖买受山场		0.5两		
211	正德元年五月二十日	十五都郑文质	郑卷	祖产山		0.3两		
213	弘治十四年八月二十日	十五都郑宠	郑幼其	祖产山地		3两		
214	成化十四年七月初四日	十五都郑秀、侄郑福	郑卷	祖产山地		0.5两		
215	正德二年三月初四日	十五都郑学、郑宣	郑卷	祖产山地		0.8两		
216	弘治十六年十二月十二日	十五都郑乡伦	郑卷	祖产山地		0.45两		
217	正德元年九月初四日	十五都郑烈、弟郑真保	郑卷	祖产山地		0.6两		
218	正德九年三月初四日	十五郑敖、弟郑介	郑卷	承祖山场		1两		
219	弘治十二年二月初四日	十五都郑璃	郑祗瑾	买受山场		0.3两		
220	弘治十四年三月初八日	十五郑乡伦	郑卷	承祖标分山场		1两		
221	正德十二月六月二十一日	十五都郑敖、弟郑介	郑卷	承祖并买受山地		1.2两		
222	正德五年二月十四日	十五都郑敖、弟郑介	郑可兴兄弟	承祖思广公买受山场		0.89两		

续表

序号	时间	卖主	买主	地产来源	出卖原因	价格	面积	备注
223	弘治十一年二月初八日	十五郑恕、郑思思、郑旺	郑卷	承租山场		2两		
224	隆庆元年二月初十日	周源郑复阳、弟郑复立	郑圣荣	祖产并买受山场		0.7两		
225	万历九年正月二十三日	弟一鸿	郑圣荣	享堂坦地并四围土禁空地	今因发妊胡氏回家无钱用度	0.5两		
226	万历七年二月十六日	十五都郑天机	郑圣荣、郑景福	承祖并买受山场	今为无钱解纳均徭	1两		
227	嘉靖三十一年闰三月初一日	十五都郑笑、侄郑珏、一伏	郑珰	承祖山场	因兄病难以过活	3.8两		
228	嘉靖三十四年六月十四日	十五都郑珰、郑光、郑玳	郑萱芳	承祖标分民田山场		13两		
229	嘉靖二十四年十月十六日	十五都郑文朗、郑文昭、郑文潮	郑萱芳	承父买受山田		2两		
230	嘉靖十四年五月二十二日	十五都郑铿	郑萱芳	承祖买受庄基并山地		7两		
231	嘉靖三年二月二十四日	十五都郑镒、弟郑铲	郑卷	故父买受山地		0.85两		
232	成化十七年三月十六日	十五都郑文俨	侄郑立	祖产山地		0.9两		
233	嘉靖二十四年契约二十一日	十五都郑光原	郑萱芳	山场		0.1两		
234	嘉靖十四年十一月初十日	十五都郑钊	族侄郑萱芳	祖产山场		0.6两		
235	嘉靖十六年九月初二日	十五都郑钊	侄郑萱芳	祖产田地山场		14.8两		
236	嘉靖四十二年十月二十六日	周源郑文常	郑圣荣	山地	因军需当股，无银充纳	0.8两		
237	嘉靖二十四年三月初八日	十五都郑浦	郑圣荣	买受山场	无钱用度	0.15两		

续表

序号	时间	卖主	买主	地产来源	出卖原因	价格	面积	备注
238	万历十六年五月初十日	十五都郑加器	郑圣荣	标分山场		2.9两		
239	万历十六年五月十五日	十五都郑加器	郑圣荣、景福	承祖标分山场		2.7两		
240	万历十六年六月二十九日	十五都郑崇俭、弟郑崇儒	郑圣荣、景福	标分山地		1.3两		
241	万历十六年六月十四日	周源郑夏右	郑圣荣、景福	承父买受山场		0.8两		
242	万历十六年四月二十八日	周源郑记得	郑圣荣兄弟	标分山场		1.6两		
243	万历十六年六月十三日	周源郑安应、侄郑相寿	族侄郑圣荣	承祖山场		0.5两		
244	万历十六年十一月初八日	弟郑六寿	郑圣荣兄弟	承父标分山场		1.45两		
245	万历十二年十月十六日	十周源郑天柯	族侄郑景福	承祖思广公标分并买受山场		0.45两		
246	万历十七年正月二十八日	周源郑荣寿	弟郑圣荣	承祖标分并买受山场		0.55两		
247	永乐二二月	十五都郑祈保	郑昙、祥	祖产山地		大绵布二疋		
248	永乐十年正月二十六日	十五都郑祈保	郑昙	祖产山地		宝钞二十贯		
249	正统九年九月初二日	十五都郑怡保	郑昙	祖产山场		大绵布二十疋		
250	永乐十四年二月初十日	十五都郑得方	郑厚	祖产山地		大绵布十疋		
251	永乐十六年八月	十五都郑兴宗	郑思广	承祖山地		大绵布六疋		
252	永乐十一年闰正月初八日	十五都郑伯京	郑思广	祖产山地		大绵布二十疋		

序号	时间	卖主	买主	地产来源	出卖原因	价格	面积	备注
253	宣德元年二月十八日	十五都郑来宗	郑厚	祖产山地		绵布四疋		
254	景泰六年八月初六日	十五都郑克己	郑文茂	祖产山地		3两		
255	永乐十三年十二月	十五都凌牛行	郑思广	祖产山地		大绵布二疋		
256	万历十七年十月十二日	十五都郑景隆	叔郑圣荣	承祖买受山地		0.2两		
257	万历十七年十月十二日	十五都郑景立	叔郑圣荣	买受山地		0.2两		
258	万历十七年四月十六日	周源郑荣寿	弟郑圣荣	承祖宏道名目山地		0.35两		
259	万历十七年五月初一日	郑冬石、弟郑宗右	郑圣荣、郑景福	承父买受山场		0.25两		
260	嘉靖四十一年二月初七日	十五都周源郑复成、郑复明	弟郑潮兄弟	承祖标分田地		0.33两		
261	万历十七年七月十八日	十五都郑潮	郑圣荣	买受山场	今为户役众事			
262	万历十七年九月十三日	十五都族弟郑应桂	郑圣荣	承祖父买受山场	无钱用度	3.1两		
263	万历十七年九月二十五日	兄郑应榜、弟郑应松	郑圣荣	承祖父买受山场		1.05两		
264	万历十七年九月二十二日	族弟郑应松	郑圣荣	承祖父买受山场		0.85两		
265	万历十七年十二月	兄郑应松	郑圣荣	承父买受山场		0.13两		
266	万历十七年十二月初四日	周源郑梅寿	郑圣荣	承祖买受山场	无钱用度	0.55两		
267	万历十七年十一月二十九日	周源郑荣寿	郑圣荣	承祖山地	无钱用度	0.3两		

续表

序号	时间	卖主	买主	地产来源	出卖原因	价格	面积	备注
268	万历十七年七月初一日	周源郑乔	郑圣荣、景福	承父买受山场	管业不便	0.4 两		
269	万历十八年二月初一日	周源郑夏右	郑圣荣	承父买受山场		0.85 两		
270	万历十六年五月二十六日	十五都郑时相	郑圣荣	买受山场		1.5 两		
271	正德元年九月初三日	十五都郑正	族兄郑加伦	祖产山地		1.1 两		
272	弘治七年三月二十四日	十五都郑进安、弟郑胜安	郑可兴	祖产山				
273	嘉靖四十一年三月初十日	十五都郑复阳	叔郑时相	承祖买受并批受山地		2.9 两		
274	万历十八年六月二十一日	十五都郑时相	侄郑圣荣	买受山场		0.4 两		
275	嘉靖四十四年八月初四日	十五都郑文常、弟郑文瓒	族兄郑时相	承祖标分山地		0.45 两		
276	嘉靖四十四年八月十三日	十五都郑文明、侄郑一清、郑一濂	族弟郑时相	承祖标分山地		0.5 两		
277	嘉靖四十二年二月初四日	郑复元	郑銮	承祖买受山场		0.085 两		
278	嘉靖四十四年十二月二十八日	周源郑銮	族弟郑时相	承父兄并买受陕飞		0.37 两		
279	嘉靖四十四年十二月二十八日	十五都郑复振	叔郑时相	承祖买受山地		0.075 两		
280	隆庆六年五月初二日	十五都郑复立	郑时相	承祖买受山地		0.1 两		
281	嘉靖元年六月二十一日	十五都郑亿	郑可兴	买受山地		0.87 两		
282	万历十九年六月十七日	族兄郑应相	弟郑圣荣	山场		1 两		

续表

序号	时间	卖主	买主	地产来源	出卖原因	价格	面积	备注
283	万历十五年三月十六日	族弟郑梅寿	兄郑圣荣	买受山场		0.3两		
284	万历十八年七月初八日	周源郑阿康	郑圣荣	买受山场并菜园		0.22两		
285	万历十六年八月十二日	周源郑记得	仁德会内圣荣、景福名下	承祖标分并买受山场		1.4两		
286	万历十六年	周源郑夏右	仁德会内圣荣、景福名下	承祖并买受山田		3.8两		
287	万历十七年四月十二日	族侄郑景隆	叔圣荣	承祖买受山场		0.2两		
288	万历十七年四月十二日	侄郑景立	郑圣荣	承祖并买受山场		0.2两		
289	万历十四年十一月二十日	十五都郑淞	郑圣荣、景福	买受山场		2.5两		
290	万历十四年十月二十四日	郑泮	郑志佑	买受山场		0.85两		
291	万历十四年六月初四日	郑遗右	弟郑圣荣、景福	承祖标分并买受山场		0.8两		
292	万历十三年九月初四日	侄郑景立	郑圣荣	承祖买受山场		0.06两		
293	成化	十五都郑惟善、郑富乞、郑富善、郑理安四大分	刘圣	承祖山地		2两		
294	正德十年四月十六日	十五都郑富善、郑仲、郑佳	郑宪新	竹山	为母亲无食用度	0.3两		
295	万历十年八月十五日	十五都郑信安	郑卷	承祖文潜名目山场	今因户役无钱当班	3两		
296	万历二十年九月十六日	十五都郑时相	族侄郑圣荣	标分山场		3.2两		

序号	时间	卖主	买主	地产来源	出卖原因	价格	面积	备注
297	万历二十年十月十八日	族叔郑时相	族侄郑圣荣兄弟	标分山场		1.3两		
298	万历二十一年三月二十日	族侄郑崇儒	伯郑圣荣	承父并买受山场		2.1两		
299	万历二十一年三月二十八日	族侄郑崇儒	伯郑圣荣	承父并买受山场		0.6两		
300	万历二十二年四月初三日	郑景遂	张叔郑圣荣	承祖并买受山场		0.08两		
301	万历二十二年十二月初十日	郑应松	兄郑圣明	承祖买受山场		0.7两		
302	万历二十一年十二月十八梯	十五都郑时相	族侄郑圣荣	买受山场		2.4两		
303	万历二十三年正月十五日	十五都族叔郑时相	族侄郑圣荣兄弟	标分山场		2.2两		
304	万历二十三年一月二十四日	弟郑成器	兄郑圣荣	承祖并买受山场		2.7两		
305	万历二十三年二月三十日	弟郑成器	兄郑圣荣	承祖并买受山场		2.3两		
306	万年历十七年九月初七日	十五都郑梅寿	弟郑成器			2.2两		
307	万历十四年正月二十日	叔郑淞	侄郑圣荣	买受山场		0.3两		
308	万历二十三年二月二十九日	周源郑圣礼	叔郑圣荣	承父买受山场		0.43两		
309	万历二十三年六月二十四日	族叔郑时相	族侄郑圣荣	买受山场		1.1两		
310	万历二十四年二月二十五日	族侄郑崇儒	族伯郑圣荣	承祖并买受山场		0.5两		
311	万历二人十四年闰八月初六日	族侄郑继俊	族祠震一公祠	承祖买受山场		1.5两		

续表

序号	时间	卖主	买主	地产来源	出卖原因	价格	面积	备注
312	万历二人十四年八月二十八日	族弟郑继俊	族祠震一公祠	承祖买受山场		0.75 两		
313	隆庆四年四月二十八日	郑玶	族侄郑时相	承祖管业山地		0.28 两		
314	嘉靖三十二年二月初二日	十五都郑埠、弟郑秋	族叔郑承祠兄弟	承祖标分山场	无钱用度	0.25 两		
315	万历二十七年十一月二十六日	族弟郑加亨、弟郑加誉	兄郑圣荣	承父买受山场	户役无钱用度	0.78 两		
316	万历二十七年十月十五日	在城鲍天寿	周源震一祠	买受山场	管业不便	0.4 两		
317	万历二十八年九月二十八日	族侄郑景义	叔郑圣荣	承祖标分山地	无钱用度	0.75 两		
318	万三十二年又九月十四日	兄郑应相	弟郑圣荣	程祖父买受山场				
319	万历二十八年十二月初一日	十五都郑应相弟郑应榜等	震一祀	承祖买受山场				
320	万历三十年二月初二日	郑圣礼	族叔郑圣荣	山场		0.65 两		
321	万历三年三月二十七日	郑圣礼	族叔郑圣荣	承祖山场	无钱用度	5.7 两		

参考文献

一　文书

安徽省博物馆编：《明清徽州社会经济资料丛编（第一集）》，中国社会科学出版社 1988 年版。

中国社会科学院历史研究徽州文契整理组编：《明清徽州社会经济资料丛编（第二辑）》，中国社会科学出版社 1990 年版。

中国社会科学院中国历史研究院编：《徽州千年契约文书（宋·元·明编、清·民国编)》，花山文艺出版社 1993 年版。

张传玺主编：《中国历代契约汇编考释》，北京大学出版社 1995 年版。

田涛、[美] 宋格文、郑秦主编：《田藏契约文书粹编》，中华书局 2001 年版。

中国第一历史档案馆、辽宁省档案馆编：《中国明朝档案总汇》，广西师范大学出版社 2001 年版。

陈智超：《美国哈佛大学哈佛燕京图书馆藏明代徽州方氏亲友手札七百通考释》，安徽大学出版社 2001 年版。

周向华编：《安徽师范大学馆藏徽州文书》，安徽人民出版社 2009 年版。

刘伯山主编：《徽州文书》第 1 辑，广西师范大学出版社 2005 年版。

刘伯山主编：《徽州文书》第 2 辑，广西师范大学出版社 2006 年版.

刘伯山主编：《徽州文书》第 3 辑，广西师范大学出版社 2009 年版。

刘伯山主编：《徽州文书》第 4 辑，广西师范大学出版社 2011 年版。

封越健主编：《中国社会科学院经济研究所藏徽州文书类编·置产簿》，社会科学文献出版社 2020 年版。

《祁门郑氏抄契簿》1 册，中国社会科学院中国历史研究院藏。

《明天启年间休宁郝川汪氏置业契纸目录》1 册，中国社会科学院中国历史研究院藏。

《黄民鉴四房分家书》1 册，中国社会科学院中国历史研究院藏。

《明代天启年间祁门洪氏抄契簿》1 册，中国社会科学院中国历史研究院藏。

《明代天启四年五月徽州□氏友恭堂收支簿》1 册，中国社会科学院中国历史研究院藏。

《明代天启二年七月休宁汪有寿立收税簿》1 册，中国社会科学院中国历史研究院藏。

《明代天启五年七月绩溪□氏五房宗祠收支帐》1 册，中国社会科学院中国历史研究院藏。

《明代崇祯四年二月徽州□氏立丛桂堂修造前廊总帐》1 册，中国社会科学院中国历史研究院藏。

《明代隆庆五年三月休宁胡氏立宗祠簿》1 册，中国社会科学院中国历史研究院藏。

《明代崇祯十四年正月休宁程氏支年会簿》1 册，中国社会科学院中国历史研究院藏。

《明代崇祯十五年十月祁门康德懋等阄分祀产祭祀先祖合同文约》1 件，中国社会科学院中国历史研究院藏。

《明代隆庆元年休宁钟泽程氏众存遗产再分阄书》1 册，中国社会科学院中国历史研究院藏。

《明代万历二十九年九月歙县仇良珍立阄书》1 册，中国社会科学院中国历史研究院藏。

《明代万历三十年六月徽州张□立分家书》1 册，中国社会科学院中国历史研究院藏。

《明代万历四十六年二月徽州欧阳氏立阄书》1 册，中国社会科学院中国历史研究院藏。

《明代崇祯七年正月徽州程继臣等立阄书》1 册，中国社会科学院中国历史研究院藏。

《明代崇祯十三年八月休宁金清明等为害祖大逆事诉讼状文》1 册，中国社会科学院中国历史研究院藏。

《明代成化十七年正月祁门谢道祯等立均分坟山合同》1件，中国社会科学院中国历史研究院藏。

《明代嘉靖十一年八月祁门康贯等立分家阄书（残件）》1册，中国社会科学院中国历史研究院藏。

《明代万历三十五年七月徽州张应辉等立阄书》1册，中国社会科学院中国历史研究院藏。

《明代万历四十四年六月徽州金世祯立遗嘱分单》1件，中国社会科学院中国历史研究院藏。

《明代崇祯九年二月徽州汪可毅等立分单合同》1件，中国社会科学院中国历史研究院藏。

《明代崇祯十年十一月徽州金阿汪立分单》1件，中国社会科学院中国历史研究院藏。

《明代崇祯十三年七月祁门江贞保立分家单》1件，中国社会科学院中国历史研究院藏。

《明代万历十七年二月徽州忠毅公秩下均出钱粮保护祖坟合同》1件，中国社会科学院中国历史研究院藏。

《明代万历三十六年十月徽州汪诠等保祖合文》1件，中国社会科学院中国历史研究院藏。

《明代万历三十八年十二月祁门谢赐寿等立保护荫山合同（抄白）》1件，中国社会科学院中国历史研究院藏。

《明代万历三十九年九月歙县吴良柏等赎回坟山并严禁盗卖合同》1件，中国社会科学院中国历史研究院藏。

《明代天启二年三月祁门汪氏保护祖茔合同》1件，中国社会科学院中国历史研究院藏。

《明代天启七年十二月徽州陈、金二家互保祖茔合同》1件，中国社会科学院中国历史研究院藏。

《明代万历二十七年八月祁门郑逢旸等清算讼费合同》1件，中国社会科学院中国历史研究院藏。

《明代万历四十六年七月祁门谢承宪等均分诉讼盘费合同》1件，中国社会科学院中国历史研究院藏。

《明代崇祯十四年四月徽州黄富祥等合伙出办讼费议约》1件，中国社会科学院中国历史研究院藏。

《明代崇祯九年十一月祁门县为恳天赐照等事告示》1件，中国社会科学院中国历史研究院藏。

《明代崇祯十三年四月祁门县正堂为恳恩赐示严禁越界等事告示》1件，中国社会科学院中国历史研究院藏。

《明代万历三十五年九月休宁金四付等为恳照杜患事告执照》1件，中国社会科学院中国历史研究院藏。

《明代万历四十三年十月祁门方友兴为抄招保产庶杜仇害事招贴（抄白）》1件，中国社会科学院中国历史研究院藏。

《明代崇祯十三年八月休宁金清明等为害祖大逆事诉讼状文》1件，中国社会科学院中国历史研究院藏。

《明代万历年间祁门正堂审理郑维明等控案判语》1件，中国社会科学院中国历史研究院藏。

《明代万历三十一年休宁县正堂审理程友明等祖茔案判词》1件，中国社会科学院中国历史研究院藏。

《明代万历三十年四月祁门王铨卿等保护山场林木文约》1件，中国社会科学院中国历史研究院藏。

《明代万历二十九年二月休宁孙舜举禁约》1件，中国社会科学院中国历史研究院藏。

《明代万历二十五年四月徽州□涛父子商业清算合同》1件，中国社会科学院中国历史研究院藏。

《明代崇祯年间祁门五都抄录新旧合同阄派轮当排年簿陆拾壹号》1件，中国社会科学院中国历史研究院藏。

《明代万历六年七月祁门吴天保等收领到上山栽种树苗工食银文约》1件，中国社会科学院中国历史研究院藏。

《明代成化四年二月祁门康世英等清业息讼合文（抄白）》1件，中国社会科学院中国历史研究院藏。

《明代成化二十年七月祁门汪仁政合同分界图约》1件，中国社会科学院中国历史研究院藏。

《明代弘治六年四月祁门康邦杰等清白合同（抄白）》1件，中国社会科学院中国历史研究院藏。

《明代弘治十五年正月祁门康文宗等清分山业合同清单》1件，中国社会科学院中国历史研究院藏。

《明代正德六年十一月祁门康祥等均分山林合同》1件，中国社会科学院中国历史研究院藏。

《明代正德十五年六月祁门谢彦俊等息讼清业合同》1件，中国社会科学院中国历史研究院藏。

《明代万历三十七年三月祁门郑胤科清界合同》1件，中国社会科学院中国历史研究院藏。

《明代崇祯十一年十一月祁门康晖祖清业合同》1件，中国社会科学院中国历史研究院藏。

《明代隆庆三年十二月祁门康性出批浮木合同》1件，中国社会科学院中国历史研究院藏。

《明代天顺五年十一月祁门汪仲贤等对山合同》1件，中国社会科学院中国历史研究院藏。

《明代万历二十七年正月祁门吕振互等退山契》1件，中国社会科学院中国历史研究院藏。

《明代嘉靖四十四年六月祁门在康性以山浮木抵还欠银文约》1件，中国社会科学院中国历史研究院藏。

《明代嘉靖三十七年十二月祁门康性等补价对地均业合同》1件，中国社会科学院中国历史研究院藏。

《明代崇祯十年三月祁门汪大社等议分山地合同（抄白）》1件，中国社会科学院中国历史研究院藏。

《明代崇祯十二年十月祁门郑晋秀等分业合同》1件，中国社会科学院中国历史研究院藏。

《明代万历元年四月祁门康文光等出拚在山浮木文约（抄白）》1件，中国社会科学院中国历史研究院藏。

《明代万历三年二月祁门康潜等出拚在山浮木文约》1件，中国社会科学院中国历史研究院藏。

《明代万历十六年二月祁门郑定佛等出浮杉松木文约》1件，中国社会科学院中国历史研究院藏。

《明代万历十八年正月祁门谢铎等出拚在山浮木批》1件，中国社会科学院中国历史研究院藏。

《明代万历二十一年十月祁门康衢公祠四大房均分出拚在山浮木价银合同（抄白）附崇祯十五年康衢公祠四大房均分出拚在山浮木价银合同抄白》1件，中国社会科学院中国历史研究院藏。

《明代万历年间祁门康氏置产簿（残页）》1件，中国社会科学院中国历史研究院藏。

《明代万历三十七年二月徽州王惟悌等买山场清单合同》1件，中国社会科学院中国历史研究院藏。

《明代万历四十六年七月祁门康政温京等分价单（残件）》1件，中国社会科学院中国历史研究院藏。

《明代崇祯十五年三月徽州胡国宝等卖山价银收据》1件，中国社会科学院中国历史研究院藏。

《明代嘉靖五年十二月祁门康贯等共养松杉、均买力坌合同》1件，中国社会科学院中国历史研究院藏。

《明代万历十二年十月祁门谢值等兴养竹木合同》1件，中国社会科学院中国历史研究院藏。

《明代万历二十三年五月祁门冯佛生等兴养苗木合文》1件，中国社会科学院中国历史研究院藏。

《明代万历六年七月祁门吴天保等收领到上山栽种树苗工食银文约》1件，中国社会科学院中国历史研究院藏。

《明代隆庆六年四月祁门谢标等卖山推单》1件，中国社会科学院中国历史研究院藏。

《天理良心》1册，黄山市屯溪老街徽州寻根管吴琳收藏。

《山契留底册》1册，上海图书馆藏。

《祁阊义成赤桥方氏仁让勾书田号册》，明嘉靖二十四年写本，上海图书馆藏。

《方氏分家合同》1册，明嘉靖写本，上海图书馆藏。

《方氏分家簿册》1册，明嘉靖写本，上海图书馆藏。

《五股标书》1册，明嘉靖年间写本，上海图书馆藏。

《罗永亨分家书》1册，明成化二年写本，上海图书馆藏。

《渭南朱世荣分家簿》2册，明天启二年写本，上海图书馆藏。

《罗时升买山地册》1册，明抄本，上海图书馆藏。

《嘉靖郑氏置产簿》（第21号）1册，明抄本，南京大学历史系资料室藏。

《嘉靖郑氏置产簿》1册，南京大学历史系资料室藏。

《嘉靖郑氏置产簿》（第2号）1册，南京大学历史系资料室藏。

《万历郑氏置产簿》（第1号）1册，南京大学历史系资料室藏。

《万历郑氏置产簿》（第20号）1册，南京大学历史系资料室藏。

《万历郑氏置产簿》（第31号）1册，南京大学历史系资料室藏。

《正德—嘉靖郑氏置产簿》（第28号）1册，南京大学历史系资料室藏。

《王、盛、吴众立分山规约》1册，清乾隆年间刻本，上海图书馆藏。

《清康熙康义祠置产簿》1册，南京大学历史系资料室藏。

《元代大德八年祁门谢文达卖山赤契》1件，祁门县城支品太收藏。

《明代永乐五年祁门谢仕荣卖墓林墓山地赤契》1件，祁门县城支品太收藏。

《明代万历十年休宁方天性卖山赤契》1件，祁门县城支品太收藏。

《清代康熙年间休宁曹氏誊契簿》1册，祁门县城支品太收藏。

《明崇祯十年祁门奇峰郑氏经商合同》1件，黄山市徽州博物馆藏。

《明景泰三年八月祁门县山地收执（收税文契）》1件，安徽师范大学图书馆藏。

《明弘治十二年十二月叶志名卖山场并株杂木赤契》，安徽师范大学图书馆藏。

《明弘治十三年八月郑文升卖山地契约》，安徽师范大学图书馆藏。

《明正德年祁门郑氏一公祠册地田契录》1册，安徽师范大学图书馆藏。

《明正德年间祁门六都程氏契底册》1册，安徽师范大学图书馆藏。

《明万历丈量清册》3件，安徽师范大学图书馆藏。

《明万历程闻胤供状》1件，安徽师范大学图书馆藏。

《万历二十七年六月直隶徽州府为占杀事蒙附山图》2件，安徽师范大学图书馆藏。

《万历四十一年七月初十日山税收票》1件，安徽师范大学图书馆藏。

《歙县乡里都图村镇岁征地畿总目》，歙县档案馆藏。

二 古籍

（明）沈德符：《万历野获编》，中华书局 1959 年版。

（清）彭定求等编：《全唐诗》，中华书局 1960 年版。

（明）陈子龙等选辑：《明经世文编》卷，中华书局 1962 年版。

黄彰健等校勘：《明实录》，"中央研究院"历史语言研究所校印本，1962 年。

（清）吴其浚：《植物名实图考》，中华书局 1963 年版。

《明代登科录汇编》，学生书局 1969 年版。

（清）张廷玉等撰：《明史》，中华书局 1974 年版。

（宋）欧阳修、宋祁撰：《新唐书》，中华书局 1975 年版。

（明）宋应星著，钟广言注释：《天工开物》，广东人民出版社 1976 年版。

（明）徐光启撰，石声汉校注：《农政全书校注》，上海古籍出版社 1979 年版。

（宋）陆游撰，李剑雄、刘德权点校：《老学庵笔记》，中华书局 1979 年版。

（宋）洪迈撰，何卓点校：《夷坚志》，中华书局 1981 年版。

（清）叶梦珠撰，来新夏点校：《阅世编》，上海古籍出版社 1981 年版。

王重民、孙望、童养年辑录：《全唐诗外编》，中华书局 1982 年版。

（宋）周密撰，张茂鹏点校：《齐东野语》，中华书局 1983 年版。

（宋）邵博撰，刘德权、李剑雄点校：《邵氏闻见后录》，中华书局 1983 年版。

（清）吴任臣撰，徐敏霞、周莹点校：《十国春秋》，中华书局 1983 年版。

（明）文震亨原著，陈植校注，杨超伯校订：《长物志校注》，江苏科学技术出版社 1984 年版。

（宋）晁说之：《墨经》，《丛书集成初编》第 1495 册，商务印书馆 1936 年版。

（元）陆友：《墨史》，《丛书集成初编》第 1495 册，商务印书馆 1936

年版。

（清）董诰等编：《全唐文》，中华书局 1983 年版。

（清）潘永因编，刘卓英点校：《宋稗类钞》，书目文献出版社 1985 年版。

（唐）韩愈撰，马其昶校注，马茂元整理：《韩昌黎文集校注》，上海古籍出版社 1986 年版。

（宋）沈括撰，胡道静校注：《梦溪笔谈校证》，上海出版公司 1956 年版。

（明）李时珍撰：《本草纲目》，中国书店 1988 年版。

（明）张卤：《皇明制书》，《北京图书馆古籍珍本丛刊》第 46 册，书目文献出版社 1988 年版。

（明）程昌撰，周绍泉、赵亚光校注：《窦山公家议校注》，黄山书社 1993 年版。

（明）李诩撰，魏连科点校：《戒庵老人漫笔》，中华书局 1982 年版。

（宋）洪迈：《容斋随笔》，上海古籍出版社 1978 年版。

（明）杨时乔：《两浙南关榷事书》，《北京图书馆古籍珍本丛刊》第 47 册，书目文献出版社 1998 年版。

（民国）许承尧撰，李明回、彭超、张爱琴校点：《歙事闲谭》，黄山书社 2001 年版。

（明）谢肇淛撰，韩梅、韩锡铎点校：《五杂组》，中华书局 2021 年版。

（宋）祝穆撰，祝洙增订，施和金点校：《方舆胜览》，中华书局 2003 年版。

（明）程敏政辑撰，何庆善、于石点校：《新安文献志》，黄山书社 2004 年版。

（明）汪道昆撰，胡益民、余国庆点校：《太函集》，黄山书社 2004 年版。

（宋）王象之撰，李勇先校点：《舆地纪胜》，四川大学出版社 2005 年版。

（宋）范成大撰，孔凡礼点校：《范成大笔记六种》，中华书局 2002 年版。

（明）王士性撰，周振鹤点校：《广志绎》，中华书局 2006 年版。

（明）戴廷民、程尚宽等撰，朱万曙等点校：《新安名族志》，黄山书社 2004 年版。

（明）傅岩撰，陈春秀校点：《歙纪》，黄山书社 2007 年版。

（明）张岱撰，马兴荣点校：《陶庵梦忆》，中华书局 2007 年版。

（清）赵吉士辑撰，周晓光、刘道胜点校：《寄园寄所寄》，黄山书社 2008 年版。

（宋）罗愿撰，肖建新、杨国宜校著：《〈新安志〉整理与研究》，黄山书社 2008 年版。

（宋）苏易简撰：《文房四谱》，黄纯艳、战秀梅校点：《宋代经济谱录》，甘肃人民出版社 2008 年版。

（宋）司马光编著：《资治通鉴》，中华书局 1956 年版。

（宋）庄绰撰，萧鲁阳点校：《鸡肋编》，中华书局 1983 年版。

（宋）乐史撰，王文楚等点校：《太平寰宇记》，中华书局 2007 年版。

（明）方以智：《物理小识》，《四部精要》第 13 册《子部二》，上海古籍出版社 1993 年版。

（宋）陶穀撰，郑村声、俞钢整理：《清异录》，《全宋笔记》第 1 编第 2 册，大象出版社 2003 年版。

（宋）吴儆：《竹洲文集》，四川大学古籍所编：《宋集珍本丛刊》第 46 册，线装书局 2004 年版。

（宋）罗愿：《罗鄂州小集》，四川大学古籍所编：《宋集珍本丛刊》第 61 册，线装书局 2004 年版。

（宋）程珌：《洺水集》，《景印文渊阁四库全书》第 1171 册，台北商务印书馆 1986 年版。

（宋）袁甫：《蒙斋集》，《丛书集成初编》第 2034—2037 册，商务印书馆 1936 年版。

（元）方回：《桐江续集》，《景印文渊阁四库全书》第 1193 册，台北商务印书馆 1986 年版。

（明）程敏政：《篁墩文集》，《景印文渊阁四库全书》第 1252—1253 册。

（明）汪循：《汪仁峰先生文集》，《四库全书存目丛书》集部第 47 册，齐鲁书社 1997 年版。

（明）方弘静：《素园存稿》，《四库全书存目丛书》集部第 121 册，齐鲁书社 1997 年版。

（明）吴子玉：《大鄣山人集》，《四库全书存目丛书》集部第 141 册，齐鲁书社 1997 年版。

（明）李维桢：《大泌山房集》，《四库全书存目丛书》集部第 150—153 册，齐鲁书社 1997 年版。

（明）鲍应鳌：《瑞芝山房集》，《四库禁毁书丛刊》集部第 141 册，北京出版社 2000 年版。

（明）金声：《金正希先生文集辑略》，《四库禁毁书丛刊》集部第 50 册，北京出版社 2000 年版。

（清）刘鉴：《五石瓠》，吴江沈氏世楷堂藏板，光绪二年重刻本。

三　方志

永乐《祁阊志》，明抄本，祁门县图书馆藏。

弘治《徽州府志》，《天一阁藏明代方志选刊》第 21—22 册，上海古籍书店 1964 年版。

弘治《休宁志》，《北京图书馆古籍珍本丛刊》第 29 册，书目文献出版社 1998 年版。

嘉靖《徽州府志》，《北京图书馆古籍珍本丛刊》第 29 册，书目文献出版社 1998 年版。

万历《绩溪县志》，明万历九年刻本。

万历《歙志》，张艳红、王经一点校，黄山书社 2014 年版。

万历《祁门县志》，明万历二十八年刻本。

万历《休宁县志》，明万历三十五年刻本。

康熙《徽州府志》，《中国方志丛书·华中地方·第 237 号》，成文出版社 1975 年版。

康熙《休宁县志》，《中国方志丛书·华中地方·第 90 号》，成文出版社 1970 年版。

康熙《黟县志》，康熙二十二年刻本，安徽省博物馆藏。

康熙《婺源县志》，康熙三十三年刻本，国家图书馆藏。

乾隆《歙县志》《中国方志丛书·华中地方·第 232 号》，成文出版社

1975 年版。

同治《祁门县志》，《中国方志丛书·华中地方·第 240 号》，成文出版社 1975 年版。

同治《黟县三志》，《中国方志丛书·华中地方·第 89 号》，成文出版社 1975 年版。

光绪《婺源县志》，清光绪九年刻本，国家图书馆藏。

光绪《婺源乡土志》，光绪三十四年活字本。

民国《重修婺源县志》，《中国地方志集成·江西府县志辑》第 28 册，江苏古籍出版社 1996 年版。

民国《黟县四志》，《中国地方志集成·安徽府县志辑》第 58 册，江苏古籍出版社 1998 年版。

民国《歙县志》，民国二十六年铅印本。

康熙《黄山志定本》，《续修四库全书》，《史部·地理类》，第 723 册，上海古籍出版社 2002 年版。

四 家谱

《陪郭程氏敦本录》2 卷，弘治五年刻本，国家图书馆藏。

《休宁陪郭叶氏世谱》4 卷，明弘治十一年刻本，国家图书馆藏。

《贵溪胡氏族谱》6 卷，成化四年刻本，国家图书馆藏。

《新安休宁长垄程氏本宗谱》5 卷，明正德十一年刻本，国家图书馆藏。

《王源谢氏孟宗谱》10 卷，嘉靖十六年刻本，中国社会科学院中国历史研究院藏。

《绩溪积庆坊葛氏重修族谱》8 卷，嘉靖四十四年刻本，国家图书馆藏。

《祁门奇峰郑氏本宗谱》4 卷，明嘉靖四十五年刻本，国家图书馆藏。

《歙县许村许氏西支世谱》9 卷，明嘉靖刻本，歙县许村氏后人收藏。

《休宁荪浯二溪程氏宗谱》12 卷，明嘉靖刻本，中国社会科学院中国历史研究院藏。

《十万程氏会谱》6 卷，明嘉靖刻本，国家图书馆藏。

《率东程氏家谱》12 卷附上草市宗谱 1 卷，明嘉靖刻本，国家图书馆藏。

《续修新安歙北许村许氏东支世谱》，隆庆三年刻本，歙县许村氏后人收藏。

《休宁率口程氏续编本宗谱》6 卷，隆庆四年刻本，中国社会科学院中国历史研究院藏。

《隆庆六年祁门文堂乡约家法》1 册，隆庆六年刻本，安徽省图书馆藏。

《祁门清溪郑氏家乘》4 卷，万历十一年刻本，上海图书馆藏。

《休宁范氏族谱》9 卷，万历三十三年刻本，国家图书馆藏。

《休宁曹氏宗谱》，明万历四十年家刻本，国家图书馆藏。

《歙西岩镇百忍程氏本宗信谱》12 卷附 1 卷，明万历刻本，国家图书馆藏。

《重修古歙城东许氏世谱》8 卷，崇祯七年刻本，国家图书馆藏。

《休宁戴氏族谱》15 卷，明崇祯刻本，

《临溪吴氏族谱》10 卷，明崇祯刻本，国家图书馆藏。

《新安城东罗氏家谱》（不分卷），崇祯八年刻本。

《祁门金吾谢氏宗谱》4 卷，明刻本，国家图书馆藏。

《程氏祖茔疆理图》不分卷，明抄本，国家图书馆藏。

《郑氏宗谱》，清初抄本，国家图书馆藏。

《新安商山吴氏宗祠谱传》1 卷，康熙刻本，国家图书馆藏。

《新安程氏统宗补正图纂》32 卷，清康熙刻本，国家图书馆藏。

《歙西金山宋村宋氏族谱》12 卷，清康熙五十九年刻本，北京大学图书馆藏。

《新安苏氏族谱》15 卷，乾隆元年重刊本，国家图书馆藏。

《重修古歙东门许氏宗谱》10 卷，乾隆六年刻本，国家图书馆藏。

《新安岑山渡程氏支谱》6 卷，乾隆六年刻本，国家图书馆藏。

《三田李氏重修宗谱》48 卷，清乾隆刻本，国家图书馆藏。

《新安苏氏重修族谱》5 卷，乾隆刻本，国家图书馆藏。

《新安琅琊王氏四房思茂公统宗谱》8 卷末 1 卷，清嘉庆九年刻本，国家图书馆藏。

《黟县南屏叶氏族谱》8 卷，清嘉庆十七年刻本，国家图书馆藏。

《桂溪项氏族谱》24 卷，清嘉庆十六年木活字本，国家图书馆藏。

《方氏宗谱》4 卷，清同治八年崇本堂刻本。

《方氏宗谱》8 卷，同治十三年刻本，中国社会科学院中国历史研究院藏。

《金吾谢氏宗谱》，残卷 1 卷，咸丰刻本，谢氏后人收藏。

《祁门倪氏族谱》3 卷，光绪二年刻本，国家图书馆藏。

《祁门胡氏族谱》不分卷，光绪十四年刻本，上海图书馆藏。

《婺源查氏十一修族谱》8 卷，清光绪十八年木活字本，中国社会科学院中国历史研究院藏。

《桃源洪氏族谱》6 卷，光绪二十六年刻本，上海图书馆藏。

《绩溪城西周氏宗谱》20 卷，清光绪三十一年刻本，中国社会科学院中国历史研究院藏。

《韩楚二溪汪氏家乘》10 卷，宣统二年木活字本，国家图书馆藏。

《汪氏宗谱》不分卷，清抄本，上海图书馆藏。

《祁门康氏宗谱》（不分卷），清抄本。

《峡城郑氏宗谱》，道光元年刻本。

《婺源清华东园胡氏勋贤总谱》30 卷，民国五年刻本，国家图书馆藏。

《新安大阜吕氏宗谱》，民国二十三年刻本，安徽师范大学皖南历史文化研究中心复印本。

《汪氏宗谱》26 卷首末各 1 卷，民国刻本。

五 论著

（一）著作

干铎主编：《中国林业技术史料初步研究》，农业出版社 1964 年版。

陈祖槼、朱自振主编：《中国茶叶历史资料选辑》，农业出版社 1981 年版。

叶显恩：《明清徽州农村社会与佃仆制》，安徽人民出版社 1983 年版。

章有义：《明清徽州土地关系研究》，中国社会科学出版社 1984 年版。

张海鹏、王廷元主编：《明清徽商资料选编》，黄山书社 1985 年版。

刘淼辑译：《徽州社会经济史研究译文集》，黄山书社 1988 年版。

章有义：《近代徽州租佃关系案例研究》，中国社会科学出版社 1988 年版。

杨国桢：《明清土地契约文书研究》，人民出版社 1988 年版。

王克谦选注：《历代黄山游记选》，黄山书社 1988 年版。

黄山市地方志编纂委员会：《黄山市志》，黄山书社 1992 年版。

张海鹏、张海瀛主编：《中国十大商帮》，黄山书社 1993 年版。

张海鹏、王廷元主编：《徽商研究》，安徽人民出版社 1995 年版。

严桂夫主编：《徽州历史档案总目提要》，黄山书社 1996 年版。

张正清主编：《徽州地区交通志》，黄山书社 1996 年版。

赵华富编：《首届国际徽学学术讨论会文集》，黄山书社 1996 年版。

王振忠：《明清徽商与淮扬社会变迁》，三联书店 1996 年版。

章有义编著：《明清及近代农业史论集》，中国农业出版社 1997 年版。

［日］斯波义信著，庄景辉译：《宋代商业史研究》，稻禾出版社 1997 年版。

周绍泉、赵华富主编：《'95 国际徽学学术讨论会论文集》，安徽大学出版社 1997 年版。

范金民：《明清江南商业的发展》，南京大学出版 1998 年版。

赵华富：《两驿集》，黄山书社 1999 年版。

王钰欣等编：《徽州文书类目》，黄山书社 2000 年版。

周绍泉、赵华富主编：《'98 国际徽学学术讨论会论文集》，安徽大学出版社 2000 年版。

［日］斯波义信著，方健、何忠礼译：《宋代江南经济史研究》，江苏人民出版社 2001 年版。

叶羽主编：《茶书集成》，黑龙江人民出版社 2001 年版。

王振忠：《徽州社会文化史探微——新发现的 16—20 世纪民间档案文书研究》，上海社会科学院出版社 2002 年版。

唐立、杨有赓、武内房司主编：《贵州苗族林业契约文书汇编（1736—1950 年）》第三卷《研究篇》，东京外国语大学 2003 年版。

张剑光：《唐五代江南工商业布局研究》，江苏古籍出版社 2003 年版。

谢国桢选编，牛建强等校勘：《明代社会经济史料选编（校勘本）》，福建人民出版社 2004 年版。

韩秀桃：《明清徽州的民间纠纷及其解决》，安徽大学出版社2004年版。

卞利：《明清徽州社会研究》，安徽大学出版社2004年版。

赵华富：《徽州宗族研究》，安徽大学出版社2004年版。

常建华：《明代宗族研究》，上海人民出版社2005年版。

唐力行：《明清以来徽州区域社会经济研究》，安徽大学出版社1999年版。

梁淼泰：《明清景德镇城市经济研究》，江西人民出版社1991年版。

周晓光：《新安理学》，安徽人民出版社2005年版。

王廷元、王世华：《徽商》，安徽人民出版社2005年版。

刘和惠、汪庆元：《徽州土地关系》，安徽人民出版社2005年版。

严桂夫、王国健：《徽州文书档案》，安徽人民出版社2005年版。

张应强：《木材之流动：清代清水江下游地区的市场、权力与社会》，生活·读书·新知三联书店2006年版。

陈勇：《唐代长江下游经济发展研究》，上海人民出版社2006年版。

何建木：《多元视角下的徽商与区域社会发展变迁研究——以清代民国的婺源为中心》，安徽大学出版社2020年版。

彭勇：《明代班军制度研究——以京操班军为中心》，中央民族大学出版社2006年版。

周晓光：《徽州传统学术文化地理研究》，安徽人民出版社2006年版。

张金奎：《明代卫所军户研究》，线装书局2007年版。

陶明选：《明清以来徽州信仰与民众日常生活研究》，光明日报出版社2014年版。

范金民等著：《明清商事纠纷与商业诉讼》，南京大学出版2007年版。

栾成显：《明代黄册研究（增订本）》，中国社会科学出版社2007年版。

王利华主编：《中国历史上的环境与社会》，生活·读书·新知三联书店2007年版。

张建民：《明清长江流域山区资源开发与环境演变——以秦岭—大巴山区为中心》，武汉大学出版社2007年版。

傅衣凌：《明清时代商人及商业资本》，中华书局2007年版。

［美］唐纳德·休斯著，梅雪芹译：《什么是环境史》，北京大学出版社 2008 年版。

刘道胜：《明清徽州宗族文书研究》，安徽人民出版社 2008 年版。

张传玺：《契约史买地券研究》，中华书局 2008 年版。

巫仁恕：《品味奢华——晚明的消费社会与士大夫》，中华书局 2008 年版。

王振忠：《千山夕阳：王振忠论明清社会与文化》，广西师范大学出版社 2009 年版。

阿风：《明清时代妇女的地位与权利：以明清契约文书、诉讼档案为中心》，社会科学文献出版社 2009 年版。

漆侠：《宋代经济史》，中华书局 2009 年版。

王毓铨：《明代的军屯》，中华书局 2009 年版。

刘道胜：《徽州方志研究》，黄山书社 2010 年版。

［日］中岛乐章著，郭万平、高飞译：《明代乡村纠纷与秩序：以徽州文书为中心》，江苏人民出版社 2019 年版。

于志嘉：《卫所、军户与军役——以明清江西地区为中心的研究》，北京大学出版社 2010 年版。

王振忠：《徽学研究入门》，复旦大学出版社 2011 年版。

王振忠：《明清以来徽州村落社会史研究——以新发现的民间珍稀文献为中心》，上海人民出版社 2011 年版。

顾诚：《隐匿的疆土——卫所制度与明帝国》，光明日报出版社 2012 年版。

包茂红：《环境史学的起源和发展》，北京大学出版社 2012 年版。

王利华：《徘徊在人与自然之间——中国生态环境史探索》，天津古籍出版社 2012 年版。

姚国艳：《明朝商税法制研究——以抽分厂的运营为对象》，中国政法大学出版社 2012 年版。

邹怡：《明清以来的徽州茶业与地方社会（1368—1949）》，复旦大学出版社 2012 年版。

王裕明：《明清徽州典商研究》，人民出版社 2012 年版。

梁志胜：《明代卫所武官世袭制度研究》，中国社会科学出版社 2012

年版。

陈瑞：《明清徽州宗族与乡村社会控制》，安徽大学出版社 2013 年版。

李新峰：《明代卫所政区研究》，北京大学出版社 2016 年版。

［加］宋怡明著，［新加坡］钟逸明译：《被统治的艺术》，中国华侨出版社 2019 年版。

（二）论文

傅衣凌：《明代徽商考：中国商业资本集团史初稿之一》，《福建省研究院研究汇报》1947 年第 2 期。

傅乐成：《孙吴与山越开发》，台湾大学《文史哲学报》1951 年第 3 期。

傅衣凌：《明代徽州庄仆文约辑存——明代徽州庄仆制度之侧面的研究》，《文物参考资料》1960 第 2 期。

崔思棣：《徽州地区经济开发史要》，《安徽大学学报（社会科学版）》1978 年第 4 期。

冯尔康：《试论清中叶皖南富裕棚民的经营方式》，《南开学报》1978 年第 2 期。

刘重日、武新立：《研究封建社会的宝贵资料——明清抄本〈租底簿〉两种》，《文献》1980 年第 3 辑。

傅同钦：《明代安徽文约拾零》，《南开史学》1981 年第 2 期。

［美］居密：《一六〇〇年——一八〇〇年皖南的土地占有制与宗法制度》，《中国社会经济史研究》1982 年第 2 期。

彭超：《休宁〈程氏置产簿〉剖析》，《中国社会经济史研究》1983 年第 4 期。

刘和惠：《明代徽州佃仆制考察》，《安徽史学》1984 年第 1 期。

刘和惠：《明代徽州胡氏佃仆文约》，《安徽史学》1984 年第 2 期。

彭镇华：《从历史文献论杉木起源》，《安徽农学院学报》1984 年第 2 期。

刘和惠：《明代徽州佃仆制补论》，《安徽史学》1985 年第 6 期。

李伯重：《明清时期江南地区的木材问题》，《中国社会经济史研究》1986 年第 1 期。

刘淼：《略论明代徽州的土地占有形态》，《中国社会经济史研究》

1986 年第 2 期。

刘和惠：《明代徽州洪氏誊契簿研究》，《中国社会经济史研究》1986
年第 3 期。

张雪慧：《徽州历史上的林木经营初探》，《中国史研究》1987 年第
1 期。

陈柯云：《明清徽州地区山林经营中的"力分"问题》，《中国史研
究》1987 年第 1 期。

郑振满：《茔山、墓田与徽商宗族组织——〈歙西溪南吴氏先茔志〉
管窥》，《安徽史学》1988 年第 1 期。

彭超：《明清时期徽州地区的土地价格与地租》，《中国社会经济史研
究》1988 年第 2 期。

刘和惠：《明代徽州农村社会契约初探》，《安徽史学》1989 年第
2 期。

陈柯云：《明清山林苗木经营初探》，《平准学刊》第 4 辑，光明日报
出版社 1989 年版。

于志嘉：《试论族谱中所见的明代军户》，《"中央研究院"历史语言
研究所集刊》第 60 本第 2 分，1989 年。

栾成显：《明初地主积累兼并土地途径初探——以谢能静户为例》，
《中国史研究》1990 年第 3 期。

陈柯云：《略论明清徽州的乡约》，《中国史研究》1990 年第 4 期。

周绍泉：《试论明代徽州土地买卖的发展趋势——兼论徽商与徽州土
地买卖的关系》，《中国经济史研究》1990 年第 4 期。

刘和惠：《明清徽州文契研究——山场的租佃、管理和所有权的转
移》，载《文物研究》第 6 辑，黄山书社 1990 年版。

唐力行：《明清徽州木商考》，《学术界》1991 年第 2 期。

杨冬荃：《从民间契约看明清徽州的山场经营》，《历史档案》1991 年
第 3 期。

彭超：《从两份档案材料看明代徽州的军户》，载《明史研究论丛》第
5 辑，江苏古籍出版社 1991 年版。

陈柯云：《从〈李氏山林置产簿〉看明清徽州山林经营》，《江淮论
坛》1992 年第 1 期。

王鑫义、周致元:《明代芜湖抽分厂述论》,《学术界》1995 年第 3 期。

李长弓:《徽州山区与太湖平原经济开发的异同》,《中国社会经济史研究》,1995 年第 2 期。

李琳琦:《徽商与明清时期的木材贸易》,《清史研究》1996 年第 2 期。

陈柯云:《明清徽州族产的发展》,《安徽大学学报(哲学社会科学版)》1996 年第 2 期。

颜军:《明清时期徽州族产经济初探——以祁门善和程氏为例》,载《明史研究》第 5 辑,黄山书社 1997 年版。

卞利:《明代徽州的民事纠纷与民事诉讼》,《历史研究》2000 年第 1 期。

夏维中、王裕明:《从置产簿看清初徽州家族之间的财产互动——以休宁茺山孙氏为例》,《中国农史》2001 年第 1 期。

林济:《明清徽州的共业与宗教礼俗生活》,《华南师范大学学报(社会科学版)》2000 年第 5 期。

卞利:《试论明清以来徽州山区的经济民俗》,《黄山高等专科学校学报》2002 年第 3 期。

赵赟、满志敏、葛全胜:《徽州地区土地利用变化驱动力分析(1500—1900)》,《复旦学报(社会科学版)》2002 年第 5 期。

张纯宁:《明代徽州散件卖契之研究——兼论土地所有权的变化》,(台南)成功大学 2002 年硕士学位论文。

卞利:《明清时期徽州森林保护碑刻初探》,《中国农史》2003 年第 2 期。

陈瑞:《明清徽州林业生产发展兴盛原因探论》,《中国农史》2003 年第 4 期。

[日] 中岛乐章:《清代徽州的山林经营、纷争及宗族形成——祁门三四都凌氏文书研究》,《江海学刊》2003 年第 5 期。

[日] 岸本美绪:《贵州的山林契约文书和徽州的山林契约文书》,载唐立、杨有赓、[日] 武内房司主编《贵州苗族林业契约文书汇编(1736—1950 年)》第三卷《研究篇》,东京外国语大学 2003 年版。

关传友：《徽州宗谱家法资料中的植树护林行为》，《北京林业大学学报（社会科学版）》2003 年第 4 期。

谢宏维：《生态环境的恶化与乡村社会控制——以清代徽州的棚民活动为中心》，《中国农史》2003 年第 2 期。

谢宏维：《清代徽州棚民问题及应对机制》，《清史研究》2003 年第 2 期。

谢宏维：《清代徽州外来棚民与地方社会的反应》，《历史档案》2003 年第 2 期。

于志嘉：《明清时代军户的家族关系——卫所军户与原籍军户之间》，《"中央研究院"历史语言研究所集刊》第 74 本第 1 分，2003 年。

陈瑞：《清代中期徽州山区生态环境恶化状况研究——以棚民营山活动为中心》，《安徽史学》2003 年第 6 期。

谢宏维：《清代棚民及其对社会经济的影响》，《历史教学》2004 年第 3 期。

卞利：《明清徽州乡（村）规民约论纲》，《中国农史》2004 年第 4 期。

任志强：《试论明清时期的产权共业方式》，载《明清论丛》第 5 辑，紫禁城出版社 2004 年版。

张金奎：《明代原籍军户社会地位浅析——以族谱资料为中心》，载中国明史学会、南京大学历史系、南京中山陵园管理局主编《第十届明史国际学术讨论会论文集》，人民日报出版社 2005 年版。

梁诸英：《明清时期徽州地区灌溉水利的发展》，《南京农业大学学报（社会科学版）》2006 年第 1 期。

邹怡：《徽州佃仆制研究综述》，《安徽史学》2006 年第 1 期。

俞昌泰口述，何建木、张启祥整理：《一个徽商后代的回忆》，《史林》2006 年增刊。

赵赟：《强势与话语：清代棚民历史地位之反思》，《中国农史》2007 年第 3 期。

郑小春：《汪氏祠墓纠纷所见明清徽州宗族统治的强化》，《安徽大学学报（哲学社会科学版）》2007 年第 4 期。

韩秀桃：《明清徽州民间坟山纠纷的初步分析》，载《法律文化研究》第 4 辑，中国人民大学出版社 2008 年版。

陈瑞：《明清时期徽州宗族对社会问题的控制》，《中国农史》2007 年第 4 期。

刘道胜：《明清徽州宗族的"公匣"制度》，《中国农史》2008 年第 1 期。

刘道胜：《明清徽州宗族的分房与轮房——以文书资料为中心》，《安徽史学》2008 年第 2 期。

[日] 中岛乐章著，栾成显译：《明代中期徽州农民的家产分割——祁门县三都凌氏为例》，载《徽学》第 5 卷，安徽大学出版社 2008 年版。

任志强：《明清时期坟茔的纷争》，《安徽大学法律评论》2009 年第 1 辑，安徽大学出版社 2009 年版。

卞利：《明清以来婺源的生态环境与社会变迁》，《鄱阳湖学刊》2009 年第 3 期。

梁诸英：《契约与民生：清代徽州棚民长期存在之反思》，《安徽史学》2009 年第 3 期。

陈瑞：《明清时期徽州宗族内部合同条约的控制功能》，载《徽学》第 6 卷，安徽大学出版社 2010 年版。

袁婵、李莉、李飞：《明清时期徽州涉林契约文书初探》，《北京林业大学学报（社会科学版）》2010 年第 2 期。

周晓光：《明清徽州民间的众存祀会》，《安徽师范大学学报（人文社会科学版）》2010 年第 2 期。

关传友：《论清代徽州社会对生态环境的保护》，《南京林业大学学报（人文社会科学版）》2010 年第 2 期。

刘道胜：《众存产业与明清徽州宗族社会》，《安徽史学》2010 年第 4 期。

卞利：《文化生态保护区建设中存在的问题及其解决对策——以徽州文化生态保护实验区为例》，《文化遗产》2010 年第 4 期。

栾成显：《明清徽州土地金业考释》，《中国史研究》2010 年第 4 期。

关传友：《徽州地区的风水林》，《寻根》2011 年第 2 期。

关传友:《徽州地区林业文化的概况及形成原因》,《北京林业大学学报(社会科学版)》2011 年第 2 期。

[日]中岛乐章:《宋代至清代同族共有资产的法律性保护》,载《中国社会历史评论》第 12 卷,天津古籍出版社 2011 年版。

阿风:《明代徽州宗族墓地与祠庙之诉讼探析》,《明代研究》第 17 期,2011 年。

李磊:《明清徽州山林经济与社会》,安徽大学 2012 年博士学位论文。

梁诸英:《明清时期徽州荫木砍伐及地方社会应对》,《中国农史》2013 年第 2 期。

梁诸英:《明清时期徽州的水碓业》,《安徽史学》2013 年第 3 期。

梁诸英:《明清时期徽州水灾与徽州社会》,《安徽大学学报(哲学社会科学版)》2013 年第 3 期。

赵世瑜:《卫所军户制度与明代中国社会——社会史的视角》,《清华大学学报(哲学社会科学版)》2015 年第 3 期。

韩丹妮:《民间法的意义——以明清徽州地区山林土地纠纷解决方式为例》,上海大学 2015 年硕士学位论文。

冯剑辉:《明代京师富户之役考论——以徽州文献为中心》,《史学月刊》2015 年第 1 期。

卢佳林:《清代中期徽州山林保护研究》,安徽大学 2017 年硕士学位论文。

陈雪明:《明清徽州地区山林禁养问题略述——以祁门县为中心》,《农业考古》2016 年第 4 期。

于志嘉:《明代军户家族的户与役:以水澄刘氏为例》,《"中央研究院"历史语言研究所集刊》第 89 本第 3 分,2018 年。

黄忠鑫:《明清徽州土地字号的分配与使用实态》,《中国经济史研究》2020 年第 1 期。

范金民:《明代徽州木商经营活动述略》,《安徽大学学报(哲学社会科学版)》2020 年第 2 期。

杜正贞:《明清以前东南山林的定界与确权》,《浙江社会科学》2020 年第 6 期。

杜正贞:《明清时期东南山场的界址与山界争讼》,《史学月刊》2021年第 2 期。

朱开宇:《科举社会、地域秩序与宗族发展——宋明间的徽州(1100—1644)》,台湾大学 2004 年硕士学位论文。

后　记

时光荏苒，转眼间博士毕业已八年。本书是在博士论文基础上修改完成的，若从撰写博士论文开始算，则已超过十年。古人云："十年磨一剑。"但十分遗憾的是，2015 年我以博士论文为基础申报国家社科基金青年项目获得立项，此后我也搜集了很多明代徽州文书和其他文献，为继续从事该领域研究提供了重要的资料基础，但后来我却忙于做其他方面的研究，"到处占山头"，未能全身心投入此项研究，留下很多遗憾，现已追悔莫及。

现在终于到了将这项研究画上句号的时候，顿时感慨万千。首先，要感谢我的导师万明。自我读博士以来，她对我的学习要求甚严，对我的生活也十分关心。工作以后，她也常和我通电话，继续指导我的学术研究，关心我的生活。在先生身上，我感受到慈母的关爱，也体会到严师的教诲。千言万语也无法表达我对先生的感激之情，唯有今后继续努力做学术，才能不辜负先生的期望。

在博士论文评审中，高寿仙教授、彭勇教授也提出很多建设性意见。在我博士论文答辩时，南炳文教授、栾成显研究员、王世华教授、张兆裕研究员和阿风研究员提出很多宝贵的建议，使我受益良多。在书稿修改时我充分吸收他们的意见，使得本书增色不少。对于这些老师的帮助，我表示由衷感谢。

2015 年 1 月，我去南京大学历史系资料室查阅明代祁门奇峰郑氏置产簿（7 册），得到夏维中教授、王裕明研究员和资料室张爱妹主任、韩文宁老师的帮助，从而为本书的研究提供了宝贵的史料。2016 年 8 月开始，我在台湾进行为期半年的访学，先后受到林丽月教授、巫仁恕研究员、王鸿泰研究员、衣若兰教授、赖惠敏研究员、李文良教授等老师的指点，受益良多。特别感谢衣若兰教授邀请我在明代学会演讲，当时的报告题目是

《明代徽州山林经济与地方社会》。在自由讨论中，林丽月教授、巫仁恕教授、王鸿泰教授、衣若兰教授等提出不少有益的建议。对于他们的帮助，我表示衷心的感谢。

王绍欣师姐在上海图书馆为我复印《山契留底册》，刘猛博士在上海图书馆为我复印《方氏分家簿册》《五股标书》《方氏分家合同》等明代徽州文书资料。这些资料为我的研究提供重要资料支撑，在本书研究中占有重要地位。在徽州调查期间，徽州寻根馆的吴琳先生、祁门支品太先生提供了一些珍贵的徽州文书资料。对他们的帮助，我在这里一并致谢。

2020年是令我终生难忘的一年。这年新冠肆虐，全国民众上下一心，共同抗击疫情，共同应对这场无硝烟的战争。这年是我的项目结项之年，在我集中撰写书稿的过程中，肾结石由小到大，多次发作。从3月到7月，我强忍疼痛，完成书稿撰写，并办理结项手续。直到7月底，我才到医院做微创手术，此后四个月行动不便，颇感不适。这年10月5日，女儿康梓玥出生，我的欣喜之情，溢于言表，自然忘却了疾病疼痛感。当年12月收到结项证书，有如释重负之感！此后，在书稿修改过程中，我的妻子王云云操持家务，使我能静心工作，在此进行特别感谢。

需要说明的是，虽然本书的资料收集、内容撰写、书稿修改的"战线拉的很长"，但仍有很多问题未能解决。这些尚未解决的问题，我只能留到日后再进行探讨。

最后，我要特别感谢中国社会科学出版社宋燕鹏编审及石志杭先生的精心编校，纠正不少错误，保证了图书质量。

康　健

2022 年 6 月 15 日于合肥寓所